纪念

中国人民抗日战争暨世界反法西斯战争胜利70周年
1945—2015

抗日民族英雄赵尚志诞辰107周年
1908—2015

书名题字：韩光

赵尚志传

ZHAO SHANGZHI ZHUAN

赵俊清◎著

黑龙江人民出版社

图书在版编目（CIP）数据

赵尚志传 / 赵俊清著.—哈尔滨：黑龙江人民出版社，2015.7
ISBN 978-7-207-10401-4

Ⅰ.①赵… Ⅱ.①赵… Ⅲ.①赵尚志（1908~1942）—传记 Ⅳ.①K825.2

中国版本图书馆CIP数据核字（2015）第174731号

责任编辑：王裕江　李智新
装帧设计：张　涛

赵尚志传

赵俊清　著

出版发行	黑龙江人民出版社
通讯地址	哈尔滨市南岗区宣庆小区1号楼
邮　　编	150008
网　　址	www.longpress.com
电子邮箱	hljrmcbs@yeah.net
印　　刷	北京万博诚印刷有限公司
开　　本	787×1092　1/16
印　　张	26.25
字　　数	604 千字
版　　次	2015年8月修订版　2021年1月第2次印刷
书　　号	ISBN 978-7-207-10401-4
定　　价	78.00元

版权所有　侵权必究　　举报电话：（0451）82308054
法律顾问：北京市大成律师事务所哈尔滨分所律师赵学利、赵景波

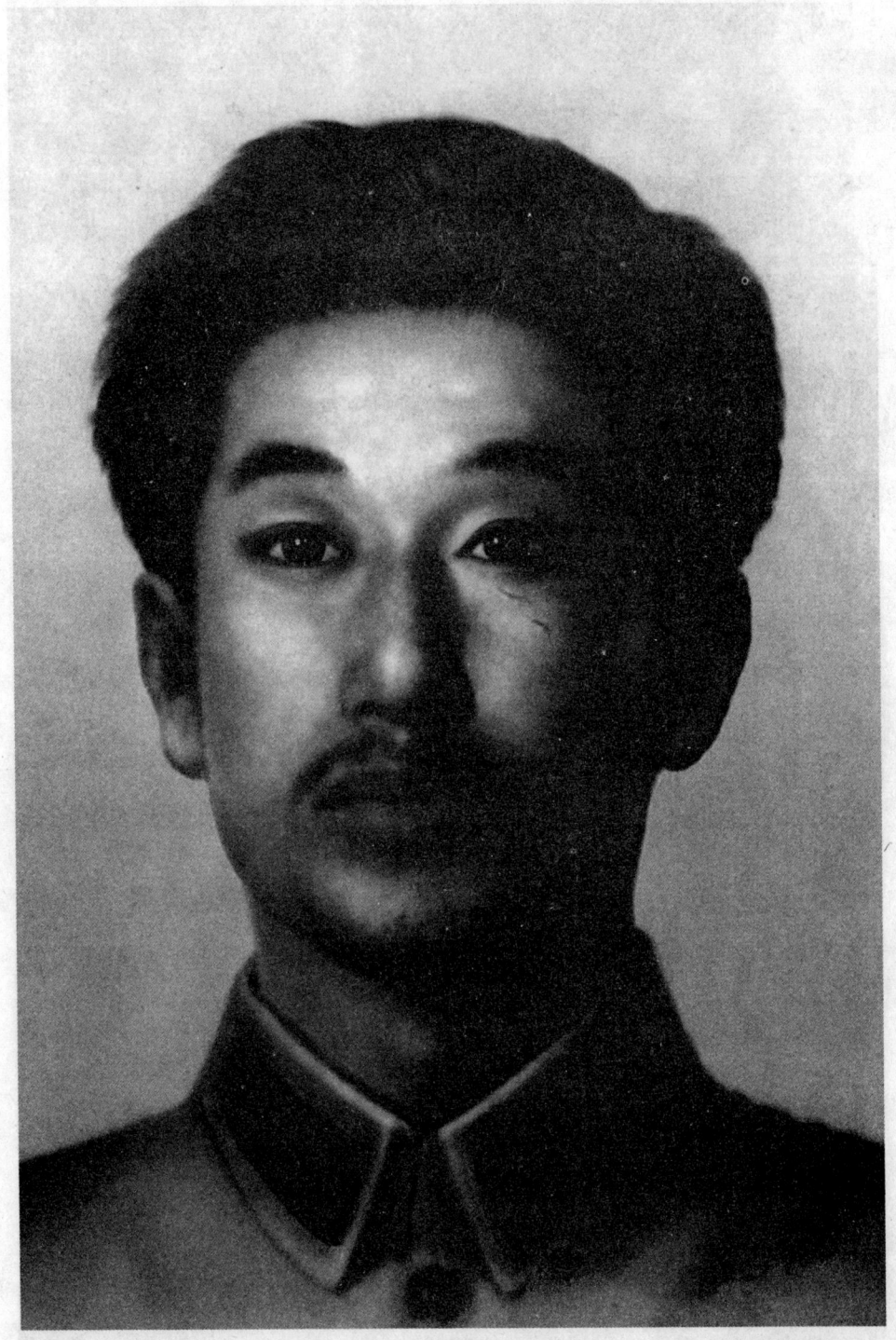

▲赵尚志画像 王薇绘

▲赵尚志(前排中)与张甲洲(后排中)在巴彦反日游击队

▶ 赵尚志的故乡辽宁省朝阳县喇嘛沟（今尚志乡）

▼ 赵尚志就读的许公中学旧址

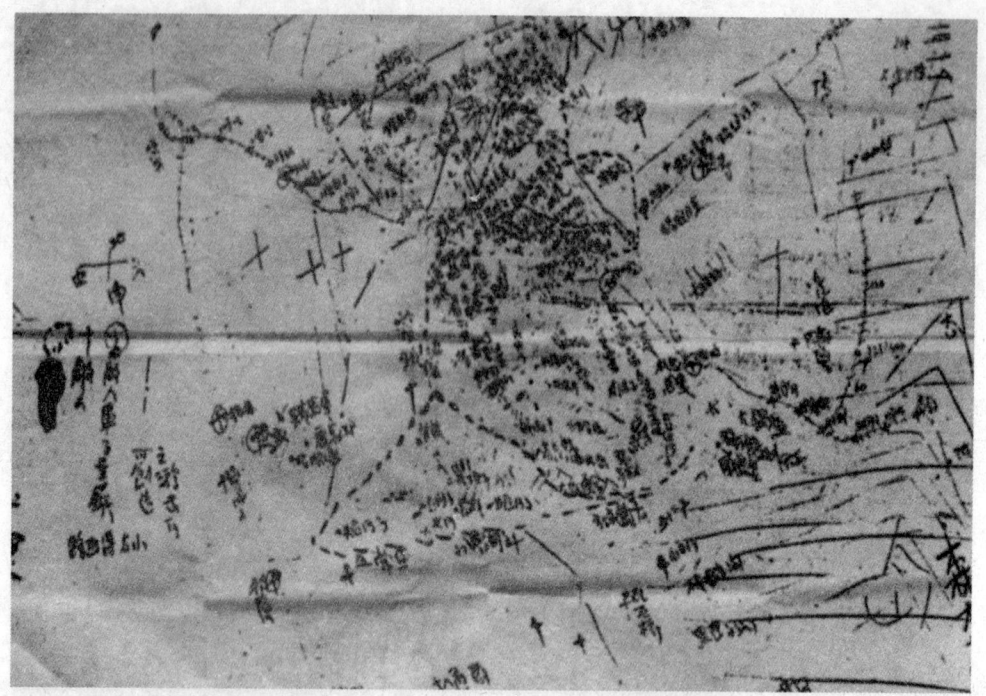

▲赵尚志领导的珠河反日游击队使用的地图

▲赵尚志签署的东北反日联合军总指挥部、东北反日游击队哈东支队司令部布告

大中華民國二十五年　月

東北抗日聯軍第三軍軍長 趙尚志

▲东北人民革命军第三军改编为抗日联军第三军通告

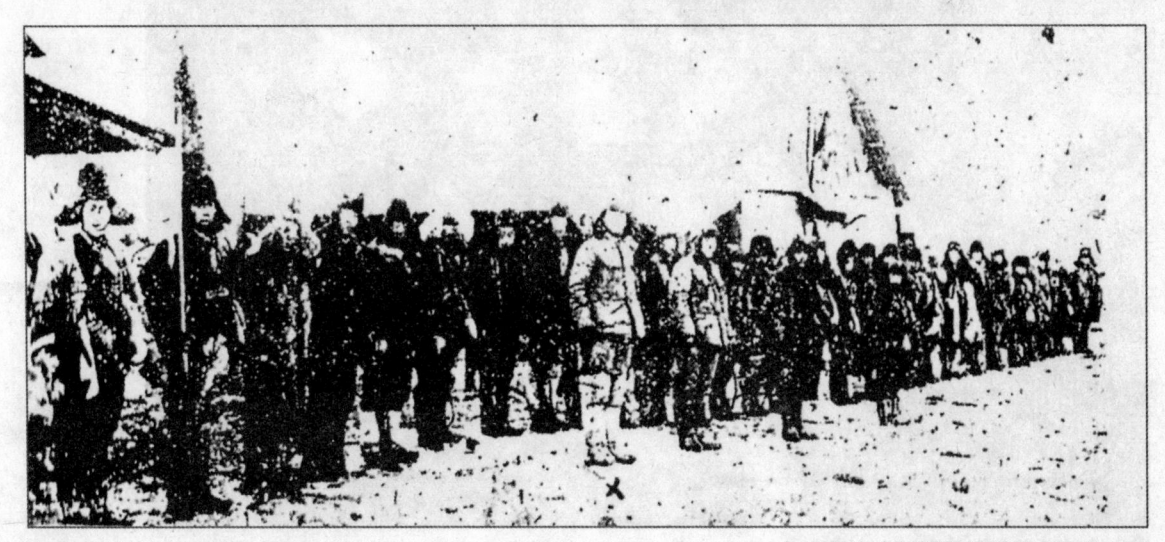

▲赵尚志领导的抗联第三军之一部

▲巴黎《救国时报》有关赵尚志领导的抗联第三军的报道

▲赵尚志指挥冰趟子战斗（油画）

▲赵尚志致苏联远东红军布留赫尔元帅、联共(布)军党委会的信

▲赵尚志致金策同志的信

▲赵尚志"主笔"的《东北红星壁报》
▶赵尚志使用的手枪

▲建于宝泉岭农场管理局的赵尚志烈士纪念碑

目 录

四版说明	(1)
序一	韩　光(1)
序二	赵毅敏(2)
题诗	陈　雷(1)
写在前面	(1)

第一章　少年时代 ……………………………………………… (1)
　　一、童年与家庭 ……………………………………………… (1)
　　二、劫后余生 ………………………………………………… (7)
　　三、走向社会 ………………………………………………… (9)

第二章　置身革命洪流 ………………………………………… (12)
　　一、在许公中学 ……………………………………………… (12)
　　二、投考黄埔军校 …………………………………………… (19)
　　三、被捕入狱 ………………………………………………… (26)
　　四、"外交协会事件" ………………………………………… (35)
　　五、再陷囹圄 ………………………………………………… (39)

第三章　矢志抗日 ……………………………………………… (51)
　　一、为反日宣传奔波 ………………………………………… (51)
　　二、巴彦游击队里的"小李先生" …………………………… (58)
　　三、巴彦游击队的失败 ……………………………………… (62)
　　四、被开除党籍 ……………………………………………… (65)
　　五、打入"朝阳队" …………………………………………… (71)

第四章　创建反日武装 ………………………………………… (78)
　　一、珠河游击队的诞生 ……………………………………… (78)
　　二、"文明胡子" ……………………………………………… (83)
　　三、联合义勇军共同作战 …………………………………… (89)

四、木炮打宾州 …………………………………………（99）
五、三岔河突围 …………………………………………（102）

第五章 转战在哈东 ……………………………………（106）
一、组建哈东支队 ………………………………………（106）
二、挫败敌人阴谋 ………………………………………（109）
三、创建哈东根据地 ……………………………………（118）
四、反"讨伐"斗争的胜利 ………………………………（125）
五、恢复党籍 ……………………………………………（135）
六、"他就是赵司令" ……………………………………（138）

第六章 扩大反日统一战线 ……………………………（147）
一、人民革命军第三军的建立 …………………………（147）
二、机动灵活的游击战术 ………………………………（154）
三、组建反日联合军 ……………………………………（163）
四、东征牡丹江沿岸 ……………………………………（172）
五、冲破1935年"大讨伐" ………………………………（177）
六、与第四军并肩战斗 …………………………………（187）
七、北上汤原 ……………………………………………（193）

第七章 独立自主开展游击战争 ………………………（205）
一、率部西征 ……………………………………………（205）
二、建立抗联第三军 ……………………………………（215）
三、召集"珠、汤联席会议" ……………………………（225）
四、远征黑嫩 ……………………………………………（240）
五、激战"冰趟子" ………………………………………（247）

第八章 为了配合全国抗战 ……………………………（251）
一、远征归来 ……………………………………………（251）
二、在省执委扩大会议上 ………………………………（255）
三、掀起新的抗日浪潮 …………………………………（262）
四、整饬内部 ……………………………………………（267）
五、迎对日伪"重点讨伐" ………………………………（270）

第九章 严重的挫折 (276)
一、去苏联,在伯力拘留所中 (276)
二、重返东北抗日战场 (288)
三、参加"伯力会议" (298)
四、再次被开除党籍 (305)
五、在抗联第二路军 (313)
六、回顾与思索 (329)

第十章 将军之死 (339)
一、"我要回东北" (339)
二、身陷魔网 (341)
三、最后的斗争 (344)

尾 声 (351)
英烈的革命精神永存 (351)

附 录 (360)
一、赵尚志生平活动年表 (360)
二、主要文献、资料索引 (364)
三、关于"向之"即赵尚志的考证 (368)
四、赵尚志颅骨被发现、确认的经过及其现实意义 (372)
五、不畏强暴 英勇抗争的杰出代表 (386)
六、初版书评 (392)
 (一)民族英雄的丰碑,历史研究的力作
   ——评《赵尚志传》 唐纯良(392)
 (二)《赵尚志传》评介 李鸿文(393)
 (三)现代历史人物评价中的客观与公正 陈瑞云 牛永正(394)
 (四)全面客观 翔实具体 朱建华(395)

初版后记 (397)
作者赘言(再版) (398)
三版后记 (400)
四版后记 (402)

四版说明

《赵尚志传》是本社与中共黑龙江省委党史研究室共同组织编纂的"东北抗日联军将领丛书"之一。1990年该传记出版后，受到专家、学者、广大读者，特别是抗联老同志的欢迎，并给予了充分的肯定和很高的评价。认为这是一部准确、真实记述，客观、公正评价赵尚志一生，并全景式、多角度、深层次反映东北抗日联军在黑龙江大地艰苦卓绝斗争生活的好作品。1992年该书荣获黑龙江省社会科学优秀成果专著类三等奖。

2002年本书出版第二版。2005年9月3日，在纪念中国人民抗日战争暨世界反法西斯战争胜利60周年大会上，中共中央总书记、国家主席、中央军委主席胡锦涛在讲话中，赞誉抗日将领赵尚志为中国人民不畏强暴、敢于抗争的杰出代表之一，对赵尚志给予高度评价。2008年是赵尚志诞辰一百周年，为纪念这位著名的抗日民族英雄，弘扬先烈爱国爱民、不屈不挠、艰苦奋斗、英勇抗争、无畏牺牲的革命精神，为两个文明建设和革命传统教育提供所需读物，应社会和读者要求，我社曾决定出第三版《赵尚志传》。2015年是中国人民抗日战争暨世界反法西斯战争胜利70周年，为迎接这伟大胜利的节日，我社决定再次出版此书。

本书作者赵俊清同志是中共黑龙江省委党史研究室原副主任、研究员，中国中共党史人物研究会理事、编委，多年从事中共党史、东北地方史、东北抗日联军史研究工作。他费时四五年，辛勤笔耕写成的专著《赵尚志传》是史学研究、东北抗日联军史研究和革命人物传记写作的重要科研成果。

《赵尚志传》从传主青少年写起，直至其为民族解放事业献出宝贵生命，全面、真实、生动地记述了这位抗日民族英雄三十四年的人生历程。作者紧紧把握住赵尚志作为中华民族不畏强暴、敢于抗争的杰出代表的性格特征，用大量篇幅描述了他投身革命事业，参加抗日武装斗争的全过程和在其革命生涯建树的功绩，写出了一个真赵尚志、全赵尚志、活赵尚志。本书作者浓墨重彩地记述了传主创建抗日武装和与敌人战斗的经过。他遭受过多次失败、挫折，但他毫不气馁，最终使抗日武装不断发展壮大，成为东北抗日战场进行游击战争的核心领导力量。本书从传主贯彻党的抗日民族统一战线政策、运用游击战争战略战术、建立抗日游击根据地、开展广泛的抗日游击战争等多方面，记述东北特别是北满地区的抗日武装斗争的历史。阅读本书，可以充分了解传主的经历、功绩，也可以使读者知晓抗日军民抗击日本帝国主义英勇斗争的历史。

本书作者把撰写人物传记当作记述历史去写，尽量全面、客观、实事求是地反映历史真貌。作者以满腔热忱歌颂了传主的丰功伟绩，为中华民族解放事业所做出的巨大贡献；同时也记述了传主的缺点、错误，并分析了产生这些缺点、错误的原因。作者写作的态度是严肃认

真的。全书依据的文献、档案、资料非常丰富,并对所用史料进行认真的考辨,去伪存真,言有所本,做到了以坚实的史料作基础,不做无事实根据的褒贬,缺乏史料之处,则不妄加臆断评说。可谓传文力求"其文直、其事核、不溢美、不隐恶"([汉]班固:《司马迁传》),实录其事,写成信史。

此次《赵尚志传》再版,作者本着历史唯物主义、辩证唯物主义的原则和秉笔直书、存真求实的精神,认真做了修订工作,补充许多重要和新近发现的有价值的史料,增加了一些史事的细节描述,使本书内容更加准确、严谨、翔实,从而进一步提高了本书的史学品位和学术价值。

第四版《赵尚志传》即将面世,再次敬请专家、学者、抗联老同志、抗联史研究人员和广大读者披览经过修订的《赵尚志传》,并提出宝贵意见。

黑龙江人民出版社
2015 年 5 月

序　一

赵尚志是东北抗日联军著名将领。1925—1926年间，他接受爱国、反帝和共产主义思想，走上革命道路。1931年九一八事变后，他即投身到抗日斗争中来。他是我党直接创建的人民抗日武装——珠河反日游击队、东北反日游击队哈东支队、东北人民革命军第三军、东北抗日联军第三军的主要领导人，并任北满抗联总司令。他指挥抗日队伍在松花江流域、小兴安岭山麓纵横驰骋，给日本侵略者以沉重打击，使得日军丢魂丧胆，深受群众拥护欢迎。不幸的是，1942年2月，他在鹤岗梧桐河地区与敌人作战中壮烈牺牲。东北人民对这位抗日民族英雄，至今仍然怀着深切的敬仰之情。

可以说，赵尚志是一个传奇性的英雄人物。多年来，有关他的革命事迹已经出了不少书。中共黑龙江省委党史研究室副主任、研究员赵俊清同志所著《赵尚志传》一书，是这些书籍中全面记述这位英雄人物一生的好作品。在九一八事变70周年的前夕，这本书的作者根据近几年来搜集到的史料和研究成果，对《赵尚志传》又做了许多补充和修订。此书将在明年赵尚志殉国60周年之际再版，作者嘱我作序，我想借此机会，再次表达我对这位曾经并肩战斗、亲密共处过的老战友的怀念和敬意。

赵尚志一生的经历极为坎坷。他的高贵革命品质，也正是在这坎坷经历中表现出来，给我的印象甚为深刻。他不仅在对敌斗争中屡遭艰难险阻，而且在党内生活中曾遇到不止一次的错误处理。每遇到来自外部或内部的挫折、打击，他都从不灰心，从不气馁，仍然始终如一地坚持共产主义信念，坚持在战场上与日军搏斗，坚持革命到底。记得在1933年初，巴彦游击队失败后，满洲省委将此归罪于赵尚志而决定开除了赵的党籍。一个深夜里，我俩谈心，他说，巴彦游击队失败后，满洲省委把他开除后就不管了，不要他了。自己苦思了几天几夜，睡不好觉。最后也想开了：开不开除，是组织的事，干不干革命，是个人自己的事。于是，自己找门路，钻进孙朝阳队伍里，原本想改造这支队伍走上真正抗日救国的道路。但是未成功，便带着七个同志从孙朝阳部队拉出来自己干，才有了今天。赵尚志这段肺腑之言，足以说明他对共产主义革命事业和抗日救国是何等忠诚，何等坚定。他的一生，确实是历尽艰辛，矢志不移，鞠躬尽瘁，死而后已。他对敌人恨之入骨，对人民特别热爱。他，真正做到了"横眉冷对千夫指，俯首甘为孺子牛"。这是永远值得我辈和后人敬仰和学习的。

我对《赵尚志传》的修订再版感到高兴，希望赵俊清同志和更多有志于研究抗联历史的同志们，多写出一些反映抗联历史、人物的书籍来。要让人们永远记住在东北从1931—1945十四年苦难日子里，党领导各族人民是怎样与日本侵略者作斗争的，永远记住赵尚志等抗日英烈的光荣业绩，用以鼓舞人民的斗志，振奋人民的精神，为建设更加繁荣富强的伟大社会主义祖国而奋斗！

韩　光

2001年8月于北戴河

（韩光，赵尚志战友，中共中央纪律检查委员会原常务书记）

序　二

抗联著名将领赵尚志传记要再版(修订)发行,我听说后感到十分高兴。赵尚志是抗日民族英雄,他是中华民族不甘忍受外来民族侵略、压迫,敢于反抗、勇于斗争的优秀代表之一。在中国共产党领导的东北抗日斗争中,他和杨靖宇、周保中等同志一道,不畏艰难困苦,组织抗日武装,带领广大民众与凶恶的日本侵略者展开殊死搏斗,其动人的英雄业绩至今仍在流传。

在开展抗日救国战争的日子里,我曾与赵尚志在一起工作过一段时间。至今,他的音容笑貌,我仍记忆犹新。

1934年10月,我(化名刘焜)在中共满洲省委任常委、组织部部长。同年11月,省委派我以省委代表的身份到赵尚志任司令的东北反日游击队哈东支队工作,兼任支队政委。哈东支队的前身是珠河反日游击队,它是1933年10月建立的,队长是赵尚志。由赵尚志领导的珠河游击队在党的抗日民族统一战线旗帜指引下,得到了广大人民群众的拥护,有许多农民、工人、学生前来参加这支队伍,部队发展很快。当时,赵尚志与珠河中心县委一些同志在对待省委关于反"讨伐"斗争的指示有些意见分歧。我到珠河(今尚志)与县委接上关系后,即开始调查了解情况。正赶上赵尚志带领队伍在外边活动,不在珠河,我就先着手解决县委的问题。不久,赵尚志带领队伍回来了,我同他们连续开了几次会,把问题全摆了出来。那时,斗争十分紧张,敌人不断前来"讨伐"。有一天,我们正在开会,日伪军就来"围剿",我们在山头上与敌人一直打到半夜,才冲出包围圈,转移到别处。战斗结束后,又继续开会,双方都充分发表意见后,我感到赵尚志与地方党委之间矛盾的焦点是在如何执行省委决议这个问题上。当时省委由于受"左"的路线影响,在所做出的粉碎敌人冬季"大讨伐"的指示中,曾不切实际地提出"不让日'满'匪军侵入游击区域一步",并作为反"讨伐"斗争的中心口号。县委一些同志主张要坚决执行省委这一决议,但赵尚志持不同意见,认为这做不到。他提出应比较实事求是地、灵活地执行省委决议。因此,省委就批评赵尚志右倾,开除了他的党籍,而那些坚决执行省委决议的同志也由于完不成任务而遭到省委批评。通过广泛听取各方面的意见,我认为在当时,由于敌人数十倍于我,"不让敌人进入游击区一步"是不切实际的。因此,省委决议是无法实现的。后来,我根据当地的实际情况,给省委写了报告,指出应尊重赵尚志同志的意见,省委也同意了,恢复了赵尚志的党籍。

我在哈东支队工作有两个多月,省委调我去苏联参加共产国际第七次世界大会。我在珠河工作时间不长,但珠河的干部战士忘我工作的革命精神,赵尚志率队英勇杀敌的顽强作风及其敢于坚持实事求是的高尚品德,都使我永生难忘。在共产国际第七次世界大会上,我的发言,介绍了东北抗日武装斗争的情况,特别是赵尚志领导的哈东支队的斗争。东北人民的英勇抗敌的事迹是各国共产党所高度重视的。

赵尚志的抗日斗争业绩与杨靖宇齐名。我知道在延安时,毛泽东主席于1938年在接见

美国合众社记者,回答问题时说过,"有名的义勇军领袖杨靖宇、赵尚志、李红光等等,他们都是共产党员,他们的坚决抗日艰苦奋斗的战绩,是人所共知的"。对杨靖宇和赵尚志给予了高度的评价。后来,我知道赵尚志为坚持艰苦的抗日战争,遭受许多挫折,但他毫不气馁,依然坚持战斗,直至最后为国捐躯,这使我们都感到很悲痛。

今年,是九一八事变70周年。明年2月,是赵尚志殉国60周年。抚今追昔,不能不使我们感慨万千。我们永远不能忘记赵尚志等为争取抗日战争的胜利流血牺牲的先烈,永远不能忘记抗日战争的历史。在记述抗日民族英雄赵尚志的传记即将再版之际,我写出上面一些话,是为序。

赵毅敏
2001年7月于北京
(赵毅敏,赵尚志战友,中共中央纪律检查委员会原副书记、秘书长)

题 诗

陈 雷

纪念赵尚志将军

（一）
将军百战逝梧桐，河水滔滔大浪倾。
离别故乡征北满，奔驰沙场斗东瀛。
舍身救国成豪志，忘死杀敌领雄风。
平生殉难关山外，大节不屈著英名。

（二）
烽烟十载战满洲，抗击倭夷报国仇。
命途多舛置身外，生灵涂炭在心头。
征途迢递驰骏马，浩气凛然上斗牛。
英雄虽死魂犹在，伟绩长垂万古秋。

（陈雷,赵尚志战友,黑龙江省原省长）

写在前面

赵尚志是东北抗日联军著名将领、抗日民族英雄、忠诚的共产主义战士。为了中华民族的生存、解放，他英勇无畏地与敌人奋战了一生，直至最后一息。

赵尚志生在农村，长在城市，经受过大革命洪流的洗礼和实际斗争的锻炼。九一八事变后，他投身抗日斗争，开始戎马生涯，是中国共产党领导的东北抗日联军的主要创始人、指挥者之一。赵尚志曾任中共满洲省委军委书记、抗联第三军军长、东北民众反日联军总司令（后为东北抗日联军总司令）、北满抗联总司令、抗联第二路军副总指挥等职务。他从事过十年多艰苦卓绝的抗日武装斗争，在不久即将看到人们为东北光复、全国抗战胜利而绽开笑脸的时候，不幸，他牺牲了，时年仅34岁。

作为一名东北抗日联军的领导人，他深受人民的爱戴。他因在所从事的抗日斗争伟业中建树巨大的功勋而受到广大人民的敬仰。赵尚志牺牲后，人民深切怀念他。为了缅怀他在东北抗日武装斗争中的功绩，永远纪念这位英雄，"九三"东北光复后，松江省人民政府遵照广大群众的意愿，并经上级批准，将其英勇战斗过的地方、东北抗日联军第三军发祥地——珠河县改称尚志县（1988年9月经国务院批准撤县改市，现为尚志市）。这样，"尚志"就成为中国大地上屈指可数的以英烈之名命名的一个县份。在哈尔滨市，人民政府也将他早年从事革命活动时经常经过的一条繁华大街——新城大街，更名为尚志大街，以做永久的纪念。

赵尚志是辽宁省朝阳县人，1908年生于一个农村知识分子家庭。1919年举家迁居哈尔滨。他在1925年于哈尔滨市许公中学读书时，参加革命。在声援上海工人、学生五卅反帝爱国斗争中，光荣地加入了中国共产党。赵尚志是东北地区早期中共党员之一。同年末，进入著名的黄埔军校学习。暂短的军校生活使他与党领导的武装斗争紧密联系在一起。从黄埔回东北后，他在中共满洲省委工作时，曾担任省委常委、军委书记职务。

1931年九一八事变爆发，日本帝国主义妄图以武力征服中国。在蒋介石国民党政府不抵抗政策下，东北三省数月间沦于敌手，三千万同胞陷入水深火热的深渊之中。值此中华民族生死存亡的危急关头，赵尚志遵照中国共产党关于武装抗击日本侵略者，发动游击战争的指示，投入长期的武装抗日斗争中。在中共满洲省委、珠河中心县委领导下，他在哈东地区领导创建了反日游击队，贯彻党的反日统一战线政策，壮大了抗日武装力量，开辟了游击区，创建了根据地。他指挥东北抗日联军第三军在松花江两岸、小兴安岭山麓纵横驰骋，运用游击战争的战略、战术，与敌人浴血奋战，为推翻日本帝国主义的殖民统治，收复东北失地，配合全国抗战，争取民族的独立和自由进行了长期的、坚决的斗争。

人们知道，东北抗日游击战争是在极端困难的条件下进行的。不仅斗争的对象——日本侵略者凶恶无比，而且斗争的环境也艰苦异常。赵尚志和杨靖宇、周保中、张寿篯（李兆麟）等抗联将领一样,一直是在冰天雪地、缺衣少食、以鲜血和生命为代价换取敌人武器的艰难环境中,率领抗日队伍与日本帝国主义展开英勇搏斗的。不仅如此,自1935年之后,东北党组织与党中央失掉了联系,中共驻共产国际代表团的领导时断时续(1937年后这一领导也丧失),抗联各军又处于敌人分割包围之中,形势极为严峻,斗争更加复杂。在这种情况下,指挥东北抗日斗争的领导人完全是靠自己摸索、探求进行抗日武装斗争的道路的。确实,这不是一件容易的事。然而,赵尚志等抗联领导人高举爱国主义旗帜,以共产党人的大无畏气概和抗日事业必胜的坚定信心,孤悬敌后,在被日本帝国主义武装占领的东北大地,坚持领导以游击战争为主要形式的群众性的抗日运动。在组织、领导抗日武装斗争中,赵尚志在党的关于武装抗日、建立抗日民族统一战线等方针政策指引下,做了大量的实际工作,取得了卓著的成绩。北满地区抗日武装的组建与发展、群众性抗日运动的掀起,是与他的努力分不开的。他所指挥的东北抗日联军第三军不仅是抗日队伍中的一支劲旅,而且是北满地区抗日武装的核心,在它的周围聚集着许多抗日义勇军、山林队。日本侵略者视赵尚志指挥的队伍为"最顽强""行动最活跃的匪团",赵尚志是"匪势最为活跃的代表者"。[①]

在东北抗日游击战争中,赵尚志是以骁勇善战而著称的。他率领抗日部队英勇作战的英雄壮举,曾令敌人为之胆寒,日寇有云:"小小的满洲国,大大的赵尚志。"其丰功伟绩令国人为之振奋,远播中外。1935年8月,党中央发表的《为抗日救国告全体同胞书》(《八一宣言》)中称赞赵尚志等东北抗日武装领导人为民族英雄,他们所领导的"前仆后继的英勇作战,在在都表现我民族救亡图存的伟大精神"。1938年2月,毛泽东同志在延安接见美国合众社记者王公达先生,回答他提出的问题时说:"中国共产党和东三省抗日义勇军确有密切关系,例如有名的义勇军领袖杨靖宇、赵尚志、李红光等等,他们都是共产党员,他们的坚决抗日艰苦奋斗的战绩,是人所共知的。"[②]当时,在中国共产党于法国巴黎出版的《救国时报》、国内一些主张抗日的进步报刊以及日伪报纸(当然是站在敌对立场)上,时常有关于赵尚志率领抗日武装进行抗敌活动的报道。

革命的道路是艰难而又曲折的。在长期的革命斗争中,赵尚志所走过的途程也是坎坷不平的。他一生中曾三次被敌人逮捕(1927年3月、1930年4月、1933年1月,因无证旋被释放);三次身陷囹圄(其中,1927年3月入吉林监狱、1930年4月入沈阳监狱,1938年在苏联内务部禁闭室被关押,铁窗生活共计五年零四个月);一次赴刑场陪决(1927年4月);两次被错误开除党籍(第二次竟是"永远开除党籍",后改为"开除党籍");三次被撤职销权(一次在1932年,一次在1938年,一次在1940年);三次身负重伤(1932年11月东兴战斗中左眼眶下负伤,致使左眼失明;1934年12月肖田地战斗中左臂负伤;1942年2月袭击梧桐河金矿伪警察所被特务枪击成重伤,八个小时后牺牲)。他曾任东北抗联总司令,指挥千军万马,也曾被错误批判斗争,撤销职务,成为"孤家寡人"。有人讲,赵尚志是一位传奇式的人物,这种

---

① 日本关东军参谋部:《关于最近满洲国的治安》(1937年5月),载《东北抗日联军史料》(下),中共党史资料出版社,1987年12月版。

② 《毛泽东选集》(1948年东北书店出版)。

说法并不过分,在他一生的经历中确实有许多传奇性的故事。其实,他曲折、复杂的经历本身就构成了一部传奇。1962年,他的战友冯仲云同志曾说过:"赵尚志是个传奇人物,我有个志愿,要写部长篇小说纪念他。"

据一些熟知他的人讲,赵尚志相貌并不出众,身材矮小,朴实无华,是一个极平常、极普通的人。他有胆有识、坚贞倔强、刚直坦诚、百折不挠,但也存有主观执拗、操切冒失等缺点。他为革命事业建树过功勋,但也在工作中犯有这样或那样的错误。他为战斗的胜利奏捷充满过喜悦,但也领略过失败和受挫的教训。然而他在遭受挫折、身处逆境时,对党的事业仍忠贞不渝,为争取民族解放而奋斗到底的决心仍丝毫不减,对革命胜利的前途仍充满必胜信心。他作为一名久经考验的共产主义战士,在斗争的关键时刻,表现出了一个共产党员忠实于党、忠实于人民、忠实于祖国的高贵品质。他的这种坦然面对人生逆境,毫不动摇、气馁,两次被"开除党籍"后,仍为党的革命事业、为民族解放而英勇斗争的精神,是为许多曾与他一道从事过革命活动的老同志所特别称道和赞许的。

《庄子·刻意》云:"贤人尚志。"当然,赵尚志不是庄周所言的那种贤人。"金无足赤,人无完人"。赵尚志也有他自身存在的不足、缺点乃至错误。但他高尚其志,志行坚贞,抗日坚决,共产主义信念坚定,其功绩是远远超过他的过失的。赵尚志为了党,为了祖国,为了人民,为了民族,赤胆忠心,顽强战斗,英勇拼搏,直至最后一息,可以说他确实不愧是一位不屈不挠的抗日民族英雄,坚贞的共产主义战士。

人们都知道,党领导的艰苦卓绝的东北十四年抗日武装斗争,在中华民族解放斗争史上占有重要地位。东北抗日武装斗争堪称一部壮丽的英雄史诗。应该说,在这部史诗中,赵尚志以自身的英勇行动和洒下的鲜血书写了光辉的篇章。我们看到,在长夜难明的漫长艰苦岁月里,赵尚志内心有一种如同永不熄灭的火焰一样的坚定信念:驱逐日寇出中国,实现民族的自由、独立和解放。这种来源于对祖国、对人民无限热爱,对党的事业无比忠诚的坚定信念,使他能够按照党确定的方针,勇敢地与无论是在数量上、还是在装备上都远远超过自己很多倍的敌人展开搏斗;正是这种信念才使他于枪林弹雨中、于饥寒交迫中、于复杂的斗争中,出生入死,不畏挫折,能够以极大的倔强与忍耐的精神,始终英勇不屈地领导着极其艰难的抗日武装斗争。

我们从赵尚志可歌可泣的动人事迹中可以清楚地感知,在赵尚志的身上鲜明地显现出一种高尚的品格,即为中华民族解放,为了党的事业,不为任何困难所吓倒,不为任何敌人所屈服,勇于艰苦斗争,勇于献身的品格。这种品格代表着中华民族不畏外来侵略势力的强大压力,不甘屈服于帝国主义及其走狗的残暴奴役的自强、自信的反抗精神。先烈的这种伟大革命精神和崇高品格,作为我们民族的宝贵精神财富将是永放光彩、世代相传的。

赵尚志离开我们已经有多年,但人们并没有因时间的流逝而忘记他。为了纪念、缅怀这位抗日英雄,发扬先烈的革命传统,1984年,尚志县人民政府建起了烈士纪念馆。同时,在他牺牲地附近的宝泉岭农场管理局所在地,由广大干部、青少年自愿集资,进行义务劳动建起了烈士纪念碑。人们之所以对他如此倾注深厚的感情,是因为他所处的那个时代,历史赋予

他的使命及由他和无数抗日志士所建树的功绩,令人难以忘怀。

重视历史人物的价值,重视对历史人物的研究,是弄清一些历史事件的原委、探索历史发展规律的需要。在20世纪30年代初期,赵尚志担任过中共满洲省委常委、军委书记,中期、后期担任过抗联第三军军长、中共北满临时省委执委主席、北满及东北抗日联军总司令、抗联第二路军副总指挥等重要职务。他的这种身份,就使得他与东北地方党史、东北抗日联军历史中的一些重大的问题、事件密切相关。因此,无论是对了解赵尚志本人复杂曲折的经历,或了解三四十年代东北人民与日本帝国主义的艰苦斗争的历程,把赵尚志这位党史、抗联军史人物一生的经历系统地记载下来,为其立传,就显得十分必要。同时,在其传记中,把他置于应有的历史地位上,予以客观记述、公正评价,也有助于东北地方党史和东北抗联历史的研究。

作者深知,为人立传难,为有争议的人物立传更难。由于赵尚志曲折、复杂的经历,在过去,人们对于他的看法是存有很大争议的;就是在今天,对他的评价、认识也不一定完全一致。为了把握历史的真实,准确地描述传主的生平,本人在撰写本传记过程中是力图遵循这样的一些原则的:一、传文须有坚实的史料作基础;二、不做无事实根据的褒贬;三、全面地、客观地记述。诚然,这些体现实事求是精神的原则是一般人物传记均应遵循的。但是,由于作者水平的限制,传文能否体现这些原则,很难说有十分把握。然而,作者确实是着力朝这个方向努力的。

本传记撰写工作始于1984年。从搜集、整理资料,调查访问,进行专题研究,形成初稿,又几经修改,直至最后定稿,断断续续用了四年多时间。在某种意义上说,阅读历史人物传记是了解历史的最简捷的办法。作者从开始着手这一党史、抗联军史人物传记写作之时起,即怀有这样一种心愿:如果这本传记能够为想了解赵尚志将军其人其事,了解党领导的东北抗日武装斗争历史的同志提供些帮助的话,那就达到了作者的写作目的;若本书能够使读者从英烈的身上继承发扬其革命的精神,从其走过的道路汲取经验教训,进而激励人们为祖国的现代化建设事业努力奋进,那就更是令作者足以引为欣慰的了。

于此,作者愿意以诚挚之心,向所有翻阅本书的读者,表示由衷的敬意。谢谢尊敬的读者。

赵俊清

1988年3月

第一章 少年时代

一、童年与家庭

1908年10月26日（农历十月初二），赵尚志出生在辽宁省朝阳县（原隶属热河省）第二区王伦沟乡喇嘛沟村（今尚志乡尚志村）。

朝阳，历史悠久，山川秀美，物产颇丰，素有"金朝阳"之称。境内山峦耸峙，丘陵起伏，著名的凤凰山屹立于县城东郊。大、小凌河贯穿全境。朝阳古称柳城，后称龙城、兴中，因城内建有三座古塔，又有"三座塔"之称。据说，清乾隆年间，有官员因见县城所倚凤凰山如青凤朝阳，故取《诗经·大雅·卷阿》中，"凤凰鸣矣，于彼高岗，梧桐生矣，于彼朝阳"之意，遂改三座塔为朝阳。

并非堪舆家所云地灵人杰的"风水说"才诞生出英雄、豪杰。赵尚志的家乡——位于朝阳县南部浅山丘陵地带的喇嘛沟却是一个交通很不便利、极为偏僻、十分贫困的小山村。一二十户农家散居在一条五六里长的山沟里，村民的房屋彼此相间互不衔接，只有一条小河沟在赵家门前缓缓流过。

在灾难深重的旧中国，到处都是一片腐败、贫穷、落后的黑暗景象。赵尚志的家乡也和许多地方一样，荆天棘地，血雨腥风，"金朝阳"并没有放出应有的光彩。官府横征暴敛，兵匪伤生害命，洋教堂胡作非为，致使民不聊生。山成了穷山，水成了恶水。广大农民饱尝统治阶级剥削压迫之苦楚，历尽动乱、劳苦之酸辛。清末民初，由于连年遭受旱涝灾害，官府仍摧捐逼税，洋教堂继续逞凶，难以活命的朝阳民众在忍无可忍的情况下，曾多次举事，反抗官府和洋教堂的压迫。据传，具有较大规模的群众斗争竟有九次之多，故有"九反朝阳"的说法。其中清光绪二十六年（公元1900年）朝阳铧子沟人邓莱峰组织"抗洋会社"，两次打退洋教堂武装的进犯，声威震动清廷。光绪三十年（1904年）朝阳知府俞某强令民众出钱，增巡警，办学堂，群众无力负担，激起民变。鞠忠才、刘希彦聚众起事，攻占朝阳城，打跑了俞知府。民国四年（1915年）侯文广为反抗官府强行收缴苛捐杂税，建立"联庄会"，举起义旗，在朝阳、建平、凌源三县组织上万人的抗捐队伍，三次大败前来镇压的官军。在历史上，朝阳人民就是富有反抗斗争精神的人民。"九反朝阳"的英雄壮举是足以使广大朝阳人民引以为自豪的。因此，一次次反抗官府、洋教堂压迫的斗争事迹广为传播，为后世留下许多感人肺腑的佳话美谈。这些斗争事迹，通过人言口传，在少年赵尚志的心里也曾留下较深的印痕。

赵尚志出生在一个农村知识分子家庭。他的祖父、父亲都是读书人。赵尚志出生时，家有房屋八间（正房五间，厢房三间），土地五垧，养有牛马，拴一辆车。全家十口人。其生活是靠他父亲教书和兄长种地来维持的。农忙时，间或雇一两名短工。其家庭生活虽不十分富裕，但也并不异常困顿。

赵尚志的父亲赵振铎(又名宗义、致远、式如,字子馥)生于清同治十一年(1872年)。年轻时曾进学锦州。光绪二十二年(1896年)考取锦县第二名生员(按,即秀才)。翌年赴北京应丁酉科乡试未中,此后他无意于科举功名,在家乡教书。他是一位为人正直,受人尊敬的私塾先生。平时居家,面对外强侵掠、国势衰落的形势,他常对族人、友人说:"国家兴亡、匹夫有责,一方人士应唤起一方之民众,推之各省,国家焉有不治者乎?惟望有志之士倡导于先耳。"他笃信礼教,也讲求维新,辛亥革命前,即联络志同道合之人组织晋劝剪发天足会,宣传男人剪辫子的意义,女人不缠足的好处。并力主兴办新学,尽劝及门弟子改入新式学校,学习近代科学文化知识。他对贪官污吏深恶痛绝,是朝阳县南部群众抗捐领袖之一,在朝阳地区远近地方颇孚众望。赵尚志的母亲张效乾是赵振铎的续弦。她性情敦厚,勤劳俭朴,心地善良,从早到晚总是不辞辛劳地操持家务,堪称贤妻良母。

赵尚志兄弟姊妹共十一人,他排行第六,上有二位兄长,三位姐姐;下有一个弟弟,四个妹妹。按赵家族谱的辈分,其兄弟姐妹是属"尚"字。父亲给心爱的第三个男孩起名为"尚志"。《孟子》中有,"王子垫问曰:'士何事?孟子曰:'尚志。'曰:'何谓尚志?'曰:'仁义而已'。"又说,"居仁由义,大人之事备矣。"父亲给他起的这个名字应该说是寓意颇深的,其意是令其崇尚鸿鹄之志,成为一个仁爱正义、品德高尚、大有作为之人,而不是目光短浅,卑琐庸懦,毫无作为的蓬雀之辈。赵尚志小时候长得比较矮小瘦弱。他与普通的农村孩子相比,没有什么不同,偏僻的山村限制了他的眼界,他所接触的人和物都是有限的。他懂事,听话,但又顽皮。他常与小朋友在家门不远的一棵大柳树下玩耍。如果说他与别的孩子有什么差异的话,那只是他胆子稍大。上山、爬树、掏鸟蛋、打长虫(蛇)什么都敢干。同小伙伴到谁家去玩,别人怕狗,他总是走在前头,专当打狗的。童年的赵尚志深受兄长和姐姐们的喜欢和爱护。这个小弟弟与大哥哥、大姐姐们虽不是一母所生,但他们亲密得如一奶同胞,毫无隔阂。在山村里,兄长和姐姐们一起陪这个小弟弟玩。他们上山拣柴,总是带着这个小弟弟,有好吃的东西总让给他,真可谓关怀备至。

赵尚志从小受父亲教育、影响很深。他六岁时就跟着父亲念书识字,以后又上官学堂(学校)。赵尚志的父亲对子女管束极严。他一方面教育子女学孔夫子的"非礼勿视,非礼勿听,非礼勿言,非礼勿动"①,另一方面又教育子女须当仁不让,见义勇为,主张正义,要爱国,爱同胞。他进城办事时,有时也带着小尚志,对着矗立县城的辽代砖塔,讲古论今,使少年尚志从祖国悠久历史中,受到爱国思想教育。他藏有《三国演义》《忠义水浒传》《说唐》《说岳全传》等历史小说,在赵尚志具有一定阅读能力,喜欢翻看这一类书籍时,他从不加以制止,而且还加以鼓励。他高兴时还绘声绘色地讲里面的故事给赵尚志和其他孩子们听。每当父亲讲"官逼民反""仗义疏财"的水浒故事时,年幼的赵尚志总是细心听、认真记,对"路见不平,拔刀相助""除暴安良,劫富济贫"的英雄豪杰十分钦佩。在同小朋友玩耍时,还常常把自己听到的故事讲给小伙伴们。因此,在少年赵尚志的脑海中是装有许多诸如李逵、关云长、程咬金等神勇

---

① 《论语·颜渊》。

无畏的血性汉子的形象的。

矗立于朝阳县城的辽代古塔

赵尚志小时候,很孝顺父母。一次,他和本村老徐家一个孩子在小凌河捕鱼,然后在岸上用火烤着吃,姓徐的小伙伴把自己分的那份全吃掉了,而他却留下几条准备拿回家去。姓徐的伙伴问:"你留下的鱼给谁吃呀?"赵尚志回答:"拿回家,给我娘,我娘养我们兄弟姐妹不容易,我得把鱼拿回去孝敬她!"十分讲究孝道的少年尚志,时常受到乡亲邻里的夸奖。

赵尚志非常听母亲的话。母亲经常告诉他什么该做,什么不该做,孰是孰非……母亲的教诲使年幼的赵尚志初步地懂得了遇事要分清是非,做人不能光为自己的道理。小时的赵尚志,家里对他从不娇生惯养。他时常因过于顽皮而遭到父亲的训斥。当他稍大时,母亲也经常支使他做力所能及的家务活,不让他养成好吃懒做的习性。

赵尚志的成长以及后来走上革命道路是与其父母的影响和支持分不开的。这两位老人都十分开明,通情达理,赵尚志曾对家人说:"人生在世,应为全人类谋幸福,为国家谋利益,难道专在父母膝下尽孝,就尽到了做人的全部责任吗?"他参加革命后,两位老人以其志向不违正义,遂听其自便,从不加以约束。他们认为自己儿子所从事的事业是正义的,正义如善,如善,则何谓不行?两位老人对赵尚志投身革命,从事抗日斗争始终表示支持。有一段时间,和赵尚志一起从事革命活动的同志经常出入其在哈尔滨居住之家,或接头或研究工作。两位老人对来人都表示欢迎,并勉励他们当国耻民痛之时,理应效命疆场,为国为民出力,绝不能作苟且偷生之辈。老人同情革命、正义深挚的情感使得出入其家从事秘密革命活动的同志深受感动和鼓舞。至今,一些老同志忆及此事,对两位老人支持革命,关心他们的言辞仍不能忘怀。

因赵尚志参加了革命斗争,特别是从事抗日武装斗争事业,日伪当局对其家属亦异常忌恨,几欲加害其双亲。1934年,赵尚志的父亲曾被日本宪兵队捕去,受尽了折磨。在其父亲被捕受刑时,赵尚志的母亲四处托人借钱进行营救。当时有的人生怕牵扯到自己,退避三舍。有的人还说让尚志回来看看,他父亲正在为他受罪,而赵尚志的母亲却正色道:"你们怕事,我不来求你们。但我儿子不是为非作歹,抗日救国是光荣的事,难道一定要当亡国奴吗?"她决定变卖全部家产来进行营救。后来把家里居住的青砖房卖了三千元,用钱从狱中把人赎了出来。①赵尚志的父亲被释放后,为避免敌人继续迫害,不当亡国奴,不得不改名为赵式如,带领一家人由关外至关里到处迁徙。1935年冬,赵尚志的父母携带他弟弟、妹妹离开哈尔滨逃往北平。1937年"七七"事变后迁居天津、上海,在东北抗联李杜办事处的接济、资助下维持生活。以后随着日本侵华战火的蔓延又辗转流落到香港、贵阳、重庆、西安、苏州等地。

1941年,赵老先生一家生活在重庆。当时家中经济拮据,境况窘迫,难以维持生计,赵老先生不得不投书《大公报》,向社会求援。后由全国慰劳总会为赵老先生拨赠慰问金一千元。当时《新华日报》以《东北老人赵式如一门忠义》为题发表中央社简讯一则,全文如下:"[中央社讯]东北七十老翁赵式如三子从军,音讯断绝,年来寓居南温泉,一家七口,非老弱即妇孺,生活无着,近曾投书大公报,向社会求援。兹悉全国慰劳总会以赵氏一门忠义,大节凛然特拨赠慰问金一千元。按赵氏吉林人,九一八事变后,三子皆秉训从军,后与家庭失却联络。老人一度被敌逮捕作质,卒以坚贞卓绝之精神,逃出虎口,后携全家南下,辗转来至重庆。"②此则简讯说"赵氏一门忠义,大节凛然",委实是对赵家的中肯评价。(文中所说"赵氏吉林人"是因当时哈尔滨道外区——赵尚志家居地,为吉林省管辖。)

同年10月10日,全国慰劳总会为抗属赵式如老先生赠送慰劳单和"祖国光荣"荣誉牌一面。慰劳单中说,"我们和暴日打仗,吃苦最多出力最大的是和敌人拼命沙场的出征将士,而在后方吃苦最多者要算出征将士的家属。好在捷讯频传,离胜利的日子已经不远了"。赵老先生对此深有感慨。他热切地盼望抗战胜利的那一天。1942年冬,赵老先生率全家到西安。翌年夏,在那里曾受到周恩来和邓颖超的亲切接见。周恩来高度评价老人家训教三子从军抗日的爱国义举。老人家对周恩来的伟人风度赞赏有加,对其勉励终身不忘。他常对子女说:"周恩来是一个伟大的人物,心里装着千百万父老兄弟,人家说的话,真叫人佩服。"1945年8月15日,日本政府宣布投降,赵老先生高兴异常,他激动地说:"盼的就是这一天,我四个儿子,三个从军,有两个牺牲在抗日战场上……中国能有今天是多么不容易呀!"

---

① 赵尚文:《我的父亲赵子馥》,载《红山文化》1995年第3期。
② 载《新华日报》(1941年9月25日)。

具請求書趙尚志係吉林濱江縣人年七朱三歲前清附
生為三子皆秉訓從軍立書隔絕生活無着懇請募款
救濟事式如生逢滿清專制之時飽嘗外寇侵凌之痛憾
敵無力愛國有心曾充原籍朝陽縣自治會會長執行典
剿除弊餘力不遺尤復喻童輩立學校救國令次子尚志遠
勞任怨等議決事項又勸立學校倡辦靖鄉各公益任
投黃埔軍校求學追九一八事變尚志即組織義勇軍不
斷與日寇作殊死戰嗣又被舉為抗日聯軍第三軍軍長
式如因之被日寇逮捕嚴刑逼迫令各面尚志投降式如不
屈未撓卒以堅忍被釋乃乘間逃居北平後值七七變作長

赵尚志父亲写的自传

1949年新中国成立后，赵老先生一家又迁回哈尔滨，从此才算真正安顿下来。两位老人由北到南，从西到东，跑遍了半个中国，十四年间辗转搬迁八次，真可谓"迁徙往来无常处"，历尽颠沛流离之苦。但是，对此，两位老人并无任何怨言，只是母亲看到赵尚志为革命舍生忘死，竟不顾及自己的婚事，以致终身未娶，颇以为是憾事。然而，对于两位老人更多的是为自己有三个儿子投身抗日，两个儿子牺牲，特别是赵尚志在东北从事领导伟大的抗日救国斗争事业，最后舍生取义，为国捐躯而深感自豪。

赵尚志的母亲于1957年病故于哈尔滨，终年七十五岁。时隔一年，其父相继病逝，享年八十七岁。

赵尚志参加革命后，其二兄、四弟、四妹、六妹、老妹在父母的教诲及赵尚志的影响、鼓励下也都先后走上革命的道路。中央社简讯中所说赵氏一门忠义，三子秉训从军，是指赵尚志及其二兄赵尚朴、四弟赵尚武。赵氏三兄弟一在东北，一在西北，一在华北，共同从事抗日救国事业。

赵尚志的四弟赵尚武于"七七"事变后，在太原参加了八路军(当时年仅十七岁)，在西北战地服务团工作，是一名光荣的文艺战士。他天资聪颖，多才多艺，擅长绘画素描，表演戏剧，吹奏口琴，高音歌唱，作词谱曲，并懂乐理。曾参加演出反映抗日斗争的话剧《突击》和京剧《白山黑水》。1938年6月为纪念中国共产党成立十七周年，在延安进行汇报演出，受到毛泽东、朱德和彭德怀等中央领导同志的接见。同年8月，加入中国共产党。1942年担任晋察冀军区抗敌剧社音乐队副队长。1943年12月，在反"扫荡"战斗中，为保护儿童突围，于河北省阜平县一个山村英勇牺牲，时年二十三岁。

赵尚志的二兄赵尚朴于1932年加入中国共产党，曾在哈尔滨中东铁路机务段、平绥铁路南口大厂等地从事党的地下活动。1938年4月去延安，后在华北晋绥地区进行抗日救亡斗争。解放战争初期受党组织派遣来东北工作，曾任哈尔滨市中级人民法院院长、市人大副主任职务。1989年10月病逝。

赵尚志的四妹赵尚英1930年与爱人李冷波考入上海艺术大学戏剧系学习。二十世纪三十年代初，她参加"左联"，在上海、南京从事进步电影、戏剧活动。先后参加电影《桃李劫》和话剧《桃花扇》《复活》演出。"七七"事变后，参加抗日救亡演出队，曾在南京、镇江、徐州等地演出了《放下你的鞭子》《祖国的吼声》等剧目。1948年到东北解放区从事文艺工作，先后在东北文教队、东北人民艺术剧院、辽宁人民艺术剧院当演员，并任演员队副队长。五十年代为辽宁省政协委员。"文革"中遭迫害，"四人帮"被粉碎后，恢复名誉。1980年病逝。

赵尚志的六妹赵尚芸青少年时即参加革命活动，撒传单、贴标语、传递消息等。后被特务跟踪，组织让她离开哈尔滨，去上海团中央学习、受训。在上海与团中央书记兼组织部长胡筠鹤结婚。婚后继续从事革命活动。因丈夫政治历史问题，新中国成立后，她被称为反革命家属。但她坚信党的政策能够落实。1982年"潘汉年案"平反后，胡的政治历史问题也做出结论，得到解决。其"反属"的帽子也被摘掉。

赵尚志的老妹赵尚文在哈尔滨小学读书时，老父被日本人逮捕。父亲获释后，随之辗转关内各地，先后于北平、上海、重庆读书。她继承父业在西安时开始从事教育工作。新中国成立后，在哈尔滨铁路子弟小学任教，直至退休。

赵尚志一家兄妹先后投身革命，为民族解放，为党的事业做出了应有的贡献。赵尚志的家庭是一个革命的家庭，堪称一门忠义，气节可风。

二、劫后余生

赵尚志的少年时代正值中国近现代社会大动荡、大变革的时期。辛亥革命推翻了清王朝专制统治,两千多年的中国封建帝制从此结束。独立、自治、民主的潮流,随着震撼整个中国大地的革命浪潮也波及到朝阳偏僻山村。辛亥革命后,赵尚志的父亲赵振铎被选举为县自治会副议长(后县自治会改为县议会仍任副议长)。他尽倡新政,不遗余力,二三年内成绩卓著。1915年袁世凯称帝后,明令取消各县议会,赵振铎对袁氏倒行逆施之行径极端愤懑,旋即回乡联合第三区八道沟等数处村屯创办了"清乡会",他被推举为会长。"清乡会"以"缉捕盗匪、保卫治安"为宗旨,反对苛捐杂税,倡导移风易俗,如男人剪掉辫子,女人不缠足,其活动深得群众欢迎。数月间,在朝阳县第三区二十多个村屯发展会员千余人。"清乡会"的成立,其种种正义之举对于当地黑暗势力无疑是一种打击,故大为地方警官所侧目。朝阳第三区警察巡官祝殿甲曾以"侵权违法,扰害治安"的罪名申报县署,将赵振铎拘捕。

《朝阳县志》关于赵尚志之父创办清乡会的记载

此事引起"清乡会"会员和当地群众的极大愤慨,千余人具保要求释放赵振铎。其中许多乡民携带粮食、饭锅奔赴县城请愿,声称官府若不放人,就在县署门前支锅做饭,不回三区。县署迫于群众压力,不得不将赵振铎释放。

这一年赵尚志才八岁。无辜的父亲被野蛮的官府抓走,多日离开,这给赵尚志幼小的心灵和精神以深深的刺激。时隔不久,一起更大的事件发生了。赵尚志的父亲领导的"清乡会"为抗捐,反对警官暴行与县署警察发生一场械斗。以后,"清乡会"遭到官府的残酷镇压。这一直接涉及赵尚志父亲及其一家的事件,对赵尚志的思想产生了重大影响。

1916年农历六月初一,县署姜队官与警察巡官祝殿甲率十几名警察由县城闯入八道沟长在营子。他们凶似虎狼,以查禁大烟(鸦片)苗为名,殴打村董,苛罚乡民,借端收捐诈取钱财。当"清乡会"副会长薛廷斌得知此事后,即召集清乡会员讨论对付办法。讨论中,有人提出:警官各家哪家不种烟苗,为何不立即铲除,反向乡民收取捐款?足见警察居心营私,欲加害地方。次日中午,十几名警察在村东一杂货店准备吃午饭时,将一名清乡会员打死。一时,群情激愤,一致要求以武力解决。之后,薛廷斌率数百名持各式武器的清乡会员将这伙警察包围,并与其抵死相拼。结果,除姜队官逃跑外,巡官祝殿甲等十五名警察被清乡会员击毙。

赵尚志的父亲赵振铎得信后,急忙赶赴长在营子。此时,事已酿成。赵振铎令乡民撤离现场,组织清乡会员将十五具警察尸体拖至村外河边,浇上煤油,点火焚烧。

"清乡会"击毙十五名警察的消息传开后,使全县为之一震。县长孙廷弼慑于"清乡会"人多势众,派绅董沈鸣诗、张振东二人持其手令,要求"清乡会举出首领一二人,投案质讯,自行解散清乡会,会人之罪便不必抵偿"。沈、张二人前往第三区向赵振铎"开导"两日,毫无效果。此后,又由殷统领派杨帮统率两营官兵前往八道沟进剿"清乡会"。结果,官兵大败回逃。农历六月十五日,热河特别区都统姜桂题命令县长孙廷弼亲往解散"清乡会"。孙廷弼邀沈鸣诗同行,但到大四家子后,孙不敢前往。孙派沈鸣诗及警佐王宪章同去再行劝导赵振铎。孙、王对赵尚志父亲说:"只要你下令解散清乡会,不在乡下胡闹,孙县长就请你进城,供你吃,供你喝,当官、教书任你选。"赵振铎当即严词拒绝道:"你们供我吃喝,能供全县老百姓吃喝吗?"当晚,村中传出"清乡会"将要包围驻在大四家子的官兵的消息。官兵及县长孙廷弼听说后,闻风而逃。此后"清乡会"与县署对峙两三个月时间。入秋后,清乡会因农务渐忙,估计官兵不敢再潜入村屯,防卫逐渐松懈。就在这时,约五百余名官兵突然攻进八道沟及附近村屯,开始血腥围剿"清乡会"。赵振铎组织清乡会进行反击,但官兵来势凶猛,清乡会会员毫无准备,又所持武器不佳,结果"清乡会"在官兵的残酷镇压下被打散。

"清乡会"失败后,为逃避官兵搜捕,赵尚志的父亲与长兄尚纯逃到天津,后来又逃至哈尔滨。残暴的官兵并不因"清乡会"被打散而罢休,他们疯狂地在八道沟附近各村屯大肆烧杀抢掠。据《朝阳县志》载,在这场灾难中"凡在清乡会之村庄饱受官兵之蹂躏,翻箱倒箧,损失不堪言状,而薛廷斌已逃逸无踪,赵振铎亦携家远飏,会内被格杀者十余人,破家者尤众。"①因赵尚志之父是"清乡会"首领,其家自然是官兵搜剿的重要目标。他家的八间房屋最先被官兵举火焚毁,财物被抢劫一空。幸好由于乡民保护,躲避及时,赵尚志与兄妹随母亲逃到远离喇嘛沟的一亲属家,在一经过修理的马棚里隐蔽度日。②此时,赵尚志因家庭发生巨变而辍学,整天在担惊受怕的境地中过着艰苦难熬的日子。

---

① 《朝阳县志》卷三十四(民国十九年编撰)。
② 《访问赵尚朴同志记录》(1965年9月6日)。

民众的反抗,官兵的镇压,鲜血与烈火,逃难与追捕……这一发生在自己的家乡、自己家中的事变,深深地触动着赵尚志幼小的心灵。尽管他还年少无知,谈不上对黑暗社会有什么系统、深刻的理性认识,但是整天生活在惊恐不安的环境中,无家可归的凄惨情景,骨肉分离的苦楚酸辛,怎能不使少年的赵尚志生起憎恨官府、仇视官兵之心呢?

三、走向社会

和平安宁的生活被打破了,艰苦难熬的岁月使人感到度日如年。1919年2月,正是农历己未年新正。然而,生活极端困窘的赵尚志一家并未感到新春给人们带来了什么快乐。少年赵尚志平平淡淡地度过了在家乡的最后一个春节。他没有像别家孩子那样从大人那里得到一套新装,也没有像往年那样得到父亲给的压岁钱。春节过后,他便与兄妹随着母亲为寻找父亲、长兄从朝阳山村风尘仆仆地来到哈尔滨。

哈尔滨是东北地区北部中心城市。在二十世纪初,随着东清铁路(即中东铁路)的修建,沙俄和其他帝国主义列强一拥而入。当年的哈尔滨,外强逞威,"国民"罹难,这里是一个殖民地色彩十分浓郁的地方,有"东方小巴黎"之称。赵尚志初来哈尔滨眼界大开。他看到栉比鳞次的楼房、工厂和商店。他凝望着马路广场上川流来往的汽车和擦肩摩踵的各式各样的人群。由于他的家乡朝阳山村地处偏僻,他与外界接触很少,见识不多,因此,这个刚从山沟里走出来的少年对大城市里的一切都感到特别新奇。对比之下,他才知道,自己的家乡喇嘛沟在这个世界上是太狭小了。

因为家庭生活条件所迫,赵尚志不能继续读书了。他父亲为逃避朝阳官府的追捕,改名为赵致远,在哈尔滨市吕家大柜火磨(面粉厂)谋个记账营生。他大哥尚纯为一白俄家赶马车。父亲和大哥所赚下的有限收入,只能勉强地维持家里过着经济拮据的城市贫民的生活。起初,他们一家住在南岗区河沟街一座简陋草房里。以后,当其家境稍好的时候,又搬到道外区十六道街附近的集良街。赵尚志全家在哈尔滨市刚安顿下来不久,城里又闹开瘟疫。真可谓"祸不单行",在这场瘟疫中,赵尚志大嫂的生命被"瘟神"夺走。以后,他大哥去苏俄驻哈尔滨领事馆当差,不久就去苏俄了。全家人的生活陷入了极端困难中,有时衣食竟难以为继。在这种窘迫穷苦的情况下,为了生存,赵尚志虽小小年纪也不得不与二哥尚朴,一同挑起帮助父亲养家糊口的重担。

他走向了社会。

开始时,赵尚志给一个被他称作"大肚子"的白俄老板家当杂役。在那里,每天要起早贪黑地打扫卫生,劈柴扫院,看孩子,干做不完的杂活。脾气古怪的白俄老板惯于挑肥拣瘦,在他的蓝眼珠里,赵尚志所干的活计从来未顺眼过。白俄老板不时指手画脚操着生硬的中国话说这也不对,那也不对。有时,老板有什么不顺心的事,也要迁怒于他,动不动就朝赵尚志大发雷霆,吵骂一顿。在白俄老板家,老板娘让他睡在地板上,给他吃用荞麦麸子做的干粮。为了挣得微薄的工钱,减轻家中的生活负担,赵尚志只得忍气吞声地在白俄老板家干杂役。半年后,赵尚志实在难以忍受白俄老板的虐待,便满怀愤恨地离开白俄老板家,告别了他迈入社会的第一道门槛。

接着,他又到哈尔滨市道外区五道街一家银匠铺(金银首饰店)当学徒。说是学徒,可师傅根本不让他学金银手艺。他所干的都是与金银手艺毫不相干的银匠师傅家里的一些粗乱杂活。师傅做工时,根本不让别人瞅一眼。赵尚志时常因"偷艺"而遭到辱骂。经过一段时间,赵尚志对学习手艺渐渐感到失望了。一次,他对二哥尚朴说:"那里不是人待的地方,老板是人,我也是人,我为什么偏要受这份窝囊气?"他决意离开银匠铺,另谋生路。

赵尚志在哈尔滨旧居(原道外区集良街26号,现已拆除)

后来,他与二哥尚朴做起卖面粉,卖月饼、烧饼的生意来。因他哥俩搞的是小本经营,买他们面粉的又都是一些小市民,一次买不了多少,加之他们都未学过生意经,又不谙赚钱之道,经常是约足了秤又给抓上一把,这样连送带丢,结果,在不到两个月的时间里,竟赔进去两袋面粉。赵尚志出去卖月饼、烧饼,走街串巷,赚回的那点儿,也只是将够本钱。他感到自己不是当生意人的料,这样,又结束了"买卖生涯"。①

在这样艰难的生活道路上,连连不顺的遭遇,使少年赵尚志渐渐养成好说、好动和倔强的性格。他爱打抱不平,见到不公之事就想参言。一次,他去市内上号(今香坊)卖烧饼,赶上一群

---

① 《访问赵尚朴同志记录》(1989年8月9日)。

人在围观什么。原来是一个商店掌柜(店主)与一卖柴人在吵架。那个商店掌柜要买这车柴火,但给价太低,卖柴人执意不允。商店掌柜见其可欺,硬说卖柴人是要讹他。两人你一句,我一句就争吵起来。周围的人袖手旁观,无人劝解,都在看热闹。赵尚志挤进人群听明事由后,便冲着商店掌柜说:"买卖不成仁义在,何必争争吵吵。你给价太低,人家不卖,怎么倒说是讹你?"他让商店掌柜再出些钱,卖柴火的再落点儿价。结果,使这桩买卖终于成交,一场小风波也平息了。这时,周围看热闹的人都向他投去钦佩的目光,夸他年纪虽小,却能讲出一番道理,把事情摆平,都说这小伙子还真不简单。

1923年,父亲托人担保,把十五岁的赵尚志介绍到华俄道胜银行哈尔滨分行道里支行工作,每月工薪八元钱,住在银行里,具体工作是"跑字的"——当"信差"。

华俄道胜银行哈尔滨分行是帝国主义列强在哈尔滨开设的第一家外国银行。华俄道胜银行成立于1895年,总部设在彼得堡,在我国关里关外一些大城市有许多分行,是沙俄对我国进行经济侵略的重要工具。1917年俄国十月革命后,该银行仍在中国保持特权,发行纸币,操纵资金,吸收存款,控制汇兑,直到1926年才宣告停业。

赵尚志在道胜银行道里支行工作一年多时间,他经常来往于道里与南岗火车站前华俄道胜银行哈尔滨分行大楼之间,从事着领取公文、书信,递送传票的工作。这期间,他并没有因自己有了这一职业而感到惬意、满足。相反,由于工作性质使他能更多地接触社会各个阶层,他从白俄奢侈豪华的生活与中国百姓牛马不如的生活的强烈对比中,更深刻地感受到了社会上的黑暗和不公。特别是当想到自己"信差"的卑微身份常常遭人冷落、白眼,宛如是下几等的贱民时,他领略了作为一个弱国国民的悲哀和苦痛。他内心对黑暗社会充满了强烈的怨恨和不满。他要寻求自身的解放。

也许是因为赵尚志从事的工作经常与书信、文字打交道的缘故,他的求知欲望在不断地增长。他迫切感到学习的重要。工余,他四处收罗图书,向银行图书馆借,向工友们借。有时间他就看书。

1932年,赵尚志曾对自己的一位好友、许公中学的同学王士英(王语今)谈及在华俄道胜银行支行自学读书时这样说道:"我当时觉得只有读书才可以出人头地,于是我就自己读书。自然,我那时候的知识还没有能够告诉我,读书的真正效能并不完全在这一点上。"①

在经过了社会的几道门槛,对面临的这个社会有了一些粗浅的感性认识之后,赵尚志决心有朝一日要去投考学校,上学、读书、求知、寻理。

---

① 王语今:《赵尚志》,载东北救亡总会宣传部编《反攻》杂志(1940年)。

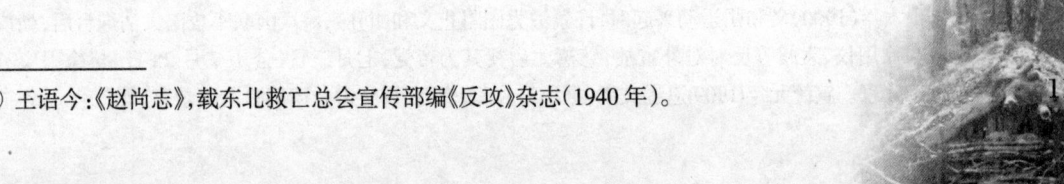

第二章　置身革命洪流

一、在许公中学

1925年初，哈尔滨《晨光》报上连续数日登载着"哈尔滨东铁许公纪念实业学校招收补习生"的广告。广告中写道：该校宗旨为养成本路中级技师及工业大学升学学生。学校于二月至六月先开补习班，定于二月十日上课。七月正式开学。凡高小毕业或与之有同等学力，年龄在十八岁以下者皆可报考。

这是一则颇引人注目的广告，对于一般具有高小文化程度的年轻人很有吸引力。因为它要"养成"哈尔滨最大企业——中东铁路的中级技师，为著名的哈尔滨中俄工业大学输送人才。

当赵尚志得知许公纪念实业学校招收补习生的消息后，这消息如同磁石吸铁一样把他的心吸引去了。他找来《晨光》报，看了又看，越看越觉得自己适合去上这所学校。于是，他决心舍弃在道胜银行支行当信差的职业，准备去投考。可是，父母能答应吗？他心里没有把握。但是，强烈的求知欲望和一种只有读书才能出人头地的想法在鼓励着他。或许父亲会答应，因为父亲是个读书人——赵尚志对此抱着很大希望。

的确，这所学校对于赵尚志来说是较为合适的。因为：第一，招收对象的文化水准与他的实际水平基本相应；第二，收费与其他中学相同，由于到苏联去的大哥尚纯回国带回一笔钱，家境已有好转，在集良街买了五间青砖房，生活有了改善，家里还能供得起；第三，这座学校是所新型学校，到这所学校学习既能掌握技术知识，又可以继续深造。赵尚志以欣喜的心情将要参加许公学校补习班考试的想法告诉了家人，他的要求很快就得到了思想开明的父母的同意。

于是，赵尚志集中一段时间，认真地补习了算术、国文等课程，很快提高了自己的知识水平。勤奋、刻苦、坚韧的性格使其获得投考的"同等学力"。经过考试，他终于得到成功，实现了自己的愿望。

1925年2月，赵尚志进入了许公学校补习班。同年8月，他又经考试合格，升入中学一班，成为这所学校的第一期学生。

许公纪念实业学校筹建于1924年。1925年2月正式建成并开始招生。建立这所学校是庆祝中东铁路通车二十五周年活动的一部分。为了纪念中东铁路第一任督办许景澄[①]而命名

[①] 许景澄（1845—1900），字竹筠。浙江嘉兴人。少年时学习辞章、工骈文，尤重研习经世之学。清同治七年（1868）进士，授翰林院编修。光绪十六年（1890）任出使俄、德、荷、奥四国大臣。二十二年（1896）沙俄建西伯利亚铁路，欲经黑龙江至海参崴。李鸿章签约后，清政府派许景澄具体办理此事，被任命为东清铁路公司首任督办。二十六年（1900）义和团运动兴起时，许景澄力图阻止义和团驻京。八国联军攻陷大沽炮台后，朝议和战，许景澄与徐用仪、袁昶等反对对外宣战，慈禧太后视其为帝党，七月三日（公历7月28日）与徐用仪、袁昶同时被杀于北京。宣统元年（1909）追谥文肃，号称许公，著作《许文肃公遗稿》《奏疏录存》等。

为"许公纪念实业学校"。这所学校位于哈尔滨铁路局后身,邮政街与上方街交角处。这是一座两面临街的俄式二层楼房。狭窄的走廊两侧是学生宿舍及教室。楼房后面是学校操场。该校校长是湖南人,名叫熊崇煦,字知白。学校初办之时,只招收两班学生,有百余人。

入学后的赵尚志非常珍惜自己努力争得的受教育的机会。虽然他抛弃了有收入的职业,使自己重新成为一个"完全消费者",增加了家庭的负担,造成生活上的困难,但是这并未影响他求学、进取之心;相反,他以"食无求饱、居无求安"的精神面对着清苦的生活,而勤勉地用心学习。在许公中学,他是一名穷学生,也是一名好学生。在同学们当中,无论哪一个,对赵尚志的努力,没有不承认、不佩服的。入学后的几次测验、考试,各科成绩虽不都是名列前茅,但也总是非甲即乙。

可是为时不久,赵尚志对所学的课程,特别是那些枯燥无味的讲解感到厌倦和失望了。这所学校虽说是一所新型学校,但它的教育方针、教学方法还是很落后的。赵尚志和有些同学一样,在怀疑自己所学习的东西的实用性。他逐渐地开始对学校里的一些课程失掉了兴趣,不再努力学习课堂里的知识,并一度陷入苦闷、彷徨之中。

有一段时间,他潜心研究起"催眠术"来。当时社会上一些人把催眠术吹得神乎其神,说催眠术大有益于诸般事业,并借用英人吉拉斯敦所说"世界之所有各种研究,更无有重要于催眠术者矣!"说催眠术可以矫正恶癖,治疗精神疾病,增进记忆,感化事业,并莫不自由自在,随意奏功。赵尚志也认为这种奇幻玄灵之术无比奥妙,可以与各种科学研究相抗衡。他每天手里总是握着一个亮晶晶的催眠球,嘴里不停地叨念着催眠的"秘诀",沿操场边线绕圈子。偶然遇到哪个知心的同学就要给人试验一下,看看自己练就的"催眠术"的效果到底怎么样。

不消说,"催眠术"在医学上肯定有其重要价值。但是,试图依靠催眠诱导法,来解脱人们由于社会生活而带来的精神上的苦闷,那么,这种回避现实生活中的矛盾的做法显然是错误的。因为睡梦终有醒来时,严酷的现实,由此而产生的苦闷是回避不了的。

果然如此,赵尚志很快地认识到了这是一条歧路。他悔恨自己的愚昧行为,为浪费许多宝贵时间和精力而惋惜。

在许公中学,赵尚志有三个好朋友,一个叫吴安国、一个叫张儒林,另一个叫张选青。他们是同班,又住在同一个寝室。经过一段时间的相处,他们建立了亲密关系。他们几个要好的同学形影不离,都在为寻觅解脱苦闷的途径而努力探索着。

当时,在哈尔滨已建有中国共产党组织。由于哈尔滨地处祖国北方,接近苏俄,随着近代工业的发展,中东铁路的修筑,这里较早地接受到俄国十月革命的影响。1921年中国共产党成立后不久,中共北方区委即派人到哈尔滨开展建党工作。1923年10月,中共哈尔滨组成立。1925年夏,改为中共哈尔滨支部。哈尔滨党组织诞生后,即积极开展马列主义宣传和反帝反封建的斗争。

此时,中国正值第一次国内革命战争时期,大革命的浪潮在中国共产党的推动下,迅速掀起。国民党、共产党首次合作,结成反帝反封建军阀的革命统一战线。在全国范围内形成轰轰烈烈的要求召开国民会议、废除不平等条约运动。在共产党人的支持下,孙中山北上,以促成国民会议召开。但段祺瑞执政府竟对抗国民会议,召开所谓的"善后会议"。为反对段祺瑞的倒行逆施，国民党按孙中山主张，于1925年3月1日在北京召开国民会议促成会全国代表大会，揭露"善后会议"的真面目，推动了国民会议运动的更大发展。

1925年3月12日，伟大的革命先行者孙中山先生因操劳过度，旧病复发，在北京病逝。消息传来，于3月29日，由中共党员参与组织的，有哈尔滨十四个群众团体参加的孙中山追悼大会在基督教青年会举行。会后，《平民周报》发行纪念孙中山先生追悼大会专刊，广泛宣传孙中山先生一生为革命而奋斗的历史。纪念孙中山先生逝世的活动在社会上产生了很大的影响，它成为动员群众进行反帝反封建军阀斗争的活动。

这时，赵尚志与吴安国、张儒林、张选青等开始注意关心时事，经常热烈地讨论孙中山主张倡导的国民会议与军阀段祺瑞主持召开的"善后会议"孰是孰非，以及废除不平等条约等社会政治问题，阅读进步书刊，和另外一些同学就某些问题展开辩论。他们成为班级中的活跃分子。赵尚志还经常与工业大学等外校学生来往。他通过吴安国的哥哥吴宝太(工业大学学生)结识了中共哈尔滨支部负责青年工作的彭守朴。彭守朴与他进行多次明澈、深邃、富有哲理的谈话，使他的思想犹如打开一扇天窗，清新爽润的空气充溢于脑间。他懂得了更多的革命道理，特别是关于阶级斗争的学说。

从这时起，赵尚志开始正确地认识了人生，认识了社会，开始找到并走上了一条新路——革命的道路。

赵尚志从校外搞来不少进步书刊。在他寝室里设有一个书架，陈列着《少年百科全书》及《新文化》等书籍，专供大家阅读。他还与吴安国、张儒林、张选青等同学倡议成立"文术研究会"，并恳求该校熊校长许可。熊校长以为赵尚志等研究文化，事属正当，并且查阅他们所制定的《简章》感到没有背离学校校规，因此，未加禁止。熊校长还认为"文术研究会"名称不确切，令更名为"文学研究会"，以副名实。赵尚志等组织的"文学研究会"实际是"读书会"。该会成立后，赵尚志便组织参加研究会的同学阅读《向导》《中国青年》《少年漂泊者》等进步书刊，引导同学学习新文化、新思想。

一时间，赵尚志周围的一些同学被这些进步的书刊强烈地吸引住了。阅读进步书刊使他们达到了入迷的程度。

一次，上课的时候，吴安国低头在课桌下偷偷地阅读起来。老师发现他不注意听课，便大发雷霆，问他在看什么，逼迫他交出来。吴安国一时很窘，站在那里不知所措。同学们也都异常紧张。这时，赵尚志突然站起来，走到吴安国的书桌前，从里面掏出一本《三国演义》。他对老师说："这是我借给他看的，交给你吧，等到放暑假时再给我。"老师把书接过去了，狠狠地批评了吴安国一顿，终于了事。其实，吴安国看的并不是《三国演义》而是一本他们正轮流看的孙中山先生的著作——《中山全书》。当时，东北地区为奉系军阀张作霖所统治。张作霖视孙中山先生的"联俄、联共、扶助农工"三大政策即新三民主义为异端邪说。教育当局不许学生阅读包括孙中山著作在内的进步书籍。吴安国偷看孙中山的著作，如真的被老师检查出来则是不得了的事。因为赵尚志知道吴安国书桌里还经常放有一本《三国演义》，他急中生智，用偷梁换柱的办法为吴安国解了围。

自从班级成立了读书会,赵尚志与吴安国、张儒林、张选青、王士英、徐德昌、于开泉、张道庸等同学经常在一起学习、讨论问题,还给外班同学介绍他们阅读的书刊,如《现代学生》《向导》《少年漂泊者》等。赵尚志社会阅历广,知识丰富,国文成绩好,对中国历史也熟悉,常给同学讲太平天国故事。他成为学校里的活跃人物。赵尚志在许公中学读书时经常穿一件黑布大褂,生活十分俭朴。他在同学中很有威信。因他富有正义感,同学们有什么事都愿找他帮忙。同学们都说他对政治问题很敏感,有一套理论,口才特别好,能言善辩,谁也说不过他。当时同学们送给他一个外号叫"赵圣人"。①

1925年5月,反帝反封建的五卅运动在上海爆发。先是中共党员工人顾正红被上海日本纱厂资本家枪杀。5月30日,在上海南京路举行反帝示威的爱国群众于老巡捕房门前惨遭英国巡捕屠戮,死十余人,伤几十人。鲜血酿成的大惨案事件震惊中外。由此引起的中国现代史上强劲的反帝爱国大风暴迅速席卷全国各地。各地的工人、学生、工商业者,纷纷行动起来,罢工、罢课、罢市,抗议日英帝国主义的野蛮行径。

在哈尔滨市,和其他城市一样,也掀起了响应、声援上海反帝爱国斗争的浪潮。在这一斗争中,中共哈尔滨支部发挥了重要的组织领导作用。当五卅惨案的消息传到哈尔滨市后,市青年会、各法团、商界、学生、市民纷纷集会抗议、声援。哈尔滨《晨光》报于6月7日报道"民众莫不发指欲裂","皆以雪耻为救国劲援",哈埠救国运动宛如"晴天霹雳之第一声"。同时,哈尔滨市救国后援会成立。救国后援会向全国发出通电,向上海工人、学生发出慰问电。电文称:"英捕肆虐残我同胞,凡属华人莫不同起公愤……本会闻此惨事殊觉痛心,必主持正义,以作沪案后援,不达到废除不平等约条,誓不甘服。"随之,救国后援会向社会各界广泛开展募集捐款,援助上海工人、学生活动。6月12日,哈尔滨工大、六中、普育、三育、东华、广益、许公等学校在普育学校召开代表大会。赵尚志作为许公中学代表莅会。这次会议决定响应救国后援会募捐号召,在学生中开展募捐活动,以实力援助上海,并推举代表去进谒省长。当时省长为形势所迫对学生提倡募捐运动"颇容纳",但又强调"惟不得有其他激烈行为"。赵尚志回校后,号召同学节衣缩食,拿出自己的零花钱踊跃捐款,支援上海工人、学生斗争。

为了推动哈尔滨市学生运动的深入开展,中共党组织指示在大中学校里要成立学生自治会(简称学生会),把广大学生团结起来,并以这一组织为阵地,广泛开展学生爱国运动。赵尚志根据这一指示,立即着手进行筹备工作。他开始在几个进步同学中进行串联。讲上海、北京等城市的学生斗争情况,讲成立学生会的意义;讲五卅斗争中的经验教训,讲团结联合起来的必要性。

6月中旬的一天,放学铃声刚响过,赵尚志便将十几名进步同学约集到距学校很近的南岗教化广场。在这里,大家围坐在一块绿草坪上,召开了许公中学学生自治会成立的筹备会议。会上,赵尚志介绍了五卅惨案发生后,全国各地学生、工人都起来声援上海的斗争情况,讲述了在许公中学成立学生会的必要性。他说:"我们看一看,五卅那一天,这个一横加三竖的字念'卅',是三十的意思。在上海有多少学生起来抗议日本资本家杀害顾正红,为顾正红

---

① 《访问于开泉同志记录》(1965年9月14日)。

募捐，做宣传。他们在租界里集会、游行、散发传单，劝人出钱支援工人，不给日本人做工，游行队伍被英国巡捕拦截并开枪打死十多人，受伤的数十人。这事一传出去，全国各学校、工厂都起来响应了，一直到现在，工厂工人罢工，学校学生罢课，都来援助上海的工人、学生。这些事先起来干的就是一些学生，有知识的分子应当领头唤起老百姓，反对外国人欺负中国人……我们一定要组织一个学生会，不然的话，就不会有力量。"经过讨论，大家都异口同声地说"赵圣人"的话有道理，都赞同成立学生自治会，并选出会长、副会长和文书，体育、交际、美术各股负责人。赵尚志被推举为副会长兼交际股长。同时，决定联络其他学校的学生进行响应五卅斗争的工作，由赵尚志代表许公中学学生自治会去做。对此，赵尚志欣然答应下来了。还有一个同学自告奋勇地说，在班级点名的时候，若赵尚志不在，他便替这位"赵圣人"答应一声"到"。此后，许公中学学生开始更加有组织地进行活动了。

1925年6月16日，哈尔滨《晨光》报以《学生爱国》为题载："中俄工业大学、省直六中、广益、东华、三育、普育、许公……各校，已实行募捐，并联成一气，通电全国，表示作外交后盾"。6月17日，赵尚志和一些同学走出校门，同工大学生一起到街上进行示威游行。他们在街头散发传单，进行讲演，揭露五卅血案事实真相，声讨日、英帝国主义枪杀中国同胞的罪行。疾呼"打倒非人道的帝国主义、军国主义！……'废除一切不平等条约，收回治外法权！'""各界同胞联合起来，采取一致行动，不达目的誓不甘休！"接着哈尔滨中东铁路工人、老巴夺烟草公司的工人、广大市民也都纷纷行动起来，组织募捐团，积极支援上海人民的反帝爱国斗争。

在五卅运动中，赵尚志受到了革命斗争的锻炼和考验。他在中共哈尔滨支部党员同志的帮助下，思想觉悟有很大提高。他看到了中国共产党敢于领导人民大众反对帝国主义、封建军阀势力，是民族解放的希望所在。他坚信一个没有剥削，没有压迫，自由、平等的新社会定将在中国实现。他确认共产主义是自己的理想。在声援上海五卅斗争期间，赵尚志向党组织提出加入中国共产党的请求，殷切期望自己能成为这个光荣组织的一员。不久，赵尚志由中共哈尔滨支部负责青年工作的彭守朴同志介绍，经过组织考察，被批准加入中国共产党。[①]

赵尚志加入中国共产党后，更加积极地从事政治活动。他精力充沛、废寝忘食，在市内各学校间做宣传、鼓动工作，引导学生奋起救国，从事改造社会的斗争。

一天，久住学校、好长时间没回家看望的赵尚志回到了家中。天真幼稚的妹妹尚英见哥哥回来，便眼含热泪地把他拉到一边。

"你是不是当上'革命党'啦？"她向哥哥问道。

"你听谁说的？是怎么回事？"赵尚志听后，惊诧地问。

原来，赵尚志秘密从事革命活动的事被在公立八校读书的妹妹尚英知道了。

赵尚志的好友王士英的母亲是尚英的老师。出于对尚英一家的关心，这位老师对她说："回家告诉你爸爸妈妈，你三哥（赵尚志）正在干革命党活动，可得让他多加点儿小心。要是被警察抓住，轻则把腿肚子割开往里洒咸盐，重则就得枪毙。"尚英听到后，十分害怕，回到家里，她没敢对爸爸妈妈讲。心里想，哥哥可能当土匪了，因为只有当土匪才被抓住枪毙。一连

[①]《访问彭守朴同志记录》（1965年9月17日）。

数日,尚英焦急地盼望着哥哥从学校里快回来,好问个明白。这一天,哥哥可回来了,妹妹便突如其来地发出了这样的疑问。

赵尚志听妹妹讲完后,松了口气,便对她说:"你不要哭,别耍小孩子气,你不要害怕。哥哥没去当土匪,干的是革命,干的是好事,不是坏事,你要相信哥哥,我会小心的。"妹妹素来听信哥哥的,她听了哥哥的一番解释后,擦干了眼泪,放心了。

此后,赵尚志经常给妹妹讲些革命道理,告诉她什么是阶级、什么是剥削,为什么在这个社会上人与人不平等,我们应该怎么办,使尚英很受教育。他还告诉尚英说:"将来我把你送到一个地方去念书,那个地方没有人剥削人,也没有人压迫人。"①

自许公中学学生会成立后,赵尚志便以此为阵地带领学生开展反帝爱国活动。学生会这一组织现在看起来,实属平常,哪个大中专学校都有学生会,可在当时这并不是一件小事情。在20世纪20年代,在哈尔滨,这还算得上是一个"新生事物"。它在把学生组织起来,进行共同斗争方面,起到不小作用。赵尚志曾在一次学校召开的"朝会"(每周开一次)上,登台向全校师生进行讲演,讲述了学生会的宗旨和组织章程,号召学生积极参加反帝爱国运动。许公中学成立学生会,把学生组织起来的做法,为其他学校所效仿。此后,哈埠各学校也相继成立了类似的组织,如"学生会""同学会""自治会"等。赵尚志发起组织学生会,经常开展演讲,并与外校发生联系,使他在这些活动中受到极大的锻炼。同时,这也显示出了他的组织才能。以后,许公中学学生会虽被解散,但它的影响却很深远。1940年,原许公中学学生会美术股负责人王士英(王语今)在所撰《赵尚志》一文中谈到赵尚志发起组织学生会一事说:"学生会这一事件,虽然在许公仅是昙花一现的事,但是其后别的学校之追踪而起也组织起学生会、自治会等,这在哈尔滨是从所未有的。哈尔滨学生抗议筑路运动的大游行(1928年)以至九一八以后哈尔滨学生之抗议行动,我们确应当归功于许公学校学生会之成立,而哈尔滨学生运动之嚆矢,当更以赵尚志的功绩为最高!"②当时在哈尔滨医学专门学校读书的潘联珊后来撰文回忆哈尔滨早期学生运动时说:"在组织学生会工作中,哈工大进展的较快,主要是高成儒发挥了重要作用,他们先搞了一个'群进社',在此基础上1926年底正式成立了学生会,在法大,韩俊义与该校国民党员张冲等共同组织了学生会。在许公中学,赵尚志与于开泉、王士英等二十几位同学,1925年夏就成立了许公学校学生会。由于赵尚志在主持学生会工作中有些急躁情绪,结果遭到了学校的破坏,同年9月(按,应为年末)赵尚志被学校开除,刚刚成立的许公学校学生会也垮了。赵尚志不得不离开哈尔滨去广州黄埔军校学习。赵尚志当时在哈尔滨是有影响的人物,为组织哈市早期学生运动作出了重要贡献。此外,我在医专也组织成立了学生会。"③

在声援上海五卅斗争中,哈尔滨的反帝爱国运动的声浪日渐高涨。东省特别区、哈埠行政当局深恐运动发展下去会演化成大规模的"过激"行动。于是,借口"天气炎热、发现有沙疹

---

① 《访问赵尚英同志记录》(1965年9月)。
② 王语今:《赵尚志》,载东北救亡总会宣传部编《反攻》杂志(1940年)。
③ 潘联珊:《我与哈尔滨早期学生运动》,载《黑龙江文史资料》第34辑。

流行",决定各学校于6月22日提前放暑假,要求各校未完课程,于开学后再行补授。但是在暑假过后,学生斗争仍继续发展。当局为了抑制学运,东省特别区行政长官于冲汉,于9月16日发出"咨文":"现在苏联对于中东路沿线积极宣传赤化,处处拟从教育入手,迩来各种举动益形昭著,若不严为防范,何足以保治安?""咨文"要求:"凡属特区学校同隶统治之下,自应一律派员视察,以杜宣传而遏乱萌。"

开展五卅反帝爱国运动期间,正处于第一次国共合作时期。同年夏,中共哈尔滨支部派陈晦生、彭守朴协助组建了国民党哈尔滨市党部。根据当时党中央的关于实行国共合作,共产党员可以以个人身份加入国民党,推进国民革命运动的总的精神,赵尚志等共产党员、共青团员均以个人身份跨党加入国民党。在国共合作期间,赵尚志积极宣传孙中山的三民主义和联俄、联共、扶助农工三大政策,参加反对日本帝国主义和东北军阀等活动。他还在许公中学发展了几名国民党员。①

1925年10月,孙传芳以五省联军总司令名义通电讨奉。接着奉军郭松龄部倒戈。一时,反对奉系军阀张作霖的浪潮蓬勃而起。国民党人朱霁青来哈尔滨秘密组织起国民自治军总司令部从事反奉活动。这期间,赵尚志根据党组织的指示,在许公中学联络了一些同学分头到各学校开展反对东北军阀张作霖的宣传,组织募捐活动,支援郭松龄倒戈反奉斗争。同时,他与同班同学张道庸一起担负着国民党市党部与国民自治军总司令部与朱霁青之间的通讯联络工作,奔走于哈尔滨市马家沟(国民党市党部所在地)与香坊(总司令部所在地)之间。②当时有一送总司令颁发的委任状的人被敌人逮捕,经严刑拷打,他供出彭守朴等人。郭松龄倒戈反奉失败后,反奉运动参加者普遍遭到东北军阀当局的镇压。

这时,在所谓"防过激""防赤化"的镇压行动中,赵尚志成为许公中学一名重点"整饬"对象。校长熊崇煦为上司明令所迫,拟杀一儆百,惩治赵尚志。同年年末,熊校长以"旷课太多,请假未准,擅自出校"为由将赵尚志及另一名积极参加反奉的同学张道庸开除出校。③

赵尚志被学校开除,他自己并不感到意外。他知道,熊校长是一个极力反对从事政治活动,主张"读书救国""工业救国"的人。他在学校的"朝会"上经常训诫学生不许过问政治,国家之事自有政府处理,学生只应埋头读书;只有振兴工业,才能救国。在熊校长看来,赵尚志组织学生会、声援五卅运动等所作所为无疑都是异端。所以赵尚志不愿与思想顽固的校长辩理抗争。他极力压抑着满腔怒忿,藐然不屑地瞥了校长一眼,十分从容坦然地走出了校门。他那神色安然、态度潇洒、若无其事的样子,使校长气急败坏。熊校长大叫道:"你这么傲慢,我会叫警察来的。"然而,在同学中,他却赢来了钦佩的目光。

---

① 高成儒:《第一次国共合作时期的哈尔滨国民党》,载《黑龙江文史资料》第28辑。
② 齐大非:《赵尚志轶闻》,载《哈尔滨党史》1993年第3期。
③ 许公中学开除赵尚志学籍,正式公布日期为1925年12月29日。《东铁管理局副局长呈复饬查许公学校学生潜入共产党情形由》载:"赵尚志热河朝阳人,年十八岁,县立高小三年修业,于民国十四年二月考入许校补习班,八月升入中学一班。因旷课太多,请假未准,擅自出校,于十二月二十九日开除学籍。"张道庸亦于同日被开除。

就这样,赵尚志结束了在许公中学的学习生活。

二、投考黄埔军校

告别了许公中学的赵尚志,在人生的旅途上,又步入了一个新的征程。虽然许公中学开除了他,但另一所学校在向他招手,那就是在大革命浪涛中最引人注目的黄埔军校。1925年底,赵尚志与许公中学同班同学张道庸前往广州,去投考该校。

黄埔军校全称是"中国国民党陆军军官学校",因校址设在广州黄埔岛,故称"黄埔军校"。是第一次国共合作的产物。该校素以体制建全,组织严密,规模宏大而著称,被誉为革命军大本营,是千百万革命进步青年向往的地方。但是,随着大革命的深入开展和国民党内部的分化,国民党右派势力、顽固分子开始蠢蠢欲动,欲占据黄埔军校的企图已日益明显。军校中的"孙文主义学会"一派与中国共产党领导的"青年军人联合会"相对立,并屡屡制造事端,进行反共、反革命活动。当时,右派势力十分嚣张。

中共中央为使这所革命学校不为右派势力所占据,曾向各地党组织发出通知,要求各地党组织积极选送有志青年投考黄埔军校。在1925年11月1日中央发出的第六十二号通告中说:"广州黄埔军校拟招收三千名入伍生,望各地速速多送工作不甚重要之同学、少校同学及民校左派同学,自备川资,前往广州投考,以免该校为反动派所踞。此事关系甚大,各地万勿忽视。投考者须一律携带民校介绍证书。"又说,"程度须在高小以上,在名额未满以前,本校及少校同学,均可望不致落选"。① 同时,军校在各地也秘密散发许多招生广告。

赵尚志被许公中学开除后,没有直接回家,住在工业大学进步学生高成儒家。这期间,他曾阅读过军校校刊《黄埔潮》,了解到黄埔军校是座革命的熔炉,广州是大革命的策源地。他十分渴望能到广州黄埔军校去学习军事。当他得知黄埔军校招生的消息后,即向党组织提出投考的请求。此时,中共哈尔滨支部已改为中共哈尔滨特别支部。特支负责人吴丽石经过认真考虑,认为赵尚志工作积极、勇敢踏实、朝气蓬勃,经过培养一定会成为一个有为的青年。另外,他已因参加声援五卅运动和反奉斗争被学校开除,正停学待业,党的工作也能脱离得开,其文化程度也符合中央第六十二号通告提出的要求。因此,就同意他去投考。

当赵尚志得知党组织同意他前去投考黄埔军校时,内心异常高兴,欢欣之喜色溢于眉宇之间。为革命去学军事的愿望即将实现,是其始料未及的。他马上把要到南方去投考黄埔军校的消息,告诉二哥尚朴。虽说"父母在不远游",但"游必有方"。他得到了哥哥的支持。临行时,尚朴拿出十五元钱,给弟弟留作路上花费。

当时,反动军阀正在疯狂镇压反奉运动参加者,设在哈尔滨的国民自治军总司令部遭到反动军警的包围,未来得及撤退的任国祯、陈晦生被敌人逮捕。总司令部被破坏后,朱霁青立

---

① 《中国共产党通告第六十二号》,载《黄埔军校史料》(广东革命历史博物馆编),广东人民出版社,1982年2月版,第70页。通告中所用代号"同学"意为同志,"本校"指共产党,"少校"指共青团,"民校"指国民党。

即决定所有参加反奉的重要人员尽快撤离哈尔滨,并指示张道庸通知赵尚志一起尽快撤走。张道庸来到道外区集良街26号赵尚志家通知撤离消息后,二人化装成小商人,在组织的资助下绕道营口,乘船来到天津,之后又奔赴北京。在这里,找到了张道庸的父亲张子才(国民党在东北的元老之一,哈尔滨市反奉主要领导人员,刚从哈尔滨撤离到北京)。此时,北京"反共讨赤"的反革命活动甚嚣尘上,张子才也同意赵尚志、张道庸二人去广州,投考黄埔军校。之后,赵尚志与同学张道庸携带着组织开具的国民党党员介绍信和为其筹集的路费,从北京登上了南下的列车,奔赴广州。

年终岁尾,北国正是寒风刺骨、滴水成冰的季节,但在南国却是另一番景象。这里艳阳当空,到处是一片碧绿,景色十分宜人。刚踏上南国大地的赵尚志和张道庸,却无心观赏美丽的广州风光,他们直接来到了距广州市区三四十里的黄埔军校所在地——长洲岛。

出乎意料的是,军校招生已完,补考工作已于11月8日结束。他们来晚了。满腔的热忱陡然浇上了一瓢凉水,希望变成了失望。

"想办法也得进这所学校,怎么也不能白来。"赵尚志说。他们决定天天到军校去"磨",不答应招收就是不走。真是"心诚则灵",他们终于得到同情,被允许单独补考。

按照黄埔军校的规定,凡是考生都要经过三种"试验",所谓"试验"就是检验。一是"学历试验",用笔试看其文化程度;二是"性格试验",通过口试观察考生对三民主义了解的程度及志趣、品格、表达能力等;三是"体格试验",检查身材,看符不符合要求。按陆军体格检查的规定,投考者身体状况要求是:"营养状态良好,强健耐劳,无眼疾、肺病、花柳病等疾害。"[①]赵尚志和张道庸进行补考也毫无例外地要进行这三项严格的"试验"。

"试验"中,张道庸进行得十分顺利,三项"试验"都合格。赵尚志"学历试验""性格试验"也都顺利地通过了,但"体格试验"不合格。赵尚志虽然没有《招生简章》里身体状况不合要求的那些"疾害",但他体质一般,身材矮小,体重、身高均未达到要求。

"我是东北人,来干革命的。你们不要我,难道打军阀、反帝国主义,还嫌人多吗?"赵尚志对体检教官说。

"不是嫌人多,是你体格太差。"

"体格差,那是先天带来的,我没办法。但我能经得起考验,我当学生不行,替你们摇铃、打钟、当听差总还可以吧?"赵尚志在积极争取。

但是,那位原则性很强的体检教官还是不答应。

"那你让我到哪里去?我千里迢迢跑来,难道让我在广州街头流浪吗?反正我不走。"他执拗地说。

这时,军校政治部一位教官恰巧走来,看到这一切,感到这个东北籍的小伙子真有一股犟劲,投考的态度真诚坚决,便替赵尚志说情:"让他留下吧。"就这样,他又通过了"体格试验"。赵尚志终于被军校录取了。他内心充满了喜悦,脸上露出了微笑。他和张道庸被接收为第四期入伍生。

---

① 见黄埔军校《招生简章》,载《赤心评论》第12期,1925年12月1日。

黄埔军校

赵尚志进入黄埔军校的时候,在中国南方,轰轰烈烈的反帝反封建的大革命正在迅猛地开展着。1926年3月,军校为适应形势发展需要,改组为"国民革命军中央军事政治学校"。当时,革命形势迫切需要军校造就、培养出大批的有坚定革命意志、掌握革命理论和丰富军事知识的人才,因此,学校所教授的科目十分多。虽然入伍生是为正式升学,升入学生队(本科)做准备的,但所授的科目也不少。军事学科的有典范令、基本战术、兵器、地形地物等;军事术科的有制式教练、野外演习、射击、马术等;政治教育,则授以党的组织及一般政治常识,如三民主义、国民党史、帝国主义大要、政治经济大要等。由于军校采取短期训练的办法,集中进行学习,加之入伍期间勤务甚多,如广州之卫戍,黄埔、虎门之警戒,因此十分紧张。

开始时,赵尚志因入学晚,落下一些课程,学习很吃力,有些科目跟不上。特别是他体质较差、术科训练,如骑马总是落在别人后面。但他刻苦、用功,从不甘落人后。他把许多休息时间都用在了学习和训练上。功夫不负苦心人,很快,他的成绩赶上来了,赢得了教官和同学们的称赞。后经考试合格,编入军校第四期政治大队第三中队。

1926年3月8日,军校第四期学生举行开学典礼,赵尚志开始军校本科生学习生活。赵尚志在军校学习期间,参加了一些有重要意义的活动,经历了中国革命史上的一些大事件。如,参加了3月14日,军校全体官兵师生开展捐款援助省港大罢工工友活动。了解到3月20日发生的中山舰事件的过程。聆听了3月24日,蒋介石在校本部大礼堂向第四期学生的训话。会上,政治科学生有多人向校长蒋介石提出各种疑问。蒋介石回避了中山舰事件、制造与共产党分裂的实质性问题。目睹了5月蒋介石提出"整理党务案",限制共产党员的活动,国民党右派向共产党不断展开挑衅、进攻的情形。尖锐、激烈的斗争,对于年轻的赵尚志来说,使他认识到革命斗争的复杂性、艰巨性,也使他增加了阅历,大大地增长了见识。

还是在1926年初,赵尚志入军校后不久,即给他的许公中学同学吴安国、张儒林、张选青等人写了一封信。信中告诉同学们他在黄埔军校学习情况,并询问许公中学里"文学研究会"和"同志联欢会"之事。信的背面还写有"同志们如何办法进行"等语。不料,由该信引发、酿出一桩"许公中学出校学生潜入共产党"的公案来。一时,在哈尔滨闹得满城风雨。

赵尚志的来信于1926年2月寄到许公中学。吴安国、张儒林、张选青看过后,仍旧放在学校收信处的口袋里,有意让同学们都看看这封"南方来信"。校长熊崇煦发现后,视该信若祸端,生怕学生受"赤化"影响,把信没收,并在每星期例行的朝会上向学生训话,说什么"赵尚志学业未成,毫无知识,时常旷课,致被开除,各生在校万万不可蹈其覆辙"。据赵尚志的同班同学郭德煦回忆说,赵尚志到了广州黄埔军校两个来月就给同学们来了信。信放在收发室一个信袋子里,谁看完谁就把信再放在里边,我们都看过这封信。信中主要是介绍南方怎样革命的。后来被熊校长发现,把这封信给没收了,禁止大家看。这时熊校长就把吴安国、张儒林还有我找到校长室去谈话。他告诉我们不要胡闹。说你们年轻,什么事都不懂,要搞好工业,就要读好书,要再胡闹就开除你们。他还特别对吴安国说,"你家很穷,要好好念书,不能跟着胡闹……"①

赵尚志自黄埔军校的来信,首先在许公中学校内产生很大反响。校内同学争相传阅,纷纷议论"赵圣人"到南方参加革命的事情,黄埔军校如何如何。一时这封信成为学生们的议论中心。不久,这封信以及赵尚志去黄埔军校的事情也传到外校和社会上。

3月间,外界开始传说:许公中学"有学生十数人潜往广东投效共产党"。当时,视共产党如洪水猛兽的东省特别区行政长官张焕相即命市政管理局派员秘密探访。经到校核查,得知许公中学离校学生有十九人,熊校长称:"就中赵尚志一人闻有入共产党情事,余则不详。"于是东省特别行政长官公署发出"咨文":"查该校赵尚志既有入共产党之事实,其余学生难保不受赤化","赤化宣传为祸最烈,若不预为防遏,深恐转相勾引,滋蔓难图。""咨文"指令市政管理局派员分赴各学校"缜密侦察,设法防制"。同时,咨请督办东省铁路公司事宜公所"查照办

---

① 《访问郭德煦同志记录》(1965年12月24日)。

理"。①

4月9日,东铁督办刘尚清向东铁管理局副局长郭崇熙发出"训令"称:"查许公学校学生赵尚志等潜入共产党竟有十九名之多,该学务副处长暨校长等所司何事,何以毫无觉察?虽该生等现在均已出校,然事前未能预防,殊属异常疏忽。""许公学校校规极为懈弛,应严加整顿。"令郭崇熙"饬查"此事。郭派人经十余天了解,于4月24日,提出许十九名学生离校"饬查"呈复报告。其中谈及赵尚志说,"查该校学生赵尚志因请假未准,擅自出校,已于去年12月29日开革,事经数月,其前往广东投效共产党与否固不敢必惟……"对其他十八名离校学生,报告中说皆系因旷课被开除或家庭生活困难辍学或转学到他地的。总之,报告试图说明十几名学生投效共产党一案难以构成。4月29日,接到报告的东铁督办刘尚清指令路局副局长郭崇熙除将饬查情况及许公中学出校学生名单照录函呈东省特别行政长官公署查照外,要求严密预防,使"勿有宣传过激情事发生,以维学务"。

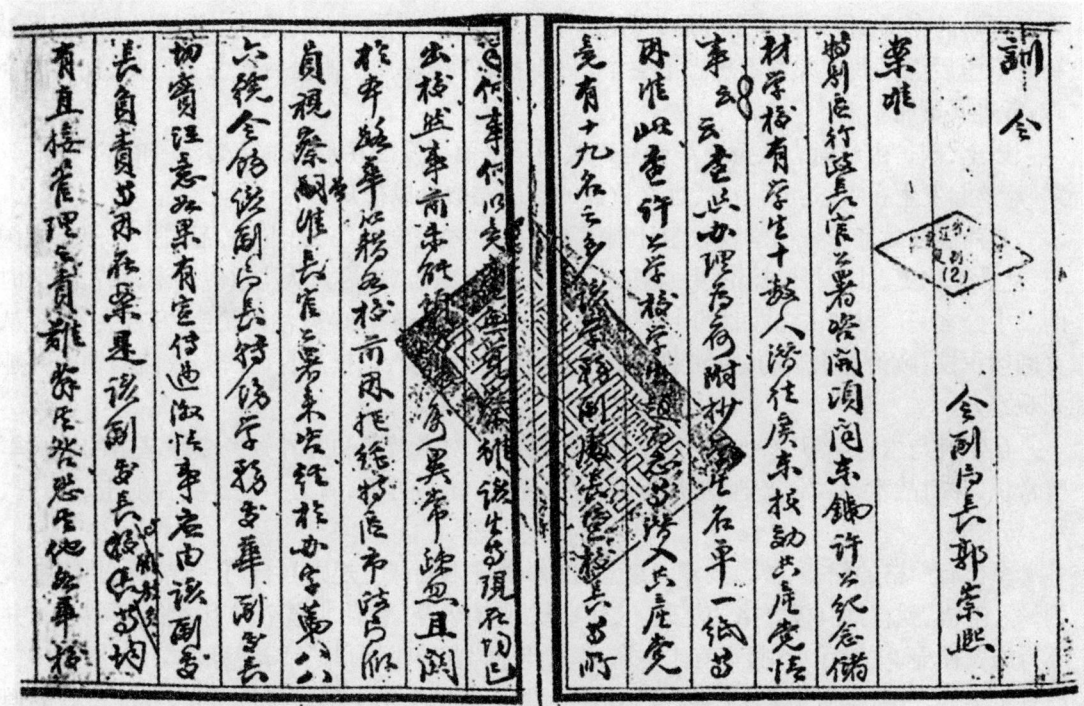

东铁督办关于饬查许公学校学生赵尚志等"潜入"共产党的训令

在此期间,许公中学熊校长开始"整顿校规",决定学生中如有行为不正确、有嫌疑者即行开除,并通知家长严加管束学生。5月下旬,学校还发出一纸布告,内容如下:

"中一班学生赵尚志因旷课太多,不准假,擅自出校,业于去年十二月开除学籍。本年三月,外间忽传本校有共产党多名出校,潜赴广东。以致特区警察总管理处、路警处、市政局纷纷派人来校查询,行政长官公署且行文至督办公所诘问。当赵尚志在本校时以中学学生闻已入有党籍,而吴安国、张儒林与之同班,尤极密切。且赵尚志出校以后,尚有信致吴、张各生,以致

① 《东省特别区行政长官公署咨·咨字第68号》(1926年4月6日),藏黑龙江省档案馆。

外间指此为有共产党之确据。查吴安国、张儒林平日颇能向学,此次因外间传说风起,不免受有嫌疑,由本校勒令退学。嗣后,在校各生务宜专心求学,不许加入任何党籍,以致受外间攻击,危及学校前途是为至要。此布。"①

在"整顿校规"过程中,吴安国、张儒林因赵尚志给他们的信函背面写着有"同志们如何办法进行"等语,被认为其中"显有隐情",说他们有"赤党嫌疑"而被勒令退学。6月初,东铁督办刘尚清指令郭崇熙,"仍应随时严密查察,以防各生再有越轨行动",并"不准张儒林回校"(按,张曾托人具保想回校)。②至此,这起闹腾四个月的"公案"才算了事。

在这一"公案"中,传说许公中学有"十几人潜往广东投效共产党"确属不实(当时,去投考黄埔军校只有赵尚志、张道庸二人)。但东省特别区行政公署长官张焕相所训:"赵尚志既有入共产党之事实,其余学生难保不受赤化"③倒是确实的。的确,在赵尚志的周围,团结着一批许公中学同学。他搞读书会,成立学生会,组织同学参加声援五卅反帝爱国斗争,都得到了许多同学的支持。他到黄埔军校后,写给同学的信,也引起了很大的反响。他的好友吴安国被勒令退学后说:"我本来就不想念下去了,我要找赵尚志去。"他以后也去了广州,找到赵尚志,考进了黄埔军校。

以上,即是由赵尚志从黄埔军校写来致同学信而引发的在哈尔滨市轰动一时的"共产党案"。这起发生在哈尔滨的公案,远在黄埔的赵尚志似难以得知。

赵尚志在黄埔军校按学校教学计划学习了中国国民党史、三民主义、帝国主义侵略中国史、社会进化史、社会科学概论、社会主义、政治学等课程。政治大队注重讲演课,约占总课时的二十分之一。讨论占总课时的十四分之一。赵尚志积极参加"政治讨论会"和社会实践,认真阅读军校、政治部出版的《黄埔潮》《壁报》等报纸和刊物,以提高自己研究政治问题的兴趣和观察力。

在学科与术科学习中,他初步掌握了步兵操典、射击教范和野外勤务令等基本的学科军事常识,并对战术、兵器、交通、地形等有一定了解。术科方面,着力掌握了实弹射击、制式教练、马术等。

军校有严格的纪律、各项规章制度。如《修学规则》《课堂规则》《自习室规则》《禁闭室规则》等,吃饭、就寝都有极严格的规则。《寝室规则》有八条,包括非寝室当用之物,不得携入并不得添置便壶。《饭厅规则》竟有十一条之多,包括"食饭时不得谈话,姿势须端正,不得将二肘置于桌面,或将脚居于凳上"等。严格的纪律,要求每个学生都要自觉遵守,养成良好的遵纪守法习惯。

赵尚志在黄埔军校,通过紧张的训练和学习,进一步接受了革命教育,认识了科学的真理,了解了"联俄、联共、扶助农工"三大政策的新三民主义。同时,在学习中,他也真切地认识

---

① 载《东省特区行政长官公署咨·咨字第68号》案卷,藏黑龙江省档案馆。
② 《东铁督办刘尚清指令》(1926年6月4日),藏黑龙江省档案馆。
③ 《东省特别区行政长官公署咨(为许公储材学校学生有入共产党请设法防制由)》(1926年4月6日),藏黑龙江省档案馆。

和掌握了理论与实际打成一片,方可免掉空想和盲动;若取得国民革命成功务须唤起民众;

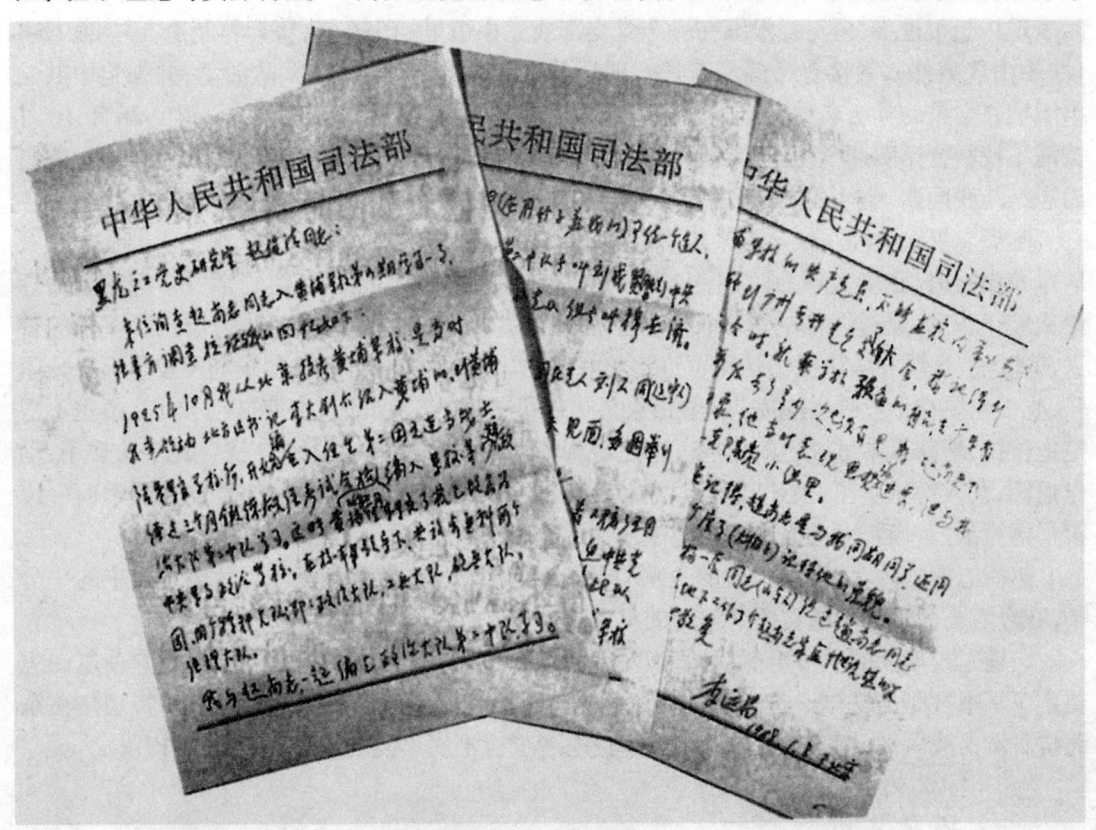

李运昌同志给本书作者信

革命军唯一的特色就是有党纪相范、军纪相随,对于纪律能自觉遵守和服从;一个革命者必须有确定的革命人生观等富有寓意深刻、论列新鲜的革命原理。赵尚志在黄埔军校是一名活跃分子。他积极参加讲演活动,且有独到见解,特别是与孙文主义学会分子辩论问题,侃侃而谈,头头是道,常常得到同学们的喝彩。在黄埔军校里,赵尚志受到了大革命的洗礼和严格的军事训练,学习了较为系统的军事理论知识,初步掌握了军事术科训练和指挥作战的要领。

1926年夏,国民党反动派在军校内贯彻所谓"整理党务案",展开了大规模排斥共产党和左派势力、限制共产党员的活动。这时,根据东北革命斗争的需要,赵尚志被党组织派遣回东北。

据与赵尚志同在黄埔军校学习、原国家司法部副部长、后任黄埔军校同学会会长的李运昌(李芳岐)同志回忆:1925年10月,我从北京投考黄埔军校,开始编在入伍生第二团五连当战士。经过三个月锻炼后,又经考试合格,1926年3月编入军校第四期政治大队第二中队学习(按,《黄埔军校同学录》载为第三中队)。这时黄埔陆军军官学校已改名为中央军事政治学校。在校本部领导下,共设步兵科两个团、四个特种大队,即政治大队、工兵大队、炮兵大队、经理大队。我与赵尚志一起编在政治大队第二队中队学习,并同住一大棚子里,全用竹子盖成的,可住一连人,几乎每天见面,每周举行孙总理纪念周时也一起去参加。我的印象,他当时表现思想很进步,但与我没编在一个党支部或党小组里。1926年,蒋介石制造3月20日事件(中山舰事件),紧接着又搞了5月整理党务案,限制共产党员在军队活动,并强迫中共党组织把在学校的党员名单交给国民党。从此以后,就没有再见到赵尚志了。到1926年10月黄埔军校举行第四期学生毕业(典礼)时也没有见着他。李运昌同志又说,我现在确实记得赵尚志是与我同期同学,还同在政治大队,同住一个屋子(大棚子),认得他的相貌。[①]

赵尚志仅在黄埔军校学习半年多时间,未毕业。暂短的军校生活是火热的。赵尚志在黄埔军校学习时,正值大革命时期,火热的斗争使他受到锻炼,他和其他同学一样都用革命理论武装了头脑,受过严格的军事训练和铁的纪律教育,增强了革命的意志,增长了斗争的智慧和才干。这段斗争生活给他留下许多美好回忆。他曾对妹妹尚英说,黄埔军校生活十分紧张,吃饭也要在十分钟内吃完。尽管饭菜是热得很烫嘴,也须如此。这使自己干什么事也不得拖拖拉拉,培养了雷厉风行的作风。他还讲到骑马训练时,花费了多少工夫。他个头矮小,动作迟缓,别人都骑上了,他还骑不上,急得不得了。但他经过刻苦训练,终于能和同学们一道策马扬鞭了。以后,他还与许多同志谈过他的这段富有意义的战斗生活。

赵尚志深知作为"漫漫长夜的一颗明星,一线曙光下的革命营寨"[②]的黄埔军校中的一分子,在今后革命运动中的责任是何等的重大啊!

黄埔军校期间的学习生活,尽管为时很短,但对赵尚志来说,是非同寻常的。它使赵尚志奠定了军事才干的基础。这对于他在以后投身戎马生涯,在长期的革命斗争中,特别是在东北抗日游击战争中,指挥抗日部队与日本侵略者进行不屈不挠的斗争起着重要作用。

三、被捕入狱

1926年夏,赵尚志从广州黄埔回到了哈尔滨。面对自己的第二故乡,他感慨万端,对它真是既熟悉又陌生。说熟悉,这里是他最早步入社会和读书、寻求真理的地方;说陌生,这里没有南方那种炽热可观的革命景象。当时,东北处于奉系军阀张作霖严密统治之下,共产党、国民党都不能公开地开展活动。在哈尔滨到处是由反动统治阶级造成的令人窒息和憎恶的冷落、沉闷和凄凉。

哈尔滨,你何时才能像广州那样燃起灼热的革命烈火啊?

赵尚志回到家中,父母感到喜从天降,兄妹也关切地问长问短,他一一作答。赵尚志兴致勃勃地向二哥尚朴讲述了南方大革命的形势,广东革命政府组织东征,讨伐军阀陈炯明,东征军中共产党人英勇斗争的情景。他也把自己了解到的"中山舰事件"的大致经过讲给二哥尚朴听。

赵尚志到家还没有很好地休息,就急切地找到中共哈尔滨党组织负责人吴丽石。吴丽石

---

① 《李运昌同志给本书作者信》(1998年1月8日)。
② 《黄埔军校校歌》中的一句歌词。

见到赵尚志欣喜万分，热烈欢迎这位从大革命策源地胜利归来的战士。赵尚志将在军校学习、生活的状况向自己革命的引路人做了详尽的汇报。吴丽石在听完汇报后向他讲述了哈尔滨革命斗争的形势。

自五卅运动后，哈尔滨中共党组织又有新的发展。1926年2月，中共哈尔滨特支已改组为中共哈尔滨地委。工作分布在哈尔滨、吉林、长春、中东路沿线横道河子、五站等地。吴丽石任地委书记。在地委领导下，上述地方都建立了特支或党的支部，发展了不少党员。但是，反动势力对共产党人革命活动的镇压也更加残酷了，斗争的形势是严峻的。

根据党组织的安排，赵尚志曾在地委工作一段时间，专做妇女工作，是"妇女运动"负责人。一个年仅十八岁的男同志专做妇女工作，实属罕见，但他毫无怨言，欣然接受。据同在地委工作过的高伯玉回忆说："当时哈尔滨地方党的女同志很少，仅有一个人是医学院的学生。尚志是本地人，待人接物又很仔细和气，当时地委指定他担任妇女运动工作，我们曾经开过一次会，研究如何开展工作。"赵尚志给高伯玉的印象是："他身材不高，体质不算太强，与同志谈话时态度和蔼，有时沉默寡言，但谈起问题来，则长篇大论，滔滔不绝。"①

1926年秋，赵尚志与韩守本奉地委派遣到双城开展工作。他们在那里建立了党的支部。

同年初冬，吴丽石告诉赵尚志，地委决定进一步开辟长春以南地区党的工作。在长春现已建有中共特别支部，由韩守本同志负责。为了加强那里的斗争力量，要派他去长春，协助韩守本进行工作。赵尚志愉快地接受了党组织交给的新的工作任务。

1927年2月，韩守本、赵尚志等在长春进行的工作已初步开展起来。地委为了利用国共合作这一时机，通过开展国民党工作进一步推动这一地区的革命斗争，决定由韩守本、赵尚志在长春参加筹建国民党吉林省党部工作。当时，东北地区国共两党均处于地下，两党的合作尚未完全破裂。根据党的指示，共产党员可以以个人身份跨党加入国民党，通过统一战线形式进行革命宣传，开展反帝反军阀的斗争。所以共产党也做国民党工作，常以国民党的名义开展各种活动。

1927年2月20日，有韩守本、赵尚志等共产党人和董海平等国民党人共十余人参加的吉林省国民党党部成立会议在长春一个客栈里秘密召开。会议宣布吉林省国民党党部正式成立，负责人为董海平。党部下设组织、宣传、青年、调查、工人、农民、商民、女子、外交、庶务等部。韩守本任常务委员、宣传部长兼秘书，赵尚志任常务委员、青年部长兼庶务。

吉林省国民党党部成立伊始，正是蒋介石发动"四一二"反革命政变前夕。国民党内部已经分化，一部分右派分子公然背叛孙中山先生的遗训，极力诋毁"联俄、联共、扶助农工"三大政策。一时，这股破坏国共合作的逆流，由南向北涌来，自然也波及吉林长春。在吉林省国民党党部里的一些国民党人也在处处限制共产党人的活动。

吉林省国民党党部成立后，有一枚由广东国民党中央发给的党部篆文印章，被国民党人董海平把持着。按工作分工，这枚印章应由党部秘书韩守本保管，但董海平不肯交出，不许韩守本、赵尚志等共产党人使用。为了开展工作，活动方便，赵尚志与戴着高度近视眼镜的韩守

---

① 高伯玉（高洪光）：《关于赵尚志同志的几点回忆》（1965年10月16日）。

本共同商议,决定背着董海平另刻一枚党部印章以备使用。于是他们就在长春"满铁"附属地头道沟附近富土町二十六番地(号)找到一家日本人开的"近江书店"(内承揽刻字业务),请刻字工人刻一枚篆文党部印章。

头道沟是"满铁"在长春的附属地即日租界,是个特务、间谍经常出没的地方。由于日本人书店老板告密,他们所刻国民党吉林省党部印章的事,很快,被宪兵第二营长春分遣所侦知。2月25日,长春警察厅督察长鲁绮报称,"据宪兵二营连长刘文涛说现有人报告头道沟界内潜匿宣传赤化党员,要求派员会同前往查拿。"①

1927年3月2日下午3时,长春警察厅督察员齐祖谦及第一署巡官王殿华带一群警察突然闯进赵尚志、韩守本住地——三条通四十二号楼上,将他们二人逮捕。当日,吉林长春警察厅长修长余即给吉林督军张作相发出急电,报告逮捕赵尚志、韩守本两"赤化党犯"的经过。3月8日,《盛京时报》以《侦获党犯始末志》《宪兵营破获党案》为题发表两篇报道。其中《始末志》报道这个消息说:"本月二日午后三时许,驻长春宪兵分所照会警署由附属地三条通四十二番地楼上,查获韩守本,年约廿岁左右,赵尚志年十八岁。尚在其住室搜出党印一颗,其文曰'中国国民党吉林省党部之印'。党书十数本,印刷品、宣传单、报告书、来往信件、选举票等多种……"赵尚志和韩守本被捕后,被押解长春警察厅看守所。

3月3日,警察厅开始审讯。

"你是不是共产党派到长春的赤化分子?"审讯课长谯金声两眼直盯赵尚志追问说。

"我是国民党,不是共产党。"赵尚志冷静地说。

"如不从实招来,上峰有令,定斩不赦……"谯金声进一步恫吓。

赵尚志矢口否认自己是共产党员。

这时,在一旁的督察长鲁绮道:"你信仰什么主义?"

"我入学以来就仰慕孙中山先生和三民主义。我还信奉基督教。"赵尚志沉着地回答道。

当审讯课长谯金声继续追问关于潜匿长春宣传赤化事由时,赵尚志却大谈起基督教与三民主义的关系来。他说:"入国民党者基督教徒居多数,遍及东三省。基督教是以舍己救人为宗旨,国民党主义则重在舍身救国,彼此主义相同……"他一再表明自己是国民党员,并且是右派,与共产党无涉。

韩守本在审讯中也十分坚定,否认是共产党员,承认自己是三民主义信徒。

但敌人却认为他们实为"共产党正犯"。在敌人的"审讯综合报告"中称:"查该犯赵尚志、韩守本虽仅据供认伊等加入国民党右派,以和平稳健为宗旨,反对左派……惟查阅起获之印刷品抄单,竟敢明目张胆宣传赤化,其政治决议,又载共同推倒奉派,冲破安国军壁垒等语,其为共产党正犯,实足证明。"②审讯后,长春警察厅将赵尚志、韩守本二人以共产党嫌疑犯移交吉林督军公署军法处审理。

3月4日,赵尚志、韩守本被押解省城吉林,关押在第一监狱中。

---

① 《吉林长春警察厅长修长余给吉林督军张作相的报告》(1927年3月2日),藏吉林省档案馆。

② 长春警察审讯课长谯金声:《审讯综合报告》,藏吉林省档案馆。

吉林第一监狱位于吉林市巴尔虎门里，俗称"巴虎门大狱"。狱中设讯问庭、搜检室、屏禁室、教诲室、工厂，有关押犯人的杂居间一百零八间，独居间五十六间。内中关押的除有大批已判决的犯人，还有由军法处管理的许多"未决犯"。在这儿，漆黑的大门和高耸的院墙把世界分成两部分。戒备森然，阴沉可怖，令人望而生畏。每个监号的窗子上都安有大拇指粗的铁棍。仅能钻过一个人的黑色牢门被一把坚固的大铁锁紧锁着。门上有个刚能伸出脑袋的小门眼，是供看守往里看的。——监狱，这是人间一个特殊的世界。

赵尚志、韩守本的案子归吉林督军公署军法处办理。他们来到监狱被送到第十字监，关押在由军法处负责管理的"未决犯"监号里。不久，赵、韩二人就连续数次被军法处押解到讯问庭，接受审讯。开始，敌人用高压的办法审讯。一个凶狠的审讯官狂叫："你们据实招供吧！"在他左右侍立手持各式刑具的狱吏也说："免得皮肉受苦。"但赵、韩二人不怕审讯官恫吓，矢口否认自己是共产党员。审讯官见赵尚志年轻，便在他身上下起功夫：一会来软的，一会来硬的，采取软硬兼施的手段妄图使他开口，供出党的机密。但赵尚志一眼看出了敌人的阴谋。他坚不吐实，只承认自己是国民党吉林省党部成员，是因国民党案被抓来的。不管敌人动用皮鞭、棍棒，施以"坐老虎凳"、往指甲肉里插竹扦、"披麻戴孝"（往身上伤口撒盐，缠纱布，过几天再用力扯下沾在肉上的纱布）等酷刑，还是用甜言蜜语、封官许愿进行哄骗诱惑，他始终没有暴露自己的共产党员身份。在以后的几次提审中，也是如此。尽管审讯时敌人多次拿出所谓证据，但他深知警察们搜去的那些东西，对于他的案子起不到证明他是共产党员的作用。他态度坚决，口供如一。敌人难以在他的口供中找出任何破绽。审讯官面对这个颇难对付的小伙子，感到这又是一桩棘手的案子。

在军法处审讯官看来，赵尚志、韩守本是"赤化分子""共产党正犯"无疑，因为他们两个是吉林督办公署密令中所说"南军派来党员宣传共产主义，担任吉林省之干部，隐寓长春"的人。①由于他俩坚决不承认自己的真实政治身份，警方又拿不出他们是共产党员的确凿证据，所以未能及时宣判，案子也就长时间地悬搁起来。

敌人在赵尚志、韩守本口中未得到所需口供，实难甘心。军法处妄图使赵尚志、韩守本招出真供，可谓无所不用其极。4月初的一天，法警把赵尚志、韩守本从狱中提了出来，并说给他们"送喜"，同时被提出的还有三个土匪，一道押出西门。赵尚志、韩守本感到被押出西门定是不祥之兆。过去，凡被判处枪决的犯人，都出西门上刑场。出西门就意味着上西天，就是死亡即将来临。但他们十分镇静、坦然。在刑场上，敌人让他俩跪下，赵尚志坚决地说："老子不跪，站着死。"韩守本说："你们开枪吧！"他们昂首挺立，双眼凝视远方。枪响后，三个土匪应声而倒。赵尚志和韩守本却依然站在土崖子上。原来，敌人是让他俩陪决，是要教训教训他们。他俩回到监号，大家说："我们以为你们上丰都鬼城了！"赵尚志说："阎王爷暂时不想收留我们，让我们还得回来。"韩守本说："这回算是尝着死的滋味了，今后再也不怕死了。"②陪决是敌人威胁革命者最残忍、最野蛮的手段，一般意志薄弱者将会被吓破胆。但这种手段对于赵尚志

---

① 《盛京时报》（1927年3月8日）。
② 赵范（田介人）：《关外·监狱·韩守本》，载《铁窗丹心》，辽宁人民出版社，1991年6月版，第457页。

和韩守本这样真正的革命者来说是拙劣的,没有效用的。通过这次陪决,他们过了生死关,已把生死置之度外,革命意志更加坚定。

作为军法处管辖下的未决犯人,赵、韩二人一直被当作重要政治犯关押在监狱里,他们的脚上带着沉重的脚镣,监号门上挂的是写着"赤化分子"字样的牌子。

后来,赵尚志、韩守本被转押在"优待号"里。所谓"优待号"关押的是有影响的政治犯,不是一般的刑事犯。"优待号"的房舍同一般犯人住的普通监号一样,只是白天有时不锁门,可以在甬道内走动。允许花些钱,充当伙食费(实际是典狱长要从中渔利),自己做饭吃,有读书写东西的"自由"。起初,这一监号里共有七人,除赵、韩外,有一个因私运鸦片获罪的哈长护路军前营长李某,一个冒充军官的地主家少爷,还有在哈尔滨三十六棚铁路工厂工作的工人张友仁及另外两个人。张友仁是中共党员,因警察在他家搜出《向导》周刊和一些传单而被捕。解往吉林后,于1926年11月被以内乱罪判处三年零五个月的徒刑。赵尚志与他早就认识。他们俩的家都住在哈尔滨市道外十六道街一带,相距不远,赵尚志还去过张友仁家。这使赵尚志在狱中又有了一个熟悉的伙伴与同志。

时隔不久,赵尚志所在的监号里又进来两名被人称为老白党的白俄犯人。这两个人专横跋扈,任性逞威,动不动就挥手打人,拿脏水往别人头上倒,以此取乐。赵尚志一看到这两个白俄就想起自己刚从朝阳来哈尔滨时在白俄"大肚子"老板家当杂役、遭受虐待的情景。一次,白俄犯人无辜殴打了韩守本。见此,赵尚志怒不可遏:中国人怎么在什么地方都受外国人欺负?难道在监狱里还允许他们摆出高人一等的样子,恣逞强权?他决心伺机惩治他们一番,压一压他们的威风。赵尚志与张友仁商量了具体办法。一天,他们联合其他犯人找茬与这两个白俄展开一场"武斗",把他们狠狠揍了一顿。[①]赵尚志教训白俄犯人,不许他们在中国人面前撒野逞能。这两个白俄被打得鼻青脸肿,连连向赵尚志拱手告饶说:再也不敢欺负中国人。当看守发现监舍发生斗殴,前来过问时,赵尚志和大家说:"这两个家伙喝醉酒,要放火烧监舍,我们才打他俩,不然就要着火了。"看守见两个白俄低头不语,也就不再干涉了。这场"武斗"狠煞了洋人的威风,也使看守们感到姓赵的这个小伙子不是好惹的。

1927年4月末,中共哈尔滨地委遭到严重破坏。地委代理书记兼组织部长高洪光、宣传部长海涛、地委军委委员王寒生、地委工运负责人姜文周、地委委员安贫、地委交通员金永绪(金伯阳)、团地委书记吴晓天等二十余人先后被捕。这次大破坏是由于秘密工作的疏忽,吸收了一名警察(实际是敌人的侦探)入党而造成的。地委被捕的这些同志经过中东路护路司令部军事法庭审判后被送到吉林第一监狱,其中高洪光有一段时间还和赵尚志关押在同一牢房里。

在狱中,赵尚志牢记自己作为一名共产党员的责任,他乘监狱放风时,主动与地委同志取得联系,紧紧地与党员难友们团结在一起,抓住一切有利时机向敌人展开有效的斗争。

首先,从狱中"犯人"最关心的事情入手,与狱方展开斗争。当时,吉林第一监狱中有所谓的四大"炕头"。"炕头"是监狱中称王称霸,谁也不敢惹的犯人。他们与看守相互勾结,干尽坏

[①]《访问张友仁同志记录》(1965年3月7日)。

事,使"犯人"深受其害。赵尚志和同狱难友收集到他们的罪恶证据,集体签名向典狱长控告,指出,他们伙同看守相互勾结,欺压"犯人",如不处理,就将通过报社将监狱黑幕公布于世。典狱长害怕社会舆论谴责,不得不将"四大"炕头"带上重刑具,押往分监。"犯人"见此,拍手称快。

不久,赵尚志和他的难友们进行了要求罢免典狱长的绝食斗争。

典狱长是监狱最高行政长官。第一监狱的王典狱长是个心毒手狠、残害革命志士的老手。他不择手段地克扣囚粮,虐待"犯人",纵容狱吏从"犯人"身上捞取外快。"犯人们"吃的伙食恶劣到极点,无论冬夏,每天两顿饭,早晨一碗高粱米稀粥,一块萝卜咸菜;晚上一个苞米面窝头,一碗无油花的白菜汤。阴暗潮湿的监舍空气浑浊,充满污秽气味,臭虫满屋爬,咬得难友浑身是大包,彻夜难眠。浴池从不开放,数月不给理发,缺乏最低限度的卫生条件,致使"犯人们"特别是"政治犯"的肉体和精神受到严重摧残。为了取得罢免典狱长这场斗争的胜利,赵尚志和其他同志事先分别做看守的工作,使之同情"犯人们"提出的改善待遇的要求。数日之后,他们得知,省检察厅长肖作华要来巡视检查狱政、监所管理情况。于是,难友们决定利用这个机会,进行绝食斗争。斗争中,赵尚志带头向检察厅长控告王典狱长虐待"犯人",克扣伙食的罪行,提出撤换典狱长,保证"犯人"合法权利,改善"犯人"生活卫生条件,保证"犯人"不饿饭,不将霉烂粮食给"犯人"吃等要求,并表示不答应这些条件就绝食到底。

结果,一天、两天,饭怎样端来,又怎样端了回去,没人动一下。赵尚志和同监难友张友仁则公开大喊大叫:"不撤换典狱长,誓不罢休!""不答应改善犯人待遇的各项条件,就绝食到底!"各监号的"犯人们"采取了一致行动,全部绝食。紧接着看守们罢了岗,也要求改善对"犯人"的待遇。理由是"犯人"待遇不好,经常闹事,难以管理。一时,吉林第一监狱显得十分紧张。省府有关当局的官员们如同热锅上的蚂蚁,惊恐万分,坐立不安。最后,在"犯人们"的坚决斗争下,当局为尽快平息这起令人头疼的事件,不得不决定撤换王典狱长,并答应大家所提出的改善生活卫生条件,保证"犯人"合法权利和应得待遇等各项要求。这场斗争取得了胜利。

在当时,吉林第一监狱同其他地方监狱一样,除用高压手段对付"犯人"外,也有一条所谓"文明施教"的狱政。每周都要由"教诲师"上一次"教诲课",以感化教育"犯人",使之"改邪归正"。在狱方看来,对于"政治犯"此举更为必要。因为"政治犯",特别是那些"赤化分子"软硬不吃,咸淡不进,只好向他们宣传封建礼教和安分守己的思想,奉劝"案犯"悔过自新,至少也可以削减其革命斗志。那些"教诲师"所讲的无外乎是一些"君子以忠孝为立身之本,你们参加什么国民党、共产党?不安守本分,让父母操心,有失人子之道。"或者是"一国三公是祸乱之源,人人想管国家大事,抢官做,天下能太平吗?"等陈词滥调。对于"教诲师"来讲,他们也深知用这些说教妄图感化那些"政治犯"是难以奏效的,但此系例行公事,到时间还得要去教诲室训一通。

1928年初,监狱来了一位叫刘树屏(刘作垣)的"教诲师",由他给赵尚志等"政治犯"上"教诲课"。经过一段时间之后,赵尚志感到这位新来的"教诲师"很有正义感,他常常被革命者的英勇、舍己为人的利他主义精神所感动。于是,赵尚志就时常假借请教问题为名到他的办公的地方去。在相互接触中,两个人的思想感情逐渐沟通。赵尚志不断向他宣传爱国主义思想,讲述革命道理。终于使这位"教诲师"的思想发生了很大变化。他逐渐同情革命者的斗争,认识到自己助桀为虐,为反动派充当帮凶的错处。这位"教诲师"不但没有"教诲"赵尚志使之"改邪归正",反而在赵尚志的帮助、引导、教育下"弃恶从善",转变了立场,站到革命者方面来。对此,刘作垣回忆说:"在吉林第一监狱时,我和赵尚志接触是比较多的。有一次,我在上'教诲课'时,赵尚志突然向我提出三个问题,反对帝国主义犯的是什么罪?中国人爱中国犯的是什么罪?军阀无故抓人投入监狱犯不犯罪?他的提问,我当场没有答上来。后来,我做了认真的反思,感到赵尚志这个年轻人提出的问题很有道理。渐渐地我被他那种忧国忧民的爱国主义精神所感动,决心投向革命。"①就这样,赵尚志和刘"教诲师"交上了朋友。这位"教诲师"走上了革命的道路后,利用公开合法的身份,曾多次掩护党内同志在狱中开展活动和斗争。赵尚志出狱后,根据他的思想觉悟程度和实际表现,还介绍他加入了中国共产党,参加长春特支工作,成为党在敌人监狱里的一名地下工作者。他曾任长春特支干事会书记,以监狱工作人员为掩护,为革命事业做出了应有的贡献。新中国成立后,这位同志任中共中央监察部办公厅副主任,1958年调安徽省工作,曾担任安徽省检察院检察长职务。

1928年末,东北政局发生重大变化。12月29日,张学良向全国发出通电,宣布遵守三民主义,服从国民政府,改旗易帜。②随之,南京国民政府任命张学良为"东北边防司令长官"。由于东北政局的这一巨变,在吉林省第一监狱中被关押并已判刑的政治犯高洪光、张友仁、金伯阳等,在1929年初先后被解送沈阳开释,而赵尚志、韩守本因被认为"系共产党,不可开释",军法处又未定案判刑,仍然被关在狱中,"故此韩赵两犯现仍羁押,另候核办"。③

这期间,赵尚志穿着一件薄棉袍,每天坚持在零下二十度的甬道里来回踱步。人们问他"冷不冷?"尽管他被冻得直淌清鼻涕,却回答"不冷!"嘴里总是不停地说军阀混战,百姓遭殃,外强入侵,国家蒙难。时而,他伸出拳头狠狠地向前猛击,好像恨不得一下子把丑恶的旧社会砸烂,以抒发内心的愤懑。看守、狱吏对他的言行举止无法理解,只是感到此人太怪,于是给他起了个绰号叫"赵魔症"。对此,赵尚志并无反感,也竟甘心承受。

自1927年3月赵尚志被捕,他家人得到消息后,十分惦念他,曾花钱走动使其住进"优待号"。他二哥尚朴为营救其出狱,还向社会上层人士及新到东北整理党务的国民党人张惠民恳求,但赵尚志知道后,颇为不满。他说:"向他们恳求什么?自由从来不是乞求来的。"

1929年1月,赵尚志的妹妹尚英去吉林女中读书,使她有机会常到狱中探望赵尚志。一天,尚英来到监狱,办完手续后,在接见室里等待着。

时间不长,赵尚志戴着脚镣走过来。妹妹隔着铁丝网看见身体瘦弱、面容憔悴的哥哥,又听见他脚下镣铐的哗哗声,情不自禁地哭了起来。可赵尚志瞅着妹妹却在笑。他劝妹妹不要

---

① 刘作垣:《回忆长春特支在吉林监狱的活动》(1960年6月29日)。
② 《国闻周报》第六卷二期(1929年1月6日)。
③ 引自《吉林省政府致国民政府文官处公函》十八年第五十八号(1929年3月20日),藏南京中国第二历史档案馆,526卷宗。

哭,安慰妹妹:"我不好好地活着嘛!"他让妹妹告诉父母:"你回家对爸爸妈妈说,我是他们的好儿子,以后会回家的,家里不用惦记。"

1929年1月下旬,中共东满(延边)区委书记周东郊在延边龙井被捕后,被解送吉林第一监狱,关押在赵尚志所在的"优待号"里。经过了解,赵尚志知道周是自己的同志之后,便十分关切地向他介绍狱中情况,告诉他,对狱吏千万不要用钱行贿。赵尚志说:"这群吃人的鬼如果从你身上得到甜头就不罢休了。一点儿小事,你不掏钱也不肯替你办,鬼与人不同,你同他鬼祟一次,他就永远要鬼祟你了。"

在狱中,赵尚志十分关怀革命同志,对狱中的"政治犯"难友总是鼓励他们不要向敌人屈服,过堂时要镇静,上刑时要咬紧牙关挺住,不能表现出丝毫恐惧、畏缩的样子。他常将自己在狱中如何应对一些事情,在法庭上怎样对付官司的办法告诉给难友们。他还教周东郊等难友如何戴着脚镣脱穿裤子的方法。他琢磨出的方法,虽因棉裤太厚通不过镣环的边隙,但单裤、毛裤,脱穿都不太费事。赵尚志喜爱读书,身边有些小说、诗词集,他毫不吝惜地借给别人看,希望难友能从中汲取教益,解脱苦闷。

同一监舍的那位冒充军官的地主少爷与赵尚志住连铺。赵尚志对他经常在思想上进行帮助,引导他走正路,在生活上则予以关怀和照顾。他俩吃一个伙,饭菜都由赵尚志去做,这个地主少爷在赵尚志的耐心教育帮助下,逐渐懂得了做人的道理。他与赵尚志相处极好,交上了朋友。赵尚志告诉他要多读些书,才能增长知识,明白事理,还对他说,你出狱时,我的书全都送给你。以后,这位地主少爷开释了,赵尚志让他把书带走,但他没有读书习惯,没带走。赵尚志有个脾气,说出口的话必须履行。不久,这位地主少爷来狱中探望赵尚志,赵尚志把自己心爱的十几册书托看守帮助拿出,全部面交这个年轻人,并叮嘱他要好好读。这使得早已忘记此事的地主少爷感动万分,点头称是,表示要认真去读。

另一监号一个很讲义气的强盗犯陈福祥,在赵尚志的教育下,进步也很大。他在赵尚志的帮助下,能读一般白话文章书籍,懂得了一个人有了文化才会促使自己觉悟,增加斗争力量的道理,同时也初步接受了革命思想。他想有朝一日得到自由,立刻回到他们父子两代在江北搞起来的红胡子帮,拉起大旗替穷人打天下。曾与赵尚志在一个监号住过的原中共哈尔滨地委组织部长、代理书记高洪光回忆这段历史时说过:"我们被转送监狱关押后,先时我和赵尚志被关在同一个监室里,约有一二个月时间,韩守本押在另一个监室里。赵尚志同志在监狱被押期间,精神并不颓唐。他除了关心前后被捕的同志外,十分留心他所接触到的一些所谓绿林英雄中的'匪首'。"①

1929年2月9日是农历腊月三十。除夕之夜,监狱外面隐约传来鞭炮声,躺在凉炕上的难友们谈到"每逢佳节倍思亲"这一话题时,赵尚志发表了他的见解:"这句古话有它一定的道理,但也不尽然。有的人纵然佳节当前,也未必念到他乡的亲旧。像我这样的'亡命'之徒,管他什么三十晚上、大年初一呢,从来就没有想念什么往日的欢乐。如果你心里有个理想,有为理想豁出脑袋的决心,就更不会想什么亲故了。刘皇叔叹的是髀肉复生,杜子美忧的是黎

---

① 高伯玉(高洪光):《关于赵尚志同志的几点回忆》(1965年10月16日)。

元百姓,大丈夫当别有所怀……"在除夕夜晚,他把监狱里给的一碗肉泼在了甬道上。

春节过后,同一牢房的霍哲文(延吉《民声报》排字工人,与中共东满(延边)区委书记周东郊于1929年初同时被关押在吉林第一监狱)经审讯后开释。这个诚实的青年在狱中虽只待了短短两个月的时间,但在赵尚志身边他受到了深刻教育,对社会、人生和革命都有了新的认识。临释放前,他对赵尚志、周东郊说:"在这样的社会里,活着真是闷人,怪不得你们这些人有福不享,找罪受呢!"赵尚志对他说:"我们并不是有福不享的人,天底下没有福享的人太多了。罪也不是我们愿意找的,罪总在找人啊!受罪的人,被罪找上的人,有一天懂得惟有推翻使人受罪的东西,这就叫革命吧!——才有真正的福可享呢!这可不是有高官厚禄可享、娇妻美妾可娱,子孙富贵可保,而是为人人都能过上不发闷的日子。"接着他又对这个青年人说:"记住我这个'魔症'的话,也许不会虚度你以后的岁月呢!"

临分别时,赵尚志把自己偷偷磨制得十分锋利的用来剃发的白铁片送给霍哲文作为纪念。同案难友见赵尚志真会抓机会对青年循循善诱、深入浅出地进行思想教育工作,都很钦佩,表示要向他学习。

同年3月,国民党南京政府文官处向东北边防副司令长官公署(即原吉林督军公署)军法处发来电令,要求将赵尚志、韩守本二犯押解至南京,移交国府司法行政部核办。对此,《盛京时报》以《共产党首领解京》为题,发表如下消息:"宪兵司令部侦缉处前曾拿获共产党首领赵尚志、韩守本二名,有宣传赤化证品多件,经当局电请国府如何处理,旋奉国府复令解京究办。当局特饬陈司令派宪兵九名押解赴京究办云。"①赵尚志离开吉林监狱前,把他的被褥狍皮和一些零碎东西送给了在同一监号的难友周东郊。临走时并用下面的话语同周东郊告别:"我们都还年轻,会有重逢的日子,但征途险恶,也许从此永诀啦!但愿我们谁也不辜负人类对我们的期待吧!"周东郊曾回忆说:"国民党叛变,大革命失败,这一过程赵尚志在狱中,他对革命没有丧失信心,从不掩藏他对时局的论断,痛骂新旧军阀。赵尚志性情直爽,是个硬骨头汉子。我以前同赵尚志在一起时感到他性格的特点是,对人爱之欲其生,恶之欲其死。"②

赵尚志、韩守本被押解到南京后,南京国民政府司法行政部责令江苏省高等法院审理此案。在苏州,他们仍然只承认是因国民党案被捕的,自己是孙中山和三民主义的信徒,拒不承认是共产党员,更没有暴露党的机密。经过审理,江苏省高等法院认为赵、韩任国民党吉林省党部委员,他俩在军阀统治地方做地下工作,可谓"三民主义之忠实信徒",因此裁定不予起诉。1929年5月20日,江苏省高等法院做出赵、韩二人"确系服膺三民主义之忠实信徒"的结论,决定"予以不起诉处分,于本日将手续办完即行开释"。

两年零三个月的铁窗生活终于结束了。从虎口、牢笼中脱离出来的赵尚志经受了严峻的考验和锻炼,狱中的斗争使他的革命意志更加坚定,也使他增长了在特殊环境下从事革

---

① 《盛京时报》(1929年4月5日)。
② 周东郊:《铁窗内外》,载《吉林文史资料》第六辑。

命活动的才干。

5月20日,赵尚志、韩守本于开释当天离开了幽暗阴森的苏州监狱,乘车来到南京。此时,南京天气已趋炎热,可赵、韩二人还身着褴褛不堪的冬装。他们身无分文,饥肠饿肚,走在"国府"所在地——南京城的街头上。他们写信致国民党中央组织部并转呈常务委员会,陈述被难经过,请求接济。信中说:"本等前服务本党吉林省党部,守本任常务委员兼宣传部长,尚志任常务委员兼青年部长。于民国十六年三月二日吉林省党部被东北宪兵查抄,本等同受逮捕,送吉林军务督办署军法处审讯……羁押吉林监狱两年有余。迨统一告成,东北隶属本党治下,蒙国府电令开释,东北藉词不放,复蒙文官处电令送京移国府核办,遂由吉送奉,由奉派员送至国府,由国府发交司法行政部,令江苏高等法院审查。"信中接着说,"于本月二十日,承高等法院援引各方证明,决定本等系服膺三民主义之忠实信徒,予以不起诉处分。本于本日将手续办完即行开释,本等亦即乘车来京。惟此时夏著冬装,复破烂不堪,且手无分文,已告枵腹,按本等虽家均小康,被难后免得一死,营救费用实至破产,加以两年囚居需用亦费巨资,故现在实难再向家中索取,故恳急予救济,以维持生活,并指定工作,俾有遵循。"①此封信中说明了他们被捕入狱乃至开释的过程,反映了当时衣食无着的窘境。其实,他们写此信的主要目的是意在索取返回东北的路费,以便早日回到从事革命活动的故地,继续开展革命斗争。

四、"外交协会事件"

在赵尚志身陷囹圄期间,东北地区革命斗争的形势又有新的发展和变化。

党的"八七"会议后,党中央为了加强东北地区党的工作,于1927年10月派陈为人来东北传达"八七"会议精神,并组建了中共满洲省临时委员会。翌年9月,改组成立省委,省委机关设在奉天(沈阳)。在此期间,东北地区反帝反封建军阀的斗争日渐发展,党的组织建设工作也取得了很大的成绩。到1929年4月,在中共满洲省委领导下的党组织已有奉天、哈尔滨、吉林、长春、横道河子、双城等十九个地方组织,三十二个支部,二百五十四名党员。

赵尚志、韩守本出狱回东北后,在哈尔滨找到党组织,根据组织安排,赵尚志被分配到哈尔滨县委负责青年运动工作。韩守本被分配到中东铁路工业维持会工作。(九一八事变后,韩守本做共产国际情报工作。1937年,苏联肃反扩大化遭逮捕,后被杀害。)

1929年下半年,党组织决定调赵尚志到奉天团满洲省委工作。此际正是刘少奇担任中共满洲省委书记(1929年7月14日到任,1930年3月奉调回中央工作),饶漱石担任团省委书记的时期。团省委在中共满洲省委领导下,紧紧配合党的中心工作,利用"中东路事件",推动革命斗争的开展。党、团省委曾联合发表《为中东路事件告满洲民众书》,号召广大工人、农

---

① 韩守本、赵尚志:《致中央组织部的信》(1929年5月),载中央档案馆,辽宁、吉林、黑龙江省档案馆编《东北地区革命历史文件汇集》(以下简称《文件汇集》)乙1,第11、12页。

民、士兵及一切劳苦群众团结起来,反对帝国主义,反对军阀强占中东路,反对国民党,保卫苏联。据王鹤寿同志回忆:"1929年下半年至1930年春,赵尚志在满洲团省委工作。团省委书记是饶漱石,宣传部长姓姚,组织部长是我。赵尚志经常在下边活动,搞青年工作。赵尚志是个好同志。他的革命意志很坚决,工作积极,勇敢坚毅,性格直爽,正直坦率,个性强,缺点是有时失于冒失。"①赵尚志在团省委工作期间经常出入奉天青年学会、外交协会、通泽中学、东北大学、翠升艺术学院及银行等地方,与那里的进步青年相接触,组织发动各界青年投身到这场反帝反军阀的斗争中来。"八一"行动中,他组织青年学生在沈阳南站、日本领事馆、小河沿等地散发大量反对帝国主义和军阀的传单。他还动员了许多青年参加了反帝大同盟,壮大了青年群众组织和斗争力量。

1930年1月,赵尚志与李维舟、郭庆芳受中共满洲省委书记刘少奇派遣去上海,参加党中央高级训练班(第十期)和团中央训练班,学习了一段时间。至1930年3月学习结束后,他们于上海乘日轮"奉天丸"返回东北。

从1929年末到1930年上半年,党内自"八七"会议之后所存在着的若干"左"倾情绪又有了某些发展。一条新的以"左"倾冒险主义为特征的"立三路线"正在逐步形成。这条路线否认革命发展的不平衡性,过高估计革命形势与力量,夸大反动统治危机的程度,幻想革命高潮很快到来。1930年3月13日,中共中央发出第七十一号通知《组织五一劳动节的全国总示威运动》,强调目前中国革命斗争无疑是成熟、复兴,日益接近直接革命的形势。通告要求在五一节这一天,全国各地,特别是上海、南京、武汉、奉天等重要城市都要举行示威活动。4月2日,党中央派李子芬来东北主持满洲省委工作。这期间,在"立三路线"影响下,中共满洲省委也曾提出不少"左"倾政治口号,搞了一些冒险活动。

1930年4月2日,中共满洲省委委员召开会议,讨论反帝运动、党的组织等问题。会议期间,有的同志提出:"反帝国主义在客观上不成问题,反帝中间可以公开反对国民党办的外交协会这个御用机关。"②对此无人提出反对。4月5日,满洲党团省委做出《对"五一"工作决议》。这个决议根据中央第七十一号通知中关于组织"五一"全国总示威行动的精神,要求"五一"全国总示威的运动,在满洲只要有党团组织的地方,都必须坚决组织广大群众的示威,尤其是在满洲的产业与政治中心,如哈尔滨、奉天、抚顺、大连等地,一定要号召开展大的政治罢工与政治示威。决议强调组织广大群众的示威运动,要尽可能地运用"公开号召的路线。""五一"前工会、反帝会、互济会及各种民众团体,必须组织"五一"斗争筹备会,公开号召广大群众,动员广大群众。决议指出:"执行这一工作的过程中,要特别注意反对党内的右倾危险,对于一切错误观念必须严厉纠正与斗争。"③

为了贯彻"五一"工作决议,唤起民众,省委也在寻找时机,积极行动。1930年4月中旬,奉天国民外交协会要举办第十二次外交常识讲演大会,邀请苏上达(外交协会委员、商务印

---

① 《访问王鹤寿同志记录》(1966年1月13日)。
② 《中共满洲省委会议记录》(1930年4月2日),载《文件汇集》甲4,第311页。
③ 《满洲党团省委对"五一"工作的决议》(1930年4月5日),载《文件汇集》甲4,第325、330页。

书馆沈阳分馆经理)讲演《泛太平洋会议》、王金川(外交协会委员、东三省官银号总稽核)讲演《游欧所见及各国对中国观念》。当满洲省委得知这一消息后,即决定组织反帝大同盟去破坏这次讲演会,并指定由反帝大同盟临时委员会成员赵尚志伺机夺取讲坛,进行反帝爱国宣传。

4月12日晚5时,外交协会举办的讲演会在奉天商会会场召开。会场挤满了听讲演的人。省委安排的党员、团员及反帝大同盟会员约七十余人分散坐在会场各处。赵尚志坐在第一排长凳中间,靠近讲台的地方。会议开始后,当会议主席讲完会议内容,讲演者刚要开讲时,赵尚志便按省委事先决定的行动计划突然站立起来,质问会议主席:外交协会对在上海的英国士兵杀死中国学生一事为什么不表示态度?接着他便夺取讲坛,站在凳子上面,慷慨激昂地面向听众以反对英国士兵最近在上海杀死学生事件、日本强行要在东北由其贷款修筑"满蒙五路",并先修吉会路(吉林至朝鲜的会宁)、长大路(长春至大赉)等铁路及东北当局向英、美借款筹建葫芦岛港等为中心内容进行反帝爱国宣传,痛陈允许日本人在东北修筑铁路,就是开门揖盗,引狼入室,日本人如要实现筑路,其侵略势力就可以由朝鲜直接深入吉、黑腹地;控诉英、美帝国主义把魔爪伸向中国的侵略罪行,宣传党的反帝主张,呼喊打倒日、英、美帝国主义的口号。一些党员、团员听后不断鼓掌叫好。半小时后,会议主席制止赵尚志的讲演,但遭到他的反驳。这时,反帝大同盟党团书记杜兰廷、党团成员陈尚哲带头呼喊"打倒帝国主义!""打倒外交协会!"散坐在各处的党员、团员、反帝大同盟会员也大声呼喊口号、鼓掌与之呼应,楼上楼下喊声四起。同时,坐在二楼上的反帝大同盟会员散发了大量署名为"反帝大同盟"的关于"打倒帝国主义,打倒外交协会"的传单。此际,会场秩序大乱。会议主席一面安抚大家,一面暗地叫人向宪兵队报告。结果,外交协会原定的会议内容被打乱,会议草草结束。就在会议主席宣布散会,人们往外拥挤时,接到报告之后闯进会场等候的宪兵侦缉队便衣侦探当即将赵尚志、杜兰廷、陈尚哲三人逮捕,解至宪兵司令部侦缉处。

这就是"外交协会事件"。

"外交协会事件"发生的第二天,即4月13日中共满洲省委即向党中央做了报告,报告了"外交协会事件"的发生经过:"昨日(十二日),外交协会举行国民常识讲演会议,我们组织了七八十个人到会场中去,当他们还未讲演之先,我们就夺取了讲演台,以反对英兵最近在上海杀死学生的事件做发动口号,做了半点钟左右的煽动讲演,主席并不干涉,后来主席请讲演人停止,讲演人即和他反驳。群众只敢鼓掌,但不敢接呼口号。后来,他们还是干那:'行三鞠躬礼'、'读总理遗嘱'的把戏,于是我们不得不以同志甚至是负责同志呼口号。这时候,他们才宣布停止会议。那时候,他们的准备已经停当,门口早已被商团把守,便衣侦探已布满,把我们讲演的和呼口号的同志共三人,请至会客厅拘禁起来,随后又送到宪兵司令部去了。被捕的三人中,有两个反帝党团负责人,并且其中之一是党团书记。"①此报告中所说的讲演人就是赵尚志。报告中指出这次事件"是我们目前工作上一个很大损失"。在外交协会事件中,赵尚志服从组织安排,按照省委的部署十分勇敢地夺取了讲坛,完成了省委交付的任务。事件发生之后,中共满洲省委对于反对外交协会这一斗争的意义做了如下估计:"党在群众

---

① 《中共满洲省委给中央的报告》(1930年4月13日),载《文件汇集》甲4,第353页。

中政治上的收获是很大的,反帝同盟公开在千多人面前讲演半小时之久以致'吉会路''葫芦岛'问题都谈到了,打倒帝国主义的口号群众是响应的,虽然其他口号不敢接续响应"①。

省委布置的这次斗争虽有一定意义,但是,应当指出,这是一次具有"左"倾冒险性质的错误行动。奉天国民外交协会是张学良授意,由奉天商会上层人士联合社会法团组织起来的一个群众团体,主要负责人为奉天商会副会长卢广绩。该协会旨在反对帝国主义侵略,主张对群众进行爱国主义教育。对于这样一个团体,省委认为它是"为帝国主义作工具",要打倒它,这不能不说具有一定的"左"倾色彩。退一步说,即使外交协会应该打倒,而采取容易暴露自己的派人夺取讲坛、呼喊口号、鼓掌助威的方式,也是不够妥当的。这说明对以非法的形式去做合法的斗争的危险性还缺乏足够的认识。结果,由于没有布置任何应变措施,在便衣侦探于散会捕人时,大家束手无策,眼看着宪兵侦缉队的侦探把人逮走。

事实说明,"左"倾冒险主义只凭革命热情,不在做艰苦细致的工作方面下功夫,这对革命事业毫无益处,相反,只能给革命事业造成严重的损害。

至此,事情并未完结。由于被敌人逮捕的反帝同盟党团书记杜兰廷及陈尚哲的无耻叛变②合盘供出了反帝同盟、党团省委机关所在地及所知道的党员团员,致使满洲党团省委遭到了大破坏。敌人首先在杜兰廷家中搜出了大批传单、材料。"宣传文件,高可盈尺",其中重要的文件,如省委"五一工作计划"等皆被敌人搜去。接着,宪兵侦缉队按其所供,仅在三四天内即将党团省委同志及反帝同盟会员三十二人逮捕。他们之中主要的有:中共满洲省委书记李子芬(刘树清)、省委组织部部长丁君羊(李禄森)、省委秘书长刘若云(又名刘明俨、李玉山)、共青团省委书记饶漱石(宋振华)、团中央巡视员邱九(邱旭明)、省委委员张干民、团省委委员孙昆(王文德)、省委组织部秘书郭庆芳(郭任民)、省委交通站负责人宋小坡,党员王孝山、王纯一(王心斋),团员第一师范学生王松山、吕凤祥、刘仲武、方景清,兵工厂工人张梦影、魏学武、商振铎及绿野书店经理刘丹岩(刘桂成)等。(按,括号中姓名皆为狱中化名,赵尚志在狱中化名为赵子和。)

一时间,沈阳因"共党阴谋案",宪兵侦缉队在工厂、大中学校大肆逮捕,"校厂会局,均相牵连","党狱不知胡底,满城风雨"③,全市沉陷于一片白色恐怖中。在党团省委遭到严重破坏后,沈阳、抚顺地方党组织也接连遭到破坏。当局得到省委"五一工作计划"后,因"五一"转瞬即至,便极具戒心。4月30日张学良司令长官召集省主席臧式毅、宪兵司令陈兴亚、侦缉处长雷恒成、警务处高处长、公安局白局长等共议防范措施,决定实行军警宪三角联防。结果,由于失去省委领导,一些地方组织被破坏,加之当局戒备森严,各地的"五一"工作计划大多未能执行。

满洲党团省委遭到破坏后,由在奉天工作的省委委员王永庆等五人组成临时委员会代

---

① 《中共满洲省委给中央的报告》(1930年4月13日),载《文件汇集》甲4,第354页。
② 杜兰廷、陈尚哲因叛党告密,致使党团机关遭严重破坏,中共满洲总行委于1930年9月18日决定开除其党籍。
③ 《盛京时报》(1930年4月26日)。

行省委职责。4月28日,中央派廖如愿由上海来奉天,做恢复满洲省委工作。5月2日,廖如愿在奉天小南边门外主持召开党团干部会议,决定撤销五人临时委员会,选出以林仲丹为书记的新的临时省委,并着手恢复各地党的工作。不幸在会议即将结束时,被巡警发现,六人被捕。5月6日,经过党组织营救,全部获释。5月23日,省临委就前省委遭到破坏的原因进行了详细的研究,并将所得到的教训向中央做了报告。其中说:"满洲省委被破坏,不是敌人的聪明,而是满洲党在政治上、在组织上、在秘密工作上存在缺陷,使得敌人得以乘机而入。"在这里,省临委着重从党组织自身工作中的缺点去寻找、分析组织遭到破坏的原因,其分析是正确的,是符合实际的,其结论也是十分中肯、得当的。

由于"左"倾错误的影响,也由于秘密工作的疏忽,因外交协会事件而引发,在叛徒的无耻出卖下,致使以李子芬为书记的这届满洲省委在成立不到半个月时间就遭到了严重破坏,而赵尚志本身在出狱不到一年时间,又进了监狱,其教训不能不说是十分惨痛的。

五、再陷囹圄

在沈阳宪兵司令部侦缉处拘留所的一个较大房间里,赵尚志和其他被捕同志都被拘押在这里。大家见面后很快交换意见,决定:只承认有反帝思想,不承认是共产党员,并各人准备各自口供,坚持说互不相识。

由于赵尚志在外交协会讲坛上做公开讲演,加之叛徒杜兰廷和陈尚哲的出卖,敌人十分重视对赵尚志(在狱中化名赵子和)的审讯。在宪兵侦缉处初审时,赵尚志是被捕同志中受审次数最多的人。在进入拘留所的头三天,他就被审讯四次了。

在第四次审讯中,侦缉处长雷恒成亲自出马。这个姓雷的,十分凶狠,常给被审讯的人用重刑,人送外号"雷锤子"。他在审讯桌前正襟危坐,刚摆出威严的架势,还没等开口,赵尚志便轻蔑地问道:

"你是什么人?"

"我是宪兵队侦缉处长雷恒成!"雷大言不惭地说。雷见赵尚志年轻,认为他单纯幼稚,便说:"你只要说出共产党组织,是谁指使你讲演的,承认自己年轻幼稚,误入歧途,悔过自新,就可以释放你。"

赵尚志说:"青年爱国有什么罪?难道爱国是误入歧途?"

"这是审讯,如实回答问题!"雷恒成声色俱厉地说。

"你是什么东西——军阀走狗,你没有资格审问我!"赵尚志反唇相讥道。

侦缉队长雷恒成听到这句斥骂之后,恼羞成怒,大声吼道:"你宣传赤化,对党国不忠……"

"你对党国'忠',什么雷处长,分明是刽子手。孙中山先生的朋友、国民党中央执委李大钊不就是你逮捕、绞杀的吗?"[①]赵尚志揭露了雷恒成反动嘴脸。

---

① 雷恒成在军阀统治时期,曾在北京任张作霖的奉军总司令部侦缉处副处长兼侦缉队队长。1927年4月6日,雷带领军警去苏联驻华大使馆逮捕李大钊等数十人。1951年镇反时雷恒成被检举逮捕,1953年4月26日被处决。

凶残的敌人不由分说把赵尚志按倒在地，就是一顿毒打，用起了硬的一套。赵尚志毫不畏惧，忍痛冲着侦缉处长雷恒成仍是不停地痛骂。雷见他软硬不吃，便拉出叛徒杜兰廷对质。赵尚志一见杜兰廷怒不可遏，骂他是疯狗乱咬人，吓得杜头不敢抬，话不敢说。杜在赵尚志面前支支吾吾，气得雷打了杜一记耳光。敌人为使赵尚志招供，强迫他跪搓衣板，最后给他压杠子……他几次昏死过去，又几次被用凉水浇过来。赵尚志受尽折磨，但不管敌人使用什么残暴的手段摧残他，他从未表现出丝毫的怯懦，坚持说爱国讲演无人指使。同案难友张干民回忆说："我们在侦缉队关押了二十余天。头十几天几乎每天都提审刑讯。我亲眼见到赵尚志最为坚决，每次提审，他在堂上都是大骂雷恒成是帝国主义的走狗，军阀的奴才。气得雷叫掌刑的狠狠地打，而赵连哼都不哼一声。敌人拿他没有办法，都管他叫'滚刀肉'。赵尚志在狱中受刑最重。他一直是不服。过一堂，赵尚志骂一堂，敌人打他也骂，不打也骂。他骂侦缉队长是狗东西、军阀走狗。他在狱中敢于斗争，是最坚强的。"①侦缉处长雷恒成原以为凭借自己多年审讯的经验满可以制服这个年轻人，没想到，他碰上了一颗硬钉子。赵尚志英勇无畏的斗争精神对同案难友是个很大鼓舞。同时，他宁死不屈的精神也深深地濡染了侦缉处的看守们。当赵尚志昂着头，一瘸一拐地被押回拘留室时，他们都暗自佩服地说，姓赵的小伙子不愧是个硬汉子，有骨气。

在侦缉处拘留所的二十多天里，敌人虽经多次审讯，并没从被捕的人们口中得到更多的东西。最后，敌人就根据叛徒杜兰廷的口供，用看守架着"案犯"们的胳膊在伪造的供词上按指纹。5月10日上午，侦缉处雇来数辆大车将赵尚志等三十余名所谓"反帝大同盟党案犯"用绳索捆绑着押送到宪兵司令部去复审。翌日，又将他们寄押于辽宁第一监狱（原奉天第一监狱）。

辽宁（奉天）第一监狱

---

① 《访问赵文栋（张干民）同志记录》（1965年12月27日）。

在第一监狱,赵尚志等"一干案犯"先是被分押各监号。但不到一周,敌人又把他们集中关押在幼年监第六号。原因是被捕的同志在各监号广泛进行反帝宣传。为防止他们继续宣传以便看管,又把他们集中在一起。幼年监第六号是三间连在一起,可住三十来人的大屋。在这里,大家又有了串供的机会。

当同志们分别把在侦缉处的供词讲了后,发现有几个青年学生反帝同盟会员因缺乏经验,供词有不周密的地方。这时,几个骨干同志提出趁案子初转到宪兵司令部之机,咬住侦缉处是严刑逼供、强迫画押,要推翻在侦缉处的供词,坚决不承认反帝爱国是有罪的行为。

在幼年监押了一周左右,赵尚志等又被转到"北未决"监房关押。"北未决"是第一监狱"未决监",又称"沈阳地方法院看守所",与第一监狱北墙有一个小门相通。那里不让犯人看书报,只让读《圣经》《佛经》。赵尚志带头同狱方交涉。他说:"我们是政治犯,不看那些东西,我们要看进步书刊。"后来狱方被迫拿些普通报纸给大家看,使难友很受鼓舞。"北未决"那里有个看守长,长得脑满肠肥,身体很肥胖,外号叫"肉坛子"。他一肚子坏水,经常动手打犯人,下手特狠。大家想治一治他。他一来到同案难友监号,赵尚志就带头骂他是"帝国主义的走狗,军阀的奴才……"以后,这个"肉坛子"就很少来赵尚志等同案难友监号了。

数日后,宪兵司令部开始对"反帝大同盟党案"进行复审。参加复审的是宪兵司令部司令陈兴亚、侦缉处长雷恒成,教育厅也派人参加。叛徒杜兰廷、陈尚哲被拉去听审,但他俩躲在一旁不敢露面。

复审时,同志们都异口同声地说,以前在侦缉处的供词是被迫逼出来的,不能算数。

陈兴亚说:"供词上面不都有你们的指纹吗?怎么还想抵赖?"

赵尚志当场指着侦缉处长雷恒成说道:"那个供词是侦缉处用严刑逼出来的,指纹是别人扯手强迫印上去的,你不最清楚吗?这样的供词符合法律要求吗?"

赵尚志的质问使敌人面面相觑,无言可对,陈兴亚气急败坏地说:"反帝大同盟就是反帝党,反帝党就是共产党。"接着敌人又利用叛徒的供词威逼同志们承认是共产党,但大家坚决不承认。敌人拿出最后一招,把叛徒拉出来作证。赵尚志等看见丧失革命气节的无耻叛徒更是怒不可遏,痛骂杜兰廷是条疯狗乱咬人,毫无人性。其他人都一致说不认识他,他污蔑好人。叛徒杜兰廷在革命同志的凛然正气面前被吓得魂不守舍,无地自容。

结果,在"复审"中,同志们把在侦缉处的供词推翻了,取得了斗争的初步胜利。

东北最高行政当局对这起重大"党案"是异常重视的。张司令长官曾亲自过问。"除对办案人员赏现洋千元外,一面复请国府照捕共章程行赏"。[①]张司令长官的一个秘书还前来游说,幻想诱骗被捕同志承认是共产党员,投降国民党。这个秘书提出,只要你们脱离共产党,不再搞政治活动,愿意读书的,可以送到日本留学;愿意做事的,可以安置好差事。但是高官厚禄、荣华富贵动摇不了革命志士的坚强意志。大家表示为了革命事业,为了追求真理,个人就是死在敌人的牢房里、刑场上也在所不惜,决不能被任何说教所诱惑。被捕的同志坚决不承认自己的共产党员身份,没有人愿意去日本留学或去做什么敌人赏赐的差事。最后,前来

---

① 《反帝党尚在审讯》,载《盛京时报》(1930年5月17日)。

游说的这位秘书只好沮丧地离开了。

由于赵尚志等几个十分英勇坚强的同志的影响,大家在斗争中都能互相激励、互相鼓舞,都自觉地从别的同志身上吸取斗争的力量。这些被关押在一起的同志精神状态始终很好,无一人向敌人低头。通过与敌人的顽强斗争,教育了一些人,争取了一些人,影响了一些人。有的同志从动摇逐渐趋向坚定,有的群众还由信仰三民主义转到信仰共产主义。

对于上述被捕的同志的英勇斗争,中共满洲省临委曾在给中央的报告中做过这样的描述:"这一次党和团被捕的同志,除杜△(指杜兰廷)外都是很忠实、勇敢、努力、积极的。被捕之后,虽然受了多少残酷的刑罚,但仍是很坚决英勇的,没有吐露一点儿秘密,供出一个地方,一个人来,虽然他们知道的地方很多。因此,给予一般同志一个很深刻的影响,增加了一般同志对统治阶级的残暴的认识,尤其是他们被押解到第一监狱时那一种不屈不挠的态度,不仅是使我们的同志更坚强了自己的信心,我们相信,就是一般市民也要受感动的。"①

同年5月下旬至6月5日,沈阳宪兵司令部、东北边防司令长官公署军法处及高等法院对这一案件进行了所谓"三机关联审"。在联审过程中陆续释放了一些人,最后剩下所谓要犯十九人。而赵尚志则为此案"要犯"之头三名。在《沈阳地方法院看守所寄押政治犯花名清册》中载:

姓名	年龄	籍贯	案由	原押机关	入所日期
李禄森	29岁	山东	共党	宪兵司令部	十九年五月十日
宋振华	22岁	上海	共党	宪兵司令部	十九年五月十日
赵子和	23岁	朝阳	共党	宪兵司令部	十九年五月十日

(以下略)②

此花名清册所载"政治犯"第三名赵子和就是赵尚志。第一名李禄森,即中共满洲省委书记李子芬,第二名宋振华,即共青团满洲省委书记饶漱石。

不久,最高当局张司令长官"饬令"宪兵司令部将该案转交边署军法处承办。

军法处是最黑暗、最野蛮、最残暴的衙门口。在这里,用以掩饰脸面的"法律"面纱是被彻底撕去了的。所谓审讯就是酷刑。敌人完全是用折磨、摧残"犯人"身心的种种毒辣手段,以图使之屈服的。

在军法处,赵尚志被视为"要犯",与其他几名负责同志首先被提审。在审讯室里,奸狡狠毒的审讯官对赵尚志等威胁说:"你们还是快些痛快地承认是共产党吧,不然就用大刑来侍候。"说罢,打手们对赵尚志等就是一顿皮鞭。毒蛇似的皮鞭狂乱地在赵尚志的胸前背后吞噬着,一鞭子下去就是一条血痕,甚至鞭子上带下的血肉都溅到了审讯官的脸上。赵尚志被打得鲜血淋漓,其他同志也是被打得死去活来。敌人以为酷刑可以征服一切。他们把刑具看成是"撬杠",以为用它可以撬开革命者的嘴,能够得到他们想要得到的供述。然而他们却没有想到,在真正的共产党人面前,这个妙法却不灵验了。对此,他们实在难以理解共产党人为什

---

① 《中共满洲省临委"关于省委破坏的原因、经过及所得到的教训"给中央的报告》(1930年5月23日),载《文件汇集》甲5,第29页。

② 《奉天高等检察厅1451号卷》,藏辽宁省档案馆。

么这样坚强。赵尚志曾多次被提审、"上大褂"（用绳索吊起来）、遭毒打。但他忍受折磨、咬紧牙关，宁死不屈，坚信挺过去就是胜利。他每次受刑回来，都唱着《国际歌》："起来，饥寒交迫的奴隶……"用坚定而深沉的歌声激励自己，也鼓舞同案难友。

军法处对赵尚志等"反帝大同盟党犯"施展淫威，然而酷刑对这群人没起到任何作用，他们无人向敌人屈膝低头。据传，此案发生不久，当局已经内定赵尚志、李子芬、丁君羊、饶漱石、邱九、孙昆、刘明俨等七人死刑。①但以后，当局却把这案子搁置起来，对"案犯"既不释放，也不判决。赵尚志等十九人一直继续被关押在第一监狱未决监里。

1930年8月20日，《盛京时报》为纠正外界所传反帝大同盟党犯已分别处罪的说法，曾以《共案会审后各要犯并未判决》为题刊载报道："前者由宪兵机关在省市捕获之大批共党三十余名，嗣经三机关组织特别法庭会审后，对于轻微及盲从各犯曾先后开放十余名。其余二十余名（按，应为十九名）因案关重要，且情节复杂，多有牵连，经陈介卿（陈兴亚）司令报张长官后，张长官乃复示暂为悬案，不予判决，以昭妥善。以故各该共犯现仍押狱。外传已分别处罪之说，并非事实云。"

在第一监狱，和赵尚志在1927年入过的吉林第一监狱一样，也有"教诲师"给"犯人"讲课。第一监狱为"反帝大同盟党犯"还专门组织了"感化院"，"从事感化，予以自新之路"。②为了利用一切机会与敌人作斗争，当"教诲师"（是个基督教牧师）在"教诲堂"讲课时，赵尚志就故意提出许多问题。如什么叫犯罪？爱国何罪之有？我们爱国犯的是哪条哪款罪？把无辜的爱国青年们关押起来是谁有罪？他还质问"教诲师"：你爱不爱国？你爱国也有罪吗？赵尚志能说善讲：古今中外，耶稣基督，三民主义，都能讲出个名堂来。他带头和"教诲师"辩论，常常弄得"教诲师"张口结舌，受到难友们的嘲笑。

有一次，"教诲师"说："你们崇信上帝吧，上帝能拯救人的灵魂，你们要向上帝赎罪。"

赵尚志站起来便问："请问上帝住在那里？今年有多大岁数？"

教诲师说："上帝在我心中。"

赵尚志说："你的心还没有拳头大，能装下上帝吗？"

结果弄得听者哄堂大笑。同案难友郭任民回忆说："赵尚志同志在狱中，斗争性很强，也很有宣传力。看守们都不敢惹他。有一天，狱方让我们去'教诲堂'听课。教诲师所讲的都是些因果报应迷信的玩意。为此，赵尚志毅然站起来，公开与教诲师进行辩论。教诲师理屈词穷，回答不上来，惹得犯人们哄堂大笑。就连那些流氓、小偷、骗子们也不听讲了。闹得教诲师上不了课。"③最后，"教诲师"以"不堪教化""罪不可赎"为名拒绝给赵尚志等授课。后来，监狱当局怕政治犯闹事也不得不决定停止他们参加这项活动，不叫去听课了。

在狱中，赵尚志还经常把头伸到牢门窗外，向其他监舍的犯人和看守进行讲演，宣传只有革命，实行共产主义，驱逐帝国主义，打倒军阀统治，国家才有希望。为此，他多次被狱吏从监舍提出，单独关押在禁闭室里。

---

① 丁基实（丁君羊）：《我所知道的丁惟汾》，载《中华文史资料文库》（九）。
② 《盛京时报》（1930年6月13日）。
③ 郭任民：《我的铁窗生活》。

关于赵尚志(赵子和)在狱中斗争的情况,当时《盛京时报》曾做过如下报道:

共党在监狱中犹复大肆宣传

由宪兵司令部拘捕审讯之大批反帝党,目下均在监狱拘押候判。就中赵子和,因过于迷信共产主义,虽已身入囹圄,犹复执迷不悟。日前竟在狱中宣传,伸首窗外,向诸囚犯及看守兵等,大事演说其共产救国主义。态度激昂,声色俱厉。当经看守兵等,严予取缔,旋即呈明看守长,将其单犹(独)禁闭室内。共党似此抵死不悟,共毒之深,亦可见矣。①

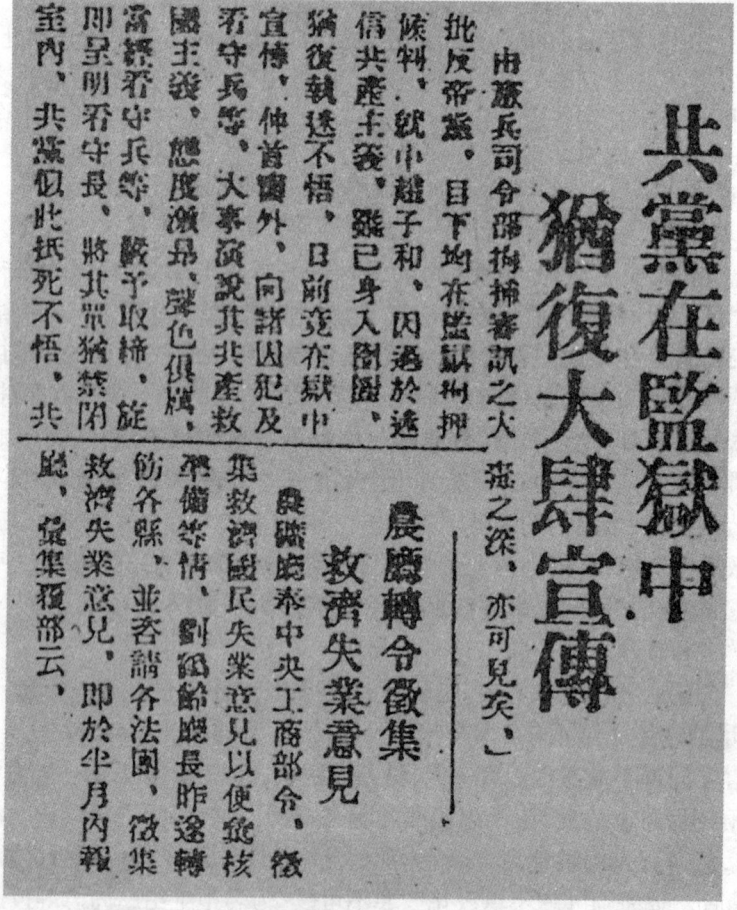

《盛京时报》关于赵尚志(赵子和)在狱中进行革命宣传的报道

赵尚志的英勇斗争使同难案友受到激励,使许多在押"犯人"受到教育,同时也赢得了一些看守们的同情。他是典狱长、看守长深感头痛的一名"要犯"。因他软的不吃,硬的不畏,生死不惧,在沈阳第一监狱里,他又得到了一个绰号——"赵疯子",显然这是看守们给他起的。

1930年10月,赵尚志等入狱半年后,中共满洲省委与狱中的同志取得了联系。党组织为了营救这批同志采取了许多办法。特别是积极地发动了社会舆论支持狱中同志的斗争。

---

① 《盛京时报》(1930年6月27日)。

党的关怀使赵尚志等同案难友备受鼓舞,增添了斗争的力量。赵尚志等被关押在监狱里的政治犯清楚地认识到,他们是被敌人禁锢、掌握着的被剥夺武装的战士。因此,必须本着列宁的教导把监狱当成革命的大学校,磨炼自己的意志,坚定自己的立场,利用一切可以利用的时间和条件,加强政治理论学习,以待出狱后能有足够的力量去与敌人斗争。同时,他们也把监狱当成对敌斗争的一个新的战场。1931年3月,狱中同志根据斗争的需要成立了党团合组的"五人干事会"(其中党员二人、团员三人),李子芬任书记,干事会作为狱中的秘密党组织,管理全体在监的党团员的教育和组织工作。干事会成立后,曾组织狱中同志详细地讨论过关于"立三路线"问题,并于3月13日作出《狱中干事会扩大会关于反"立三路线"决议案》。决议案认为"立三路线"的许多"左倾"的空谈掩盖着对于当前最紧迫革命现实任务执行的消极怠工,所以其本质是机会主义的。决议案对党内右倾分子(指罗章龙等)私自召集会议,反对党的四中全会,成立第二省委、第二区委组织表示坚决反对。认为这是破坏无产阶级最高组织原则与铁的纪律的行为。决议案中说:"现在我们为了艰苦的革命斗争,被囚禁在敌人的监狱里。然而以我们的革命热忱和勇敢,依然贯彻了广大革命群众和党所领导正在进行着的伟大阶级斗争。我们在未接受敌人死刑宣告之前的现实生活中,是要特别利用时机加紧武装头脑的革命教育和研究工作,并进行监狱内部的斗争,尽力争取更广大革命群众斗争的革命战地。"①在此期间,狱中干事会还有计划地领导了狱中的"年关斗争",被发动起来的超过四百人。

党团干事会的成立有力地推动了狱中有组织的斗争,从而使狱中斗争发展到一个新阶段。狱中干事会曾给满洲党团省委写过一封信。这封信很能反映赵尚志等人狱后情况,现抄录如下:

"满洲省党、团委:

兹有下列数事向你们报告和请求:

1.我们自从入狱以来虽然是经常过着组织的生活,但因环境关系以前是没有具体组织形式。到最近我们又因为事实需要,成立了党团合组的五人干事会(党二人,芬、俨,团三人姚、孙、张——兵工厂工人),芬任书记。这干事会是在党团省委直接指导之下,管理△△△△和△△△全体在监的党团员的教育组织工作。

2.干事会成立后,我们很精密的估量了△△客观环境和我们案情的实在关系,认为我们现在是不需要而且不应当将全副精力都用在△△斗争中,而是应当依据客观的可能,争取尽速出△的保障。在未被释放以前,主要应当注重武装头脑的工作。但这不是说要完全抛弃日常斗争,恰恰相反,我们现在生活能够比较自由,能有自由读书的机会,这都是过去和监狱方面不断斗争的结果。

3.因此除请你们要切实和互济会及中央规定具体的对于我们物质经常救济办法,以减少不必要的牺牲(目前重病者又有四人,轻病可说是几乎全体)外,我们请求你们以后无论如何

---

① 《满省狱中干事会扩大会关于反"立三路线"决议案》(1931年3月13日),载《文件汇集》甲7,第329页。

要源源不断的供给我们政治的养料。四中全会决议案,最近中央和省委的通告、决议案,与我国党史和俄国革命史,马克思、列宁的著作,请你们要负起责任运送进来。

4.最近我们的工作可以报告的主要事项有二:(一)我们详细的讨论了反立三路线与拥护国际路线问题,先在干事会扩大会议上讨论成立了决议案(上文便是),随后又在小组会议中讨论,并全体通过干事会的决议。(二)我们领导△△的年关斗争。被发动的人数愈四百,得到相当结果,但其中有些同志犯了错误,不斗争,不管闲事。另一部分同志则不顾群众斗争情绪和监狱环境,而走向强迫命令群众的左倾盲动的道路,以至在群众面前做成同志对骂的怪现象。一方面骂机会主义者,其他方面骂盲动主义者,最后干事会是根据党的新路线做了正确的批判的结论。"①(文中△为原文脱字或字迹不清)

不久,在党团干事会领导下,难友们成立了"经济委员会"(生活小组),由赵尚志、郭任民、王心斋三人负责,赵尚志为组长。当时,狱中难友在经济上实行集体主义原则。互济会及每个同志家属亲友送来的有限的钱款、食品、衣物等,全部集中起来,统一由经济委员会根据实际需要分配使用。

1931年3月16日,狱中党团干事会就营救难友一事向上级写出密信,即《万生为营救奉天被捕同志给天生的信》。("万生"即"满省","天生"为上海中央局组织部长黄文蓉)信中说,1930年4月被捕者,此案已于1930年10月中暗地判决,最重者为十年,轻者一年半,本来张学良回奉即宣判,但至今还未宣布,内中有数人或将出(内有子芬、丘九亦或在内),此案营救无可能。信中恳切希望请上海互济总会予以协助救济受难同志。当时在上海的中央政治局常委周恩来看过此信后,作出批示:"此信我看过,望告互济总党团速汇款去救济在狱人士,至急勿误!"②表现出他对狱中同志的关怀。

在狱中,由于赵尚志、郭任民、王心斋的积极努力,经济委员会发挥了应有的效能,使有限的钱款、物品做到了物尽其用。特别是饶漱石、邱旭明等几个家在南方,无人给他们送生活用品的同志,也得到了同样的照顾。同志们说,我们过的是苏维埃式的战时共产主义生活。

第一监狱中卫生条件十分恶劣,经常有人生病长疮,得不到应有的治疗。为此,难友们又展开了斗争。监狱看守长把这次斗争的起因归结在饶漱石(狱中名宋振华)、王孝山等人的身上,说是他们发动的。为了惩治他们,看守长把宋、王等人关进条件恶劣的"独居",与大家隔离开来。这时,同案难友在党团干事会组织下向看守长提出了强烈抗议,要求把宋、王等从"独居"中放出来。一时,监号的"犯人"也都被发动起来,大家不断地推门、敲窗、喊口号。赵尚志一看见看守长,就当面痛斥他卑鄙、可耻,是帝国主义走狗、军阀的奴才,并指着他道:"六法全书"你学没学过?虐待犯人就是犯法你懂不懂?为什么把宋振华、王孝山他们关进"独居"?为此,看守长说赵尚志要"炸狱",指令狱卒把他从牢房提了出去,用棍棒毒打一顿。第二天,传来了宋振华、王孝山等人绝食的消息。同志们更加坚定地声援他们。赵尚志继续大吵大闹,要求见典狱长,讲道理。至第三天,监狱当局怕这场斗争越闹越大,终于把宋振华、王孝山

---

① 《狱中干事会给党团省委的报告》(1931年3月13日),载《文件汇集》甲7,第319~321页。
② 《万生为营救奉天被捕同志给天生的信》(1931年3月16日),载《文件汇集》甲7,第334页。

等由"独居"放回"幼年监"。

时隔不久,一场灾难性的瘟疫开始在狱中流行。赵尚志的同案难友竟有十四五人因染上疾疫而病倒了。为了照顾好生病的难友,侥幸未染疾病的赵尚志想尽一切办法为难友服务。他和另外四名未患病的同志主动承担起看护患病难友的任务。赵尚志等整日整夜守护在患病难友身旁。他们对身患疾病的同志关怀备至,不顾瘟疫传染自身,为患病难友端饭、喂药、送水,拿大小便器,为他们随时去找大夫,从不怕脏,不怕累,不嫌麻烦,表现了革命同志间的阶级情谊。由于赵尚志等人的精心护理和医生的治疗,患病的同案难友没有一个死于疫患,都恢复了健康。后来,病愈的难友感激地说,这场疫病大难不死,是赵尚志他们的功劳。

1931年整个一年,边署军法处也没有再提审赵尚志等同案难友。据说这有三个原因:一是社会舆论的压力。中共满洲省委积极争取社会舆论,谴责东北军政当局逮捕关押反帝爱国青年;同时,被捕同志的家属也千方百计通过各种社会关系,向统治当局内部疏通、说情,要求释放他们。丁君羊的爱人于培真受中共满洲省委指派,找到丁的叔父、国民党元老丁惟汾,通过他去找张学良进行疏通。二是东北军阀处于苏联与日本等外部势力之间。当时社会上认为凡是共产党都与苏联有关系,所以,他们不想把事情搞得过大。三是最高司令长官张学良出于对爱国青年的同情之心,对于此案曾亲自指示过:"暂为悬案,不予判决,以昭妥善。"所以军法处不敢另行处理。此外,1930年10月张司令长官被南京政府任命为陆海空军副司令,翌年4月赴北平主持副司令部行营,他也无暇顾及此案。

赵尚志等继续在监狱中被关押着。

镣铐和牢笼能锁得住同志们的身,却锁不住他们的心。患瘟疫的难友病愈之后,狱中党团干事会根据中共满洲省委关于要把监狱变成一所学校的指示,组织难友向监狱当局要求允许"犯人"有阅读书报、开展文娱活动的自由。在狱中同志的积极斗争下,终于又争得了读书的权力。党团干事会决定在未释放之前,主要是应当注意武装头脑工作。随之,在狱中成立了"读书会",阅读学习由党组织秘密送进狱中的书籍和文件。赵尚志是"读书会"中的积极分子。为了出狱后的革命斗争,在极端困难的情况下,他刻苦学习,努力武装自己的头脑。狱中的同志除进行学习外,还积极开展文娱活动。1931年"五一"节,他们组织了一次文艺演出,排演了一个小话剧。剧情是反映一个工人家庭惨遭迫害的情形,揭露帝国主义侵略中国的罪行。赵尚志在剧中扮演了一个角色。这场话剧演出之后,狱中的许多"犯人"以及一些看守都受到了感动。

在狱中,赵尚志服从党组织的决定,能够坚持正确的意见,注意克服自己的缺点。在党团干事会召开的组织生活会上,他对一些问题敢于表明自己的看法,提出意见。他也有与别人特别是干事会领导的意见不一致的时候,这时他常表示保留自己的意见。有一次在党的生活会上,有人提出他在敌人面前表现英勇不屈的斗争精神是个人英雄主义。对此,他表示坚决不能接受这个意见。他认为由于自己登台讲演,叛徒出卖,身份显露,就应当旗帜鲜明地与敌人进行面对面的坚决斗争。许多同志也都同意赵尚志的意见,认为一个革命者在敌人面前就应当表现出英勇不屈的精神,不应当是一个懦夫。

赵尚志担当经济委员会组长，对一位领导即饶漱石(宋振华)用钱较多，代表群众向他提过意见，提醒他注意。但饶却说赵尚志是支持落后群众意见，不听他的话。对于这一点，赵尚志很不服气。在团省委机关饶是赵尚志的直接领导，平常赵尚志很尊重他。在狱中，赵尚志为饶漱石由被押进"独居"返回"幼年监"，进行过积极斗争，为此，惨遭敌人毒打；当饶有病时，他精心护理，赵尚志感到自己没有对不住他的地方，怎么能因自己代表群众向他提出一些意见，就说是支持落后群众意见，是不听他的话呢？赵尚志与饶漱石时常打嘴架。一次，饶漱石让赵尚志去倒尿桶，赵尚志说："该轮到你倒，我不能去。"

过去曾有一种说法，赵尚志在狱中被开除过党籍，原因是狱中难友在演剧时，让他扮演叛徒特务角色他不干。韩光同志在其回忆录手稿《真金不怕火炼——赵尚志恢复党籍前后》一文中说："1930年春，在沈阳市一次群众大会上(他)作反帝讲演时被张学良政权的警察机关逮捕……一次监狱党支部决定演出一个话剧，宣传反帝爱国，要赵尚志扮演个特务，参加演出。赵尚志决不接受，并称，我一生最痛恨特务，决不扮演这个角色。因为这件事，他被监狱党支委开除了党籍，并经当时满洲省委批准。赵尚志被释放出狱后向省委申诉，省委给他恢复了党籍。"①对此，冯仲云同志说："关于赵尚志同志第一次被开除党籍是听他本人给我讲过的，具体经过和原因不太清楚，不过赵尚志说是在监狱里，他觉得很委屈。在旧社会做地下工作的同志被判入狱，可以在狱中过组织生活，但出狱后，都要有一段时间停止过组织生活，以便组织上审查。审查以后没有问题的，就可以过党组织的生活。这是组织原则规定的。入狱的同志在狱中没有变节行为是不可能开除党籍的，开除党籍也是不合适的。当时和赵尚志一同住过监狱的有饶漱石等人。"②对于赵尚志在狱中被开除过党籍的这种说法，现在还得不到证实。据和他同案的王纯一、王松山、郭庆芳等人回忆，都说没有这回事。王纯一回忆说："赵尚志在狱中受处分的问题，我没有听说过，除非是支部委员会做的决议，没通过党员，在我的记忆里，是没有这回事。"王松山回忆说："赵尚志从入狱到出狱总共二十一个月。他在敌人面前英勇不屈，斗争坚决，表现出了一个革命者的气魄。赵尚志这个同志听党的话，党让干啥就干啥，工作不管多么艰苦，他从不怕困难，他为革命斗争的勇敢精神是值得钦佩的。在狱中没有听说过他受过任何处分，根据他的表现，不可能受处分。"郭庆芳回忆说："我和赵尚志在沈阳第一监狱度过了二十一个月的狱中生活，他始终表现很好，没有犯过错误，当然也没有听说他在狱中受过任何处分。"③笔者查阅此期间满洲省委文件未发现关于赵尚志在狱中有被开除党籍的记载。当年在五一节时，狱中难友确实演出过一个小话剧，赵尚志也在剧中扮演了一个角色，或许是开始时组织上让他扮演叛徒或特务角色，他不干，便说不干就开除党籍，只是这样说说而已，赵尚志以为自己被开除了党籍。是否如此，亦未可知。

赵尚志在投身革命洪流不久就曾两次被捕入狱，度过将近四年的铁窗生活。狱中生活使

---

① 《韩光党史工作文集》，中央文献出版社，1997年版，第202页。
② 《访问冯仲云同志记录》(1965年12月16日)。
③ 《访问王纯一同志记录》(1966年1月)，《访问松山同志记录》(1966年3月)，《访问郭庆芳同志记录》(1966年3月)。

他受到了磨炼,这对他在以后人生道路中,能够不畏艰难,生死不惧,恪守只有斗争才能生存的信念有着重大影响。他在狱中对敌斗争的精神是感人至深的。在敌人面前,他英勇无畏,不屈不挠,表现了一个共产党员的英雄气概。许多同狱的难友都从他的身上汲取了斗争的力量。直至以后,同受熬煎的难友回忆起狱中的往事来,对赵尚志坚强、勇敢的斗争事迹仍不能忘怀。王纯一说:"1930年4月,我们先后被捕入狱。直到被释放,整整二十一个月,我们共同生活,共同斗争没有离开过。赵尚志在监狱中和敌人所作顽强而英勇的斗争,给我们留下了深刻的印象。尤其他那勇敢接受最艰巨的任务——独自登台讲演,不怕自我牺牲的精神是值得我学习的。"①

1931年9月18日晚10时30分左右,日本帝国主义制造"柳条湖事件"②,炮轰北大营,占领沈阳城,展开大规模武装侵略中国东北的战争。

日本的强盗行径在监狱中引起了强烈反响。9月19日,有人建议越狱。狱中干事会同志认为外面一切详细情况都不知道,不能盲目行动,那样等于自己执行自己的死刑。干事会领导决定用各种方法探悉外界消息,了解一切详情后,再决定如何行动。眼下应"强固政治犯的相互关系,加强对一般犯人的反对日本帝国主义的宣传,密切群众关系"。同时,向当局积极申明,青年学生,爱国无罪,无辜被押,困病交加,要求予以释放。10月7日,第一监狱酱油科(厂)部分习艺犯人乘机袭击看守,越狱逃跑。赵尚志等同案难友因无充分准备,怕上敌人当,没敢贸然行动。狱中党团干事会决定等待有利时机,组织同志出狱。

以后,党组织通过利用各种社会关系,积极组织营救。在此期间,传来沈阳成立了维持会,冯子敬任会长的消息。冯子敬曾在沈阳第一师范学校任过历史教员。他是同难犯王纯一的老师。王纯一在狱中看到报纸关于冯子敬任维持会会长的报道后,向狱中干事会提出,冯子敬有爱国主义思想,他在校读书时,他们师生关系很好,可不妨求他帮助,了结此案。狱中干事会同意了这一建议。由王纯一给冯子敬写信,大意为,我们一批青年人,因为爱国反帝而被捕。现国破家亡,你任重要职务,有权了解我们这一案件。同时难友丁君羊的叔父国民党元老丁惟汾派他的秘书王翔吾找到辽宁省维持会会长袁金铠,袁表示我人已老,做件好事吧。就这样,经过多方活动,奉天高等法院批准同意交保释放这一批被关押的"犯人"。12月11日,奉天高等法院检察处以案卷散失无从检出,无能进入起诉程序为由呈地方维持委员会:"职处令沈阳地方法院看守所所长许殿魁将各机关寄押人犯造具清册呈送核办……前长官公署及宪兵司令部等机关寄押共产人犯共计六十六名,经职处检察官逐一审讯,佥称并无犯罪事实,无辜被押,应请准予保释等语。查该项人犯多是青年学子及贫苦工人,且有羁押至年余之久者。而该各原办机关业已停止办公,所有卷宗又无从检出,职处亦未便进行起诉程序。若长此羁押似慎重人道之意,可否暂准保释,一俟卷宗查出再行办理。职处未敢擅专理合,抄同寄押人犯清册,备文呈请钧会,鉴核指令遵谨呈地方维持委员会。"③12月15日,地方维持委员会函复奉天高等法

---

① 《访问王纯一同志记录》(1966年1月)。
② 即当时所称的"柳条沟事件",后经考证,柳条沟应为柳条湖。
③ 《奉天高等法院检察处致地方维持委员会的呈》(民国二十年十二月十一日),藏辽宁省档案馆第十四号全宗,一目十五卷。

院检察处:"准予取具,切实妥保,以便省释。"①之后,赵尚志等狱中难友根据组织决定,在高等法院附近"官司店"各买一张"保条"即"听传不误"的保证书,交到法院。数日后,当局用大汽车将此案"案犯"拉到法院,一个个点名,履行最后手续。之后,赵尚志等十九名同志于1931年12月20日左右,几近年终岁尾之时先后得以获释。

赵尚志在沈阳第一监狱的铁窗生活结束了。他终于摆脱了黑暗的牢笼。

赵尚志被释放后,即从沈阳回到自己十分想念的哈尔滨家中,见到亲爱的家人。赵尚志的老妹赵尚文回忆说,1931年底,天有些寒冷,三哥尚志回来了。看着他那没有血色的脸和瘦得皮包骨头的身体,真叫大家难受,心像刀扎一样。可他举止从容,谈笑风生,十分开朗。在他的感染下,全家人从悲痛到欢乐。吃过饭让他洗澡,换上父亲宽大的衣服,六姐尚芸收拾换下的衣服。当她拿起那件棉衣时,心都要碎了,这哪里还是件棉衣呀!上面浸满脓和血,早已结成了"嘎巴",像生满锈的铁皮。再望望哥哥那平静乐观的脸,她失声大哭起来。三哥连忙说:"别哭!别让妈妈听见,也别叫妈妈看见。"他揭开小褂说:"你看,这不都好了嘛!"尚芸看着那胸前两肋间新旧伤痕形成的凹凸不平的粗糙皮肤,更是泣不成声了。三哥接着开导她说:"你不是也想参加革命吗?革命可是不能哭鼻子啊!"接着,他讲在狱中敌人用种种酷刑想逼他开口,可他一声不吭,也从没在敌人面前流过眼泪。他慢慢地,但很坚定地说:"敌人把我吊起来,用子弹壳刮我的两肋,开始一条条的肉被刮下来,火辣辣地痛,后来血一滴滴地淌下来,我就不知道疼了,敌人听不到我半点儿哭叫声是多么恼火!这就是我的胜利。在昏迷中我被送回牢房,战友们给我的安慰也不是眼泪,而是低声合唱的《国际歌》。"六姐尚芸受到了深刻的教育,她向哥哥学会了《国际歌》,并参加了散发传单等革命工作。②

赵尚志在家小住数日,稍作休整后,即去找党组织接头,请求党组织给自己分配工作,从事紧迫的反日斗争。

---

① 《地方维持委员会函稿》(民国二十年十二月十五日),藏辽宁省档案馆第十四号全宗,一目十五卷。
② 赵尚文:《我的家》。

第三章 矢志抗日

一、为反日宣传奔波

赵尚志被释放步出牢门的时候,他所见到的天日竟是一个暗淡无光、血雨腥风的天日。由于日本帝国主义把武装侵略的魔爪伸向中国,东北大地已江山易属,人事皆非了。

1931年9月18日,震惊世界的"柳条湖"事变爆发。日本帝国主义以武力侵略中国,蒋介石国民党政府却奉行丧权辱国的不抵抗政策。日本关东军占沈阳,夺吉林,陷齐市,肆无忌惮地攻城略地,恣意践踏东北大好河山。1932年2月5日,日酋多门二郎率第二师团又攻陷北满重镇——哈尔滨。仅数月之间,东三省绝大部分领土沦于敌手。日本帝国主义为了推行"大陆政策",征服中国,称霸世界,用铁与血在东北建立起法西斯殖民统治,致使东三省被一片乌云所笼罩,三千万同胞陷入了暗无天日、水深火热的深渊中。

日本帝国主义武装侵略的暴行和蒋介石国民党政府的不抵抗政策使全国人民无比愤慨。

在民族存亡的紧急关头,中共中央于9月20日发表《为日本帝国主义强占东三省事件宣言》。事变的第二天,中共满洲省委发表《为日本帝国主义武装占领满洲宣言》,9月21日作出了《关于日本帝国主义武装占据满洲与目前党的紧急任务的决议案》。这些及时发表的宣言、决议深刻地揭露了日本帝国主义的侵略罪行和国民党南京政府实行不抵抗政策的可耻行径,号召人民群众罢工、罢课、罢市,发动游击战争,反对日本帝国主义的武装侵略,誓将侵略者驱逐出中国。

在东北,随着九一八事变的爆发,中日民族矛盾已成为主要矛盾,国内阶级矛盾下降到次要地位,抗日救国成为各阶级、各阶层人民的迫切要求。在这种情况下,中国共产党的反日号召极大地振奋了中华民族的斗争精神。在亡国灭种的危机面前,一个声势浩大的反日爱国浪潮在东北大地迅速掀起。

赵尚志出狱时,正值东北各阶层人民掀起的抗日浪潮风起云涌之际。广大的工人、农民、学生和东北军中的爱国官兵抵制蒋介石国民党政府的不抵抗政策,纷纷举起义旗,组织、参加各种名目的"义勇军""自卫军""救国军"以及"大刀会""红枪会"等抗日武装,勇敢地同日本侵略军相拼杀,为反抗日本帝国主义的武装侵略展开英勇、顽强的斗争。

1932年初,中共满洲省委已经由沈阳迁到哈尔滨。省港大罢工的领导者之一、中共六届中央政治局候补委员罗登贤(达平)担任省委书记职务。

根据党组织的决定,赵尚志出狱回到哈尔滨与省委接上组织关系后,被留在省委工作,任全满反日总会党团书记。此职原来是由杨靖宇(张贯一)担任的,因杨调任哈尔滨市委书记,于是组织决定由赵尚志来承担这项工作。

中共满洲省委旧址(哈尔滨市光芒街40号)

日本帝国主义侵占东北后,将铁路、航空、邮政、海关、银行、煤矿、森林等尽悉攫为己有。1932年2月18日,由日本关东军控制,召集所谓"建国"会议,用建立"满洲新国家""独立政府""满洲民族独立"的名义,拼凑傀儡政权伪满洲国。3月1日,在日本侵略者的精心策划下,以伪满洲国政府名义发表宣言,宣布所谓"满洲国"正式成立。3月9日,清废帝溥仪出任"执政"。日本侵略者就是这样以建立伪政权,运用傀儡的欺骗手段开始进行殖民统治。

为镇压人民的反抗,日本侵略者施以武力镇压、制造白色恐怖。在哈尔滨,日本的特别警察与特务机关,经常按户进行大搜查,随意拘捕所谓可疑之人。人民群众的各种集会、结社、言论、出版等自由皆被取缔。学校中进行的是奴化教育。课程中有关中国历史地理的课目被取消,从小学起就增添日文功课,以"王道""尊君"及歌颂日本帝国、"共存共荣"等为学校教育宗旨。城乡各地,满目疮痍;生灵涂炭,遍遭浩劫;物价腾飞,货币贬值;工厂倒闭,工人失业,未失业者则延长工时。哈尔滨印务工人每天工作长达16~18小时。皮鞋工人过去每天收入2~3元,日本侵占后只能收入1~1.5元,而工作件数却一样多。农村田园荒芜,广大农民纷纷破产。总之,由于日本帝国主义的侵略,本来已经贫困不堪的工农劳苦大众更加困苦。

失业、流离、灾荒、饥饿已经达到无以复加的程度。火光、硝烟、血泊、瓦砾,日帝铁蹄所到之处留下了惨绝人寰的暴行。屠杀、奸淫、掠夺、欺压,威胁着每一个东北同胞的生存权利。蒋介石国民党政府的不抵抗政策使中华民族蒙受奇耻大辱。

这一切使赵尚志认识到拯救民族危亡的重任已经落在了中国共产党人的肩上。他特别赞同省委书记罗登贤在一次干部会上所说的"蒋介石国民党以不抵抗政策出卖东北同胞，我们中国共产党人一定与东北人民同患难，共生死，争取东北人民的解放。""敌人在哪儿蹂躏我们同胞，我们共产党人就在哪儿和人民一起与敌人抗争。"赵尚志在与罗登贤的工作交往中，知道了这位省委书记是党的工运领袖。他参加过1925年6月省港大罢工的组织领导工作，参与领导了1927年12月的广州暴动，是党的六届中央领导成员之一。罗登贤对同志要求十分严格，也十分爱护。他阶级觉悟高，斗争经验丰富，有水平，党性强。赵尚志对罗登贤十分尊敬，深感自己能在这样一位领导同志手下工作是幸运的。其言传身教对赵尚志影响很大。

赵尚志在罗登贤的直接领导下，遵照省委的决定，以一个共产党员应有的姿态，矢志抗日，积极地投身到抗日斗争的战场。

为了动员更多的群众参加到反日斗争中来，赵尚志同省委其他同志一道废寝忘食地奔走于各工厂、学校做宣传鼓动和组织发动工作，动员工人、学生积极开展各种形式的反日斗争。

一次，他与金伯阳（省委职工部长）在道外区六道街一个楼院里召集有教员、工人、学生、小商人共三十余人参加的会议。赵尚志在会上慷慨激昂地鼓动大家，我们中国人必须团结起来，才能驱逐日本侵略者。他说："广大劳苦群众所受到的一切痛苦，都是帝国主义及其走狗统治满洲的结果。在日俄战争之后，日本取代俄国，东北成了它的势力范围。日本帝国主义不但把握、控制着东北的经济命脉，吸尽了东三省民众的脂膏，造成人民极端的贫困，而且东三省的一切混乱不安，都是日本帝国主义直接插手造成的。日本帝国主义在飞机、大炮的掩护下，为加强对东三省民众的统治，成立所谓'独立政府'，鼓吹什么和平、安乐、振兴实业、整顿金融、救济失业、减轻捐税等等，只不过是强盗们的骗人鬼话。"在这次会议上，与会人员都参加了"反帝大同盟"。

为了扩大宣传，增加宣传鼓动的力量，赵尚志还带上自己的弟弟尚武一道去开展宣传工作。在哈尔滨工人、学生较为集中的地方，如电车厂、卷烟厂、工业大学、医专、法专等地都留下了他的足迹。一次，他对学生们说："不要被日本帝国主义所制造的白色恐怖吓倒，要克服恐日症。只要工农兵失业者、小商人、学生、城市贫民，所有被压迫民众一致联合起来，还怕帝国主义打不倒吗？还怕不能赶日本侵略者滚出东北吗？还怕傀儡政权'独立政府'推不翻吗？"

赵尚志善于宣传鼓动，他能针对不同对象讲述深浅适宜的道理，所以许多工人、学生都愿意听他的讲演。他在群众工作中，也深深体会到觉悟了的群众是有巨大力量的。

1932年春，中共满洲省委以全部精力组织、发动东北人民广泛开展驱逐日本帝国主义的民族解放革命运动。省委要求各地党组织要坚决地发动和领导工农群众开展反对日本帝国主义的经济的、政治的、武装的斗争。为了提高省委同志对这一问题的认识，省委书记罗登贤组织省委干部认真地学习党中央的机关刊物《红旗周报》第二十期刊载的伍豪（周恩来）撰写的题为《日本帝国主义占领满洲与我党的当前任务》（1931年10月21日）的重要文章。罗登贤一面给大家念，一面解释文中的"我党必须提出工人农民及一切被压迫民众自己武装起来、赶走日本帝国主义为中心口号""只有全中国工人农民及一切被压迫民众真正武装起来，帝国主义在华势力才能真正赶走"和"我们要领导工农及一切被压迫民众自己组织自己武装的救国义勇军"的深刻含义，提高大家的认识，统一同志们的思想。罗登贤强调"一定要发展民族革命斗争"，在日本帝国主义的武装侵略面前，必须开展武装斗争，以武装的革命战争反对武装的侵略战争。

这期间省委作出许多决议，如《对满洲事变第四次宣言》(1932年2月7日)、《反对满洲"独立政府"宣言》(1932年3月5日)、《接受中央关于上海事件致各级党部信的决议》(1932年3月31日)等。在这些宣言、决议中提出了东北党组织面临的抗日反满的紧迫任务，要求各级党部都应坚决地公开地号召群众、动员群众，将反日会组织起来，切实地领导工人的斗争，开展大规模地组织义勇军的工作及争取反日士兵工作等。对于这些宣言、决议的基本精神和要求，赵尚志皆予以认真贯彻、执行。可以说，在以后，这些宣言的基本精神对他从事抗日武装斗争始终起着指导性作用。

1932年3月18日，是巴黎公社纪念日，又是"九一八"事变半周年，省委决定要利用这一时机，开展动员群众、宣传群众的斗争。到工厂组织集会，向工人宣传抗日道理，使之懂得，只有工人、农民广大民众团结起来，自动武装起来，进行浩大的民族战争，才能把日本帝国主义驱逐出东北，打倒所谓的"独立政府"，使民众在政治上、经济上得到真正的解放。

4月6日，中共满洲省委发出紧急通知，指出"党应以布尔什维克的坚决性与敏捷性，来动员无产阶级与一切劳动群众的斗争，加入与扩大反日战争，给敌人的进攻以致命的打击。应以同盟罢工反对日本帝国主义与'独立政府'进攻义勇军和屠杀群众，反对日本帝国主义占领上海。民众自动武装起来，扩大反日战争，驱逐日本帝国主义，打倒'独立政府'。"并要求"在工厂里，在工厂门口，在失业工人比较集中的地方，立刻有计划组织各种部分的群众集会，向工人群众讲义勇军的胜利，日本帝国主义'独立政府'的恐慌和残酷的进攻等目前紧急情况，号召工人群众罢工，给敌人以无产阶级的回答，以扩大反日战争。"①

根据省委指示，赵尚志遵照"应以布尔什维克的坚决性和敏捷性来动员"的要求，与以哈尔滨市商船学校教授身份为掩护、在省委秘书处工作的冯仲云(后任省委秘书长)，一起来到呼海铁路工厂向工人做宣传。他们趁工人下班刚涌出工厂大门时，召集工人聚会，进行讲演。赵尚志以慷慨激昂的语调号召工人团结起来罢工、怠工，支持义勇军的斗争，打倒日本帝国主义。冯仲云与之相配合，把藏在怀里的抗日传单一张张地散发给工友们。

一次，赵尚志去松花江北某地做宣传鼓动工作，是时天已渐暖，大江开始解冻，过江十分危险。为了完成任务，他想尽办法，找来两根长木杆，放在冰上，自己趴在上面，慢慢地向前挪动，冒着生命危险，终于过到江北去，完成了这次任务。

1932年4月，日本侵略者大举向哈尔滨以东、以北地区进犯。反日义勇军与日本侵略者在北满展开激烈战斗。松花江以南的宾县、方正、珠河(今尚志)、延寿、依兰等地，是李杜、冯占海、邢占清所率义勇军活动的地方。反日义勇军极其活跃，其活动逼近哈尔滨市市郊，"哈

---

① 中共满洲省委：《紧急通知》(1932年4月6日)，载《文件汇集》甲10，第82~83页。

尔滨市在炮声震撼之下,风声鹤唳,市面一日数惊。"为了痛击日本侵略者,呼应反日义勇军的斗争,振奋民众的抗日斗志,赵尚志根据党组织指示,与哈尔滨市商船学校学生范廷桂(中共党员,当年二十二岁)一起,于4月12日夜,在哈尔滨市郊区成高子附近成功地颠覆了一列日军军车。①

赵尚志在成高子颠覆日军军车遗址(丁家桥)

当时,地下党组织获得一个情报,4月12日夜将有一列客货混编的日军军车通过哈尔滨市郊成高子车站。为确保完成组织交给的颠覆此列军车的任务,赵尚志与范廷桂事先到成高子附近进行侦察,选择距车站五百米外的一个涵洞(丁家桥)为破坏地点。当晚,他们在铁路工人帮助下把路轨枕木上的道钉起下,拆掉路轨接头螺栓。之后,跑到距铁道很远的树林里,观察动静。夜10时50分,日军军车开来,只听突然一声巨响,列车脱轨颠覆,从四五米高的路基上翻下。12节货车里装载的军火汽油在碰撞中发生爆炸,火光冲天,5节客车内日军官兵死伤严重。4月14日《盛京时报》以《日军由方正向哈凯旋中,列车颠覆死伤者多》为题做过如下简要报道:

【哈尔滨专电】多门中将麾下日军兵车,由方正凯旋哈尔滨途中,12日午后10时50分许,驶至离哈东方十七公里之地点,被人设计颠覆,致有死者十一人,受伤者九十三人。"

又电,日军兵车颠覆,死者计如下:

①《访问冯仲云同志记录》(1960年12月10日)。

陆军大尉　浅妻义行
中　　尉　井上福一
曹　　长　小山武雄
（以下名单略）

此股日军是前往方正等地"讨伐"义勇军冯占海部的第二师团之一部。4月11日，该股日军由方正步行赴珠河，在乌吉密站登上军车，满以为是"凯旋"而归的日本鬼子兵，不料行至哈尔滨市郊区成高子被颠覆，死伤100多人——这个消息一传出，市民无不暗自拍手称快，争相传告。此事影响巨大。这起发生在日伪北满统治心脏地区的军车颠覆案，使日本侵略者异常震惊与恐慌。敌人万万想不到会在戒备森严的哈尔滨市区附近发生这种事情。以后，日伪当局在成高子为此次毙命的日军陆军大尉浅妻义行、中尉井上福一等十一人树起一块"亡灵碑"，以"超度"丧命于侵略战争的这群恶魔的亡魂。

成高子日军军车被颠覆"大惨事"发生后，日伪当局怀疑是铁路员工或共产国际特工所为，在大搜捕中，有40余名铁路员工（内含苏联人）被视为嫌疑犯。对被捕者严刑逼供，范廷桂被暴露逮捕后不幸牺牲。

成高子日军军车被颠覆不久，于1932年5月间，中共满洲省委决定赵尚志任军委书记，为省委常委，专门从事组织、领导反日武装斗争的工作。

为了广泛地开展反日武装斗争，赵尚志根据省委关于支持、声援义勇军斗争的指示，积极动员和组织党团员、爱国青年、学生到义勇军中去。哈工大、商船学校的一部分学生到马占山、苏炳文的军队中去了，还有一批热血青年工人、知识分子参加到农村的反日义勇军中。东北各地抗日义勇军勇敢阻击日

《盛京时报》关于日军军车在成高子被颠覆的报道

军进犯,攻击敌人占领的城镇和据点,破坏日伪交通、通讯设施,沉重地打击了日本侵略军及由投降日寇的东北地方部队所组成的伪军,延缓了日军的侵略步伐,鼓舞了广大民众的抗日斗志。

中共满洲省委在积极支持、声援义勇军斗争的同时,也明确地提出创建党直接领导的反日武装,开展抗日游击战争的方针。根据这一方针,中共南满、东满、吉东、北满各地党组织为创建党直接领导的反日武装进行了极其艰苦的努力,做了大量工作。党派出杨林、张贯一(杨靖宇)、童长荣、周保中、李延禄、张寿篯(李兆麟)、冯仲云、宋铁岩、曹国安等一大批得力干部分赴各地,采取多种形式发动群众,培养骨干,创建人民反日武装。有的深入农村,组织游击队;有的到义勇军中,拟对其加以改造;有的打入伪军警中,试图组织哗变,把部分伪军警从敌人的营垒中拉出来,组织反日武装。

当时,省委军委也直接从事着创建反日武装的工作,曾策动过在哈尔滨市的伪东省特别区警备队官兵哗变,倒戈抗日。东省特别区警备队是以警官学校师生为基础组建的,共有三千余人,下设四个大队,直接由东省特别区行政长官张景惠所控制。警备队广大官兵不愿当亡国奴,反日情绪高涨。为打击日本侵略者,建立反日武装,中共满洲省委决定由北满特委具体负责组织策动伪警备队起义工作。省委军委书记赵尚志负责宣传鼓动工作。赵尚志通过省委秘密印刷厂,印制大量传单,散发到警备队官兵之中。对于策动伪警备队起义这项工作,省委书记罗登贤十分重视。一次,他亲自与赵尚志、冯仲云及省委秘书处工作人员薛雯(冯仲云爱人)连夜赶印一批宣传品。

坐落在哈尔滨市马家沟附近河沟街的一座普通房舍,是省委秘书处,也是秘书长冯仲云和薛雯的家。在这里,省委领导人经常召开党的秘密会议,研究、部署对敌斗争的方针、任务和决定重大问题。

一天晚上,罗登贤、赵尚志来到这里,开始了紧张的工作。罗登贤熟练地用毛笔蘸着阿摩尼亚药水在蜡纸上书写着《告伪警士兵书》,号召伪警士兵掉转枪口,向日本帝国主义开火,朝"独立政府"瞄准,把民众武装、联合起来,扩大反日战争,驱逐日本帝国主义。冯仲云担负着警戒放哨的任务。他不时走出门外,看街上有没有什么特殊的动静。罗登贤将《告伪警士兵书》写好后,赵尚志和薛雯便开始进行印刷。

深夜静谧,繁星漫天。末班电车已经隆隆驶去。巡警不时从街上走来。深夜,一点点儿声响都能传得很远。为了避免印刷机发出的声音引起巡警注意,薛雯便在自己抱着的心爱女儿身上掐一把,让孩子的哭声掩盖印刷机发出的声响。他们经过一夜紧张的工作,终于完成了印刷传单的任务。这次组织伪警备队进行兵变经过了认真而周密的筹划,各项准备皆已成熟。但不料在指定起义日的前一天,因叛徒告密,警备队中一个姓金的军官将部队要倒戈的消息报告给警备队总队长于静涛,敌人有了准备,采取了应变措施,结果这次兵变没有搞成。

1932年5月下旬,为了解各地反日斗争的开展情况,中共满洲省委派遣赵尚志到哈北地区巡视。5月末,他来到巴彦县境,找到张甲洲率领的反日武装——巴彦抗日义勇军。后来,根据省委指示,他留在巴彦,参加了对这支反日武装的领导工作。

二、巴彦游击队里的"小李先生"

巴彦抗日义勇军，又称巴彦游击队。它的创建人是清华大学学生、中共党员张甲洲。

张甲洲是黑龙江省巴彦县人。1932年4月，他同中共河北省委、北平市委派遣的夏尚志（原籍大贲，法学院学生）及张清林（原籍林甸，中国大学学生）、张文藻（原籍汤原，师范大学学生）、于天放（原籍呼兰，清华大学学生）、郑炳文（原籍拜泉，东京工业大学学生）几名正在北平的东北籍大学生回东北组织反日武装。在中共满洲省委的支持下，他们在张甲洲的家乡巴彦县利用各种社会关系，联合民团、士绅、知识分子，于同年5月16日在巴彦北部七马架地方组成一支有一二百人的反日队伍，命名为"巴彦抗日义勇军"[①]，张甲洲任总指挥，王家善任副总指挥。这支反日武装刚诞生，因其领导层多是知识分子，被群众亲切地称之为"大学生队"。而又因这支队伍举起抗日旗帜，却被伪县长视为"红匪"，命令军警进行"围剿"。不久，队伍内部出现分裂，王家善率一部分队伍离去。张甲洲率领一部奔赴东山里，单独活动。继而，他采取报号"平洋"，联合土匪、溃兵的办法，使部队又发展起来。

中共满洲省委为了加强对这支反日武装的领导，决定派军委书记赵尚志到这支队伍中工作。在1932年6月一份巡视报告中记载："关于独立领导民族反日战争和个别反日义勇军的工作，这次在巴彦县经过北平回来的学生的关系，已组织一队武装，共有一百余人……县长派公安局的武装来进攻，把他们包围起来，后来溃散五十余人，现退到巴彦与呼兰交界的地方，会合了马占山溃兵一百余，仍编成一个队伍……省委现改派军委的赵同志到他们队伍中去，一方面要将队伍改为工农反日义勇军，同时确定他们的行动纲领，公开以鲜明的反日旗帜来号召争取反日士兵群众。"[②]赵尚志在这支反日武装队伍中工作时任参谋长，化名李育才，因其年少，个头矮小，人称"小李先生"。

1932年6月初，赵尚志来到张甲洲领导的反日部队时，武装人员已有二百余人。编为三个大队，第一大队队长张清林（中共党员），第二大队队长夏尚志（中共党员），第三大队队长呼青山。整个部队土匪有七八股。赵尚志了解了这支队伍的实情后，感到部队虽有很多土匪，但惯匪成分少。队员多是来自田间的破产农民，因此，只要确定很好的策略方法，建立群众团体，开展农民工作，打击流氓惯匪及反动头子，就有转变成党直接领导的工农反日义勇军的可能。

为了把这支队伍建成党直接领导的抗日武装，成为一面鲜艳的抗日旗帜，赵尚志认为必须想办法使这支队伍发生根本转变。为此，他运用在黄埔军校学习的理论并联系部队的实际，提出"建立中心队伍"的建议。[③]通过中心队伍带动、影响整个部队，使之成为脱离种种不良习气的党领导的人民抗日武装工农反日义勇军。这一建议得到了张甲洲的赞同。于是，以

[①] 徐化民：《忆巴彦抗日义勇军》，载《巴彦党史资料》第一辑。
[②] 仲云：《巡视满洲报告第二号》（1932年6月13日），载《文件汇集》甲10，第382页。
[③] 《满洲巴彦（县委）报告》（1932年11月），载《文件汇集》甲38，第497册。

建立"模范队"名义,从各队抽调出二十名年纪轻、品质好、体格壮的战士,将中心队伍组织起来了。模范队军纪要求特别严格,战斗中要冲锋在前,退却在后。战士干部不许说土匪黑话,长官不许有军阀作风,官兵不许损害群众利益。全队要处处发挥先锋作用,成为全军的中坚和榜样。

模范队的成立,使部队逐渐发生变化,队内思想政治工作得到了加强,部队与群众的关系逐步得到改善。赵尚志经常到各小队中去,对一些原为土匪成分的队头说明反日政治主张,指出土匪无出路,要当义勇军。以后,该部队名称为"东北工农反日义勇军"。当时,工农反日义勇军正在巴彦东北部的洼兴桥、七马架、炮手营一带活动。部队每到一处便向老百姓作抗日宣传,召集群众开会,张贴标语,动员地主有钱出钱、有枪出枪、有力出力,支援工农反日义勇军,号召群众行动起来,团结一致,拿起刀枪,抗日救国。7月上旬,部队攻打了龙泉镇。由于战斗胜利的影响和经过宣传动员,除许多基本群众加入队伍外,一些游民、地主和富农子弟也自带枪马前来加入工农反日义勇军。一时,队伍有很大发展。

1932年7月7日,日本关东军第十四师团长松木中将命令在呼兰待命的步兵第五十九联队第二大队向巴彦县境进军。7月11日,日军占领巴彦县城,不久建立了伪县政权。

此时,工农反日义勇军的力量还很薄弱。为了壮大实力,抗击日本侵略军,义勇军指挥部决定部队西渡少陵河,到巴彦西部地区活动,继续扩充队伍。在强渡少陵河途中,部队遭到一支地主武装的截击。战斗中,一颗流弹从赵尚志戴的顶部高凸的草帽上穿过,帽头被敌弹横穿一洞。真是得亏他个头矮小,遂免于难,否则,后果不堪设想。

部队渡过少陵河后,便活动于西集镇以北、呼兰县东部一带。在这里,部队不断加强抗日宣传。通过召开群众大会、小会及唠家常等多种形式动员青壮年参加反日武装斗争。赵尚志宣布只要反日救国,不管什么人,义勇军都收留,携枪带马则更好。

1932年夏,淫雨连绵,松花江发生百年不遇的特大洪水,巴彦县沿江地区遍遭水淹。在水灾、匪患、饥饿及日伪统治下,农村经济破产,许多农民揭竿而起;此外,一些地主大户,"烧锅"①、油坊的武装也不甘屈服于日本人的统治,也都打起反日旗号。在这种形势下,不少破产农民及小股武装纷纷投向工农反日义勇军。义勇军西渡少陵河时仅有二百多人,一半为马队,一半为步兵。待东归回来后,部队已增加到六百余人,且全部变为马队。模范队也有很大的发展,由原来的二十人增至一百余人。8月中旬,部队返回七马架。群众在村头鼓乐相庆,热烈欢迎工农反日义勇军胜利归来。

随着反日斗争的开展,工农反日义勇军逐渐壮大起来。为打击日本侵略者扶植起来的伪县政权,振奋民众反日斗志,指挥部决定联合其他反日武装共同攻占巴彦县城。

1932年8月,处于日伪统治下的巴彦县城萧条冷落,加之松花江水泛滥,广大灾民流落于街头巷尾。饥饿、瘟疫、暴涨的物价,弄得市民们人心惶惶。往日的巴彦苏苏——富贵之乡,已徒具虚名。②当时,巴彦城内驻有伪军步兵营、警备队各二百余人,商团兵五十余人。8月下

---

① "烧锅"即酿酒作坊,一般由商人、地主经营,并拥有自卫武装。
② 巴彦亦称巴彦苏苏,蒙古语意为富贵之乡。

旬,工农反日义勇军指挥部派人与活动在巴彦东北老黑山的抗日武装马占山部所属才鸿猷团(简称"才团")和在木兰蒙古山活动的土匪部队"绿林好"取得联络,决议三方联合,在8月30日,以鸡叫头遍为号,共同攻打巴彦县城。

8月30日晨,东方的天色尚未发白,晨星仍在闪烁。就在雄鸡刚叫头遍,人们还在酣睡的时候,工农反日义勇军、"才团"和"绿林好"按预定计划同时向巴彦县城发起进攻。义勇军在张甲洲、赵尚志率领下从南门攻入城内,"才团"在城东北角向城里进攻,"绿林好"从东南门攻城。激战至天亮时,巴彦县城终于被反日部队攻破。驻守在城东北部的伪军步兵营营长沈某被击毙,伪县长程绍濂从北城壕狼狈逃跑时被俘。工农反日义勇军、"才团"和"绿林好"三部抗日部队进入巴彦县城后,各自下令严守群众纪律,不许骚扰、抢掠城内居民。义勇军派出战士在街上书写标语,散发传单,揭露蒋介石国民党政府不抵抗政策,号召群众起来参加反日斗争。当时城内秩序井然,商号照常营业,群众反日情绪高昂。

工农反日义勇军联合其他反日武装攻占巴彦县城,是九一八事变后,中国共产党领导的以反日部队为主要力量首次攻占县城的重要战斗。这次战斗显示了党领导的反日部队的战斗力和联合反日的力量。日伪当局对反日军亦认为"有力"。伪《滨江时报》9月7日曾报道:"巴彦,八月三十日被有力匪团占领,同地民团完全与匪合并。同时烧公安机关、县署……县知事也被绑。"——这次战斗为党领导的反日部队在与其他反日武装义勇军("才团")、山林队("绿林好")相互联合,共同作战方面进行了初步尝试,为以后党提出的建立抗日民族统一战线,团结一切可以团结的力量,共同与共同的敌人联合作战取得了一些经验。

但是,反日部队入城不久,"才团"头目才鸿猷与地主豪绅勾结起来,排斥工农反日义勇军。他以封官许愿的办法把"绿林好"拉了过去,让"绿林好"当团长,才自任旅长。接着又想吃掉工农反日义勇军,妄图使这两支部队统归他管辖。对此,张甲洲、赵尚志等义勇军指挥部人员经研究决定,坚决不能与其合并。因为工农反日义勇军是共产党领导的队伍,只能在抗日这个大前提下与他们联合,而绝不能与之混合。由于才以当官引诱,义勇军队内一些小股土匪大部分投奔"才团",部队只剩模范队和基本队员二百余人。入城四五天后,张甲洲、赵尚志等考虑到攻城任务业已完成,恐久居城内生变,便率队撤出县城。

工农反日义勇军在张甲洲、赵尚志的率领下,撤离巴彦县城后,来到姜家窑、七马架一带进行整训。这时,部队中虽因一些土匪成分投奔"才团"而人数大为减少,但留下来的大都是自愿接受共产党领导的反日战士和干部,实际上队伍更精悍了。整训期间,指挥部将部队重新整编为四个大队,调整了各队领导人员,模范队改为少年队。部队成立了士兵委员会、反日同盟会。赵尚志、张甲洲决定为培养部队基层干部,成立一个具有培训性质的教导队。教导队成立时有二十人,其成员都是在队伍里选拔的优秀青年。训练期限为两个月。教导队专有教官教术科,讲枪械知识、射击要领、野战筑垒、地形地物、伏击侧击、堵击追击、突围等战术知识。学科讲科学、时事,讲国耻史。赵尚志、张甲洲亲自教授学科。教育教导队员要把自己培育成不怕苦,不怕死,贫贱不移,威武不屈,富贵不淫的抗日骨干。每个同志都要有"身先士卒常施爱,心为国家不为名"的高贵品质,要有抗日到底的坚强意志,有民族自尊心,要做一名爱国军人。教导队经常学唱爱国歌曲,主要有《苏武牧羊》、岳飞的《满江红》《赴战》《抗战歌》

等。《赴战》的歌词是:"不忘大刀环,沙场死当善终看。宝刀挥鄯善,金甲耀楼兰。风餐雪饮,枪林为弹。腰中剑,秋水寒,颈血溅,人人但愿马革裹尸还。"《抗战歌》的歌词是:"国事千钧重,头颅一抛轻,昂藏七尺躯,怕死不从戎。"

这期间,赵尚志经常是身着一件青布夹大衣,长短枪都不带,腰间挎一把大刀,在教导队或少年队活动,督促年轻战士学习、训练。他在教导队还做过几次讲话,都是有关作战和纪律上的事,他曾说:"你们结业分配到各队,执行纪律一定要严格,今后要制定违犯军纪的处罚条例。"①他注意结合部队内部有许多土匪成分的实际情况,特别强调加强组织纪律。他在随军活动中,一方面作为省委代表担负着领导责任,一方面自视普通一兵,和战士一样站岗放哨。赵尚志十分关心战士,同战士建立起亲密的关系,结下了深厚的情谊。他称教导队、少年队的战士为"兄弟",教导队、少年队的战士称他为"李大哥",别的队的干部、战士则叫他"小李先生"。又因张甲洲在军事上主要靠赵尚志这个参谋长出谋划策,进攻退守,他很有韬略,战士们都说"小李先生"有一套。平常大家也愿讲关于他的一些故事。

据说在一次战斗中,赵尚志和一个小战士趴在一起向敌人射击。当时因作战频繁,子弹很缺乏。每个战士配备的子弹不多,因此遇到打仗时,大家都担心怕子弹不够用。战斗正在紧张激烈地进行着。这位小战士便打打停停,停停打打。赵尚志见他这个样子,便使劲地拍着自己身上挎着的子弹袋,对那位小战士说:

"你猛劲打吧,我这儿还有一袋子子弹呢!"

小战士听罢,解除了担心子弹不足的顾虑,勇敢地向敌人开枪射击。经过战士们的英勇战斗,这股敌人终于被打退了。

战斗结束后,小战士缠着赵尚志向他要子弹。赵尚志说:"敌人已退,我们转移吧!"

可那位小战士一口一个"小李先生","把你的子弹给我几发吧。"不住地恳求说。

赵尚志见小战士总缠磨自己,只好把子弹袋打开。原来,他这个子弹袋里一发子弹也没有,鼓鼓的子弹袋里装的全都是一节节的秫秸棍子。小战士见此,不知如何是好,感到十分惊奇,连忙说:

"小李先生,我可不要你的子弹了。"

赵尚志便哈哈大笑起来。

工农反日义勇军部队经过整训之后,面貌一新,部队中所成立的教导队、少年队、士兵委员会、反日同盟会都十分新颖,远非其他反日武装所能比拟。1932年11月,在中共巴彦县委给省委的报告中说:"在群众工作上建立了士兵会,发展了组织,在生活方面逐渐改善他们生活,衣物鞍马都平均来分配,打击过去个人的自私观念,改正他们的土匪意识和流氓行动,在过去他们不分贫富,乱抢乱打,打骂庄稼人,现在他们与庄稼人都很和善。""过去土匪吃鸦片的很多,现在这几个队伍只有一、二队和洋炮队里有几个,其余少年队和教导队里一个也没有了。"整训后的工农反日义勇军精神为之一振,士气高昂。其他反日义勇军、山林队②看到这

---

① 徐化民:《忆巴彦抗日义勇军》(1983年)。
② 所谓山林队是指能从事反日斗争的土匪队伍,为了团结更多的武装投入抗日斗争,故将其称为山林队,以示与专门进行抢掠的土匪(胡子)有所区别。

支鞍马齐全、武器精良、精神抖擞的队伍都十分羡慕。

中秋节前后,工农反日义勇军活动在洼兴西部一带。这期间,张甲洲、赵尚志率部曾远道奔袭了呼海路康金井车站。

一天,工农反日义勇军得到情报,呼海路上的康金井车站来了二十余名日本兵。指挥部研究决定乘夜袭击这股敌人。当晚,张甲洲、赵尚志率领经过挑选的一百名精锐骑兵,奔驰而去。夜半,部队将康金井车站包围。同时,把车站南边的铁路扒断两处,掐断通往呼兰和海伦的电话线。然后,部队开始袭击车站和镇内敌人驻地。因日军在义勇军到来之前,已撤离该地,未能遭到这次打击,而车站的伪警护队却代替这帮日军被打得七零八落。工农反日义勇军远道奔袭康金井车站震动了呼海路沿线的敌人。

此后,工农反日义勇军又赴西集厂一带活动。在这里收编了才鸿猷所部第七团,即孟团(才鸿猷组织的东北抗日救国军第七团,团长叫孟昭明,故称为孟团)和几股山林队,部队人数又有很大增加,达到七百余人。部队编成了少年队、教导队,第一、二、三、四、五、六队及洋炮队。其中第一、二队、少年队、教导队和洋炮队共约二百三十余人,是由党员干部直接领导的队伍。这时部队内部也建立起党的干事会,设有书记和组织、宣传干事。队内党组织也有一定发展。中共巴彦县委于1932年11月给省委的报告中说:"介绍了一批同志是十一人。这些人的成分,雇农贫农很多,只有两个人是富农和地主的儿子。"

工农反日义勇军在抗击日本侵略者的斗争中,已成为党领导的活跃在哈北地区的一支重要队伍。

三、巴彦游击队的失败

在工农反日义勇军(巴彦游击队)的发展过程中,其途程曲折坎坷,并不是一帆风顺的。

1932年6月,上海临时中央召开"北方五省代表联席会议"即"北方会议"。之后,一条"左"倾路线开始影响着东北各地的反日斗争的顺利开展。

同年10月,中共满洲省委派巡视员吴福海同志来到工农反日义勇军部队中,进一步传达贯彻"北方会议"精神和省委关于执行"北方会议"决议的指示。其主要内容是:(1)将东北工农反日义勇军改编为中国工农红军三十六军江北独立师;(2)成立军事委员会,张甲洲为司令,赵尚志为第一政委,吴福海为第二政委,两人都是省委代表;(3)实行打土豪、分田地,执行土地革命政策。从此,工农反日义勇军打着红军旗帜,在执行土地革命政策、创造苏维埃、武装保卫苏联等口号下,进行活动。

10月,庄稼上场,山林落叶,天气渐凉。

工农反日义勇军为开辟新的反日斗争区域,筹集越冬物品,好为开展冬季斗争作准备,联合"绿林好"所部于10月29日(农历十月初一),由巴彦县境分头向东挺进,前去攻打东兴设治局。①张甲洲、赵尚志率工农反日义勇军行至距东兴三十五华里的邵家店时,收缴了当地

---

① 东兴正式设县之前,为设治局。东兴县现已划入木兰县。

伪警察分驻所武装。为麻痹敌人,反日义勇军以分驻所的名义向东兴设治局报告:一支义勇军已由此向南移动,没有向县里窥视的模样,转移了敌人的注意力。随之,大队人马便向东兴开去。东兴城内守敌对义勇军的行动毫无防备,待义勇军兵临城下,敌人只好仓促应战。结果,战斗不到半小时,敌力不支,城内守敌从东门撤出,逃进山里。工农反日义勇军和"绿林好"部队顺利占领了东兴。

第三天(11月1日)中午,敌人组织红枪会疯狂反扑,工农反日义勇军惨遭攻袭。为击退敌人进攻,赵尚志在十字街口设立的临时工事内组织战士进行反击。激战中,敌人异常嚣张,每次敌人被打退后,紧接着便又反扑过来。正在赵尚志紧张指挥战斗时,有两三颗小弹片横飞而来,致其左眼受重伤。顿时,殷红的鲜血满面淋漓。战士们于弹雨中强行突破敌人火力网,将赵尚志护送到司令部。经检查,其左眼眶下被弹片击伤,骨质受损。此际,敌人仍然不停地向义勇军展开进攻。义勇军且战且退。傍晚,敌人逼近司令部附近。这次战斗从中午开始,直至深夜,工农反日义勇军遭到很大伤亡。夜半时分,司令部决定强行突围。赵尚志与其他伤员在教导队保护下先行撤出。随后,各股部队于激战中乘黑夜,相继撤至城外。

攻袭东兴战斗,工农反日义勇军所付出的代价是巨大的。除赵尚志和第二队队长夏尚志等人负伤外,士兵牺牲三十余人,枪械损失五十余支,物品全未携出。这是工农反日义勇军自成立以来,在战斗中遭受的第一次重大损失。部队撤离东兴后,经邵家店返回巴彦县境。赵尚志与另外三名伤员被安排在姜家窑养伤,以后赵尚志又去哈尔滨治疗眼伤。经过月余治疗,其眼伤渐愈,但左眼内部组织破坏,视力丧失,眼下颧部留下了三个新月形伤痕。

在赵尚志养伤期间,工农反日义勇军打着红军的旗帜,离开巴彦县境,西进呼兰,经兰西,过青冈,进入安达县境活动。自从反日义勇军贯彻、执行"北方会议"精神之后,部队为实行土地革命任务,便不分青红皂白地打击地主,没收地主财产,号召农民"要组织起来,要行动起来,要反抗一切",还"组织一个分粮委员会,由农民推举三个或四个人,士兵代表几个人,我们同志也参加在里。"领导农民抗租、抗债,分地主家的粮食、财物。在部队内部建立起"苏维埃之友社"①,搞"左"的一套。一些受到"左"的错误影响的同志认为张甲洲在创建反日武装时就"走向资产阶级和地主路线","他并不是执行革命任务,他以个人的感情来拉拢群众","对底下的群众保持严密的封建关系"。开会时要求"避免张甲洲的注意",并主张进行"发动反张甲洲的斗争"。不仅如此,他们还认为队内党员同志"放弃了党赋予的任务,给土匪作忠实的俘虏,从小赵(按,指赵尚志)起都是忠实地执行土匪式的地主富农路线"。②由于执行"左"倾政策,部队严重地脱离了广大群众,队伍内部也开始产生分化,原来各地的地主大户对义勇军的反日行动是支持的,给粮、给钱、给马、给武器,但自从执行土地革命政策后,不但不再支持义勇军,而且常常攻击义勇军,致使义勇军四面受敌,遍遭地主大户的反对。与反日义勇军联合作战的"绿林好"因不接受义勇军的政治口号和行动方法,不再与之合作了。部

---

① 《满洲巴彦(县委)报告》(1932年11月),载《文件汇集》甲38,第504、505页。
② 《满洲×××同志关于巴彦游击队事变的经过报告》(1933年2月),存中共黑龙江省委党史研究室资料室。

队内部一些地主子弟见部队每到一地便与地主大户为敌，便逐渐分离出走。在队伍内部领导层之间，因对省委指示存有意见分歧，也产生了矛盾。张甲洲虽然不公开反对省委指示，但与其他领导同志有了隔阂，关系也日渐疏远。

赵尚志伤愈之后又回到工农反日义勇军部队。他面对队伍内部产生的种种矛盾和部队所处的艰难境地，感到省委指示(实际是"北方会议"精神)是不符合斗争的实际情况的。他为反日义勇军所面临的危机而忧心忡忡。在一次讨论省委指示的会议上，赵尚志表示，省委作出的决议是有错误的，省委还没有真正了解这里的情形。在贯彻"北方会议"精神中，他没有完全按省委指示去搞土地革命，建立苏维埃。由于他与前来贯彻"北方会议"精神的省委巡视员吴福海在路线政策上存有认识上的分歧，两人时常争吵，一次吴竟动手殴打了赵尚志(省委就此于1932年11月20日给吴以警告处分)。赵尚志反对不分青红皂白地进攻地主大户，认为这是"断送革命"。他对队内有人用东西向地主换取子弹，而不是任意掠夺，表示同意；杀富农家的猪，他让弟兄们花钱去买，说不能随便剥夺。省委巡视员曾指示派朝鲜族同志去召集东兴的农民发动分粮、抗租、抗债斗争，把地主富农的粮食与棉衣分给穷人，在队伍内发动反张甲洲的斗争，必要时要把他立即从队伍中分化出去，对此，赵尚志并没有执行，而是"决议归决议，行动归行动"。①

12月上旬，工农反日义勇军在张甲洲、赵尚志率领下欲自安达站向西部行进，以会合马占山所属邓文、李海青部反日义勇军部队共同开展武装斗争。当部队行至泰来境内时，得知邓文、李海青部反日义勇军自拜泉失守后向西开去，难以与之会合。当时，轰轰烈烈的全东北大规模义勇军抗日斗争，由于蒋介石国民党政府不抵抗政策的影响，及缺乏统一领导，各自为战、互不支援等难以克服的自身弱点，在强敌进攻下，普遍遭到失败。邓文、李海青所率队伍在日军追击下渡过嫩江，经开鲁已开往热河。这样，工农反日义勇军不得不决定回师东归。

这时，赵尚志接到满洲省委于11月20日作出的《关于撤销小赵同志工作的决议》。省委认为赵尚志在巴彦游击队中搞了右倾机会主义，做了地主富农的俘虏，执行的是"富农路线与军事投机军官路线"，持有"北方落后论""满洲特殊论"的观点。省委决定"撤销赵尚志过去省委所附托的省委代表任务"。并说应分配到下层群众中去工作，在实际工作中改正他的错误。②

这是赵尚志入党后第一次受到的组织处分。他想到自己为坚持己见，竟挨过省委巡视员的殴打，现在又受处分，感到很委屈，心情很沉重。赵尚志经过认真思考，感到自己的思想与行动是符合斗争实际的，他不承认自己是给地主富农当了俘虏，否认自己执行的是"富农路线与军事投机军官路线"。他说，"满洲特殊与北方落后"不是他的意思。

当工农反日义勇军从泰来回返时，正值数九寒冬季节。当年夏季雨大，冬季奇寒。整天朔

---

①《满洲×××同志关于巴彦游击队事变的经过报告》(1933年2月)，存中共黑龙江省委党史研究室资料室。

②《满洲省委关于撤销小赵同志工作的决议》(1933年11月20日)，存中共黑龙江省委党史研究室资料室。

风怒吼,大雪飞扬。部队顶着刺骨寒风,踏着晶莹的冰雪,辗转由泰来、经林甸、过明水、进依安、入拜泉、赴通北、抵海伦,准备向松花江下游汤原地区前进。

工农反日义勇军所经过的地方,正是前不久邓文、李海青、"天照应"等反日义勇军与日军激战过的地方。日本侵略军为消灭滞留于拜泉、明水一带的小股反日武装,令骑兵第一、第四旅团中村支队、黑田支队分别从克山、泰安、小蒿子等地向明水、拜泉、依安等地进剿。鉴此,工农反日义勇军只得沿各县边界地带穿行,在地处穷乡僻壤的村屯寄宿,因此,没有遭到过较大的损失。但是部队为了执行土地革命政策,仍坚持打地主土窑,召集当地贫民分粮,没收地主枪马,因而经常招致地主武装的反抗。以后部队又经绥棱、庆城(今庆安),进入铁力县境,在长途行军中,因天寒地冻,战马缺草料,又都没挂马掌,在河套洼塘上行走,路滑马倒,一些队员相继掉队。当在庆城与铁力交界的一撮毛地方筹集粮秣给养时,工农反日义勇军一部违犯少数民族政策,误缴两名鄂伦春族猎人两支步枪,结果遭到一支伪山林队(俗称索利营)和伪自卫团二百余人联合武装的攻袭,部队损失很大。战斗中,赵尚志的警卫员白桂森同志(呼兰县人,十七岁)中弹牺牲。接着又连续遭到伪军曹荣部队的袭击,在克苏里大桥遭到王振武所率伪警察队的袭击,使部队遭到沉重打击。此时,年关临近,指挥部决定要过铁山包(铁力)向汤原进军,但部队中巴彦子弟居多,战士思乡心切,急欲离队回家,不愿东进,以致使前往汤原的计划无法实现。部队领导做出决定,率队返回巴彦。当部队辗转返回巴彦骆驼砬子山时,部队已溃不成军,全队只剩五六十人。

1933年初,巴彦县已建起各级伪政权,日伪军警遍布城乡。工农反日义勇军所剩人马无几,处于弹尽粮绝的境地。为使所剩部队免遭敌军围歼,张甲洲、赵尚志等义勇军指挥部人员于1月18日(农历腊月二十三)决定:队伍化整为零,队员分散隐蔽,听令再集。这样,东北工农反日义勇军即巴彦游击队的斗争最后便以解体、失败而告终。

四、被开除党籍

1933年春节前夕,东北工农反日义勇军(巴彦游击队)解体后,部队领导成员张甲洲、赵尚志、吴福海、夏尚志等策马前往哈尔滨市,准备向中共满洲省委做汇报。

由赵尚志参加领导的东北工农反日义勇军即巴彦游击队是九一八事变后,中国共产党在东北领导创建的最早的反日武装之一。这支部队所开展的英勇斗争,与南满杨靖宇领导的磐石游击队相呼应,与当时风起云涌的各种类型的反日武装斗争相汇合,打击了日本侵略者刚刚建立起来的反动统治。虽然它的斗争失败了,但它为党继续创建反日武装和开展游击战争提供了宝贵经验。巴彦游击队是党领导的反日武装中,在没有提出建立统一抗日战线口号的情况下,最早实行与其他反日武装义勇军、山林队联合抗日的;它是党领导的反日武装中,最早在部队中开展政治工作,建立中心队伍——模范队的;它是党领导的反日武装中,最早实行游击战术打击敌人,攻袭日本侵略者占领的县城(巴彦县城、东兴设治局)的。同时,它也因为在政策上的失误(执行"北方会议"精神)、违反少数民族政策、没有建立起根据地、缺乏斗争经验而遭到了失败。但巴彦游击队的斗争为赵尚志继续从事抗日武装斗争，联合其他反日武装共同战斗提供了经验借鉴。它与日伪英勇斗争的战绩，深深地鼓舞着北满人民，它也在北满大地留下了反抗日本侵略者的火种。因此，虽只存在九个月的工农反日义勇军的斗争，其功绩是不可泯灭的。

1933年初，农历腊月将尽，春节在即。尽管日伪当局把"王道乐土""共存共荣"喊得震天响，然而饥寒交迫，陷于水火深渊的广大人民哪还有欢度年节的心思呢？战争与灾荒的洗劫，失业与饥饿的威胁，民众的苦痛与日俱增，过年形同过关。此时此刻，赵尚志的心境亦是异常沉重。东北工农反日义勇军的斗争以失败告终，使他深感遗憾，连同他警卫员白桂森在内的许多战士以血肉之躯为抗击日本侵略者而献身，使他难过万分。虽说胜败乃兵家常事，但赵尚志深知自己有违于组织的信托和期望。1932年的春节，他刚从沈阳监狱走出不久，壮志满怀地投身抗日斗争的战场；1933年的春节，却丢盔卸甲，战败而归，实是令人扫兴，其内心感系万端。

赵尚志等四五人来到哈尔滨市郊后，为避免敌人注意，舍弃乘骑，于夜间步行至三棵树，将随身携带的六七支手枪埋藏在树下深雪里。次日清晨，他们徒步进城，先到赵尚志家里暂作安顿。

两天后，赵尚志与吴福海找到省委领导，即向省委做工作汇报。

此时，原省委书记罗登贤早已被调回上海，中央派魏维凡（李实）任代理省委书记。赵尚志、吴福海向魏维凡、吉密（省委军委书记）、何成湘（省委组织部长）详细地汇报了巴彦游击队自贯彻"北方会议"精神后的情况和失败的经过。省委为研究这支部队的失败原因，一连开过几次会议。省委认为赵尚志犯有右倾机会主义错误，不讲少数民族政策，到处乱打，是单纯军事观点，致使部队陷入孤立，遭到溃灭性打击。赵尚志是致使部队遭到失败的主要责任者。省委派组织部长何成湘与赵尚志谈话，要他承认错误，责令进行检查，并耐心地对他做了思想工作。

本来赵尚志对省委在11月份给他的撤职处分就有很大抵触情绪，而现在又把工农反日义勇军失败的全部责任都让他承担，他想不通。赵尚志并不想推卸自己所应承担的那部分责任，但说他犯有右倾机会主义错误，不执行少数民族政策，扣上"地主富农路线"政治帽子，他接受不了。他说，鄂伦春族的那两支猎枪是下边战士去缴的，不是他领着去缴的。赵尚志拒绝做检查。

当时，省委未把工农反日义勇军失败的原因归结为是执行错误政策的结果，而是不恰当地把失败的责任归咎在义勇军主要领导同志身上。最后，省委认为巴彦游击队的失败应由赵尚志负责。赵尚志在领导巴彦游击队过程中犯有"右倾机会主义错误"，不执行少数民族政策，回省委令其检讨，又坚决不做检讨，省委决定给予赵尚志以开除党籍处分，分配他担任哈尔滨市总工会主席职务。给予吴福海，留党察看处分，分配他任哈尔滨市道里区委书记。①

对于这次开除赵尚志党籍的理由和经过，1935年初，中共满洲省委在恢复赵尚志党籍的

---

① 《访问吴福海同志记录》(1980年6月27日)。

决议中,曾做过如下追述:"1933年1月,省委开除了赵××(按,指赵尚志,下同)同志的党籍。当时开除的理由是认为××同志在领导张甲洲部队中犯了右倾机会主义错误,以致张甲洲队伍遭到了溃灭性的打击。这是民族革命战争中莫大的损失。××同志既是政治上主要负责者(当时他是领导队伍的中心与主要负责人),为提高党的政治责任与严密党的纪律,决定开除××同志的党籍。但当时省委同时指出,××同志的错误是政治错误,如果××同志在工作中改正自己的错误,随时随地可以恢复党籍。这一决议由北洋同志代表省委传达给××同志。"

这一决议清楚地指明赵尚志在领导巴彦游击队中是犯"右倾机会主义"错误,因他是这支队伍的中心与主要负责人,为明确政治责任与严格党的纪律,要开除他的党籍。决议同时也指出他犯的是政治错误,改正之后,可随时随地恢复党籍。但尽管如此,对于省委给予的处分,赵尚志很不服气。他认为省委领导是偏听偏信,因为他与到工农反日义勇军中贯彻"北方会议"精神的省委代表吴福海在执行政策上存有意见分歧,并发生过争执。这位省委代表曾两次回省委汇报情况。省委主要是根据他提供的情况处分赵尚志的,所以赵尚志感到委屈,心情很是烦躁。当省委职工部长金伯阳(北洋)向赵尚志传达省委开除他党籍决定,派他到哈尔滨市总工会工作时,他表示不同意。赵尚志与金伯阳早就相识。1927年他们曾同在吉林监狱被关押。1932年,他俩还一起在哈市道外区六道街搞过抗日宣传。赵尚志对金伯阳坦诚地表示,他认为省委执行的是"左"的路线,巴彦游击队的失败,组织上即省委也有责任,而组织上不负责任,却让他个人负责任,他不能接受。他说,事情不搞清楚,他不会去做工会工作。

赵尚志对组织给予的处分始终不服,感到难以接受。一次,夏尚志等人在他家吃饭。席间,赵尚志说着说着就激动起来,一边说,一边用手比划,显得很放肆。坐在一旁的父亲见他如此放浪,十分生气:毫无斯文,成何体统?于是把他好顿骂。赵尚志看着面带愠色的父亲,低下了头,才一声不吱了。以后他不断去找省委领导申诉自己的意见。有时,他激动得竟失去理智,吵吵闹闹,以致省委领导谁也不愿见他。一段时间,他对省委表示十分不满。

正当赵尚志寻找省委同志而不可得的时候,从苏联回来的李跃奎同志寻找组织关系,找不到省委,省委也不知道他的住址,省委决定在《国际协报》上登一条"启事",以寻人为词,派省委负责职工运动的金伯阳(北洋)在哈尔滨市道里区"一毛钱饭店"与其见面,接关系。赵尚志看到这条"启事",破译出其中的暗语,如期来到"一毛钱饭店",要见曾代表省委向他传达开除其党籍决定的"北洋"同志,申诉自己的意见。

"一毛钱饭店"是1932年冬在中共满洲省委支持下,在哈尔滨市的一批左翼文化人集资开办的,地点在道里区中国四道街(现西四道街),饭店取名"一毛钱"意为饭菜价格便宜,经济实惠。这个饭店是党的一个秘密联络点,团结进步的文化界人士的一个活动场所。

在这里,衣着不整、蓬头垢面的赵尚志看到了身着西装革履的省委常委"北洋"(即金伯阳)和从事国际情报工作的高庆有(又名雪樵)同志。他与"北洋"没说上几句话,此时,几名特务也来到饭店。原来报上登载的"启事"也被敌人看出了破绽。赵尚志见这几个人鬼鬼祟祟,便急中生智,装作乞丐向"北洋"讨饭要钱,以掩护其二人逃离。但结果,赵尚志、金伯阳、高庆有三人还是被敌特逮捕。敌人用小汽车将他们三人拉往道外宪兵队。途中,当小汽车开到景阳街天泰栈要拐弯车速减慢时,赵尚志乘敌不备,跳下车来。但敌人又把他抓住,打了两记耳光,拽上车拉到宪兵队。审问时,赵尚志一口咬定自己是要饭的,不认识那两个身着西装革履的人。敌人见赵尚志衣衫褴褛,模样寒酸,反复审问几次,没有得到任何证据和口供,便把他当作小偷痛打了一顿,将其释放。

随后,赵尚志不顾危险立即去找高庆有叔叔高椿令(在道外区东兴火磨),告诉他:"雪樵出事了,现在押在道外宪兵队。"示意家里要做应急准备,以防敌人到家中搜查。高椿令知道事情严重,立即到高庆有家将其搞国际情报用的电台转移。两日后,金伯阳、高庆有皆因敌人未抓住证据而释放。高庆有得知赵尚志冒险去他叔叔处告信,以防万一,深受感动。

赵尚志向省委领导申诉自己被开除党籍的意见,不仅未成,反而惨遭敌人毒打,并险些被抓进监狱。"一毛钱饭店"成了他难以忘却的一个地方。

实际上,满洲省委对赵尚志的处置是不妥当的。事隔几十年之后,当时的省委代理书记魏维凡(李实)同志回忆说:"赵尚志对党是忠诚的,对共产主义有着不可动摇的信念。他的缺点是个性很强,自尊心强。"又说,"我个人认为巴彦游击队的垮台应由他(赵尚志)负责。不应和少数民族打,回到省委不做检查,党性不纯。至于应不应该很快开除党籍是应该考虑的,我们可多做些说服工作。"①这里,当时的省委领导虽仍坚持巴彦游击队的失败应由赵尚志负责,但对开除其党籍一节也说应该"考虑"。

巴彦游击队的失败,究其原因,可以说是多方面的。而其中最主要的是贯彻了"北方会议"的"左"倾错误政策所致。

自党的六届四中全会后,王明"左"倾冒险主义在党内占据了统治地位。1932年6月,上海临时中央召开位于北方的河北、河南、陕西、山东、满洲等五个省委代表联席会议(即"北方会议")。会上,中共满洲省委代表组织部长何成湘谈到东北局势时,指出东北已被日本帝国主义占领,关内与东北隔离,东北与关内相比,有许多情况不同。东北党组织的基础薄弱,群众受大革命影响甚微,政治文化水平较低。因此,党应该从东北的实际情况出发,开展工作。但何成湘的论点被会议主持者斥之为"北方落后论""满洲特殊论",被当作右倾机会主义予以批判。"北方会议"不顾东北已经变成日本帝国主义的殖民地的事实,要求东北应与关里一样,都要执行土地革命任务,提出要把"反日战争与土地革命密切联系起来"②,建立红军,建立苏维埃,反对地主、资产阶级。为贯彻"北方会议"精神,中央改组了满洲省委,撤销了被视为是"右倾机会主义者"的满洲省委书记罗登贤的职务,把他调回了上海。魏维凡被派来东北任省委代理书记。

"北方会议"结束后,7月10日至12日,中共满洲省委召开扩大会议,批判过去省委所谓忽视建立苏维埃、进行土地革命的右倾错误。会议照搬共产国际指示,认为日本侵略东北是

---

① 《访问李实同志记录》(1979年8月)。
② 《开展游击运动与创造北方苏区的决议》(1932年6月24日),载《中共中央文件选集》第八集,中共中央党校出版社,1991年3月版,第393页。

日本帝国主义"向反苏战争又前进了一步",号召开展广大群众的保卫无产阶级祖国苏联的运动。会议作出的《关于接受中央北方会议的决议》提出"武装保护苏联,拥护苏联是目前第一等的任务",要"执行土地革命的任务","开辟满洲新苏区","创造红军"等过"左"的口号。从实际情况看,"北方会议"否认东北环境的特殊性,无视东北已成为日本帝国主义殖民地的事实和由此引起的阶级关系的变化是错误的。九一八事变后,在东北,中日民族矛盾上升,人们所关心的是如何反对日本的侵略,而"北方会议"的主持者却不适当地搬出共产国际提出的"保卫苏联"的口号,要求东北武装保护苏联,建立红军和苏维埃,搞土地革命,这就严重地脱离了实际。当时许多宣传土地革命的口号超越了民族革命阶段的"抗日救国""反满抗日"的中心口号,以致引起群众的不理解甚至是误解,也就一度使东北的党组织脱离了广大群众。在巴彦游击队中,干部战士对贯彻"北方会议"精神是有抵触情绪的。"北方会议"精神传到东北时,赵尚志对在东北进行抗日斗争的同时要搞土地革命,就表示有疑义。在1932年7月中旬,一份给中央的满洲巡视报告中说:"在巴彦,此次同志所领导的游击队也反对没收地主的家产粮食。"①这里所说的同志就是指赵尚志等人。巴彦游击队中有不少地主子弟,他们满腔热忱加入游击队进行抗日斗争,而"北方会议"精神要求要搞土地革命,斗地主,分地主财产、土地,那么游击队中的地主子弟见自己老子被斗,家产被分,他们能安心抗日吗? 在省委派代表来进一步传达贯彻"北方会议"精神和省委指示时,会议难以召集。"每开一次会是要费几许的周折。""在开会时,每个同志注意力不能集中,都睡眼朦胧振不起精神来。""当讨论省委的指示时,他们一点儿意见也不发表。以后硬问他们究竟要怎样,这才逼着似的发出话来。"②事实上,"北方会议"的"左"倾政策与现实斗争已发生了很大的矛盾。因此,贯彻"北方会议"精神之后,在这种"左"倾错误的政策指导之下进行活动的巴彦游击队,其失败的命运已属不可避免。

如果说赵尚志作为省委代表对部队的失败应负有一定责任的话,那是由于武装斗争经验不足,没有指导建立起根据地,游击队的单纯军事活动较多,部队的活动与群众发动工作配合不够。至于部队失败的直接原因——游击队的战士缴了鄂伦春族猎人的枪,招致二百多名带枪的"索利营"和伪自卫团的攻袭,作为部队主要负责人的赵尚志应负对战士教育不够的领导责任。但是,给赵尚志戴上"右倾机会主义""地主富农路线"的帽子并予开除党籍的处分是不合适的。

赵尚志被开除党籍,离开组织之后,其心情一度很沉闷,可谓满面阴云,愁绪万端。他的这种心态别人是很难理解的。作为一个革命者,被组织抛弃,政治生命被剥夺,无异于生理生命的停止。因为他的生活完全是与革命事业连在一起的。

赵尚志思前想后,心潮翻滚。这期间,他曾给在吉林监狱结识的那位朋友——刘"教诲师"写过一封信,信中附一首小诗。其中几句是:

---

① 《仲云满洲巡视报告》(1932年7月15日),载《文件汇集》甲66,第42页。
② 《满洲×××同志关于巴彦游击队事变的经过报告》(1933年2月),存中共黑龙江省委党史研究室资料室。

"风打麦波千层浪,
雁送征人一段愁。
披靡无术,
被屏逐于千里之外。"①

从这几行格调悲怆的诗句里可以看出赵尚志当时的心境,其愁苦伤戚之情跃然纸上。但是,他并未失望。赵尚志虽然对省委给予的处分很不满,可他不改初衷,要把党的反日武装斗争事业进行到底的决心丝毫没有改变。他牢牢地记住了省委组织部长何成湘在批评他时所说的一些鼓励的话:"要接受教训,重起炉灶另干,再去搞队伍,党团一定会支持你。"他在想重新组织一支反日武装,以完成组织交给自己而没有完成好的任务,挽回由于工农反日义勇军的失败给党的事业带来的损失。

斗争、生活,在空前惨烈的灾难岁月中,无法顺利地按照正常的节奏进行。赵尚志为了反日斗争的事业,不仅把功名利禄抛到九霄云外,而且无暇顾及自己的家庭,他也不愿顾及自己的"终身大事"。1933年,赵尚志已二十五岁,按照过去的习惯说法,这正是结婚成家的年龄。可他的心思却根本没有在这里。赵尚志的父母看到和他一起从事革命斗争的同龄人,大多都有家室,特别是住在哈尔滨市的张甲洲妻子常出入其家,这就更使得老人为儿子的婚事格外操心。两位老人多次拟为赵尚志订婚。赵尚志却向父母陈明己志,愿做抗日救国工作,切不可给他订婚。但他父母还是惦心此事。一次,赵尚志原在吉林监狱结识的那位朋友——刘"教诲师"来哈尔滨第三监狱办事,住在赵尚志家里。赵尚志的父亲对他说:"你们都是朋友,你好好劝劝尚志,帮他成个家。"这位"教诲师"满口答应:"这好说。"

赵尚志对自己的终身大事是有主见的。他在从沈阳狱中被释放回到哈尔滨,担当反日党团书记和省委军委书记工作期间,他母亲就多次催促他订婚,可是赵尚志就是不同意。这并不是他眼高、挑剔。他总感到自己还年轻,解决婚事还早。他多次说服母亲,等过几年再说。然而,慈爱的母亲抱孙子心切,等不得,继续催促。有一回母亲逼急了,赵尚志就对母亲说:"我已经订婚了。"母亲不相信,非让他把人领家来看看不可。不几天,赵尚志领家来一帮女青年,进门之后,这个叫大妈,那个叫大娘,都说你老有这么个好儿子还怕找不到对象?一时弄得这位老人家也没办法。

这一次,能说善讲的刘"教诲师"对赵尚志耐心规劝,建议他早日订婚,免得父母双亲挂念,但也未起作用。赵尚志对朋友的关心表示感谢,可是不管朋友怎么说,他就是不答应。赵尚志有情有欲,渴望欢乐幸福的生活,但他为了革命事业,把爱深深地埋在心底。他满怀忧国忧民之心,想的是民族危难,何以为家?他说:"人生在世,应为全人类谋幸福,为国家谋利益,难道专在父母膝下尽孝,就尽到了做人的全部责任吗?"他之所以不愿结婚,是怕因自己投身戎马生涯,一旦有个好歹,给人家女子添麻烦,同时也怕有了家小牵扯精力。他立志不驱逐日寇不成家。所以,他干脆地对自己的朋友说:"我现在不能结婚。"②

---

① 《访问刘作垣(刘树屏)同志记录》(1965年9月25日)。
② 《访问刘作垣(刘树屏)同志记录》(1965年9月25日)。

赵尚志被开除党籍之后,他与张甲洲、夏尚志分头到市郊三棵树起出了埋在大树下雪地里的手枪。以后,他们便分开活动。张甲洲去位于松花江下游的富锦中学以教育工作为掩护从事反日活动。1937年8月,他在去抗日联军独立师师部途中,不幸遇敌,中弹牺牲,时年三十一岁。张甲洲是巴彦游击队创始人。他在清华大学读书时,与胡乔木是同学。胡乔木曾高度评价张甲洲说:"张甲洲同志是我在清华的同学,当时他是党员,我是团员。他为人非常正直,对党十分忠实,很有能力和魄力。对我教育很深。"①张甲洲在东北抗日武装斗争中贡献巨大。他的牺牲是人民抗日斗争事业的一大损失。

夏尚志根据省委的决定任哈尔滨市兵委书记。赵尚志没有听从组织的分配,没去担任哈尔滨市总工会主席职务。他曾做过一段暂短的国际情报工作,而后离开了哈尔滨,前往哈东(按,指哈尔滨以东宾县、珠河、阿城、延寿、方正、五常等地)一带从事抗日活动。

赵尚志离开哈尔滨时,曾到夏尚志的住处,与他道别。这两位"尚志"在一起吃了一顿告别饭。吃饭时,赵尚志谈笑风生。他虽然被开除了党籍,一只眼睛在攻打东兴战斗中因负伤而失明,又身无分文,但他还是很乐观,他诙谐地说,他就有一个愿望,将来革命成功能在"狗不理"饭店吃一顿包子就行了。临分别时,赵尚志向他的战友夏尚志郑重地说:"我走了,我还是要革命的。"②

五、打入"朝阳队"

1933年春,随着日本帝国主义的野蛮侵略和残酷统治,哈东一带工农群众乃至部分地主富农饱尝着难以忍受的苦痛。在城镇,工厂多半关门,手工业作坊亦多倒闭,失业工人一天天地骤增着。在农村,许多不堪忍受压迫、盘剥的农民背井离乡,离城镇较远又没有武装保卫的地主多已迁居城镇或离城镇较近的村屯中。在这种情况下,广大的劳苦农民群众,除了参加义勇军、红枪会进行反日活动及为日常生活而斗争外,在他们面前已没有一条可走的道路。因此,哈东一带群众反日情绪普遍高涨。

当时,在哈东地区宾县、珠河(今尚志)一带有一支较大的抗日义勇军,即孙朝阳领导的"仁义军"。孙朝阳原名孙兴周,热河朝阳县人。曾任马占山部龙江骑兵第二旅营长。1932年秋率部并联合一些土匪在宾县宣布反日。按当时各武装头领皆取字报号的习惯,根据本人原籍,报号"朝阳",其所部亦称"朝阳队",他本人亦被称为孙朝阳。

1933年3月,赵尚志得知孙朝阳率部在宾县一带活动,便只身前往,欲以同乡关系去寻找孙部。经过努力,赵尚志终于打入"朝阳队"。他试图把这支队伍改造成真正的反日队伍,继续完成党交予的反对日本帝国主义,以革命的武装打击、消灭日本侵略者的任务,以弥补因巴彦游击队的失败给党的事业造成的损失。开始时,赵尚志在该队当马夫。以后,他得到了孙朝阳的信任与赏识,并被委任为该队参谋长。

---

① 胡乔木:《给中共巴彦县委办公室的信》(1983年1月18日)。
② 《访问夏尚志同志记录》(1980年4月21日)。

关于赵尚志打入"朝阳队"及受到孙朝阳赏识,曾有这样一段故事:

赵尚志去找孙朝阳部队时,身无分文,不称一条枪。他赤手空拳跑到宾县东部山里。一天,赵尚志找到孙朝阳所属一支大队后,对这支队伍的头头恳切地说:"你们的队伍是反日的,我请求参加你们的队伍,请你们收留我吧。"但是,人家没瞧起他。

"要我吧!听说你们的队伍好,我才找上来的。"赵尚志并不灰心,进一步地恳求说。队头嫌他个小,体格"单薄",对他的要求,仍是置之不理。

"别看我个矮,可啥都能干,当兵打仗,挑水做饭,喂马担担,样样都能拿得起来呀!"——赵尚志先向人家讲小道理。

小道理没人听,就又讲大道理:"不是'国家兴亡,匹夫有责'吗,你们要抗日,抗日可要动员大家抗。抗日是光荣的事,我是中国人,应当吸收我和你们一道去抗日。"赵尚志的一席话说得那队头没办法,只得同意他跟队伍走一段,想看看他到底行不行。

"那好,我就跟着你们队伍走几天,看行,就留下我;不行,我再到别的队伍里去。"

以后,赵尚志就跟着队伍走了不少天。

在赵尚志跟着朝阳队走的那些日子里,他主动与士兵接触。行军时,他抢着帮士兵拿东西;宿营时,他帮助烧火、做饭。经过一段时间,这个大队头目见他这样殷勤,就同意把他收下当"马夫",为他牵马、喂马、遛马。赵尚志入队时间不长,就和部队下层建立了亲密的友好关系。哪个士兵有个头疼脑热,他便端水送饭,耐心服侍;谁有个大事小情,他就热心地帮助出主意、想办法。遇到阴雨天或行军休息夜里宿营时,他就给士兵们讲笑话,说故事,谈古论今。一会儿是军事,说什么"兵者,国之大事,死生之地,存亡之道不可不察也。军队如虎,可以伤人,也足自伤。"一会儿又是政治,说"老百姓是国家的主人。'水可载舟,亦可覆舟',民众如水,国家如船,水可以载船,水也可以翻船。"起初,士兵们听他讲,只不过是从他那里寻乐开心,可后来听他讲了许多没有听说过的道理时,便慢慢地觉得这个人了不起,非同一般了。

不久,孙朝阳部队遭到日伪军三面进攻,包围圈在一天天缩小,可是孙朝阳束手无策,其部下也一筹莫展,就在这危急时刻,赵尚志却发出了一番议论:"像现在这样一步一步退却,不是等死吗?眼下,非以攻为守不行,最好是奇袭宾县县城。胜了,可以削弱敌人,获得战利品,补充自己;不胜,也可以牵动敌军,乘隙转移,跳出包围圈,强似坐以待毙。"这番议论很快传到孙朝阳的耳朵里,孙听了觉得有道理。

于是,在孙朝阳召集的军事会议上,这位"马夫"被邀请出席。一些人抱着怀疑的态度准备领略"马夫"有什么高见。会上,赵尚志详细地阐述了自己的退敌之策。他用香烟盒、火柴杆摆出进攻宾县县城的作战阵势,一边说一边打着手势,对进军路线、兵力配备、战斗部署,都说得头头是道、有条不紊。最后,赵尚志瞅着孙朝阳说:"可有一件,如照我的这个计划行动,军队要重新编制。总指挥一职如有人担任,我可从旁协助;若无人担任,我自报奋勇。当然这是暂时的,打胜了回来交差,我还当我的'马夫',打不胜,愿从军令接受处罚。"

"那么你都需要些什么呢?"孙朝阳迷惑不解地问。

"我别的什么都不要,一匹马,一支枪足矣。"赵尚志答道。

一席话,说得大家心悦诚服。孙朝阳痛快地说:"好!就由你指挥。马,骑我那匹大红马;枪,使我那只驳壳枪。打胜了回来,请你当参谋长。可你叫什么名字呢?"

"说也无益,请你相信我就是了。"赵尚志回答得既干脆又巧妙。

会散了。部队按照赵尚志拟定的作战计划进行了编配。挑选一小部分精锐部队由赵尚志率领去打宾县县城——宾州镇。还有一部作为疑兵转入附近山中,以牵制敌军。

临行前,赵尚志吩咐队员说:"打枪要打瞪星枪,军事术语叫瞄准射击。不瞄准敌人不许随便开枪。进城之后,不许抢掠老百姓财产,违者军法从事。"随即,一支精悍部队跟随赵尚志直奔宾县县城而去。

正当进攻宾县县城战斗十分激烈时,只见赵尚志单枪匹马跑到了城门下面。他向守城伪军喊道:"赶快去报告你们县长,就说李育才要和他谈判。文谈,就赶快把大门打开,欢迎我们进城,那你们就都是中国人,缴枪留命,一个不杀;若是武谈,你们紧关大门,不让我们进城,那你们就是汉奸。我们打进县城去,一个个都按卖国贼治罪。"县城里的敌人见攻城部队来势凶猛,又听到赵尚志讲的这番话,知道是攻打巴彦县城的"小李先生"来了。于是,把县城西门打开了。原来,按照土匪的说法是忌讳进出西门的,认为这"不吉利"。他们认为打开西门,攻城部队不会进来。可赵尚志是位坚定的革命军人,根本不迷信那一套。队伍随在他的后面,迅速从西门进入城内。

赵尚志率部进攻宾县县城后,敌人果然解除了对孙朝阳部队的包围,而来增援宾县。这时,孙朝阳的大部队趁敌人撤离之机冲出敌围,结果化险为夷。由于孙朝阳采纳赵尚志以攻为守的解围之计,使部队一解倒悬之急。孙内心十分高兴。他说:"没承想,这个'马夫'倒真有两下子。"孙朝阳不失前言,任命赵尚志为部队参谋长。后来,孙朝阳得知赵尚志亦是朝阳县人,原来是位老乡,也就愈加器重赵尚志,还说:"咱们朝阳人杰地灵出人才!"

以上,虽说是赵尚志打入"朝阳队"和被孙赏识的一段故事,但这也并非全都是臆造。赵尚志献计帮助孙朝阳解除敌围,攻打宾县县城,孙委任其为参谋长,还的确是真实的情况。

赵尚志打入"朝阳队"时,该队约有七百人。队伍成分,破产农民、工人学生、流氓惯匪各占有三分之一。部队主要活动在宾县、珠河、延寿一带。

1933年上半年,中共珠河中心县委为贯彻满洲省委关于扩大民族革命战争及联合一切反日力量,开展反日反帝斗争与反日游击运动的指示,采取派人到义勇军中工作,组织伪军哗变等多种形式,试图组织起党独立领导的反日武装。而活动于哈东一带的义勇军孙朝阳部队,则是中共珠河中心县委的重要工作目标之一。1933年6月初,中心县委派遣县委委员李启东及李根植、姜熙善、朴吾德、朴德山、申××、尹二胖等同志(皆是朝鲜族)打入"朝阳队",进行秘密工作。李启东等经过一段工作,在"朝阳队"中站稳了脚跟,并建立了一定威信。在上层,取得了孙朝阳的信任。李启东被委任为"秧子房掌柜",即负责看管绑来的人质的队长。他在下层,团结了一部分人,特别是在第三队士兵中还组织起十七人参加的"弟兄团"(即"反日会")。

当赵尚志得知新到不久,稳重、正直的"秧子房掌柜"是来自珠河的朝鲜族人时,他凭借自己在满洲省委工作的经验判断,认为这个人有可能是党组织派遣到部队中来的同志。因为珠河在东北地区来说是党组织建立较早、活动较为活跃的县份之一。特别是在这个地方活动的共产党员,大多是英勇顽强、正直坦率的朝鲜族同志。一次,他发现李启东在队内散发珠河中心县委印制的抗日传单,便认定他是党组织派到朝阳队里来的人。以后,赵尚志利用自己的参谋长身份有意识地接触这位"秧子房掌柜"。经过一段时间,赵尚志了解到李启东等人确系中共珠河中心县委派遣来的同志,这使他内心十分高兴。

近半年来,赵尚志离开了党组织。这期间,他尝到了孤雁离群的滋味,领略了一个受党教育多年的人被组织抛弃的痛楚。他深知为了开展民族战争,把日本侵略者驱逐出东北,必须要由党来进行正确的领导。因此,他十分渴望能找到组织关系,以便早日回到党组织的怀抱中来。赵尚志与李启东等结识后,使他又找到了自己的同志。李启东是一位资格很老的同志,当赵尚志知道他参加过朝鲜"三一"反日起义运动,毕业于云南讲武堂,是珠河中心县委委员时,便对他更是格外尊重。此后,他们相互配合,密切合作,按照中共珠河中心县委的指示原则,在"朝阳队"中更有力地进行着推动部队坚持反日,积极进行对敌斗争的工作。赵尚志的工作重点侧重于队内上层,李启东更多地在队内做下层工作。

通过李启东向中共珠河中心县委的汇报,县委对赵尚志的处境、情况十分关心,希望他能与县委所派同志积极配合,在党的领导下努力工作。对此,赵尚志存有思想顾虑。他认为,对于县委的领导,可以接受,问题是执行什么方针、路线。如果还执行"北方会议"确定的方针、路线,如同巴彦游击队那样,肯定还会失败,到时候,再让他负责,他表示坚决不干。他想与省委取得联系。为使赵尚志与省委取得联系,县委及时地将决意继续从事反日斗争的赵尚志渴望寻求组织关系的情况向省委做了报告:"孙朝阳的书记官(按,应为参谋长),听说他从前在巴彦游击队时当过政治委员,那时有严重错误,因此开除。他对×同志讲要找关系,(是)很勇敢的。"①

1933年7月初,孙朝阳部在哈尔滨市附近遭到日军猛烈攻击,部队仅剩百余人,此战对孙打击颇大。但由于赵尚志、李启东的宣传鼓动及具有强烈反日情绪的士兵的促进,孙继续坚持举起反日旗帜。8月10日,孙朝阳在赵尚志协助下率部与其他数支反日义勇军、山林队实行联合,攻进有四十余名日军及大批伪军把守的宾县县城。孙朝阳等义勇军占据了伪县公署,烧毁了伪公安局、税捐局,枪决了伪公安局长,逮捕了十余名日本兵和汉奸走狗,缴获了许多武器和军需品。攻占宾县县城军事行动的胜利,不仅给日伪"施政"以极大创伤,而且极大地鼓舞了哈东一带义勇军、反日山林队和广大群众的斗争勇气。一时,孙朝阳部队对附近义勇军、山林队产生了强大吸引力。各义勇军、山林队纷纷来投奔"朝阳队"。这时,孙朝阳部队恢复扩大至七百四十余人。孙朝阳部队纵横活动于宾县、珠河、方正、延寿、阿城及哈尔滨郊区附近,成为在哈东地区的一支重要的反日部队。

对赵尚志在孙朝阳部队的活动及所起的作用,珠河党团县委十分重视。党团县委曾就如何对待赵尚志问题,向省委做过请示:"关于赵尚志的问题,他现在部队里面。他非常欢迎我

---

① 《珠河县委关于孙朝阳队伍中工作情形的报告》(1933年8月16日),载《文件汇集》甲38,第18页。

们,接受我们主张。他在朝阳的队伍中有很大信仰(尤其破宾州计划成功之后),我在上层中的工作须经过他(非同志的关系)。可是他对省委仍然表示不满意,省委应指示我们对他采取什么态度。①报告中还特别说明:"赵尚志是去年因巴彦游击队失败被开除党籍的。"

1933年8月22日,中共珠河中心县委召开第五次扩大会议。会议将如何在孙朝阳部队中开展工作列为重要议题。这次扩大会议分析了珠河的政治形势,总结了党的工作,提出了新的战斗任务。关于在反日队伍中的工作,会议指出,根据珠河现在的具体情形和过去的实际教训,每个同志都应明确,争取党在反日队伍中取得无产阶级领导权是现阶段珠河革命斗争基本的政治任务。会议对孙朝阳义勇军中的工作做出了如下指示:尽快使该队正式军队化,建立参谋部、军事教育部、宣传部等,改造该队的成分,扩大工农数量,组织特务队,专门制御日本侵略者的走狗,改善该队与劳动群众的关系,建立党的支部、反日会、青年反日同盟或其他群众的组织,作为下层士兵群众的日常斗争机关。

县委扩大会议之后,珠河各地反日斗争更加深入地开展起来。9月11日,珠河县反日总会成立,会长沙永振,执行委员七人,会员六十六名。在义勇军、红枪会以及在伪军工作中,由于县委分派到各地的同志的努力,在较短时间内都取得了一定成绩。驻乌吉密伪军五队、黑龙宫大排队、珠河伪警察队先后哗变。这期间,赵尚志与李启东、李根植、姜熙善、朴吾德、朴德山等协同努力,在孙朝阳部队的活动也是卓有成效的。9月7日,孙朝阳部队联合其他反日义勇军、山林队,从东、西、南三个方向攻打方正县城。此战敌人损失不小。日伪当局"推定损失约十万元"。

为了进一步贯彻中共珠河中心县委第五次扩大会议精神,加强充实朝阳队,逐渐改变队内成分,赵尚志、李启东建议孙朝阳请珠河反日会选派青年参加队伍。开始时,得到了孙朝阳的同意。但孙朝阳对反日会这一群众反日组织究竟有多大力量不甚了解。他以为反日会不过是一块空招牌而已。可是后来,在各地听到许多农民都说自己是反日会员,才知道反日会力量的强大。又听到一个反动土匪首领"宝胜"说反日会是共产党时,孙朝阳对反日会产生了疑心。当赵尚志、李启东等与珠河反日会取得联系,并由反日会将组织起来的青年送往"朝阳队"时,孙朝阳听说后便率队连夜出走,以躲避珠河党团所领导的反日会。结果,反日会派去的人根本就未能见到孙朝阳所部的踪影。

1933年秋,日伪统治者为了扑灭哈东地区的抗日烈火,加紧了对珠河反日军民的镇压。敌人采取毒辣的"剿""抚"结合政策。一方面调动日伪军向义勇军大举进攻,另一方面派出汉奸走狗到义勇军中进行劝降,在群众中进行欺骗煽动宣传,挑拨离间,造成民众与义勇军互相仇视。同时,敌人还在各乡村以"打胡子(土匪)""保护地面"名义组织大排队及红枪会阻碍义勇军的活动。一时,活动在珠河一带的反日义勇军、山林队受到了很大压力。"压满洲""天龙""西省""跨海""金山"等部先后投降了敌人。孙朝阳部队也因自攻打方正后遭到日军连续几次攻击,受到很大损失。一些抗日斗志不坚定的人纷纷离队,队伍已不足百人,且呈现出濒临朝散夕溃的局势。孙朝阳的抗日决心也发生动摇。孙仰天长叹,说大势已去,提出要把队伍拉到一面坡东南大锅盔一带,准备"猫冬"。赵尚志主张重整旗鼓,寻找有利时机与敌再战,但孙不接纳赵尚志的意见。

---

①《团珠河县委关于朝阳队伍情况给省委的报告》(1933年8月30日),载《文件汇集》甲38,第308、309页。

这时,赵尚志、李启东等曾请求县委批准欲将部分队伍从孙部拉出来,组织起掌握在无产阶级自己手里的武装。建立党直接领导的抗日武装,这是赵尚志在担任省委军委书记时的一贯主导思想。他认为没有党直接领导的、自己的武装,只在别人队伍中活动是不行的,一定要建立党直接领导的抗日武装,任何时候都要注意掌握无产阶级领导权。对此,珠河中心县委请示省委后,县委指示要执行省委关于在反日义勇军中不采取哗变的政策,不同意将部分部队从孙朝阳部队拉出来。事实上,当时县委是机械执行省委指示。一般地说为团结义勇军、山林队抗日,对其不采取哗变政策,是正确的。但此时的孙朝阳部队已经发生变化,部队将要溃散,孙朝阳悲观失望,要带队伍到深山老林里"猫冬",赵尚志劝说又不听,在这种情况下,把自己已掌握的那部分队伍拉出来,组织成党领导的抗日武装,未尝有什么不对。但县委已有意见,赵尚志也没有什么办法。这样,赵尚志便随孙朝阳一起率队开向大锅盔。

1933年中秋节前数日,孙朝阳部队来了一个自称是北平国民反日义勇军后援会代表的人。他带来一封用绸子写的信。这封形制特别的信由关内一国民党官员署名,并盖有戳子。信中邀请孙朝阳赴北平参加张学良召开的义勇军首领会议,"商讨抗日大计",领取军饷。孙接到信后,考虑眼下处境,感到这是个大好机会,便接受了邀请要去北平。赵尚志得知此事,觉得事出蹊跷,来人不可靠,便奉劝孙朝阳切莫听信其花言巧语,不能前去,以免上当。

赵尚志说:"一块绸子算什么凭证呢?"他又说,"去北平要经过哈尔滨定会出危险。"

可孙朝阳却听不进赵尚志所说的话,"这绸子信上还盖有戳子,怎么会是假的呢?"孙朝阳说。

孙朝阳在那个形迹可疑的人(实际是敌特)的劝说下,执意要去北平,并立即要启程。

这时,队伍每天都有士兵带枪逃跑,个别也有投降的。对此,孙朝阳也制止不住。孙集合队伍说:"你们要回家可以,有办法","要投降也有办法""你们要打也有办法","你们为什么要拿我的枪一个一个跑掉呢?"当时,大多数士兵对孙表示不满意。都不同意解散回家,更不同意投降。在当部队开到乌吉密南娄家窝堡时,已只剩八十人(朝阳本队四十人,独立营二十五人,"海青"队十五人)。孙朝阳已失去了士兵对他的信任和敬仰。士兵们则公开表示拥护赵尚志,欢迎他来担任领导。赵尚志为了最后争取孙朝阳,仍积极维护孙的威信。他对士兵们说:"我们到这队伍里来是为要打日本,我们拿的枪是打日本的枪,岂能带枪逃跑呢?"[1]士兵们在赵尚志的鼓动之下,情绪转好,表示要继续坚持抗日干到底,坚决不能投降。但赵尚志在队内威望渐高,自然也引起队内原土匪队头特别是孙朝阳堂兄"容易"的忌恨。

在孙朝阳离开部队要去北平的那天,"朝阳队"来到珠河铁道南一面坡附近六棵杨地方。在这里,赵尚志与孙的堂兄"容易"因队伍前进方向,其实也包含着部队的前途问题,发生了争执。赵尚志意欲将队伍开往西北石头河子一带,因为那里有一定群众基础,有利于日后开展斗争。孙的堂兄"容易"认为队伍应向东南方向进发,因为那里山林多。显然这两种意见的出发点、落脚点都各不相同。赵尚志的意见是积极进取,准备依靠群众力量,继续开展反日武装斗争的意见;而另一方则是消极退守,试图退避山林以便"猫冬"的意见。一时,他们之间呈现出严重的分歧,相互间谁也说服不了谁,进而发生了争吵。

---

[1] 《(团满洲省委)关于在朝阳队的哗变经过及赤色游击队问题的报告》(1933年12月3日),载《文件汇集》甲16,第225页。

说来也巧,就在部队首领之间因前进方向意见不一,双方对峙,僵持不下的时候,刚走不长时间的孙朝阳又突然返回了部队。据他说,在行进途中,听到有大炮轰响。他感到"不吉利",这是老天示警,不宜出行。孙朝阳回队后,其堂兄"容易"便把与赵尚志发生口角的事向孙做了报告。孙听到后,斥责"容易"说:"我给了你任务与权利,谁能不服从你?赵尚志算个什么?你说不听可以扣他,你这样无能,怎能带队呢?"之后,孙朝阳对其又是一顿大骂,当时赵尚志未在场。①随即队伍按孙的堂兄"容易"的意见开往东南方向,驻扎在大锅盔另一支山林队所住的山头上。至此,赵尚志、李启东等人在"朝阳队"的工作已经难以继续进行下去。

当天,为敌特所愚的孙朝阳听信北平来人(敌特)说赵尚志等有共产党嫌疑,便与其堂兄"容易"及"宝胜"在山上一座房子里密谋策划,说"非得扣他们不行",要枪杀赵尚志、李启东等人。他们的议论被部队中一名叫王德全的战士听到。王是反日会员,曾参加过巴彦游击队,认识赵尚志。巴彦游击队失败后,他加入朝阳队,因打仗勇敢,深得孙朝阳的信任,并当上了朝阳队的"炮头"。他感到问题严重,便马上把这一情况报告给赵尚志和李启东。

在这种十分严重的形势下,赵尚志、李启东认为对孙朝阳已无继续争取的可能,拟经过几天筹备,组织武装哗变,把领导权彻底夺取到自己手中,以避免队伍的溃败。可是王德全认为形势紧迫,事不宜迟,应马上离走,不能等待。他在当晚,趁孙朝阳睡觉之机,便跑到孙的屋内,将一挺轻机枪背了出来,同时通知了赵尚志。这时,赵尚志见事已至此,便当机立断,决定分头通知队内李启东、李根植等同志脱离孙朝阳部队去找中共珠河中心县委(另有朴吾德、尹二胖两人未通知到)。于是,赵尚志、李启东、王德全、李根植、姜熙善、朴德山、申队员七名同志携带五支马步枪、五支德国造手枪、一挺捷克式轻机枪,乘夜分别离开了孙朝阳部队。②对于这一过程,满洲省委巡视员在一份报告中这样写道:"朝阳又听到宝胜说反日会是共产党的组织他更怕了。当士兵反朝阳,拥护老赵的时候,组织还很庸俗的指示,在队内的同志去后和群众斗争,幻想利用匪头。朝阳走了一次又回来,又遇见反动的宝胜,决心枪毙老赵和其他韩国同志。因为韩国同志的动摇,失去领导作用能力,结果一个新同志(王)领导旧同志去哗变来了。连最基本第三队都未能坚决领出来,是逃命式跑出来,带出来十一支枪,内中有一挺机关枪。"③

赵尚志、李启东等七人脱离孙朝阳部队这一天正是农历中秋节(公历10月4日)。当夜,皓月当空,灿明如镜,薄云远逝,月光如水。皎洁的月色恰如古诗所云,"纤云四卷天无河,清风吹空月舒波"。④然而,赵尚志等却无心翘首欣赏团圆之月,没有那种闲情逸致去品评中秋夜色。他们想到的是在日本帝国主义的铁蹄下,有多少东北同胞家破人亡,妻离子散,不得团圆!"国家兴亡,匹夫有责",一种强烈的抵御外侮,救国救民的责任感,驱使着赵尚志等在万籁俱寂的中秋之夜,急速地踏上奔赴中共珠河中心县委所在地六道河子的途程。

---

① 《(团满洲省委)关于在朝阳队的哗变经过及赤色游击队问题的报告》(1933年12月3日),载《文件汇集》甲16,第226页。

② 《北满游击运动史略》(1941年),载《文件汇集》甲62,第326页。

③ 《中共满洲省委巡视员巡视珠河的报告》(1933年11月9日),载《文件汇集》甲16,第301、302页。

④ (唐)韩愈:《八月十五日夜赠张功曹》。

第四章　创建反日武装

一、珠河游击队的诞生

　　位于哈尔滨东南部的珠河县是赵尚志在党的领导下,创建抗日武装的基地。
　　珠河县境山峦绵亘、林木丛生、土地肥沃、物产丰厚。蚂蜒河、亮珠河、大泥河流经其间。许多贫穷的村落散布于由河流冲刷而形成的偏僻山沟、放荒招垦的屯基地里。当时,该县与阿城、双城、宾县、延寿、方正、苇河、五常等县毗邻。中东铁路滨绥线沿东西方向横穿而过,将全县分成路南、路北,又称道南、道北两部分。该县居民约二万余户,人口约十万余人。除汉族居民外,善于稻田耕作的朝鲜族居民有七百余户,四千余人,占有一定比例。
　　九一八事变之前,珠河县就有中国共产党组织的活动。起初,大多数党员为朝鲜族同志。1930年10月建立了中共珠河县委,1932年9月改组为中共珠河中心县委。
　　九一八事变之后,李杜、丁超、王德林、邢占清等领导的自卫军、救国军(统称义勇军)都曾在珠河与日本侵略者展开过激烈战斗,一度攻克珠河县城。被誉为"中国铁人"的红枪会会员以大刀、长矛为武装,更是勇敢杀敌,表现出宁死不屈的反抗精神。
　　1932年3月3日,日本关东军驻哈尔滨的天野旅团沿滨绥线东进侵占了珠河、一面坡。从此,珠河人民直接遭受到日本侵略者的压迫和欺凌。当时,日本侵略者的飞机在乌吉密扔下两颗炸弹,炸死了几个人,接着又开来铁甲车,向珠河、乌吉密开炮,并纵火焚烧民房。同时,日本鬼子开进了帽儿山,在北边山上修建了日军守备队营房。1932年9月,日本人青木真澄任伪珠河县参事官,12月离任后,又有日本人高桥甲二继任伪县参事官、村上条太郎任伪县副参事官。伪县长郝秉钧(1932年3月至12月)、赵宗清(1932年12月继任)成为傀儡,全县大权尽在日本人手中掌握,一切都由日本人说了算。日本人占领珠河后,县内设有伪警察队(三百八十名)、伪山林警备队(约一百名)。在县城和一面坡驻有伪满军队、日本守备队,担任所谓"警备和治安"工作。"珠河在(九一八)事变后,差不多是反日军活动的中心,正因为这样,日帝对于劳苦群众的进攻是更残酷的,特别是进行了广泛的屠杀政策。"[①]日本侵略者凭依武力横行霸道,在路上随意设卡,盘查行人。被盘查者话语应答不对,便被以种种罪名装进麻袋活活摔死。有时见到老百姓,就用手摸胸口,看心脏跳得厉害不厉害,跳得厉害,便说是"红胡子的干活",不是被活埋,就是被推到河里淹死。日本帝国主义的侵略给人民群众带来无穷的灾难,土地荒芜,农民破产,捐税增加,工商倒闭,广大人民已无生路。
　　日本侵略者的野蛮行径,激起了人民群众的无比愤慨,反日情绪十分高涨。为了争取生存的自由,珠河广大民众纷纷起来自发地开展反对日本帝国主义武装侵略的斗争,积极参加

---

① 《中共满洲省委巡视员巡视珠河的报告》(1933年11月9日),载《文件汇集》甲16,第295页。

反日的义勇军和红枪会。当时,中共珠河中心县委遵照党中央、满洲省委关于反对日本帝国主义侵占满洲事变的决议、宣言精神,积极地参与、组织了支援反日义勇军的斗争。但不久,大规模义勇军和红枪会的反日斗争因缺乏正确领导,没有明确的政治纲领,没有团结的中心力量,加之行动不集中,纪律涣散,在日军的强力进攻下,趋于瓦解、失败。此时,为继续开展武装抗日斗争,创建党直接领导的抗日武装,就成为摆在各级党组织面前的重要的课题。为此,根据满洲省委的指示,中共珠河中心县委进行了多次尝试,曾派干部到红枪会中工作,试图在即将溃散的红枪会基础上建立游击队,但未成功。又派干部到驻在苇河的伪军"温团"中组织哗变,于1933年3月13日,将"温团"一个反动连长击毙,带出四百余人。后来由于部队被一个反动军官掌握,组建抗日武装工作遭到失败。6月,又派数名党团员到在宾县活动的义勇军"朝阳队"中开展工作,试图将这支部队改造成党领导的游击队。同时,在农村中,对农民群众进行了普遍的反日宣传和动员,并组织起反日会等群众组织,以作为成立抗日武装的群众基础。

在反日斗争中,珠河县党团组织及群众反日团体不断发展。1933年10月,赵尚志脱离孙朝阳部队,寻找珠河中心县委时,全县已有七个支部,一个特支,九十四名党员(男八十五人、女九人;汉族五十一人,朝鲜族四十三人)。青年团员六十三人,反日会员一百二十八人、弟兄团六十人、姊妹团十九人。①其工作分布在珠河、苇河、五常、延寿、方正一带。同时,在珠河县、区集合着一大批优秀的党团干部,如县委书记关化新、县委组织部长李福林(朝鲜族)、县委秘书长金策(朝鲜同志)、县委秘书侯启刚、县委委员兵委负责人李启东(朝鲜族)、县委妇女部长李秋岳(朝鲜族)、黑龙宫特别支部负责人李熙山(朝鲜族)、团县委书记马宏力(朝鲜族)、团县委组织部长朱新阳、团县委巡视员蔡近葵、县反日总会会长沙永振等。

由于上述有利于开展武装斗争的自然环境和健全有力的党团组织及深厚的群众工作基础,才得以使赵尚志在县委领导下于较短时间创建起珠河反日游击队,并迅速发展。可以说,珠河在以后之所以能够成为北满抗日重心,赵尚志领导的珠河反日游击队之所以能不断发展壮大,是与这些有利因素分不开的。

1933年10月5日拂晓,赵尚志等七人在山区秋霜普降的晨凉中,迎着秋日的朝霞,先后到达了珠河铁道南六道河子徐百家长家。

在这里,赵尚志与珠河中心县委取得了联系,受到了县委派来的联络员的热烈欢迎。两日后,他们在柳树河子见到了县委的主要领导。同时,县委还送给他们两支手枪,并决定在赵尚志等七人基础上,由团县委、反日会增派李福林、朱新阳等六名同志,筹建珠河反日游击队。1933年12月3日,团满洲省委在《关于朝阳队内的哗变及赤色游击队情况的报告》中说:"赤色游击队是以从朝阳队出来的七个人组织起来的(六个是同志,一个是群众),现在我们增派了六个人进去,内有两个成年群众,两青年,两同志。"就这样,一支以原从朝阳队出来的赵尚志、李启东等七人所携十一支枪为基础,后增派六人,县委赠送两支手枪,共十三人,十三支枪组成的游击队建立起来了。在珠河反日游击队筹建过程中,珠河县反日会给予了大力

---

① 《中共满洲省委巡视员巡视珠河的报告》(1933年11月9日),载《文件汇集》甲16,第299页。

支援。反日总会会长沙永振派人为衣着单薄的同志们送来了数套夹衣、棉衣。赵尚志见到县委、反日会对他们如此关怀和支持,深受感动。

这时,受省委派遣正在珠河巡视县委工作的省委军委负责人张寿篯(李兆麟)得知赵尚志等七人脱离孙朝阳部队,县委拟在此基础上组建游击队的消息后,便与赵尚志等亲切相见。尔后,他帮助赵尚志、李启东检查了在孙朝阳部队中的工作,同时还详细地向县委同志和赵尚志等游击队员传达了1933年1月26日《中共中央给满洲各级党部及全体党员的信》(即《一·二六指示信》)和省委扩大会议关于接受《一·二六指示信》决议的精神。

《一·二六指示信》是中共驻共产国际代表团以中共中央名义发来的。这封指示信分析了日本占领东北后的政治形势,提出并确定了东北目前反日游击运动的性质和前途,中国共产党在东北的战斗任务和斗争策略。信中将东北各种武装因其社会成分、政治领导及影响的不同,分为以下四种:一是纯旧吉林军部队,其领导属于张学良部下的各将领的;二是不是大部的旧吉林军,而大部分是农民、小资产阶级的反日义勇军;三是各种农民的游击队、大刀会、红枪会;四是我党领导的工人、农民、革命士兵及其他革命分子组成的赤色游击队。并指出赤色游击队是一切武装中最先进、最革命、最有战斗力的队伍。信中还指出:"在满洲群众运动现在发展的阶段上,我们总策略、路线、方针是一方面尽可能的造成全民族的(计算到特殊的环境)反帝统一战线,来聚集和联合一切可能的,虽然是不可靠的动摇力量,共同的与共同敌人——日本帝国主义及其走狗斗争。另一方面准备进一步的阶级分化及统一战线内部阶级斗争的基础,准备满洲苏维埃革命胜利的前途。"[①]

《一·二六指示信》其基本精神主要是肯定了东北的特点,提出了反日反伪满的统一战线的方针和在统一战线内部建立无产阶级领导权问题。决定在东北放弃搞土地革命、苏维埃和红军,而要开展对日本帝国主义及其走狗的斗争,建立人民革命军和人民革命政府。显然,它较之"北方会议"精神更为切合东北的实际情况。虽然这封指示信还存在浓厚的"左"的色彩,如过分强调下层统一战线,坚持把上层抗日领袖称之为反动军官等。但是它提出的斗争策略毕竟由原来要求东北搞土地革命,直接建立苏维埃转变到团结一切力量,造成统一战线,进行抗日战争方面,起到了转变总的策略、路线、方针的作用。中共满洲省委在接到《一·二六指示信》后,于5月15日召开省委常委会,经过充分讨论,总结反日斗争经验,表示接受《一·二六指示信》,并通过了《关于执行反帝统一战线与争取无产阶级领导权的决议》(1933年5月15日)。所以,深受"北方会议""左"倾错误危害之苦的赵尚志听到《一·二六指示信》这一中央新路线精神传达之后,感到"如获至宝",对省委接受《一·二六指示信》,实行路线转变,颇感欣慰。

自从脱离"朝阳队",找到中共珠河中心县委,赵尚志感到格外舒心、愉快,因为最值得欣慰的是,自己又回到了党组织身边,又置于党组织的领导之下。他为新结识县委一些领导和

---

① 《中共中央给满洲各级党部及全体党员的信——论满洲的状况和我们党的任务》(1933年1月26日),载中共中央文献研究室、中央档案馆编《建党以来重要文献选编》(1921—1949)第十册,中央文献出版社2011年版,第43页。

省委军委负责人张寿篯而高兴,心中充满激情。县委书记关化新、组织部长李福林、秘书长金策都是政治坚定、工作能力强、斗争经验丰富的同志。张寿篯原名李超兰,又名李烈生,(抗战胜利后改名李兆麟),这位省委军委负责人(赵尚志1932年在满洲省委工作时也担任过军委书记),是辽宁省辽阳县人。他比赵尚志小两岁。九一八事变后离开家乡去北平参加了东北民众抗日救国会,而后回东北在辽阳一带组织抗日武装。1931年入党后曾在本溪做过一段工运工作。1933年秋到哈尔滨,在省委军委任负责人,这次又亲自来珠河巡视指导工作。赵尚志看到这里有这么多同志,都在为党的事业,为反对日本帝国主义的侵略而努力工作,这使他对组建党领导下的赤色游击队及对抗日斗争的前途充满了信心。

赵尚志、李启东等在县委直接领导下,在省委军委负责人张寿篯帮助下,在总结巴彦游击队、"朝阳队"工作的经验教训基础上,根据中央《一·二六指示信》精神,就当前组建游击队工作问题,进行了充分、详细的讨论,最后做出十项决议,主要内容是:

(1)队伍的名称定为"珠河东北反日游击队"。(2)队内组织,在五日内要发展到二十人,半月内发展到四十人,队长由赵尚志担任(经队员选举产生)。(3)为加强队伍政治教育工作,队内成立党支部,成立青年团小组,队伍扩大后成立政治部。(4)游击区域,暂为石头河子、板子房、黑龙宫。队伍扩大后,以珠河、方正、延寿、五常、宾县、苇河等地为游击区。(5)游击队执行南满杨靖宇领导的磐石人民革命军的斗争纲领,以这一纲领推动群众斗争和一切行动。(6)为保持省、县党组织对游击队的领导,要建立经常的接头关系。(7)在三项条件下:即坚决抗日;不侵犯劳苦群众利益,给予民众以民主权利;不反对共产党,准许共产党活动自由,与任何反日部队都可订立作战协定,建立反日统一战线。(8)在行动中扩大与巩固队伍,包括开展游击活动,推动与领导工农斗争,征收红枪会和大排队参加游击队,开展政治教育工作,确定经济分配原则,解决汉奸地主武装等。(9)加强宣传工作,用口头、文字两种形式宣传抗日救国政策。(10)开展队内两条路线斗争。①

以上这十项决议是珠河东北反日游击队的行动纲领,同时也是赵尚志及县委其他同志在创建党直接领导的反日武装工作中的经验教训的总结。它体现了党领导的反日武装明确的指导思想、斗争方向和政策策略,这也是赵尚志以后治军的原则。它对珠河东北反日游击队的成长起到重要作用。

1933年10月10日,秋日的阳光照耀着珠河山川大地。天显得格外高、格外蓝;山上的青松显得分外苍翠、格外挺拔。在珠河铁道南的三股流(今尚志市三阳乡),欣喜欢乐的氛围更是冲破了四处弥漫的深秋萧瑟之气。珠河东北反日游击队成立大会正在此地庄严举行。三股流,这个小小的山村呈现出一片欢腾景象。

在珠河东北反日游击队成立的大会上,赵尚志等十三名全副武装的游击队员精神抖擞,斗志昂扬。中共珠河中心县委庄重宣布珠河东北反日游击队正式诞生。大家推举赵尚志为队长,王德全为副队长,李福林为政治指导员、李启东为经济部长。同时,发表了珠河东北反日

---

① 《满洲省委老张关于珠河游击队的检查和布置的报告》(1933年10月9日),载《文件汇集》甲15,第380页。

游击队成立宣言、斗争纲领和祝贺杨靖宇领导的南满东北人民革命军第一军成立的贺电。最后,赵尚志带领全体游击队员鸣枪宣誓:"我珠河东北反日游击队全体战士,为收复东北失地,争回祖国自由,哪怕枪林弹雨,万死不辞;哪怕赴汤蹈火,千辛不避,誓死武装东北三千万同胞,驱逐日寇海陆空军滚出满洲,为中华民族的独立、解放奋斗到底。"①

珠河反日游击队诞生地——三股流

在游击队成立的大会上,"青林"反日义勇军、当地红枪会、反日大排队、农民自卫队以及哈尔滨反日总会都派出代表前来参加,表示祝贺。整个大会庄严、热烈、充满着团结、胜利的气氛。抗日军民兴高采烈,欢欣鼓舞,皆以无比喜悦的心情庆祝党独立领导的人民自己的抗日武装的诞生。

珠河反日游击队的诞生,标志着哈东地区乃至整个北满抗日武装斗争发展到一个新时期。这个时期所展示的基本特点是:在中国共产党直接领导下,以工农群众为基本成员组成的抗日队伍,广泛实行反日统一战线,团结一切反日武装,共同进行抗日游击战争。这个抗日游击战争逐渐地代替了以义勇军为主体的反日斗争。它更坚决、更持久、更果敢、更具有组织性,因而也更富有成效。

珠河反日游击队成立后,赵尚志心里始终惦记着一件事:即他们决定从孙朝阳部队脱离出来时,由于时间紧迫,行动过于仓促,队内还有两名团员朴吾德、尹二胖未能通知到。当

---

① 熙文:《英勇奋斗的东北抗日联军第三军》,载巴黎《救国时报》(1937年9月18日)。

赵尚志等七人在六道河子汇集后,才发现这两名同志没有跑出来。赵尚志等十分焦急,都为这两名同志的处境担忧。他们认为孙朝阳决不会放过他俩,难免惨遭毒手。游击队成立后,大家以为他俩牺牲了。为了纪念他们,赵尚志决定开个追悼会,以表悼念之情。十分凑巧,就在游击队于柳树河子沙家大院为他俩开追悼会时,突然间,朴吾德、尹二胖却跑了过来。这两位大活人的出现,使同志们惊喜万分。他俩怎么死而复生了呢?原来,孙朝阳没有对他俩下毒手。赵尚志、李启东等离开孙朝阳的队伍后,有人将朴吾德、尹二胖绑送见孙朝阳,妄图证明赵尚志存心不良,阻止孙去北平是荒谬之词,①并建议将朴、尹二人杀掉。孙朝阳沉思良久,叹道:"咱们不能打日本,人家要出去打日本,杀人家干啥?放掉。"就这样,孙朝阳让他俩把枪留在队上,赶快离队。

尔后,朴吾德、尹二胖辗转跋涉跑回珠河团县委,又经四处打听,终于找到赵尚志、李启东等人。大家听罢他们的讲述,便欢呼跳跃起来,庆祝他们安全归队。于是,追悼会又变成了热烈的欢迎会。珠河反日游击队成立不久,在珠河反日总会的帮助之下很快改变了人数少和枪支缺乏的现象,不到半个月,游击队已发展到三十余名。

珠河反日游击队是在中共满洲省委和珠河中心县委的领导下,脱颖而出的一支崭新抗日武装。自这支队伍成立时起,赵尚志就以从头干起的精神,肩负起党赋予的领导抗日武装斗争的责任。他在领导珠河反日游击队开展武装抗日斗争的过程中,不畏艰难,坚韧不拔,自觉执行党的斗争策略、方针,注意发动和依靠群众,灵活运用游击战术,进而使这支重新创建的反日队伍在与日伪反动势力搏斗中迅速发展,由小到大,异军突起,成为东北抗日游击战争中的一支劲旅。

二、"文明胡子"

珠河反日游击队成立后,由于积极执行抗日救国政策、英勇战斗,果敢行动,加之客观形势有利于斗争,队伍得到迅速发展。为使部队站稳脚跟,不断发展壮大,打开斗争的局面,使部队有赖以生存的群众基础和进行休整、训练的后方,赵尚志决定建立根据地。位于中东路滨绥线道南的浅山区三股流、石头河子一带群众基础较好,三股流有个陡山包,前有凹地,后有漫岗,便于作战;石头河子距乌吉密火车站较近,信息灵通,这里进可攻、退可守,有较大的回旋余地。赵尚志根据县委决定,率领反日游击队首先以三股流、石头河子为基点,开始展开了深入发动群众,建立根据地,反对日伪统治的武装斗争。

由于国土沦亡,社会动乱,以致兵匪不分,"胡子"(土匪)遍地,到处抢劫,老百姓深受其害。新生的游击队初到三股流附近一地方活动时,当地群众不了解他们是什么队伍,以为他们是"胡子",所以十分恐惧。老百姓都认为各种牌号的队伍多着呢,在兵荒马乱的年头,对拿枪的还是躲着点儿为好,可万万得罪不得。他们为了免遭其害,便按家摊派,凑了些钱,让百

---

① 孙朝阳后来坚持去北平。1933年10月24日行至哈尔滨顾乡屯,不出赵尚志所料,果然被日伪游动警察逮捕,押于哈市傅家甸日本宪兵队,后被处死。

家长买来许多礼物,什么大烟、烧酒、鱼肉之类,送给游击队。百家长找到赵尚志说明来意,赵尚志知道是群众对反日游击队存有误解。他便亲切地对百家长说:"我们不是'胡子',是打日本鬼子的游击队,我们不要老百姓的东西,这是纪律。"又说,"这些东西如果是你自己花钱买的,就由你自己处理,要是老乡摊钱买的,你就退给大家。"百家长听罢,很不理解,自古兵匪一家,哪有送上门的礼,还不收呢?

乡民孙万芝回忆说,开始我不知道这是什么队伍,以为是"胡子"。赵尚志他们把我们召集到一个大院子里。赵尚志给讲话,他说我们是抗日的正式部队不是"胡子"。要说是"胡子"像你(指我说)这件小皮袄咱们不可以换换吗?我们不能这样干。赵尚志讲了四十多分钟,然后就问我们这儿有无恶霸坏人。我手里拿着一对野鸡,他们问多少钱,我说六毛,他们给了一元钱拿走了。刚一出小角门,袁得胜队上的人拿机枪进来了,先来个外掰肩("胡子"行礼),赵尚志说:你少来这一景,我们不是"胡子",最后向大家讲:同胞们有愿意当兵的找赵尚志就行。①

当时,天气渐冷,战士们还穿着夹鞋,为了做好越冬准备,赵尚志拿钱让百家长替游击队员买几双靰鞡。这位百家长见赵尚志拿出钱来,十分顾虑,猜不出这是什么用意。"'胡子'还有从自己腰包里往外掏钱的吗?"百家长心里想:这说不定是什么鬼名堂。他不肯收这笔钱。赵尚志见此,便也不勉强,不让他给代买了,怕麻烦这位百家长。

数日后,百家长拎着几双牛皮靰鞡来见赵尚志,说是送给游击队的,这是老乡们的一点儿小意思。赵尚志给他钱,他还是不要。

赵尚志和颜悦色地对百家长说:"您如果不要钱,这几双靰鞡我们不能收,请您拿回去;您要收钱,我们就留下。"百家长十分不解。

赵尚志反复、耐心地向百家长解释:"我们这支队伍不是'胡子',是共产党领导的抗日队伍。"赵尚志见百家长还是疑惑,便又说,"我们拿枪打仗是抗日,您虽然不能亲自拿枪打仗,但能替我们买东西,支援游击队,也算是革命的,为反日作贡献啦!游击队和老百姓是一家人,咱们团结起来,才能把日本鬼子赶出去。"百家长听后,十分受感动。

反日游击队成立之初,送礼不要,求买东西给钱的这两件事,对三股流、石头河子一带群众教育很大。他们感到这十几个当兵的不一般,的确不像是"胡子"。

那时,三股流、石头河子一带有许多三五成群的被群众称为"孤丁手""小线"的土匪。他们夜起昼散,打家劫舍,出没无常,不反日而专门扰害百姓,群众对他们既恨又怕,闹得家家户户不得安宁。赵尚志了解到这一情况后,决定根据群众的要求,为民除害。他率领反日游击队在柳树河子、土豆甸子、双马架等地接连抓住十余个为群众所深恶痛绝的"孤丁手""小线",并予处死。②在土匪被处死的地方还贴上"告示",写着土匪的姓名、年龄、籍贯,扎了谁家的"孤丁",为何处死。最后写着"这就是土匪的下场!",署名是"珠河东北反日游击队"。

时隔不久,赵尚志率队去大荒顶子活动,将当地著名汉奸王福山逮捕。王福山在旧军队当过参谋,外号叫"王大爷"。他积极投靠日伪当局,甘当日本侵略者的忠实走狗,又是地方上

---

① 《孙万芝同志访问录》(1963年11月10日)。
② 《尚志人民抗日斗争史调查材料》(1959年)。

的一个恶棍。该人鱼肉乡民,敲诈勒索,无恶不作。游击队决定召集群众大会将其就地处决。在群众大会上,赵尚志向老百姓宣传抗日救国道理,讲反日游击队是专打日本、抓汉奸走狗的共产党领导的人民的队伍。接着,宣布王福山的罪状,将这个汉奸拉出枪决。同时,反日游击队还写出布告,列举王福山的反动罪行,张贴出去。群众见此,无不拍手称快,赞誉游击队是为民除害。在同年冬省委巡视员在写给省委的报告中说,"珠河东北反日游击队队员都是同志,现在已经开始行动,老赵经这次的教训和批评(按,指赵尚志在朝阳队的工作中的经验教训)还表现很积极,队伍前途是很乐观的,已经在行动中枪决了最反动的王参谋,开了二十人的群众会,游击区内的农民都说这才是真正的反日队伍呢!"①

紧接着,游击队以反动的伪警察署(所)和汉奸地主大排为目标进行了一系列斗争。"九一八"事变前,珠河城乡各地设有六个警察署,第一区警察署驻县街,第二区驻一面坡,第三区驻珠子营,第四区驻乌吉密,第五区驻亮珠河,第六区驻元宝镇。警察署下还有许多分驻所,各地建有地主大排,以"保护地方治安""防御土匪"。每处署、所及大排队名额不定,一般在二十人至八十人之间。九一八事变后,少部分署、所、大排队拉了出来,举旗抗日,一部分当了"胡子",大部分投降了日本侵略者,一些大排队改为"自卫团"。据统计,自1932年10月,珠河县各地遵照省令设立"自卫团",全县共设伪自卫团五十五个,团总办公处六处(每区设一处)。伪自卫团成员共一千一百三十九名。全县有伪警察四百零九名。这些伪警察、伪自卫团成为日本殖民统治的帮凶。赵尚志认为,要在三股流一带建立根据地,开辟反日游击区,首先要摧毁分布在三股流周围地区伪警察署(所)和反动的大排(自卫团)武装。1933年10月29日,赵尚志率队缴了西五甲伪警察所的枪械,领导当地群众将汉奸恶霸袁德胜的大排队缴了械,袁只带少数人逃走。袁某对农民剥削极为残酷,游击队将其赶跑后,在三股流一带提出减租减息。这正符合农民切身利益,游击队赢得广大群众的拥护。接着,于11月、12月间又连续收缴了二道河子、东五甲、板子房、张家湾、苇塘沟等地伪警察所和反动大排队的枪械,惩治了数名汉奸走狗。战斗中,赵尚志身先士卒,冲锋在前,退却在后,以自己的模范行动影响战士,成为战士学习的榜样。攻打板子房战斗时,赵尚志下达冲锋命令后,有的战士见伪警察所院墙坚固,不敢往前冲。赵尚志见此,就掏出驳克枪,带头冲锋,战士们见队长冲锋在前,便随后都跟着冲上了去,伪警察所终被攻破。在缴张家湾伪警察所枪械时,反日游击队于清晨分三面将敌人住所包围。当手持钢枪的游击队员突然出现在伪警察面前时,敌人被赵尚志突如其来的"不许动!"的喊声吓得晕头转向。伪警察所头目于耀青等十来个伪警察乖乖地举手缴械投降。游击队临撤离时,赵尚志对伪警察训话,告诉他们:"我们都是中国人,中国人不打中国人,愿意参加抗日队伍的跟我走,不愿意的就解散,回去也要和我们取得联系,报告敌人消息,不要为虎作伥,不要甘当亡国奴,莫忘了自己是中国人!"最后将这十几个伪警察遣散,令其回家。这次战斗中游击队共缴获步枪十三支。张家湾战斗后,队员都有枪使了。老乡看见都说:"赵大队长真行!"②

---

① 《中共满洲省委巡视员巡视珠河报告》(1933年11月9日),载《文件汇集》甲16,第302页。
② 董长义:《回忆三军及赵尚志将军》。

珠河反日游击队收缴伪警察所、反动大排武装，肃清汉奸走狗、"孤丁手"、"小线"，这些斗争为开辟以三股流为中心的反日游击区，建立根据地扫除了障碍。同时，其影响也波及周围义勇军、山林队中。12月初，赵尚志部队缴张家湾伪警察所枪械的当天，孙朝阳部义勇军中有十四五人在刘海涛率领下慕名前来投奔珠河东北反日游击队。

珠河反日游击队初创时期，赵尚志特别注重加强部队的群众纪律和密切群众关系的工作。他深知严格的军纪是党领导的反日部队区别于其他任何部队的重要标志，没有严格纪律的部队是难以得到群众拥护和支持的。珠河反日游击队成立之初主要纪律有：听从指挥；不许打骂群众；不许向群众耍态度；不许随便拿群众的东西；不许抽大烟（鸦片）；不许讲土匪黑话。游击队每次开会，赵尚志都反复强调：我们是革命的反日部队，人民的队伍；老百姓就是我们的父母，打日本就是为了老百姓。因此，我们不能像有些义勇军、山林队特别是"胡子"那样欺侮老百姓。赵尚志主张，每次收缴伪警察署反动大排走狗得到的物品都要分给贫民百姓一些。当时，有几个从义勇军中出来投奔赵尚志队伍的人，他们认为赵尚志的队伍名誉好，也敢干，可能绑许多值钱的票，能发大财。但到了这个队伍后，才知道赵尚志的队伍并不像"胡子"队那样让绑票勒索百姓钱财，也不像"胡子"队那样随便，虽然有几个钱，并不"挑片子"，一举一动都有定规，有事要开全体队员大会决定，甚至吃饭都要限制在十五分钟吃完。他们一看之后，觉得赵尚志的队伍规矩太严了，实在受不了，当天就走了两个。①

珠河反日游击队每到一地，便首先召开群众大会，向群众宣传抗日救国的道理和部队的纪律，这成为定规。由于赵尚志的严格要求，游击队员都能自觉遵守群众纪律，不随便拿群众家的东西，买东西付钱，借物品奉还，损失赔偿。住在老百姓家中，对群众态度谦和，讲究礼貌，对人都是以大爷、大娘、大哥、大嫂相称呼。不随便支使人干这干那。晚上睡觉时，游击队员让老乡睡在炕上，他们睡在地下。铺的是茅草，枕的是木桩。吃饭时，从不挑拣，群众吃啥，游击队员吃啥，而且人吃马喂一律按市价付钱。游击队员们还积极热情地帮助老乡挑水拉磨干活，参加各种劳动。赵尚志也和战士们一样，站岗放哨，并带头帮助群众挑水、推碾子、拉磨、劈柴、烧火、做饭、干杂活。游击队离开驻地时，赵尚志总是留在后面，挨家检查战士有无违犯群众纪律行为，征询老乡的意见，并亲切地与之话别。

赵尚志率领的这支队伍在珠河铁道南地区的出现，使许多群众感到异常惊奇。因为他们从来没有看见过这样不祸害百姓，和蔼可亲、纪律严明、英勇抗日的队伍。年长的说："这叫啥'胡子'，不抢不夺，不说黑话，活这么大岁数没见过。"有见多识广的人说："'胡子'可不这样，旧东北军也不这样，这叫什么队伍呢？"一时，由于搞不清这支队伍的性质，叫不惯游击队这个名字，群众就称赵尚志所率领的队伍为"仁义军"②因为队伍所到之处帮老乡做活，拉磨，劈桦子，担水等等，并且还开展反日宣传工作，不讲黑话，有的群众则叫他们为"文明胡子"。③

---

① 《中共珠河县委关于反日情形及游击队内军事政治组织统一战线问题的报告》（1933年12月25日），载《文件汇集》甲38，第46页。

② 《刘海涛关于满洲情形的报告》（1936年），载《文件汇集》甲47，第153页。

③ 《访问朱新阳同志记录》（1980年9月1日）。

1933年12月,省委军委负责人张寿篯在关于游击队情况给省委的报告中说:"珠河游击队的政治影响是大大提高了。可以说游击队在数量惊人狭小(十余人)之下,完全未表现右倾机会主义的倾向,在彻底执行斗争纲领和真正和劳苦群众打成一片的英勇的战斗之下,在二道河子、东西五甲、三界河、板子房、三股流、苇塘沟解决多数卖国贼和没收了卖国贼的财产、农具分给灾民难民。开了数十次群众大会。焚烧了各处'满洲国'走狗武装驻所。在百里周围完全扫房了日本强盗和傀儡政府的统治。特别是在行动中发展了七八十个反日会的群众。很多妇女农民常说:'这才是农民自己的队伍呢!'同时,农民争先请游击队到自己家去吃饭,妇女自动集款,捐助游击队手套和愿意给游击队做衣服,猎户自愿拥护游击队,送野鸡和纸烟,农民帮助队伍去站岗,每次群众大会上都表现非常热烈。"①这段关于游击队初创时期的报告,充分说明赵尚志领导的游击队一开始就深深地在群众中扎下了根。

　　珠河东北反日游击队的诞生得到中共满洲省委的重视,同时也寄予很大希望。珠河反日游击队成立不久,中共满洲省委于11月28日给珠河中心县委和游击队发来指示信,对游击队如何发展提出具体明确意见:"要十百倍地扩大在党领导下的现有游击队成为珠河一带许多义勇军中左右一切的赤色游击队。具体是,从动员大批工农群众,尤其工人和雇农到游击队里去,从组织'满洲国'军队和大排哗变,首先是我们有基础的大排中,从发动广大民众反日反满及捐税和冬荒斗争中,从最大限度的武装民众中,来创造强大的左右一切的赤色游击队。""动员大批工农群众尤其工人和农民到游击队中去。""现有游击队应当,(甲)采取游击战术,执行进攻的策略,不攻坚,不硬打。(乙)坚决没收日本帝国主义一切卖国贼的财产和武装充作战费,分配给劳苦工农和武装工农。(丙)作群众斗争的积极发动者和领导者。""现有游击队应按游击队的组织,绝对不允许有下列情形:(甲)胡子的组织形式(四梁八柱)。(乙)胡子的办法(劈刀枪,劈钱,按枪劈钱,枪是个人的,他随时可公开带枪逃走或公开卖给别人)。(丙)反对极端民主化,如队长也轮流站岗。"省委在写给县委、游击队的信中还指出:"现有游击队在民族成分上必须大大改善,动员大批中国工农群众入队。""扩大统一战线,必须抓紧日本强盗一切屠杀、压迫、剥削、圈地、拉夫、拉马、抽丁、烧房屋、烧五谷、杀耕牛、收缴民团武装、强迫劳动、强奸妇女,以及一切苛捐杂税(户口捐、人捐、狗捐等)的事实,发动一切广大民众反日反满的斗争,千百倍地扩大反日会群众组织,在布尔什维克群众工作基础上,武装群众,使群众走上武装斗争,以配合游击战争。""在义勇军中建立下层群众工作,建立无产阶级领导权。"指示信最后说:"我们的游击队现在虽不很强大,但是毫无疑问,它将在党的正确路线领导下,成为珠河一带反日武装队伍中左右一切的中心力量。"②同时,省委为加强珠河反日游击队还派出王玉生等同志入队,做骨干。省委的指示为新诞生不久的游击队指明了前进的方向。赵尚志对于这些指示,由于有巴彦游击队失败的教训而更感到格外亲切。特别是省委为加强游击队力量,专门派王玉生等人参加珠河反日游击队,更使赵尚志感到省委对这支游击队是重视的。他决心不辜负省委的期望,一定要把珠河反日游击队建成党领导的赤

---

①《满洲老张对于珠河游击队报告的补充》(1933年12月27日),载《文件汇集》甲17,第299、300页。
②《满洲省委给珠河中心县委及游击队同志信》(1933年11月28日),载《文件汇集》甲16,第98~105页。

色游击队，使之成为珠河、哈东，乃至北满一带反日武装中能够左右一切的中心力量。

珠河反日游击队在铁道南的活动，引起了敌人的注意。1933年12月上旬，驻守乌吉密的日军和伪军三队约四十余人前来围剿新生的游击队。赵尚志指挥游击队员与日伪军在罗家店西沟展开激烈战斗。对于这一首次与日伪军正规部队的交战，珠河中心县委向省委报告说："珠河的游击队自从成立以至于今，事情虽然做得不少，但是对于作战一节，亦不过才一次，算为正式的对敌人开仗。如拿红军来比较，那是相差得很远，但就咱这个新成立未经多时训练教育的游击队来说，对于此次作战就得说各队员表现得不坏。"又说，"伪军三队不下四十人，我们一中队才九个人，内中还有一个使××枪，没有子弹的，最后二中队跑来一个队员，才算十个人，就能与他们来打仗，虽然是退却，但并没有逃跑恐怖的。""我们队员的战斗精神不是没有的，乃是布置上的失利，才开始的幼稚的游击队员能表现这样，就算很好，足证是在布尔什维克领导下的，比较一般胡匪不同。"①这次战斗阻止了敌人的进犯，锻炼了游击队。

罗家店西沟战斗后，赵尚志率游击队于12月下旬又在三股流附近的火烧沟与珠河日本指导官率领的伪军百余名展开战斗。当时，珠河反日游击队得到确实情报，说当天上午乌吉密伪军100余名要进犯到三股流。赵尚志率游击队预先在要路口——三股流沟口布下埋伏。当狐假虎威的伪军走进游击队的埋伏线时，赵尚志一声令下，战士们三面一起向敌人射击，刹那间，敌人的虎气消失了，中弹者应声倒地，余者连滚带爬，狼狈不堪。火烧沟战斗使珠河反日游击队再露锋芒。赵尚志指挥游击队员与敌鏖战五个小时，毙敌大队长以下二十余名。游击队只有两名战士受伤。这次战斗使珠河反日游击队在中东路滨绥线一带声威大震。乌吉密左右各车站的居民都在纷纷议论珠河反日游击队战斗的胜利，说："有这样的队伍，中国一定不能亡国。"

1933年末，珠河反日游击队遇到了越冬物资不足、枪支弹药缺乏的困难。严冬时节，寒凝大地，凛冽的西北风阵阵吹来，如同尖刀刺肉一般难受。可是此时，一些新队员还未穿上冬装。经几次战斗耗费许多弹药，无法补充。一时，部队难以继续活动。对此，赵尚志对大家说："一是坚决抗日，冻死拉倒；二是解散回家，到此结束；三是学土匪'站大线'往大道一站，遇到马车过来就截住，把车老板的靰鞡、皮袄扒下来，我们自己穿上。但是，这些'招儿'我们都不能干。我们要想办法，克服眼前的困难。"此时，赵尚志正率队在铁道北珠河、宾县毗连地带活动。有群众说，宾县七区的豪绅地主团董刘林祥率自卫团十几个人要来秋皮囤、四和尚庙收缴地租。赵尚志一听，便说："有办法解决困难了。"他决定主动进攻缴取刘林祥的武装，动员他交纳反日特别捐，以解决游击队面临的困难。这个办法得到了队员们的赞同。

在四和尚庙，刘林祥一行遇到了游击队，并被包围迅速缴械。开始刘林祥以为是遇到了"胡子"。

赵尚志说："我们不是'胡子'，是反日游击队。"

接着对他进行了耐心的抗日救国教育，讲抗日反满人人有责的道理。

"现在游击队急需武器弹药，决定向团董征收反日特别捐。限半个月内让家里拿来两挺机枪、二十支步枪、五棵匣枪、三千发子弹、五十双靰鞡、二千元钱。"赵尚志态度严肃地说。

刘团董见所率武装已被缴械，又听了赵尚志的抗日救国宣传，为了保全身家性命只好一

---

① 《中共珠河中心县委报告》（1933年12月25日），载《文件汇集》甲38，第47页。

一答应游击队提出的要求。他马上给家人写了一封信。随后,游击队把刘林祥所率自卫团员全部释放,押着刘林祥回到了铁道南。届时,刘林祥的儿子将枪支、弹药、钱款、靰鞡如数送到指定地点。游击队收到这些物资后,召开群众大会,让刘林祥写出保证书,保证不当汉奸,不欺压百姓。之后,将刘释放。

收缴刘林祥武装及令其缴纳反日特别捐这一行动,不仅打击了反动武装势力,同时也使部队找到了解决军需、给养的办法。事实说明,游击队的生存和发展,只有采取主动进攻的策略,不断争取军事胜利,才有可能。从此,没收日伪汉奸的财产,向豪绅地主征收反日特别捐,就成为解决部队军需、战费来源的一个重要办法。

珠河反日游击队在初创时期,由于它一开始就有明确的政治主张,又由于在赵尚志指挥下连续不断地取得对敌斗争的胜利,加之部队有着严明的军纪,处处注意密切军民关系,因此,受到了广大群众的拥护和欢迎。赵尚志曾说:"在东北谁能打日本,老百姓就信任谁、支持谁。"的确如此,当群众逐渐了解了游击队的性质之后,就不再叫游击队为"文明胡子"了,而是把这支队伍称作是自己的队伍。赵尚志率反日游击队每次外出作战,民众则自动为之送信,传递消息,出侦探,送水送饭。有的老太太跪在灶王爷面前祈祷道:天老爷帮助游击队打胜仗,让日本鬼子伪军失败。每次出战回来,所到之处,农民都争先请游击队员到自己家去住、去吃饭。妇女主动给游击队员洗衣服、缝补衣服。猎户们自愿给游击队送猎物——野鸡、野兔、狍子等猎物。青年农民自愿帮助游击队站岗。

总之,珠河反日游击队在广大群众支持之下,政治影响相当地扩大了。这支游击队在三股流一带站稳了脚跟,并得到迅速发展。到1933年年底,珠河反日游击队已发展到六十余人。同时,在县委的领导下,在反日会的配合下,在三股流一带发展了七八十名反日会员,建起了一支农民自卫队。以三股流为中心方圆几十里地的地方被开辟为珠河东北反日游击队的最早的抗日游击区、根据地。

珠河东北反日游击队以自己英勇、模范的行动赢得了群众的爱戴,取得了很大成绩,扩大了党领导的游击队的政治、军事影响。1934年初,游击队在娄家窝棚树起了由乌吉密商会赠送的队旗。鲜艳的"珠河东北反日游击队"的旗帜迎风招展,格外引人注目。它召唤着哈东广大抗日群众迅速行动起来,积极投入到抗日救国运动中去,它吸引着众多反日义勇军、山林队共同团结起来,为驱逐日本侵略者而英勇斗争。

三、联合义勇军共同作战

1934年1月26日,赵尚志率游击队三十余名战士,跨越中东铁路,由道南转向道北开展活动。在此前后,缴了几个伪警察署(所)的武装,使部队又得到发展。到1月末,珠河反日游击队已发展到七十人。队内编成一、二、三、四、五分队和骑兵队、机关枪队、少年先锋队。省委巡视员在一份写给省委的报告中说:"队内武装现在共七十支枪。其中匣枪八支,八音手枪五支,机关枪二架,手提机枪一架,其余全是步枪。队员数目与枪数平衡。队员成分70%是贫农,工人10%,中农4%,小资产阶级10%。"[①]2月13日(农历除夕)赵尚志率游击队缴了宋家店

---

① 《×× 巡视珠河工作报告》(1934年1月31日),存中共黑龙江省委党史研究室资料室。

大排武装，得枪十七支。战斗结束后，对被俘的十几名大排队员进行谈话教育后，每人发10元令其各自回家。对于游击队成立近三个多月来的顺利发展，赵尚志感到欣慰，但他并未陶醉在胜利的喜悦中，并未满足现状，他还要为队伍的继续壮大而努力。这不仅是他自己的愿望，而且群众和商民也都说游击队非扩大不可——这也是广大人民的希望。

随着珠河反日游击队的发展壮大，其影响在义勇军、山林队中日渐提高。在上述省委巡视员给省委的同一报告中说："我们的赤色游击队产生以后，因为彻底执行了反日斗争纲领，坚决行动起来，打击了反动武装力量，影响其他反日军再整旗鼓，马上形成十余股小的反日军在我们游击队周围行动起来。"这里所说在游击队周围行动起来的反日军系指反日义勇军、山林队。人们知道，九一八事变后，在东北各地掀起了大规模义勇军抗日运动，但由于缺乏统一领导、明确的政治目标，没有正确的军事计划，对民众关系不好，国民党当局又不予支持，到1933年初，大规模义勇军的斗争很快即遭到了严重挫折。许多义勇军首领或退入苏联或率队入关，更有些投降了日寇。但一些具有民族气节的义勇军领导人仍在坚持战斗。在珠河一带，因日本帝国主义的野蛮侵略，使铁路沿线地方的工厂、作坊及搬运、伐木工人大批失业；在农村，因日伪压迫，加之土地歉收，捐税剧增，大批农民破产。这些失业工人，破产农民为了生存，也为了反抗日伪统治，都纷纷投身于活动于当地的义勇军、山林队中。

在这种情况下，赵尚志在要解决新生的游击队自身问题的同时，也面临一个急切要解决的问题，即如何正确处理游击队与义勇军、山林队关系的问题。

那时，在珠河一带有许多股义勇军、山林队。如"九江""容易""跨海""双盛""白龙""闯江南""压东洋""青林""北来""爱国""爱民""朱万金"等大小约三四十股。这些义勇军、山林队，其人数、社会基础、组织成分、行动目的、与群众关系各不相同。有的如"爱民"群众关系好，抗日坚决；有的是土匪根底，惯匪势力颇大；有的是由破产农民、工人组成的；有的是由旧东北军遗留下来的部队演化而来。这些队伍的组织形式除部分保存旧军队形式外，多是按土匪帮的形式而编制的。其头目称为"大当家"或"大掌柜"，下设"四梁八柱"。①各队都报有字号，自立山头。枪支私有，按枪劈财。行动时有的"合绺合财"，有的"合绺不合财"。前者为各队联合打仗，所得财物共同分配；后者为各队只联合打仗，所得财物自己据有。其内部皆有严酷的"绺规"，普遍使用土匪黑话。由于日本帝国主义的侵略，民族矛盾上升，这些队伍的性质也开始发生变化，即他们除有掠夺、"绑票"②欺压乡民的一面，还有揭竿标志、举旗抗日的一面。

在大敌当前，如何团结这些武装力量，利用、发展其抗日的一面，克服、阻止其扰民的一面，使他们积极参加反日战争，这是关系到游击队能否顺利发展，并与其结成广泛的反日统一战线，团结他们共同对敌的大问题。

由于珠河游击队初创阶段力量还很薄弱，周围的义勇军、山林队比游击队人多势众，总想吃掉这支游击队，为了保证游击队的生存，也为团结其一道抗日，赵尚志曾与有的义勇军，

---

① "四梁八柱"是土匪绺子中"大当家"以下主要头目，主要有"炮头""粮台""水香""总撮""字匠""秧子房掌柜"等。

② 匪徒把人劫走作人质，强迫其家属拿钱去赎，称为"绑票"。

山林队首领拜把兄弟,与一些义勇军、山林队首领建立过联络关系,以免与游击队产生对立。但因为赵尚志在巴彦游击队、孙朝阳义勇军工作期间,曾与这类武装打过交道,对其反复无常、扰民害民的劣根性观察得较为深刻,对其能否真正实行抗日持有疑虑。因此,最初,珠河反日游击队总是力图避免与他们打交道、相接触。可以说在如何正确贯彻反日民族统一战线政策,处理游击队与义勇军、山林队关系这个重要问题上,赵尚志也经历了一个逐渐认识、逐步积累经验的过程。

在珠河反日游击队成立之初,曾连续发生这样三件事:

第一件事:游击队从板子房捉汉奸回来不久,有一个自称是十一保群众代表的人来游击队说,"西省"队在六道河子抓了六七十名群众,每个人要交出十元钱才能释放。当地群众恐惧异常,请求珠河游击队去帮助解救。赵尚志听说"西省"队残害群众十分气愤,当晚即率队准备攻打"西省"队。当队伍行至六道河子,经调查得知"西省"队根本没有绑人的事。显然,这个所谓群众代表是想利用游击队关心群众利益这一点来制造游击队与义勇军、山林队之间的矛盾,破坏两者的关系。此事在客观上给人造成了游击队要打义勇军"西省"队的印象。

第二件事:11月间,赵尚志率游击队与义勇军"爱国"队相遇。"爱国"队误认为是遇到了"红枪会",于是抢先开火。游击队副队长王德全扛着机枪,高声喊道:"中国人不打中国人,我们是反日游击队,不要开枪"。不料,一颗子弹飞来,王德全当即中弹身亡。王德全的牺牲使赵尚志及全体游击队员十分悲愤。王德全是赵尚志在"朝阳队"时结识的战友。由于他的及时报告,赵尚志、李启东等人才得以从"朝阳队"中跑了出来,免遭杀害。他是个坚强、勇敢、正直的同志,在游击队中有很高的威信。王德全不幸牺牲使赵尚志失去了一位好战友,使游击队员们失去了一位好领导。事后,赵尚志带领游击队员将王德全的遗体火化安葬,并召开了追悼会,表示要继承游击队创始人之一王德全烈士的遗志,将抗日斗争进行到底。但在为王德全立碑时,因碑文中对"爱国"队怎样称呼问题,赵尚志与县委同志发生了意见分歧。赵尚志主张对"爱国"队应称为"匪军"。县委同志提出意见,说称"匪军"不利团结,不应称匪军。赵尚志认为"爱国"队是胡子,又打死了我们的人,为什么不能称他为匪军?在赵尚志的坚持下,碑文中写上了"路遭匪军'爱国'"的字样。

第三件事:孙朝阳队伍余部在"容易"率领下要投奔珠河反日游击队,写信给赵尚志说:"你在我队拿枪出来,能变出抗日,现在你的名誉很好,我和你'合绺子',将队归你带。"对此,赵尚志表示怀疑,认为"容易"并非真心。因为赵尚志在朝阳队时,"容易"及"宝胜"曾鼓动孙朝阳枪毙赵尚志等人,可谓有不共戴天之仇,于是写信骂了"容易",并表示要与他"宣战"。以后,"容易"与"宝胜"队一同来到六道河子向地方要捐税。赵尚志为保护群众利益,给他们写信说:"你们再向这里要钱,我们就要打你。"同时给地方百家长写信,"'宝胜'捐沟的钱,谁也不许给,如有给的,我们不答应。"

上述这三件事,县委认为赵尚志的做法是错误的,是破坏了统一战线。赵尚志与县委同志就此发生了争论。县委同志说赵尚志"左倾",赵尚志认为县委同志右倾。结果谁也说服不了雏。最后不得不由省委出面作出决断。

在游击队成立之初的三个月中,赵尚志为创建发展珠河反日游击队作出了不少努力,获得很大成绩,使游击队在群众中、在义勇军中产生了一定影响。但是在游击队初创阶段,赵尚志对中央、省委的反日统一战线的新策略了解得还不够深入。他是根据过去自己对义勇军、山林队的认识来处理游击队与义勇军、山林队关系问题的。所以在这方面他确实存有一定错误。他曾认为义勇军、山林队无什么力量,作战就先跑,有与无同,他们是利用我们的力量攻陷目标,坐食渔利。他们惯于大抢大夺,破坏我们的政治影响。日伪想尽办法图害我们,若与他们一起行动,恐食不测之亏。因此他在对义勇军、山林队看法上存有感情用事问题。

为了帮助赵尚志在这一问题上提高认识,使其能够站在党的建立广泛的反日统一战线策略的高度来处理游击队与义勇军、山林队之间发生的矛盾问题,中共满洲省委在1933年12月31日和1934年2月15日连续给中共珠河中心县委和游击队写来两封指示信。这两封指示信在充分肯定珠河东北反日游击队成立后的三四个月中所取得的成绩之后,指出赵尚志与县委的争论,县委的意见是正确的,对赵尚志在处理游击队与义勇军、山林队之间的关系上的一些做法提出了批评。指出:"赵同志口头上接受省委的指示信,而实际上没有接受,你们所执行的路线,绝对不是中央与省委的反日反帝统一战线的新路线,而是执行'左'倾破坏统一战线的自杀政策。这一'左'倾路线是极端有害的。"[1]又说,"'宝胜'、'容易'过去缴过我们的械,有历史上的仇恨,我们尤其要向其下层战士做宣传,说明反日战士不应彼此互相火拼,要联合抗日。从政治上夺取其下层。如果我们要缴他们的枪械,这就把下层群众送给其上层反动领袖了。"省委来信把问题提得很高,性质讲得很严重。信中说:"正因为在这一左倾破坏统一战线的自杀路线之下,你们与义勇军开战,以致死伤战士数人,与许多义勇军造成对立的形势。"如此下去"必然造成在巴彦游击队时,四面受敌状况,非完全失败不可。"信中批评赵尚志说:"小赵同志错误的出发点在于把个人的感情与政党的策略混而为一,甚至个人感情重要性超过政党的策略,感情用事,感情超过一切,当然不能了解策略的正确性。小赵同志的感情用事大大障碍着他了解中央与省委的新路线,阻碍他了解和执行省委在指示信中指出的一切。"信中要求县委与赵尚志好好讨论与义勇军、山林队结成统一战线问题,希望赵尚志了解自己的错误实质。[2]

赵尚志接到省委来信后,认真地考虑了这一问题,对省委批评的"小赵的错误出发点在于把个人的感情与政党的策略混而为一,感情用事,感情超过一切"进行了深刻反省。同时,他在斗争实践中也逐渐转变了自己的思想认识,不断加深对党的反日统一战线政策的理解,承认了自己在这一问题上所犯的错误,表示要坚决执行中央和省委的新的路线和政策。他在给省委写的信中说,"对于布尔什维克的政党只有无条件的接受领导……中央和省委新路线的正确,我申明完全接受和忠实执行。"此后,赵尚志认真总结经验,并在斗争实践中,不再感

---

[1]《中共满洲省委给中共珠河县委及游击队的信》(1933年12月31日),载《文件汇集》甲20,第2页。
[2]《中共满洲省委给中共珠河县委、队内支部及赵尚志同志的信》(1934年2月15日),载《文件汇集》甲20,第11、12页。

情用事,而是站在党的新的政策路线立场上努力贯彻党的反日统一战线政策,主动团结、联合反日义勇军、山林队共同地与共同敌人——日本帝国主义及其走狗展开斗争。

1934年春节前后,日伪当局大肆收缴民间枪支,收降"胡子"、大排及义勇军,妄图扑灭反日烈焰。在这种形势下,为了推动珠河、五常一带的义勇军、山林队继续坚持抗日,赵尚志积极进行团结争取他们的工作。对于团结、争取义勇军、山林队的工作,其下层士兵一般都很拥护、赞成。但其首领则都多揣心腹之事,害怕游击队抽他们的底,挖他们的墙脚。鉴此,赵尚志便大讲共同抗日的道理,宣传只有联合抗日,一致对敌才能站住脚,只有依靠老百姓才能打败日本,抗日就是朋友,自己人不坑害自己人,并与之建立起广泛的联系。特别是,在游击队打了胜仗,缴获一些武器时,便拨给积极抗日的义勇军、山林队一部分。此举对于实行"枪支私有,按枪劈财"的义勇军、山林队来说,是不可思议的,这使他们非常高兴。同时,也由于游击队人数已又有发展(达八十余人),武器的数量、质量都有增加和提高,与群众关系密切,在军事上已有较强的威力,所以,他们也就更加靠近游击队。结果,使活动于珠河、五常一带的"长江好""三四海""好友""北来""吕绍才""黑虎""爱国""金山""太平""勇仁"等义勇军、山林队及一些反日大排队头目都前来找赵尚志,表示愿意与反日游击队接近,建立关系或要求改编,接受游击队的领导。

在反日斗争中,联合一切反日力量,开展反日游击运动,党独立领导的赤色游击队应与义勇军、山林队订立反日作战协定,建立反日联合军指挥部,这是中共满洲省委贯彻反日统一战线方针的重要决策。当时,中共满洲省委在给珠河中心县委与游击队的指示信中,就游击队与义勇军建立反日统一战线问题明确指出:"在巩固和扩大现在游击队的基础上,把现有游击队造成珠河一带反日游击战争和群众斗争的领导者和组织者。游击队应当号召一切义勇军、红枪会,与群众关系较好的大排等共同抗日,扩大抗日统一战线,应当与较好的某几部义勇军(首先是容易等)在下列条件下结成反日作战协定:(甲)不投降、不卖国,反日到底,收复失地;(乙)没收日本强盗及一切卖国贼的财产和武装(单单是地主豪绅,不是卖国贼,在革命现阶段上,不应没收,但是可以抽反日特捐)。(丙)帮助民众斗争,保护民众一切反日团体;(丁)武装民众与民众共同反日;(戊)战利品除补偿共同作战时枪支损失外,按一定比例分配,这些条件必须拿到义勇军士兵群众中开展讨论,同时在领导上则各派代表共同组织指挥部。"[1]2月25日,珠河中心县委召开会议,决定召集义勇军代表会,建立联合指挥部。

遵照上述省委、县委指示精神,1934年3月初,赵尚志率领珠河游击队与"青林"义勇军一同在铁道北侯林乡召集"北来""七省""好友"等义勇军、山林队各部首领,举行了联合军会议。会上,赵尚志把中共满洲省委的指示精神与当地实际情况相结合,和各部义勇军在不投降,不卖国,反日到底;没收日本帝国主义及其走狗的一切财产和土地充作战经费;保护群众利益,武装群众,共同反日等三项条件下达成联合抗日的协议。同时,一致通过决定成立东北反日联合军司令部。年仅二十六岁的赵尚志被推举为总司令。会议还决定反日联合军共同到

---

[1] 《中共满洲省委给珠河中心县委与游击队指示信》(1933年12月31日),载《文件汇集》甲20,第4页。

五常等地活动。①

　　反日联合军会议使哈东地区建立起统一战线的上层机关。当时尽管反日游击队与一些义勇军、山林队之间的隔阂尚未彻底打破，联合还仅仅是初步的，但是，它表明游击队与义勇军、山林队之间的关系，无论是在形式上，还是在实质上，确实比以前是大大地改善了。反日联合军的组成以及司令部的成立，这是赵尚志为建立以党领导的珠河东北反日游击队为核心的反日统一战线，掌握反日斗争的无产阶级领导权所采取的实际步骤。它说明哈东地区反日游击战争进入了以珠河反日游击队为骨干为核心，团结一切反日武装力量，共同进行抗日斗争的新时期。

　　1934年3月上旬，节令已交"惊蛰"，北国大地虽然寒意尚浓，但春天的气息已降临人间，和煦的春风开始吹拂田野山川。珠河东北反日游击队迎来了成立后的第一个春天。

　　根据反日联合军会议协定，赵尚志率珠河反日游击队返回铁道南，向五常方向前进。3月7日晚，在五常县小山子一带巡扰的日军守备队、伪警察和十八层甸子大排队共一百五十人闻讯后，欲前来进攻游击队。赵尚志当即决定组织反击。他率领部队抢在敌人行动之前，乘夜袭击了敌人驻地十三堡，毙敌三人。次日，又向敌人进攻，经过激烈战斗，予追击之敌以痛击。使敌军遗弃十二具尸首，带领十余名伤员回逃。此战游击队牺牲一人，伤一人。

　　接着，赵尚志率队又奔赴珠河铁道北地区。

　　同年4月1日，中共满洲省委作出《关于红五月工作决议》。决议要求人民革命军和赤色游击队要站在主要的地位去号召、组织并领导更多的反日义勇军，共同作战，扩大反日统一战线，扩大游击区域，胜利地粉碎敌人第二期"讨伐"。为贯彻省委决议，赵尚志自4月初起就率领珠河游反日击队积极开展游击活动，并加强团结、联合反日义勇军、山林队工作，以共同对敌，取得优异战果，迎接、纪念红色的五月。

　　4月的一天，赵尚志率领身着伪满军队服装，化装成伪军的游击队员，一连缴了老虎窝、新开道、古扎子三处伪警察署分驻所，共缴获四十余支步枪。4月下旬，又攻占地势险要、四周均为大山大森林的秋皮囤，秋皮囤大排素来有名，事变以来未被人攻入过。经游击队在秋皮囤后山与大排一战，毙伤其数名，占领该地，收缴了反动大排武装，民团炮头黄英（即黄炮）哗变参加抗日。在这里，赵尚志以反日联合军总司令名义召集了义勇军首领代表会议。会议决定游击队与"北来""白龙""吕绍才"等义勇军、山林队联合作战，共同进攻黑龙宫。

　　黑龙宫原属延寿，是日伪当局设在道北地区的一个据点。为要拓宽反日游击区域，突破道南地区狭小圈子向道北发展，进而开辟铁道北的广大区域，必须铲除驻守在黑龙宫的伪警察和反动大排武装。4月末，珠河反日游击队与"北来""白龙""吕绍才"等反日联合军部队共四百余人，共同进攻黑龙宫。战斗中，赵尚志率游击队从青沟子后山向攻击目标猛冲。义勇军"北来"等从侧面进攻。珠河反日游击队的李根植、朴德山等四名战士冒着敌人的枪林弹雨率先冲入敌阵。六十余名伪警察、大排队员在反日联合军猛烈进攻下狼狈逃窜。接着大队杀进镇内，顺利地占领了黑龙宫伪警察署和全街。黑龙宫被攻占的消息传出之后，次日，延寿伪警

---

① 《中共满洲省委巡视员文给党团省委报告之三》（1934年3月9日），载《文件汇集》甲18，第304页。

察大队长常万祥(外号"常罗锅")率二百五十名伪警察向黑龙宫出援。反日联合军与延寿伪警察大队在黑龙宫北沟激战三小时,伪警察大队遗弃十余具尸体仓皇溃逃。黑龙宫大排队长赵维甲见大势已去,反日联合军如此英勇善战,遂率余部投降。战斗中,反日游击队没收了帮助延寿伪警察大队反对联合军的一家商店老板的大批棉布及其他物资。

黑龙宫战斗影响很大,此地被反日联合军攻破,各地义勇军又活跃起来,战斗结束后,赵尚志率珠河反日游击队返回道南,用没收来的布匹,做了许多军服。当时游击队队员服装甚为整齐,并引起各义勇军的羡慕,队员亦觉非常兴奋。"五一"节时,珠河东北反日游击队在道南根据地召开了军民联欢大会。各义勇军也前来助兴,有全队参加的,也有派代表参加的。庆祝黑龙宫等战斗取得的胜利。①

之后,赵尚志率珠河反日游击队又向道北地区移动。首先攻入北围。北围分前后两围,离铁路仅五六里,围内有五六十户,自卫团有大枪洋炮。游击队开至北围,未战即被开门迎入。随即游击队在北围召集了群众大会,讨论了组织农民自卫队、反日会问题,进行了抗日救国宣传。接着又占领了五区小街(太平)。五区小街伪警察所长高明勋十分反动。这个伪警察所曾几次被义勇军攻破。但事后,高又几次从日伪当局领得枪械,重建伪警察所。为彻底拔掉敌人这处反动据点,赵尚志率游击队,先将高明勋逮捕,而后让高带领进入小街,将二十余名伪警察缴械并烧毁了伪警察所。反日游击队进小街后,对商店一概未动,将被没收的伪警察的衣服分给了群众。游击队秋毫无犯,纪律严明,受到群众赞誉。

上述一系列战斗的胜利,为开辟道北游击区、根据地扫除了障碍,呼应着震惊中外的土龙山民变,并使哈东地区反日浪潮进一步汹涌起来。珠河东北反日游击队声威远震,队伍很快发展到一百三十人。珠河、延寿、五常等县的一些伪警察和大排队更加动摇。许多义勇军、山林队进一步靠近珠河反日游击队,要求投入到反日联合军中来。有的大排队与游击队通信,说要共同抗日。珠河街上的富商来信表示欢迎反日联合军进街。

在此形势下,珠河反日游击队进一步加强了与各义勇军、山林队的联系。对他们举旗抗日的行动表示欢迎,予以鼓励,欢迎他们参加到反日联合军队伍中来,与珠河东北反日游击队一起在"三项条件"下,共同与日本侵略者作战。

为了建立反日统一战线,赵尚志不仅要做团结义勇军、山林队进行联合反日的工作,而且还要做队内的思想工作。对于联合义勇军、山林队共同抗日,一些游击队员不理解。因为这些义勇军、山林队虽然有反日要求,但毕竟多是土匪根底,在游击区还不时抢夺,如"北来""振东"队就是如此。当反日游击队与"北来"队攻占黑龙宫后,"北来"则乘机在黑龙宫大抢大夺,"赶边猪"(即不分穷富,见一绑一,大群"绑票"),使黑龙宫民众深受其害。游击队攻打北围后,"振东"队亦来趁火打劫,"绑票"五十余人。这些情况的出现,极大地影响了游击队的声誉。一些群众对游击队哭述:"你们是好的,你们是反日队伍,但你们是胡匪头子,你们后面领着许多义勇军胡抢乱夺。"甚至有的还说:"反日军不绑票是假的,领着义勇军,义勇军抢了,好分给他们。"许多游击队员提出,我们为什么非要与那些胡子队搞联合,他们能抗日吗?他

---

① 《中共珠河县委报告》(1934年8月26日),载《文件汇集》甲38,第68页。

们为非作歹连累我们,影响游击队的名誉,不如我们自己单干。

对此,赵尚志及由省委派来参加队内领导工作的省委巡视员张寿篯(1934年4月,任珠河东北反日游击队副队长)耐心做游击队队员思想工作。赵尚志以自己在对反日统一战线认识过程中的切身感受向游击队员讲建立反日统一战线的重要性。说明这些义勇军虽然有抢夺群众的劣迹,但与专门以残害乡民为活动目的、毫无反日性质的惯匪不同。这些义勇军下属有很多是真正的工人、农民,他们有浓厚的反日情绪。要进行全民族反日战争,就应该在共同对日作战这一大前提下,团结他们、联合他们。他说:"一个人的力量是有限的,任凭你是三头六臂,也有挺不住的那一天。同样,一支部队的力量也是有限的,但如果把东一股、西一股的部队都联合起来,大家拧成一股绳,那力量可就大了,小日本可就不敢小瞧咱们了。"他又说,"我们要用游击队的模范行动影响义勇军,帮助他们不断克服旧习气,督促他们执行'三项条件',改善与群众的关系,使之成为受群众欢迎的抗日力量。"张寿篯也打着生动的比方说:"如有一家兄弟不和睦,整天吵架,突然恶狼入室,该咋办?是应该继续打仗呢?还是应该共同对付恶狼呢?"经过耐心的思想工作,使党的反日统一战线政策逐步深入人心。游击队队员明白了与义勇军联合起来的道理,增强了团结他们、与之一道共同抗御外侮的自觉性。

的确,在联合义勇军、山林队共同开展反日作战时,一些义勇军、山林队往往匪性不改。出于自身利益,置联合反日的"三项条件"于不顾,对群众乱抢乱夺。为了制止他们的这种行为,改造其扰害群众的匪性,使其成为真正的反日队伍,赵尚志一方面向他们进行保护群众的宣传,一方面决定对毫无反日诚意,为害严重的义勇军、山林队予以严厉惩处,杀一儆百。

在铁道北有一支报称"四海"的义勇军,是一支很坏的队伍。这支队伍处处与珠河反日游击队为敌。不仅如此,且经常假冒游击队名义大肆"绑票",而许多又是"花票"(即绑妇女),严重地败坏了游击队和反日联合军的声誉。对此,赵尚志毫不犹豫地说:"反日者一律欢迎,不反日坑害百姓者天理人情难容,决不能姑息。"随即,便以联合军司令部名义将"四海"队缴械、解散。在各义勇军首领讨论和保求之下,"四海"未遭枪毙,罚打一百军棍。其队内罪恶较大的一个帮凶被处死。从这以后,道北义勇军、山林队乱抢乱夺,大绑百姓之风有所收敛。

这期间,赵尚志领导的珠河反日游击队进一步严格自身纪律,开始执行《反日游击队纪律暂行条例草案》,为各反日义勇军作出遵纪爱民的榜样。《反日游击队纪律暂行条例草案》规定:

(一)犯下列条件之一者,枪决之:

(1)违抗军令者;

(2)勾结敌人,泄露军事秘密者;

(3)以破坏部队为目的而进行反革命活动者;

(4)鼓动叛变或拖枪逃跑者;

(5)任意烧杀民众者;

(二)犯下列条件之一者,开除或罚加岗:

(1)屡犯错误,屡经教育而仍犯比较严重错误者,开除之;

(2)企图附和叛变或企图附和拖枪逃跑者,开除之;

(3)抢夺民众财物,经教育不改者,开除之;

(4)失落枪支零件、子弹,经教育而重犯者,依其情节轻重或开除,或处罚;

(5)初次遗失枪支零件或子弹者,依其情节轻重或记过,或罚站岗数小时;

(6)行军喧哗或夜间行军吸烟卷者,依其情节轻重或记过,或罚站岗;

(7)战斗员互相打架、动武、口角,依其情节轻重,或开除,或处罚站岗,或记过;

(三)有下列条件之一者,应得奖赏:

(1)完成他人所不能完成之重大任务者;

(2)工作成绩特别优良者;

(3)工作特别积极勇敢者;

奖赏分升级、物奖及记功三种。①

由于赵尚志率领珠河反日游击队连续取得战斗胜利,加之游击队纪律严明,对损害群众利益的匪队毫不客气,凡在游击区内为非作歹者,就缴械,赵尚志得到了更多的民众和义勇军的敬仰,珠河反日游击队也声威大震。在中共珠河中心县委给满洲省委的报告中这样讲道:"自我队攻入秋皮囤、黑龙宫并破五区小街后,给各义勇军反日群众一很大的兴奋,代义勇军杀开一条血路,新起大小义勇军约四五十帮。'九江'、'容易'等,本来不敢西来,现在也西来了。'三省'、'五省'等热烈希望我们去领导。所以我队在那一带影响甚大,号召力也甚大。老赵(按,指赵尚志)的名誉最高亦是如此。老赵本是大队长名义,而群众、义勇军等逐渐把他名义变成赵总指挥、司令、旅长。"又说,"由于我们队伍的影响,义勇军在游击区内比较好,大的义勇军很少绑票,对群众的态度改善了,不翻箱倒柜了,吃鸡子、猪也给钱了,并且许多义勇军士兵欢迎我们去讲话,向我们要歌本、宣传品等。"对于联合军总司令部,该报告说:"联合军指挥部,实际上是如是:遇要紧时事,由老赵(按,赵尚志)出席召集义勇军代表会议,平时以老赵总司令名义调动。由于老赵的名誉甚高(盖以我队在名义上,已是哈东主要领导者矣!)常调动许多义勇军。"②即使未参加联合军指挥部的义勇军用赵尚志的名义同样可以调动。

在珠河反日游击队、反日联合军攻占黑龙宫胜利斗争的影响和反日联合军司令部的号召下,义勇军"化民""白龙""双城""容易"等部都积极投奔游击队,欲与珠河东北反日游击队订立共同作战协定。因大势所趋,秋皮囤民团炮头黄英(即"黄炮")、从延寿伪警察大队哗变出来的朱万金以及曾受日本侵略者委托保护大青川一带稻田地(该处所产稻米为日军军用粮)的于海云(即"九江")看到反日联合军势力越来越大,深恐日后陷于孤立,也不得不向游击队靠拢,表示要参加反日联合军。

1934年4月8日,中共满洲省委就反日游击队工作给珠河中心县委及游击队发来指示信。信中指出:"由于反日游击队的诞生和扩大,大大兴奋了九站、十站一带反日游击战争的

---

① 《反日游击队纪律暂行条例草案》(1934年),载《文件汇集》甲44,第273、274页。

② 《中共珠河中心县委报告》(1934年8月26日),载《文件汇集》甲38,第106页。

蓬勃发展。反日游击队在目前虽然只尽了兴奋和推动附近一带反日游击队运动的作用,还没有成为反日游击战争的组织者和领导者。"信中要求正确了解改正工作中的错误,诸如,对敌人"讨伐"估计不是,轻视敌人,在战术中上硬打、攻坚,政治工作薄弱。战斗员生活过于恶劣,经常开除队员,骂队员,缴队员的枪等现象,要以十百倍精神战斗和在党的正确路线领导之下,使游击队成为九站、十站一带反日游击战争的组织者和领导者。信中强调指出:"与其他反日义勇军联合作战只是初步开始。必须注意首先去同对于我们关系较好的几个主要部队联合作战,然后扩大到其他部队里去,同时,要注意到估计他们的作战力量,必须以我们在他们部队中的下层基础如何为测量他们战斗能力及实现共同军事计划的程度的主要标准之一。"①

　　遵照省委指示,赵尚志注意改正自己工作中的错误,不断巩固、发展游击队,并把与反日义勇军联合作战,扩大反日统一战线作为主要工作来抓。

　　就在赵尚志率领反日游击队占领道北五区小街时,"黄炮""容易""白龙""北来""双城"等义勇军也都赶来,与珠河东北反日游击队会合。

　　1934年5月初,在赵尚志的主持下,于五区小街召开了由"北来""容易""白龙""双城"及"黄炮""朱万金"等各义勇军首领参加的联合军会议。在这次会议上,赵尚志表示欢迎"容易""黄炮""朱万金"参加反日联合军司令部,携起手来,共同抗日,并进一步向义勇军首领们宣传只有进行联合、相互支援、协同作战,才能取得胜利的道理。他结合东北义勇军斗争的实际,指出1932年全东北掀起的大规模义勇军反日斗争后来遭到失败,就是因为各义勇军东一股,西一股,张三不管李四,李四不管张三,你挨打,我看热闹。结果,一个个都让日本人收拾掉了。赵尚志说:"要反日单蹦地干是不行的,要想干就得大家合起心来,一齐干才行。只要大家一条心,一个目的,一致动作,虽然没有好枪炮,也一样能打胜仗。否则,用不了三天两早晨,连半拉义勇军也不会存在。"经过宣传,与会的义勇军首领都愿意消除过去相互间存在的隔阂,特别是赵尚志与曾有宿怨的"容易"一释前嫌,握手言和。大家都同意在"三项条件"下,为了一个抗日大目标,实现联合,共同打击日本侵略者。

　　随后,在热烈的气氛中召开了五区小街群众反日大会,欢迎"黄炮"及新从延寿伪警察大队哗变出来的朱万金所率队伍参加反日联合军。会上宣布枪毙前不久逮捕的五区小街伪警察所所长高明勋。同时,在当地组织起反日会和农民自卫队。

　　1934年3月8日,依兰县土龙山爆发了轰轰烈烈的农民反日大暴动。暴动农民成立了民众救国军。为与土龙山农民反日暴动相呼应,也为缴取枪支,打击日伪军,纪念红五月,在五区小街,于军民团结、斗志旺盛的气氛中,赵尚志与各义勇军首领议定,联合进攻哈东重镇、宾县县城——宾州镇。

---

　　①《中共满洲省委关于反日游击队工作给珠河游击队全体同志信》(1934年4月8日),载《文件汇集》甲18,第78~81页。

四、木炮打宾州

攻打宾县县城宾州镇和随后不久进行的三岔河之战是赵尚志指挥反日联合军进行的两次规模较大的战斗。

在五区小街召开反日联合军会议结束后,珠河东北反日游击队队长、反日联合军总司令赵尚志率领反日游击队(一百三十名)和"黄炮""铁军""朱万金"等义勇军共一千五百余人,拉起长达十余里的队伍,浩浩荡荡杀向宾县县城——宾州镇。

宾州是哈东重镇,距哈尔滨仅六十公里。这里是日伪当局在哈东地区设置的重要据点之一。赵尚志在孙朝阳部队时曾率队打进过一次。之后,敌人加固了城防设施。该城周围设有炮楼、暗堡等工事。在各炮台之外,皆设卡为营,城壕上边,设有电网,城防设施十分坚固。

1934年5月初,因一部分义勇军至宾县新开道活动,敌人已做防守准备。5月7日,义勇军部队进至对店屯,宾县伪警务局长沈涌濂遂将在外巡剿的警团大队全部调回,增加了城防力量。由于敌情变化,司令部经讨论决定放弃攻城,转而进攻九千五、高丽帽子等地。

5月9日上午10时许,赵尚志率珠河反日游击队先行来到距县城不远的杨家烧锅驻地。这时,有消息说,宾县伪警备队前来进攻反日军。赵尚志听罢,便率游击队四十人在城南驼腰岭与伪警备队展开了战斗。反日联合军进攻之前,赵尚志打电话给宾县伪县长李春魁,令其向反日联合军投降,迎接反日部队进城,但争取无效。于是决定武力解决。宾县伪县长对反日联合军将要来攻,惊恐异常,即派木谷吉弥参事官亲赴哈尔滨向日伪当局求援,同时饬令警务局长沈涌濂严加布防。

开始时,敌人占据附近一高地,珠河反日游击队位于北小岗之下,地势非常不利。为扭转局势,赵尚志派数名队员引诱敌人离开高地,而他率三十余人向北小岗上迂回。敌人果然中计,为追击几名游击队员而离开高地。赵尚志便率队顺利占据北小岗。于是,形势发生有利于我的变化。赵尚志指挥游击队员向敌人猛烈射击,毙敌十余名。而后敌人亡命逃归,赵尚志与骑兵队长李根植率队即追击至宾县城下,仅迟三十余步,不然即冲入城内。

下午2时,反日联合军各队人马均已来到宾州城外。部队在赵尚志的统一指挥下将宾县县城包围。根据赵尚志确定的攻城计划,反日联合军分东、南、西三路进军,主力放在攻打南门上,由赵尚志亲自指挥。北门留作敌人逃跑之路,并派一队在北门外埋伏予以截击。

掌灯时分,各部武装开始分头行动,猛烈攻城。战斗中,珠河反日游击队和义勇军不断发起政治攻势,以瓦解敌军。战士们大声向敌人喊话,规劝他们不要当亡国奴,要调转枪口打日军,劝说守城敌军放下武器,向反日联合军投降。但敌军不理,反而拼命向城外射击。由于反日联合军人多势众,进攻猛烈,城内守敌异常惊恐,在一小时之内竟往哈尔滨打七次电话,请求日伪当局迅速增援。

反日联合军攻城部队为打开突破口,用一门木制大炮轰城。据传这门大炮是用湿柳木包着一粗铁管制成。炮身长约六七尺,炮口内径约半尺多,外面用五道铁箍紧紧箍住,并用粗铁线一道道缠好。炮身架在一辆炮车上。这尊木炮能装十多斤火药，三四十斤碎铧铁及大秤砣等物。"将是军中魂，炮是军中胆"，这尊木炮在攻城战斗中发挥了巨大威力。随着赵尚志一声令下，木炮"轰"的一声，发出震天之响，南城门旁的炮楼被打中，坯瓦七零八落，又接连一声，城墙被轰破一角。这时，游击队少年连十余名战士冒着危险，在硝烟中顺着木炮轰开的缺口冲入城内。此时，我军的冲杀声，敌我双方子弹的呼啸声交织在一起。据一位游击队少年连的战士回忆，勇敢的少年连战士冲进城内后，闯进靠南门附近的一伪警察所，只见十几名伪警察或跪或卧，抱着头，浑身发抖。战士们让他们赶快站起来，他们指着桌子上一个带火药味的东西，胆怯地说："快要爆炸了。"战士们一看，原来是攻城时，木炮打进来的铁秤砣。十余名少年连战士冲进城内约一里地左右，后因大部队未能攻入城内，旋而退出。

次日上午9时左右，正当反日联合军与敌人激战时，由哈尔滨调来的数百名日伪军增援部队沿满家店方向急速向宾州镇扑来。同时又有几架飞机前来轰炸扫射，义勇军部队见此，便纷纷逃离，鉴于敌人援兵已到，很多义勇军已退走，为避免游击队遭受严重损失，赵尚志命令停止进攻。尔后有秩序地撤离阵地。

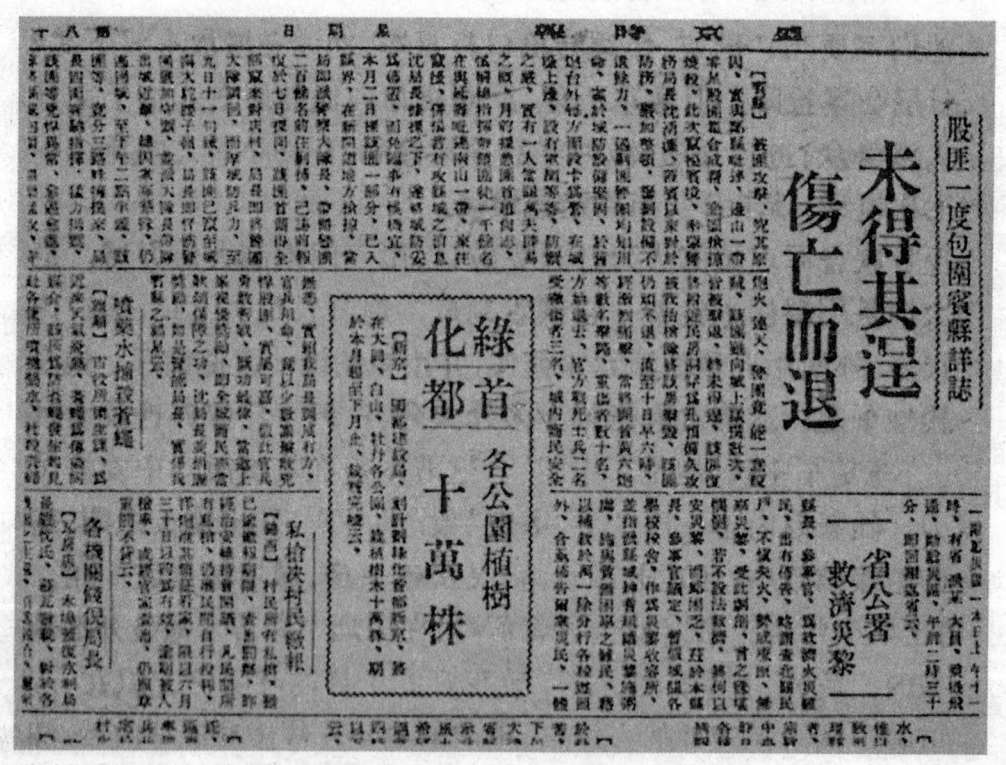

《盛京时报》关于赵尚志率部攻打宾县县城的报道

据宾县地下党工作人员季铁中同志回忆，反日军进攻宾州的第二天他出城找司令部汇报城内情况。他从衣服里掏出特支绘制的宾县城防图说："要打县城，早跟我们联系，城里敌人不多，武装精良的100余人，其余的都是民团、商团的，不抗打。"赵尚志司令和李兆麟（张寿篯）看了图、听了他们的汇报，恨得一拍大腿说，"早知如此，我们昨天就打下来了。"季铁中说："今天打呗。"赵司令摇了摇头说："刚接到情报，敌人的援兵马上就到了。"接着，他向季铁中讲了这次战斗的经过。赵尚志说："原先我们并没想打宾县县城，要打一定和你们先联系，然后摸清敌情再打。可是，我们派骑兵队长李根植带领14名骑兵大队巡逻结果和藏在驼腰子的宾县警备大队的30余人遭遇了。李队长骑在马上，跑起来烟尘弥漫，又加上有机枪，只打了一梭子，敌人就逃了。李队长来了兴致就追了上去。我们怕有闪失，就带着队伍随后跟了上来，一撵就到了城边上。索性就围上了。因为不知情况，没有内应，没敢冒进。城里的敌人连夜烧毁民房来阻止我们。今天联系上了已经晚了，我们要撤了。你们回去，我们再围一天，一点点撤，免得敌人偷袭。赵尚志的抗日联合军在敌人增援部队赶来前趁敌人没摸透我们之际，命令部队不慌不忙地转移。由于指挥得当，部队撤得很隐蔽，等敌人发现时，部队已离开宾县4天了，这时敌人才出城追击。"①

对此战由日本人经营的《盛京时报》曾报道说："匪首赵尚志带领一千余众于9日下午2时半分三路蜂拥扑来。该匪团凶悍异常，愈逼愈近，遂将县城包围，开始猛攻，守城警团亦努力还击，杀声震地，炮火连天。"②

攻打宾州的战斗是赵尚志指挥的一次较大规模的战斗。由于战斗前与宾县地下党缺乏联系，对宾县城内没有进行侦察工作，预先没有在敌军中建立内应工作基础以配合抗日军行动，加之赵尚志事先给伪县长打了电话令其投降，使敌人对我之攻击有了一定准备，又由于大批敌军出援并有飞机来袭，加之反日联合军缺乏联合作战经验，未能完全实现作战目的。战斗中，只是游击队少数队员攻进城内至大桥南，而大部队未能攻入城内占据县城。抗日军经激烈战斗后，安然撤退。尽管如此，作战中，赵尚志沉着果断进行指挥，反日联合军英勇顽强战斗，给敌人以很大震动。

《北满游击运动史略》中记载说："虽然在这次行动中未得到军事胜利，但对反日贼统治方面是更加威胁和动摇，当时日贼对我军不得不加以注意。"③此次战斗得到民众的支持和极大拥护。中共珠河中心县委在给满洲省委的一份报告中谈到这次战斗时说："战斗进行中，宾县县城恐慌万分，一点钟以内打电话七次给哈尔滨。我军一面唱歌，一面呼口号，精神百倍。甚至城中的敌人也呼好，并命令士兵不要打。作战的一天一晚，许多农民给我们送饭，并送来走狗名单……"这说明游击队和义勇军的联合作战深受群众拥护，而令日伪胆寒。这次战斗敌人死伤七八十名。珠河反日游击队牺牲两名，受伤四名，被俘一名。④攻打宾县县城战斗使宾县伪军、大排队普遍发生动摇。各反日义勇军更加靠近游击队。许多义勇军都学习游击队的样子戴上了红袖标。

攻打宾州战斗后，珠河反日游击队与义勇军仍在宾县四周分散活动。赵尚志率游击队活

---

① 《风雨足音·季铁中回忆录》第30页。
② 《盛京时报》(1934年5月20日)。
③ 《北满游击运动史略》(1941年)，载《文件汇集》甲62，第336页。
④ 《中共珠河中心县委报告》(1934年8月26日)，载《文件汇集》甲38，第71~72页。

动于宾县五、七区、靰鞡草沟及延寿黑龙宫(今属尚志)一带。"黄炮""铁军"等部紧随游击队不愿离开,亦活动在这里。5月11日,日伪援军陆续撤离宾县。赵尚志意欲伺机再攻宾县县城。5月15日晨,赵尚志率队向宾县县城节节逼近,占据宾县县城宾州镇西二十公里之满家店,隔断宾哈交通、通讯联络。一时,宾县县城再次告急。对此日伪报纸称"前曾一度被匪袭击之宾县,迄至最近虽经大军开到……匪已由四周撤退,然距城不远,仍在紧紧包围中,故实际仍未脱离危险时期。"①当时,伪宾县县长李春魁又派木谷参事官去哈尔滨向日军游动队及其他军事机关求援。对此,《泰东日报》报道:"5月9日赵尚志、朱万金率千余人围攻宾县,李县长向日求援,木谷参事官来哈向参事机关求援。"②因日伪当局再次派出大批军队开赴宾县,以解宾州之急,赵尚志遂率队到宾县西部活动,曾进逼距哈尔滨市四十公里之蜚克图和市郊黄山嘴子一带。

攻打宾州之战,极大地震慑了宾(县)、五(常)、双(城)、阿(城)一带的敌人。经过此战,进一步扩大了党领导的游击队的影响。"木炮打宾州,声威震敌胆",这场哈东反日游击战争中游击队、义勇军的联合战斗,长期以来一直被传为美谈。

五、三岔河突围

1934年初夏,天朗气清。蔚蓝色的天空,飘浮着几缕白云,明亮的太阳光普照大地;杨柳展叶,香花吐蕊,漫山遍野散发着迷人的气息。

此时,赵尚志率领着珠河东北反日游击队、反日联合军正在宾县、延寿毗邻地带开展反日斗争。部队每到一新地方就向民众,包括地主豪绅大户宣传抗日救国的道理。为了团结一切可以团结的力量,共同进行反日斗争,赵尚志提出了"家有百万之富,只要不是日伪走狗,不反对反日军,我们决不限制"③的口号。并号召他们有钱出钱,有枪出枪,支持游击队、反日联合军打击日本侵略者。广泛的抗日宣传取得了应有的效果。珠河反日游击队和反日联合军得到了更多民众的拥护和支持。许多豪绅地主都大开院门欢迎游击队、反日联合军。他们采取多种方式向部队提供援助,有的捐物捐钱款,有的主动献枪献子弹或给游击队、反日联合军通报敌情。

5月19日,中共满洲省委发出给珠河中心县委指示信,要求县委派党团员、群众或义勇军与土龙山暴动组成的反日队伍建立联系,来造成与珠河游击队行动的配合。④同年6月1日这一天,赵尚志率领反日联合军即珠河游击队、"铁军"、"北来"、"黄炮"、"九江"、"白龙"等部,来到宾县三岔河(今三宝乡)一带活动,以与土龙山暴动农民组成的民众军斗争相呼应,扩展新的抗日根据地——"红地盘"的区域。

---

① 《盛京时报》(1934年5月26日)。
② 《泰东日报》(1934年5月20日)。
③ 刘海涛:《关于满洲情形报告》(1936年),载《文件汇集》甲47,第155页。
④ 《中共满洲省委给中共珠河县委信》(1934年5月19日),载《文件汇集》甲18,第146页。

三岔河位于宾县县城宾州镇东部二十公里。这里有数家大地主,各家都有整齐的高墙院套,设有炮台,配备不少枪械。反日联合军开进三岔河后,即分别驻在三门高家、三门柴家、三门王家屯等地。为动员地主大户支持抗日,5月31日,我游击队曾写信给三岔河乡绅,要他们欢迎抗日军。但回信却说让五天以后再去。五天以后,敌军就要来到三岔河。为此,赵尚志率队于第二天(6月1日)即开进三岔河。6月2日,联合军司令部在三门柴家召集群众会议,赵尚志号召大户人家献枪、献子弹,有钱出钱,有物出物,打击日本侵略者。经过动员,多数地主大户都开明大义,响应号召捐献枪支子弹。三岔河大排队队长李靖远还表示要率队参加反日联合军。但拥有许多枪支的田家油坊对联合军的号召却拒之不理。

在会上,赵尚志问三门王家屯户主王梦复:"田家油坊有多少枪?"

王说:"没多少。"

赵尚志说:"没多少?我们从他们那过来时,看见枪杆支得跟高粱秸似的,最少也有五十支。"

赵尚志决定对联合军号召置之不理的田家油坊采取强硬措施,令其捐献枪支弹药,逼迫其出来参加抗日。直到第四天晚上,田家油坊才送来五支枪。

不料,有汉奸将反日联合军在三岔河的活动向敌人做了报告。自赵尚志率所部联合义勇军、山林队攻打宾县县城后,日伪当局即对珠河反日游击队十分注意,敌人得到报告后,迅速调集部队前来围剿。6月7日傍午,突然有来自宾县、珠河、哈尔滨的日伪军六百余人从东西两路来到三岔河,攻打反日联合军。一时,形势紧张异常。

战斗首先在八里岗展开。驻在附近的"九江""白龙"队与伪哈尔滨警备旅第四教导队交火。"九江""白龙"队边打边退,到元宝沟后钻进山里。驻在田家油坊附近的"黄炮"队见敌人来势凶猛亦抢先逃跑。此时,正在柴家大院开会的赵尚志、张寿篯等司令部人员听到西边枪响后,立即部署战斗。根据赵尚志布置,张寿篯率队伍到岭东三门高家一带阻击由元宝河方向来的敌人。赵尚志率骑兵队和一中队去田家油坊增援。赵尚志率队去田家油坊途中与敌相遇。经激战,予敌以一定打击后,率部至"铁军"驻地三门王家。结果,赵尚志及所率部队被包围在王家大院。

此时,敌人用大炮、机枪等重火力不断向王家大院方向猛轰猛射,住在与赵尚志相连院套东院的"铁军"队死一伤二,"铁军"亦受伤。"铁军"见势不好,拼死冲出,于是东院失守。驻在中院院内的赵尚志及所率骑兵队与一中队暴露于敌人火力下,处境十分危险。为摆脱危险境地,赵尚志命令要坚决夺回东院,占领东院炮台。游击队战士数次搭上木梯欲越过高墙夺回东院,但均因敌人火力过强未能成功。赵尚志见此,急中生智,带领数名战士将院墙底部掏空,钻入东院,与占据东院的四名敌人展开肉搏。在赵尚志正确、果断地指挥下,东院敌人终被消灭(打死三人,逃走一人),东院炮台被游击队占领夺回。随后,凶恶的敌人又数次疯狂进攻,但都遭到英勇抵抗。

战斗中,游击队的战士们异常英勇。骑兵队长李根植赵尚志指到哪里他就打到哪里。他独当一面,在战斗中不幸牺牲。另一名勇士,一人就击毙十八名敌人。激战中,他为了夺取敌人机枪,冲向敌阵,不幸胸部中弹,英勇牺牲。李根植和打死十八名敌人的勇士的牺牲燃起了战士们炽热的胸中怒火。大家都要与敌死拼,为这位游击队创始人之一的骑兵队长李根植报仇。被敌围困的游击队员在赵尚志率领下愈战愈勇,机枪射手扛着机枪从这边跑到那边,猛烈向敌人射击。敌人数次进攻皆被击退。激烈战斗相持数小时,下午时分,我军弹药已不多,敌人仍在继续进攻,司令部处境越来越危险。一些战士要求突围,赵尚志对战士含泪相劝:"白天说什么也不能往外冲,要坚守阵地。不然,一出大门就等于送死。要坚持到天黑就会有办法。"他向战士们多次说要坚持最后五分钟,在赵尚志的鼓励下,大家精神振奋,强忍饥渴,在炮火硝烟中,坚持战斗,固守阵地。

夜幕降临,已坚持大半天激烈战斗的骑兵队、一中队战士在赵尚志的指挥下,奋勇出击,突破敌围。恰在这时,张寿篯布置的援军开到,义勇军"九江"部也赶来支援。此时,敌人前后两面遭受夹击,死伤骤增,只得狼狈逃跑撤退。赵尚志与骑兵队、一中队终于脱离险境。

三岔河突围战是珠河东北反日游击队建立之后所进行的最为激烈的一次战斗。这次战斗是场硬仗、恶战。"战争之剧烈据说是从来未有的。炮,敌人发了一百八十多炮,仅院中就中五六发,但我队未受炮伤。"这次战斗,我军击毙敌人五六十名,击伤多名。①游击队牺牲的除骑兵队长李根植外,还有早期队员朴吾德,负伤者三人。

敌人退后,珠河反日游击队移驻三门高家。次日清晨,敌人又来攻袭。赵尚志率游击队及义勇军在三门高家西岗与之激战两小时后,因子弹缺乏旋退至靰鞡草沟。第三天,敌人又来进攻,与"九江"队开火。赵尚志率队前去助战,敌人闻风逃遁。

三岔河以及靰鞡草沟战斗历时三天两夜。珠河反日游击队、反日联合军在赵尚志的指挥下,顽强战斗,终于突破敌围,粉碎了敌人消灭抗日军的计划。但从总结经验教训的角度讲,这次抗日军在三岔河活动被敌人包围,也反映出赵尚志存有对敌人估计不足、轻视敌人的问题。本来攻打宾县县城战斗结束后,部队即应离开宾县区域,到别处开展活动,不应连续留连在此地,更不应在一个小范围内迟延数日,以致让敌人包围。对此赵尚志也接受这个教训。以后,每逢反"讨伐"战斗,赵尚志就常说:"一定要到敌人的包围圈外作战,无论如何不能叫敌人围住。"

三岔河战斗以较小的代价予敌以沉重打击,换取了突围的胜利。这次突围战和靰鞡草沟战斗是党领导的抗日军队在敌我双方力量相差悬殊情况下进行的一场激烈战斗。赵尚志以坚贞不屈的精神,指挥部队顽强战斗,转危为安,并给伪军教导队和日军以致命打击,粉碎了敌人所宣传的"东北已无抗日队伍"、"抗日军已被消灭"的谣言,增强了广大民众的抗日信心和决心。这一战斗的胜利扩大了游击队、反日联合军的声威,在哈东地区山林队中、义勇军中甚至于在伪军中都产生了很大的影响。许多山林队、义勇军说:"游击队才是真正的抗日队伍"、"日本鬼子来了才真敢打"。表示甘心接受游击队领导,愿意加入反日联合军。一些具有民族意识的伪军也愿与游击队建立联系,其士兵在我游击队"中国人不打中国人"的口号下,消极厌战。对于这一战斗的影响,中共珠河中心县委在给省委的一份报告中曾说:"宾县三岔河战争以后,'满洲国'士兵也叫好。虽然打死了许多士兵,还说我们是对的,我们才算中国人。士兵见了我们的传单,跪下来叩头。十站街上的'满洲国'士兵学会了我们的歌,偷卖子弹,愿意贱价卖给我们子弹。'满洲国'士兵希望参加我们的群众大会,甚至一面坡、珠河的敌人秘

---

① 《中共珠河中心县委报告》(1934年8月26日),载《文件汇集》甲38,第77页。

密派人(当然是投机的)来联络,并说可以代我们募捐。商团派人来要暗投明不投,乌河派人来欢迎我们,枪支、子弹捐款都为我们预备好,十站、九站、蜜蜂站商店代我们募捐等。"①由此可见三岔河一战影响颇大。

自三岔河战斗后,珠河反日游击队又有一定发展,人数达一百六七十人。赵尚志在义勇军中威望更加提高,珠河反日游击队已经成为哈东地区令人注目的抗日武装。同时日伪当局也更加注意赵尚志所领导的珠河反日游击队和他指挥的反日联合军。敌人开始称珠河反日游击队为"北满治安的一大祸患"。

① 《中共珠河中心县委报告》(1934年8月26日),载《文件汇集》甲38,第100页。

第五章 转战在哈东

一、组建哈东支队

1934年，日本帝国主义在东北进一步推行殖民主义政策。在经济上，一方面实行垄断、掠夺，使东北的经济成为日本帝国主义经济的附庸，致使中国民族工商业沦于破产；另一方面残酷剥削东北人民，以苛捐杂税、没收和征发、倾销拍卖，疯狂地吸吮着东北人民的血汗。在政治上，施以严酷统治，人们没有任何言论、出版、结社、集会、迁徙的自由。在思想文化上，大力推行奴化教育，大搞法西斯思想蛊惑宣传，不许人们说自己是"中国人"，必须说是"满洲国人"，妄图泯灭东北人民的民族意识、观念。在这种残酷统治、压迫之下，东北人民普遍处于失业破产、饥饿寒冷、流离失所、辗转悲啼、趋向死路的悲惨境地中。东北大好河山成了日本侵略者的"王道乐土"，东北人民的"铁围地狱"。

在哈东地区，日伪当局为加强对这一地区反日游击运动的防范与镇压，派驻大批日伪军。在珠河铁路沿线，从阿什河至十站驻有张统带一团兵力，内中有许多白俄兵。在一面坡、帽儿山等险要地方有日军驻防。蚂蜒河以东作为日军粮食重要供应基地的大片稻田皆有日军保护。在珠河、延寿有吉林警备第二旅第四、五团伪满军驻守。五常、宾县、双城等地又新组织一些专与反日游击队、义勇军相对立的反动大排队。[①]

但是，敌人的防范与镇压并不能阻挡哈东地区广大人民群众反日情绪及斗争的进一步高涨。赵尚志领导的珠河东北反日游击队在对敌斗争中已成为各反日武装队伍中最坚强和具有战斗力的队伍。在同反日义勇军数次联合作战中及在共同组织的反日联合军中，已充分显示出了它的领导和骨干作用。在珠河东北反日游击队英勇斗争的影响下，珠河、宾县、延寿一些大排队首领，如黑龙宫保卫团团长曹德生、三道河子大排队长朱福林、三岔河大排队长李靖远、宾县七区大排队长王甲三等先后哗变，表示愿意抗日，有的甚至要求编入游击队本部。但也有个别的义勇军头目如"九江"等以什么军长、旅长的招牌来欺骗广大反日战士，说什么"关里国民党南京政府援助他们"，用"反日也得要钱，连反日带发财更好"的种种欺骗语言与游击队争夺对其他反日义勇军的领导权。

同年3月，中共满洲省委派刚从南满磐石巡视归来的巡视员晓梦（韩光）以团省委特派员身份来珠河工作，任团县委书记。晓梦来到珠河后把杨靖宇部队中进行统一战线工作的经验传给了珠河县委和赵尚志。杨靖宇是1932年末被省委派去南满磐石、海龙等地巡视工作后，留任南满反日游击队政委的。杨靖宇认真贯彻党的全民族反日统一战线政策，团结一切可以团结的力量共同抗日，使南满抗日游击战争迅速发展。1933年9月，成立了东北人民革

[①]《中共珠河中心县委报告》（1934年8月26日），载《文件汇集》甲38，第110页。

命军第一军独立师。他通过建立东北抗日联军总指挥部的形式,将向人民革命军靠拢的义勇军、山林队编为指挥部统一领导下的各支队。一时参加联军总指挥部的达四千余人,极大地发展了抗日力量。同时,还各自划下了活动区域,以利与敌人作战。杨靖宇的工作经验给珠河中心县委领导人和赵尚志以很大启示。当时,县委领导人和赵尚志等感到为进一步扩大反日统一战线,巩固反日联合军,扩大抗日武装,把更多的反日义勇军置于党的领导之下,必须把积极靠拢游击队的反日义勇军、山林队、大排队予以改编,组成一支统一领导和指挥的反日部队。同时,赵尚志等领导同志也考虑到省委曾批评县委和游击队在贯彻统一战线政策中,存在的下层群众工作做得很不够的问题,为改变这种状况,必须把这些义勇军、山林队编到党直接领导之下的部队中来。因为过去进行下层工作中,各队都是独立的关系,与义勇军、山林队中的下层接触比较困难,而将其改编、吸收到党直接领导的部队中来,便可名正言顺地进行其下层群众工作,开展政治思想教育,排除上层中的坏分子,把下层群众争取过来。

为此,1934年6月28日,在省委巡视员张寿篯及团省委特派员晓梦的指导下,中共珠河中心县委召开了党团扩大会议。会议吸收赵尚志及另外两名地方同志参加,会上,讨论、通过了改编各义勇军、山林队联合反抗日本侵略的决议和具体办法。之后,赵尚志便与各义勇军首领分别谈话(哈东支队1934年9月给省委报告记载:"在改编时是小赵和他们首先谈话。"),做工作,讲改编的原则,如经济平等、领导集中,以及如何巩固扩大队伍等。

6月29日,是个天气格外晴朗的日子,灿烂和煦的阳光照耀着乌吉密南沟柳树河子。这里四周的山林枝繁叶茂,郁郁葱葱,呈现出一派生机盎然的景象。珠河东北反日游击队、"黄炮"、"铁军"等义勇军及宾县七区、三岔河、三道河子大排队等武装齐聚于此,在欢欣喜庆的气氛中,于这里召开了全体被改编的队伍指战员参加的大会。

会上,赵尚志做了讲话。他在讲话中再三强调联合反日的重要性,宣传党的反日统一战线政策,号召一切愿意反日的武装都应密切团结起来。会议通过了部队改编方案,宣布东北反日游击队哈东支队正式成立。哈东支队是在反日联合军基础上,以珠河东北反日游击队为核心,吸收反日义勇军、山林队组成的。哈东支队设立司令部,赵尚志任支队司令,张寿篯任政委(代理)兼政治部主任,梁佐术任参谋长。司令部设组织科、宣传科、青年科。支队实行"三三制",支队下辖三个总队。第一总队总队长由赵尚志兼任,总队副队长为王甲三,政治委员由张寿篯兼任。辖有第一、二两个大队,其中有珠河游击队两个中队,第一大队长王甲三,第二大队长朱福林。第二总队总队长为黄英(即"黄炮"),总队副队长梁佐术兼任,政治委员为马宏力。辖有第四、五、六三个大队,第四大队长王××,第五大队长铁军,第六大队长为珠河游击队一名队长。第三总队总队长为曹德生,总队副队长为李靖远,政治委员为晓梦(韩光)。辖有第七、八两个大队,第七队队长为"黄炮队"三队队长,第八大队长为三岔河大排二队队长。

根据改编的原则,珠河东北反日游击队在保持原独立的政治、组织系统的前提下,将游击队分别编入三个总队内。这样,在每个总队内都分配有党领导的基本队伍。有的为一个大队,有的为两个中队,以便在总队中发挥领导骨干作用。除三个总队外,还有炮队、骑兵队、教导队和少年先锋队(指导员季铁中,时名王铁中)直属司令部领导。司令部设有参谋部、经济部、政治部、执法处和秘书处等。整个支队共有四百五十人（人枪相等）。党直接领导的基本队共一百八十人（党团员三十人）。各大队内配有意志坚定、工作能力强的同志任指导员，大队内建有党支部、团小组及反日会、青年反日同盟。队内还建有士兵代表大会，决定队内重大问题。此外，还组织有识字班、音乐班、训练班、宣传委员会（每一中队设有一个分会），宣传委员会负责书写标语、印刷传单，进行抗日救国宣传。

哈东支队的成立是哈东地区反日武装斗争的新发展，它较之春季时与各义勇军共同成立的反日联合军又前进一步。因为它不是简单的作战协定的联合，也不是组织上的松散联合，而是通过改编的形式所建立起来的统一领导与指挥的一支反日武装部队。

哈东支队成立后，部队以总队为单位分别开展活动。赵尚志率第一总队及炮队、教导队、少年队、骑兵队开赴宾县三岔河一带，开辟新的游击区。第二总队分两部分活动：一部分由"黄炮"率领与赵尚志所率第一总队在宾县活动；另一部由马宏力率领赴道南游击区向双城、五常、舒兰一带伸展，联合那里的义勇军，扩大道南反日游击区。第二总队由曹德生、晓梦率领活动于道北地区，在延寿、方正一带打击敌人，开辟延、方游击区。

赵尚志率一总队在宾县活动时，先后在四区、三区开展对敌斗争，消灭了反动大排队，组织群众分粮，当部队离开三区时"民众扶老携幼欢送，齐说不愿反日游击队走，在路上有很多小股义勇军站队欢送"。部队来到七区香炉砬子，召开了群众大会，与宾县特支计划建立宾南游击区，并设留守游击队员二十名配合香炉砬子自卫队，开展二、三、七区工作。

同年7月上旬，赵尚志率队行至宾县满家店一带。当地敌军见赵尚志率队来此，便闻风而逃。尔后，伪吉林警备二旅司令李文炳亲自坐镇宾县，调动五六百名伪军前来围攻哈东支队。为了打退敌人的进攻，游击队战士在赵尚志指挥下，于敌人必经之地乾松顶子沟里，沿十里长山坡树丛中设下埋伏。当晚，当敌人全部进沟后，支队战士即以猛烈火力向敌群射击。顿时，敌人队伍秩序大乱，前面的敌人以为是后面来了游击队，后面的敌人以为是游击队在前面，于是，在夜色朦胧中，敌人相互之间打了起来。此战，五六百敌军均被击退，亡魂丧胆，迫击炮都丢掉了。战斗中，乾松顶子农民自动组织反日自卫队，主动上前线参加作战。此次战斗因反日部队力量较弱，而参加作战的第二总队"黄炮"则先行撤退，所以未能全歼敌军。虽然如此，这次战斗也给敌人一定打击。[1]8月4日，赵尚志集合活动在松花江南北的义勇军在宾县新甸地方，于松花江上游十公里处袭击了停泊在江中的日军江上警备队广宁号战舰。激战中，日军伤亡惨重。江防舰队司令部不得不又派出普民号战舰"前往应援"。[2]

在赵尚志指挥下，哈东支队第一总队及炮队、教导队、少年队、骑兵队在宾县境内积极活动，有时行至近邻哈尔滨市的满家店、蜚克图及市郊黄山嘴子等地袭击敌人，捕捉汉奸。在此期间，赵尚志派第一总队第一大队一百五十余名由尹庆树率领赴道南二道河子、八家子一带与"考凤林"等义勇军一起活动，曾于7月6日与"考凤林""爱民""压东洋"等义勇军共四百人，乘雨夜攻袭五常县城。根据分工，"考凤林"队一百余人攻打北门、"爱民"队与其

---

[1]《中共满洲省委巡视员霞珠河巡视第二号》(1934年9月28日)，载《文件汇集》甲20，第201页。
[2]《东北通讯》第二期第14号(1934年8月20日)；《盛京时报》(1934年8月7日)。

他队一百余人攻打西门,哈东支队第一支队与"压东洋"队一百余人攻打南门,并安排部分队伍为后援队。战斗中,勇敢的哈东支队游击队员率先从南门攻入城内,砍倒电线杆,割断电话线,逼近满铁社员寄宿的五常旅馆及日军佐藤司令官门前。但因各义勇军行动步调不一,"压东洋"等队未及入城,即先行逃跑,加之日伪军拼命顽抗,哈东支队和义勇军仅占据县城三小时,而后不得不退出。五常县城被攻袭,使远近敌人异常恐慌。该县拉林镇为防止反日义勇军袭击,由各日伪机关头目督视昼夜梭巡,以严加防范。不仅如此,还将小镇的南门堵闭,禁止行人来往。其余东、西、北三门皆派重兵把守,惟恐遭遇不测。五常县城遭到攻击,极大地振奋鼓舞了五常、舒兰一带民众和反日义勇军、山林队的反日斗争积极性。

哈东支队第二总队、第三总队按照赵尚志的部署在中东路滨绥线南北两侧与一些反日义勇军联合,共同展开游击活动,频频袭击敌人军车、线路,使敌人交通运输受到严重破坏。据1934年7月30日伪满《大同报》报道:"28日午前8时40分,北铁东部线由一面坡开往哈尔滨之第三旅客列车,行至乌吉密河东方一公里附近,线路被匪破坏,机车、行李车、邮车、三等客车各颠覆一辆,二等车幸免……"9月1日该报又报道,"8月30日晚11时,由哈开往新京之小票车,于11时20分驶至五家子南十余里地点,列车突然出轨。是时附近田地中胡匪七十名蜂拥而上,与车上警备兵交战。其详情因电线割断至31日午刻尚未明白。"以上仅是日伪在报纸上公开报道的游击队袭击敌人交通的两个实际例子。另据伪满哈尔滨市铁路局内部交通事故统计,1934年8月间,北满铁路东部线列车颠覆十六起,线路破坏四十一起,停车场遭袭九十一起,桥梁破坏三十一起,通讯破坏十八起。这些破坏给日伪当局造成一百三十万元损失。日伪当局称:"1934年7、8月,北满铁路东部线可称名副其实的'交通地狱',赤色游击队工作是相当惊人的。"①

哈东支队,这支党领导的抗日武装,由于有坚定、不动摇、善于组织发动武装斗争的指挥者,有机动灵活的战略战术,有创造性开展斗争的精神和保护民众、武装民众、联合一切反日队伍共同作战的正确政策,它已经真正成为哈东地区抗日武装的核心力量。

赵尚志指挥的东北反日游击队哈东支队以其卓有成效的游击活动使日伪当局在北满的统治受到很大威胁,敌人闻风丧胆,恐惧异常。由于赵尚志所率部队攻城破镇,异常活跃,神出鬼没,声东击西,频频打击敌人,声震全满,致使当时在伪军中一提起赵尚志则谈虎色变,在日军中竟有"小小的满洲国,大大的赵尚志"的说法。

二、挫败敌人阴谋

赵尚志所率反日游击队的发展壮大,使敌人震惊不已。而随着游击队的发展,更多的反日义勇军、山林队积极向其靠拢,在哈东地区以哈东支队为核心,有两千多人的抗日队伍团结在它周围,这更使敌人惴惴不安。日伪当局为消灭赵尚志领导的反日游击队,镇压哈东地区抗日运动,不断调动大批军队前来"讨伐"。同时到处张贴布告悬赏通缉赵尚志。吉林伪警

---

① 满铁经济调查会:《满洲共产党运动概观》。

备第二旅司令李文炳在宾县张贴布告称:"无论何人如将匪首赵尚志拿获送案,奖赏国币壹万元,并允许从匪,如能改过自新免究其咎,被迫者亦同。倘再不改前非,大军到时,定将剿除无余,如有投诚者,不究既往。"①布告一出,就有捉住赵尚志"一两骨头一两金,一两肉一两

《盛京时报》关于日伪悬赏万元抓捕赵尚志的报道

银"的说法。

敌人妄图消灭赵尚志及所率队伍,处心积虑,除军事"讨伐"、悬赏,还不择手段地采取"用间设计",派遣奸细暗探打入我军内部,进行暗杀、诱降、离间等许多卑鄙办法。三岔河战斗后,哈尔滨特务机关派出侦探周光亚混入反日游击队,企图刺杀赵尚志。当时,来了一个知识分子模样的人,名叫周光亚。他谎称是哈尔滨共产青年团员,因前不久组织遭到破坏,在哈市找不到关系,才来到珠河要求参加游击队。由于缺乏警惕,哈东支队司令部未加详细考察,

① 《盛京时报》(1934年7月1日)。

而将他吸收加入游击队，并认为他有文化，让他担任了司令部秘书。周光亚到游击队是专门执行暗杀游击队领导人，以瓦解游击队任务的。但他没有找到合适机会，其罪恶阴谋未能得逞。不久，有人到游击队办事见到周光亚后，便向司令部反映周过去向他说过自己是侦探。周见有人认识他，感到自己迟早会被暴露，不宜在游击队久留。于是当另一名特务以宾县顺天医院"医生"名义混入队内后，他乘哈东支队经济部长李启东去司令部议事之机，主动请求"护送"。1934年7月1日，当他们行至宾县八区乔家崴子一小树林时，周将李启东杀害。尔后，这个敌特从李启东身上夺取部队所用现款千余元逃回哈尔滨。

李启东的牺牲，使赵尚志为失去一位好战友而痛心不已。李启东比赵尚志大十二岁，赵尚志视其为大哥。李启东是朝鲜平安北道人，曾参加过朝鲜"三一"反日运动，之后流亡中国东北。1921年入云南讲武堂学习，1927年回东北参加革命斗争。1930年加入中国共产党。他是珠河中心县委委员，专门负责军事工作。赵尚志与他在孙朝阳部队工作时密切合作，取得显著成效。后来，他们又一起离开朝阳队，共同创建了珠河东北反日游击队。李启东被害使赵尚志深感悲痛，这一事件的发生，引起了支队司令部对奸细问题的高度警觉。据时任哈东支队第五大队指导员的季铁中同志回忆：李启东被害事件发生后，赵尚志、张寿篯专门向他询问过平素与周亚光关系不正常的那个医生和宾县党组织有无联系。曾在宾县地下党工作过的季铁中说没有。季还反映一次党组织以宾县中学名义到顺天医院买碘酒，不但药没买成，事后敌人还到中学调查一番，说明这个"医生"十分可疑。经过对来历不明、混入队内的那个宾县"医生"的审讯，他完全供出周光亚的阴谋：是宾县伪警察署派他混入游击队内找周回哈尔滨的，同时他承认自己潜入游击队内是要伺机投毒害死赵尚志等领导人。这一事件给赵尚志以很大刺激，使他对奸细抱有刻骨仇恨，对于他后来始终强调要防范奸细破坏有很大影响。

敌人破坏革命队伍所采取的手段是极其阴险毒辣的。一招不成，便又使一招。敌人见暗害未果，便采取逮捕赵尚志家人的办法以求一逞，妄图逼迫赵尚志投降。

1934年8月4日清晨，驻哈尔滨日本宪兵队突然来到道外区集良街26号赵尚志家中，将其父逮捕。9日，伪《滨江时报》以《赵尚志老父被捕》为题发表了消息。敌人蛮横地威逼赵老先生给儿子写信，让赵尚志放下武器，向日本"皇军"投降，赵老先生说："我儿子早已与我断绝关系，他的事我管不了，我不知道他在哪里。"敌人说："不知道在哪没关系，先把信写出来。"在敌人逼迫下，赵尚志父亲写了一封信。敌人将此信冠以《赵父告不孝子赵尚志及其弟兄书》大量印刷，用飞机散发到游击区去。敌人企图动其父子之情，用"孝"字来打动赵尚志的心，迫使他投降。

十分讲究孝道的赵尚志见到信后，得知父亲被敌人捕去，十分痛恨敌人的卑鄙伎俩。他看穿了敌人的阴谋，未被信中的"劝言"所动，反而从信中汲取了斗争的力量，增强了抗日到底的决心。

原来，赵老先生很早就估计到有可能因尚志进行抗日而牵连家人。他曾借着《左传》上晋将魏颗对父亲"从其治命，不从乱命"的故事，和尚志约定说："如果什么时候，你接到我的信，信里有'乱命'两个字，那就是我被捕了，信是被逼迫而写的，你千万不要按信上说的办事，要一心抗日，为国尽忠。"《左传》上的故事大意为，当初魏武子有个爱妾，没生孩子。魏武子患了病,对儿子魏颗说:"一定让她改嫁。"后来,魏武子病重要死时又说:"一定要让她为我殉葬。"不久,魏武子病逝。魏颗则让父亲的爱妾改嫁了。有人问他为什么不按其父临终之嘱让她殉葬?魏颗说:"父亲病重临终时神志昏乱,说的话是乱命,我应按他神志清醒时说的话——治命去办事。即从其治命,不从乱命。"①这次,赵老先生果然被日寇逮捕,特务们打他,威逼他,让他给赵尚志写信,叫儿子回哈尔滨。赵老先生在信上写了"现在父身患重病,神昏志乱,命在旦夕……"把"乱命"两个字巧妙地写在信上,暗示赵尚志:父亲已被敌人逮捕,信中所言,是日伪逼迫所写,千万不要按信上所说去办,千万不能回哈尔滨探病,以免上敌人的当。

　　赵尚志看见父亲的信,心头充满仇恨的怒火,他咬牙切齿,眼里发出愤怒的目光。他一方面为父亲惨遭敌人迫害,为其险恶处境而担忧,但同时他又牢记父亲所说的"信中若有'乱命'两字,这信则是在敌人逼迫下所写,千万不能按信中说的办事,要一心抗日,为国尽忠"的话。赵尚志深知,孝子从治命,不从乱命。只有忠于民族,孝于民族,才是真正的忠孝;而只仅孝于父母,实是愚孝;至于向敌人投降,不仅不是孝,反而是大逆不道。赵尚志十分坚定地对哈东支队的干部、战士们说:"敌人抓我父亲是阴谋,目的是让我向日本投降,这是办不到的。忠孝难得两全,他抓他的,咱们还抗咱们的日!"同志们听到后都为其大忠大义而深受感动。

　　赵尚志的父亲被敌人抓走后,其母变卖房产,花钱赎回父亲赵致远。为躲避敌人的迫害,赵尚志的父母决定全家离开东北去北平。赵尚志的父母决定去北平前,想见儿子尚志一面,母亲到与抗日部队有秘密联系的王叔家(赵尚朴岳父家,他当时常去赵尚志部队),托他带信给赵尚志。赵尚志见到王叔,知道父亲已脱险很高兴,他让王叔转告他母亲:"千万快点儿离开东北,要全家远走高飞,当前作战紧张,我不能离开部队,请爸爸、妈妈和妹妹放心走吧,体谅我不能回家看两位老人家。"说罢自然很是伤心。虽如此,但他内心更多的是对敌人的仇恨,是日本帝国主义的侵略造成他幸福的一家难得团聚,亲人别离不能相见,是日本帝国主义的侵略造成东北人民千百万个家庭都不得安宁。

　　日伪当局见悬赏、暗杀、诱降皆不能损害赵尚志及所率队伍,于是又从破坏统一战线上打起主意。敌人利用汉奸来收买抗日意志不坚定、斗争目标不明确的义勇军、山林队头目,积极地在反日游击队与义勇军中进行挑拨离间,制造分裂、叛变活动。

　　在哈东支队刚成立一个多月左右,参加反日联合军司令部的"九江"队在敌人策动下与哈东支队发生了严重冲突。"九江"队头目于海云是老胡匪头,他集聚流氓惯匪和破产农民编成一股胡匪队伍,与游击队的关系不疏也不亲。在珠河反日游击队英勇斗争的影响下,曾于宾县七区香炉砬子和珠河东北反日游击队,在不投降、不卖国、反日到底;没收卖国贼财产及日货作反日战费;不许扰害劳苦群众,帮助反日团体开展反日经济、政治斗争等"三项条件"下订立过共同作战协定。在三岔河战斗中,协助过反日游击队;在靰鞡草沟"九江"队被敌人攻袭的时候,游击队也支援过他。但后来,这支部队在敌特挑唆下,破坏哈东支队与各抗日义勇军之间的关系,缴了十多个小股义勇军如"天下好""君子人""黑虎"等队伍的械,并企图缴游

---

① 见《左传·宣公十五年》。全文为:"初,魏武子有嬖妾,无子。武子疾,命颗曰:'必嫁是'。疾病则曰:必以为殉。及卒,颗嫁之。曰:疾病则乱,吾从其治也。"

击队的械。"九江"队一方面与反日游击队办"外交",一方面又与日伪勾结。多次闯入游击队的根据地强收捐税,并在游击区内散布"赵尚志、张寿篯被捕"的谣言。向其他义勇军散布"反日游击队好是好,但是不发财,我们去掠夺,一面发财,一面反日","反日也得发财","我们是胡子,反日军成功了,还得打我们"等挑拨性言论,在"反对共产主义"口号下,积极拉拢"朱万金""白龙"等义勇军,使其脱离反日联合军,另外形成一个绺子系统。不久,"九江"队以游击队破坏他们的"原粮窝子"为借口,以"反对共产主义"为口号,公然伏击哈东支队执法处,并在次日与游击队发生三四个小时的武装冲突。

随之,哈东支队二总队队长"黄炮"在日伪特务秋皮囤伪警察队长张显忠的策动下叛变。"黄炮"在道北游击区散布说:"满洲国基础稳固,打不了,投降是保护地方安宁的好办法","游击队是领大家送死的,不可能救国。"并制造谣言"赵司令因他父亲被捕带两万元逃跑。"与此同时极力收罗反动势力,将小帮胡子拉拢到自己周围。在道北根据地侯林乡一带大肆烧杀,解散了延寿二区反日会组织,逮捕党在地方从事抗日工作的干部,解散妇女会、儿童团、青年义勇军,将农民自卫队改编为反动大排,并以给游击队办后方为名,抢民众东西,打骂民众,将所用之物掠夺一空。①在"九江""黄炮"反叛的日子里,群众渴望赵尚志迅速到来,予反叛分子以痛击。"九江""黄炮"反叛事件发生后,坏蛋都已露头,许多群众说:"赵尚志为什么不来,真要命啊!"②由于"九江""黄炮"唆使,一些义勇军产生动摇,与游击队的关系开始疏远,有的如"铁军"队脱离了反日联合阵线。一时,哈东地区反日斗争的局势呈现出十分严峻的趋势。

赵尚志和张寿篯认真分析了"九江""黄炮"反叛的原因,果断地采取了有力的反击措施。"九江"队与游击队发生冲突,"黄炮"队叛变皆非偶然。这两支队伍成分相当复杂。地主、流氓、惯匪等占有相当大的比例。各大中队头目多由惯匪、流氓担任。"九江"队与游击队订立作战协定,"黄炮"队要求改编加入哈东支队,都不过是因大势所趋,不得已而为之的。"九江"一直脚踏两只船,一方面幻想有国民党能支援他,另一方面投靠共产党想从中得好处。"黄炮"是秋皮囤一战后哗变出来的,其队成分大部分是秋皮囤一带民团成员,有许多炮手在内。他刚拉起队伍时,是当"胡子"(土匪),还是抗日,举棋不定,他参加哈东支队其目的乃是企图借助游击队的声威,发展自己的势力。"九江""黄炮"随游击队活动数日,见游击队不许抢掠,无物质利益可得,不能发意外之财,行动受纪律限制,便早想分离。在反日斗争迅速发展的形势下,当他们想获私利的这种要求和企图,因客观条件的限制,得不到满足时,就必然要反对游击队,背叛抗日反满事业。同时,这些队伍改编之后,缺乏教育改造工作,改编还仅是形式上的,正如满洲省委指出:"珠河改编'黄炮'、'铁军'部队,事实上不是改编,只是名义上把'黄炮'、'铁军'的部队换上游击队的招牌。"③因此,在日伪的策动下,他们在一定时机就会反叛。

为了反击"九江""黄炮"叛逆行径,巩固反日统一战线,保护根据地,赵尚志率队在宾县

---

① 《东北反日游击队哈东支队给省委的报告》(1934年9月),载《文件汇集》甲44,第181页。
② 《中共满洲省委巡视员霞珠河巡视报告(第二次)》(1934年9月28日),载《文件汇集》甲20,第223页。
③ 《中共满洲省委:在反日义勇军中怎样进行工作》(1934年8月5日),载《文件汇集》甲19,第337页。

八区召开群众大会,发表了《为反对秋期投降和破坏反日战争的阴谋对一切反日队伍宣言》。《宣言》揭露"九江""黄炮"破坏统一战线的阴谋,号召各义勇军反对投降,指出"一切反日队伍,你们的出路首先是不投降","投降者有千条妙计,日本人有一定之规。不消灭中国人的武装,日本人怎能随便摆弄中国人?""我们愿意和一切反日队伍联合,在'三项条件'下联合,决不干涉其他反日队伍的任何行动。"①这《宣言》及时、有力地教育了广大义勇军,孤立了"九江""黄炮",促使各义勇军对投降、破坏反日战争者群起而共攻之、共讨之。在发表反投降《宣言》的同时,赵尚志果断地指挥哈东支队和地方农民自卫队对"九江""黄炮"进行了回击。在靰鞡草沟将"九江"率领的大帮叛队打散。在侯林乡打退了"黄炮"所率一百五十多人的进攻。当9月16日"黄炮"组织队伍第二次进攻侯林乡时,还遭到了抗日女英雄赵一曼领导的五区农民自卫武装的抵抗。以后,赵尚志率游击队赶到,将"黄炮"队击溃,并召开群众庆祝大会。哈东支队与"黄炮"的斗争得到省委的充分肯定。省委在10月25日给哈东支队的信中说:"侯林乡群众反'黄炮'斗争的经验应当广泛地应用开展到广大群众的武装自卫运动中。对于已经投降的'黄炮'队,我们应该如对日帝走狗的武装一样看待,发动广大群众反对民族叛徒的任何进攻。""九江""黄炮"的反叛行动被及时挫败,有效地制止了义勇军中出现的投降逆流,使一些义勇军克服了动摇情绪,坚定了抗日信心。

通过反击"九江""黄炮"反叛的斗争,赵尚志形成一种认识,即统一战线,既应"统"又要"战"。对义勇军、山林队在打击日本侵略者问题上一定要"统",即进行团结;而他们如果攻击游击队、破坏根据地,就要与之"战",即进行坚决斗争。就是说在统一战线中,既要坚持团结的原则,又要坚持斗争的原则。

"九江""黄炮"的反叛,也使赵尚志认识到对于不同的义勇军应采取不同的方式和政策来对待,编义勇军只能在一定条件下实行。那就是要改编那些与游击队关系真正好,有一定上下层基础,并真诚要求游击队领导的义勇军队伍。而且,既然改编就要彻底改编,改编其组织系统,把领导权真正掌握在无产阶级手中。

在东北抗日游击战争中,党领导的抗日武装如何正确贯彻党的全民族反日统一战线政策,处理好与义勇军、山林队的关系是一个十分复杂的问题。在理论上,虽然有中央《一·二六指示信》要求尽可能地造成全民族反日统一战线的精神,但在实践中,因当时正处于路线转变过程中,"左"的影响还不时起作用,在具体斗争环境错综复杂情况下,要做到既不"左",也不右是有一定难度的。六届五中全会之后,中共中央致信满洲省委,批评在执行统一战线工作中的右倾机会主义"在义勇军中时常拿上层勾结代替下层的统一战线",信中强调"必须坚持下层统一战线的策略","把反日游击运动提到土地革命的阶段"。②当时,中共满洲省委在中央2月22日指示信"左"的倾向影响下,也曾一度把建立上层统一战线,建立反日联合军司令部斥指为上层勾结而进行批判。省委在1934年9月23日一封来信中说:"你们过去的错

---

① 《为反对秋期投降和破坏反日战争的阴谋对一切反日队伍宣言》(1934年),存中共黑龙江省委党史研究室资料室。

② 《中共中央给满洲省委指示信》(1934年2月22日),载《六大以来》(上),第504页。

误并没有及时的改正,最近在义勇军工作中犯了一些新的重大错误。根本的和主要的是从过去右的上层勾结走到'左'的过早破坏统一战线的错误。这表现在你们对于义勇军改编的策略与行动中。由于你们忽视和放弃下层统一战线,实行上层勾结,建立了'抗日联合军指挥部',把那些参加指挥部的义勇军编制到游击队来。"①在克服"九江""黄炮"反叛逆流不久,有位省委巡视员来到珠河,他认为只有下层基础,才能建立起上层统一战线,必须有士兵参加的条件方可以成立反日联合军司令部。又说当初与"黄炮"联合是犯了上层勾结的右倾机会主义错误。现在与"黄炮"破裂是右倾机会主义没有下层群众基础的结果。对此种说法,赵尚志不以为然,没有同意省委巡视员的意见。赵尚志说:"虽然没有下层基础,我们上层也可以联合,实际上每天在一块游击,也不能不见面,见面也不能不应酬,也不能不办外交。"意思是不能因"九江""黄炮"反叛而否定建立上层统一战线,否定反日联合军司令部。认为只有下层基础,才能建立上层统一战线,片面强调下层统一战线,否定上层统一战线的作用是不正确的。

在如何改编义勇军、山林队加入到党领导的抗日武装中来的问题上,中共满洲省委根据各地区斗争的实际情况也在不断总结经验。1934年9月23日,省委在《给珠河县委和游击队的信》中,指出:"改编只有在一定条件下,作为一种办法组织加入人民革命军或赤色游击队才可以执行。"这些条件是:"(一)与我们关系很好的队伍,在这些队伍中有我们巩固的下层基础;(二)我们在队伍中有很好的政治影响,上层处于下层威胁之下,我们改编也不致过早破坏统一战线情形之下;(三)在群众领袖或人民革命军或游击队的政治影响下的部队真诚地要求改编;(四)某些新兴工农群众自发组织起来的队伍,在我们政治影响下,要求直接领导或改编;(五)某些很小的散漫的部队不能形成自己独立组织系统,需要改编;(六)某些企图叛变、投降的队伍而被发现、被驱逐或解决其反动领袖的队伍;(七)被威胁压迫出来的,在反动头目领导之下的某些反动武装(如大排队),当其未形成独立系统时,把他们改编等等。"上述诸条件说明,改编必须在我军于政治上和军事上居于绝对的优势,在组织工作与编制工作方面要有强有力的措施条件下方能进行。否则,不能急于改编,更不宜采取一律收编的方法。同时对于同盟者必须慎重对待,要照顾到他们的基本利益,不能因稍有违反共同纲领之事,就即行缴械。同时,省委也明确指出:"这些改编不是形式的改编,而是彻底的改编,就是马上或逐渐改编他的整个组织系统把领导权掌握在我们手里。"②对于省委这些指示,赵尚志在对敌斗争实践中,备感亲切,对如何运用党的抗日民族统一战线政策有了更深的理解,进而使之更能够正确地加以运用。这自然是后话。

1934年8月中旬,晴和的天气里阵阵微风吹动着山间树林、野草,青纱帐也在随风轻轻摇曳。夏末的早晚已有些凉意,北国之秋于不久将悄然而至。此时,还是处于反击"九江""黄炮"掀起的投降逆流的日子里。赵尚志率领哈东支队由道北来到道南地区。为了争取新的军事胜利,打击日伪军,巩固义勇军中克服投降逆流后的稳定形势,扩大游击区,赵尚志决定向

---

① 《中共满洲省委给珠河县委及游击队的信》(1934年9月23日),载《文件汇集》甲19,第204页。
② 《中共满洲省委给珠河县委及游击队的信》(1934年9月23日),载《文件汇集》甲19,第215页。

五常、双城出征。这期间进行了著名的五常堡战斗。

五常堡位于珠河西南部，是五常县境的著名大镇。该镇驻有伪警察队、商团兵及宋五阎王率领的大排队三百余人。防卫设施较为完备，镇周围有坚墙深沟，四角和重要路口修有炮台，设土炮。据说四十余年内，五常堡从未被任何武装打进攻破过。九一八事变后，曾有千余义勇军攻打该镇，亦未能攻入。

赵尚志率哈东支队在进攻五常堡之前，先制造出攻打五常县城的舆论，敌人的注意力被诱到五常县城，实际是声东击西。然后，采取了以实攻虚的战术，集中兵力攻向五常堡。

8月13日，哈东支队与义勇军"邓山""奉天云"等三百余人在赵尚志率领下，行进到距五常堡十公里的二道河子。在这里，赵尚志召集各总队和义勇军首领会议再次研究了攻城的行动计划。开始时，赵尚志想先礼后兵，派人向城内敌人送信，令其投降。但城内敌人不理。8月15日傍晚，部队渡过牤牛河，逼近五常堡。根据作战部署，哈东支队派一百余人兵力设卡打援，以防哈尔滨、五常县城日军应援，而用二百余人的兵力前去攻城。战斗中，西北角炮台首先被哈东支队突破，十六名队员冲进城内并迅速占领三个炮台。接着按事先预定的先进城者要设法点火为号的规定，几名队员将徐家粉房的柴垛点燃。这时，赵尚志指挥部队猛烈展开进攻。经过两个小时激战，坚固的五常堡城防被攻破，守敌四下逃散。攻入镇内后，哈东支队战士与敌人展开肉搏战。战斗中，战士们高呼抗日救国口号，高唱抗日歌曲，口号声歌曲声响彻云天。战事激烈，使敌人胆寒。守敌被毙伤者有十余人。哈东支队牺牲姚万春大队长等三人，伤两人。哈东支队占领了镇内日伪统治机关，将敌人防守炮台、伪警察署焚毁。捕捉了一些汉奸走狗，没收了拒绝交纳救国捐的两家富户的财物，缴获大小枪四十余支，子弹一千余发。还缴获了大量棉布、衣服、面粉、胶鞋等物资。同时，张寿篯组织部队政工人员进行抗日救国宣传，在镇内张贴大量标语，散发了许多传单，号召有钱出钱，有枪出枪，有力出力，共同救国抗日。对抓来的走狗要求其自动捐献弹药、给养，按数分摊救国捐，并予以教育后释放。四个小时后，赵尚志指挥部队胜利撤离五常堡。部队渡过牤牛河，敌援军始到，但未敢长追。部队到四道河子将缴获的三车布匹，一车分给当地群众，一车分给战斗员，一车运回游击区，分给游击区的儿童团、妇女会和地方工作人员。于四道河子，在哈东支队的帮助下，组织起由三百人组成的反日自卫队、五十人组成的青年义勇军。之后，部队返回珠河根据地。

五常堡战斗，是一场重要的战斗。在满洲省委巡视员的一份报告中说："我军退出五常堡，堡内一般群众都非常赞扬，因为我们除没收两家外，其余一概未动丝毫，战斗力又如是之强。五常堡之役，我军声誉威震五常。如果我军移军至小山子、篮彩桥等，不打自开。"① 五常堡战斗结束后，赵尚志指挥哈东支队又连续攻打了位于双城县东部的八家子、康家炉、梨树沟、方城岗等敌人据点，均取得了胜利。

攻占五常堡及以后的几次战斗，是在克服"九江""黄炮"在义勇军中掀起投降逆流中进行的。这些战斗的胜利，不仅打击了敌人，而且对于稳定哈东局势，扩大党和哈东支队的政治影响，促进义勇军与哈东支队之间的团结都起到了很大作用。同时，这数战连捷也充分显示了

---

① 《中共满洲省委巡视员霞珠河巡视第二号》(1934年9月28日)，载《文件汇集》甲20，第225页。

赵尚志卓越的军事指挥才能。五常堡之役,我军声誉威震五常,游击队和赵尚志名誉更是震撼了哈东。"游击队优美的军誉,英勇战斗的精神,党的威信影响在群众中相当扩大了。""五常堡胜利之后,在政治上又开展了一个新的局面。"①对于这次胜利,游击区民众老幼踊跃庆祝,哈东反日斗争的浪潮更加高涨起来。

9月4日,哈东支队在赵尚志率领下,连续袭击了五常县背荫河附近的赵家油坊、郑家屯、孟家油坊,消灭了伪大排队。不久,有十六名从五常县背荫河监狱——日本秘密杀人场,逃出的惨遭迫害的人,在珠河农民自卫队协助下投奔到哈东支队。背荫河监狱,并非一般监狱,它是日本侵略者石井四郎组建的细菌部队(关东军七三一部队)的附设实验场。1932年秋,"石井部队"派人将拉滨线背荫河车站附近的居民赶走,圈地建起数百间房子。四周设有高高的围墙,四角建有坚固炮楼。日本侵略者将从各地抓来的所谓犯人(多是抗日反满分子、无辜百姓)送到这里用来做活体细菌试验。外人以为这是所监狱,因其在哈尔滨以东,称之为"哈东大狱"。实际上,它是日本侵略者的细菌试验场,一座秘密的杀人场。此次从这座魔窟里逃出的这十六人都是无辜百姓。他们乘中秋节日本人在餐厅喝酒作乐之机,用玻璃瓶子将前来送饭的看守打昏,解下牢房钥匙,把门打开,许多难友从牢房跑了出来,而后搭上人梯,跳出墙外。途中,有的被敌人追杀,有的逃散。得到农民自卫队救助来到哈东支队的十六个人揭露出日本侵略者在那里,惨无人道地抽吸大批以种种罪名抓来的中国人的鲜血,并做各种实验,最后秘密屠杀处死的骇人听闻的罪行。在那里,日寇把抓进来的人分别关进一个个铁笼子中,每天给吃粳米饭、白面馒头(但不给盐吃)。然后由日本人三天抽一次血,每次抽一碗,同时兼作细菌、冷冻、毒气、毒液、过电等种种实验。一般身体好的抽十五六次血,差的抽八九次,之后便以有病为名给打药针。日本人拿来很大的药针,不论头脚,身前身后,恶狠狠的就是一下子。"犯人"被打上药针后,不过几个小时,说话舌头不好使,浑身难受。这时,日本人就说,这人病得不行了,赶快拉出去,以后就不知去向。难友们看到大院里的烟囱经常冒着气味难闻的黑烟,在机器房周围还能看到有许多男人女人的鞋子。实际上,他们已被日本人秘密处死,并销尸灭迹。②这个杀人场究竟杀了多少人,谁也不清楚,只知道经常往里边送人,一回三百二百的,但从未见有活着出去的。此次"犯人"越狱事件发生后,背荫河杀人场的秘密被暴露,石井四郎决定将这一试验场迁移,后来将这臭名昭著的"关东军七三一部队"实验场挪到哈尔滨平房,在那里建起罪恶的细菌实验基地。

日寇用活人做实验,血腥屠杀中国人民的罪恶行径令人发指,赵尚志等哈东支队领导人经常利用这一事实教育部下,进而激起干部、战士和群众对日本帝国主义的无比义愤,更加坚定广大军民争取抗日斗争胜利的信心。后来,这十几名惨遭日本侵略者严重摧残,浑身浮肿,面无血色的苦难同胞经根据地后方医院医治后,逐渐恢复了健康,其中有七人还自愿参加了哈东支队。他们把自己能成为一名反抗日本帝国主义的武装战士看成是获得第二生命的开始。他们在对敌战斗中表现得十分英勇,后来都先后牺牲在抗日战场上。

---

① 《东北反日游击队哈东支队给省委的报告》(1934年9月),载《文件汇集》甲44,第164页。
② 刘海涛:《关于满洲的情况报告》(1936年),载《文件汇集》甲47,第168页。

9月间,哈东支队为了进一步巩固、纯洁队伍,再次进行了整编。部队整编之后,赵尚志仍任支队司令。当时,队内领导力量不足,赵尚志十分希望省委派人来队,以加强领导力量。珠河中心县委一份报告说:"小赵(按,指赵尚志)对于队内的工作是非常挂心,所以小赵希望省委最好派一政治坚强的政治委员来队领导。"①但政治委员暂未派来,哈东支队司令部下设政治部,由晓梦(韩光)任主任;经济部由金策任主任;秘书处由侯启刚任处长;副官处由关化新任处长。另外还有执法处。部队分政治保安队(这是新成立的队伍,自敌特周光亚杀害李启东和"九江""黄炮"反叛后,为保卫司令部而设。队员从各队中择优选拔,共有二十人),少年队,骑兵队,第一、三、五、七、九、十大队。全支队共四百七十余人,其中党团员九十人。支队设有党委,书记由李福林担任。各大队建有党支部及团小组。连队设政治指导员。哈东支队经过整编后,因清除了"九江""黄炮"等叛军,入队人员都经过严格的审查,队内成分更加纯洁。同时,加强了各队的领导力量,军事纪律也得到了整顿,全支队呈现出一派新气象。

三、创建哈东根据地

中共中央于1934年2月22日,在给满洲省委的指示信中,明确提出建立革命根据地问题,同意把包括珠河游击区在内的磐石、间岛、绥宁、汤原五个游击区作为满洲党的工作重心。提出满洲党必须把建立与扩大革命政权与革命根据地的任务提到实际的革命日程上来。同时,指出党在各游击区要执行下列具体任务:创造由党领导的在政治、军事上能影响一切反日队伍的中心力量——人民革命军;建立临时革命政权机关,实行武装工农群众;没收日本帝国主义走狗的财产(连土地在内),充作反日战费,并尽可能拿一部分分给群众。信中强调"在满洲现在情形之下,要防止死守根据地不发展,但没有任何根据可以反对,在可能条件下,争取革命政权和根据地的建立。"②

根据中央的指示和中央苏区建立革命根据地经验,中共满洲省委及时向磐石、间岛、绥宁、汤原、珠河五个反日活动区域的党组织和游击队提出建立临时革命政权和创建抗日根据地的要求。

中共满洲省委结合东北的斗争实际强调指出,革命政权和抗日根据地的创建必须在下列条件下才能真正建立:(1)动员、组织和领导游击区全体民众不分男女老幼来进行抗日反"满"的斗争,同时把他们尽量组织在各种群众团体里面(如反日会、农民协会、农民委员会、雇农工会等等)。(2)最大限度地扩大农民自卫队组织,用一切旧式武装(土炮、大刀、长矛甚至木棍等等)把游击区全体民众武装起来,进行抗日反"满"的武装斗争,以配合人民革命军的游击战争。(3)没收卖国贼的财产(包括土地在内),分配其财产和粮食。(4)游击区内党的组织必须扩大坚强起来。(5)在游击区的邻近区域要尽量开辟党的群众工作。(6)尽量扩大和

---

① 《中共珠河县委关于目前政治形势等问题的报告》(1934年9月25日),载《文件汇集》甲38,第132页。
② 《中共中央给满洲省委指示信》(1934年2月22日),中共中央书记处编《六大以来》(上),人民出版社,1981年2月版,第538页。

巩固人民军队(反日游击队、人民革命军),掌握各种抗日义勇军中无产阶级的领导权,使之成为革命政权和抗日根据地的武装捍卫者。

哈东根据地的创建正是根据上述中央和满洲省委指示精神进行的。

赵尚志在率领游击队进行积极的军事活动中,不断战胜敌人进攻,较快地建立起以珠河三股流为中心的道南根据地和乌吉密、四方顶子、苇塘沟、石头河子、二排、柳树河子、娄家窝棚、六道河子等地游击区。赵尚志从巴彦游击队的失败中深感建立根据地的重要性。为使部队能得到休养生息,得到群众支援,取得粮食、服装,伤病人员能得到治疗和安置,部队能够不断积蓄、发展有生力量,要使兵力有源源不断的补充,就必须建立根据地。他说:"敌人是被打怕的,没有被哄怕的。"他主张应对敌人不失时机地展开进攻,积极开拓、扩展游击队活动的区域,进而在游击区内建立较巩固的根据地。为了扩展游击区,建立根据地,赵尚志率领游击队积极开展活动,从南到北,纵横驰骋,不断摧毁敌人据点,打击日伪军。在赵尚志所率游击队和义勇军打击下,宾县一带敌人的统治,被严重破坏削弱,敌人所维持的仅是四区(哈市近郊)、五区(沿江)而已。阿城、双城一带,自哈东支队进攻康家炉之后,敌人统治"风雨飘摇"。在五常县,由于哈东支队取得了五常堡战斗的胜利及"德林""创江南"的活动,使敌人统治大有"朝不保夕"之势。在珠河县,敌人十分恐慌,沿铁路一带,因张统带兵力不足,特从哈长线调来教导队以增加防卫力量。驻在帽儿山、一面坡、亚布力一带的日军势力较大,但两三个月未敢进山开展"围剿"。再往南,舒兰、榆树的敌人统治也处于动摇状态。

从1934年春开始,游击区已突破道南狭小范围,发展到道北地区黑龙宫一带,并建立起以侯林乡为中心的道北根据地。同年夏季,又将游击区推进到珠河四周各地。到同年秋季,哈东支队游击活动区域再度扩大到滨绥铁路的两侧,北迄宾县,南至五常,东起方正,西到双城的哈东广大地方。哈东游击区之中心为珠河,珠河属山岳地带,其周围附近各县属于北满农业地区。山岳地带给游击队提供了建立军事根据地的良好条件,农业地区给游击队的活动提供了广泛的、物资的和社会的基础。哈东游击区遍及五常、宾县、珠河、双城、阿城、苇河、延寿、方正等数县,约东西二百多里,南北三百五十里的范围。在游击区内建有抗日根据地,其主要根据地为珠河四、五区(其核心地区为珠河三股流、半截河、棒槌沟、秋皮囤等处,中心县委、农委会、县政府均在这一带活动和驻扎),延寿二区及三区一部分,宾县二、三、七、八区,五常五区及四区一部分,双城九区一部分。①另一份报告说:"中东路东线的珠河游击区包括宾县、延寿、方正、苇河、五常等数县,反日队伍很多,目前以赵尚志赤色游击队为中心。""赵尚志的队伍,基本队×百余人,在其影响下的义勇军很多,战斗力量强,活动于珠河、宾县、延寿、方正、五常一带,赤色游击区域已有二三百方里之大。"②

在反"讨伐"斗争中,赵尚志十分重视根据地的建设工作。他曾说:"要冲破敌人的'围剿',至少必须解决下述两个问题才有把握:一是要运用灵活英勇的游击战术的实施,二是要有比

---

① 《东北反日游击队哈东支队给省委的报告》(1934年9月),载《文件汇集》甲44,第183、184页。
② 潇湘:《关于蓬勃发展的满洲民族革命战争的报告》(1935年1月31日),载《文件汇集》甲21,第325、326页。

较有保障的根据地和地方政权的建立。"他又说:"根据地及地方政权的建立,当然要采取进攻策略,在扩大游击区,争取大小胜利的军事行动中才有可能。"而这两个问题,他认为必须"要加紧队内政治军事教育,选拔勇敢忠诚干部,加紧群众工作(尤其新的地方)才有可能。"[1]正是由于哈东支队运用了机动灵活的游击战术,加紧了队内政治军事教育,才取得了军事胜利,冲破了敌人的"围剿";也正是由于紧了群众工作,才开辟了广泛的游击区,进而建立了对抗日军民比较有保障的根据地。游击区及根据地的扩大是反日游击队积极开展武装斗争的结果。上述珠河、延寿、宾县、五常、双城各县所辖的各区域,经过游击队的艰苦斗争,已无日伪统治据点和反动武装,完全成了在党的领导下,由人民群众自己进行管理,真正可靠的从事游击战争的根据地。

在开辟游击区、建立根据地的过程中,赵尚志经常告诉游击队员们要使部队成为群众斗争的宣传发动者、组织领导者,要大力协助地方工作同志建立反日会、妇女会、农委会,把群众组织起来,发动起来。并通过这些组织向群众开展宣传,进行动员,让广大农民都明白抗日到底是怎么回事。使每个人都懂得日本帝国主义抱有什么野心,东北人民的命运是怎么样的。要知道反日,不当亡国奴是每一个中国人的责任,进而让群众自己起来参加斗争,开辟、建设抗日根据地。

在哈东游击区、根据地,由于珠河中心县委的领导,游击队的协助,普遍建立了反日救国会(简称反日会)。这一群众组织迅速发展,遍布整个游击区、根据地。开始时,每家只一人报名,后来经省委指示,打破了一家一人的限制。据1934年9月珠河中心县委统计,仅珠河反日会员约有一万人。其中道南反日会员约五千余人,道北约四千余人,此外,蜜蜂、乌吉密站等铁路工人中也有大量反日救国会员。

农民委员会(简称农委会)在根据地内普遍建立起来。1934年7月,珠河各地派出代表齐聚三股流,召开成立珠河县农民委员会总会大会。吴景才被选为农民委员会总会会长。农委会下辖许多分会。据统计,在道南就建有二十三个农委会分会。县农委总会下设七个职能部门:总务、武装、生产、拥军、经济、肃反、妇女等部。其任务是领导根据地内其他群众组织、群众武装,开展除奸、除匪斗争,打击敌人破坏,巩固根据地建设,为部队筹办给养,解决根据地内地方上发生的一切问题。农委会具有很大权力,其作用随着游击战争、反日群众运动的深入开展日显重要。它在广大群众中有很高威望。它代行政府职能,是根据地实际政权机关,是民众政权的基础。1935年5月成立的珠河县人民革命政府就是在珠河县农委总会基础上建立起来的。吴景才任主席,群众称之为"吴县长"。抗联老战士于保合回忆:"人民革命政府是1935年春天召集的珠河人民代表会议上宣布成立的,县长是有名的'吴麻子'(吴景才),在县委领导下进行工作,下面的区政府在区委领导下工作。政府威信很高,说什么老百姓都信服。政府的作用很大:供给粮食、情报和武装,给军队以整顿训练的地盘;反过来,部队又保护了人民群众的生命财产和生产的进行。"[2]

---

[1]《东北反日游击队哈东支队给省委的报告》(1934年12月24日),载《文件汇集》甲44,第215页。
[2]《访问于保合同志记录》(1960年5月5日)。

妇女会在系统上属于反日会。出于工作方便,将妇女单独组织起来。抗日女英雄李秋岳、赵一曼在组织妇女,成立妇女会,领导妇女进行抗日斗争方面发挥了重要作用。在珠河,妇女会员有四百五十人,其中不少是游击队员家属。妇女会的活动十分活跃,她们帮助游击队打水、做饭,为游击队员缝补洗涮衣服,做子弹袋。她们还担负着护理伤员、宣传、传递信件等任务。当时许多妇女会员要求参加游击队,并组织了一个妇女宣传队,要随大队走,赵尚志考虑到战斗频繁及妇女同志的身体状况,不宜直接参加作战部队,没有同意她们参加游击队。

儿童团是青年团领导下的儿童反日组织,它组织广大儿童站岗、放哨,承担盘查过路行人,为部队递送消息的任务。

在游击区、根据地的开辟建设中,在珠河中心县委的领导下,赵尚志把加强武装游击区、根据地群众,使之成为主力部队的助手和后备力量的工作始终放在重要位置。在反日游击队的大力帮助和支持下,游击区、根据地群众广泛建立起农民反日自卫队、青年义勇军、模范队等群众武装。

农民反日自卫队是不脱产的群众武装组织。它不分民族、信仰和贫富,只要身体健康,有反日决心者,都有资格加入。农民反日自卫队的组织法是五家一个分队,三十家一个中队,一个地方一个大队。自卫队农忙务农,农闲练兵;平时为民,战时为军。其武器有扎枪(红缨枪)、洋炮等。1934年秋,道南农民自卫队已有一千余人。道北农民自卫队员数目也很多,五区农民自卫队有一千六百余人,分编为二十三个队,并拥有七百支洋炮。黑龙宫一带约有四五百人。①道北是在抗日女英雄赵一曼领导下开展工作的。当时,她任中共道北区委书记。满洲省委巡视员来珠河巡视后说:"道北一般比道南好,特别是五区一带,几个月来的工作深入,相当地巩固及相当发展。农民自卫队有三千余人,那里面群众也比较团结。8月1日,在五区还召开有二千人参加的'八一'反日斗争群众大会,进行抗日宣传和动员。在四道河子一带农民自卫队一礼拜发展到三百人,天天要下卡,防备河南的战斗,情绪很高。农民自卫队对于拥护大队的情绪很高,大队一到四面都下卡。"②农民自卫队在保卫抗日根据地,支援游击队斗争中起到重要作用。正如省委巡视员巡视报告所说珠河五区农民自卫队天天设卡,在山上选择有利地势挖好工事,任何人都不能轻易通过。在反击"黄炮"反叛斗争中,农民反日自卫队积极行动起来,参加了战斗。再如,赵尚志率领哈东支队攻打五常堡时,道南农民自卫队和青年义勇军八十多人前去参加战斗,大大增强了游击队的力量。

青年义勇军、模范队是脱产的群众武装。青年义勇军成员大都是年龄在二十三岁以下,十六岁以上的青年。其性质、作用与苏区的少年先锋队一样,只不过是名称不同。模范队队员大都是成年人。1934年秋,在珠河,根据地内已组织起的群众武装有:五区青年义勇军、五区模范队、路南青年义勇军、路南模范总队、苇塘沟青年义勇军、二排模范队、三股流模范队、三分所模范队、四道河子青年义勇军、四道河子模范队、老段模范队、天龙模范队、黑龙宫模范大队、黑龙宫青年义勇军、大亮珠河模范大队等十五支青年义勇军和模范队,共约九百六十

---

① 《中共珠河中心县委报告》(1934年8月26日),载《文件汇集》甲38,第119~121页。
② 《中共满洲省委巡视员霞珠河巡视第二号》(1934年9月28日),载《文件汇集》甲20,第238页。

大。这些青年义勇军、模范队的装备有的以洋炮为主,如五区模范队、五区青年义勇军、苇塘沟青年义勇军、三股流模范队、路南模范队;有的以扎枪为主,如三分所模范队、四道河子青年义勇军。多数青年义勇军、模范队的装备是步枪、洋炮、扎枪兼而有之。青年义勇军、模范队的主要任务是:(1)配合反日游击队作战;(2)肃清汉奸敌特;(3)保卫农民委员会;(4)巩固抗日根据地;(5)为游击队补充队员。模范队在游击区担负肃清一切汉奸走狗、坏分子任务,有时与游击队一起行动,军事方面听赵尚志的命令。

对于青年义勇军、模范队的发展,赵尚志十分关心。规模较大的珠河五区模范队在直接参加侯林乡反对"黄炮"叛变的斗争取得胜利后,赵尚志曾拟以此队为基础,成立珠河道北游击队。道南地区的青年义勇军与哈东支队一起进攻五常堡时,表现十分勇敢,赵尚志决定奖给八支钢枪。在游击队每次战斗胜利后,他都指示拿出缴获的部分军需品送给青年义勇军、模范队。平时,还经常督促青年义勇军、模范队成员学军事、政治常识和文化知识,为加入游击队,成为游击队员打基础。青年义勇军、模范队也总是根据游击队的需要不断地为其补充兵员,成为游击队的可靠的后备队。游击队增加兵员,一般都从青年义勇军中挑选优秀者,经家里同意,青年团组织批准后而入队。当年曾在游击队工作,后又到地方担任珠河团县委书记的朱新阳回忆说:"当时,青年们都愿意参加青年义勇军,到了青年义勇军再一转就进了游击队。为了这件事,我常与赵尚志吵吵。我说:'你得给我留点儿呀!别都把青年义勇军编到支队里去。'但是,向部队输送青年是我们青年团的任务。吵吵归吵吵,工作还得干。所以,部队有了减员,就要及时把他们充实进去。"①青年义勇军、模范队在补充、发展游击队,保卫、巩固根据地等方面起着重要作用。

在抗日根据地建设中,县委、农委会根据实际情况,制定有土地、粮食、税收、债务等多种经济政策。

土地政策强调没收汉奸地主土地,分配给农民耕种,并免收地租。粮食政策规定,除个别经过允许的农产品可以到外地出售,如大豆,其他大部分粮食禁止外运,以供游击队和根据地群众自需。

开始时,由于"左"的思想影响,农委会曾机械地执行所有地主不允许到游击区收租,不允许小商人到游击区贸易(往往不说不允许,进来就当"探子"捉),限制游击区内粮食买卖价格,在准备反日军军粮口号下,农委会下令完全禁止游击区内粮食外运。由于限制过严,不许搬到城里和白区的农民带粮食,敌人就利用此事大肆造谣,攻击农委会不管群众死活,并组织农民到游击区抢粮。因这些做法过"左",影响了统一战线的建立和发展。后来,游击区的经济政策有很大的调整。取消了种种限制,允许地主收租,不限制粮食出口。只要不当汉奸走狗,不破坏反日运动,都可以到游击区做买卖、种地、居住。

税收政策是实行低额累进制。拥有五垧以下土地者,每垧年收现洋五角,六至二十垧者每垧收现洋一元,二十一垧以上者每垧收现洋二元。多拥有土地多纳税。土地税以地亩捐形式出现。

对于地亩捐,规定五垧以下自耕农户秋收后缴纳,其他在春耕前、端午节前、中秋节前各

---

① 《访问朱新阳同志记录》(1980年9月)。

缴纳三分之一。款项交由总指挥部或指定之收款员,不依手续办理者无效。

对于债务,欠汉奸走狗豪绅地主的债,本利不还;欠游击区内豪绅的,不还利,少还本;农户互欠的,还本少还利或不还利。此外,还根据统一累进税原则,征收"反日特捐",制定有向地主、豪绅、大商人征收反日特捐政策,以及对军属、烈属的土地代耕政策等。

对于这些政策,赵尚志要求游击队员和地方工作人员一道去贯彻。由于这些政策都是为群众谋利益的,所以得到了广大群众包括一些开明地主的拥护和欢迎。许多地主都能积极响应减租纳捐的号召,主动为游击队送枪、送子弹,送物品、送捐款,支援游击队开展反日斗争。

对待汉奸地主,则是没收其财产,不许前来收租,并组织农民向其进行分粮斗争。哈东支队在珠河五区曾召集二千人参加的军民大会,号召群众保护秋收,积极参加分粮斗争。在秋皮囤、周家店也召开过这样的群众大会,各有二三百人参加。在哈东支队政治部主持下,于元宝河分了十余石粮;在三岔河分了二十余石粮;在宾县七区香炉砬子两天中分出四百多石粮。对分粮斗争"群众热烈拥护,农民乐得向游击队磕头。"①在乔家崴子,哈东支队司令部召集有二百人参加的群众大会,会上提出保护秋收,开展分粮斗争。起初,一些农民还犹犹豫豫不相信真能分粮,未敢积极前来参加。但分粮开始后,一些群众跑得汗流浃背,口里还说着"天老爷啊,反日军真分粮啊!"不到半天时间就分了一百二十石粮食。

第三军后方医院用的药方和熬药用的大勺

此外,在抗日根据地内还加强了文化教育工作。哈东支队政治部出版过《人民革命报》。在珠河蜜蜂园子、老五区、双城九区、板子房南沟都建有小学校,招收农民子弟入学。教材由

---

① 《中共满洲省委巡视员霞巡视珠河报告》(1934 年 9 月 28 日),载《文件汇集》甲 20,第 211 页。

哈东支队政治部编印。学校不收学费。党的优秀干部张寿篯、赵一曼、侯启刚、周毅夫等常到学校给学生们讲课,传授文化知识和革命道理。周毅夫还在道南多次举办过铁路青工培训班。

在抗日根据地内,除上述诸项建设之外,还建有多处专门为部队服务的兵工厂、被服厂、后方医院。如秋皮囤南沟、花砬子沟、腰屯南沟等地的兵工厂都能维修枪械,利用废弹壳,"紧一紧"改制子弹。秋皮囤南沟兵工厂还仿照攻打宾州时的大木炮,另制成三门大木炮。被服厂设在三股流东山沟、赵货郎沟、乌吉密、娄家窝棚、花砬子等地方,每处有一二台缝纫机,多的有四五台。被服厂工人多是汉族、朝鲜族妇女,专为部队制作军服、帽子和子弹袋。后方医院建有十多处。四方顶子、苇塘沟,都建有后方医院。四方顶子医院由张险涛任院长,赵尚志和抗日女英雄赵一曼都在这里治过病。三股流南山有依山建立的一所后方医院,内有火炕、板床。侯林乡南沟的铁北医院有三间房、两名中医,经常有十几名伤员在此养伤。秋皮囤南沟后方医院能容纳二三十名伤员,擅长治疗黑红伤。这些医院虽然都很简陋,随着反"讨伐"战争的开展,经常到处迁移,但在反日斗争中,为伤病员迅速恢复健康却发挥了重要作用。

游击区和根据地的开辟和建设,使广大的民众能够安心度日。在那里,彻底扫除了日伪一切反动统治,即保甲、户口、捐税、警察制度;几个小街镇在反日会和反日人民自卫队保卫之下,也能进行公平买卖。收捐员不敢入内,汉奸地主不敢收租,土匪不敢来胡为,鬼子不敢轻易进来。农民免遭苛捐杂税各种勒索,不受胡子(土匪)的气和日本侵略者的压迫,生活较为安定。在这方面,游击区、根据地与日伪统治区形成了鲜明的对照。在日伪统治区,日伪当局设立的捐税名目繁多,什么大排捐、警学捐、家畜捐、门户捐、土地税、人头税、鸦片税等等,每人每年要缴纳捐税二十元以上。加之日寇烧杀、土匪抢劫,粮价惨跌、布盐腾贵,农民苦不堪言。所以许多日伪统治区群众都羡慕游击区、根据地。一份反映"满洲反日民族革命战争现状"的报告说:"因为游击区域能够保护劳苦民众的利益,许多非游击区的农民都愿意搬到游击区里去(如珠河),甚至有些已经跑了的地主也宁愿回游击区域,也不愿住在日本统治的城市里,因为这些城市的捐税繁重,他们感到不能负担(如珠河),倒不如去游击区好。珠河接近游击区的小市镇的商人也愿意交纳'反日特捐'而取得游击队的保护。"[①]"他们都想搬入,甚至小城市如十站、九站等居民大半都想向游击区搬。"到1935年春,仅珠河道南游击区、根据地就迁入二千户以上。群众说:"如非游击队之活动。则势必一起搬走,所以能种田者,游击队之赐也。"[②]

赵尚志所率游击队在同日本侵略者斗争及开辟游击区、创建根据地的过程中,因其有良好的声誉,英勇战斗的精神,与敌人交战,有把握就打,打则必胜,很振奋人心,游击队又有铁的群众纪律,处处替人民着想,所以受到了广大群众的拥护和欢迎。在抗日根据地内,到处呈现出民拥军、军爱民,军民团结,鱼水情深,共同对敌的生动活泼景象。珠河侯林乡(今亮珠乡)吕大娘(梁树林)将两个儿子(吕文才、吕文真)都送到抗日部队,大儿媳妇为妇救会长,二女儿、小女儿参加了儿童团,全家人投身抗日。她的两个儿子和大儿媳先后为抗日牺牲。赵尚

---

① 潇湘:《关于蓬勃发展的满洲民族革命战争的报告》(1935年1月31日),载《文件汇集》甲66,第333页。
② 《中共珠河中心县委报告》(1934年8月26日),载《文件汇集》甲38,第113页。

志亲切地称她为吕老妈妈,每次战斗回来,都要到她家看看。对于游击队,宾县、珠河、延寿各县群众都十分热烈地企望翘盼,异口同声称赞赵尚志指挥的队伍是"我们的大队"。他们知道赤色游击队才是能彻底抗日的队伍,是民众反日的军队。他们用一切力量帮助游击队提供给养,帮助部队站岗、放哨、侦探、报告敌情,抓走狗,以至参加战斗。游击队所到之地,到处都能得到民众的欢迎,许多地方的农民盼望和要求游击队到他们的乡村去。有的老太婆烧香,求神保佑游击队。许多地方在日伪军残酷进攻中,敌人逼迫农民报告游击队的消息,他们虽遭严刑拷打,也不吐露一点儿消息给敌人。群众把游击队看作是自己的"护身符",都非常关心游击队,时常问:"我们的大队怎样?"大部分群众都知道游击队为"红派"(即共产党领导的)队伍。游击队在外战斗返回根据地后,马上就会有很多群众组织前来慰问,农民自卫队立刻布置站岗,妇女组织起来为战士洗补衣衫。队伍一出发,农民自卫队非要送出两里不行。一些群众还作揖祈祷,祝愿游击队打胜仗。对游击队,人人脸上都呈现出崇敬的表情。许多群众积极要求加入游击队。珠河中心县委在1934年8月26日的报告中说:"群众要求入队之热烈,见所未见,每天至少十余名要求入队。队伍到宾县时,有五六十人围着,甚至跪下要求入队。入队成为一件光荣的事,各处都有。有的跟随着五六十里始得入队。妇女也有要求入队的,如果要动员,每月动员五六百人是极易的事。当然入队的也有很复杂的,有的是怕义勇军绑,有的入队为报私仇,但这是极少数。问题是在枪支而已,故游击队不能很好吸收。"从中可见游击区、根据地的群众是怎样积极要求入队和关心、热爱自己的抗日部队的。

总之,在哈东抗日根据地建设中,吸收了关内革命根据地建设的经验,这里有抗日部队,并不断战胜敌人,有群众组织和斗争,有农民委员会代行抗日政权。它完全符合毛泽东同志所说的有一个抗日武装部队,并使用这个部队去战胜敌人;发动民众的抗日斗争;建立、巩固当地的抗日政权三项建立根据地的基本条件。①哈东抗日根据地与南满磐石抗日根据地一样,都是根据地建设的典范。哈东抗日根据地的开辟和建设,使党领导的抗日部队有了保存和发展自己,消灭和驱逐敌人的战略后方;使群众有了一处安身立命之地。所以群众赞誉根据地说,这是人民的"红地盘"。对此,日伪当局则视其是"共匪的哈东乐园",又说,"珠河地方俨然成为一共产王国。"②

四、反"讨伐"斗争的胜利

哈东支队的英勇斗争和团结在它周围的义勇军的频繁活动,哈东游击区的不断发展,根据地建设的加强和巩固,这一切都展示着哈东反日游击运动正在蓬勃地向前发展。这如火如荼的反日游击运动严重地威胁着敌人在哈东地区的反动统治。1934年秋,日伪当局曾多次在报纸上发表有关赵尚志领导哈东支队及义勇军活动的所谓"匪讯"报道:

"于昨四日,突来大股胡匪四五百名,匪首仍系赵尚志率部下约十数股,袭击背荫河附近

---

① 毛泽东:《抗日游击战争的战略问题》,载《毛泽东选集》第二卷,人民出版社,1991年6月版,第423~424页。
② 伪满军政部:《满洲共产匪研究·珠河中心县委员会及第三军活动状况》。

赵家油坊、郑家屯、孟家油坊。三村互击约四小时之久,终因匪势浩大三村寡不敌众,力不以支,均被攻陷。"——日本人经营的《盛京时报》9月9日报道。

"多事之宾县境内,自17日以来,距县城西北二三十里之张家糖房、满井子及乌河一带,又有大批匪团所盘踞。匪首赵尚志等所率约一千五百名分踞上述各地,有于中秋节前攻入县城之准备。刻下满井子一带与哈之间电信已完全隔绝,乌河、满井子一带之电杆子已全部被匪毁坏。"——伪《滨江时报》9月18日报道。

日伪当局抓捕赵尚志悬赏万元的布告
(2005年6月2日在哈尔滨"道台府"旧址发现)

"宾县匪氛仍炽。赵尚志率千余匪在山里盘踞……"——伪《滨江时报》9月23日报道。

"四日午前七时,自哈尔滨站出发载佐藤部队之秋山部队赴绥芬河之军用列车五日午前七时十分许,于一面坡苇河间路轨被匪贼拆去,致脱轨颠覆五辆……"——伪《大同报》10月7日报道。

"赵尚志股匪又行前扰。昨日一面坡方面三十余里太平川发现匪人四五百人,匪首赵尚志。"——伪《滨江时报》10月15日报道。

"各地匪警杂讯,珠河:于29日午后7时许,突然发现赵尚志部下之股匪颇多……"——伪《滨江时报》10月30日报道。

赵尚志领导哈东支队和义勇军所开展的抗日反满游击活动使北满地区的日伪统治者如坐针毡。与此同时,在中共满洲省委的领导下,南满、东满、吉东等其他各地的武装斗争亦不断深入发展。他们频繁出击,破坏敌人的铁路、公路交通运输线,攻袭日伪军守备的中小城镇、据点。抗日烈火在东北大地熊熊燃烧。1934年10月,日伪当局为摧毁党领导下的抗日武装力量,纠集了大批日伪军,开始向各反日中心区域展开了残酷的冬季军事"大讨伐"。

在哈东,日伪当局经过充分准备后,利用青纱帐放倒,部队活动日渐困难之际开始围剿抗日军。这是继1933年冬第二期"大讨伐"后的第三次"大讨伐"。这次"大讨伐"其特点有三个:一是敌人兵力多。以驻滨江地区日军吉本、宫荻原、横山各守备队为主力,调动伪第四军管区所属褚旅、邓团、王团及伪警察大队共二千人,实行日"满"陆空两军大动员分路尾追合击、包围游击队"讨伐"游击区、根据地。二是敌人用很大力量从事破坏反日统一战线和军民关系活动,妄图分化游击队与义勇军的联合,割断游击队与群众的密切联系。敌人针对我党提出的不分党派、阶级,一切抗日武装都联合起来的口号,提出"匪贼分离"("匪"指党领导的抗日部队,"贼"指反日义勇军、山林队)政策,妄图孤立游击队,以便实现各个击破。敌人在进攻目标上对准哈东支队。日伪军公开宣传"这次'讨伐'专打赵尚志的反日军,不打胡子。""专要赵尚志的脑袋。"[①]同时,采取一切威胁利诱手段来收买准备投降或已经投降的义勇军,利用降队和汉奸,作破坏和进攻反日游击队与游击区的先锋,威胁、压缩游击区。在反对"共产主义"的口号下,拉拢地主豪绅,并武装他们,破坏游击区,积极恢复反动统治。在群众中进行欺骗宣传,说"赵尚志杀人放火",破坏游击队领导人的威信。对群众叫嚣没收反日会员的财产,不拿一般民众的东西,威胁群众有反满抗日行动格杀勿论。大肆屠杀抗日工作人员,枪杀共产党员,所采取的破坏统一战线和抗日军民关系的手段,可谓无所不用其极。三是在战略战术上,敌人利用最新式的武器实行大规模的进攻、屠杀。采取集中力量,用较大兵力,分段包围的方式,进行突击、伏击、追击,向游击区、根据地进行"讨伐"。

一时,赵尚志领导的哈东支队、各反日义勇军和哈东游击区、根据地面临着严峻考验。一场"讨伐"与反"讨伐"的斗争在哈东地区全面展开。

为了更多地团结抗日义勇军粉碎日伪当局部署的冬季"大讨伐",1934年10月12日,哈东支队发表了《告反日抗满义勇军书》。该文告指出,日本强盗及其走狗满洲国疯狂的冬期"讨伐"已经开始。敌人采用毒辣的阴谋手段破坏反日力量,企图分裂与孤立反日游击队与一切其他反日武装互相配合。文告揭露日本侵略者的罪行。指出"要生存,要收复失地,我们只有坚决进行反日民族革命战争,一致对外,动员和武装全体民众抗日,粉碎敌人'讨伐'和阴谋破坏企图。一切投降不干都是死路"。文告检查了哈东支队自身在统一战线工作方面的错误,表示公开承认和纠正自己的错误;重申在"三项条件"(不投降、不卖国、反日到底;没收日帝及其走狗一切财产充作反日战费;帮助一切反日团体及反日民众的斗争)之下,与各义勇

---

① 《东北反日游击队哈东支队给省委的报告》(1934年12月24日),载《文件汇集》甲44,第212、213页。

军结成亲密的联合与联盟。文告中说,我们丝毫不怕日本的飞机、大炮及一切残酷进攻,我们所怕的是一切反日力量不能迅速团结起来,尤其是反日武装队伍的分裂。"谁是朋友,谁是敌人,我们应当分别清楚。"文告号召各真正抗日义勇军与哈东支队亲密团结,巩固反日统一战线,粉碎敌人冬期"大讨伐"。根据省委指示,赵尚志责成各总队大量印发这一文告,让更多义勇军指战员能够看到,起到宣传、号召的作用,使更多义勇军都能够团结在哈东支队周围。

敌人经过长期准备的"大讨伐"开始不久,中共满洲省委于10月20日发出了《为粉碎冬季"大讨伐"给全党同志的信》。省委在这封给各级党部、人民革命军、赤色游击队全体同志的信中,详细地分析了这次敌人"讨伐"的特点和目前反日运动的形势,提出了当前党的中心任务是:"动员最广大群众开展抗日反'满'的斗争,反对冬季'大讨伐',扩大游击战争。把人民革命军和赤色游击队形成一切抗日队伍的中心力量和组织者,团结一切反日部队,粉碎冬季'大讨伐'。扩大与巩固游击区域,把民族革命战争提高到土地革命的阶段,为建立选举的民众政权而斗争。"信中指出执行上述基本任务在游击区域方面的具体工作主要是:党领导的人民革命军和赤色游击队,应坚决英勇地站在主动的领导地位,号召组织一切反日队伍和广大群众,反抗敌人冬季"大讨伐"的斗争。以"一致抗日","一切反日队伍团结起来,粉碎冬季'大讨伐'","一切民众武装起来,反对冬季'大讨伐'","不让日'满'军队进入游击区域一步"为中心口号,首先与一切抗日队伍订立具体的反日作战协定,来团结一切散漫的各自为战的队伍于自己的周围,共同地抵抗和粉碎敌人的一切进攻。信中指出在与敌人斗争中要广泛采取游击战术,攻击敌人弱点,袭击敌人后方。并要求在开展反日游击运动和广大群众武装自卫运动的基础上,坚决肃清关门主义,努力扩大、巩固人民反日武装队伍。信中要求珠河中心游击区域"应把游击队迅速建成人民革命军第三军独立师"。①

中共满洲省委为粉碎冬季"大讨伐"给全党同志的信是一封重要党内通信。中共珠河中心县委和哈东支队都认真地贯彻和执行了这一重要指示信。但在贯彻执行中,赵尚志与珠河中心县委领导同志因对省委指示信中个别内容理解不同,一度产生了意见分歧。在省委指示信中,有"不让日'满'军队进入游击区域一步"的口号。对此,赵尚志持有不同意见。他认为在现在敌强我弱的环境,不准敌人进入游击区是做不到的,不可能的。他主张对省委的决议要灵活地执行,在反"讨伐"斗争中要实施机动的灵活的游击战术,采取进攻策略,向方正方向发展,扩大游击区,另建比较有保障的根据地,以争取大小胜利的军事行动来冲破敌人的"围剿"。而珠河中心县委领导同志认为省委的这一指示是正确的,赵尚志是"政治右倾",说他"又恢复他过去的精神,深深地阻碍着党正确路线的顺利执行。"②

1934年11月,中共满洲省委派省委组织部长刘焜(赵毅敏)以省委代表身份来到珠河,专门解决赵尚志与县委争论的问题,并留任哈东支队政委。刘焜来到珠河后,同县委领导及赵尚志连续开几次会,把争论的问题全部摆了出来,双方都充分发表了意见。刘焜经调查,认为赵尚志与省委、地方党委及部队领导之间矛盾的焦点就是在如何执行省委的决议这个问题上。县委和部队一些同志主张要坚决执行省委的决议,赵尚志提出灵活执行省委决议的比较

---

① 《中共满洲省委为粉碎冬季"大讨伐"给全党同志的信》(1934年10月20日),载《文件汇集》甲20,第67、68、73页。

② 《珠河党团县委关于赵尚志同志问题致省委的报告》(1935年3月23日),载《文件汇集》甲38,第159页。

实事求是的意见。在当时，由于敌人十倍于我，要想在珠河建立巩固的珠河根据地是根本不可能的。"不准敌人进入游击区一步"是不切实际的，因此，省委决议是根本无法实现的。后来，刘焜根据当地的实际情况给省委写了报告，提出纠正这一提法，得到省委同意。赵尚志与县委同志的争论也就解决了。①

为了粉碎敌人的冬季"大讨伐"，赵尚志本着省委指示信息的精神，将部队分为两个部分，分别开展活动。第三、五大队为一部分，留守珠河根据地，在游击区和非游击区之间适当进行灵活穿插，伺机回击来犯之敌。司令部及第一、七、九、十大队等主力为一部分，由赵尚志率领翻越威虎岭，北上延寿、方正、宾县一带活动。一方面开辟、扩展延、方游击区、根据地，使珠河、延寿、方正游击区、根据地连成一片。

根据这一部署，在敌人开始展开"大讨伐"不久，赵尚志率领哈东支队第一、七、九、十大队等主力部队奔赴大青川。在那里击败保护日军军用农场的"九江"队，烧毁稻田公司储存为日军所用的稻谷二千石。之后又胜利地袭击了一支为日伪当局效劳的白俄武装，缴获了大批军需物资，装备了自己。

大青川战斗和袭击白俄武装战斗的胜利使战士受到鼓舞。部队乘胜继续前进，越过威虎岭，进入延寿、方正开展活动，在中和镇开辟了新的游击区域。哈东支队在延、方一带积极开展反"讨伐"斗争赢得了群众的拥护。当地的群众满怀喜悦地欢迎游击队，延、方地区的许多大排队和红枪会也都表示要接受哈东支队的领导。

赵尚志率队在延、方活动一段时间后，将第七、十两个大队留在中和镇一带，以巩固这块在反"讨伐"斗争中新开辟的游击区。他率司令部及第一、九大队和第三大队一部共二百余人离开延、方西进宾县开展游击活动。

在反"讨伐"斗争中，赵尚志认真分析了敌我双方斗争形势，他在看到敌人对抗日军民凶狠、手段恶劣等不利因素的同时，也充分看到反"讨伐"斗争能够取得胜利的条件还很多。他认为，利用游击战术，能够解决敌人武装，敌人无法消灭我们；义勇军中坚持抗日的部队还有很多；广大群众因日伪统治日益贫困化，其反日情绪继续高涨；"满洲国"士兵不断哗变等等，这些都是反"讨伐"斗争直接或间接的有利条件。赵尚志也认真地总结了过去斗争中存在的不足、错误：没有清楚地估计敌人力量；军事上不能完善地运用游击战术；队内政治工作和党的领导不够；与地方工作配合不够；在统一战线工作中，还存有"左"的严重错误的影响；没有很好地开展伪军士兵工作；根据地还不够巩固等。②赵尚志认为要充分利用冲破敌人"讨伐"的有利条件，从过去错误中吸取教训，特别是要解决好实行机动灵活的游击战术和建立比较有保障的根据地问题。这两个问题解决好，取得反"讨伐"斗争胜利就有把握。当前，要学会娴熟地掌握、运用游击战术，获取军事行动的胜利；要转变统一战线工作中的一些"左"的做法；要改善部队与地方的配合；要加强部队政治学习、军事教育工作，选拔勇敢忠诚干部，加紧群众工

---

① 赵毅敏：《东北抗日武装斗争回忆片断》，载《东北抗日联军史料》（下），中共党史资料出版社，1987年版，第517页。

② 《东北反日游击队哈东支队给省委的报告》（1934年12月24日），载《文件汇集》甲44，第214页。

作,尤其是新开辟的地方。据此,赵尚志指挥部队运用机动灵活的游击战术,率队活动在延寿、方正、宾县、珠河一带。他率领队伍有时集中,有时分散,忽而北上,忽而西进,巧妙进行穿插,牵着日伪"讨伐"军的鼻子兜圈子,把敌人拖得筋疲力尽,狼狈不堪。

在此期间,赵尚志指挥部队烧毁了敌人刚刚在三道河子修好的营房。而后,在三道河子附近与一支日军展开一次遭遇战。战斗中击毙日军六人,伤二人;游击队牺牲一人,伤二人。敌军被击退后不久,赵尚志又率队袭击了珠河道北宋家店和黑龙宫的伪军营房,亦将其焚毁,使敌人在这里设置军事据点、恢复反动统治的计划遭到破坏。同时,赵尚志率队还狠狠地打击了依仗日伪反动势力支持,重新恢复起来的反动大排队。宾县板子房是过去游击队经常活动的地方。当时汉奸刘百家长见游击队转移他地,日伪"讨伐队"已到来,便蠢蠢欲动,掠取当地群众棉衣六七十件,准备恢复反动大排队。在大排组织恢复的当夜,赵尚志率游击队赶到板子房,出其不意地将大排队缴械,刘百家长被活捉。当地乡民见令人痛恨的刘百家长被逮捕,大排队被解散,无不拍手称快。群众欢喜得连忙作揖,有的要给游击队杀猪宰羊表示庆贺。随后,宾县孤扎子、靰鞡草沟、延寿四区七保、八保的大排队皆被解散,使许多准备恢复的反动大排队也都不敢再恢复了。

1934年11月下旬,赵尚志率哈东支队部分队伍由方正西进宾县,欲返回珠河道北地区活动。途中,赵尚志率部与日伪军展开一次又一次激战。据敌伪《泰东日报》报道:哈东支队"自11月22日至本月(12月)2日,于此十日期间内先后与讨伐队激战六次。"①其中最为激烈的当属肖田地战斗。

赵尚志率队行至方正与宾县毗连地区腰岭子附近的肖田地(按,此地名应为学田地)时,不意与日军横山部队属下望月部队三百余人及伪军邓云章团四百余人相遇。11月25日,哈东支队一、九大队和三大队一部及司令部、少年连步骑兵共二百余人分散在山沟里准备宿营。司令部住在一家院里,骑兵队在沟南,步兵队在沟里,少年连在东南山。下午时分,日军望月部队和伪军邓团发现我军后,即将我军宿营地包围。当岗哨发现敌人,向司令部报告后,赵尚志即迅速带领保安队几个人和政治部几个同志到山上去指挥战斗。这时看到敌人正向司令部所住大院冲击。赵尚志面对强敌沉着指挥应战。他指挥部队用猛烈火力把妄图围歼我军的敌人击退,经数次激战摆脱了敌人的攻击。战斗直至天黑。他指挥部队退至岭东太平沟、大猪圈一带。不多时,尾追的敌人又从沟底兜了上来,将我军包围。哈东支队第一、九大队和第三大队一部及少年连战士在赵尚志指挥下顽强战斗,打退敌人多次进攻。鏖战中,敌人炮火把我军马群炸毛,赵尚志的坐骑也跑失。在指挥战斗过程中,赵尚志左臂肘部中弹负伤,血流不止,被警卫战士扶下火线。尔后,部队在大队长刘海涛指挥下,全队奋勇突击,终于冲破敌围。随即部队在赵尚志、刘海涛带领下,安全转移,向珠河游击区退去。

在这个二三百里的退却中,许多地方都有敌人的堵击布置。但这个退却,敌人没有料到赵尚志领导的队伍能突出他们的包围线,越过他们的堵击队。同时,也没有料到这个退却是那么敏捷,赵尚志领导的队伍能从他们没注意的山川荒野之地退走。敌人十分感叹地说道:

---

① 《泰东日报》(1934年12月14日)。

"此中必有名将指挥。"①

肖田地一战哈东支队毙伤日伪军一百余名,白俄兵二十余名。战斗中,支队司令部青年科长宋阶平等三人牺牲。战马被敌人打死三十多匹。对于这次战斗,敌人也认为十分激烈,我军十分顽强。敌人称:"赵匪以顽强抵抗之故,臂部受伤。"当哈东支队各部一队队秩序井然地乘夜突围退走时,日军部队头目望月对游击队作战之英勇,退却时纪律之严整,行动之敏捷,且能巧妙越过他们的堵击队更是表示惊奇,"敌人在惊奇中说是游击队内真有军事人才。"日本人称这是"德国式联军的退却。"②

日伪报纸关于赵尚志在十日内与"讨伐队"激战六次的报道

肖田地战斗结束后,日伪当局为动摇抗日部队军心,散布谣言,说赵尚志在此战被击毙。12月4日伪满《大同报》以《匪首赵尚志在宾县枪杀身亡》为题曾做如下报道:"……匪首赵尚志因被四军区派队猛击,经友军之讨伐大部分溃散。最近在宾县附近集合,被友军横山部队之望月部队得悉,乘汽车自宾县城出动,距县东六十公里之腰顶(岭)子地方与赵匪率领匪徒二百余名相遇,猛烈激战约四小时之久……赵尚志匪首亦当场毙亡。"

肖田地战斗后,日伪当局派汉奸前来劝赵尚志投降。赵尚志闻此,怒不可遏,据说他令部下把来劝降的汉奸一个耳朵割下,将其放回,让他报告日本主子赵尚志誓死不降。来人捧着耳朵狼狈回逃。随即,赵尚志发表一个宣言,其大意为:敌人无耻造谣,说我被消灭,威胁、利诱,无所不用其极,把我父亲抓去,威迫我降日,又悬赏重金购我之头,这都是痴心妄想。日本侵略者凶残已极,蹂躏人民,罪恶滔天。我大中华民族与日本侵略者势不两立。东北人民在中

---

① 熙文:《英勇奋斗的东北抗日联军第三军》,载巴黎《救国时报》(1937年9月18日)。
② 张富民(刘海涛):《论抗联游击战术》(1937年),载《文件汇集》甲50,第427页。

国共产党领导下,誓死抗日到底。来使劝降未成,现捧耳而归。日伪当局当收回卑鄙伎俩。赵尚志决与日寇血战到底。这一宣言被称为《赵尚志宣言》,它充分揭露了敌人妄图诱降的卑劣伎俩,表明赵尚志坚决抗日的毫不含糊的坚定态度,此事在游击区广为流传。

在赵尚志率哈东支队主力积极开展反"讨伐"斗争的同时,根据他的部署留守游击区、根据地的部队亦与敌人展开了英勇顽强的战斗。在道南,第三大队与青年义勇军、模范队相配合在三股流北山与一支"讨伐队"交战,毙伤敌连长以下十九名。在道北,第五大队在侯林乡与前来"讨伐"的敌军展开激战,毙敌九人、伤二人。

因哈东游击区范围广大,赵尚志率队在一地活动数日后,即行转移,结果,追击游击队的敌军东奔西突,时常扑空。如当游击队在大青川时,一千余名日军及伪军正包围道北,而后又转向包围道南。赵尚志率队离开大青川后,敌人以为游击队去威虎岭,又去包围该地。后来,敌人得知赵尚志率队在宾县活动,敌人便又调兵去宾县妄图包围我军。然而敌军尚未到达时,赵尚志率队早已离开。就这样,敌人难以捕捉到哈东支队的踪影,反倒陷于疲于奔命之中。这种情况正像当时省委代表芬流(即刘焜、赵毅敏)在1934年11月24日给省委的一份报告所说:"因为我们的游击区有相当大的范围,我们游击队并没有在一处集中,并且在非游击区域也有我们的游击队在活动着。敌人很难有一个安然包围的机会,因此敌人时常扑空,我们走了,敌人去了。"①结果敌人的"大讨伐"不仅未消灭游击队,而敌人反遭到不少损失。后来,敌人相应地改变了"讨伐"策略,并将日军调了回去,派出伪满洲国军继续进行"讨伐"。

1934年12月初,伪第四军管区派伪军邓云章团进扰珠河游击区、根据地,"讨伐"哈东支队。伪团长邓云章自吹自擂,向日本侵略者夸下海口献媚说:"三个月内包打反日军"。12月6日,伪军邓团四五百名,在日本指导官的监视下,由叛变投降的队伍"黄炮""山四海"拉道(引领)窜入珠河游击区、根据地。在三股流战斗中,敌人死伤十九人,内有伪连长一人。战斗结束后,游击队为避免与敌人正面冲突,九大队即过道北,三大队与司令部分开活动。而伪军"讨伐队"继续在道南游击区扰乱,于杨家街、土头山、鸡爪顶子、三股流、二排、四方顶子等地设卡堵击。敌军根据叛徒口供,得知赵尚志在肖田地战斗负伤后去根据地后方医院养伤,于是便专事进山在四方顶子及苇塘沟一带搜索后方医院,妄图活捉赵尚志。伪军邓团及叛队"黄炮""山四海"一连在道南地区骚扰十来天。他们穷凶极恶,打骂群众,逮捕反日会员家属,破坏地方反日组织,奸污妇女,掠夺财物,无恶不作,道南一带群众逃走一空,使道南抗日根据地遭到很大破坏。

在这期间,因叛徒吴某把地方组织负责同志及各种机关全部供出,使敌人在四方顶子将由哈尔滨来到珠河游击区、根据地从事地方群众工作的赵一曼与另一女同志逮捕。

赵一曼,原名李坤泰,是四川省宜宾县人,1926年加入中国共产党。1927年赴莫斯科中山大学学习。1928年冬回国后,在江西、上海从事革命活动。九一八事变后,由党中央派往东北工作。她原在省总工会筹委会任组织部长,是哈尔滨电车工人大罢工的组织领导者之一。因地下党组织遭到破坏,被省委派到珠河抗日根据地工作。在珠河,她曾化名李一超。因她长

---

① 《中共满洲省委代表芬流珠河报告》(1934年11月24日),载《文件汇集》甲20,第278页。

得瘦弱,群众都称她为"瘦李子"。赵一曼在组织地方群众武装,发动群众,建立抗日根据地工作中都做出过重要贡献。赵一曼被捕后羁押在乌吉密商会中。此时,赵尚志因在肖田地战斗中臂部负伤在后方医院治疗。赵尚志听说赵一曼被捕,深为她的安全而担忧。他指派农委会干部想办法捎信给赵一曼,告诉她现在组织上正在积极想办法营救,鼓励她要坚持斗争。后来,赵一曼在县委营救下,经商会担保而被释放出来。

赵一曼被释放后,赵尚志见到她不无幽默地关切地问道:"在商会受的罪咋样?"

坚强的赵一曼风趣地说:"压杠子不算啥,比上海的'扒肋条'好受多了。"

赵尚志听罢哈哈大笑道:"瘦李子是人瘦骨头硬。"

不久,赵一曼因脖子上长了疮也住进后方医院。当时医疗条件很差。赵尚志换药也只有纱布条蘸硼酸水消毒。为赵一曼脖子疮上药也是用蘸药的纱布条进行消毒。换药时往往要把与伤口粘连在一起的纱布揭下,十分疼痛。一次,他们一起换药,赵尚志对赵一曼说:"咱们看看谁怕疼。"

"你不怕疼我也不怕疼。"赵一曼说。

他们顽强与伤痛作斗争的精神深深地感动着其他伤病员。

至1934年年底,哈东支队在赵尚志的指挥下,经过艰苦斗争,冲破了敌人冬季"大讨伐"。这次"大讨伐",敌人不但没有实现消灭游击队的企图,相反,哈东支队在各处更有计划,更有把握地行动起来,歼灭了不少敌人。1934年12月28日,珠河中心县委在给满洲省委的报告中说:"敌人经过这几次重创(肖田地、侯林乡、三股流)后,士兵对我们感想是非常好的。所以,他们内部特别紊乱,士兵及下级军官反对邓团长,士兵反对'黄炮'投降队伍拉道。现在他们要撤回双城。"

赵尚志率哈东支队反击敌人冬季"大讨伐"的胜利,说明哈东地区反日民族革命战争不仅没有低落、消沉,相反在蓬勃地扩大、发展,并不断展现出新的形势。过去在"青纱帐"倒、寒冬来临时,由于自然条件的限制,许多义勇军便插枪解散。但赵尚志领导的哈东支队不畏冰天雪地,不管冬季条件多么困难,不管日军进攻多么残酷,仍坚持开展反"讨伐"斗争,与凶恶的敌人进行血战。赵尚志所率哈东支队的英勇与善战,在义勇军中,在民众中,获得很高威信,他们都异口同声地说:"赵尚志的队伍真能打、真善打,真是坚决抗日的队伍。"甚至在伪军中也产生很大影响。有的伪军说:"谁打谁,都是中国人,要都像赵尚志这个队样,日本早打出去了。"[①]

声称包打反日军的伪军邓云章团的撤退,表明敌人苦心经营的冬季"大讨伐"的破产。对于伪军邓团"讨伐"的失败,游击区、根据地的抗日军民欢欣鼓舞,拍手称快,脸上都露出欢庆胜利的得意笑容。哈东支队的战士们画了一幅漫画用以讽刺伪军邓团"讨伐队",这张漫画画着一个狗头人身的伪军官,身上写着"邓云章",腰上别着一把匣子枪,他正弯腰向着一个日本鬼子懊丧地说:"太君、太君,共匪我没有剿了,我没脸见你们啦!"这张漫画画好之后,被装进一个信封里,寄给了伪军邓团团部。

---

① 刘海涛:《关于满洲情形的报告》(1936年),载《文件汇集》甲47,第159页。

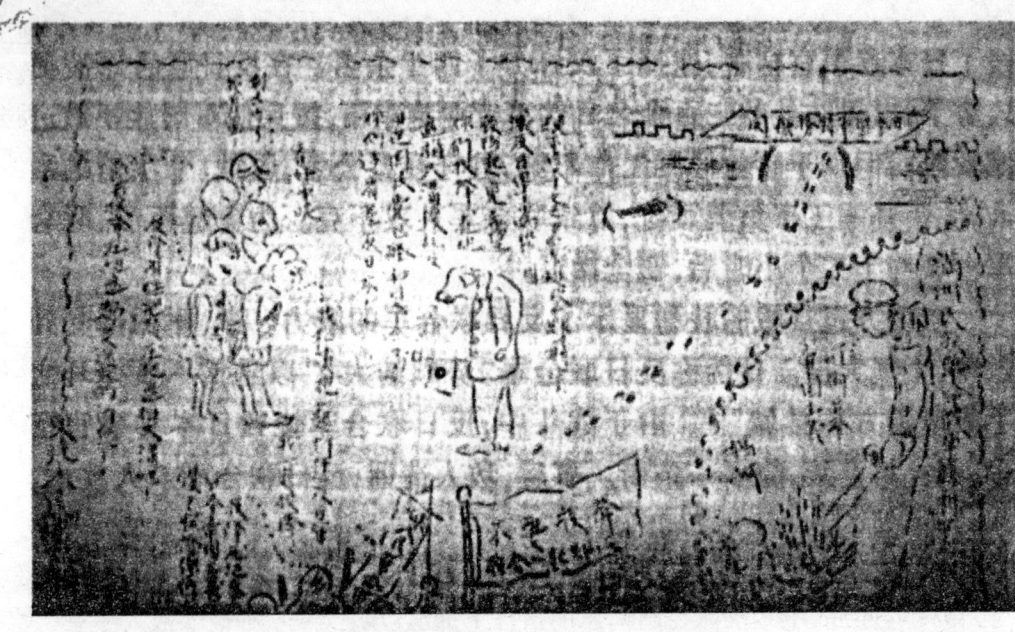

第三军政治部印发的反投降宣传画

自珠河东北反日游击队成立以来,在一年多时间里,赵尚志以无比的顽强精神领导游击队开展了坚决的反日游击战争,特别是取得了1934年反"讨伐"斗争的胜利,对此省委是满意的。省委在1935年1月一份向中央的报告中,谈及珠河游击队时,这样详细地说道:珠河游击队目前的数量与组织,基本数目将近四百人,共有大枪四百六十余支,仍是枪多于人。队伍分一、三、五、七、九、十,六个大队,另有少年队、骑兵队、政治保安队等的编制。现在主力共分三部:一部分(三、九两大队)在路南活动,一部分(一、五大队)在路北活动,另一部分(七、十大队)在延、方一带活动。队伍的成分,农民占大多数,一部分工人。物质生活方面,队员的冬季服装已经解决,在敌人大进攻前,队员给养还不成问题,自四月到九月曾发过队员津贴费一次(每人二元),队员医药费很充分。队内有士兵委员会组织,起了很大作用。士兵会、士兵代表会有时开会,许多士兵很积极地自动研究问题,此外,建立了识字班、辩论会、唱歌班等。珠河游击队自开始在我们同志领导下以来,与日本帝国主义就作长期的持续不断的残酷战争,不仅发展壮大了自己的队伍和开辟了很大的游击区域,而且推动了珠河及其周围的反日战争。在今年满洲反日游击运动中,珠河游击队以其英勇的反日战斗,已形成了一个中心力量和中心游击区域,一年来做了很多的工作,获得了很大的成绩,主要是:

(一)队伍数量扩大了三倍以上。同时在政治上、组织上一天天地加强了共产党的领导,形成了完全在党领导下的赤色游击队。

(二)扩大了游击区域到很大范围。

(三)与许多义勇军建立反日统一战线,影响和领导他们开展了很大的反日战争。

(四)摧毁了日"满"在乡村中的统治(如焚毁消灭了日本的兵营,解除了许多走狗的武装等)建立了许多群众组织,如反日会,吸收了二千多人,农民委员会二十三处,自卫队有一百多人,开展了广大群众的反日斗争。

(五)拥护群众的利益,部分地执行没收走狗财产,分配给群众(在香炉砬子分粮四百多担,乔家崴子分了一百二十多担,其他几处分十担、二十担不等)。在五区曾召集过二千多人的军民联欢大会,有义勇军"助国"士兵参加,讨论秋收斗争,在游击区群众免除了伪满洲国捐税的剥削,能够耕种收获以及相当避免"胡子"的骚扰、抢夺等。

同一报告中,在介绍珠河反日游击队队内干部、军事、政治指挥员时,这样谈到赵尚志:"司令,赵××,知识分子,勇敢、坚定、吃苦是其特长。政治上还很薄弱,军事上只有实际行动的经验,没有专门军事知识(过去曾作过黄埔生)。在党与群众中都有很大信仰。1932年因参加张甲洲游击队犯了错误,省委开除其党籍(当时开除是错误的),最近决定正式恢复党籍(省委另有决议)。"①从上述报告中可以清楚看出,省委对珠河反日游击队在反日斗争中取得的成绩是给予了充分的肯定的。报告中说赵尚志"政治上还很薄弱"说明省委对他还有一定看法。至于为什么出现说他"没有专门军事知识",又说他"过去曾作过黄埔生",这种似乎有些矛盾的说法,则不得而知。除此之外,省委对赵尚志的评价应该说是很高的。

五、恢复党籍

1935年初,赵尚志正为反"讨伐"斗争的胜利深感欣喜。这期间,对赵尚志来说,还有一件令其愉悦的喜事,那就是1935年1月,中共满洲省委重新审查了赵尚志在1933年春被开除党籍的问题,结合他的实际表现,恢复了他的党籍。

自从巴彦游击队失败,赵尚志被省委开除党籍后,中共满洲省委也发生了很大变化。1933年9月省委书记魏维凡(李实)被调回中央。由省委宣传部长李跃奎代理省委书记。同年10月末,李跃奎在哈尔滨被捕。11月,根据中央指示由马良(林电岩)代理省委书记。对于赵尚志被开除党籍一事,当时省委组织部部长何成湘在一份报告中谈到孙朝阳部队工作,珠河新的游击队创建时说:"过去我们在朝阳部队中的工作情形:有一个很得朝阳与下层士兵信仰的参谋长小赵,过去是同志,因领导巴彦游击队失败去年被省委开除,省委当时站在'左'的机会主义立场上开除他是不正确的"。②虽然省委有关领导已认识到开除赵尚志党籍是错误的,但还未能及时恢复其党籍。

1934年10月,马良被调到海参崴太平洋职工秘书处工作后,省委书记由杨光华代理,刘焜(赵毅敏)任组织部长,谭国甫任宣传部长。赵尚志在珠河从事创建反日游击队,开辟哈东游击区、根据地期间,领导东北抗日斗争的正是马良、杨光华为代理书记的这届满洲省委。

赵尚志自巴彦游击队失败被开除了党籍后并未悲观,仍然坚持开展党的反日武装斗争工作,并多次表示了自己要回到党的怀抱的迫切愿望。

---

① 《中共满洲省委东北抗日斗争的形势与各抗日部队的发展及其组织概况》(1935年1月),载《文件汇集》甲44,第334页。

② 《中共满洲省委何成湘关于最近满洲工作的报告》(1933年11月24日),载《文件汇集》甲16,第350页。

1934年初，省委巡视员巡视珠河时，赵尚志就专门与其谈过自己在巴彦游击队失败后被开除党籍的问题。他表示愿意接受组织的批评、教育，要求回到党组织中来。

1934年2月2日，赵尚志对自己过去所犯的错误向党团省委写出"声明书"，作出系统检查。声明书中说"一个革命分子，若不是在阶级的党、革命的集团领导之下，绝不能够正确的执行革命工作，绝不能不犯策略路线上的总的及行动上个别的错误，并且一定严重到万分。因为人间没有天神，阶级中没有英雄，我只要有为革命忠实，对阶级忠实的诚意，那对布尔什维克政党，只有无条件的接受领导，无条件的积极执行工作，无条件的服从纪律和改正错误，那才防止走上政治生命断绝、断送革命前途的危机。"①"声明书"检讨了他在巴彦游击队工作期间的"左"倾错误，在执行反日统一战线任务中，未能正确领导队伍，"反而领导到作了破坏统一战线，造成四面是敌人。""放弃了成千成万的群众工作，时常用军事行动来代替一切，表现出军事万能的样子，并且打硬攻坚的盲目冒险行动。""用过'左'的口号空喊建立苏维埃、土地革命及创造红军的不适合满洲目前形势的过'左'的行动，结果完全失败。"同时，他还检讨了工作中的右倾错误："在全般领导工作中，仅仅注意少年先锋队及教导队的领导，放弃全般队伍的领导和转变的工作。""反对反动领袖的斗争工作，表现不积极、不坚决的右倾态度，在各处执行分粮分米工作的中间，不能够抓住群众的中心的迫切的要求，不来组织群众、领导群众。""声明书"中还检查到"党内问题"上的错误，"放弃了省委所赋予的任务，不能够领导支部工作。同省巡视员闹意见。不积极的用书面写报告使省委了解到一切情形，并且一次报告也没有写，完全是个人的表现。""尤其对回省后以不信仰省委的态度和成见，要求开会议和将各种有关材料文件送中央解决，丝毫不承认自己的错误。"赵尚志的这份检查"声明书"应该说是全面的、深刻的、真诚的。但有的地方也是违心的。可以说巴彦游击队的失败从总体上不完全都是因为他的过失所致。然而，他从自己曾是巴彦游击队的领导者这一角度，全部承担了责任。正如他在"声明书"中说，"过去旧省委领导的不正确，并不是我个人应当掩护错误的口实。""过去在巴彦工作中，表现出软弱无能"，"犯断送革命的错误。""新省委目前对我个人的挽救，我诚恳地接受，中央和省委新路线的正确，我声明完全接受和忠实地执行。"在"声明书"中，他还说，关于巴彦游击队中间的许多问题，有教育全党的意义。他提议，把他的检查"声明书"登在党报上，使每个同志都了解他的错误，引以为戒。由此也可以见到赵尚志对自己严格要求，胸襟宽广、坦白、诚恳的态度。他写的"声明书"即赵尚志对自己错误的认识，得到了新省委的认同。

在珠河反日游击队成立到哈东支队整编后一年时间的激烈斗争中，赵尚志以自己对党的抗日斗争这一伟大事业的忠诚，赢得了广大战士和群众的信赖，在反日游击队和游击区、根据地内建立了较高的威望。同年9月，省委巡视员在写给省委的报告中说道：在游击队"司令部小赵在政治上较强，一切意见、军事计划大多出自小赵，小赵自己了解过去反组织倾向的错误，比较深刻，拥护党的组织和路线，故队内同志、地方同志希望省委能恢复他的党籍。"②

---

① 《赵尚志的声明书》(1934年2月2日)，载《文件汇集》乙2，第159页。
② 《中共满洲省委巡视员霞巡视珠河报告》(1934年9月28日)，载《文件汇集》甲20，第228页。

如前所述,同年11月,省委组织部长刘焜以省委代表身份来到珠河根据地解决赵尚志与珠河中心县委的意见分歧问题,先后召集了队内负责同志会议、地方党部的会议、团县委的会议,对赵尚志与地方党委所争论的问题的实质进行了详细的考察。经考察,他认为,在围绕如何执行省委关于反对敌人冬季"大讨伐"的决议问题上,赵尚志提出的在反"讨伐"斗争中要根据实际情况灵活执行省委决议,向方正方向发展的意见是正确的。省委决议中"不准敌人进入游击区一步"是不切实际的。后来省委表示赞同从实际出发,灵活执行反"讨伐"斗争决议的意见,指出"珠河和方正的游击区应在发展中打成一片,党和群众的组织工作也应向着这一方向发展。省委同意你们对于方正和珠河两处根据地的决定"①———鉴此,中共满洲省委根据珠河中心县委、省委巡视员的意见和刘焜同志的报告,认真地审查了赵尚志被开除党籍问题并根据其实际表现,于1935年1月12日作出了《关于恢复赵尚志党籍的决议》。

对于这段历史,原中共满洲省委代理书记杨光华同志回忆说:"1933年赵尚志领导的巴彦游击队失败了,被开除了党籍。1934年底(按,应为1935年初)省委恢复了他的党籍。开除他党籍后的表现和行动表明他是坚持革命的。搞武装,积极抗日,搞起来军队后,服从党的领导,因此给他恢复了党籍。赵尚志能吃苦,也吃了很多苦,干了许多大事情。他的活动在哈尔滨附近,给敌人的震动是很大的,敌人很恨赵尚志。他在群众中享有很高威望,群众关系好,他和战士一样,在东北的抗日斗争中是有代表性的。"又说,"赵尚志从头到尾是革命的,受了挫折也没有消极,一直在搞革命,搞抗日活动。党开除了他,他也在革命。不在这搞,就到另一地方去搞,这是难得的革命精神。"②杨光华同志对赵尚志难得的革命精神予以充分的肯定,他的评价是非常正确的。

原满洲团省委宣传部长何能同志回忆说:"这时期(按,指大规模义勇军斗争兴起时),我们党抓武装成果较大的要算是赵尚志同志的部队了。赵是哈市人,共青团员(按,应是共产党员),曾被捕押于吉林的监狱里,表现还好。出狱后,省委就让他参加省军委的工作(当时杨靖宇同志也在)。派他打入江北的张甲洲部,得到信任,活跃起来,和敌军打来打去。因做了一些政治工作,在群众中的印象就比其他抗日部队好些。日本帝国主义狂叫'哈绥线发现共产军1000多人',就是指这支队伍。赵尚志同志勇敢、大胆是他的长处,可是做事粗鲁,掌握党的政策差,本身的力量一有增长,不把自己当成中心,团结其他可能团结的抗日力量,而是贪图小利,往往吃掉比他们小的武装。部队所到之处,不真正发动群众,依靠群众。有游击主义,单纯军事观点。结果,自己陷于孤立,而敌军却看该部队是'共军',是它的'死对头',不断向他们进攻,张、赵节节失败。当省委将赵调回哈尔滨汇报时,他自以为是,不承认犯了军事路线上、政策上的错误,不接受批评。省委便处分他,要他吸取经验教训,另起炉灶再干(我也和赵谈过几次)。不久,他投入到阿什河的孙朝阳部,很快当了孙的参谋长。由于孙部成分复杂,胡匪头子控制基层的力量也较大,赵趁机发展党、团力量(党、团省委又派了一些同志进去)。赵在珠河一带活动中,大量吸收朝鲜青年参加(这时我党基础较强)。赵边抗日,边削弱孙和其他

---
① 《满洲省委给珠河县委与游击队政治部诸同志的指示信》(1934年12月23日),载《文件汇集》甲20,第120页。
② 《访问杨光华同志记录》(1965年9月16日)。

胡匪头的势力,终于得以取孙而代之,逐渐形成为党领导的一支抗日武装力量。1934年夏秋,赵部声震全满,载誉全国。敌军多次悬赏要捉他,把赵的父亲押起来,企图通过他劝赵归顺。记得我被捕,日本人最后审讯我时翘大拇指向我笑着说:'大大的赵尚志,小小的满洲国'。我们还积极组织党所领导的抗日游击队。吉林磐石县、东满延边的游击队等,发展也很快。"①何能同志的回忆说明赵尚志被开除党籍后,仍在坚持革命斗争,他吸收经验教训,另起炉灶再干,终于建成一支党领导的抗日武装。

中共满洲省委于1935年1月12日作出的《关于恢复赵尚志党籍的决议》对赵尚志坚持不懈地开展反日武装斗争作出了应有的肯定评价。决议指出"赵尚志同志在被开除以后,在民族革命战争的烈焰中,能继续艰苦工作,在与日本帝国主义长期斗争过程中表现了坚决勇敢的精神","一年来创造和发展了珠河游击队,开辟了很大的游击区域,扩大了党与游击队的很大政治影响,推动了满洲反日民族革命战争有力的开展。"

决议还明确指出原省委开除赵尚志党籍是错误的。决议中说:"当时省委执行'左'的机会主义路线,根本不懂得在当时满洲情形之下的反帝统一战线的策略路线,而执行了破坏统一战线的'左'的机会主义,提出目前就要创造红军、苏维埃,执行土地革命。正因为当时省委是执行'左'的路线,不能以正确的两条路线斗争在事先在实际斗争过程中去克服右倾机会主义,结果形成以组织上的手段开除了赵尚志的党籍。以正确的立场认识这种开除是错误的。省委正确估计到尚志同志在党的长期斗争中,克服了过去的错误,放弃了自己敌视党和右倾机会主义的见解,已经回到布尔什维克正确路线领导之下来了,因此正式决定恢复赵尚志同志的党籍,使赵尚志同志成为布尔什维克的有力干部,党的正确路线的执行者,民族革命战争的英雄"。

省委关于恢复赵尚志党籍决议说明了赵尚志是在什么情况下被开除党籍的,承认了原省委所作开除赵尚志党籍的决定是错误的,并指明了错误之所在。这一决议的作出,使赵尚志实现了自己埋在心底的意愿。他终于又成为中国共产党这一伟大组织中的一员。他下定决心,不辜负党组织的希望,要接受组织和革命斗争的考验,发挥自己的革命积极性,在反日民族解放战争中把自己锻炼成为真正的"布尔什维克的有力干部","党的正确路线的执行者"和"民族革命战争的英雄"。②

在反"讨伐"斗争取得胜利的日子里,在迎接新的一年战斗任务的庄严时刻,赵尚志面对洁白积雪覆盖着的茫茫原野,眼望着严冬时节朝阳初升呈现出的灿烂霞辉,感到无限欣慰——有什么能比获得宝贵的政治生命更为重要呢?

六、"他就是赵司令"

在创建珠河东北反日游击队,率领抗日部队从事英勇的抗日游击战争和在开辟游击区、

---

① 《何能访问录》(1958年10月7日)。
② 《关于恢复赵尚志同志党籍的决议》(1935年1月12日),载《文件汇集》甲21,第5页。

建设根据地过程中，赵尚志与广大战士、群众建立了十分密切的关系，他在战场上与战士们并肩作战，在驻地和群众一起干活、唠家常。他视群众如父母，视战士如兄弟，关心战士、群众，与之同甘共苦，因而受到战士和群众的称赞和爱戴。人们交口赞誉他是："我们的赵司令"。至今，在松花江畔、小兴安岭山麓还流传着许多有关赵尚志的传说、奇闻轶事。

赵尚志是个不太出奇的人物。个头挺小，一只眼睛坏了，耳朵长，平常不戴帽子，不带枪，好和战士开玩笑，到哪都没官架子，非常关心、体贴士兵，心里总是装着战士。一位老战士说，就是有一个鸡蛋，他也得叫打在汤里，让大家都能吃到。一次，游击队住在老乡家。老大娘见游击队来了，特地给赵尚志做了碗面条，而且非让他吃了不可。赵尚志却说："我吃了，那些弟兄们怎么办呢？您老就这么一点儿面，还是留着自己吃了吧。如果您老有许多面，那我们就买下来，让全体弟兄都吃上一顿。"还有一次他患感冒发高烧。当时正赶上敌人严厉封锁，眼下无医无药，粮食也都没有了。战士们说想法弄点儿热面汤让他喝了发发汗，兴许会好些。于是好不容易从老百姓家找来一些苞米面和一小块干姜。面汤做好后，战士端到赵尚志跟前。

赵尚志睁开充满血丝的眼睛，看着小盆里的面汤说："咱们不是没有苞米面了吗？"

一位战士说："是从老百姓家里借来的。"

赵尚志撑着身子坐起来，说："又给老乡添麻烦了，一定要给人家钱，这是纪律。"

当战士用勺从小盆里盛面汤时，赵尚志说："我喝一碗就够了，再去找两个大碗，盛上送给其他病号吃。"

战士说："你喝一碗怎么能发汗呢？"但赵尚志执意不肯多喝，没办法，战士只好把给他做的面汤送给别的病号了。

战士们打游击非常辛苦，有时连续作战都很疲劳，当部队到老乡家住宿时，赵尚志总是问战士们谁的腰疼，谁疲乏。他总是把那些腰疼、过于疲乏的战士安排在火炕上去睡，而他却在地下铺些草，连被褥、枕头都不要，和衣睡在上面。有时队上发了津贴，他就把自己的那一份拿出来，给大家买点儿东西。

在游击队中，战马是战士最心爱的了。可他没有骑过好马，他的马总是自己喂。他若有了一匹好马，谁看中了就连鞍带马送给谁，然后他再找一匹来对付。常有这样的事，战士看中了司令的马，就说："司令，你这匹马真好，送给我好吗？""送给你，就送给你——牵去吧，上战场可得好好打仗啊！"赵尚志这样回答。而战士也不装假，真的就把马牵走。

一位保安连战士回忆说，我和赵尚志比较熟悉。他左脸上有道枪弹灼伤痕，平时随身带一根藤棍，骑一匹缴来的战士不要的马。他擅长两手写字，爱穿白花旗上衣。和战士同甘共苦，平时很爱护战士，晚上让战士睡在炕上，他自己睡在地下。他好和战士开玩笑，和战士一起抢馍馍吃。在我一次值岗时赵司令没有回答我口令，我向他开了枪，但没打着。事后，赵司令表扬了我，给我一盒烟。

一位老游击队员回忆说，赵司令对弟兄们特别好。1934年秋，康家炉战斗时，我们牺牲了几名同志，司令难过得直哭。队伍返回三股流后，他亲自为牺牲的李春珍等同志开了追悼会。赵司令在每次战斗后特别注意干部、战士的情绪。尤其是战斗失利，一些人情绪低落时，他总能想办法把大家的情绪鼓起来。

一位老根据地的群众说,我第一次看见赵尚志时,只见他光个大膀子,穿条破军裤,口袋里别把匣子枪,他正和弟兄们吃饭呢。他像个小孩子一样,到这个弟兄碗里拣个豆吃,又到那个弟兄碗里"扒拉扒拉"。大伙都吵吵司令抢他的豆吃啦!一位警卫战士见我来了,高喊道"来客人啦!"赵尚志赶忙到屋里穿上衣服,把我请过去唠起抗日反满、军民一家的事。①这是部队以外的人亲眼目睹赵尚志与战士和睦相处的一个场面。

赵尚志教育士兵很有办法。他深知身教胜于言教,常以自己的行动去影响、感染战士们。比如,冬天无论怎样冷,他讲话时从来不把手插在兜里、怀里。讲完之后,才把冻得煞白的手插在袖子里暖和暖和。有一次,赵尚志住在一位老乡家,看见这家妇女在切萝卜,便当着战士的面吃了一块。过后,一位战士对他说:"司令,你犯了一个错误可知道吗?"赵尚志故意说:"我不知道哇!"这位战士便提起他随便吃老百姓萝卜的事。于是,赵尚志马上召集士兵开会,表扬了那位战士,并承认了自己的错误,当众做了检讨。同时以此为戒教育战士们不许随便拿群众任何东西。

赵尚志能够带头执行部队各项纪律、规定。一次开饭,桌子上的饭菜都摆好了。赵尚志一进屋就上炕先吃起来。这时一位战士对他说:"司令,你怎么先吃呢?别的弟兄还没有来,先吃可犯错误呀!"当时有开饭要同时吃,早吃五分钟罚托枪站岗的规定。赵尚志听罢,点头称是,便放下筷子不吃了。他自动拿起枪到外边罚站岗。因他是队长,犯了先吃之过,除了罚托枪外,又另罚两小时立正。战士们说:"司令违纪都是如此,何况我们呢?"②关于赵尚志违纪站香火的事,曾任哈东支队政治部青年委员的季铁中(时名王铁中)同志回忆说,他刚到部队赶上一回。赵司令住的房东家炕席底下炕着瓜子。他在读书时无意识地摸出来一个,条件反射似的放到嘴里吃了。这时,刚巧一个小战士发现了。他忙说:"司令,你在会上说:所有的战士,不许动老百姓一棵草,可你……。"赵司令马上意识到了。立即让小战士拿来一炷香,自觉地罚站,香点着了,赵尚志两腿蹦直地站在墙边。过往的战士、百姓看了无不感动。不少人都纷纷来劝阻,说赵司令工作忙,意思一下就行了,赵司令坚决不肯,他说:"我们当干部的就应严于律己。"就是这句严于律己,在游击队大大小小的干部中产生了很大的影响。③

赵司令特别注意强调群众纪律,总是强调我们游击队是人民的反日的革命队伍,不能像义勇军、山林队那样乱拿老百姓的东西。因此,队伍用老百姓的东西必须付钱。一个游击队员回忆说,我们向老乡买猪肉,都按当时最高价付钱。老乡不要钱,我们就不买。司令说,老乡不容易呀,好容易杀口猪,我们怎能白吃呢?在老百姓家,桌子上无论摆上啥好吃的东西,老百姓怎么让战士吃,司令不吱声,谁也不能动。队伍行军,如果到半夜要住宿,尽管外面下着雨或下着雪,也得等在外面,由队长轻轻地敲敲门,等老乡开门同意后,队员才能进屋。到屋后都不睡在炕上,铺点儿草就睡在地上。老乡给被也不盖。赵司令也和大家一样睡在地上。因此,在

---

① 《尚志人民抗日斗争史调查材料·纪广生口述》。
② 丹池:《杂记赵尚志将军》,载《文摘》一卷二期(1937年)。
③ 季铁中回忆录:《风雨足音》,孙占山整理,第44页。

赵尚志的影响下,战士们都能注意自觉地遵守群众纪律,行军不踩庄稼,买东西给钱,损坏东西给赔偿。

赵尚志勇敢沉着,处事果断,指挥战斗从不犹豫不决,战斗部署时决心大,在每次战斗中,总是身先士卒,骑马跑在前面。游击队组建不久,在缴双城县老九区板子房伪警察分驻所的械时,赵尚志下令往上冲。因分驻所院墙较高,有的战士内心打怵,行动有些迟缓。这时,只见赵尚志带头迅速冲上前去,为战士作出了榜样。接着大家一齐冲上去,最后取得了战斗的胜利。由于在战斗中,他能率先垂范,所以他下达命令,战士没有不服从的。

赵司令对枪很有研究,讲起驳壳枪,短八分,金鸡小脑袋,大镜面匣子的性能,都能说一套一套的。他常告诉战士们要爱惜枪,保护好枪。并说,要想有好枪,就要从敌人手中缴,鼓励战士,勇敢战斗,打击敌人,武装自己。每次战斗缴获来的枪,自己从不先去选用,而是让战士先去挑选。他自己带把匣子枪并不常用,手里常拿的是一根小木棍。"司令对于带枪很马虎,是不应该的。"——在1934年9月支队给省委一份报告中,这样批评过他。①赵司令的胆量特别大。战斗时,两边枪都响了,他却把匣子枪往后一背,手里拿着一根总也舍不得丢掉的小木棍,骑在马上向敌人大声喊话。有人说:"你别喊话了,枪子儿可不听你的呀!"他不理,继续喊,弄得大家都替他担心。过后问他:"你为什么不开枪呢?"他说:"枪子儿能打着几个敌人,我一喊'中国人不打中国人'就很可能一下跑过来一大群,开枪还得靠你们。"

"赵司令从来不摆架子,生活特别朴素。住在老乡家,他又帮烧火、又做饭,和弟兄们一样。"一个老游击队员这样说。的确如此,在游击队初创时期,赵尚志在驻地常常是和战士们一道帮助老乡劈柴、扫院、挑水、推碾子、拉磨、干杂活的。他也和战士一样去站岗、放哨。为此,中共满洲省委在一封指示信中曾批评游击队应"反对极端民主化,如队长也轮流站岗。"②赵尚志生活俭朴是特别出名的。他不修边幅,衣着随便,不蓄发、剃光头,吃东西从不挑拣,什么东西都敢吃。在生活上他不讲究,从来不搞特殊。他冬天经常穿一件破棉袄,脚上穿一双"二龙吐须"的破靰鞡;夏天穿一件退了色的黄军装。他看战士没有新衣服穿,他也不穿新的。他要是穿上一双新鞋,看见有的战士鞋破了,他就换过来,衣服也是这样,所以他的穿戴总是最差的。

一位副官这样回忆道:赵军长个头不高、身板很结实。行军打仗总爱骑一匹小黄马。他看上去就像一个憨厚的庄稼人,没有一点儿官架子。哪里有战士,他就到哪里打哈哈凑热闹。战士经常缠着他让他讲故事。他肚子里的故事不知有多少,我们常常听得忘记了饥饿和疲劳。但遇到了正经事,他可是丁是丁、卯是卯,很有魄力,一点儿也不含糊。谁要是做错了事,他就当面严肃批评你,越是干部要求越严格,有时甚至发脾气、骂人。事后觉得不对时,又主动当你面认错。

"赵司令行不更名,坐不改姓,值得称道。"——一些义勇军的首领这样说。自从成立珠河东北反日游击队之后,赵尚志这个名字就同东北武装反日斗争紧密连在一起。当时,按一般

---

① 《东北反日游击队哈东支队给省委的报告》(1934年9月),载《文件汇集》甲44,第177页。
② 《中共满洲省委给珠河县委、游击队的信》(1933年11月28日),存中共黑龙江省委党史研究室资料室。

武装习惯，队头都要报个字号，诸如"三江""四海"之类，或更名改姓，并有一生、二死、三兴、四亡、五富、六贫、七升、八降之说，即字号笔画为单数则吉祥，为双数则凶险。赵尚志对此不以为然。他在过去从事革命斗争时，也曾根据斗争需要起过化名，如在狱中化名赵子和，在巴彦游击队时就叫李育才。这次组建珠河游击队，他便说："我赵尚志此后行不更名，坐不改姓，就叫我的真名实姓赵尚志。"有人问，你为什么不报个字号或起个化名？他诙谐地说："报字号，更名改姓，有一天我死了，魂找到家，家人可能就不认我了。"此后，赵尚志真也没报过字号。赵尚志以真名实姓从事反日武装斗争，表明他坚决抗日到底的决心。在当时，即日伪统治时期，敌人报刊上"匪首"的名字中，"赵尚志"三字出现的频率是最多的，这说明日伪当局对其无比仇视。而广大民众一听说赵尚志的名字则备感亲切，因为赵尚志这三个字与人民自己的反日武装连在一起，与抗日斗争的胜利连在一起。

赵尚志最痛恨叛徒、奸细。1934年春，丑殿五及李春山等从游击队叛出。丑为人狡猾，认为在游击队不能发财，叛变后拉拢小帮山林队打起救国军旗号，作起土匪行径，败坏抗日军队声誉。李是赵尚志亲属，论辈分赵尚志称他为舅舅。他是1933年冬从"朝阳队"来到游击队的。此人好吃懒做，有一口喝大酒、抽大烟的瘾，受不了游击队严格纪律的约束。一次，他放走让他看押的一个汉奸地主后，叛出投奔丑殿五队。为了惩治叛变分子，赵尚志曾单人独马来到丑部，了解丑部情况。他不动声色，丑以为他为别事而来，未引起怀疑。情况了解清楚后，赵尚志随后率队将丑殿五队伍包围、缴械。把丑、李两人抓了回来。然后，召开全体队员大会。赵尚志问大家对丑怎么办？大家异口同声说按军法处置。当时的军法是叛变、拖枪逃跑要处死刑。丑被拉出执行枪毙。赵尚志又指着李春山问大家："弟兄们，你们说对他怎么办？"战士们都知道李是赵尚志舅舅，你瞅我，我瞅你，谁也不吱声。好半天，有个战士说："念他初犯，打几棍子，拉倒吧。"赵尚志听了，瞪了那个战士一眼。这时，有个战士说："依我看，他犯了军法，也该枪毙。"

"好！这位弟兄说得对，就按他说的办。"赵尚志果断地决定道。

接着，李春山被拉了出去，"当当"两响，被枪毙了。

这段史实历史文件上有记载。1934年9月28日中共满洲省委巡视员报告记载此事说："（赵）第二次去时，即将其队包围，全部缴械。缴械后，即召集全体士兵会议，通过将丑及李某（小赵舅父）枪毙。参加丑队之小帮，枪械全部发回。此事件后小赵的威信愈加提高。"赵尚志处决叛逃分子丑殿五及李春山影响很大。特别他能大义灭亲，更令人敬佩。自此，游击队流传一句顺口溜（歇后语）："赵尚志毙他舅——公事公办。"

由于在长期战争环境中，工作紧张、繁忙，赵尚志经常是十天半月顾不上洗脸，造得满面黝黑。有一回，赵尚志率领游击队住在一位老乡家。这位老乡看到赵尚志满脸黝黑，便开玩笑地说：

"赵司令是黑虎星下凡吧？"

赵尚志知道这位老乡是笑话他不洗脸，便笑着说："你我都是肉胎凡人，我怎么是黑虎星呢？"

那老乡便问:"那你脸上怎么这样黑呢?"

赵尚志回答:"国土沦丧,脸面无光啊!"

也有人说赵司令自举旗抗日后,曾立下志愿:在东北失地未收复以前誓不洗脸。他说,蒋介石、张学良已把中国人脸丢尽,无须再洗。

还有一次赵尚志率队住在游击区的一个屯子里。群众都想知道谁是大名鼎鼎的赵司令。当年,赵尚志任东北反日游击队哈东支队司令时年仅二十六岁。一些群众认为赵尚志这么年轻就能把许多凶横暴虐的"胡子"降服,听从他的指挥和摆布,敢于带兵与日本鬼子打仗,一定是非同寻常之人。一位老大娘对部队副官说,她想看看赵司令是个什么样的人。其实,赵尚志和几位战士已经在她家住一宿,吃过两顿饭了。第二天,这位老大娘对副官说:"你把赵司令领来让我瞧瞧不行吗?"

副官说:"您还没见到司令吗?"

她回答:"没见到。"

副官说:"他都在您家吃两顿饭了,您怎么还没见到呢?"

老大娘惊奇地问:"哪一位是司令?"

副官告诉她:"那位个矮、做饭时帮您烧火的就是。"

老大娘不敢相信地问道:"是那位满脸黝黑、穿得最破、浑身油渍麻花的人吗?"

副官说:"正是。"

这位老大娘听罢,大吃一惊:"我当咱们的司令不得怎么阔气,原来他就是赵司令!"

关于赵尚志不洗脸还有这样一段故事,有一次赵尚志带着哈东支队的几十名战士来到一个村子。正赶上赵一曼在村里开展妇女工作。妇女会的同志们忙着给战士洗衣、做饭。她们看见战士满脸灰土,脏兮兮的,都笑话他们说,咱们的战士怎么这么埋汰。赵一曼一看也感到太不像话,就指着旁边的清澈的河水问战士:"你们怎么不用这河水洗洗脸,干净干净,精神精神?"战士们说:"我们赵司令说,国都没了,哪还有脸,这年头讲的是怎么打日本鬼子,没那么多讲究。"十分爱清洁干净的赵一曼找到赵尚志,见赵尚志满脸黝黑,十分邋遢,便知道战士不洗脸的根由了,她对赵尚志说:"什么司令带什么兵,原来战士不洗脸是你带的头。司令,我们要和日本坚持长久作战,看来我们的队伍也得坚持长期不洗脸,就得长久地埋汰下去了。"赵尚志见赵一曼这样不客气地挖苦他,也觉得很不好意思,便对战士们说:"我不洗脸,怎么你们也跟着不洗脸,你们尽给我丢脸。"说罢,他和战士们都到小河边洗了脸。赵一曼见赵尚志和战士们洗完脸,都干干净净,十分精神,便说:"其实我们的赵司令也是很爱面子的。"

"他(赵尚志)有些军事经验,有些办法,能大胆开辟游击区,拓展的面很广。他是省委委员、县委委员。对党组织指示一般还是尊重的,军事行动方面的行动方针,一般都是经省委、县委讨论后执行,军事行动基本是按照他的意见做的,基本也是正确的。当时经常是连续性的军事行动,他每天考虑这些问题,从不停歇。大的军事行动以前主动找省委、县委,取得支持。只是在会议讨论中,他很主观自持,无视别人意见,当然他的意见说服力也很强。有时批评省委委员,地方工作慢,应该跟上军事行动,有时埋怨省委,和省委同志发脾气,省委有缺点他就来火,责备党的工作。当时军队中的政治工作不十分健全,也多少助长了他的这种错误的发展。赵尚志本人生活非常俭朴,穿得破破烂烂,像个伙夫,有时帮助伙夫烧饭,群众真认不出他是赵司令来。他能和群众、部下战士打成一片,没有一点儿架子。工作上是严肃的,命令是严格的,谁要是不听命令是不行的。对待犯错误的人,不是说服教育,而是采取贬斥的办法。脾气十分急躁,最好发火。"这是与赵尚志接触时间较长的一位抗联老战士回忆所说。

在反日游击战争中,赵尚志创建游击队,联合义勇军作战,有军事领导能力,敢打敢冲,能积极领导从事开拓性的工作,取得了很大成绩,在部队和地方有很高的威望。他的动人斗争事迹到处流传。他成了一位富有传奇色彩的人物。在抗战期间陕北出版的党中央机关报《新中华报》上曾刊载一篇题为《赵尚志速写》的文章。此文是这样描绘他的:矮矮的身材架着一身破旧的士兵衣服;一张堆满了灰尘的面孔上安置着一只失了明的眼睛——为我民族受了光荣的伤;走起路来一颠一跛的;大部分空闲时间,总是围绕着他的马,忙着饲料或梳毛……又最喜欢插在小队员堆中指手画脚的放纵的说笑玩闹,这就是在东北艰苦斗争数年的民族英雄赵尚志将军。特别引人注目的就是他那双长久不洗的手(有人说他七个月不会洗脸)被汗水和灰尘交织着刺绣出了麟状的花纹,每一个骨节都是膨大得像小榔头,除去手掌心之外,既黑又瘦。

如果你问他:"为什么不洗脸?"

"连小日本鬼子都打不出去,那里还有脸啊!"是他的答案。

他是对付伪满国军的专家:

还没有到达某地之前,他就用飞马送快信,提议当地的民团要挂红、放鞭炮,迎接赵司令!在噼噼啪啪的爆竹声下,赵司令大踏步地走进那结了红彩的大门之后,第一件事就是:"站队"!面对着整齐的民团行列高高地站在板凳上的就是我们这位矮将军。一篇直率热情生动而富鼓动性的抗日救国的大道理,讲完之后,下了台就进行改编。他离去的时候,就带着这部分改编了的民团一同走。

他也是叫大门的能手:在东北,住在乡下的大地主和豪绅都有很大的院套,叫作大院。四角都有炮台。我们这位富有威力的赵司令,常常把带领的队伍停在大院的前面,自己单人独马的跑上前去拍叫大门:"开门!我是赵尚志"!威名和威力之下,大门总是很顺利被叫开的。他也曾和山林队进行过统一战线的工作:和山林队合力缴日满军的械。可是,缴械之后,他坚决的反对分枪,而主张利用这一部分枪组织新队伍,这个新队伍由山林队方面指派队长来领导!军队中是"服从命令"的,自然山林队方面非常欣喜了。

"他怎样对待他所认识的人呢?"

"你说,应不应该打日本鬼子?"当他遇见在伪满政府方面工作的亲戚朋友以及一切他所认识的人时候就这样问。

"当然应该啦!""那你为什么不把枪杆子拿出来干去呢?"

"我们还有老小,我们不敢!"

"我不怕,我敢,把枪交给我,我去打!"

就这样子,把他认识的人的枪也交到了他的手中!

他对付日本鬼子则更彻底!效仿诸葛的方法,把攻打他的日本鬼子用烈火围烧。加上他性子既急手段又辣,使得日本鬼子非常畏忌。因此,日本鬼子都叫他做"火王爷"。

我们这位"火王爷"有抗日决心,忠实于抗日事业,有本领有魄力,果断,勇敢,时时刻刻在任何情况下,都设法发展抗日的实力。他常说:"只要自己有了基本队伍,有了实力,什么都不怕!"①

俗语说:金无足赤,人无完人。由于是在分散游击斗争的环境中,赵尚志身上存在的个人英雄主义等思想作风上的毛病和实际工作中的一些缺点也有所暴露。他脾气大,好瞪眼珠子,好发火,好训人。他的战友刘海涛曾说他,理论有些,非常聪明,体性不好。②在工作方法上显得简单粗糙。比如,在游击队时期有这样两件事:接收新员加入队伍,他总是好采取非难或威吓的办法对人进行考验。他说"勇敢者生来就勇敢""没有训练出来的勇敢",结果有许多群众要求加入队伍而被拒绝。1934年春节前夕,赵尚志召集队员讲话,问战士们,谁愿意请假回家过年,这是一个好机会,以后就不能请假了。当时有几位队员请了假,以后归队,他就不要了。他说,用这种考验的办法就是看看哪些队员动摇。对于这种考验的办法,游击队员都接受不了。有的说咱们队长可真"厉害"。他对士兵教育较有耐心,可对于干部便好用挖苦、训斥的方法。朱新阳回忆,一年冬天,天气寒冷。他和赵尚志还有几名干部在一个没生炉子的屋子里研究事情,部队的棉衣刚由地方征集上来,堆在屋里还没有下发。浑身冷得打战的朱新阳顺手从屋里的一大堆棉衣拽了一件,披在自己身上。赵尚志见了,很不高兴,瞪着眼珠子说:"战士们还没有换上新衣,你怎么就先穿上了?你有啥特殊啊?"说得朱新阳很不好意思。他赶忙把棉衣脱了,扔在大堆上。一次,有位分队长对战士们说应向队长要求每两个人给买一块肥皂、一条毛巾。赵尚志知道后,便说他是煽动队员,还粗暴地解除了他的武装(后又返还)。他的这些错误做法,满洲省委都曾予以批评过。省委批评说:"告假归队的不要,积极要求入队的不要,没有从阶级的立场上和反日的决心上来发展队伍三倍、五倍,这显然是有害的关门主义。"又说,"'生来勇敢就勇敢''没有训练出来的勇敢',这种说法是有害的,必然会障碍对于队员政治教育的进行。"③

赵尚志在党籍问题未得到恢复的一段时间里,常因对一些问题的看法与党团县委的同志不一致而发生争论。在讨论问题时,他表现主观自持,无视别人意见;有时耍军事权威的态度,瞪眼珠子;埋怨、责备省、县委对地方工作开展得慢,跟不上军事斗争的需要,说省、县委右倾。有时他还跟组织闹闹情绪,对省、县委也说过一些过头话,表现对省、县委不够尊重。1934年初,一位县委巡视员到游击队巡视,想在队内多住几天,了解队内存在的问题,赵尚志却说:

---

① 林平:《赵尚志速写》,载《新中华报》(1939年5月19日)。
② 刘海涛:《关于满洲情形的报告》(1936年),载《文件汇集》甲47,第158页。
③ 《中共满洲省委关于反日游击队工作给珠河县委游击队全体同志的信》(1934年4月8日),载《文件汇集》甲18,第78、79页。

"不行啊!你当这是你们的饭店呢?说来就来,说走就走。这不是给你们预备的,明天我们还要到道北去呢。"县委巡视员说:"不是叫你们住这场儿,我同你们一同移动。"赵尚志说:"不行,那也不行。你们愿意怎么的就怎的吗?"两人你一句,我一句,说得很不投机。县委巡视员说:"你用不着向我用这种命令主义方式!"赵尚志则开口道:"什么叫命令主义,命令你妈个……"因这位巡视员顶撞了他,便把人家骂了一顿,结果县委同志对他很有意见。赵尚志身上所表现出的思想方法、工作作风等方面缺点,是由于他年轻(他担任反日联合军总司令时年仅二十六岁),思想中存有骄傲情绪所致。另外,部队中政治工作不十分健全,也多少助长了他的各种缺点的产生。但是,赵尚志对中肯的批评是能够认真接受的,也注意改正自身存在的缺点和错误。特别是他在闹过情绪之后,该工作照样工作,并不因为有意见、有情绪就扔掉工作,放弃对部队的指挥。

赵尚志就是这样一个人,他毫无掩饰,长处、短处就是那样明显地摆在那里。他正直、坦率,而有时失于急躁、粗暴;他坚定、自信,而有时失于执拗、倨傲;他顽强、骁勇,而有时失于轻率、冒失……他可谓是一个瑕瑜互见,而又瑕不掩瑜的人。

第六章 扩大反日统一战线

一、人民革命军第三军的建立

1934年冬季的"讨伐"与反"讨伐"的激烈斗争,终以哈东支队和根据地人民的胜利,日伪"讨伐队"的失败而告终。经过反"讨伐"斗争,哈东支队经受了严峻考验,广大战士的士气更加高昂、旺盛,队伍也更加巩固、壮大。赵尚志按照省委指示准备把这支部队改编为东北人民革命军第三军。

对于这支队伍的发展、壮大,1934年末,团省委在向团中央的报告中,曾做过这样的描述:"珠河游击队在去年产生时,只七人。经过不断的游击行动,解除了一些大排队的武装。到今春已有百人,枪支充足。这个队伍是靠近哈尔滨的,对于打击敌人是非常重要的。因此,党团省委对它的领导比较密切,经常不断派巡视员去领导。它活动于珠河、宾县、五常、方正、延寿、双城等六七县。敌人对它的进攻用了很大的力量。它曾联合许多义勇军,(共约二千左右)进攻宾县城,一直把进攻我们的敌人打退,追到城里去。城之一部,被我们占领现在游击队共有八大队(少年大队在内)。最近,农民自卫队和青年义勇军参加者,共有二百五十人,总计有八百人。成分大都是贫农、雇农,以及失业工人。全队三分之二是青年,武装整齐,战斗力很强,准备建立人民革命军第三军。"①

在开展反对敌人1934年冬季"大讨伐"斗争中,赵尚志深深记得,做好把哈东支队发展成人民革命军的准备工作是一项重要任务。早在1934年6月30日,中共满洲省委就曾指示珠河中心县委、哈东支队要在反日游击战争中"巩固扩大反日游击队,创造人民革命军。"同年9月23日,满洲省委在另一封指示信中说:"游击队的扩大,游击运动的开展(五常堡的胜利,以及进攻康家炉等斗争),游击区域发展到三倍,群众组织(主要是农民反日武装组织与反日会)的扩大等等,这些胜利造成了你们执行和完成省委上次指示的中心任务——创造人民革命军,粉碎敌人一切'讨伐'与进攻,巩固和扩大游击区域,建立选举人民政府——更顺利的条件和强有力的基础。"之后,在10月24日省委为粉碎冬季"大讨伐"给全党同志的信中,再一次明确要求:"珠河应把游击队迅速建立成人民革命军第三军独立师。"

人民革命军是较游击队更高一级的党领导的从事抗日斗争的武装组织。中共满洲省委在关于接受中央《一·二六指示信》的决议中就把"以最好的游击队为基础建立人民革命军"作为党在当时的中心任务之一。同时,还指出"人民革命军的成分必须大部分是工农,保证党与无产阶级领导的骨干。建立人民革命军的政治工作与政治部政治委员的制度。加强军队的政治教育,培养成为革命的铁军。"东北人民革命军实行统一编制,从第一军按序下排。1933

---

① 文德:《关于满洲问题的报告》(1934年12月19日),载《文件汇集》甲20,第374~376页。

年9月,杨靖宇领导的南满磐石游击队组建为东北人民革命军第一军独立师。1934年11月成立第一军,杨靖宇任军长兼政治委员。1934年3月,东满地区的延吉、和龙、珲春、汪清等游击队合并组成东北人民革命军第二军独立师,1935年5月正式建立第二军,王德泰任军长。

  为了贯彻落实省委的指示,1934年12月23日,赵尚志在哈东支队与地方党组织参加的一次联席会议上,共同研究了关于成立东北人民革命军第三军的问题。会上,对这一问题进行讨论。当时,有同志提出所要成立的队伍的名称应为"东北人民革命军第三军第一独立师"。对此,赵尚志有些意见。他认为此名称在名义上有些不妥。他说,如组织第三军第一独立师,如谓"独立师",何必又说第三军?这在名义上有些模糊。最后决定去掉"独立"两字,就叫"东北人民革命军第三军第一师"。这一称呼得到大家一致赞同。1934年12月24日,哈东支队致信省委,请求指示说"我们决定在最近要进行几个袭击的进攻的军事行动,在胜利中实现第三军的组织,我们现在是准备组织'第三军第一师'。"并拟定于1935年1月28日成立东北人民革命军第三军第一师,下辖三个团,并对军、团领导人员的人选提出建议。省委巡视员冯仲云于1935年1月2日,将讨论的意见向省委做了报告。不久,省委批准了这个报告。1935年1月15日,省委来信说:"关于建立人民革命军和部队发展方向问题,在名义方面,你们的决议是对的。在部队发展方向上,你们应照着方正和宁安的方向发展以便和那边的队伍取得联系。"

  1935年1月28日,在上海"一·二八"抗战三周年的日子里,遵照中共满洲省委的指示,哈东支队改编成东北人民革命军第三军第一师。同日11时,在珠河抗日根据地半截河地方举行了隆重的东北人民革命军第三军升旗典礼。赵尚志在会上做了讲话,参加大会的除游击区、根据地的军民外,还有义勇军"五龙""爱民""亚东"等队伍代表。东北人民革命军第三军设司令部,军长为赵尚志、政治部主任冯仲云。军部设有秘书处、参谋处、副官处、军需处、执法处、稽查处、军医处。政治部设宣传鼓动科、组织分配科、义勇军工作科、军人俱乐部、青年干事科,第一师师长赵尚志兼。师下设三个团,第一团团长张寿篯(后为刘海涛)、政治部主任马宏力(后为张寿篯);第二团团长刘海涛(后为李熙山)、政治部主任金策;第三团团长张连科,政治部主任侯启刚。①每团下辖三个连,连下设排。司令部直属部队有少年连、政治保安营。全军共五百余人。此外,还有延(寿)方(正)和五(常)舒(兰)苇(河)等几支游击连、青年义勇军。届时,赵尚志、冯仲云发布了关于哈东支队改编为东北人民革命军第三军的通告,宣布东北人民革命军第三军第一师正式成立。

  通告全文如下:
东北人民革命军通告第一号
关于改称为东北人民革命军的通告
  鉴于日本占领东北,国民党卖国贼归顺日本以来,我哈东一带同胞陷入苦难的境遇,我们为了挽救人民,首先组织了彻底抗日的东北反日游击队哈东支队。此支队在过去一年间的英雄战斗中,与反日的各军取得联系,破坏了哈东七县的日满统治,并在冲击了拥有超越我

---

① 《北满游击队运动史略》(1941年),载《文件汇集》甲62,第350页。

们百倍以上的武器的日满贼军的冬季"大讨伐"之后,按照东北人民革命军军事委员会的指示,在"一·二八"纪念日正式成立东北人民革命军第三军第一师,以继续进行反日事业,领导一般反日人士及反日战斗。特此通告。

东北人民革命军第三军司令赵尚志
东北人民革命军第三军政治部负责人冯群
一九三五年一月二十八日

与赵尚志一起签署这一通告的冯群,即是冯仲云。

冯仲云是中共满洲省委为加强东北人民革命军第三军的领导力量,而派来担任军政治部主任的。他与赵尚志同岁,是一个知识分子出身的职业革命者。1926年考入北平清华大学。翌年"四一二"蒋介石发动反革命政变后加入中国共产党,曾任清华大学党支部书记。"九一八"事变后,先在中共满洲省委秘书处工作,后任省委秘书长。赵尚志与他是老相识,他们曾一起在省委为开展抗日斗争进行过宣传组织工作。珠河反日游击队成立后,冯仲云以省委巡视员的身份数次来珠河巡视、检查指导工作。1934年10月,省委派他为省委代表来珠河指导哈东地区工作,现在又被任命为第三军政治部主任。赵尚志与冯冲云这位老同志又在一起并肩战斗了。

东北人民革命军第三军是继第一、二军之后,又一支由党领导的重要抗日武装力量。第三军的成立,不仅标志着哈东支队又有了新的发展,也表明由中国共产党领导的抗日武装在东北大地——南满、东满、吉东、北满等地正在不断地成长、壮大,党领导的人民抗日军队已在东北抗日游击运动中成为中坚、骨干力量。

东北人民革命军第三军的成立,抗日武装力量的发展,使日伪当局异常惊恐。据伪珠河县政府1935年编印的《滨江省珠河县县政概况》载,日伪当局称:"珠河县境多山,在昔号为多匪地区。现时县中六区行政警察官警夫役一百四十九员;警察队分步中队、骑中队共计官警夫役二百二十三员。兵力单薄,不敷分配。而境内匪区密布,此剿彼窜,兵去匪来,是以匪患流年,滋扰不已。虽经联合友驻各军大事痛剿,迄未肃清。"日伪当局为防止抗日部队攻袭其据点,"各区警署负责改编自卫团,呈准县里供给洋炮,以维现状。并于较大村屯挖修土围,安设铁丝网,共维乡区治安。"为防止赵尚志领导的人民革命军第三军攻打县城,则强迫民众修筑城墙、城壕、炮台。伪珠河县县政概况记载:"县城城墙被风雨侵蚀颓坏多处,而抗日会匪赵尚志等盘踞亮珠河五区一带,时有攻城消息,纷至沓来。曾饬农商各界按段重修城墙、建筑炮台及卡子房各十数处,并于城壕铁丝网上全通电流,以资防御。"

东北人民革命军第三军成立后,第三军各部在赵尚志的指挥下,根据所划定的活动区域以团为单位独立进行活动。第一团以方正四区、五、六区,苇沙河一带为中心活动区域;第二团以珠河五区,延寿二、三区,宾县二、三、七、八区,方正二区为中心活动区域;第三团以珠河县四区,五常四、五区,双城八、九区为中心活动区域。赵尚志率司令部带领少年连、政治保安营灵活穿插于各部所活动的区域,并拟南下五常,去冲河一带开辟新的游击区域。当时,第三军活动区域为珠河、五常、双城、延寿、宾县、方正等六个县。

东北人民革命军第三军成立后,部队发展是迅速的,至同年年底全军由三个团发展至六个团,近八百人。第三军之所以能迅速得到发展,其原因主要是:(1)党在游击区建立了根据地，遍地有抗日爱国群众的反日组织，抗日宣传工作开展得好，部队得到了群众组织的大力支援；(2)根据地中的农民自卫队、青年义勇军、模范队为部队提供了充足的兵源；(3)军队纪律、作风好，干部、战士能和群众打成一片，不侵犯群众利益，群众视其为子弟兵，得到群众大力支持；(4)对自愿参军的工人(特别是木业工人占有很大比例)、农民都积极吸收入伍，对被缴械的大排队、山林队中的自愿参军者，经教育也予以吸收。除上述各点外，赵尚志治军有方，常打胜仗更是一个重要因素。

康徳二年十一月九日
民政部警務司長殿
共匪趙尚志ノ赤化工作強化ニ関スル件
首題ノ件ニ関シ珠河縣下第四區小九站警察分駐所長ノ
左記
一、反満抗日會偽司令趙尚志ハ縣下第四區小九站西南方

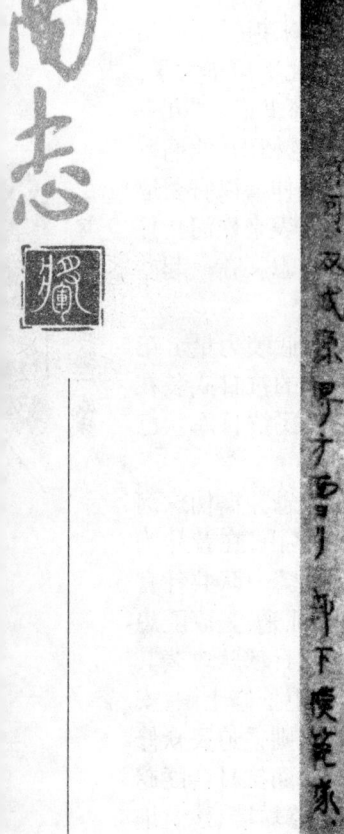

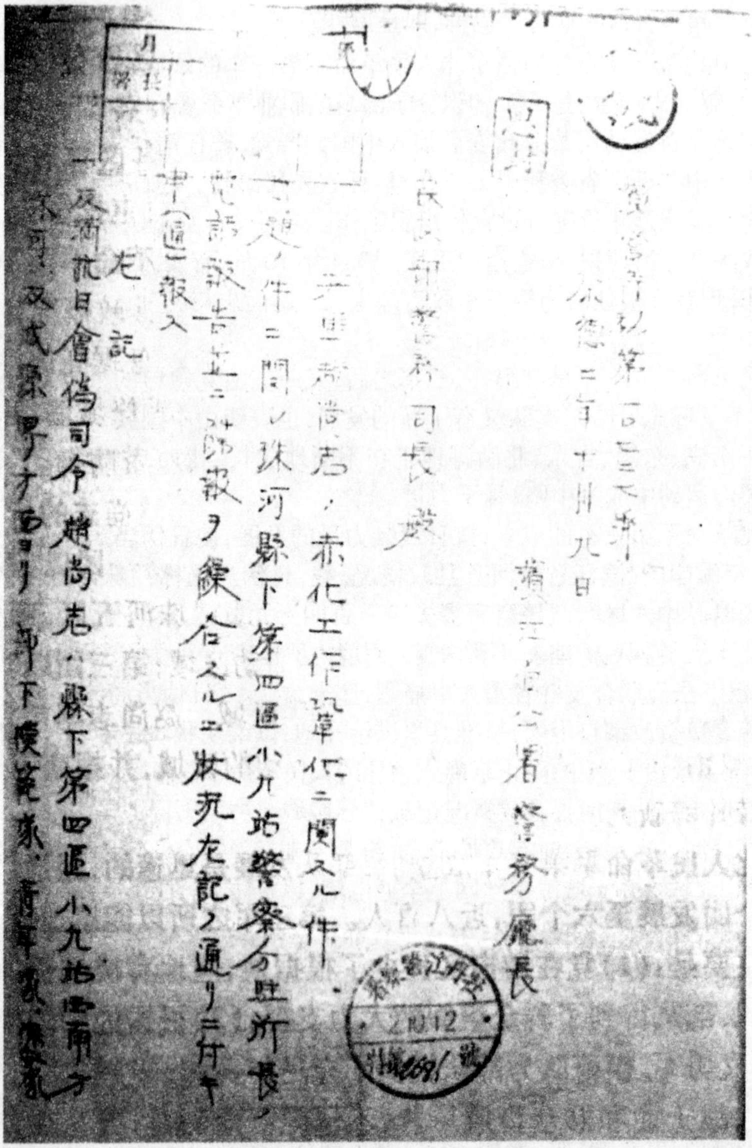

日伪当局关于赵尚志巩固“赤化工作”之件

　在第三军部队大发展过程中，赵尚志十分关心部队内部党的建设，不断加强部队政治工

作,严格军纪,认真解决部队的经济问题,从而进一步巩固了部队。

加强部队党的建设是保证党领导创建的部队的先进性质,提高部队凝聚力、战斗力的重要条件。在一份党内报告,对哈东支队党的建设这样说道:"在这一年中间(按,指1935年),队内党的工作亦是很好。那时候游击队改为哈东支队,支队里边成立党委会,各大队内有党支部,这个支部由大队指导员领导。大队里边有团的小组;亦有党支部书记负责。开团小组会及团的扩大会,有政治部青年干事出席,开党扩大会及指导员扩大会,亦有青年干事参加。党、团小组会每五天开一次,支部干部会有七天一次。政治部的组织科、宣传科、青年科,书记经常出席参加支部会议和个别的进行宣传教育工作等等。"①党组织及党的生活制度的健全,使部队始终坚持着正确的政治方向,使广大指战员都有明确的斗争目标,紧密团结在一起,战斗在一起。

加强部队内部思想政治工作是党领导的革命军队的一个显著特点。思想政治工作是创建坚强过硬部队的保证。根据《东北人民革命军及赤色游击队政治工作暂行条例(草案)》规定,第三军部队内设有军、师、团三级政治部。政治部设宣传鼓动科、组织分配科、义勇军工作科、军人俱乐部。在基层作战单位即各团下属的连都任有政治指导员。部队政治工作有着明确的目的,即巩固革命军队的无产阶级领导权,提高其战斗力,使之成为反日民族革命战争的中心队伍,扩大反日民族革命战争的坚强柱石。政治工作的主要内容是实施反日的民族革命教育和无产阶级政治教育,使人民革命军的各级指战员了解民族的、阶级的政治责任和历史使命,使每一名部队的成员都能成为有革命觉悟的勇敢的战士。政治工作的形式是多样的,通过报告、讨论、座谈及开展识字运动、教唱抗日歌曲等进行。为加强政治工作,政治部经常召集团政治部主任或连指导员联席会议,"检阅过去一切工作,布置新的工作计划,使军队工作更加具体化、计划化。"②东北人民革命军第三军在军事上由赵尚志负责,在政治上受中共满洲省委和中共珠河中心县委直接领导,较大的军事行动计划都请示珠河中心县委批准才执行。赵尚志常向省委、县委做报告,汇报部队行动情况,请示工作。赵尚志还特别重视政治工作人员人选,他总是把省委派来的或在斗争中成长起来的得力干部安排在政治工作岗位上。军、师、团三级政治部的建立,连级政治指导员的设置,有力地加强与促进了部队政治工作的开展。当时,省委派来一位姓陶的工人同志,担任五(常)舒(兰)苇(河)游击连指导员。这位同志,1934年1月,到江西瑞金参加过中华苏维埃第二次全国代表大会。他到游击区后,赵尚志就让他介绍、宣传苏区的情况,诸如苏区怎样建军、建立政府、建立地方武装,怎样建立好军民关系等。陶同志的介绍对赵尚志及其他领导同志启发很大,他们决心向中国工农红军学习,建设一支革命的、人民的抗日军队。

发扬珠河游击队、哈东支队时期的好传统,坚持严格的军纪是加强政治工作的一个重要方面。铁的纪律是部队得以生存、发展的保证。东北人民革命军第三军成立后,部队继续执行《反日游击队纪律暂行条例》,同时,赵尚志结合部队实际,有针对性地制定了一些禁烟、禁酒

---

① 刘海涛:《关于满洲情形的报告》(1936年),载《文件汇集》甲47,第157页。
② 《第三军司令部给省委、县委及二、三团的信》(1935年),载《文件汇编》甲45,第376页。

的律令。这对于加强部队自身建设,以良好的风纪影响统一战线内部各义勇军曾起到很大作用。当时制定的禁烟禁酒律令主要有:1.绝对禁止吸食鸦片;2.禁止少年队员吸烟;3.全体队员禁止饮酒;4.绝对服从指挥员命令,如有异议,可在事后予以讨论。关于部队纪律,在日伪资料中也有反映,据《满洲共产匪研究》记载,第三军纪律如下:"不许侮辱农民;宿营时要住在农民家里的地上;不许吸鸦片;不许搞女人;不许赌博。战斗的时候,团结起来抵抗敌人;绝对不许逃跑;要把伤员背回来。后退时要到班长那里集中。"①部队制定的这些纪律都是经过全体战士讨论同意后通过的,所以大家都能自愿服从,自觉遵守。

  赵尚志也注意经常检查部队的群众纪律,对模范守纪者表彰,对严重违纪者惩罚。群众反映这个军队纪律好,到老百姓家先不进屋,都站好队在外边等着长官进屋联系,联系好了才进屋。进屋里只要一铺炕,让病号伤员躺下,其余的人都坐在地下,被褥、枕头都不要,打浑身,眯一会就算是睡觉,吃饭给钱,临走时还要排队唱一阵歌。由于注重加强群众纪律教育,部队得到群众的热烈拥护。

  在加强纪律教育的同时,赵尚志还注意发扬队内民主,建立官兵平等的指挥员与战斗员之间的相互关系。各级指挥员要由士兵自己选举产生。队内选举指挥员的条件是:第一,作战勇敢;第二,在反日上坚决;第三,对士兵友好。因此,战士们说:"我们的队伍是民主的,我们的指挥员是由士兵自己选举出来的,不是像军阀那样委派的,我们每一个士兵都有当上指挥员的希望。"②

  随着人民革命军第三军的建立和部队的发展、壮大,部队的经济问题也逐渐显得十分突出起来。第三军司令部 1935 年 4 月 11 日在给中共满洲省委的报告中说,"我们花销的分类:食料费、衣服费、零用费、医疗费、机密费、子弹费、交际费,其他一切杂费等等,每月五六百人,数千元消费,在这种事实上,凭征犯人的罚款来充作战费是很不够的。"③部队在吃穿用等方面支出较多,不仅如此,由于战斗十分频繁,为补充弹药大量消耗所需费用更大。当时部队所需弹药的来源是:少部分靠自己简陋的兵工厂制作;大部分靠以鲜血在战斗中从敌人手里缴取;另一部分靠用金钱向守护中东铁路的张统带的部队或其他义勇军购买。

  部队物质生活的改善,是巩固队伍的重要条件。它能减少部队的流动现象,不因部队的物质生活艰难而引起士兵逃亡。同时,也能鼓舞指战员的斗志和士气,使之安于从事抗日斗争。为了解决部队经济困难问题,赵尚志和大家一起想办法,决定在以前解决经济问题的各种途径基础上再增加一条:在白区与反日区内征收反日特捐及拉木头税、车辆税、大烟税等。对此,第三军司令部曾向省委报告,请示具体指示。此后,第三军解决经济来源问题有了以下三条主要的渠道:(一)通过战斗,没收日本侵略者、汉奸走狗的银行、商店、当铺、仓库中的金钱、衣服、粮食、物品等财产,征收对犯人的罚款;(二)通过反日会向富有的地主、商人等征收

---

① 伪满军政部:《满洲共产匪研究·三江地区共匪的内情》。
② 《东北人民革命军第三军司令部给中共满洲省委的报告》(1935 年 4 月 11 日),载《文件汇集》甲 45,第 15 页。
③ 《东北人民革命军来信》,载巴黎《救国时报》(1936 年 5 月 10 日)。

反日特别捐;(三)在白区与游击区、根据地征收土地、木业、车马、大烟税。其中,第一项是部队的主要经济来源,第二、三项是辅助性来源。而第三项是第三军司令部于1935年4月11日向省委请示后开始实行的。在实行中,赵尚志经常告诫部队军需部门要尽量减轻群众负担。因此,第三军很少向民众发出要求缴纳钱款、物资的通令。据敌伪统计,1935年4月至9月,哈东地区各反日部队共发出物资征集通知书61份,而属于第三军发出的仅有2份,占3.2%。①而这两次被征集的对象都不是贫苦村民、一般地主,而是与日本侵略者有密切联系的亚布力近藤火锯场和商农会。至于向民众征收的税款,不论与其他反日义勇军相比,还是与日伪统治区相比都是最低的。其中,大宗的土地税,游击区、根据地的税率只相当于日伪统治区的五分之一。日伪当局在分析这种状况时说:"如果以此就立刻说赤色区域施行仁政,未免为时尚早,但至少对存在的差别,值得我们注意。"②可见连敌人也不得不承认这种明摆着的存在很大差别的事实。

虽然第三军所征收的捐税税率为数极低,但对于解决部队经济问题却是起了很大作用。这一措施加之其他措施相配合,使第三军部队的经济状有很大改观,部队的装备更趋精良。战士们的物质生活改善了,衣、帽、鞋、裤、衬衫等服装基本能保证按季下发。据第三军老战士于保合回忆说:"当时人民革命军的装备不亚于伪满'国兵',战士皆使钢枪,每连整整齐齐一百二十人,干部配备齐全,戴苏式尖帽,全着黄色军服,上缀红五星,臂戴红布袖标,上写职务名称。弹药充足,可以通过地方和伪军关系买到。"③

1935年4月11日,第三军司令部给省委的一份报告中说:"队员物质生活是除了每人平均吃七八斤肉(每个月),普通吃小米和苞米,吃(吸)烟也不困难,衣服问题不能说是充足,但可以对付过来。"第三军虽早已决定实行发放津贴费,但无定期保障,1935年9月开始,全军指战员每人每月还能得到一元五角大洋的津贴费。同时,对牺牲者的家属发抚恤费,虽无计划,但也在执行。1935年冬,在部队经济状况好转后,赵尚志还向中共中央驻共产国际代表团创办的巴黎《救国时报》捐助钱款,作为出日刊基金。巴黎《救国时报》曾在日刊创刊号头版头条刊登"本报鸣谢"启事:"东北抗日联军第三军赵尚志军长捐助本报出日刊基金国币一千二百元整。"④经济条件、物质生活的改善,对于队伍的巩固十分重要。它是武装部队不断巩固的条件之一,是扩大队伍政治影响和增强组织力量的因素之一。

由于部队政治思想工作的加强,经济状况的好转,物质生活的改善,队员离队流动的现象大为减少,东北人民革命军第三军指战员精神振奋、斗志昂扬,抗日热情更加高涨。

---

① 伪满军政部:《满洲共产匪研究·珠河中心县委员会及第三军的活动状况》。
② 伪满军政部:《满洲共产匪研究·珠河中心县委员会及第三军的活动状况》。
③ 《访问于保合同志记录》(1960年5月5日)。
④ 巴黎《救国时报》(1935年12月9日)。

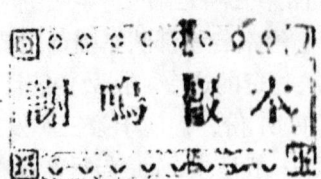

抗联第三军赵尚志军长捐助巴黎《救国时报》的报道

二、机动灵活的游击战术

敌人对抗日军民的胜利总是不甘心的。1935年2月，日伪军在1934年冬季"讨伐"刚遭到失败不久，经过短暂休整便纠集大批兵力向哈东游击区、根据地展开了春季"讨伐"。当时，东北人民革命军第三军刚刚成立，部队指战员士气正旺，全军在赵尚志指挥下，巧妙地运用机动灵活的游击战术,展开了反击敌人新的"讨伐"的斗争。

敌人为了开展这次"讨伐",曾于1935年1月11日在哈尔滨召开了"滨江地区治安维持会议"。参加者有日军横山大佐、细木中佐、伪军第十八混成旅参谋长、伪滨江省总务厅长金井、警务厅长前田及滨江地区各县参事官等三十余人。会上协议决定:"最近期内将境内匪贼搜剿净绝。""日满共同开展肃清匪贼工作,期于本年夏季,滨江地区境内即不容有一个匪贼之存在。"①据此,"治安维持会"派出伪军王旅、孙团(一面坡驻军)、褚营、李营(呼兰驻军)约一千余名在宾县、延寿、珠河一带;马团、延寿警察大队、独立营等近千人在方正、延寿中和镇一带,向赵尚志所率东北人民革命军第三军同时展开进攻。

为了还击敌人的这次"讨伐",1月末(农历春节前夕),赵尚志率司令部人员、少年连、政治保安营先赴道北部署第二团行动,接着跨越滨绥铁路返回道南,联合义勇军"五龙""爱民"等部共六百余人在五常、双城毗邻地带开展游击活动,曾胜利地攻袭了方城岗、小山子附近的敌人。当时,方城岗、小山子的敌人也已准备抵抗,敌我双方展开的战线约四五十里,这些伪警察,大排队一听有赵尚志率队攻来,都转身便逃。在战斗中,缴获了两车面粉,许多"年货"及伪军服装等其他军需物品。一些义勇军见此,也打起第三军的旗号,积极与日伪军警作战。第三军在赵尚志指挥下骁勇善战,常常出奇制胜,声威卓著。其所部在双东一带的数次战斗皆获得胜利。农历腊月二十四日,赵尚志率队返回珠河根据地三股流、烧锅沟。他高兴地对战士们说:"咱们在这里休息几天,过些日子再给敌人好好'过个大年'。"

旧历年底,赵尚志率司令部人员、少年连、政治保安营经道北地区北进宾县,开始实施春节期间与敌战斗的游击活动计划。

首先,赵尚志率队在宾县二区,于三个小时内连续袭击了三道街、包家岗、四道河子三地的大排队或伪自卫团,缴获步枪三十余支。接着在除夕夜晚,神出鬼没地扑向正在兴高采烈、熬夜守岁的反动大排驻地二区王荣大院,将这支大排武装缴械。正月初二,赵尚志率队又出其不意地缴了宾县七区财神庙大排队和被群众所痛恨投降敌人的土匪"占北平"五十余支枪。此战获胜使财神庙周围民众及一些义勇军对第三军之英勇善战更加钦佩。过去有很多山林队对财神庙大排都抱着不可接触的恐惧,但我军一解决后,周围民众和山林队都钦佩与庆祝人民革命军之勇敢善战。这一行动在结成统一战线方面有很大的作用。尔后,赵尚志率领部队与第二团会师,把在财神庙战斗中缴获的五十余支步枪全部交给第二团,使第二团装备得到改善和加强。正月初四,赵尚志率队东进,奔赴延寿第一、三区活动。在那里缴了花砬子王成大排,焚毁姜家崴子伪警察所,缴了投降日伪的"德山"队的械。随之,在距延寿县城八里地的"二百五十垧"地方渡过蚂蜒河,深入到敌人统治势力较强的马鞍山、金坑一带活动,寻机与敌展开战斗。②

赵尚志率领司令部及直属部队在宾、双、珠、延等地纵横驰骋,频繁出击,英勇地开展着反"讨伐"斗争。他指挥部队在春节期间所进行的一系列战斗,使敌人防不胜防,惊恐不安,整

---

① 《大同报》(1935年1月19日)。
② 《中共珠河中心县委报告》(1935年4月4日),载《文件汇集》甲38,第169页。

个春节始终没得"消停"。

在开展反"讨伐"的游击战争中,赵尚志巧妙地利用敌人"讨伐队"为追击我军,东奔西突,部队之间联络不很密切的弱点,经常将所率部队化装成伪军、日军打击敌人。因赵尚志所率部队经过化装,一些伪警察署(所)的伪警察、大排队也搞不清来的这些人究竟是哪一部分的,往往被戏剧性地缴械、消灭。前述缴宾县四道河子伪自卫团和缴财神庙大排都是采取了化装袭击的办法。赵尚志常说"兵不厌诈"。在去缴四道河子伪自卫团时,第三军骑兵队战士,身着伪军服装,打着伪军旗帜大摇大摆地来到四道河子。

该村伪自卫团头目看到了"国军"来了,便点头哈腰地跑出来迎接,忙问:"辛苦了?"

"不辛苦,不辛苦。"第三军战士回答。

接着伪自卫团头目率领自卫队到院内列队让赵尚志训话。赵尚志瞅着这群死心塌地甘为日本侵略者效劳的"亡国奴",气不打一处来。他声色俱厉地说:"赵尚志都已经打到村里了,你们还待在这干什么!"遂令部队将自卫团全部予以缴械。

一时,敌人被搞得晕头转向,摸不着头脑,当他们手中的枪支被缴下来之后,才知道缴械的根本不是什么"国军",而是真正的赵尚志率领的队伍。

2月11日,将帽儿山站西火车道沿线三处大排一百余名缴械,也是采取化妆袭击办法。因我军服装整齐,武装严整,大排队以为是日军巡查铁道,很顺利将其缴械。对此日伪当局无不惊愕,铁路工人和沿线农民无不拥护我军,并深感欣喜。第三军声誉震驰哈东各地。

1935年春节前后,第三军第一、二、三团根据赵尚志的部署,同样以游击战的形式积极地展开着反对敌人"讨伐"的斗争。

第一团在延寿中和镇附近及关门嘴子地方与伪军马团交战,予敌重创。在新开道与延寿伪警察大队一百五十余名敌人遭遇,经激战,打死打伤敌人十余名,其中老三区大排队长李清被击毙。延寿日本指导官老则利身受重伤,回城即死。①在这次战斗中,惨遭失败的敌人以马拖尸急遁,我军乘胜追逐十余里,声威远震延、方。

第二团和三团一部于大年初一在小亮珠河孟家店附近与伪军孙团激战一日,毙敌司务长、参谋长以下数人。傍晚,敌人逃走。以后,第二团联合在道北活动的与第三军关系较好的义勇军四五百名进入老三区、大庙附近,与驻守在该地的伪军作战一次,并攻破敌据点小黄烧锅(兴隆镇)。这期间,第二团还联合义勇军二百余人破坏了日本侵略者在珠河五区大小亮珠河一带修建军粮农场的计划(敌人已在此地驱逐三百多户农民,强占一千五百垧土地),将其稻田地预定线内敌人房屋烧毁。

第三团和珠河游击连联合义勇军"占北""野狼"于2月26日在帽儿山附近击败一支日伪"讨伐队",敌狼狈逃窜。不久,又袭击了驻扎在蜜蜂站附近张家大院的日伪军,击毙日军七名,击伤日军五名。部分伪军在这次战斗后哗变。

在第三军司令部直属部队及各团的积极活动影响下,各义勇军与日伪"讨伐军"也进行了英勇的斗争,缴了许多反动大排的械,如"八合""化民"等队,攻破了宾县柳板站(今宾安),"北

---

① 《中共珠河中心县委报告》(1935年4月4日),载《文件汇集》甲38,第168页。

来""吕绍才""黑塔"进攻了二道河子。

赵尚志在反"讨伐"斗争的实践中,注意总结积累对敌游击作战的经验、教训,不断提高指挥战斗的艺术和战略、战术水平。他特别强调运用机动灵活的游击战术的重要性。1934年12月,在一份哈东支队给省委的报告中,把"完善运用游击战术","获得胜利的军事行动"作为当前首要任务,并把这一点作为冲破敌人"围剿"的首要条件。报告中说:"我们相信我们具有充分冲破敌人'围剿'的条件,可还至少必须解决下述两个问题才有把握。所谓两个问题:

日伪《泰东时报》关于赵尚志率部进攻二道河子的报道

(一)灵活的英勇的游击战术的实施。(二)比较有保障的根据地。"在这里,是把实施游击战术放在第一位的。在同一报告中,在分析敌我双方斗争条件时,也是把能够运用游击战术与敌作战,作为游击队开展反日斗争最直接的优良条件。报告中说:"利用游击战术,能解决敌人的武装,破坏敌人统治,获得大小胜利的条件很多,根据目前的情况如采取游击战术,敌人无法消灭我们,并能解决他们。"①赵尚志曾用通俗诙谐的语言说:我们没有新式武器装备,要在不如人家的情况下去打胜仗,这就要"穷棒子娶媳妇——凑合破烂家什办大事"。打仗的目

---

① 《东北反日游击队哈东支队给省委的报告》(1934年12月24日),载《文件汇集》甲44,第214页。

是消灭敌人。就是万不得已，不能不挨打的时候，少牺牲也好，所以得想办法，以鸡蛋碰石头是不合战术的。他主张与装备精良、强大而凶狠的日伪军作战必须运用灵活的游击战术，当打则打，当退则退，敌人来得少就打，来得多就退。需出击时，就要不失时机地主动出击。其战术的主要特点在于充分发挥主动的、果断的攻击精神。而所谓"攻击"并非不看对象，盲目进攻，而是选敌薄弱环节予以进攻。赵尚志认为游击队无论什么时候，都必须依靠断然向敌人展开攻击，才能看到自己的活路。队伍要与民众建立密切联系，由民众帮助作战，出探、通信等。对敌人的进攻必须是依靠广大群众的拥护和熟悉该地的地理形势为前提条件的。赵尚志率领游击队正是利用这样的条件，常常是突然地、英勇地、果敢地袭击敌人的弱点，这样的攻击往往会获得成功，得到胜利。

为寻敌薄弱，赵尚志善于变强敌为弱敌。敌人长于白日作战，畏惧夜间战斗。而游击队就要抓住敌人的这一弱点，广泛运用夜间袭敌的战术打击敌人。敌人在某地宿营时，游击队便利用熟悉的地形，迅速地从旁边进行袭击，先把哨兵干掉，然后实行攻击。这样，即便是对敌人不能给予严重打击，但也能扰乱敌人的宿营，使敌人遭受疲劳，削弱其战斗力。敌人吃饭、行军、休息时，也是敌人在客观上处于易于暴露弱点之时。敌人在吃饭或行军途中休息时，警戒相对放松，如此时发动对敌人的进攻，敌人必定惊慌失措，失却战斗力。战斗中，赵尚志强调，游击队的行动一定要比日伪军快，对于在山谷中行军的敌人，利用山地，进入偏僻的地方埋伏起来，从前面开始射击，敌人若想后退时，则从两边高地或后面一齐射击。战斗中要抢先占领山地、森林、房屋，以此为据点进行攻击。山地、森林、居住地、河川等特殊地形，对于轻装敏捷的游击队来说，进行作战是有利的，当然在不利的场合之下，则马上应组织退却。

赵尚志在指挥战斗中能够根据审时度势、因地制宜的原则，熟练地掌握"分散"、"集中"与"转移"三项用兵方法。分散游击时，他长于指挥部队声东击西，智取巧攻，出奇制胜。一般地说，游击队应分散开展游击活动。但要消灭敌人的一个有力据点，一支部队的力量不够，就必须有足够的力量才能消灭力量较强的敌人，这时就要集中力量。否则，就不能与较强的敌人作战，以达到取胜的目的。在这个问题上，赵尚志不赞成只片面强调分散游击。他说："游击游击，游是为了击。击的时候，对力量较小的敌人敢击，稍强点儿的就不敢击，那算什么精神呢？"因此，在对敌作战需要集中时，他便果断决定集中。与日伪军展开战斗，他总是根据敌我形势变化，果断地作出决定将部队化整为零，以避开敌军进攻锋芒；或将部队化零为整，集中力量袭敌弱点，以攻击消灭敌人。他强调：能打就在当地打，不能打就指挥部队迅速到别的地方去。赵尚志在指挥游击队作战中注意强调秘密的准备与迅速的行动。因为只有秘密准备才不能使敌人知晓我之行动计划，而能使敌人的防御惶惶不安；只有迅速行动才能突然袭击敌人的弱点，使我处于主动地位，使敌人手足无所措。在进攻中要迅速，在转移中要迅速，不让敌人摸着踪影，即所谓"兵贵神速"。在退却中要从容、敏捷、不混乱。如前所述，在肖田地战斗中，部队顺利撤退被日军头目望月称之为"德国式联军的退却"。参加此次战斗的刘海涛团长说："我们不知道什么是德国式联军退却，我们就明白，游击队到了退却的时候一定要退却，不退却就会被敌人消灭的。"①的确如此,就是说赵尚志所率游击队是按游击战术办事的,该打就打,该退就退,打退都要取得主动。根据反"讨伐"斗争经验,赵尚志还总结出任何时候也不能让敌人包围住,被敌人包围太危险,突围不易,损失太大。一次,他率队遭到大股敌人追击。在这种情况下,他决定不能与敌兵作战,要迅速撤离转移,与敌人兜圈子,否则很容易被敌人包围。结果,他率队转了几天,终于把敌人甩掉了,转危为安。

在抗日武装发展不同阶段,赵尚志运用游击战术也有不同特点。

在反日游击队阶段,赵尚志确定的作战方针基本是以袭击方式解除小股敌人武装,扩充自己队伍,尽量避免与大股敌人进行正面作战,努力做好扩大游击区、建设根据地工作,同时伺机破坏日伪薄弱据点,打击敌人。在哈东支队和人民革命军第三军阶段,随着部队日益壮大,战斗力增强,赵尚志广泛运用游击战术,主动出击,不断突破敌人的封锁、围剿,积极开辟新的游击区域。根据赵尚志的部署,当时(1935年)司令部直属部队和一团在延寿、方正开展游击活动,二团在中东路北宾县、延寿活动,三团在中东路南珠河、双城、五常、榆树四县活动。各部队在各自活动区域积极开展游击战,攻打日伪统治的乡镇据点,与日伪军进行正面作战。在赵尚志率领、指挥下,各部队都能很好地掌握游击战术,经常在地方党群组织、群众武装的配合、支持下,避实就虚、巧妙分合、声东击西,不断攻袭敌人,予以歼灭性的打击。

在1935年春季的敌人"大讨伐"中,妄图消灭第三军的日伪军终因在赵尚志的游击战术之下,疲于奔命,将长驱直入的普遍进攻,改为步步为营的重点进攻。但为时不久,敌人的重点进攻在赵尚志指挥的第三军所展开的游击战面前彻底遭到失败。最后,敌人不得不宣布1935年春季"大讨伐"破产,承认说:"溯自事变以来,盗匪蜂起,五常、珠河、苇河、延寿、舒兰、额穆等县仍有流匪患扰,屡事讨伐,终难收效。"②

自人民革命军第三军成立后,赵尚志把与日本侵略者和伪军作战的经验不断进行总结、提高,使在长期游击战争中积累形成的作战经验,渐臻完善。以后,他著文综合归纳义勇军采取的游击战术说:"讲到义勇军的战术,因为在帝国主义严厉的监视猛烈的炮火攻击下,进行着物质条件极悬殊的战争,是相当地受影响的。综合义勇军所采取的战术,约有下列十种:一、运动战与阵地战;二、外线战和内线战;三、进攻战和防守战;四、歼灭战和消耗战;五、化整为零和化零为整;六、避实就虚,敌进我退,敌退我进;七、迂回奇袭;八、小包围和大包围;九、诱敌、毁敌、间敌、疲敌、惑敌;十、敌在明处,我在暗处,行踪飘忽,出没无常。总之,义勇军采取的战术虽多,但有一铁则,为不打硬不攻坚,不胜利不作战。"③赵尚志总结的义勇军所采取的十种游击战术是他在领导反日战争实践中逐渐总结、积累起来的。

这十种游击战术产生于敌强我弱的游击战争环境中。在敌人以现代化武装,以残酷手段不断围剿"讨伐"抗日部队的条件下,弱小的、以简陋武器为装备的义勇军、游击队不能打硬攻坚,只能与之斗智斗勇,运用机动灵活的游击战术与敌人开展斗争,积小胜为大胜,不断消

---

① 张富民(刘海涛):《论抗联游击战术》(1937年),载《文件汇集》甲50,第427页。
② 《滨江时报》(1935年2月16日)。
③ 赵尚志:《东北义勇军与其战略》,载《新时代》二卷四期(1937年8月15日)。

耗、削弱敌人的力量,达到最后战胜敌人的目的。赵尚志总结的义勇军十种游击战术充满辩证法。每种战术基本是两个方面,前四种战术在某种意义上来说,还带有一定战略的意义。

赵尚志:《东北义勇军与其战略》

"运动战与阵地战",一般说来这是"九一八"事变后,大规模义勇军兴起时,在较长的战线和较大的战区,依托坚固阵地进行的防御或进攻的作战形式。大规模的义勇军斗争失败后,东北抗日游击战争没有了大的兵团,无法开展一般意义的运动战与阵地战。赵尚志就根据战争的实际情况,将游击队与义勇军联合起来,组成人数多于敌人数倍的武装力量,与敌人展开战斗。在大步向前,大步后退的运动作战中,消灭敌人,保存自己。至于阵地战,已不是大兵团开展的那种阵地战,而是在侦探敌人行踪后,于敌必经之地设下埋伏阵地,待敌军进入我军设置的埋伏线后,开展的战斗。

"外线战与内线战",外线战是军队处于进攻和对敌实施包围态势下的作战,而内线战是军队处于防御和被包围态势下的作战。赵尚志在组织指挥战斗中，善于积极开展主动出击的外线对敌作战，同时也善于将内线作战转变为外线作战。外线作战诸如攻打宾县县城的战斗，攻打五常堡战斗，都是典型之战。而内线作战转变为外线作战，如1934年的三岔河之战，肖田地之战，皆是实例。

"进攻战与防守战"，赵尚志历来主张向敌人主动进攻，他说："敌人是被打怕的，不是哄怕的。"只有积极主动向敌人进攻，才能有效地打击敌人。当然要有适当的时机，而不是蛮干、硬干、胡干。他率领游击队所开展的战斗多数是"进攻战"。当敌人前来攻击时，赵尚志并不主张消极在原地防守，而是转移他地，以逸待劳，再变防守为进攻。

"歼灭战与消耗战"，赵尚志在领导部队作战时极力主张进行歼灭战，速战速决，而不使我军陷于消耗战之中。因为我军力量总体上说是弱小的，不能与敌人拼消耗，消耗战于我不利，必须力求速决。相反，赵尚志领导游击队、义勇军积极开展游击战，倒是使敌人经常出来展开"讨伐"，其人力、物力、财力不断被消耗，陷于无尽无休的消耗战之中。

赵尚志所述义勇军所采取的战术中，第五至第十项正是其在具体战斗中经常灵活运用的行之有效、可以置敌于死命的游击战术。

"化整为零和化零为整"，即前面所说的"分散"与"集中"的用兵方法。赵尚志善于调动兵力，当敌人大举进攻，前来"讨伐"时，他便及时把大部队分散开，使敌人寻觅不到我军部队踪影。而需要向敌人展开进攻，袭击敌人重要据点时，即能迅速将部队集中起来，不仅能把自己直接掌握的部队集中起来，还能通过联合军总司令部的名义调动义勇军部队前来集中，以增加对敌战斗的力量。

"避实就虚，敌进我退，敌退我进"，"避实就虚"就是躲开强敌，打击敌人最易受打击、最薄弱的地方。任何敌人都有主力与非主力之分，敌人在作战部署时也会有纰漏，考虑不到之处，而我军就要在强大的敌军到来之时，不与之硬碰、硬打，而是避让开来，寻找敌军薄弱环节予以打击。"避实就虚"，这是变被动为主动的最好的正确办法。"敌进我退，敌退我进"这是红军经常运用的游击战"十六字诀"——"敌进我退，敌驻我扰，敌疲我打，敌退我追"在东北抗日游击战争中的灵活运用。它充分体现了游击战争的战术无一定之规，遇到有利的仗就打，不利就不打的基本原则。

"迂回奇袭"，赵尚志在率领部队与敌作战时，常常采取这一战术，进行长途奔袭，"大迂回"，使敌人摸不着我军行动意图。在游击队时期，赵尚志率队时而铁道南，时而铁道北，兜大圈子，迂回前进，然后予敌以攻袭。而这种攻袭不是一般的袭击，而是奇袭。奇袭贵在"奇"字。出其不意，攻其无备。在敌人意想不到间，便遭到打击。奇兵制胜是赵尚志特别强调的游击战中的基本要求。1935年，他率部队到牡丹江沿岸开展的游击活动就是如此，"迂回奇袭"打击敌人。

"小包围和大包围"，是采取包围战术消灭敌人，根据敌人兵力情况进行小包围或大包围，灵活运用之。如攻打宾县县城和方正县城都是采取"大包围"，而一些小的战斗，对敌人则是采取"小包围"。

"诱敌、毁敌、间敌、疲敌、惑敌",这是中国古代兵法在现代战争中的运用。《孙子兵法》有云:"兵者,诡道也。故能而示之不能,用而示之不用,近而示之远,远而示之近;利而诱之,乱而取之,实而备之,强而避之,怒而挠之,卑而骄之,佚而劳之,亲而离之。攻其无备,出其不意。此兵家之胜,不可先传也。"赵尚志在领导抗日游击战争中,将中国古代流传下来的兵法与当时战争的实际状况相结合,灵活加以运用。诱敌深入就是他常用的战法,把敌人引诱到我军选择好的地形内或埋伏地,消耗、疲惫敌军,再进行进攻,以达到消灭敌人的目的。还有化装袭敌,采取迷惑敌人的办法,造成敌人判断失误,而遭攻袭。

"敌在明处我在暗处,行踪飘忽,出没无常",赵尚志出兵往往是行踪飘忽,出没无常,神出鬼没,把敌人搞得莫名其妙,摸不着头脑,使敌人有突如其来、神兵天降之感。还常常把自己置于有利的暗处,使之不被敌人发觉,而想办法把敌人调动到明处,以利于我军攻袭。不仅打仗是如此,就连站岗放哨,也十分注意让战士处理好明暗关系。一次,赵尚志和副官于夜间查哨,赵尚志看到哨兵在明处来回走动,赵尚志便指着哨兵对副官说:"把自己完全暴露在明处,这不是白送死吗?"接着,赵尚志走到哨兵前,向他讲解哨兵站岗为什么要站在暗处的道理。他的讲话使哨兵和副官都很受教育。

赵尚志总结的游击战术,特别强调说"不打硬不攻坚,不胜利不作战"并称之为是游击战术的"铁则"。赵尚志之所以把这一条定为"铁则",是因为,游击队在初起之时吃过打硬攻坚的亏,有过沉痛的教训。游击战术中这一"铁则"的运用使部队成为克敌制胜的铁军。

与上述十种游击战术相联系的还有在敌我力量对比悬殊的情况下指挥游击战争,赵尚志十分强调地理位置的重要。他说:"义勇军的活动地带,都是选择适于作游击战争的。"他举例说,"像东边道三角地带和吉林东部一带,扼有长白山的天堑,有茂密的森林作掩护。间岛区为朝鲜革命党人活动的大本营。兴安岭一带山岭起伏,也有很多的森林遮蔽着。朝阳一带地当松岭山的冲要,起伏的丘岭形成了天然的屏障,兴安区接近蒙古,在这些地域日本新式而精锐的武器也就失去效力。义勇军到现在还能活跃着,是全持着这种优越的地势。"[①]

在抗日战争中,游击战是游击队、人民革命军、抗日联军与日伪军作战的主要形式。毛泽东曾将游击战置于战略地位来考察,可见开展游击战的重要。赵尚志在长期的抗日战争中,不断摸索、积极运用、认真总结游击战术使自己成为一个开展游击战争的卓越的军事指挥员。在以后的日子里,他更是将游击战术运用自如,1936年、1937年组织的几次远征,所进行的诸如巴木东地区游击战、冰趟子等战斗,都是灵活运用游击战术的典型范例。

由于赵尚志能够娴熟地运用机动灵活的游击战术,巧妙地利用地形地物,加之有人民群众的大力支持,所以日伪军深感善于声东击西、诱敌袭击、英勇善战的东北人民革命军第三军不好打。正如赵尚志所说"无怪一向在优越的物质环境之养尊处优惯了的'皇军'要见之栗栗畏惧了"。[②]

[①] 赵尚志:《东北义勇军与其战略》,载《新时代》二卷四期(1937年8月15日)。
[②] 赵尚志:《东北义勇军与其战略》,载《新时代》二卷四期(1937年8月15日)。

三、组建反日联合军

经过1934年冬及1935年初两次反"讨伐"斗争,由赵尚志指挥的东北人民革命军第三军的政治影响与力量更加扩大。第三军的不断发展、壮大和积极英勇的活动,使哈东地区大部分带有自发性而又十分散漫的义勇军积极靠拢人民革命军第三军,各种反日武装的抗日斗争逐渐由散漫、复杂而开始走向集中和正确的轨道。

这种形势,迫切要求珠河地区党组织和人民革命军第三军进一步扩大反日统一战线,广泛与义勇军合作,联合更多的反日义勇军,在"三项条件"下,共同进行反日斗争。

建立、扩大反日统一战线是克敌制胜所必需的,这是党在领导抗日斗争中的一项重要政策。因为敌方日本侵略者有着强大的力量,而我方反日武装力量还很薄弱,这就要求党必须准备花费较长的时间聚积雄厚的力量与日本帝国主义进行长期艰苦的斗争。就要抛弃任何孤家寡人的关门主义政策,而采取组织广泛的统一战线的策略,把千百万群众和一切可以联合的友军,团结在一起,共同与日本侵略者及汉奸走狗展开斗争。

为了进一步扩大反日统一战线,广泛团结各种抗日武装力量,以适应不断发展的反日斗争形势的需要,赵尚志于1934年认真地总结了过去一个阶段在贯彻党的反日统一战线政策方面的经验教训。他总结出过去这方面工作中有以下缺点:(1)对一部分较好的,对游击队有相当信仰的队伍,没有及时团结到我们周围来,反使之跑到反动方面。(2)改编"黄炮""铁军"队伍过早。(3)对已经叛变,反对游击队的队伍未及时解决之。(4)解决"孤丁手""小线"枪毙过多。(5)缴了一些在历史上与反叛队伍有组织关系的红枪会、小绺子队(小股山林队),以致惹起冲突。他认为上述诸方面都不利于统一战线的扩展,应吸取深刻教训。①

在实际斗争中,为分清敌我,正确运用统一战线政策,赵尚志认为对各种不同武装应采取不同政策分别对待。具体是:对于敌对武装,对大排队,根据一年来民族斗争、阶级斗争形势日趋尖锐,大排队普遍成为日伪统治帮凶的情况,一般地说,要号召其哗变抗日,但必要时应对其一概进行缴械。首领要枪毙或罚金,一般队员经教育后释放。对伪满官兵要坚决打击,但无论平时或作战,对士兵采取号召哗变态度,不能与其长官混同起来咒骂,对下级军官也差不多一样,捕获后经教育释放,对其长官则执行革命制裁。同时通过朋友,相识关系派人打入伪军队伍去做瓦解工作,或去购买子弹。驻乌吉密守护滨绥铁路的张统代所率伪军,经过工作,就经常以与抗日军打仗为名为第三军送子弹。

对于其他各式武装,赵尚志将其因组织、活动方式和对群众关系分为三个范畴:"小线"、"胡子"和"义勇军"。赵尚志认为这三个范畴在反日高潮下,当然没有绝对界限,因量的增加,因季节关系,因领导的不同,因受的影响不一样,经常发生质的变化。"小线"无反日性质,他们的行动方式主要是在秘密"扎孤丁"。"胡子"一般的说主观上因不是反日,而客观上有很多反日的性质。"胡子"的行动主要是"绑票""捐沟",并且有时是在公开战斗中来干的。义勇军的行动是以反日为号召的,而经济来源也是一般于公开战斗中"绑票",靠强制来解决。他认为,事实上,"九一八"事变后,"胡子队"也有好的成分,义勇军同样也有"胡子"的成分。"胡子"和义勇军,有对我们好的,也有对我们坏的。根据这种分析,在具体对待这三种武装上,赵

---

① 《东北反日游击队哈东支队给省委的报告》(1934年12月24日),载《文件汇集》甲44,第218、219页。

尚志决定，对"小线"，因其无丝毫反日性质，一般地讲一概缴械，对游击队有特殊关系者暂不缴械，不枪毙。对"胡子""义勇军"，无论其好坏，都要采取团结、联合其一道抗日。一般地讲对其不缴械，但阴谋破坏我们的，则一定要缴械。对义勇军尤其大部队，必须努力做下层工作，以作为建立统一战线的基础。①

1935年早春，山野中迎春花、达子香的花蕾伴随着阵阵吹来的暖风，散发出芬芳的花香。向阳坡的冰雪开始融化，山野逐渐开始放青。万物在和煦的阳光下，又将重新舒展开来。赵尚志及珠河人民抗日武装又迎来了一个战斗的春天。

为了扩大反日统一战线，赵尚志率领司令部直属部队——政治保安营、少年连，迎着春风，由珠河经延寿来到方正大罗勒密。与刘海涛、张寿篯所率第一团汇合。在此地，赵尚志听取了第一团团长刘海涛、政治部主任张寿篯关于一团在延寿、方正活动及谢文东、李华堂所率队伍情况的汇报。而后，赵尚志会见了民众救国军司令谢文东和自卫军支队长李华堂和反日山林队"明山"队队长祁致中。

谢文东，是1934年春依兰土龙山农民反日暴动的主要领导者。他原是依兰三区五保的一个地主，担任该保保董。在日本侵略者收缴乡民枪支、土地执照，大批日本移民抢占农民土地，广大民众生存权利被剥夺的情况下，谢文东和当地一些开明士绅于同年3月8日在依兰土龙山举起义旗，组织声势浩大的农民反日大暴动。这一义举得到附近广大群众的热烈响应。千余人的暴动队伍于3月10日在土龙山附近的白家沟击败了前来镇压的日伪军，击毙日本关东军第十师团六十三联队队长饭冢朝吾大佐、铃木少尉以下十七名，另有依兰县伪警察大队长盖文义等。一时，土龙山反日大暴动震惊中外。之后，这支以农民为主体的千余人暴动队伍编为民众救国军，谢文东为司令。但是，这支队伍因缺乏正确领导和明确的斗争纲领，在不到一年时间，即被敌人击溃。1935年初，谢文东只率领三十余人隐蔽在方正南二和尚庙一带。当时，活动在方正的第三军一团政治部主任张寿篯前往二和尚庙与谢文东见面，商谈当前斗争紧急问题，鼓励他坚持斗争，继续举起土龙山抗日义旗，并帮助消灭了潜入谢队内部图谋策反的奸细，使谢文东振作起精神。

李华堂，河北滦县人，外号李老畲。原是吉林自卫军九十六团一营营长，为李杜部下。1932年8月，李华堂在林口刁翎附近收编地方大排、部分山林队四百余人组成自卫军吉林混成旅第二支队，李华堂任队长。其所部活动在牡丹江下游刁翎、三道通、五道河子一带。1933年1月，李杜率自卫军余部撤入苏联境内时，李华堂仍坚持在林口、方正一带从事抗日活动。1934年冬，由于日伪军的不断围攻进逼，队伍迅速瓦解，到年末，仅剩五六十人。

祁致中，原名祁宝堂，报号"明山"。原是桦川县驼腰子金矿工人。九一八事变后，组织金矿工人成立队伍进行抗日。1934年3月，土龙山农民展开反日大暴动，他率部参加谢文东领导的民众救国军，编为混成第一旅，任旅长。1934年5月，民众救国军向东开赴虎饶，祁宝堂领部队在桦川坚持开展抗日斗争。后脱离民众救国军，单独活动。他十分仰慕共产党领导的英勇善战的东北人民革命军第三军。1935年2月，他率队前往珠河，欲与第三军取得联系，路经方正时，巧遇第三军政治部主任冯仲云。冯仲云与其进行亲切交谈，向他宣传党的抗日方针、政策，并建议他改名祁致中，致力于中华民族解放事业，使他深受感动。

---

① 《东北反日游击队哈东支队给省委的报告》(1934年12月24日)，载《文件汇集》甲44，第217、218页。

还是在1935年1月,李华堂在方正与谢文东相遇。在他们共同商议今后的前途和出路时,李华堂提出到哈东投奔赵尚志,求得他的帮助,以重新恢复队伍。谢文东在李华堂的一再劝说之下,同意了这个意见。之后,为与赵尚志取得联系,李华堂不顾路途艰辛,带一名秘书辗转来到哈东。

当时,赵尚志正率队在宾县二区活动。一天,一位姓林的老乡来到第三军司令部通报:"自卫军支队头领李华堂想会见你们司令。"赵尚志立即让副官写信,叫这位老乡送去表示同意会见李华堂。李接到信后便前来与赵尚志相会。

会见时,李华堂向赵尚志讲述了其所部与谢文东部队的情况。李华堂颇忧戚地说,他与谢文东分别带队伍住在山里,现在给养用尽,用野猪皮缝靰鞡穿,处境十分困难。说到伤心处,李潸然泪下。接着,他诚恳地向赵尚志讲,我们没有根基,没能把队伍组织好,队伍打"花拉"了(意谓失败)。他请求赵尚志帮助他俩恢复队伍。经过由专门去过谢部动员其高举义旗,继续抗日的第三军一团政治部主任张寿篯的介绍,赵尚志了解到了李、谢两部的真实情况,决定与其联合。因为,李、谢二人的部队虽然遭到失败,但他们还都有抗日反满的要求。特别是谢文东因组织土龙山农民反日大暴动,其母亲、子女皆被日本人捕去,而他还未投降敌人。这两个人在松花江下游一带有很大声望,其部下对群众态度尚好,吸大烟者不多。如果能把他们团结、争取到反日统一战线中来,与第三军一起在松花江下游地区(简称"下江")活动,有重新激起土龙山、下江一带反日斗争高潮的可能,这对于推动抗日游击运动的开展是有益处的。因此,赵尚志答应了李华堂提出的关于帮助他们恢复队伍的请求。并说待到春季帮助他们改编军队,实现联合抗日。

这次赵尚志率队到方正大罗勒密就是为了帮助李华堂、谢文东设法恢复队伍,实行联合抗日的。但是,对于赵尚志欲与李、谢两部联合,一些人并不是十分理解。李、谢是兵败落魄、走投无路之人,李只剩官兵五十余名,谢亦只有三十余人,与他们联合有什么好处?当时流传一种说法,叫"奸老畜,傻老赵,谢文东跟着瞎胡闹"。意谓李华堂性情狡猾,轻易不吃亏,与他打交道搞不好会上当。谢文东惯于拨弄是非,没有什么明确目标,他拉队伍由千余人瞬至几十人,不过是胡闹罢了。而赵尚志帮助他们恢复队伍,发展壮大人家势力是冒傻气不合算。面对这些说法,赵尚志听罢一笑了之,却不以为然。他从民族利益的大局和党的反日统一战线政策着眼,耐心地做说服工作,要大家团结联合更多的抗日武装,齐心戮力共同开展反对日本侵略者的武装斗争。

1935年3月初,在大罗勒密,赵尚志会见了李华堂、谢文东、祁致中,向他们宣传了党的反日统一战线主张和各项政策。主要有根据不分信仰,不分政治派别,自己保持自己的政治主张,谁也不干涉谁的内部任何政治行动的原则,互相援助,以期队伍扩大发展,力求民族革命战争彻底胜利。以人民革命军第三军、谢部(民众军)、李部(自卫军)、祁部(明山队)为骨干、支柱,组织东北反日联合军。李、谢、祁三人表示赞同共产党的抗日纲领和赵尚志提议组织的东北反日联合军。最后,经协商决定在党领导的抗日武装与反日义勇军实行联合的"三项条件"下(不投降、不卖国、反日到底;没收日本帝国主义及其走狗财产、土地充作战费;维护民众利益,允许民众武装抗日),以东北人民革命军第三军、李华堂、谢文东、祁致中所部及已参加联合军的义勇军各部为基础,广泛吸收其他反日义勇军、山林队扩充东北反日联合军,成立东北反日联合军总指挥部。并推举赵尚志为总指挥,李华堂为副总指挥,谢文东为军事委员长,张寿篯为总政治部主任。

东北反日联合军总指挥部的成立,使1934年3月组织的因"九江""黄炮"反叛而破产的反日联合军司令部得以恢复,进而扩大了共产党和人民革命军的政治影响。在反日义勇军的心目中颇具声名的谢文东、李华堂前来参加中国共产党提出的反日统一战线,并在其失败受挫情况下,党和人民革命军还团结他们,竭力帮助他们,于联合军中委以重任,这给一大批自发的、散漫的义勇军和反日山林队以很大的震动,使其或多或少地认识到只有中国共产党及共产党领导的人民革命军才有能力、有力量把反日斗争进行到底。

东北反日联合军及总指挥部是团结一切大的、小的反日义勇军参加我党领导的武装反日统一战线,共同进行反日战争的组织形式。它吸引着更多的义勇军加入反日联合军,依据党提出的反日纲领共同对敌。新的反日联合军总指挥部的成立,对于推动和扩大哈东及下江一带抗日游击战争的开展具有重要作用。诚如中共珠河中心县委在1935年3月18日给队内党团同志的信中所指出的:"正当这个时候我们与方正及下江一带有名的义勇军谢、李等建立了以我们为中心领导的反日联合军。这一意义是非常伟大的,这将更顺利地推动和扩大哈东及下江一带的反日民族革命战争,同时,更有可能集中这广大区内而散漫的大部自发性的义勇军在我们的政治影响和领导下,一致的对付日本帝国主义!"①也正如县委于4月4日给省委的报告中所指出的,人民革命军第三军与李华堂、谢文东结成反日联合军,"在反日形势上,开了一个新局面。"②

反日联合军总指挥部成立后,赵尚志率联合军部队在大、小罗勒密一带迂回活动数日,将敌人注意力引向大罗勒密。之后,赵尚志与李华堂、谢文东、祁致中共同商议决定趁敌不备,方正县城防守空虚之际,进行一次联合行动,攻打方正县城,打击敌人,庆祝新的反日联合军总指挥部的成立。

1935年3月9日拂晓,人民革命军第三军司令部直属部队(政治保安营、少年连)和第一团,谢文东、李华堂所部,加之祁致中("明山")部队共四百五十人,在赵尚志统一指挥下展开攻城战斗。激烈的枪声划破了黎明前的沉寂。第三军少年连首先突破敌人坚守的东门。反日联合军冲入城内后,迅速占领了伪警察署,毙伤伪警察六人,俘伪警务股长一人,缴获伪警察枪械十五支,烧毁了日本参事官宿舍,逮捕了汉奸分子四十余名。在反日联合军凌厉攻势下,城里驻扎的二百余名日伪军皆西跑东窜,援兵伪军屠旅不敢进城救难。但由于事先侦察工作不细,驻守在县公署、监狱、十字街的敌人,凭借坚固工事负隅顽抗,以致联合军久攻不克。战斗中,联合军牺牲一名、轻伤三名。为免遭不测,联合军占城约十二个小时后,安全撤退。③奔赴延寿二区驻扎金坑一带。

攻袭方正县城的胜利显示了反日联合军的威力。李、谢两部受到鼓舞,士气大振。日伪称反日联合军"势颇浩大""以迅雷不及掩耳之手段遽袭方正县城"。④由于战斗中,反日联合军

---

① 《党团珠河县委关于联合军问题给队内党团同志的信》(1935年3月18日),载《文件汇集》甲38,第153页。
② 《中共珠河县委报告》(1935年4月4日),载《文件汇集》甲38,第169页。
③ 《东北人民革命军第三军司令部给中共满洲省委的报告》(1935年4月11日),载《文件汇集》甲45,第2页。
④ 《盛京时报》(1935年3月16日)。

烧毁日本参事官宿舍，因火势蔓延，烧了一条街。事后，敌人造谣，反日联合军杀人放火，一些不明真相的人也跟着说什么赵尚志到方正烧大街。实际上，并非如此。反日联合军攻破方正县城，使依兰、方正、勃利一带敌人对第三军东来深感震惊。此期间，在宾县、延寿活动的第三军一团在李熙山领导下联合"打一面""明山"等队攻破延寿二区黄家烧锅小镇(今青川乡兴隆村)。一时，日伪军惊恐万分，各路敌人"讨伐队"纷纷撤回，以守卫各县城和重要乡镇。

东北反日联合军总指挥部的建立，方正县城和黄家烧锅被攻破，推动了反日统一战线工作的深入开展。当时，活动在哈东各地的大小义勇军约有六七十股，三千余人。在1934年冬敌人开展"大讨伐"时，由于秋季"九江""黄炮"反叛造成的恶劣影响，游击队未能很好地领导、配合义勇军一起活动，加之敌人不断造谣宣传"反日军要缴义勇军""皇军专打反日军不打胡子"和义勇军自身的原因，一些义勇军发生了动摇，有的躲着游击队，有的与投靠日伪的地方豪绅相勾结，搞所谓的"保护大沟"，占地盘。为最大限度地争取团结反日义勇军，扩大反日统一战线，赵尚志风尘仆仆地亲自奔走于各义勇军之间，向他们做反对投降、坚持抗战的宣传解释工作。指出坚决反日才是义勇军的根本出路，他把共产党的基本反日纲领与国民党出卖投降的事实对比地摆出来，使他们了解共产党政策的无比正确。赵尚志对义勇军首领说："像过去专为私人、为地盘、为名利的现象都是不对的。因为今天的抗日已不是争吉林、抢奉天的事，也不是什么将军、大帅的私事。这是咱东北人的事。有你有我也有他，抗日反满，人人有责，是个老乡就有份。"他又说，"只靠仨一群俩一伙的，不统一，白给敌人造机会的干法，还想打胜仗？那真是所谓'武大郎征东——根本没有那么一本子书'，要干大家干，而且谁也不要给谁扯后腿，白让日本人捡便宜，要紧的是大家抱成团，绝不三心二意的，才能把日本人打回他的老家去。"就这样，赵尚志耐心地引导义勇军首领们参加反日统一战线，主动与他们在不投降、不妥协，反日到底；没收日本帝国主义及其走狗财产、土地充作战费；维护民众利益，允许民众武装抗日等"三项条件"下，订立联合作战协定，以共同开展反日斗争。

赵尚志深知，抗日不能单纯地凭借武力来抗日，也不能简单地凭一股热情来抗日，更不能凭个人英雄主义来抗日。他懂得政治与军事的关系，明白群众发动起来的巨大力量，知道精神支柱的重要。他是依靠党的反日民族统一战线政策，广泛团结义勇军、山林队来抗日的，是动员、组织社会各阶层广大民众，形成巨大的群众力量来抗日的，是以救亡图存、不投降、不妥协、誓把日本帝国主义驱逐出中国的爱国主义精神为动力，作为精神支柱来抗日的。

自人民革命军第三军以及新的反日联合军总指挥部成立后，经一春天的对敌斗争及积极的宣传工作，使义勇军对第三军的认识发生很大转变，他们认为第三军才是真正抗日的，可以领导他们。在这些义勇军中，有的不仅与第三军建立了友好关系，甚至还要求第三军收编他们的队伍，希望第三军领导他们进行活动。如在道南地区，"爱民""占山""八合"等队伍经常和第三军三团一起活动。在道北地区，"武山"等二十余支义勇军经常与第三军一团活动。"武山"队多次要求第三军予以收编。与此同时，大部分义勇军都前来参加反日联合军。如在延寿、方正，除"中三省"外，其余各股义勇军全部都集合在反日联合军旗帜之下。

为不失时机地促使反日武装统一战线进一步扩大,增强路北地区①反日力量,赵尚志在攻破方正县城后于3月下旬即西来宾县七、八区,在老黑顶子主持召开了有四十余股义勇军、山林队首领参加的会议,成立了反日联合军路北指挥部,确定义勇军各自保护一块地盘,在各自负责区域内,要求各义勇军要保护春耕,允许和保护组织抗日团体反日会及农民自卫队、农委会等。②赵尚志将路北划为二十一个区,并任命了各区大队长,具体为:

人民革命军第三军游击连负责路北反日第一区(珠河五区、宋家店、右风清沟子、秋皮囤、乾坤沟一带)×××任大队长。

"北公平"负责路北反日第二区(对面小老黑顶、马才沟、太平岭一带),并任大队长。

"滚江龙"负责路北反日第三区(大川山、花砬子、双牙岭一带),并任大队长。

"名扬"负责路北反日第四区(朝阳河、柞木台子、梨树沟一带),并任大队长。

"江东""九山"负责路北反日第五区(靰鞡草沟一带),并任正("江东")、副("九山")大队长。

"占九州"负责路北反日第六区(东四腰抓机、财神庙、三道街一带),并任大队长。

"化民"负责路北反日第七区(三岔河、高叉河一带),并任大队长。

"名山"负责路北反日第八区(杨木桥、元宝河、新开道、十三户一带),并任大队长。

"南阳"负责路北反日第九区(头二、三道沟、海里混一带),并任大队长。

"占山好"负责路北反日第十区(杨木岗、腰营、对店、板子房一带),并任大队长。

"东来"负责路北反日第十一区(香炉砬子、吊水壶、潦荒地、宫拥子一带),并任大队长。

"吕营长"负责路北反日第十二区(兜嘴子、五方地、黑石砬子一带),并任大队长。

"江南"负责路北反日第十三区(猞猁河、乾松顶子一带),并任大队长。

"爱国"负责路北反日第十四区(鸡心砬子、土门子一带),并任大队长。

"东来好"负责路北反日第十五区(头道河子、三清宫一带),并任大队长。

"七省"负责路北反日第十六区(二道河子一带),并任大队长。

"访贤"负责路北反日第十七区(八里川、三道街、二道河子、鲍家岗一带),并任大队长。

"北来"负责路北反日第十八区(腰岭子、头二号、道岔子、亮磨叉子、南北四道河子一带),并任大队长。

"占九营"负责路北反日第十九区(侯营一带),并任大队长。

"双山"负责路北反日第二十区(二黄山一带),并任大队长。

"杨立亭""奉天"负责路北反日第二十一区(太平川一带),并任正("杨立亭")、副("奉天")大队长。

以上各队均归路北指挥部就近指挥,其未编各队,由已编各队联络,共同负责或由路北指挥部临时改编。路北指挥部以东北人民革命军第三军第一师第二团为全区骨干,负责领导

---

① 路北地区又称道北地区,指珠河(今尚志)铁路以北及阿城东部阿什河流域,宾县二、三、七、八区,延寿一、二、三、四区。

② 《中共珠河县委给省委的报告》(1935年4月18日),载《文件汇集》甲38,第188页。

一切队伍。

以后，又按路南地区、延(寿)方(正)地区①实际情形，在东北反日联合军名义下成立了路南指挥部和延(寿)方(正)指挥部。这种办法，十分有利地方工作的开展，也十分紧密地进一步把许多义勇军团结到第三军周围来了。中共珠河中心县委对此予以充分肯定，认为"这是统一战线的灵活运用。"②

1935年3月25日，由赵尚志、冯仲云、李华堂、谢文东领衔发布了《东北人民革命军第三军司令部，东北反日联合军总指挥部布告》。宣布反日联合军延方、路北、路南三个指挥部分别由刘海涛、王惠童、张连科任指挥，"分负一切指挥事宜"，负责领导、推动各反日区域广大群众的反日斗争，武装农民，实行"自己保护自己"。"凡参加联合军各队宜即就近听候节制"，号召一切反日队伍联合一起，民众与武装队伍结成共同战线，分头一致进攻日满统治区域及中心城镇兵站。

此布告公布后，赵尚志仍不辞辛苦地继续做团结联合义勇军的工作。据敌伪资料记载，1935年4~6月，赵尚志曾四次召集义勇军首领聚会，研究划分各自保护的区域和联合作战等问题。

其中三次记载如下："4月16日至17日，在一面坡北方青龙山，赵尚志及另外二十四名匪首，讨论本年度各匪首的划界协定和反满抗日行动的方法和手段，以及其他破坏铁道工作的分工。

"5月27日，于牙不力(按，今亚布力)北方森林，赵尚志外×名匪首决定下列负责区域：1.匪首赵尚志率领'占中华''五省''九江''创江南'等各股匪贼担当破坏一面坡、横道河子之间的铁路；2.匪首'五龙''仁义''傻子'等担当破坏一面坡及阿什河间的铁道及袭击列车；3.匪首'心顺''海龙''占林'等担当破坏三道窝集和穆棱间的沿线铁道。

"6月中，于二道河子南部二十华里的地点，赵尚志以下首匪20名，计划第二次袭击帽儿山站的街市，及破坏铁道线路，日期决定在7月12日。"③

自1935年3月进一步扩充发展了东北反日联合军之日起，由于反日统一战线的不断扩大，许多义勇军紧密地团结在第三军周围。在第三军领导下，哈东地区反日斗争的烈火越烧越旺。对此情况，当时日伪报纸有则报道称：[拉林]适据康家炉何云阁保董紧急报告：匪首赵大队长尚志督部下党羽三千余名并带机关枪，迫击炮各数十门，军装整齐，枪械精锐，骑匪一千五百名，步匪一千五百名，扯五色旗，戴红袖标，着义勇军字样，风声鹤唳，耀武扬威，由山里汹汹而来，刻下前队已至哈蟆塘、一棵松、泉眼河等处，并以笼络手段遍告该屯村民言曰："本大队长此次带队出山一不抢村民，二不绑屯票。本队员所行目的为破坏拉滨路、劫火车、破拉林仓，决意作一惊天动地的事。近日来本队迭接部下首领报告，双城警察大队来境剿匪，

---

① 路南地区又称道南地区，指珠河(今尚志)铁路以南，一面坡至拉林，包括珠河四区，五常四、五区，双城八、九区及榆树一部。延方地区指蚂蜒河东跨延寿五、六区，方正四、五、六区等地。
② 《中共珠河中心县委给省委的报告》(1935年4月18日)，载《文件汇集》甲38，第189页。
③ 伪满军政部：《满洲共产匪研究·珠河中心县委员会及第三军的活动状况》。

今已多日。此次本队长督队千名,首领数十员,与其警察大队争争胜负,看看警察队有何本领,能动我一兵一卒?"想赵尚志此次出山,督匪数千,果一拥而进,我拉林兵力单薄,仅有警察队,自卫团等恐难济于事。①这则出于日伪统治当局的报纸上的通讯从反面反映了当时义勇军团结在第三军周围,反日武装力量壮大,斗志昂扬的共同对敌之气势。

随着反日统一战线的扩大,反日武装力量明显加强。在这种形势下,东北人民革命军第三军、反日联合军由赵尚志指挥频繁出击,各反日义勇军、山林队在哈东反日浪潮的影响下,亦积极行动,猛烈地向敌人展开了有力的进攻。

据伪滨江省公署警务厅匪贼月报统计,1935年第一季度各种反日部队在哈东苇河、珠河、延寿、五常、宾县、阿城、双城、呼兰、巴彦九县出动次数为352次。其中1月为33次,2月为112次,3月为207次。第二季度为559次。其中4月为149次,5月为216次,6月为194次。第一季度各种反日部队出动总数为42 108人次,第二季度为80 364人次。从这些数字可以明显看出,自3月起反日军斗争次数和人次数明显增加。对上述以赵尚志所率东北人民革命军第三军为核心的各种反日军活动明显增加的情况,日伪当局在《满洲共产匪研究》一书中分析说:

"3月,本月数量的增加是起因于反满匪数量的扩大,本月初以来,第三军顿形活跃,急袭延寿、珠河两县铁路沿线一带。

"4月的特点是匪团之间合作运动的发展,尽管日满军警的严密戒备,仍然很巧妙地在各地召开了匪首会议。

"5月,尽管日满军警的讨伐行动日益频繁,但因统一战线的发展,袭击村庄、破坏铁路等匪团活动愈益猖獗。

"6月,以第三军为中心的统一战线的扩大并加强达到最高潮。有名的职业土匪'九江'及其系统的'北来'、'黑塔'、'双龙'、'压五省'、'吉林'、'东访贤'、'西访贤'等被赵尚志说服,在同一口号下,有愈加成为一体的趋势,珠河地方俨然成为一共产王国。"②

在这期间,哈东地区各反日部队之活动,除袭击日伪统治据点、与敌军交战外,袭击敌人滨绥、拉滨铁路车站、线路、列车成为斗争重点。特别是第二季度,日伪当局从苏联手中收买了中东铁路路权之后(按,当时日伪以1.7亿元从苏联购得中东铁路以及附属财产。该路权移交签字仪式是3月23日在日本东京举行的。之后,伪满把此铁路"委托"日本人的"满铁"株式会社经营),滨绥线的政治性质发生了变化,各反日军对铁路车站、列车、线路设备的破坏活动急剧增加。据日伪1935年《哈尔滨铁路局管内铁路各季度受害表》统计:第一季度袭击车站列车1次,破坏线路设备、阻碍运行9次,其他破坏活动21次;第二季度袭击车站列车10次,破坏线路设备、阻碍运行24次,其他破坏活动63次。第三季度,袭击车站列车4次,破坏线路设备、阻碍运行16次,其他破坏活动42次。另据《各铁路线受害表》载:滨绥线被袭击车站列车8次,被破坏线路设备、阻碍运行20次,其他破坏活动68次。拉滨线被袭击车站列

---

① 《盛京时报》(1935年3月17日)。
② 伪满军政部:《满洲共产匪研究·珠河中心县委员会及第三军的活动状况》。

车6次,被破坏线路设备、阻碍运行25次,其他破坏活动53次。①其中,多是赵尚志领导的人民革命军第三军及滨绥线沿途义勇军所为。敌人据点频频被袭击,铁路车站、列车线路设备被破坏,致使敌人交通运输不时处于瘫痪状态。

自人民革命军第三军成立后,赵尚志进一步贯彻党的反日统一战线政策,广泛团结各义勇军共同开展反日斗争,使哈东地区抗日游击运动又有了新的发展。

中共珠河中心县委1935年4月25日在一份文件中说:"在哈东一带由于东北人民革命军第三军英勇的活动,艰苦奋斗,哈东反日形势一日千里的高涨起来。目前,东北人民革命军第三军,在哈东已经成为民族革命战争的主力。新春以来,攻破方正县城,占领小黄烧锅,毁灭周家营子,深深地激起了人们的反日热情。日满强盗在这一胜利情形之下,心惊胆寒,感到自己前途危险。由于我党政治影响的扩大和深入,实际生活的体验,使反日义勇军的数量更形增加,改善与群众的关系,提高了战斗的力量,积极进行反日战争,日益围绕到我们周围来。谢文东、李华堂部队与我们结成联军,路北以及路南、延方反日联军指挥部的成立都说明民族革命战争开始了新的局势。"②

对于这种情况,日伪当局在《满洲共产匪研究》一书中亦承认说:"昭和十年(1935年)1月28日,第三军成立后,珠河中心县委即以该军为中心,努力纠合土匪和反满抗日匪,吸收谢文东、李华堂等各匪,成立东北反日联合军,确立联合战线的斗争,终于成功。""到昭和十年夏,以第三军为中心的各匪首之间的合作运动得到迅速的发展。"特别令日伪当局感到震惊的是过去与赵尚志交恶,作过战的"九江"也转向了赵尚志。同在日伪当局编印的《满洲共产匪研究》一书记载,"把到现在已到手的情报综合起来,可以看出:1.过去的九江部下已转化为赵尚志部下而成为共匪的匪首及兵力:由去年十月间考凤林(一百五十名)投向赵尚志作为开始,在同年十二月间中侠义(四十名)、吕绍才(八十名)变成了共匪;接着,最近暴威大振的九江部下北来(一百五十名)、黑塔(一百二十名)得到九江的谅解,于本月(昭和十年七月)十日前后投向了赵尚志的共匪军。2.匪首九江的部下已经约定归顺赵尚志的匪首及兵力:吉林(二十名)、东访贤(五十名)、西访贤(二十名)与北来、黑塔已共同约定归顺赵尚志,但目前仍在九江之下尚没有投向共产军,因此,赵尚志正在进行大肆劝诱,估计都将走向共产化。3.从去年以来,连对赵尚志怀着极端反感曾进行过交战的'九江',最近看到赵尚志的势力逐渐深入,已形成无法收拾的局面,因而以考凤林、黑塔、北来的斡旋,最近在大石头河子南部地界,与赵立下了攻守同盟"(按,此中各义勇军队伍数字,敌人皆有意缩减)。面对北满抗日运动不断发展的形势,日伪统治者坐卧不宁,寝食不安,深为忧虑。日伪当局称:"今年(按,指1935年)进入夏季繁茂时期,由于赵尚志匪的行动已深入人心,诸匪贼几乎全部大有投向共产匪之势,有力的匪队已变成共

---

① 伪满军政部:《满洲共产匪研究·珠河中心县委员会及第三军的活动状况》。
② 《中共珠河县委关于红五月工作的决议》(1934年4月25日),载《文件汇集》甲38,第54、55页(此文件档案整理者确定年份有误,应为1935年)。

匪者相当多,将来能形成何等可虑的局面是无法估计的。"①

对于将来,敌人是"无法估计"的,而赵尚志则是有更深远的考虑和打算的。抗日武装斗争不断发展的新形势对赵尚志是个很大的鼓舞,人民革命军第三军今后如何发展,如何建制是他考虑的一个重要问题。他不满足于现有力量,要力求部队有一个更大的发展,创造一个更新的局面。1935年3月25日,他作出东北人民革命军第三军编制计划草案。该计划草案内容如下:

每班五个人,每排三班,排长一人,共十六名。

每连三个排,连部设连长、指导员、传令、掌旗官、军需事务员、书记、司号、勤务兵一人、军医、担架兵二名,共六十名为整连。

每团三个连,团部设团长、政治委员、政治部主任、参谋长、各处、各科,传令二人、司号二人、掌旗官、勤务兵二人、直属骑兵连或排、特务排、少年连或排、担架队、教导班、通信班、侦探班、执法队、炮械、机枪连,附属马步各连混成编制,游击连不在此里,共二百人至三百五十人。

每师三个团,师部,设师长、政治委员、政治部主任、参谋长、各处、各科,传令、掌旗、司号、勤务兵四名、通信班、保安连、少年连或团、炮械、机枪连或排、骑兵团或连、教导班、手枪队、特务队、侦探队、担架队,共计六百五十至一千二百五十人。

每军三个师,军部设政委、军长、政治部主任、各处、各科、掌旗、传令五人、司号三人、勤务兵七名、保安团、少年团、骑兵团、特务连、电信连、军官学校、炮械、机枪团、手枪队、工兵连、侦探队,共计二千五百至五千人为一军。②

上述第三军编制计划草案充分反映了赵尚志的正规化建军思想和对部队大发展的愿望。这个计划,班、排、连、团、师、军各级应有尽有,编制设计较为完备齐全,特别是计划中的军的编制在以后的日子里可以说大部得以实现。

北满地区反日统一战线的扩大,赵尚志领导指挥的反日联合军所取得的军事胜利,使日伪军政机关的主持者感到十分可怕。因为敌人深知,目前东北抗日游击队、人民革命军在数量上虽与1933年1月以前大规模义勇军运动风起云涌时大为减少,但在质量上却大有提高。党领导的抗日武装在民众中,在义勇军中的影响越来越大,活动的区域也不仅仅限于一隅,而是驰骋东西,不断地在扩大游击区。无疑,这一深得广大群众支持的反日武装斗争,直接威胁着日本侵略者殖民秩序的建立和巩固。

四、东征牡丹江沿岸

1935年春,日本侵略者为扑灭哈东抗日烈火,进一步加强在哈东地区的反动统治。他们打着"治安肃正""建设王道乐土"的旗号,大肆推行"十家连坐法"、"归屯并户"、实行新税制,

---

① 伪满军政部:《满洲共产匪研究·珠河中心县委员会及第三军的活动状况》。
② 《东北人民革命军第三军编制计划草案》(1935年3月25日),载《文件汇集》甲44,第435、436页。

增加捐税，焚烧山间房屋、屠杀无辜民众，到处强奸妇女。在珠河、延寿、方正县城、帽儿山、一面坡、九站、十站、元宝镇、黄家烧锅、中和镇、夹信子及其他重要之地遍设兵营，驻有日军、伪军邓团、王团等部，专门用以镇压反日军民。广大群众愤恨地说，日本人讲的"治安肃正"就是往死治你、整你；"建设王道乐土"就是让你走上西天大道的死路，所谓"乐土"就是让你到土里去乐。

由于日伪当局残酷的统治、剥削和不断开展对反日军民的"大讨伐"，使哈东地区城乡经济遭到严重破坏。在农村，不仅广大农民破产，一些地主富农也逐渐破产；在城镇，店铺倒闭不计其数。加之日伪当局所征捐税日益增加，使约有半数以上的农民和城镇居民生活陷入极端贫困化，过着缺衣少食，甚至无衣无食的灾民式的生活。对于数以千计的破产者、失业者、灾难民，日伪当局不但不予救济，反而以都成为"胡子"，都与反日军联合为口实擅加杀害。日本侵略者这种残酷的统治，使广大群众更加仇恨日本帝国主义，深感只有反抗才是唯一的出路。

同年3月中旬，赵尚志率领反日联合军，即第三军司令部直属部队政治保安营、少年连和第一团及李华堂、谢文东、祁致中等部共五百余人在延寿金坑一带活动。不久，数千日伪军向延寿追击堵截反日联合军。为避免遭受日伪军正面攻击，赵尚志决定反日联合军各部暂时离开延寿，分头活动，第三军司令部直属部队和第一团在赵尚志率领下南进苇沙河。这一军事行动，一方面是环境使然，要避开优势敌人，远征到新的地方开辟游击区，同时也是听说周保中领导的第五军一部曾在苇沙河活动，第三军有必要与第五军取得密切联系。因此，赵尚志率部队不分昼夜行军，向南挺进。途中在民众支持下，顺利抵达苇沙河东山，仁义队后方。此时，敌人不知我军去向，白堵半个多月连反日部队的影子都未看见。"赵尚志率部队在仁义队后方驻扎休息五天后，于4月7日攻袭苇沙河站，与该地伪军、伪自卫团激战两个小时，毙伤敌人多名。期间，第三军在各地探听第五军消息未有结果，欲和第五军取得联络的目的未实现。4月19日，第三军向牙不力站（亚布力）近藤制材场、商务会、农务会发出抗日捐款、物资征集信。信中说"本军自成立以来致力于恢复中国，夺回利权。我军所到之处，民心归顺，无不拥护。大有龙虎之威，平定三省之势。今致书函向贵站请求夹衣千件、礼帽千顶、大洋两万元，以供我军征伐之用。见函五日内若不能应诺，我军队员将袭击踏平牙不力站，烧毁日人房屋，使之无葬身之地。识时务者速备物资送来，方可无事，否则，牙站必遭进攻。"①此际，延、方一线敌人对我军去向茫然无所知，四处堵截，未见反日队员踪影很不甘心，仍在到处堵截我军。4月20日前后，赵尚志决定离开苇沙河，便率队打着伪满洲国国旗化装成伪满警察队攻击了苇沙河西部朱家营站，毙敌七八名，并烧毁敌人营房，次日又返回延、方游击区。4月24日，正当日伪军前来朱家营救援时，赵尚志指挥第三军司令部直属部队、第一团及与之刚刚会合的谢文东、王荫武、祁致中部一举攻进位于松花江岸的方正县大罗勒密。

大罗勒密（今大罗密镇）是由方正通向依兰等下江地区咽喉要塞。该街东西长约二

---

① 《北特警特秘二九零四号》。

里，街内住户约五六百家，是一处重要木材采伐集散地。该街设四个炮台，街中央驻有伪方正特别警察队一百五十人，街东有商团兵二十余人。当日夜晚11时战斗开始。根据战斗部署，第三军（一百六十余人）少年连、保安营进攻西南面，一团进攻东面；祁致中（"明山"）部和王萌武部（二十余人）攻打北面；谢文东部（五十余人）在小罗勒密道口设卡以阻敌援。反日联合军部队冲入街内，与敌展开激战。战斗中缴获许多马匹，一些棉布。敌人死伤甚多。四个小时后撤出战斗。此战，因商会拒纳抗日特捐，"明山队"点着其房屋，火势蔓延，烧毁了半条街，其中有不少民房。日伪借此大肆渲染，挑拨抗日军与民众的关系。

4月25日，中共珠河中心县委作出《关于红五月工作的决议》。确定红五月工作任务：要广泛运用各式各样的方式，宣传队等在群众中扩大与深入人民革命政府纲领的宣传；扩大反日会，开辟新的游击区，在谢、李，"爱民""平东洋"等几支义勇军中建立起反日分会；人民革命军第三军司令部与第一团在红五月中进攻牡丹江沿岸消灭敌人统治，并向东部发展，以便与第五军配合和联系；抓紧并扩大联合军指挥部这一上层统一战线，经过这一环节更有利地进行下层工作；要把反日会及党团员等全部动员起来，送到谢、李等义勇军部队中去。

反日联合军打开大罗勒密后，部队经数日休整，赵尚志根据珠河中心县委《红五月工作提纲》中确定的军事活动方向，又率司令部直属部队和第一团挥师东进牡丹江沿岸。进击牡丹江沿岸是赵尚志率部采取的重大军事行动。此次行动的主要意图是：（1）考虑到在地理上牡丹江沿岸与哈东一带中心地域毗邻，这里地势好，能够建立根据地；（2）牡丹江沿岸地处北满与吉东地区连接处，在此开辟游击区域可与吉东地区抗日部队相互联络，必要时能够配合作战；（3）进一步扩大哈东一带反日武装统一战线，宣传我党我军的政治主张，号召广大民众共同执行抗日纲领，推动松花江下游和牡丹江流域的反日斗争。

由方正大罗勒密、延寿中和镇、苇河楼山向东抵牡丹江岸二、三道河子、三道通一带为张广才岭主脉，重重叠叠的山峦绵亘其间。红松、落叶松、杨、桦、柞、椴、水曲柳等树种构成莽莽林海。这里蕴藏着丰富的森林资源，是东北重要木材产区之一。日本帝国主义侵占东北后，为了疯狂地掠夺我国森林资源，在依兰、亚布力等地成立了所谓"木业组合株式会社"及各种名目的木业公司，强迫中国成百成千的廉价劳动力采伐原始森林。日本侵略者为能实现顺利掠夺，除派有大批日伪军驻守重要掠夺据点外，还雇佣大批白俄分子编成的反动武装充当帮凶。

为打击敌人，破坏日本侵略者对我国森林资源的掠夺，开辟新的游击区域，赵尚志率领反日联合军向牡丹江沿岸挺进。途中他不断捕捉战机，指挥部队与驻守在这一森林地带各据点的敌人展开了一系列的英勇战斗：

4月末，进攻得莫利，大排都逃入院内，未缴着枪。之后，进攻马鞍山伪警察所，缴枪数支。

5月5日，攻占延寿夹信子南十余里的半截街，缴获伪壮丁团轻机枪四挺，洋枪二十余支。

5月8日，突进新开道，逮捕六名汉奸，召集了群众大会，枪毙两名最坏的汉奸。使敌人正在阴谋筹划成立伪壮丁团的计划遭到破坏。

5月15日，攻打了延寿老五团局所，激战一个小时。因敌人事先发觉反日联合军行动方向,有所戒备,毙伤敌队长袁兴楼以下四人。之后,在日军、延寿伪警察队援兵到来时,反日联合军主动撤出。

5月17日,在崔金沟庙附近痛击了由夹信子去中和镇的延寿伪警察队。当敌人正涉水过河时,反日联合军在赵尚志指挥下,乘敌不备,发动进攻。敌兵在我猛烈火力下无力抵抗,狼狈向中和镇方向窜逃。

5月23日,攻克日本侵略者掠夺我国森林资源的重要据点之一楼山。战斗中,伪军孙团和二百多名白俄兵被击溃,缴枪若干支,焚毁了伪军驻防所和木场,炸毁铁路桥梁,使楼山木业一度关闭。此战之后,谢、李二部前往下江。

5月24日,第三军司令部直属部队和第一团在龙爪沟附近击败日本近藤公司为掠夺森林资源雇用的一百五十余名白俄森林铁路守护队。焚毁了该公司原料场(木板、道方、木桦)、头号机车一辆、列车二十余辆及通往山里的铁路桥梁,缴获役马十五匹。这次战斗致使近藤公司经济损失约在二百万元以上。

5月27日,在亚布力北方森林里与义勇军首领决定破坏敌人铁路,进行分工:赵尚志率领"占中华""五省""九江""创江南"等义勇军担当破坏一面坡、横道河子之间的铁路;"五龙""仁义""傻子"等破坏一面坡及阿什河间的铁路及袭击列车;"心顺""海龙""占林"等担当破坏三道窝集和穆棱间的铁路。

5月28日,在三道河子上游张把头木棚等地连续与守护森林铁路的日本近藤公司雇佣军白俄兵交战。激战中毙白俄队长以下十一名,夺取机枪两挺,步枪若干。敌森林铁路守护队损失惨重,白俄兵陷于极度恐慌中,破坏了近藤公司妄图把森林铁路延长到三道河子、依兰的计划。战斗中,第三军战死四名、伤四五名。

5月30日,占据三道河子满天星,并与李华堂、王荫武部及山林队"东来好"再次会合。赵尚志与之计议共同进攻方正六区及三道通的行动。

6月4日,赵尚志率联合军向日本侵略者掠夺森林资源的另一重要据点——三道通进军。

6月6日,攻进了三道通,烧毁了方正六区伪警察署,吓得部分伪军龟缩在祁家大院不敢出动。围攻祁家大院时,因院墙坚固,守敌顽抗,赵尚志下令,"召集该地住民,使他车上满载谷草推进敌前,而后把院墙攻破",以为有民众于敌前推进,敌人不敢开枪。但顽抗的敌人疯狂射击,致使部分民众伤亡,同时将周围十余处民房烧毁,造成一些不良影响。三道通战斗后联合军开始分开活动。

6月11日,赵尚志率队返回三道河子满天星。在此地与前来追击的伪军赫团一百五十人展开战斗。伪军赫团依持有重武器(迫击炮一门)向第三军疯狂进攻。三军一团三连战士在距敌四五十步远的一高地坚决反击。赵尚志指挥政治保安营、少年连从南、北两个方向向敌夹击。战士们一面高呼口号,一面积极围攻,愈战愈勇。经三小时激战,敌人遭到痛击,最后败走荒沟。此次战斗胜利,"震动依、勃各地,政治影响更加扩大"。[①]

6月中旬,第三军一团二连在窝李与日军作战一次,敌军死三人,我方无恙。赵尚志率队

---

① 《司令部及第一团活动情形简略报告》(1935年),载《文件汇集》甲44,第292页。

在牡丹江沿岸英勇开展军事活动的同时,还积极地开展了地方群众工作。在新开道、齐家粉房、腰岭、黄家木营、关门嘴子、崔金沟等地组织了农民反日自卫队,在窝李、牛付岗组织了反日会。另外,在三道河子,经过大量工作,在四五十个木营中建立了由伐木工人参加的反日会组织。上述一系列战斗和群众工作,打击了日伪的反动统治,振奋了民众反抗精神,扩展了哈东游击区域。广大群众热烈欢迎第三军,作战时,送饭送水,帮助部队探报敌情,护理救治伤员。群众赞誉第三军"真干,是穷人的队伍,对走狗真厉害,对'老剥代'(俄语工人之意)真好。"①赵尚志率部东进牡丹江沿岸开辟新的游击区域,使人民革命军第三军及反日联合军威震依兰、勃利等地。在义勇军工作方面,有了进一步的发展,"明山队"在第三军影响下,废掉"胡子"的编制方式,自动组织保安队、少年队、严密纪律,努力改善群众关系,被改编为第三军直接领导的延方依游击团,在延寿、方正、依兰一带有一定影响。"钟三省""傻子""仁义"等队伍与第三军的关系也很好,主动要求共同行动。这充分说明第三军司令部及第一团在延寿、方正一带获得了巩固的游击战争的领导地位。同时,也使人民革命军第三军在开辟新的游击区域的斗争中进一步得到发展。

抗日群众给第三军伤员送药用的药瓶

1935年夏,率队活动于牡丹江岸三道河子的赵尚志,拟等待反日联合军李华堂部到来,以便继续向东行进,共同开展游击活动。其总的军事计划是,联合李华堂部解决四道河子、五道河子、二道河子、细麟河、白泡子的敌人及驻莲花泡的伪军赫团,进而进攻刁翎,深入勃利县等地,领导下江部队开展下江地区工作。或转兵大罗勒密,解决蚂蜒河流域的敌人。但虽经久

---

① 第三军司令部:《关于延寿一带政治形势的报告》(1935年6月20日),载《文件汇集》甲44,第132页。

候,李却未至。此时,日伪军不断追袭,并在牡丹江东岸纠集大批部队堵截第三军,而第三军对那一带地理环境不熟,与当地民众又缺乏密切联系,难以继续开展活动。在这种情况下,赵尚志决定其所率司令部直属部队及第一团停止东进,留第一团在延寿、方正一带活动,他率司令部直属部队政治保安营、少年连返回珠河游击区根据地。检查指导二、三团工作,部署其活动,为冲破秋季敌人"讨伐"作准备。

回师途中,赵尚志率部于延寿夹信子西南三门张家解除了当地反动武装,获得步枪二十余支,并向当地地主征收了部分反日特捐。之后,回到珠河道北地区,与第三军第二团部队相会合。

6月20日,赵尚志以第三军司令部名义致信省委,向省委报告了延、方一带政治军事形势及所率司令部直属部队、第一团和反日联合军东征牡丹江情况:"司令部攻方正后,三江、滨江两省日军直接出动(二三千多的日军,'满'兵一二千人)四面进攻。在长期追击、袭击的大范围中,司令部和一团艰苦血战,用游击行动来进行破坏、打击许多城镇和'讨伐'队,完全冲破了敌人的春季'讨伐',并继续打击与驱逐夏季'讨伐'队一部。在这样胜利行动中,得到了更多的威信和成绩,使敌人战栗万分。"信中向省委提议:"根据哈东革命战争的进一步扩大与政治军事地理的严重性,希望省委密切直接领导第三军。""为一、二军及各游击队下江宁安各地方组织联络,望省给予双方指令。""北满一带工人干部及革命群众多送第三军来。"(按,此时省委领导已奉命去莫斯科,此报告未见省委回复。)信中报告说"司令部同一团开始了许多胜利行动中,曾消灭与肃清许多反动统治及走狗(如崔家金沟红枪会,新开道等处肃反,新去地带三道通等地抓走狗。游击连经常破坏中到延的电话线,进入白区抓走狗,消灭马鹿沟等地大排等),扩大了游击区(东到牡丹江沿岸,西至蚂蜒河一带),号召广大群众组织反日团体等工作(如三道河子许多木棚,组织工人反日会,齐家粉房、腰岭、黄家木营,崔金沟等地组织农民反日自卫队),相当提高和树立了政治、军事威信。在这样的行动中,司令部同一团在延方一带事实上真正获得反日战争中的领导地位。"①

赵尚志率队东征牡丹江沿岸,仅有两个多月时间,最残酷的战斗有十来次,这与去年不同。但由于主客观条件的限制未能在此建起根据地,完全实现预期的战略意图。然而,从其英勇战绩看,这次东征还是取得了很大的成绩,其意义是重大的。

五、冲破1935年"大讨伐"

东北人民革命军第三军在赵尚志领导下,英勇开展游击战争,扩大了哈东反日游击区域,有力地推动了哈东地区反日运动的开展。自1935年春夏两季,党的反日统一战线政策在哈东地区得到进一步深入贯彻,广大义勇军都团结在第三军周围。这种状况,正如第三军司令部一份报告所说:"在成立人民革命军前后,我们因为英勇地进行进攻的游击战术,因

---

① 第三军司令部:《关于延方一带政治形势的报告》(1935年6月20日),载《文件汇集》甲44,第133、134页。

为号召广大义勇军共同去破坏与毁灭日'满'统治,惊人的扩大反日区域,使日'满'统治更加动摇与打击,在这中间,周围广大群众对我如春水一般的欢迎,同时在队内克服与战胜一切困难和不正确倾向,而相当巩固本身力量,并与义勇军关系完全转变新的局面(各义勇军要求联合和改编),这就证明在哈东一带政治上、军事上获得新的胜利。"①对于日益扩大和巩固的人民革命军第三军成为哈东反日战争的主要支柱和领导者的形势,日伪当局不住哀叹:进入今夏青纱帐起以后,赵尚志匪的行动活跃起来,形成各路匪贼几乎都要投向共产匪的严重形势。已经有相当有实力的匪贼部队实现共匪化,难以预料日后会形成怎样令人忧虑的形势。

赵尚志在率领第三军司令部直属部队政治保安营、少年连及第一团奔赴牡丹江沿岸地区开展游击活动的同时,注意加强提高队内的军政工作。赵尚志多次主持司令部会议,研究部队军政建设事宜。

5月29日,召集司令部会议,讨论军事方面和李华堂、"明山"等队伍共同活动问题。为加强部队军政工作,决定二三日后,召集各连指导员会议。

6月2日,召开各连指导员会议,检查过去工作,布置半月工作计划。

6月10日,召集司令部会议,进行军事工作方面的自我批评。

6月13日,召集军政联席会议,讨论省委红五月工作提纲和省委给第三军的指示信。讨论中,对降队策略的认识问题,赵尚志认为,对要计划投降的不但要采取政治号召,还应以不破坏统一战线为限度,在军事上有可能的时候,要毫不客气地缴他的械。

6月17日,司令部接到省委、县委来信,进一步研究贯彻执行纠正"左"倾错误问题。

这期间,第三军第二团、三团根据赵尚志的部署在道北、道南游击区积极展开游击活动。5月,第二、三团联合义勇军共五百余人攻打了宾县高丽帽子,摧毁了一些敌人据点。之后,第二、三团分开活动。第二团在太平沟召集义勇军会议组织了联军别动大队;在河东宣家大院缴了反动大排枪械;在小五区与前来"讨伐"的一队日军交战,毙日军大尉一名,使敌人妄图在该地区压缩游击区、安置日本"移民团"的计划遭到破坏。第三团去道南地区,联合"爱民""五龙""同心"等义勇军进攻了十站,没收了大量布匹,解决了全团的服装。随后,第二、三团及游击区、根据地内的游击连、青年义勇军联合其他义勇军共八百余人从道南、道北一起向帽儿山夹攻。此战虽然因守敌顽抗,未能攻克,但我军猛烈攻势使敌人心胆俱寒。②东北人民革命军第三军在赵尚志的指挥下所开展的游击战争威胁、撼动着日本帝国主义在哈东地区的统治。

不言而喻,抗日部队行动越来越活跃,日伪当局对抗日部队的"围剿"、镇压也越凶狠。敌人总是企图通过运用"大讨伐"的手段不断向抗日部队展开进攻,进而逐渐压缩抗日游击区,变游击根据地为日伪统治区。

1935年7月初,日伪当局为镇压哈东抗日运动,由伪滨江省署召集各机关及珠河、宾县、

---

① 《东北人民革命军第三军司令部给中共满洲省委的报告》(1935年4月11日),载《文件汇集》甲45,第9页。
② 《三团给司令部的报告第二号》(1935年6月),载《文件汇集》甲45,第135页。

延寿、五常、双城、阿城六县参事官会议和保甲事务指导官讲习会,部署了旨在"毁灭赵尚志根据地",彻底根绝哈东反日运动的"大讨伐"。

在这次"大讨伐"中,敌人除调动大批日军守备队、伪军、伪警察等约三千余兵力继续采取以往"讨伐"使用的包围、追击、利用降队、派遣特务等手段外,还采用了极其毒辣的建立"集团部落"的所谓"匪民分离"政策。日伪统治者对抗日部队的生存和发展主要依靠民众的拥护和支持这一点是很明了的。日本关东军参谋部在一份材料中说道:"民众对匪贼(按,匪贼是日伪对我抗日部队的诬称)之认识是极为良好的,并不是我们所认为的那样有不共戴天之仇。更甚一点说,三千万民众之中,在精神上与匪贼无大差别者尚为数不少,大多数的民众尚没有与匪贼完全分开。如果从精神影响来说,假定匪军有三万,其精神上的匪军之友军,尚不知有几倍或几十倍。这些匪贼的精神上的友军,虽不敢持枪反抗我们,但却是培育匪贼之母体,从来在讨伐上得不到效果的最大原因,就在这里。"①日本侵略者通过几年的"讨伐"知道,单单依靠军事力量来消灭抗日军是不可能的,而单单依靠奸细暗探破坏抗日军也感觉不够。而为要消灭抗日武装力量,必须从分离军民关系入手,采取"归屯并户"建立"集团部落"的办法,把抗日军与广大民众隔离开来,即实行所谓"匪民分离"政策,使抗日部队在衣、食、住、行等各方面失去群众的支援,陷于孤立无援的境地,进而歼灭之。

敌人的"归屯并户"、建立"集团部落"的政策十分毒辣。这一政策早在1934年首先于东南满地区实行,继而由南向北在抗日武装力量活跃地区普遍推广。敌人认为建立"集团部落",将散居的民户"归大屯",迁入"集团部落",不仅可以使抗日军难以获得粮食、衣物等生活资源,还可通过施行"王道主义"的政治对策掌握民心,使之脱离"匪贼",夺取"匪贼"政治圈为"满洲国"政治圈。为推行这一政策,日伪当局先在双城县建一"集团部落"作为"模范大屯",而后召集五常、延寿、方正、宾县、舒兰、榆树等县日本参事官或指导官前来参观,以此为标准在各地建立"大屯"。于是,日伪当局在各县强迫游击区的农民离开世代久居的家园和赖以生存的土地,迁到指定的大屯,即"集团部落"中去,而把原来的房屋全部烧毁,使"路断行人,野无炊烟"造成"无人区"。对于拒绝搬迁的居民则施以暴行———一律屠杀。因而,"归屯并户"是伴随着"烧光、杀光、抢光"的"三光"政策进行的。"集团部落"的地点都由日本参事官来指定,而在建成的"集团部落"内,敌人则施以严酷的法西斯统治,居民出入"集团部落"有岗哨严格检查,其一举一动都在"自卫团"的监视下。并厉行"保甲法",保甲长由日本人指派或由日本人信任的人保举,并由拥有许多土地、钱财的人担任。一家通"匪",即与抗日军有联系,其余各家皆受累连坐。在"集团部落"周围,敌人强迫群众挖深沟,垒高墙,修炮台,建瞭望塔,防备反日军的进攻。"集团部落"之间还修有汽车道(警备道)、架设警备电话线以加强"讨伐"抗日军机动能力。

日伪当局在各兵站所在地特别是蚂蜒河沿岸、老爷岭至牡丹江间游击区周围一方面派驻重兵,同时利用降队极力阻止第三军与活动在松花江下游地区的吉东抗日部队相联系,防止我游击区域扩展。敌人还运用协和会等反动组织进行欺骗宣传,蒙蔽群众,妄图使群众心

---

① 日本关东军参谋部:《关于昭和十年(1935)秋季治安肃正工作情况》。

向日伪,造成它的社会基础。

此次夏季"大讨伐"的队伍主要是日军,伪满洲国兵为辅。

7月21日,敌人的1935年夏季"大讨伐"在第三军中心活动区域珠河道南地区展开。日伪当局派出大批日军部队组成"讨伐队",首先在游击区边缘地带迂回包围。继之,以十站、蜜蜂站为据点,组成若干"治安工作班"在游击区内进行搜索、烧杀。穷凶极恶的日军在根据地内横冲直撞,见到民房就纵火焚烧,见到粮食就全部抢光,见到对其野蛮暴行表示侧目不满的人就枪杀。"讨伐队""治安工作班"用刺刀逼迫广大农民搬往指定的"集团部落"或铁路沿线上的"铁路爱护村"。一时,道南根据地村村点火,处处冒烟,大批群众被迫迁徙,一些反日会领导人被逮捕,路南地区陷于法西斯白色恐怖之中。1935年8月中旬中共珠河中心县委给省委报告中在谈到敌人烧杀情形时说:"现在路南游击区三分之二以上已成一片焦土,仅离铁道线十余里地之地方未被焚烧。(敌人)散发布告申言'毁灭赵尚志根据地',禁止住户,否则一律讨伐屠杀。"广大民众在敌人威逼下,"纷纷搬逃上站,络绎不绝于途,难民到站,被迫修炮台,掘战壕,遭打骂,妇女大批被日军奸淫。"①敌人在烧完道南地区后,又转向道北地区。道北根据地除大亮珠河一带平野外,大青川、老黑顶子、对面山、石灰窑、马才沟、前后四方桥、秋皮囤等地均被敌人焚毁。②在铁路沿线各站,敌人强迫民众修建炮台,深掘城壕,侦探警察随意检查行人。日伪当局还严厉限制油盐医药等物品购销,以防止这些物品流入人民革命军中。敌人的疯狂烧杀抢掠,强行"归屯并户"政策使珠河反日游击区、根据地遭到了严重破坏。

对于敌人的这次"大讨伐",开始时,县委和第三军部队一些领导人都估计不足。夏初,在县委和第二、三团军政联席会议讨论敌人夏季"讨伐"形势时,虽认识到敌人"讨伐"一定比往年更残酷,但仅是认为敌人可能是"部分的防守式"的进攻,没想到敌人完全要消灭反日区,大肆烧杀,要搞"归大屯"。对此,赵尚志就反对敌人夏季"大讨伐"问题在给第二、三团的指示信中指出:"司令部认为县委及二、三团对于敌人夏季讨伐的估计,在实质上各有不同和不够的了解,这表明在联席会议上没有细心的来讨论,具体分析,这对执行目前任务上是极有害的。"指示信批评了第二、三团领导对敌人"讨伐"形势估计不足的错误,具体分析了严峻的斗争形势,而后作出了应对敌人"讨伐"的战斗部署:1.立即转变轮转游击区内的右倾行动,大胆灵活地运用游击战术来冲破敌人的遮断线,号召与领导广大反日部队,围绕我们的周围发展新的反日区域,并建立根据地。2.第三团应尽力集中力量十二分地完成原有计划即发展到五常南部冲河一带建立根据地。3.第二团的中心发展方向是尽量的开辟和巩固蚂蜒河一带的游击区,打通延、方的交通路线,与第一团配合行动,更有力地威胁宾、延、方的敌人。4.建立秘密侦察网,灵活地确实地探报敌情,以便我军行动。5.安排一些部队做巩固地方组织和发动群众、武装群众工作。同时,赵尚志在所发指示信中,还强调做好部队服装准备,要求八一前,全部做好部队所需冬季服装,做好保护秋收工作,准备好部队能吃半月时间以上的给

---

① 《珠河中心县委给满洲省委报告》(1935年8月11日),载《文件汇集》甲38,第201页。
② 《中共珠河中心县委报告》(1935年9月14日),载《文件汇集》甲38,第237页。

养,储藏冬季所需给养。他在指示信中,特别提出选择敌人不易进攻的地点,建设好"密营"。为坚持开展冬季的对敌斗争做好一切准备工作。①因当时赵尚志正率司令部直属部队和第一团东征牡丹江沿岸,第二、三团在未接到指示信时,对敌人大肆作反动宣传要"烧沟""收粮"还不相信,以为过去敌人"讨伐",没有大范围纵火,可敌来我走,坚壁清野上山,敌走我回,这次"讨伐"或许与以往的"讨伐"还差不多。但到敌人在道南地区烧了几天之后,才感到问题的严重。于是,决定调集第三团去袭击"烧沟"的敌人部队,但又因敌军来势凶猛,未能及时执行作战计划。

敌人的夏季"大讨伐"是大烧、大抢、大杀,致使民众的许多田园被烧毁,许多财物被掠夺,许多同胞惨遭杀害。据统计,仅蜜蜂乡被毁灭的村庄就有:张家店、喜家店、霍家店、老道店、三姓沟、刘焕沟、红旗杆庙、罗圈场子、棒锤砬子、大猪圈屯、套子房、东红石砬子、东五甲、将杆岭、西蜜蜂园子、东蜜蜂园子、西五甲、板子房、土山头、赵货郎沟、双马架、三九天、半截河、土豆甸子、西红石砬子、红庙沟、北石场、两撮毛等共五十四屯,三千二百一十九户。②

熊熊的烈火、红红的鲜血,更加激起抗日战士对惨无人性的日本侵略者的仇恨。为了保存实力,更有效地打击日伪军,赵尚志决定避敌之锐,躲开敌人的正面进攻,以逸待劳,进而伺机袭敌。8月中旬,赵尚志率司令部直属部队及第二团由道北地区西进,经海沟,到二层甸子,在白帽子跨越滨绥铁路到双城东部地界活动。

此期间,第三军第三团与"大德林"(即宋德林)义勇军"双龙"队正在双城东部一带活动。"双龙"即汪雅臣。汪是伐木工人出身。1929年在东北军二十六旅三十四团当兵。"九一八"事变后,该部降日。他立志救国,树起义旗,组织"双龙"队,参加"大德林"义勇军,为该队第四支队长,活动于五常、双城、舒兰一带。1934年2月,组织成立反满抗日救国义勇军,汪被推举为首领。同年5月,赵尚志与其在珠河五区小街亲切会面,共商抗日事宜。以后,赵尚志派交通员肖逸民常去"双龙"队,沟通情况。汪雅臣在反日游击战争中,看到共产党领导的东北人民革命军第三军不断发展壮大,有明确的抗日纲领,是真正的抗日武装,于是,他派代表与活动在珠河铁道南的第三军第三团取得联系,建立了友好关系。以后,经常与第三团配合作战。"双龙"队在与第三军共同战斗中不断发展,以后成为东北抗日联军第十军的基础。

赵尚志率第三军司令部直属部队政治保安营、少年连和第二团到达双东地界后,与第三团、"双龙"队相会合,共同在这一地区活动。一方面避开敌人在珠河的正面"讨伐",另一方面在此地开展游击活动,打击敌人。这期间,赵尚志率领第三军队伍与"双龙"队共同摧毁了双城八区"集团部落"——康家炉中心大屯,缴了伪自卫团的枪械,逮捕了反动保董,使敌人开始实行的"集团部落"政策受到破坏。但第三军正在胜利地开展反"讨伐"斗争期间,与义勇军"压东洋"却发生了冲突。

原来,在双东地区西部,二层甸子以南大小荒沟,小股义勇军很多。而"压东洋"(原名臧

---

① 《三军司令部给二、三团的指示信》(1935年),载《文件汇集》甲45,第369页。
② 《蜜蜂乡被毁灭村庄情况统计》,载中央档案馆等编《东北"大讨伐"》(日本帝国主义侵华档案资料选编),中华书局1991年版,第165页。

得明,十三堡大排队长)纠集多股,形成自己的一个系统。一次在赵尚志召集的义勇军首领会议上,赵尚志提议义勇军要积极活动,破坏伪满洲国反动统治,攻城破镇,而"压东洋"却提议刻下青纱帐倒,应火速绑取"人票",抢掠财物。赵尚志斥责"压东洋":"你并不为国,是真正胡子。"①"压东洋"与活动在道南地区的第三军第三团有矛盾,处处反对第三团。"压东洋"说他的队伍不到第三团地盘,也不许第三团到他的地盘。可实际上,他派许多分队到第三团游击区绑架人质。游击区的青年义勇军见此,便也到他的地盘去抓"走狗"。于是"压东洋"便声言要缴第三军执法处的械。在这种情况下,赵尚志就以"压东洋"企图破坏反日斗争和障碍我们发展为理由决定缴"压东洋"的械。10月6日,双方冲突中,"压东洋"队被击毙十九人,"压东洋"受伤逃跑,以后,在某地养伤时被日寇杀害,第三军阵亡机关枪手二名,重伤被掳二名。此次冲突,使路南地区许多义勇军认为第三军太厉害,不敢接近第三军,有的脱离了反日统一战线,有的投降了敌人。

这一局面的形成是赵尚志在实行统一战线政策中的一个失误。尽管此次冲突的因由,理在第三军,"压东洋"理屈,但在日伪军疯狂展开"大讨伐"时,采取用缴械的办法处理与义勇军之间的矛盾,是欠妥当的,产生了一定的不良影响,使一些义勇军对第三军敬而远之。在双东地区第三军被孤立起来,增加了反"讨伐"斗争的困难。

同年9月初,日伪当局继7、8月份夏季"大讨伐"之后,紧接着又进行了秋季"大讨伐"。在日本关东军司令官南次郎部署的《昭和十年(即1935年)秋季治安肃正计划》中要求"全部日满机关继续进行治安肃正工作"。日满军在关东军司令部统一指挥下,对人民革命军及其他抗日部队进行全力"围剿"。并确定伪滨江省为"治安肃正"的重点地区之一,派出岩越师团为基本部队,担任滨绥线沿线以北,至松花江地区之间的"讨伐"。

日伪当局的这次秋季"大讨伐"是空前残酷和毒辣的,与夏季"大讨伐"相比,有过之,无不及。其特点是:(1)敌人采取从破坏统一战线入手,集中力量攻袭人民革命军。日伪将抗日部队分为"职业匪""政治匪"和"共产匪"三种。"职业匪"即"胡子","政治匪"即参加反日统一战线的义勇军,"共产匪"即党领导的人民革命军。敌人的策略是收买"职业匪",分化"政治匪",集中力量打击"共产匪"。"讨伐"一开始,大批日伪军在"专讨伐赵尚志匪及其肱"的口号下,采取分头出击,各个击破,极力搜寻主力目标的办法,向第三军展开疯狂的进攻。(2)过去敌人"讨伐"时是保守城市,有时进攻,现在是守城与进攻并行。敌人在进行军事进攻的同时,还继续普遍地在反日区域内施行"三光"政策,进行烧杀抢掠,驱赶群众入"大屯"。敌人颁布的布告写道:"赵尚志匪区禁止住民,违者杀无赦。"对游击区实行坚壁清野、严厉封锁,严禁油、盐及其他日常生活用品进入游击区。(3)建立巩固的兵站、据点。广修炮台,挖掘战壕,修建"集团部落""铁路爱护村",清查户口,实行保甲制。布置大批侦探、奸细破坏地下党团组织和群众反日组织。(4)利用我党我军政策、策略上的失误,如在统一战线上,对义勇军要求过高的一些"左"的做法,拉拢地主豪绅富农及其他分子,以造成反对我党我军的力量。

敌人进行的这次秋季"大讨伐"来势凶猛。"大讨伐"在游击区和抗日队伍经常活动的地

---

① 《盛京时报》(1935年9月24日)。

方进行,我们的队伍就不能在地理环境、群众很好的地方继续活动,不得不离开游击区奔向新的区域活动。而新的地方因地理情况不熟,缺乏与群众的密切联系,了解敌情困难,因而很容易遭到敌人的进攻。8月下旬,大批日伪军疯狂向根据地大举进犯。8月3日,珠河党、团县委机关从十三堡沿大青山转移途中,于娄家窝棚遭到日伪军袭击。省委派来的第三军政治部主任张敬山(张玉衍)、团县委书记周毅夫、团县委秘书金凤生牺牲。①县委宣传部部长、原第三军政治部主任冯仲云负伤。斗争的严峻形势迫切要求县委拿出切实可行的对策。

为了正确估计当前的形势,明确珠河党组织和第三军面临的任务,1935年9月10日,中共珠河中心县委召开了执委会议。赵尚志以县委委员身份参加了这次会议。会议指出:敌人在哈东进行的秋冬季"大讨伐"是空前残酷和毒辣的,敌人采取坚壁清野、各个击破的策略,派大批日军进行围剿,用欺骗、软化、恫吓义勇军,破坏统一战线,提出"烧掉赵尚志匪区""赵尚志匪区禁止有住户"来挑拨群众与第三军的关系,收买奸细、叛徒混入抗日部队和地方组织里来进行破坏活动。但不管日本帝国主义如何穷凶极恶、异想天开,企图压迫和阻止群众的反抗和民族革命战争是不可能的。这次会议在详细讨论了哈东地区形势之后,明确指出:"目前我们的中心策略任务是,广泛地运用统一战线,积极组织和领导这一斗争,特别是与秋收斗争密切联系起来,广泛地武装民众,开展民族革命战争,扩大游击范围,巩固游击区,巩固和扩大人民革命军,粉碎敌人第四期(1935年秋季)'大讨伐',为争取特区民众政权的胜利实现而斗争。"对人民革命军第三军的斗争,会议提出"人民革命军除了在一定期间内完成远征,开辟新的广大区域任务外,必须竭力领导目前群众斗争,在积极武装民众,破坏大屯、爱路村、兵站、铁路等斗争行动下,广泛地扩大人民革命军,两个月内要完成这个任务——建立三个团。"②

在这次会议上,赵尚志和与会同志共同总结了以前在执行反日统一战线问题上的经验教训,认为对统一战线必须站在对革命有利,扩大抗日救国战线的意义上来了解,决不能把统一战线理解得十分狭隘。为了适应当前形势发展和扩大统一战线的需要,决定调整过去执行的一些较"左"的政策,纠正对义勇军要求过高、过严、拒绝来投的关门主义。为此,在义勇军中要进行不投降的签名活动,号召一切反日队伍反对投降,扩大反日联合军。对要求改编与靠近我们的队伍,将其编入反日联合军或收编为人民革命军第三军直属系统。会议根据珠河道南、道北根据地已被敌人破坏的实际,认为没有必要于此再集中大部兵力,固守旧游击区,决定第三军司令部率主力部队向延寿、方正远征,进而向牡丹江沿岸地区发展,以开辟扩大新的游击区域,发展壮大抗日队伍。

珠河中心县委执委会召开后,为贯彻会议精神,扩大反日武装统一战线,团结更多的义勇军共同战斗,赵尚志于9月21日签署《东北人民革命军第三军收编通知书》。通知书主要内容为:"本军为了对扩大反日部队的领导及执行救国的职责,经过许多的波折,打倒了反动

---

① 《北满游击运动史略》(1941年),载《文件汇集》甲62,第371页。
② 中共珠河中心县委:《目前哈东政治形势与我们任务的决议》(1935年9月10日),载《文件汇集》甲38,第229页。

破坏分子,以三个星霜之血战,扩大了包括东西十县的反日区域,巩固了千百万民众的革命精神的同时,依靠大小反日部队的努力活动,对哈东反日民族革命战争建立了相当的功劳。目前本军将进一步在统一战线之扩大及友军的援助之下,不分昼夜地同心协力去努力完成最后的目的,因此要把反日区域内的大小反日部队,编制为本军游击团及游击连的别动队。本军领导和援助其军事活动,对反日区域内的收编部队给予同等的权利,特组织路南办事处,征收特别经费、义务捐、牛马税、运粮税等,以充当收编部队的战费、衣服费、武器费。友军同志们,本军是光明正大的,并没有丝毫欺骗友军的打算,绝对不会以势力去压迫友军的活动,以及强要金钱以束缚友军的各自自由活动等。目的是打算以此诚意去扩大各部队的反日力量,建立统一战线以图大业。大小反日部队的各位同志们,希望你们在本军的组织领导下,扩大反日力量,同心协力,把我中华民族解放运动继续到底!"通知书提出把反日区域内靠近第三军的大小反日部队编制为本军的游击团及游击连的别动队,以扩大反日部队的力量。

之后,赵尚志在筹备远征开辟新区,组织抗日军民破坏"集团部落""护路村"的斗争中,根据珠河中心县委执委会议决定,通过吸收青年义勇军、游击连等办法将第三军三个团发展为六个团。第一团,团长刘海涛、政治部主任张寿篯,全团共二百余人。第二团,团长王惠童、政治部主任赵一曼,全团共六十余人。第三团,团长张连科、政治部主任侯启刚,全团共八十八人。第四团,团长郝贵林、政治部主任金策,全团约七十人。第五团,团长尹庆树,全团九十余人。第六团,团长孟广才、政治部主任祁占海,全团六十人。除上述六个团外,还有五双游击团五十余人,路南独立营四十人。第三军司令部有十二人。司令部设有经济部兼军械、副官处及传令、秘书长及司令部宣传干事、技术科等。司令部直属部队政治保安营五十人,少年连二十七人,执法处及分处四十人。至1935年,东北人民革命军第三军约七百九十人。上述基本部队贫农占75%,党团员占60%,青年占60%。①

此外,第三军还收编了直接隶属司令部的由一些义勇军组成的游击团、别动队:珠苇游击团六十余人;延方游击团八十余人;方依游击团六十余人;别动第九大队七十余人;游击第一营四十余人;五双游击团收编部队约二百余人。这些游击团、别动队都是斗争方向明确、有战斗力、群众纪律较好的部队。第三军司令部对他们有绝对调动的权利。特别是与第三军关系最好的方依游击团,即"明山"(祁致中)部,经常与第三军一起活动。祁致中像"双龙"队首领汪雅臣一样,多次要求第三军派政治工作人员到他的部队工作。以后,这支部队不断发展壮大编成东北抗日联军独立师,后编为东北抗联第十一军。

1935年秋,阴霾漫天,北满山野已充满凉意。日伪军的"大讨伐"正在疯狂地进行。日军岩越师团所属岛木部队、江波部队、横山部队、青山部队、政木部队、伊藤部队等分别在阿城、珠河、宾县等地"讨伐"反日军,致使哈东游击区、根据地再次遭到严重破坏。一个没有土匪骚扰,种地不纳租,无各种苛捐杂税,不受日伪统治的"红地盘"遭到破坏,第三军的后备队——自卫队及青年义勇军零散了,队伍的生存遇到了很大困难。同时,曾在滨绥铁路东部线活动

---

① 晓梦(韩光):《关于第三军系统内队伍组织及工作状况》(1936年2月29日),载《文件汇集》甲46,第15~17页。

的义勇军"仁义军""南洋""北龙""青山"等队伍,在敌人的围攻下,有的瓦解了,有的投降了敌人。

为了粉碎敌人的"大讨伐",开辟新的游击区、根据地,赵尚志领导抗日军民进行着英勇

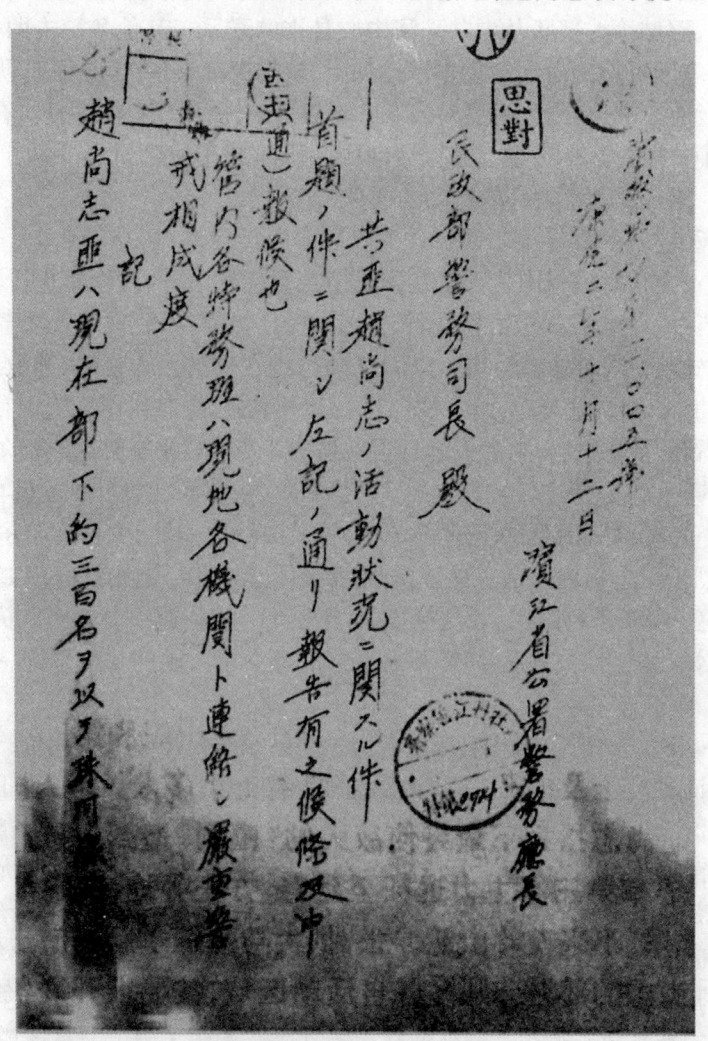

日伪当局关于赵尚志活动状况之件

的反"讨伐"斗争。10月7日、8日,赵尚志在珠河与五常交界的六道河子召集"创江南""明山""五龙""占北""天盛""金盛""大楞""忠义"等义勇军首领会议,共同研究反"讨伐"斗争问题,会议决定(1)积极进行破坏铁道、列车、电信、电话活动;(2)袭击主要城镇和乡村;(3)继续极力抗击满军警"讨伐队";(4)努力进行对民众的宣传工作。会后,第三军司令部直属部队政治保安营、少年连及第四团、第五团(约占全军五分之二的力量)在赵尚志率领下向东北方向的延寿、方正挺进,以落实县委关于"在一定时间内完成远征、开辟新的游击区"的任务。按赵尚志部署,第一团活动于依兰、勃利,主要任务是摧毁该地日伪据点,开辟游击区,巩固与

当地的抗日部队的联系。第二团,活动于珠河铁道北及延寿、宾县、阿城之间,在旧游击区坚持与敌人周旋。第三团,活动于珠河铁道南及双城、阿城、五常、苇河之间,并向榆树、舒兰发展。第六团,活动于延寿、方正,该团除执行一般任务外,保持与司令部和活动在依兰、勃利及珠河、宾县、阿城、双城等地部队及中共珠河中心县委的联系。其他各游击团、别动队仍在原定各自活动范围内开展游击活动。在军事行动上,根据赵尚志的要求,各部队采取机动灵活的游击战术,适当地集中与分散,使敌人难以进攻与堵击,以便于自主活动。在被敌人已破坏的游击区或周围村屯被烧毁的地方进行活动的队伍编成小股部队(一般十五人左右为一队),与敌人周旋,执行配合主力部队行动的任务。

期间,王惠童、赵一曼领导第二团在珠河五区春秋岭活动,1935年11月15日遭到日军横山部队和驻乌吉密伪军的包围。部队在团长王惠童指挥下,与日伪军进行激烈的战斗,结果寡不敌众。战斗中,十余名战士牺牲,团长王惠童受伤被俘,以后被敌人杀害。同时,第二团政治部主任赵一曼于突围时腿部受伤。11月22日,她在侯林乡养伤时,被敌人包围,陷于敌手。敌人为迫其投降,将其送至哈尔滨关押,进行软硬兼施,令其供出党组织和第三军司令部情况,但她英勇不屈,坚守机密,与敌人进行了顽强的斗争。后来被押送到哈尔滨市市立医院禁闭治疗。在此期间,她坚持进行抗日救国宣传,感动了看守董宪勋和护士韩勇义。1936年6月28日晚,她在董、韩两人的帮助下逃脱,但以后又被敌人追捕,关押在哈尔滨市伪警察厅拘留所(今东北烈士纪念馆内),敌人施以酷刑,妄图得到口供,她始终守口如瓶,坚强不屈。同年8月2日,赵一曼被解赴珠河,壮烈牺牲,时年三十一岁。赵一曼是东北抗日战争中著名的女英雄,是"胸怀壮志,意志坚强,满怀革命豪情的奇女子",她的斗争事迹一直被广大群众所传颂。

1935年秋冬,在反"讨伐"斗争中,珠河党组织和第三军付出了巨大代价,干部、战士及地方工作人员牺牲许多人。对此,第三军政治部主任冯仲云曾在给中央的一份报告中写道:"哈东游击区,自1935至1936两年间,同志牺牲者数百名,群众数千百计。血染帽儿山,尸填乌吉密。哈东人民解放斗争是以鲜血来写成中华民族斗争史光辉灿烂的一页。尤其是我共产党员赵一曼(女)、张玉衍(三军政主任)、王惠同(童)等等诸同志,在敌人百般严刑拷打、威逼与利诱之下,不稍屈辱,而慷慨悲歌,从容就义,使哈东人民永铭勿忘,实我大中华民族之光荣。谁谓东北无慷慨悲歌之士!"[①]抗日志士的鲜血并未白流,换取了反"讨伐"斗争的胜利。人民革命军第三军主力在赵尚志指挥下最终使敌人的"围剿"遭到了破产。具体说来:(1)赵尚志率第三军主力远征至延寿、方正等地,并逐渐向牡丹江岸、松花江北岸、小兴安岭山麓伸张,扩大与开辟了新的游击区域。其他各团按赵尚志的部署分别在各自活动区域,按要求开展各式军事活动。这样,第三军部队在形势十分严峻的情况下,克服了困难,冲破了日伪当局布置的包围圈,同时还打破各部抗日队伍保守故地的状态。(2)汇合了更多的反日队伍,发展和扩大了自己的武装力量,东北人民革命军第三军在反"讨伐"斗争中扩大了三分之一,除基本力量又建成了四个完整的团(第四、五、六团及五双游击团)和一个独立营外,还收编了很多靠

---

① 《冯仲云给中共中央的工作报告》(1939年10月12日),载《文件汇集》甲25,第98页。

近第三军的义勇军。(3)许多义勇军从人民革命军第三军不屈不挠的英勇战斗和取得的胜利中受到深刻教育。从已投降义勇军所得的负面后果(投降后即被缴械,首领被杀害)看到投降决不是出路。明确了只有在人民革命军领导下,才有前途。进而愿意接受人民革命军的政治主张,有些义勇军要求第三军派政治工作人员。他们对群众的态度也有很大转变,斗争精神大为振奋,抗日决心更加坚定。(4)日伪当局在"大讨伐"中搞的"归屯并户"不得人心,不仅遭到一般平民百姓反对,也引起许多地主豪绅的不满。有的预定建立的大屯不能建立,已建立的随后被破坏。这种状况有利于加强农村反日统一战线的建立与巩固。(5)在反"讨伐"斗争中,地方党团组织克服许多困难,建立和健全了白区的领导机关,继续在群众中播撒一些革命种子。还有一些团员打入伪满军、大排队中去做伪军士兵工作。这和过去地方党团组织工作只拘于游击区、根据地,有很大不同。以上事实说明,日伪当局的秋冬季"大讨伐"并未成功,其企图一举根绝反日运动开展的梦想,被打破了。而赵尚志领导的东北人民革命军第三军却开拓了新的斗争局面,真正取得了胜利。

六、与第四军并肩战斗

1935年10月,赵尚志满怀冲破敌人"大讨伐"的必胜信心,按县委执委会关于远征、开辟新游击区的决定,率领第三军司令部直属部队政治保安营、少年连和第四、五团由珠河向方正挺进。部队经数日跋涉,来到大罗勒密东南二道河子附近。10月末,到陈家亮子一带活动。而后,又向依兰、勃利方向移动。

11月中旬,赵尚志率队来到勃利县青山里九龙沟。于此,和东北抗日同盟军第四军第三团相遇。第四军第三团原是第四军军长李延禄收编的队伍。该团团长苏衍仁,报号"小白龙"。这支队伍武器精良,专以打击依兰、勃利一带日本林业资本家和伪满木材经营人为主。1933年夏,苏衍仁积极要求李延禄收编,参加救国游击军(第四军前身)。不久,该部被编为第四军第三团,苏衍仁任团长,邓化南任政委。

当赵尚志率队与第四军第三团相遇后,该团正在调动部队,同时得到消息说该团要"归顺"日伪。于是赵尚志派人劝说"小白龙"不要投降,应接受共产党领导,继续在勃利一带活动。其间,在相互不甚完全了解的情况下,第三军同志将"小白龙"击成重伤(11月15日晨死亡),并将其护卫十余人缴械。①《北满游击运动史略》对此事记载说:"我们到了勃利县西九龙沟,与四军收编的白龙队伍会面。这个时候,他们已经准备投降,再不能解放任他顺便投敌,因此三军部决定把他们主要一部分缴械了。当缴械时,我们五团团长不注意而枪走火,把白龙打死了。"②赵尚志部缴取"小白龙"武装虽有一定因由,但"小白龙"被打死(尽管是枪走火),以致造成了一些义勇军害怕赵尚志的不良后果。这一行动除赵尚志得到的情报不确而对第四军第三团产生误解外,也是他对李延禄及其领导的部队存有偏见的结果。

原来,在敌人严密封锁、隔离的情况下,赵尚志与活动在牡丹江沿岸的李延禄领导的第

---

① 《滨警特秘·六一六号·关于赵尚志行动件》(1935年11月30日),藏黑龙江省档案馆。
② 《北满游击运动史略》(1941年),载《文件汇集》甲62,第380页。

四军缺少必要的联系,因而对李延禄及其部队的性质不甚了解。1935年6月,他以第三军司令部名义向省委报告工作信件中说:"李延禄自称同盟军第四军军长是否反动,根据省委文件上不详细知道,望详细示知。"①在赵尚志率司令部直属部队、一团在方正大罗勒密一带活动时,李延禄为贯彻党的反日统一战线,联合更多反日武装抗击日伪军,曾在牡丹江岸三道通与已和第三军联合的并已参加了东北反日联合军总指挥部的李华堂、谢文东会谈,商议建立了"东路反日联合军指挥部",李延禄任总指挥。对此,赵尚志认为李延禄是在挖第三军墙脚,东路反日联合军指挥部与东北反日联合军总指挥部,"形成对峙组织",因而对其不满,一度将李延禄领导的第四军视为异己。他曾说,李延禄"深匿大罗勒密沟里,战斗力甚弱,借我们名义搞大罗勒密,行动几同破坏我军名誉,与人民革命军相差太远。"②同年8月,赵尚志在率政治保安营、少年连由延、方返回珠河根据地之前,还曾部署留守延、方活动的第一团领导人刘海涛、张寿篯"根据情形解决李延禄"。③

其实,李延禄领导的部队同样是中国共产党领导的抗日武装。1931年冬,中共党员李延禄受延吉中心县委派遣深入到王德林领导的救国军中去工作。1933年1月,李延禄建立了党直接领导的抗日救国游击军。1934年冬,该部与密山游击队合并成立东北抗日同盟军第四军,李延禄任军长。东北抗日同盟军与东北人民革命军性质是相同的。其番号是继第三军之后排列为第四军的。其部队名称是中共驻共产国际代表团派到东北工作的吴平同志所起。"抗日同盟军"较比"人民革命军"更具统一战线的含义,可以让更多的抗日义勇军、山林队所接受,吸引更多的抗日武装参加到抗日同盟军中来。东北抗日同盟军第四军活动在密山、勃利、依兰、方正、穆棱、林口、宁安一带。在抗日游击战争中,由于李延禄灵活运用反日统一战线政策,团结、联合许多义勇军、反日山林队,第四军不断发展壮大,成为吉东地区一支重要的抗日部队。

赵尚志率队离开大罗勒密街后,刘海涛、张寿篯领导第三军第一团在延、方一带开展游击活动中,了解到第四军同样是共产党领导的队伍,队内同第三军一样都有党的组织。李延禄也在执行党的反日统一战线,并根据当时当地的情况,采取了许多灵活的做法,取得了很好的效果。刘海涛、张寿篯还在第四军军部看到了由中共吉东特委转来的党中央发布的《八一宣言》(《为抗日救国告全体同胞书》),并听到李延禄关于他曾去上海找党中央和中共驻共产国际代表团派吴平同志到东北,已在第四军进行了一个多月工作的情况介绍。因此,刘海涛、张寿篯并没有按赵尚志的意见去"解决李延禄"。刘海涛在给上级报告中说:"在这天执行这个任务时怕是有错误,详细考查有没有共产党的组织,考查结果是有的,不过薄弱一点,我们就没执行缴枪的工作。"④相反,第三军第一团与第四军部队还举行了庆祝两军会师的联欢会,共

---

① 《第三军司令部关于延方一带政治形势的报告》(1936年6月20日),载《文件汇集》甲44,第131页。
② 《中共珠河中心县委报告》(1935年9月4日),载《文件汇集》甲38,第214页。
③ 《中共珠河中心县委报告》(1935年9月23日),载《文件汇集》甲38,第131页。
④ 刘海涛:《关于满洲情形的报告》(1936年),载《文件汇集》甲47,第171页。

同进行了数次联合行动。九月七日(农历)第三军一团与第四军联合李华堂、谢文东、王荫武部队共同攻下了松花江岸的洼洪,全歼伪军关团一个排,缴枪三十余支。接着又于九月二十六日(农历)攻占了南刁翎,敌死伤七十余人。之后,又绕道南下,于九月二十九日(农历)攻袭了林口,均取得了胜利。

这次赵尚志得到第四军第三团要投降敌人的消息,其部下将该部缴械,击伤"小白龙"(后死亡)之事,使活动在依兰、勃利一带的义勇军对第三军普遍产生了恐惧心理,认为赵尚志"不开面",有的则躲而避之,有的则"闻风远逸"。第四军第三团所部"海龙""占中华""压三省"等一百三十余人极力寻觅第三军干部,欲为"小白龙"报仇。第三军第四团干部张一武就是因此被杀害的。

十月二十二日(农历),赵尚志率部在大罗勒密东南的二道河子孟二爷屯与在此地活动的第三军团团长刘海涛、政治部主任张寿篯相会。当赵尚志听取第三军一团政治部主任张寿篯关于一团在方正、林口等地活动情况,特别是与第四军共同活动的汇报,使赵尚志对李延禄及其领导的第四军有了深入的了解。当张寿篯、刘海涛前来会见,讲清情况后,赵尚志认识到由于自己一时决断欠周密考虑,造成严重后果。他才感到十分痛惜,追悔莫及。

11月下旬,赵尚志率第三军司令部直属部队抵勃利西部青山里,在此地召开了有第三军第四、第五团领导人金策、郝赛林、尹庆述等共同参加的第三军军部会议(即青山里会议)。会议进一步贯彻了于同年秋收到的中共驻共产国际代表团负责人王明、康生发来的秘密指示信(即《王康指示信》)精神。根据指示信关于要实行全民的反日统一战线,扩大游击运动与联合一切反日武装力量共同抗日、准备召集全东北义勇军代表会议,建立全东北的军事领导机关(如全东北抗日联军总司令部),统一游击队的领导和指挥、不要固守根据地而牺牲实力,用灵活的游击战术反对敌人的"讨伐"等指示和面临冲破日伪当局布置的秋冬季"大讨伐"的形势,会议决定:(1)第三军军部北征,由赵尚志领导谢文东、李华堂、李延禄等各部反日联合军,渡过松花江,奔赴汤原,与汤原游击队会合,重新把过去的东北反日联合军总指挥部改编为东北抗日联军总司令部,努力巩固与扩展总司令部,使其成为北满反日游击运动的军事集中领导机关;(2)帮助汤原游击队编成东北人民革命军第六军,使六军在江北成为骨干队伍;(3)第三军军部直接领导广泛开辟江北游击区,以小兴安岭为依托,发展、吸收江北各义勇军,巩固扩大统一战线;(4)在小兴安岭大森林里成立联军训练所,培养军政干部,以适应各军干部需要;(5)江南依勃地区的工作由第三军第四团领导人金策、郝贵林负责,同时设法与周保中领导的活动于吉东地区的第五军打通联系,帮助饶河游击队改编为第七军,同时在江南尽量收编义勇军,扩大力量。①

青山里会议是第三军司令部召集的一次重要会议。这次会议依据新的斗争形势,及时地作出了一些适应新形势需要的重要决策。这些决策的贯彻执行,使北满抗日游击运动有了新的发展。

---

① 金策:《致北满省委、五、六军党委和下江、哈东各特委的意见书》(1938年6月28日),载《文件汇集》甲58,第401页。

青山里会议之后,赵尚志率领政治保安营、少年连和第五团离开勃利县境,与第三军第四团分开活动。赵尚志根据青山里会议决定率部来到依兰五道河子,准备与第四军军长李延禄会晤,交换意见,共同团结战斗。在这里,他经第三军第一团团长刘海涛、政治部主任张寿篯引荐,会见了第四军军长李延禄。据李延禄的回忆录《过去的年代》记载,赵尚志一见到李延禄,首先大声向其直言道歉说:

"我对不住你呀!你们住九龙沟的三团被我缴了。"

接着又以歉疚的心情说:"缴了以后,我才知道搞错了。"

李延禄初识赵尚志,给李延禄的印象是,赵尚志身材不高,显得很精神,声音洪亮,很直率。李延禄听赵尚志所说第四军第三团被缴一事,一时把不知事情原委的李延禄弄得莫名其妙,赵尚志向李延禄解释道:"乍见面他们是表示欢迎三军的到达,不过晚上又来报信,说有敌情,我们就怀疑了……"

李延禄听罢,才知道,"小白龙"被第三军缴械了。对此,李延禄以大局为重,对赵尚志的过失表示谅解。他说:"关于这件事,我们好说,大敌当前,我们现在主要还是来研究一下怎样共同对付敌人的'围剿'吧!"——李延禄表现了极大的宽容见宥的胸怀。而赵尚志承认缴小白龙为搞错也是为团结李延禄共同对敌。之后,赵尚志又约李延禄谈话。谈话中,李延禄向赵尚志讲述了《八一宣言》中关于抗日民族统一战线的精神,说明争取大多数的民众和我们共同抗日,是孤立日伪的一种策略。另外,也告诉他中央苏区的主力部队,"朱毛红军"已北上抗日,就是党中央新精神的体现。李延禄强调第三、四军在敌酋南次郎大举围剿当中,一定要团结一致。赵尚志对此表示赞同。他们没有因小白龙被缴而产生什么隔阂。①

当时,日酋关东军司令官南次郎从哈尔滨来到富锦,为强化1935年冬季"大讨伐",在松花江南北方正、依兰、通河等沿江城镇增派部队,部署以岩越师团为"基本部队"的大批日伪军封锁了松花江南北交通线,并开始在勃利、依兰、方正等地频繁出扰。活动在勃利、依兰、方正一带的第三、四军部队都处在危险境地。面对这种情况,赵尚志与李延禄共同分析了面临的严峻形势,作出第三、四军联合行动的决定:为避开敌人正面进攻,派第四军第三师一部进军桦川、集贤,并大张旗鼓活动,以吸引敌人目标;第三军第四团、第四军第二团留在方正、依兰,开展游击战;赵尚志、李延禄率第三军、四军主力部队在大罗勒密一带渡松花江北进,绕道敌后,突破敌人"围剿",与汤原游击队会师。

根据上述决定,第三、四军各部迅速开始行动。赵尚志和李延禄率领第三、四军部队出发,侦察部队遇到敌人的搜索部队,并打了起来。为了隐蔽主力,大部队不得不在前来"围剿"的敌军岩越师团到达之前,急速退回。因一时找不到突破口,决定部队回奔孟家屯。当时,赵尚志率所部作先锋,李延禄率所部作后卫,带领部队向孟家屯方向开去。途中,天近黄昏时,李延禄发现前面山头的林子里,乌鸦和小鸟乱飞,便让部队停止前进,并赶到部队前头见到

① 关于小白龙被缴,第五军东部派遣队胡仁在1935年12月6日致周保中信中说:"青纱帐倒后,日常之'讨伐'便开始,并且天气一冷,霜雪一来,他们发生恐怖、悲观失望起来了。在此种情形底下,如八方、白龙(四军三团,被三军一团缴去步枪八支,匣子三支,撸子三支、机枪一架、白龙负伤),韩营长等八个队头约二百余名以保护林棚为名见日了。"载《文件汇集》甲45,第289页。

赵尚志。赵尚志问:"怎么,不是要奔孟家屯吗?"李延禄说:"孟家屯一定已经给敌寇的骑兵占领啦,你看看前面山头上的情况就知道啦!"因赵尚志左眼在巴彦游击队攻打东兴战斗时受伤,失去视力,当时又是黄昏,看不清楚,他举起望远镜往远处一看,果然发现有敌人骑兵的影子。于是,赵尚志、李延禄又率队掉头向北,走猎人常走的山道,又回到五道河子。在五道河子,从地方反日会得知,沿松花江一带的小罗勒密后山有缺口,在那里可以过松花江到通河县境去。部队又转赴小罗勒密后山。

当时,虽已是冬寒季节,但松花江江心尚有一两丈宽的江道未完全封冻,江边找不到渡船,敌人封锁又很严密,部队难以渡江,只好在小罗勒密后山的柳树丛中隐蔽等待。这期间,赵尚志与李延禄并肩坐在柳林深处用树枝茅草搭成的矮棚子底下,谈着各自建军的经过。赵尚志谈到从巴彦游击队溃败之后,怎样失掉党籍,又怎样投奔到孙朝阳的抗日部队里当马夫。在攻宾县时,他怎样为孙朝阳策划,并取得占领宾县县城的胜利,被任为孙部的参谋长。进驻宾县之后,孙部又怎样分金行赏,他又怎样在孙朝阳部队结交李启东、王德全等七八个人。孙朝阳以后又怎样为敌特诱骗,不听赵的劝导,竟去北平准备参加所谓张学良召开的东北军抗日会议,促令其带队伍的堂兄阴谋捕赵,及到哈尔滨被捕遇害的情况。更谈到了1933年10月他带出六个人在中共珠河中心县委的领导下建立了珠河反日游击队,以后又发展为哈东支队和东北人民革命军第三军的情况。李延禄也讲述了第四军建立发展的过程。他们尽管在11月寒冷的天气里还穿着单衣,吃着冰水和炒面,在茅草棚里过夜,但他们共同思念的是东北的未来、民族的命运。

半夜,赵尚志和李延禄被冻醒时,最为关心的是风势如何,江面是否会在夜间全部封冻。他们不时到外面观望,等待侦察人员带回"封江"的消息。十多天的隐蔽等待,仍未等到江面全部封冻。最后还是当地群众告诉部队,十里之外的猪蹄河口是冷风口,每年那里江面比其他地方都封冻得早。赵尚志、李延禄率领部队在敌人侦察飞机飞走的夜晚冒着刺骨的冷风奔向猪蹄河口。果然那里江面已全面结冰。原来那里处于江湾,沿江山势曲折,寒流形成风势,气温下降,江面已结冰,尽管冰层尚薄,但江心业已封合。当晚,部队派侦察班寻来不少木板,铺在江心薄冰上,顺着木板,经试过成功后,赵尚志、李延禄率第三、四军部队顺利地跨过松花江,抵达通河县境。当晚部队在通河东六方地方工作人员的引领下,顺着西北河进驻西南岔的伐木工棚。热情的伐木工人让出有限的草铺,欢迎抗日部队。

1935年12月间,天气已十分寒冷,部队战士尚未完全换上冬装。他们穿着破旧衣裳,晚上,在雪地树林里围着火堆睡觉,只有站岗的人才能轮到一张围腰的狍子皮。解决部队冬装已成燃眉之急。当时,从通河东六方雷保董那里听说二道河子伪警备队运来一批冬季军装,他们换下来的旧军装尚未运走。为此,赵尚志与李延禄研究决定利用当地保董计取敌人设在清河镇附近的重要据点二道河子,夺取御寒物资。

二道河子伪警备队大院戒备森严,里面设有炮台。我军无攻坚炸药,难以强攻只好智取。12月12日夜,寒风刺骨,冷气逼人。第三、四军联合部队由通河东六方雷保董引路径向东北的二道河子急行军。当先头部队接近伪警备队驻地大院哨所时,敌哨兵高喊:

"口令?"

与敌人混得很熟的雷保董应声答道:"你们还要口令呢!我们从东六方来,冻得直打哆嗦,快开门吧!"

敌哨兵一听是雷保董的声音,便打开了院门。这时,跟在雷保董后面第三军第一团团长刘海涛率先头部队迅速闯进院内。刘海涛大声叫道:

"我们打赵尚志和李延禄去啦,你们却躲在屋里暖和,是不是通匪呀?"边说边缴掉了门岗的枪。

这时屋里的敌人才知道情况有变,惊呼:"是干什么的?"

我后续部队不声不响全部冲进伪警备队驻地大院,迅速堵住伪警备队宿舍大门,随即便响起激烈的枪声。

战斗中,妄图顽抗的日本指导官本次、参事官春田被击毙。六十余名在睡梦中被惊醒的伪警备队员在"中国人不打中国人!"等口号中,被迫举手投降。乘混乱时企图逃跑的日本教官晓松在院外被村民抓获,就地处死。这次战斗,第三、四军缴获轻机枪一挺、步马枪五十七支、手枪三支、子弹一万余发,新旧棉衣近三百套。当即,第三、四军指战员换上缴获的棉衣。将投降的伪警备队员给资遣散。释放了伪警察所关押的"囚犯",将一个极力为日寇效力、罪恶多端的伪警察枪毙。

二道河子战斗使第三、四军部队解决了冬季服装。同时这次智取胜利的行动,立刻在江北各地产生强烈影响,使江北巴彦、木兰、通河等地卷起新的反日风浪。在敌人"讨伐"下,被迫蹲在山里的各部义勇军、山林队都随之集聚在我军周围,愿意共同战斗。缴取二道河子伪警备队是第三、四军联合进行的以智取胜一次成功战斗,此战充分显示了党领导的人民抗日军队的强大威力。

随后,第三、四军部队到达清河,赵尚志与李延禄决定,分兵两路奔赴汤原与夏云杰(又称夏云阶)领导的汤原游击队会师。已经换上全套敌人服装的部队,公开地通过公路去汤原。赵尚志与李延禄带政治保安营、少年连和没有换上敌人服装的后勤工作人员绕道走山后的偏僻小道,由大古洞、小古洞奔向汤原。通向大古洞的山路是原始森林地带,部队风餐露宿,夜晚堆雪墙、点篝火,以避风寒,断粮时,只好宰战马为食,环境十分艰苦。

一天,警戒哨带来一个农民,经讯问,知道他是日本人强迫派来到山里为"讨伐队"探路的。他说,敌人告诉他如果前面发现"共匪",就在树上拴红布条,没有的话就拴白布条。说着,从怀里掏出不少红白两色碎布条。赵尚志和李延禄商量一下,让这个人跟队伍走,所经之地拴白布条。两三天后,部队到达依兰北部山沟的密林中,部队在一个叫庙岭的地方停了下来,让那个跟随部队走的人在沟口的树上拴起红布条。赵尚志和李延禄在此布置一排人,准备于夜间袭击前来追剿的敌人。果然,一批敌人来到庙岭沟外拴红布条的地方,并在此宿营,准备次日攻打抗日部队。夜晚,当这股敌人点起篝火取暖时,在此待机袭敌的我军一个排突然发起攻击,敌人被打得人仰马翻,狼狈溃退。而第三、四军政治保安营和后勤工作人员在赵尚志和李延禄率领下绕道甩掉了敌人,摆脱了敌人的追击直奔汤原。

赵尚志与李延禄两位抗日将领,在率领第三、四军共同对敌斗争中,不断增进战斗情谊,彼此之间有了更深一层的认识和了解。李延禄曾说:"由此,我对赵尚志有了进一步的了解,觉得他确是一头雄狮似的人物。我们在柳林里、茅草结成的短篷中促膝交谈,感到从来未有的亲切。在敌酋南次郎的大军包围中,我们的友情是这样的亲密,一时完全忘记了我们之间曾有过的三团被缴械的事。我们是在对未来的革命胜利的憧憬之下,团结一致的。"①

第三军、第四军两位军长一释前嫌,共同的斗争目标使这两支兄弟部队紧密地团结起来。为了把日本帝国主义驱除出东北,他们密切配合,在松花江两岸与敌人进行着英勇不屈的斗争。

七、北上汤原

1935年12月中旬。

凛冽的西北风越刮越紧,漫天的雪花在狂风中飞舞。大雪早已封山,山川、田野一片洁白。赵尚志、李延禄率领第三、四军队伍脚踏皑皑白雪,面迎刺骨寒风,经通河、过依兰,来到汤原县境。

汤原,东、南部濒临松花江,西、北部依托小兴安岭。境内山高林密,河流纵横,回旋余地大,是进则可攻、退则可守的适于游击战争开展的地方。这里同珠河县一样,较早就有中共党组织的活动。九一八事变后,中共汤原中心县委就遵照满洲省委指示积极从事创建抗日武装工作。1932年夏,中共满洲省委派冯仲云以省委驻下江代表名义帮助县委创建游击队工作。中间,经过三次失败,终于建成一支游击队。夏云杰是汤原反日游击队的领导人。他是中共汤原中心县委委员,是位百折不挠、十分刚强的人。1933年10月,县委遭到严重破坏,县委委员多被杀害,夏云杰是唯一的幸存者。他不畏敌人的残酷镇压,坚持从事创建抗日武装的斗争。他从总结创建汤原反日游击队失败的教训入手,终于重新建成了党领导的一支抗日武装,以后又吸收冯治纲领导的"文武"抗日队,壮大了抗日力量。据说,在一次战斗中他负了重伤,养伤期间为了治病减轻伤痛,染上了吸食鸦片的不良习惯。伤愈归队后,一些同志见他吸烟成瘾,便批评他。以后,夏云杰下决心戒掉鸦片烟。当烟瘾上来,按捺不住不能自己时,他竟"倒悬梁上"强制控驭。结果,他改掉了这一不良嗜好,赢得了游击队员们的称赞。

1935年12月下旬,赵尚志、李延禄率部在太平川东沟格节河会见了夏云杰。夏云杰是个高个子,面目英秀的人。他头戴一顶貂绒帽子,穿一件军大衣,英姿潇洒。真是惺惺惜惺惺,英雄爱英雄。三位抗日部队领导人相见,大家都格外欢喜。首先,赵尚志向夏云杰讲述了他与李延禄率队北上的目的:会同各抗日部队成立东北民众反日联军总司令部,开辟扩大下江反日游击区,帮助汤原反日游击队发展壮大,扩编成人民革命军。第三、四军的到来,受到了夏云杰的欢迎。赵尚志、李延禄、夏云杰共同讨论了松花江下游地区抗日斗争的形势,详细地研究了如何把汤原反日游击队扩编为东北人民革命军第六军的问题(当时周保中领导的东北反

---

① 李延禄:《过去的年代——关于东北抗联四军的回忆》,黑龙江人民出版社,1979年6月版,第340页。

日联合军第五军已成立,故汤原游击队扩编后按序编为第六军)。

为了把汤原反日游击队扩编为第六军,赵尚志提出要想办法夺取武器,扩大武装。他问夏云杰,这里有什么目标,可以由第三、四军和汤原游击队共同组织一次联合战斗,以夺取扩编的武装资本。夏云杰说:"亮子河金矿驻有伪军三十八团一营警备连。只是这个连的孟连长过去与我们有交情,下不得手。"原来,孟连长怕汤原游击队攻袭缴械,曾与汤原游击队联系,双方避免打仗。夏云杰考虑到为争取有利时机发展抗日武装,答应了孟连长的要求,同时提出几个条件:不许他扩大活动范围,只限在亮子河矿区活动;不许搜捕我地下抗日工作人员;有事协商解决。

赵尚志听了夏云杰的介绍,指出为在小兴安岭山区建立后方基地,以与日伪开展长期的斗争,必须拔掉敌人安插在这一地区的钉子。

"干革命还有什么交情可说,你不出面我们来打。"性格直率的赵尚志说。

夏云杰说:"过去他们可从来没打过什么游击队,我们怎么能先动手呢?"

赵尚志说:"不要说他是汉奸队伍,就是抗日队伍,要不听我们的调动,一样缴他的械,在这种场合,不能讲私人情面。"

李延禄说:"我同意赵尚志的意见,但不能硬打。抗日是朋友,亲日是敌人,孟连长要是跟我们抗日,就没说的,要是死心塌地不跟我们合作,那就当作敌人处理。"

夏云杰见赵尚志执意要打,便以含蓄和商量的口吻说:"最好还是请孟连长来谈谈。孟连长与矿区邻村单家大院地主老单头私交很深。可以让老单头写信,招他到单家大院谈判。"

最后,赵尚志、李延禄都同意了这个意见。

12月26日晚,阴森的冷气使人浑身打战。孟连长骑一匹高头大马,带一名马弁,被请到矿区邻村的单家大院。孟连长一进屋,见两个陌生人站在屋里,觉得事情不妙,心内惶惑不安,便叫道:"老单大哥不在屋吗?让我抽口大烟。"李延禄说:"可以。"顺手将他腰里的手枪缴下,又让老单头给他端出烟盘子,让他抽口大烟。接着他对孟连长说,我们是抗日的,你是日本的奴才,为了挽救你做中国人,现在到你立功赎罪的时候了。接着反复向他讲解党的抗日救国政策,动员他把部队带出来,倒戈哗变,参加抗日武装斗争。

赵尚志是个办事喜欢干脆利落的人,他在一旁窥探着孟连长的反应。但见孟连长踌躇不决,便对他很不客气地说:"孟连长!咱们来干脆的吧,你是要当抗日英雄,还是要当狗熊?"

孟连长怅然若失,回答道:"抗日英雄我当不起,我有抽大烟的瘾,遭不了那个罪。"

赵尚志道:"你遭不起罪,可以把枪交给我们去打日本鬼子,我们不怕遭罪。"

最后经过反复动员,孟连长勉强地答应为我军带路前去缴金矿伪警备连和伪矿警队的枪,并说:"我领你们去缴枪,你们多给我几个钱,我有两个老婆,缴完枪好带她们回关里家去。"

当夜,由第三、四军及汤原反日游击队各一部组成的联合部队由孟连长带路,来到伪军三十八团警备连营地,顺利地解除了一百余名伪警备队和三十余名伪矿警队武装。缴获步枪二百余支、轻机枪二挺、黄金近百两及大量弹药等军需品。之后,第三、四军部队在矿务局大院召开大会,号召矿工和伪警备队员参加抗日斗争。对百余名俘虏予以教育后,给资遣散。对孟连长及其家属亦发给足够的路费,让他们返回关里家,同时动员部分矿工、反正的伪警备队员和矿警队员加入了抗日部队。

12月28日,得到敌人调集部队前来"围剿"的消息,第三、四军部队撤离矿务局大院。之后,赵尚志指挥部队在亮子河与前来进攻的佐藤少佐所率汤北地区治安工作队激战五个小时。战斗中将立于敌人阵头,高举军刀,疯狂叫嚣向我军进攻的日本特务曹长击毙。而后,转移北方山中。

亮子河金矿战斗后,赵尚志和李延禄商定,把在战斗中缴获的所有武器、弹药交给汤原反日游击队,对要求参加抗日部队的金矿工人、反正的伪警备队员和矿警队员也都调拨给夏云杰,以壮大汤原反日游击队,为扩编建军打下基础。此时,汤原反日游击队迅速发展到七百余人。汤原反日游击队在第三军、第四军的帮助下正式扩编成为东北人民革命军第六军。1936年2月1日,发表了东北人民革命军第六军成立宣言。夏云杰任第六军军长,冯治纲任参谋长。为了加强第六军的领导力量,帮助队伍整理党政工作,赵尚志决定调任第三军第一团政治部主任张寿篯为第六军政治部主任(代理)。东北人民革命军第六军的正式建立,进一步壮大了党领导的抗日武装力量。此后,第三、六军一直保持密切联系,共同并肩战斗,活动在松花江畔、小兴安岭山麓广大地区。

在赵尚志、李延禄率队由松花江南岸北上来到汤原县境不久,李华堂、谢文东应赵尚志邀请,亦率队从方正、依兰来到汤原县汤旺河谷,以共商抗日大计。

北满主要抗日武装力量第三军、第四军、汤原反日游击队(第六军)及自卫军、民众军首脑人物——赵尚志、李延禄、夏云杰、李华堂、谢文东,集聚一处,共商抗日大计。这在北满地区,自人民革命军成立后,是第一次。这次数路抗日武装力量集合于一起,其本身也是冲破日伪"讨伐"的一个大胜利。为贯彻《八一宣言》和9月2日中共代表团颁发的《东北抗日联合军的组织条例草案》精神,扩大抗日统一战线,推动抗日联军和国防政府的建立,赵尚志与各部队领导人协议决定召开东北民众反日联军军政扩大联席会议。

1936年1月26日,东北民众反日联军军政扩大联席会议在汤原县吉兴沟(今伊春市南岔林业局浩良河经营所施业区内)密林中正式召开。参加会议的有赵尚志、李延禄、夏云杰、张寿篯、李华堂、谢文东、冯治纲等。张寿篯为会议主席、冯治纲为书记(秘书)。与会人员在简陋的伐木工人居住的木屋里热烈地商讨着抗日救国大计。他们分析了全国、全东北面临的政治、军事形势,确定了当前反日部队面临的任务,讨论了改进、扩大联军组织和军事行动方向,建立反日联军司令部、临时政府等问题。

会议安排了较为充足的时间,用以学习领会中国苏维埃中央政府、中共中央委员会的《为抗日救国告全体同胞书》(即《八一宣言》)。《八一宣言》是华北事变发生后,中共驻共产国际代表团根据共产国际关于建立广泛反法西斯统一战线精神,于1935年8月1日以中国苏维埃中央政府和中共中央委员会名义发布的(10月1日刊登于《救国时报》)。这一宣言充分反映了当时人民群众普遍的抗战要求,表明了中国共产党在外敌不断入侵、民族面临危亡的紧急关头，主张坚决抗战，收复失地的严正立场。宣言首先指出，中国自九一八事变以后面临的"五千年古国将完全变成被征服地，四万万同胞将变成亡国奴"的危险形势；深刻地揭露了蒋介石国民党政府不抵抗政策的欺骗性、汉奸卖国贼降日卖国的可耻行为。宣言庄重指出"中国是我们的祖国。中国民族就是我们全体同胞，我们不能坐视国亡族灭不起自救"。宣言呼吁各党派、各军队、各界同胞都应有"'兄弟阋于墙，外御其侮'的真诚觉悟""停止内战，以便集中一切国力（人力、物力、财力、武力等）去为抗日救国的神圣事业而奋斗"。宣言号召全国人民团结起来，一致抗日，组织国防政府和抗日联军，为祖国生命而战，为民族生存而战，为国家独立而战，为领土完整而战，为人权自由而战。

《八一宣言》使与会全体人员深受激励和鼓舞。大家感到宣言对我国面临的亡国亡种危险形势的分析十分正确。自九一八事变以来，由于日军不断加紧进攻，南京政府节节退让。不到四年，继东三省沦陷后，华东诸省亦完全处在日军控制之下，差不多半壁江山被日帝占领，这真是中华民族的奇耻大辱。宣言中"领土一省又一省被人侵占。人民千万又千万被人奴役……这还能算什么国家？这还能算什么民族"，让人肝肠痛断，令人振聋发聩。"抗日则生，不抗日则死，抗日救国已成为每个同胞的神圣天职"字字千钧，掷地有声。它告诉一切有民族意识和良知的人们为了国家、民族的生存，抗争是唯一的一条出路，拥有四万万人民的泱泱大国，决不能束手待毙。

在《八一宣言》中，对东北抗日军民英勇斗争所给予的高度评价，更使与会全体人员感奋惬怀。"我东北数十万武装反日战士在杨靖宇、王德泰、赵尚志、李延禄、周保中、谢文东、吴义成、李华堂等民族英雄领导之下，前仆后继的英勇作战，在在都表现我民族救亡图存的伟大精神，在在都证明我民族抗日救国的必然胜利"。特别是这段文字使与会的各抗日部队的领导人受到莫大鼓舞，备感兴奋。在这次会议上，党中央《八一宣言》精神，使大家紧密地团结在一起，所有出席这次会议的人，都是抱拳相庆，团结抗日的气氛，更是空前的热烈。

会议在较为详尽地分析了国际、国内形势后，指出，"东北的反日运动是在日帝不断'讨伐'烽火中生长着，是在国民党卖国贼不断破坏与出卖内外夹攻之下扩大着。虽然日帝在一、二、三、四次'讨伐'中采取了各种毒辣策略，远不能阻止东北反日运动的发展"。"东北反日游击运动能在这严重环境中，将零星散漫的力量，甚至于动摇的暂时的力量，能形成目前东北民族革命战争伟大的汇合，是几年来东北反日游击运动英勇战斗的结果。是证明被压迫民族进行反帝、民族革命战争是会得到最后胜利的。"①

会议经过充分讨论和协商，通过了《东北民众反日联军军政扩大联席会议决议》。决议通过的事项有：决定按照《八一宣言》关于成立统一的抗日联军和建立统一的国防政府的精神，成立东北民众反日联军总司令部，并酝酿成立代表全东北人民的临时政府。会议决议关于"联军改进与扩大组织等问题"指出，"为了统一军事上指挥与政治领导，为克服自发性的弱点的存在，为了更有效扩大反日力量和联合一切反日力量共同抗日和彻底消灭过去联合不密的倾向，总的领导机关的建立问题成为目前中心任务。在临时军政军事部领导之下设总司

---

① 《东北民众反日联军军政扩大联席会议决议》（1936年1月25日），载《文件汇集》甲45，第408页。

令部,推选总司令赵尚志同志担负,副司令李华堂同志担负。为了更灵活的领导分头开展反日运动,在各个必要区域设指挥部,在总司令部之下设参谋部、副官处、设参谋长、副官长,以兹鼓励领导各种反日义勇军。"据此,1936年1月28日,会议选举了赵尚志为东北民众反日联军总司令,李华堂为副总司令,张寿篯为总政治部主任。会议决定东北人民革命政府成立之前,组织东北民众反日联军临时政府。政府的名称是效法孙中山在1917年护法战争期间在广州组织成立的与北洋军阀政府相对立的军政领导机关——护法军政府而起的。它声明在东北人民革命政府未成立之前,东北民众反日联军临时政府是全东北最高政治机关。人民革命政府正式成立时,临时军政府取消。临时军政府是由全东北各种反日团体、反日队伍、反日代表临时组织之。临时政府设七部二处:行政部、军事部、外交部、财政部、司法部、教育部、顾问部、秘书处、总务处。各部设委员长、副委员长、委员若干名,成立各部委员会,并拟定了各部正、副委员长人选。政府会议由各部委员长、副委员长组成,并由军事部、行政部、外交部组成政府主席团处理日常政务。同时,公布了由张寿篯起草的东北民众反日联军临时政府成立宣言、施政纲领、对日宣战通牒及致中华民族武装自卫委员会宋庆龄、李杜的信等文告。

会后,赵尚志写信致珠河中心县委,报告会议召集过程和形成的决议、结果等。县委又向省委做了报告。

东北民众反日联军军政扩大联席会议是东北抗日武装斗争史上的一次重要会议。这次由第三军、第四军、第六军、民众军、自卫军等部队主要领导人参加的重要集会取得了重大成果,它对于深入贯彻《八一宣言》精神,扩大抗日民族统一战线,建立东北抗日联军都起到了重要推动作用。这次会议有力地促进了活动在松花江下游、小兴安岭山麓各抗日部队的团结,统一了共同对日的斗争步伐。会议成立的东北民众反日联军临时政府是为响应和参加中国苏维埃政府提议发起组织之国防人民政府而成立的。它是与伪满洲国相对立的反日政权。这一临时军政府所发表的"政纲"为:

一、一切东北反日救国的民众不分种族、职业、阶级、政治派别、宗教,任何反日团体只要是真正救国的都参加之。

二、扫荡日帝在华任何反革命统治,推翻日帝走狗"满洲国"、华北自治及内蒙政府,准备建立东北人民革命政府。

三、反对蒋介石及其他卖国政府,联合一切反日反满政府、中华苏维埃政府,各同情东北反日运动之国家(苏联、外蒙共和国)及殖民地半殖民地国家各国反帝反战团体。

四、拥护并参加中华苏维埃政府所发起组织之国防政府。

五、武装全东北民众在东北民众反日联军总司令部周围,进行抗日救国运动与中国工农红军及一切反日倒蒋军队建立全中国反日联军。

六、没收日本帝国主义在东北一切经济财产、矿山、银行、铁路、工厂各企业。

七、通缉一切卖国贼走狗、汉奸,否认"满洲国"、华北政府以及南京政府国民党军阀,所有一切借款、卖国协定、密约均宣布无效。

八、没收日货及卖国贼汉奸、走狗土地、财产,分配反日战士、灾民、难民。

九、减少工作时间,增加工资,废除一切强迫劳动。

十、给反日民众集会、结社、言论、罢工、出版、武装抗日等自由。

十一、废除日"满"一切苛捐杂税,实行反日募捐及统一累进税。

十二、中、韩、蒙民族及日本革命劳动者亲密联合，打倒共同敌人日本帝国主义。①

上述"政纲"共十二条，充分表明了东北民众反日联军临时政府的鲜明的反日救国性质。

由赵尚志倡导召开的东北反日联军军政扩大联席会议。其政治作用、意义和影响是重大的。东北民众反日联军军政扩大联席会议，对于北满地区来说是抗日武装斗争蓬勃发展的一个重要标志，它使北满地区抗日武装的政治组织、军队都有了新的转变。对此后的东北抗日武装斗争的形势，当时由陕北出版的党中央机关报《红色中华》第263期（1936年3月16日）曾以《独立发展着的东北抗日战争》为题做过如下报道："东北抗日部队的组织最近亦有很好的转变，过去没有根据地，现在则有了巩固的根据地。他们除组织了工农政府外，尚有国防抗日政府的组织，国防政府内分军事、土地、经济、外交、教育、交通、建设、防空、开垦、贸易各委员会。在军事方面最高机关是关外抗日军总指挥部，总指挥郑尚志（按，应为赵尚志）。共辖六个军事区，至于义勇军则接近哪个军事区，即受哪个军区的指挥。另外，他们的战略、战术也有很大进步，特别是在1935年9月至腊月的大小500余次战斗，每次都把敌人打坍了，得到了不少的胜利。满洲的抗日浪潮，现在是日甚一日蓬勃发展着。"毫无疑义，这次会议的意义重大。东北救亡总会党组书记于毅夫在1940年"九一八"事变九周年时于重庆撰文《血战九年的东北义勇军》，内中写道："民国二十五年'一·二八'各抗日部队在黑龙江汤原县境内召开大会，正式宣布成立东北抗日联合军和联军总司令部。这次会议的决定，在中国抗日历史上是有很重大意义的。这开始了中国人民团结一致共同抗日的先导，对于国内政治起了很大的影响作用。中国在东北首先开始了团结之创立。从这时起，东北义勇军更加强了政治领导，他们依靠民众，组织民众，在各处建立了根据地，力量也逐渐加强起来，在战术上他们也采用了正确的游击战术，予敌人以有效的打击，东北的游击运动的确又走上一个新的阶段。"②从中可见此次会议意义非凡。

当然，这次会议也存在不足，主要是：因抗联第一、二、五军未有代表前来参加会议，所成立的东北民众反日联军临时政府各部正副委员会人选未能正式确定，临时政府及各部如何行使职权不很明确；所组成的总司令部只是抗联第三、四、六军，民众军、自卫军的代表建立的，还缺乏广泛性等。为此，上级组织曾提出意见："抗日联军总司令部应作为临时的，称为'东北抗日联军临时总司令部'，尚志同志为临时总司令。"并指出，"这一临时总司令部，应该成为号召与团结全东北反日军队的机关，在联合一切反日部队的基础上，准备召开全东北反日军代表大会，以正式成立总司令部。"③但尽管如此，会议成立的东北民众反日联军总司令部（按，有的文件称东北反日联合军总司令部）虽因未有南满、东满、吉东等地区抗联第一军、第二军、第五军部队参加，仍属北满地区性的军事指挥机关，但它的组建对于集中统一领导北满地区的抗日斗争，在协调各军联合作战，解决联军之间因活动区域、捐税征收、给养供给、部队归属等方面的纠纷，都起过重要的作用。

在赵尚志领导下，由北满抗日武装组织从1935年3月成立的"东北反日联合军总指挥

---

① 《东北民众反日联军军政扩大联席会决议》（1936年1月25日），载《文件汇集》甲45，第411~412页。
② 于毅夫：《血战九年的东北义勇军》（1940年），载《中苏文化》七卷三期。
③ 《中共满洲省委给汤原县委和游击队及尚志、延禄同志的信》（1936年3月7日），载《文件汇集》甲21，第124页。

部"发展到"东北民众反日联军总司令部",应该说又是一个飞跃。这一飞跃是在冲破敌人1935年冬"大讨伐"中实现的,在冬季反"讨伐"斗争中,"总指挥部"的威信进一步提高。以赵尚志为军长的第三军大力帮助谢文东的民众军、李华堂的自卫军,使之有很大发展,协同第四军突破了江北通、汤大界,帮助汤原反日游击队扩编为第六军,并给日伪在江北的统治予以很大威胁,给日伪军以一定打击。这说明,从这时起,赵尚志所领导的第三军已成为松花江沿岸乃至北满地区反日战争的主要支柱和领导者。

对于这次反日联军军政扩大联席会议,日本侵略者亦十分关注,畏惧抗日统一战线的巩固与扩大,在其所编《满洲共产匪研究》一书中称:"自从中国共产党以八一宣言,提倡建立国防政府和抗日联军以及中国的抗日统一战线以来,果然受到最有利的影响,使哈东游击区,呈现出统一战线运动的扩大和巩固的局面。昭和十一年(1936年)一月下旬,在北满汤原县赵尚志、李华堂、谢文东、夏云杰、李延禄、张寿篯、冯治纲等北满有名的共匪集合在一起,召开了东北反日联合军军政扩大联合会议。这个会议第一、第二、第五军的代表者也预定参加,但结果没能参加会议就结束了。在这个会议上决定的主要事项有:建立东北民众反日联合军临时政府和东北民众反日联合军,以及扩大组织的问题……这样集结了反满抗日力量在形式上一度完成了其组织化、系统化,其结果在政治匪活动占优势的北满地区很快地改变了过去的分散对立关系,组织在东北民众反日联合军总司令部的控制之下。"另在伪治安部1942年编辑出版的《满洲国警察史》有如下记载:"康德3年1月下旬,东北抗日联军在汤原县内召开了军政扩大联席会议,出席的匪首有赵尚志、谢文东、李华堂、李延禄、夏云杰、冯治纲等。会议结果,在同年2月25日,以第一军军长杨靖宇、第二军军长王德泰、第三军军长赵尚志、第四军军长李延禄、第五军军长周保中、第六军军长谢文东以及汤原游击队、海伦游击队的名义,发表了《东北抗日联军统一军队建制宣言》。上述统一了抗日战线的共匪,其活动更加激烈和凶暴。他们在以漂亮的辞藻积极向民众开展宣传的同时,在南北满,频繁地袭击了警察署、森林警察队、武器库等,抢夺武器弹药,或者企图打开由于治安工作尤其是归屯并户建设集团部落所带来的难于找到粮食的困难局面,而采取极力破坏上述建设,专心致力于得到粮食补充的对策。"

反日联军军政扩大联席会议总的说来是一次成功的会议,有重要意义的会议,有深远影响和作用的会议。此次会议结束后,李延禄、李华堂、谢文东分别率部返回江南地区活动。

同年2月,为使抗日部队有可靠的休整训练的依托,赵尚志与张寿篯、夏云杰等在汤原共同研究了在小兴安岭建立后方军事基地的问题。

根据赵尚志的意见,第三、六军务抽调一部队伍,组成了后方留守处,由张寿篯负责统一领导工作。当时,在小兴安岭汤旺河沟里有一支一百五十余人组成的伪森林警察队,该队曾与汤原游击队有密切关系,后被日本人控制。为了建立巩固的后方军事基地,赵尚志指示张寿篯和第六军第二团团长戴鸿宾不惜任何代价,坚决拔掉日军安插在小兴安岭的伪森林警察队。①根据赵尚志的指示,3月15日,张寿篯、戴鸿宾率领第三、六军后方留守处战士及第六军第二团、汤原洼区青年游击连等部共二百余人从浩良河出发奔袭汤旺河沟里,经三昼夜行军,首先解除了盘踞在岔巴气(今金山屯)伪汤原森林警察大队第一道卡子五十余人武装,而后主力部队乘坐马爬犁,沿汤旺河床向"老钱柜"(在今上甘岭林业局施业区内)进发。3月19日傍晚,

---

① 《访问戴鸿宾同志记录》(1966年1月8日)。

部队到达"老钱柜",迅速包围敌人据点,经较短时间战斗,击毙森山指导官等七名日人,老钱柜等地一百五十名伪森林警察队放下武器,同时缴获了电台、面粉等大批军需物资。之后,于4月13日在夏云杰动员下,伪森林警察队队长于祯(于四炮)率部反正起义参加了抗日联军。拔除汤旺河地区日本人所占据点的胜利,铲除了障碍抗日联军在小兴安岭山麓发展的绊脚石。为建立巩固、安全的后方军事基地和开辟汤原抗日根据地扫清了道路。从而使汤旺河流域方圆五百里的广大地区完全被第三、六军所控制。

至1936年夏,第三、六军根据赵尚志的部署在汤原县汤旺河谷、帽儿山、老白山、巴兰河谷,以及通河大小古洞河流域等地理位置较好的地方建立起多处秘密的后方军事基地,即秘密营地,简称"密营"。这些位处深山密林之中的后方基地设有宿营地、印刷所、被服厂、军用仓库、粮库、野战医院、军械修理所、联络站、屯垦地等。这些隐蔽在深山密林里的秘密营地是抗日战士休整生息的可靠后方。在敌人推行"归屯并户""坚壁清野",妄图把我军困死、饿死、冻死的政策之后,"密营"为保存抗日联军实力起到十分重要的作用。

老白山抗日联军密营遗址

汤原抗日根据地的开辟,使丧失了珠河根据地的第三军主力又有了生存发展的基地。在广阔的小兴安岭山林里散住着许多毛皮商、猎人、伐木把头、种大烟者。过去土匪出没无常,他们往往被抢劫一空,甚至命丧黄泉。现在有第三、六军部队住在那里,土匪不敢前来,他们的生计有了保障,内心十分满意。同时,抗日部队可向他们收取占其收入十分之一的税款,使抗日部队有了较多的收入。由于小兴安岭山林广袤无垠,敌人要入山"讨伐"一走要十几天,给养供应不上，人无吃粮，马无草料，难以进军。而抗日联军在深山里建有许多密营，进退自如。战斗中即或稍有失利，即可转入密林，使敌人无处寻觅。而敌人"讨伐队"常常是刚到山沟口，就被抗日联军打了回去。从1935年末到1938年，第三、六军共同开辟的以汤旺河沟里为中心的汤原抗日根据地，一直控制在人民抗日军队的手中，这里是党领导的抗日部队的天下。

在汤原抗日根据地建设中，值得特别提及的是，在赵尚志的倡议下根据反日联军军政扩大会议决定，建立了一所东北抗日联军政治军事学校。建立军事学校，培养抗日战争需要的政治军事干部一直是赵尚志的一个心愿。1935年3月，赵尚志在制定部队编制计划时，就提出过要建立军官学校，但那时还没有条件。自赵尚志率队北上汤原，第三、六军共同在小兴安岭开辟根据地后，便具备了开办军校的条件。于是，赵尚志派张寿篯等干部投入一定的精力，办起了这所为抗联培训干部的政治军事学校。

东北抗日联军政治军事学校遗址

1936年5月初，该校在伊春河口建成。那里有一座木刻楞式大工棚子，作为校舍。校名是赵尚志效仿他曾就读过的国民革命军的中央军事政治学校（黄埔军校）所起。反日联军军政扩大会议决定的校名是东北民众反日联合军政治军官学校，以后，赵尚志根据抗日联军统一军队建制宣言将抗日军队统一改为东北抗日联军的精神，将校名正式命名为东北抗日联军政治军事学校；而把军官改为军事，把政治放在军事之前，则别有一番意义。赵尚志深知战争是政治的继续，当前进行的抗日战争就是中华民族反抗日本帝国主义侵略的政治的继续，校名让政治领先，就是要让学员树立起正确的学习目的，把自己培养成有正确的政治方向，掌握军事技术，适合于抗日战争需要的优秀人才。该校由赵尚志任校长，张寿篯、侯启刚、冯仲云先后任教育长，李靖宇任总务主任。在赵尚志签署发表的《东北抗日联军政治军事学校临时简章(草案)》中载:该校"以适合于伟大动荡时代之新的政治知识、军事战斗技术,为创造大批军政干部,以形成有系统之政治领导与军事领导为宗旨。"学校分军官班、学生班。教学内容为:政治课程,授以革命的国际与国内政治常识、政治、经济、社会等科学;军事课程,除一般的战略战术、军事知识外,"尤于目前之实际游击战争科学,有所教授"。①授课时间分长、短期两种,长期班六个月,短期班三个月。学员毕业后派回各军担任政治、军事干部职务。

对于联军政军学校建设,赵尚志异常关心。由于他有在黄埔军校和中央高级训练班学习的亲身体验,认为让干部在学校集中学习是十分必要的。对于培养干部,提高部队军政素质意义尤大。因此,他在军务十分繁忙的情况下,还经常过问学校工作。为保证联军政治军事学校第一期的开设,赵尚志还亲自过问选派教官、学员之事。当时,张德同志被中共驻共产国际代表团从苏联派回东北组建哈尔滨特委,由于被特务盯梢,不能继续在哈市工作,来到汤原。赵尚志知道他在苏联学习过马列主义理论,又受过军事训练,是个人才,决定派他到政治军事学校任教官。被赵尚志派到政治军事学校任教官的还有雷炎、王玉生、张文廉、于保合等。1936年5月,他在给第三军第四师领导同志信中写道:"最近联合军司令部政治部之政治军事学校已经开设,第一期试验性的,三军政治部主任张寿篯担任教育长。四师与吉东特委商谈后,请选派负责教官数人送总指挥部。四师并转报四军,可派学员参加该学校学习。"②赵尚志这位校长连选送学员之事都亲自过问,可见他对政军学校关心的程度。

赵尚志还亲自主持制定政治军事学校的教育纲领,提出要点、基本原则和具体要求,在《军事教育纲领》中,明确写道:

教育目的:在促进革命斗争中的军队作战基础,达到以迅速敏捷行动消灭敌人,或避免意外的损失与牺牲为目的。

教育要旨:养成战斗员在战场上的各种战斗技能及技术敏活的、自动的各种战斗动作及战斗有关系的一切勤务(阵中勤务)。同时养成干部人员作战指挥及统率能力。尤在于适合于游击运动的斗争要求及其特长,并养成正规军的一般基础。

教育类别:分步兵、机关枪、骑兵、炮兵之各兵种,个别教练,一般混合教练。

教育原则:采用革命军事教育原理为根据,完全用启发自动性,多用示范和解释。在东北抗日联军没有规定出统一的陆军各兵种操典情况下,采取一般军队教育的原则、方法。

兵种教练:分基本教练、应用教练、技术教练。在军事教育上,一般要注意建立步兵教育基础,骑兵部队的特殊教育须有最低限度的进行。

教育要求:根据抗联部队的特殊性——正规军的形态基础,游击队的斗争生活,军事教育要注重实际效用,把常识与斗争经验教训连贯起来,除却形式主义。

从以上诸条,可以看出赵尚志主持制定的《军事教育纲领》规定得多么具体,而又多么明确!

---

① 《东北抗日联军政治军事学校临时简章草案》(1936年9月10日),载《文件汇集》甲46,第206、207页。

② 赵尚志:《给三军四师师长郝贵林,政治部主任金策的信》(1936年5月4日),存中共黑龙江省委党史研究室资料室。

联军政治军事学校是在艰苦的战争年代,由东北抗联创办的一所正规学校。由赵尚志签署的"招学简章"载:

"入学资格":不分种族与宗教信仰,首须无特别嗜好,体格健壮,无传染病者。凡在民族革命战争中有相当战斗历史,真正为抗日救国者,不论是否识字及文化程度高低,经联军各军及各反日部队领导机关签名派送,经本校批准者,皆得入军官班。凡具有中等学历,经本校考试或抗日救国会代为考试而认为合格者,皆得入本校学生班。

"年龄":十八岁以上四十岁以下悉为合格。

"学额":军官班一百至二百名,学生班一百名。

"学费":不向学生直接收纳,各军送者由各军负担;本校招考者,衣、食、住宿、书籍、体育等一切费用,悉由本校担负之。

"义务":在校应绝对遵守校内一切纪律、毕业后应绝对赴各军或各城市、乡村从事反日军政工作职务。

"入校途径":抗联各军可直接派送,各独立部队可径由抗联各军遣送;抗日救国会招考者,可送至各军,由各军再行遣送之。①

1936年初冬,赵尚志到政军学校检查指导工作,并住半个月。他认为欲创造干部,必先有其标准;欲领导他人,必先健全自己,怎样才能健全自己,达到革命军政干部标准呢?要靠学校的革命军政教育和学生的自觉。而军政教育重心无论行动或思想,主要则为整齐和一致。而整齐和一致,又应有其标准。对违反标准者,除严加教育外,必须加以惩罚。为此,他效法黄埔军校严密的纪律、规章制度,亲自主持制定了《政军学校的各种纪律详则草案》,规定违反纪律有六种处分:开除校外解除武装、处罚劳役、举枪立正、处罚勤务、徒手立正、口头警告等。并告诫全体学员"应思本校之宗旨,与你们自身任务的伟大,努力修养自身,以期造成不屈不挠之伟大的革命战士而完成我中华民族与社会解放事业。"②学校各种纪律条例有《关于军纪、风纪纪律条例》《关于军礼纪律条例》《关于值班勤务纪律条例》《关于武装保存纪律条例》《关于弄枪走火纪律条例》《关于公发公有物品保存纪律条例》《关于授课时间纪律条例》《关于内外勤务纪律条例》《关于其他日常生活纪律条例》《关于夜间紧急集合纪律条例》。这些"条例"内容详尽,涉及各个方面,违反什么规定或犯了什么错误,给予什么处分或惩罚,都有明确规定。其目的是培养不屈不挠的伟大的革命战士、规范学员与创造革命军人之"模范"。此外,还制定有联军政治军事学校学生委员会简章,规定每五日召开一次会议,以备检查工作、布置工作,充分发挥学员的积极性和自治作用。

联军政治军事学校是在克服重重困难,在极端艰苦的条件下创办起来的。当时,没有现成教材,没有课本,教官就凭学过的政治军事课程一边回忆,一边结合抗日斗争实际进行讲授。教育长侯启刚还编出《关于统一战线问题的研究》和《东北反日队伍的分析及其改造策

---

① 《东北抗日联军政治军事学校临时简章草案·附招学简章》(1936年9月10日),载《文件汇集》甲46,第208、209页。

② 《东北抗日联军政治军事学校各种纪律详则草案》(1936年),载《文件汇集》甲47,第84页。

略》两本讲义，供教学使用。当时，学校主要设政治课、军事课、文化常识课。该校第二期学员王明贵同志回忆：政治课主要讲政治经济学常识和中国近代史，还系统地学习了《八一宣言》；军事课主要学习以少胜多、以弱胜强的游击战术，结合实际训练，使学员掌握侦察、警戒、进攻、防御、突击、军事地图识别等；文化常识课学习文化地理知识及社会、自然常识等。学员在学习中尽管遇到很多困难，但他们都肯努力去克服。因这些学员有着丰富的实践经验，所以进步都很快，学习结束后，进行毕业考试，合格者颁发盖有校长赵尚志、教育长侯启刚印章的油印毕业证书。[①]学员毕业后根据抗日游击战争的需要，陆续都回到了抗战前线。

以后，因敌人不断进入深山区域"围剿"抗日联军，办学的条件越来越艰苦，校址不得不迁移到双子河畔、乌敏河畔、翠峦河畔等地。这所政军学校共办三期，培养近三百名学员，北满抗联部队中不少政治军事干部是出自这所学校的，如抗联独立师（后为第十一军）师长祁致中和政治部主任金正国为该校第一期学员；抗联第六军一师师长马德山和政治部主任徐光海、抗联二路军三支队队长王明贵是该校第二期学员（新中国成立后，王明贵任黑龙江省军区副司令员，1955年被授为少将军衔）；抗联第三路军总参谋长许亨植（李熙山）、抗联三军三师政治部主任吴景才是该校第三期学员。

此外，赵尚志还派曾在苏联学习过无线电技术的于保合筹建一所无线电通讯学校。该校设在巴兰河谷张木营子密营中。九名学员分别来自第三、六军和抗联独立师。电信学校以第三军司令部在老钱柜缴获的一部电台作为教学器材。课程以无线电技术为主，讲解电学、电工原理、无线电基础知识。并有实践课，练习收发报。还有政治、军事、文化课。该校从1936年7月至1937年2月的七个月中，为抗日联军各部培养出一批无线电通讯人才，使在与敌人战斗中缴获的无线电器材为我所用（电信学校校长于保合同志于新中国成立后曾任军委军械部雷达局副局长）。以后，该电信学校根据赵尚志命令，与政治军事学校合并。

抗联政军学校、电讯学校的建立，培养了一大批抗联干部、人才，其意义重大。这在东北抗日联军的历史上是绝无仅有的。

与此同时，第三、六军留守处在汤原进一步加强了抗日根据地建设。在汤原二区、六区为中心的抗日根据地内建立了许多抗日救国会、妇女会、儿童团组织。随着抗日武装斗争的深入开展，这里的抗日烈火越烧越旺。1936年春，在汤原南三甲地方召开盛况空前的工农群众代表大会，到会各界代表有三百余人。会上经过协商，决定正式成立下江人民革命政府，王永昌任主席。这期间，汤原地方党组织的活动也十分活跃，中共汤原中心县委积极发动群众，组织群众。广大群众的抗日斗争与人民革命军第三军、第六军的武装游击战争相会合，在广阔的松花江下游、小兴安岭地区，形成了一股强大的反日斗争的洪流。

---

① 王明贵：《踏破兴安万重山》，黑龙江人民出版社，1988年1月版，第44、45页。

第七章　独立自主开展游击战争

一、率部西征

1936年的春天,是一个不寻常的春天。北满抗日武装力量在对敌斗争中又得到了新的发展。

东北人民革命军第三军各团在冲破日伪军于1935年冬进行的"大讨伐"之后,按照赵尚志制定的新的战斗部署积极开展游击活动,赵尚志率领司令部直属部队保安营、少年连和第四、五团约占全军的五分之二的力量,在松花江北汤原、凤山、东兴、铁力一带活动,以开辟新的小兴安岭一带游击区,领导那里的义勇军开展抗日武装斗争。第一团活动于方正、延寿、依兰、勃利与第四军相配合,以摧毁依、勃一带的日伪统治。第二团于珠河、延寿、宾县、阿城一带,在老游击区坚持开展活动。第三团活动于中东路南珠河、双城、阿城、五常、苇河之间并向舒兰、榆树推进。第六团活动于延寿、方正一带,除执行一般军事任务外还担负与县委及在依、勃及西部活动的队伍的联络任务。第三军各部在积极开展反日武装斗争中,取得显著成效,扩大了游击区,部队也迅速发展壮大起来。许多经过反"讨伐"斗争洗礼的农民自卫队、青年义勇军及参加过反日联合军的义勇军、山林队纷纷加入第三军,使第三军各团人数显著增加。

根据部队发展壮大的实际和斗争的需要。赵尚志在考虑新的斗争计划,他决定:(1)在短期内要建成四个师;(2)将哈东一带的反日队伍进一步联合起来,以扩大统一战线;(3)开辟东兴、铁力、庆城、海伦等地的新游击区,更多地摧毁日伪反动统治据点;(4)设法分散日伪"讨伐"力量,使其无法包围抗日军。赵尚志根据新的战斗计划,首先决定将第三军所属第一、二、三、四团改编为四个师的建制。

第一师,由活动在方正、延寿、依兰、勃利一带的第一团改建而成。赵尚志率部北上汤原后,考虑到要在小兴安岭深山密林里建立后方军事基地,办兵工厂、建军校、后方医院和被服厂等,需要向苏联寻求军事物资援助。为此,他派第一团团长刘海涛[①]前往苏联,求其帮助解决做子弹用的炸药,提供无线电、手榴弹、捷克式机枪、军用地图及防毒器具制造技术。[②]刘海涛走后,师长一职由常有钧担任。第一团原政治部主任张寿篯已调任第六军代理政治部主任,因此决定第一师政治部主任另由李福林(后为李熙山)担任。第一师是第三军骨干部队之一。队内有健全的党组织,政治工作较为突出,因而战斗力很强。第一师活动频繁。1936年,部队

[①] 刘海涛去苏后,被送往东方共产主义劳动大学学习。1938年回到延安。后由组织分配到山东工作,曾任八路军某部司令员。1941年春在反扫荡斗争中被敌人杀害。

[②] 刘海涛:《关于满洲情形的报告》(1936年),载《文件汇集》甲47,第166页。

有很大发展。

第二师,在原第二团基础上编成。1935年11月,第二团遭到严重损失后,其余部去道南与第三团一起活动。后来,在珠河中心县委的领导下,经过整顿、补充,重新恢复起来。1936年春,第二团在铁道北活动,许多义勇军见到第二团异常亲切。他们冒着危险打来给养送给第二团。第二团与在铁道北活动的义勇军建立了亲密的关系。不久,第二团领导多股义勇军将延寿伪警察队长常罗锅所率"讨伐队"打退,又袭击了敌人的汽车,第二团收编了许多义勇军,同年夏发展至百余人。以后联合道北义勇军、山林队多次击退驻延寿伪军的进攻,特别是在宾县虎头山一战,击败日军松本部队,使第二团重振声威。此后,第二团在宾县五区活动收编义勇军三百余人,部队实力增加,曾屡次给前来"讨伐"的敌人以很大打击。第二团改编为第二师,师长关化新、政治部主任吴兴才。第二师战斗力很强,该师活动在珠河铁道北、宾县、延寿一带。1936年,部队有很大发展。

第三军第二师师部旗帜

第三师,由原第三团改编而成。师长张连科,后为王玉生、李熙山,政治部主任吴景才。1935年冬,第三军司令部远征通河、汤原后,赵尚志曾指示坚持在珠河道南、五常、双城东部活动的三团改编为三师。1936年3月上旬,伪滨江省公署召开各县参事官会议,决定在"治安"状况不好的哈东双城、五常、珠河、宾县、阿城等五县重点进行"治安肃正"。5月1日,在帽儿山成立哈东五县联合治安肃正办事处,伪滨江省公署属官野崎茂作任处长。哈东五县联合治安肃正办事处从各县抽调伪警察,在伪滨江省警务厅长涩谷三郎的指挥、命令下,为覆灭哈东抗日根据地,"讨伐"抗日联军,疯狂烧毁民房、制造"无人区"、建立"集团部落",修建警备道,使活动在哈东地区的第三师面临严峻考验。当道南抗日根据地被敌人破坏后,该部到大泥河南开辟了新的游击区。第三师联合"双龙"(汪雅臣)、"创江南"等义勇军、山林队成立了反日联军道南指挥部,还取得了高丽营子战斗的胜利。以后又团结铁道南、铁道北反日军一千四五百人,包围了小山子附近的敌人。第三师威名大振。1936年春,珠河中心县委在大泥河南工作迅速开展,在第三师的配合下,在大泥河南成立了抗日救国会、青年反日大同盟,第三师还成立了后方办事处。第三师于1936年8月26日,在宾县枷板站(今宾安镇)东方8公里之虎头山与日军松本部队展开激战。战斗中,第三师指战员顽强抵抗,致敌死17人,其中大尉中队长1人,伍长1人,士兵15人,敌伤13人,其中特务曹长1人,军营2人,曹长3人,士兵9人,第三师亦有一定伤亡。

第四师,由原第四团编成。师长郝贵林、政治部主任金策。该部自1935年冬与三军司令部在勃利分开后,根据青山里会议精神,活动于勃利、宝清一带,以后又向虎林、密山一带发展。1936年6月21日,第四师师长郝贵林率领部下约300名,兵分三路袭击了密山县哈达河街,首先割断通往各地的电话线后,以一部攻入驻防该地的伪军第二十六团团部,占领卫兵所,伪军苏团长腹部中弹受伤被捕。第四师指战员解除敌军留守部队武装,打开敌军仓库,缴获许多服装等物品。同时在街内散发大量反满抗日传单,扩大了抗日部队的政治影响。①该师为第三军的模范部队,战斗力强,群众影响好,内部的政治教育工作很突出,与其他反日部队团结作战方面的成绩也十分显著。第四师队伍发展很快。

第三军部队建制由团向师过渡,不仅仅是队伍编制的改变,它反映着第三军在反日斗争中,在不断发展、壮大。

春回大地,万物复苏。随着山岭中向阳坡积雪的融化,树木早早地窜出了嫩芽,金黄的迎春花、火红的达子香漫山遍野,小兴安岭山林呈现出一派生机。在1936年的春天里,赵尚志领导抗联第三、六军在小兴安岭山麓及其他北满抗日部队在松花江下游两岸积极开展游击活动,使北满地区迅速掀起一个新的抗日浪潮。这一浪潮与吉东、东满、南满的抗日斗争遥相呼应,有力地促进了东北抗日游击战争的发展。

根据联军军政扩大联席会议精神,为巩固汤原抗日根据地,在松花江北岸广大地区开辟新的游击区,配合在松花江南岸活动的第三军各部及第四军、民众军、自卫军的斗争,赵尚志决定组织一次远征,以积极主动的进攻策略,插入敌人统治薄弱地区,更加广泛地开展抗日游击战争,打击日伪统治者。因为此次远征从汤原浩良河西向通河、木兰、巴彦、东兴等地进发,故称西征。在第三军斗争史上,此次西征之后,在1936年秋至1938年还曾组织过三次西征,所以此次西征亦称第一次西征。

1936年4月上旬,由第三军司令部直属部队政治保安营、少年连和第五、六团共约三百余人参加的远征队伍正式组成。远征部队经过充分准备后,在赵尚志率领下向西挺进。4月13日西征第一仗打响,舒乐镇被攻克。舒乐镇位于松花江左岸,是由汤原通往通河、木兰的必

---

① 《牧警委第24号报告》(1936年7月3日),载东北烈士纪念馆编《东北抗日战争史料汇编》(附录四),第13页。

经之地。敌人在此设置关卡，为一重要军事据点，驻有日军守备队一个小队三十余名及伪军、伪警察二百余人。为开辟远征通道，赵尚志决定摧毁敌人这个据点。

战斗进行前，赵尚志派出七十余名手枪队员化装成镇内居民和伐木工人潜入镇内，隐蔽在敌人驻防地周围。4月13日午间，赵尚志指挥大队向舒乐镇发起进攻，经里应外合、内外夹击，该镇被一举攻克。镇内伪警察署长被击毙，伪警察除少数逃跑外都乖乖地放下了武器，当了俘虏。此战，俘日军二十余人，伪和伪警察八十余人，缴获步枪百余支。战斗结束时，我军用没收的日本银行中的伪币、金银购买了镇内商店中的所有布匹及一些日用品。而后用二十余辆马车载着大量布匹及其他战利品撤离到十里河一带驻扎。舒乐镇战斗的胜利，使远征战士很受鼓舞。

4月19日，又乘敌人不备，沿松花江向东北行进，袭击了岸边的竹廉镇。

舒乐镇、竹廉镇战斗的胜利，标志着西征旗开得胜。对于从1936年3月19日到4月19日，即张寿篯部袭击老钱柜等敌据点到赵尚志率部攻袭竹廉镇这一个月时间抗联第三、六军的活动情况，敌人记载说："自3月19日袭击汤原县森林警察队成功以来，该共匪军气势顿时高涨，并利用解冻时期在该县各处肆意横行。尤其是黄有和戴鸿宾匪合作，于4月2日在格节河金矿解除自卫团武装。夏云杰匪于4月13日诱使森林警察队叛变。20日袭击兴山镇日军兵营、煤矿办事处。赵尚志又与之相呼应，于13日袭击舒乐镇警察署，19日袭击竹廉镇，致使该县完全处于没有警察的状态。"[1]

竹廉镇战斗后，紧接着远征部队在赵尚志率领下沿着小兴安岭山麓西进。曾在巴浪河谷连续与敌人展开数次战斗，而后插入通河县境。

5月的一天，部队在通河"洼大张"附近一土围子驻扎下来。赵尚志正在和战士们一起吃饭，只见有哨兵前来报告："从通河方向开来了几辆汽车。"赵尚志听到后，便说："准是日本鬼子来了，伪军是没资格坐汽车的。"说罢，他撂下饭碗就去布置战斗。对此战，原第三军少年连战士张祥同志有篇回忆录，这里不妨做一引述：

"我们进入阵地后，只见两辆满载日本兵的汽车渐渐驶近，驾驶楼上还架着一挺歪把子机枪，气势汹汹，嚣张地一直开到土围子门前才停下。日本兵没下车，好像等什么。突然，赵军长大呼一声：'打！'他的话音刚落，我们的四挺抬杆子枪（一种大型沙枪，大的一次可装一斤火药；再装上铁沙子，打出去就是一大片）和步枪，便一起向车上的日本兵开火，打得他们鬼哭狼嚎，掉转车头逃到前边一个小地主土围子里……

大约过了一小时，日本鬼子整队从土围子走出来，向我方进攻。在距我方300米左右时，敌队形开始以班单位变成班纵队单位，班与班相隔十几米。每个日本兵的枪都上着刺刀，在阳光照射下闪闪发光。他们一边走还一边哇啦哇啦地吼叫着，在十几挺机枪和掷弹筒的掩护下，像一群穷凶极恶的豺狼向我们猛扑过来。然而，我们的赵军长此时却泰然自若，沉着冷静，任凭敌人步步迫近，也不作任何反响。直到敌人距我方只有100多米时，也是我们的抬杆子枪威力最大的时候，只听他一声令下：'打！'我们的四挺抬杆子枪便一起向日本鬼子猛轰。

---

[1] 伪满军政部：《满洲共产匪研究·汤原游击区共匪运动史》。

顷刻间把鬼子打死打伤一大片。日军一看大势已去只好停止进攻,后退了。

第一个回合胜利结束了。大家高兴地整理着战利品……正当大家沉浸在胜利的欢乐之中,远处又传来了战马的嘶鸣。房上的哨兵报告:敌人又来了,有一百多骑兵。赵军长看了一下怀表,分析道'现在离天黑还有两个小时,我们必须等到天黑才能离开这里。'

'轰!'一声炮响。只见赵军长从房上走下来说:'鬼子调来了炮兵。打完炮,可能会再次进攻。大家进入战位,准备战斗。'果然不出赵军长所料,鬼子朝我方打了一百多发炮弹后(有七发落在我们的土围子里),我们就看见远处鬼子和伪军整队向我方开来。大约距我方300米处,敌人开始散开……赵军长的命令下来了,我们便以全部火力猛击日军。赵军长见日军指挥官在后面挥动指挥刀,便对我说:'张祥,把那个指挥官干掉,一定要打死!'边说边指给我看。我顺着赵军长手指的方向把枪伸出去,瞄准了日军指挥官,一个点射,那个指挥官便应声倒在血泊中了。赵军长拍手称赞:'好!'接着,又命令两侧部队出击,夹击敌人。日军失去了指挥,一个个卧在地上胡乱射击,不知所措。赵军长抓住这个时机,大喊一声:'同志们!冲出去'顿时,喊杀声连成一片,日伪军见此情景,拼命往回逃跑。

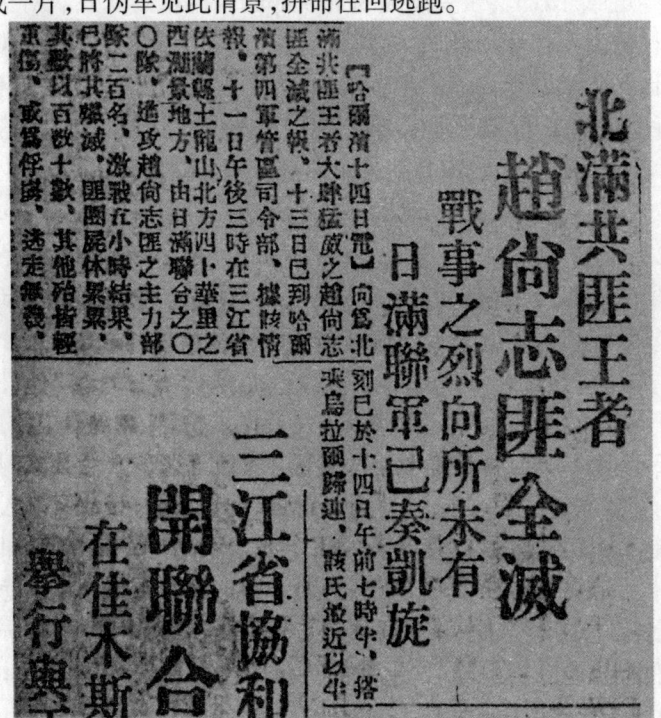

日伪当局称赵尚志为"北满共匪王者"

这次交锋,我们缴获了敌人大量的武器弹药,又得了一挺机枪,外加一整箱子弹。打死打伤敌军共一百多人,俘虏十三人。天黑后,我们便撤离了战场。我方伤员被送到后方的白石砬子。"①

"洼大张"战斗是一场胜利的战斗。从这场战斗过程中,我们可以清楚看出赵尚志临阵沉

① 张祥:《赵尚志军长指挥我们杀日寇》,载《黑龙江文史资料》第4辑。

着,判断准确,决策迅速,命令果断,显示出了一个军事指挥员的指挥艺术才能。

在赵尚志率部于通河活动时,第三军第一师一部根据赵尚志的部署积极活动在依兰等地。5月11日在土龙山北西湖景地方与日伪军激战五个小时。如同以往每次大规模战斗,日伪当局的新闻媒体总是要大肆地宣传制造抗日军被消灭的舆论一样,对这次战斗日伪当局开动宣传机器,再次谎称"赵尚志匪全灭"。5月15日,《泰东日报》以《北满共匪王者赵尚志匪全灭,战事之烈向所未有,日满联军已奏凯旋》为题进行了报道。自然,敌人总是盼望其心腹之患赵尚志所率部队立刻"全灭"的,但是赵尚志所率部队是人民的抗日武装,它执行着民族解放的使命,是不可能轻易被日伪当局"全灭"的。"全灭"只不过是敌人的幻想。

1936年5月中旬,赵尚志率队经通河西进至木兰县境。木兰西部有蒙古山,其周围有大黑山、骆驼砬子、尖山子、水葫芦岭等大小十余座山峰。赵尚志见这里群山叠嶂,林木茂密,进可攻,退可守,是一处战略要地,便决定以此为基地,开辟新游击区。之后,远征部队以蒙古山为依托,在木兰、通河、巴彦、东兴一带积极开展游击活动。当时,日伪当局在木兰等地厉行"匪民分离"政策,广建"集团部落",妄图隔断抗联部队与群众的联系。对于敌人的这一毒辣政策,赵尚志根据日伪当局在珠河开展"大讨伐",实行"归屯并户",建立"集团部落",致使根据地遭到破坏,抗日部队难以立足的实际情况,认为必须坚决反对敌人的"集团部落"和保甲政策。他对吉东特委传来关于"在我们影响下的居民不要单独留在山中,应与其他群众一同移居大屯"①的指示非常反感。他曾说,"如果东北都像巴、木那样归大屯,再经过二年,所有的游击运动都得失败。"②其意也就是说,如果不去粉碎敌人"集团部落"政策,那么我们不过两年就站不住脚。他主张对"集团部落"里的敌人武装能打就打,对"大屯"能破坏的就要坚决破坏。据此,赵尚志率队于5月13日,袭击了木兰县太平河屯"集团部落",破坏了附近的通讯线路和桥梁。5月20日左右,袭击了东兴西北河镇伪警察署与自卫团武装。6月1日,联合义勇军"化民"袭击了大河沿伪警察署。6月9日晚11时,又将木兰县城北七十八公里之钱家店"集团部落"伪自卫团缴械。6月12日,攻袭了木兰县太平桥"集团部落",解除自卫团武装,缴枪十三支。7月13日晚11时,赵尚志率所部袭击木兰县城内日伪江北三县(巴彦、木兰、东兴)联合指挥部、伪警察署,与敌交战一个小时,毙敌十一人、伤七人、俘九人,缴轻机枪一挺,子弹八百余发,步枪二十四支。之后,将伪警察署焚毁。对于这次战斗《盛京时报》7月17日以《赵尚志匪贼袭击木兰镇警察署》为题进行了报道。7月30日,赵尚志指挥远征部队在木兰县三千吊屯与日军涩谷部队小谷队交战。8月上旬,又率队在木兰县广利屯与日伪军交战,击毙敌军三十余人,缴获轻机枪二挺。随后,远征部队西向巴彦前进,于8月14—17日在张家岗与日军涩谷部队桑原队交战,此战伪滨江省警务厅警长常盘嘉三郎被击毙。在此前后,赵尚志还率队袭击了驻守在木兰县石河村的日伪军,战士们化装成伪森林警察队员,趁村内大股敌人外出之际,冲进村内敌军驻所,结果,没费一枪一弹,便消灭了驻所内的敌人。

赵尚志率队在木兰活动期间,贯彻抗日民族统一战线政策,联合"于九江""一抹脸""大

---

① 《吉东特委给珠河中心县委及三军负责同志信》(1935年11月26日)。
② 《侯启刚呈中共北满临时省委的申诉书》(1939年5月9日),载《文件汇集》甲25,第236页。

东来""化民"等义勇军、山林队共同对敌。

对于赵尚志率领部队屡挫日伪军,巴黎《救国时报》1936年7月8日曾以《东北义军捷报频来,赵尚志部又袭击寇军第一师团》为题予以报道,文章说:"在滨江及吉黑交界地点,我义军在赵尚志等军长领导下,亦连给日伪以重大打击。最后被派往'讨伐'我义军之寇军第一师团(按,指日军涩谷部队)自经过首次牺牲,现更尝到我义军神鬼莫测之滋味矣。"文中报道了赵尚志亲率部队在6月18日于木兰与敌军的战斗及6月26日、27日其所部在哈绥路、宾县与日军某部的战斗。

木兰县城西城门

这期间,日伪《大同报》关于赵尚志在这一带的活动还有以下几则报道:

"哈尔滨电,据山冈队发表其麾下各部队讨匪状况如左:市村部队六月十四日午前五时于蒙古山东北方约八公里新开道西北方发现赵尚志系匪约百名,对之攻袭,匪自森林中溃走。"(6月22日)

"哈尔滨电,十八日午前一时五分许,赵尚志与'大东来'之合流匪约达三百名,攻打木兰县广利屯东北方十五满里之上芳店部落,除自卫团本部外,十三处房屋尽被焚烧,并夺取自卫团大枪六支,现款、食品以及其他杂货约一万五千余元。当时接得急报之涩谷部队立即追攻,该匪军接战二时半,结局将匪打退东北方矣。"(6月22日)

"哈尔滨电,倾据某军事机关情报,山田本部队下枝部队属中田部队、江防舰队陆战队协力,三日于木兰县南广利屯附近与赵尚志系'化民'及'一抹脸'合流有力匪五百名激战,由午后四时战十小时之久,匪贼死力抵抗,友军以猛烈之攻击,始将匪团击散。"(7月8日)

从上述报道中也可以看到赵尚志率领部队联合其他反日武装在木兰与敌人斗争的一些情况。当然,在敌方报道中,抗日部队总是被称作"匪",而又总是被掩盖了事实真相地说成是被击溃的。

赵尚志率部在东兴、木兰一带开展的抗日游击活动引起敌人的极大注意。日伪当局派出大批兵力开展"讨伐",妄图消灭这支抗日部队。抗联老战士鈤景芳同志回忆:一天,赵尚志军长召集连以上干部在蒙古山上临时指挥部召开军事会议,突然侦察员前来报告:"敌人把我们包围了!"赵军长听完侦察员报告后,斩钉截铁地命令:"情况紧急,一连担任阻击,掩护部队从背面突围!"根据赵尚志的部署,一连连长韩玉书立即调集队伍,指挥全队战士迅速占据蒙古山制高点。一连战士居高临下,阻击敌人,枪枪见血,把敌人打的焦头烂额。敌人组织四次进攻,都接连被英勇的战士们打退。在一连战士与日军激战的同时,赵尚志军长率领大部队向伪军阵地猛冲,战士们一边冲一边喊:"伪军弟兄们,我们是赵尚志的部队,不想死的快让开!"这群伪军是被强迫当兵的受苦人,本来就不愿意替日军打仗。一听是赵尚志的部队,便各部让开。在赵尚志军长沉着地指挥下,大部队无一伤亡地冲出包围,安全转移了。①

敌人为消灭赵尚志的部队,捕捉赵尚志,无所不用其极。从1936年9月伪中央警务统制委员会制定的《匪首名簿》中看到,赵尚志是作为时刻捕捉枪杀的重要"匪首"被记载着的:

"匪首名:赵尚志。

本名、年龄:赵尚志,三十六岁。

盘踞地、根据地:东兴、木兰一带。

匪首及家族原籍住所:热河省凌涿县。

身貌特征:身长五尺四寸,脸色黑,长形,光头,没胡须,眼睛右小左大、左眼是假眼。左颊有铜钱般大小的伤痕。经常穿土黄色上衣、长筒靴。

派络系统:共匪。一、黄埔军官学校卒业(此前为哈尔滨工业大学卒业)。二、曾与宾县保卫团书记孙朝阳团长一起通匪。三、曾任孙朝阳部参谋长,后任东北人民革命军第三军军长。四、与苏联秘密联络。

部下匪数:二百五十人。

装备:迫击炮一、重机枪二、轻机枪四、步枪二百、手枪八十。"②

以上对赵尚志的介绍说明,在年龄、籍贯、经历方面虽然有不确之处,但对其活动地域和体形外貌特征介绍得较为具体详细,特别说明"左颊有铜钱般大小的伤痕",其用意是十分明显的。就是供各"讨伐队"、伪警察、特务捕捉、枪杀赵尚志作参考的。

1936年夏季,赵尚志指挥所率远征部队依托木兰蒙古山,利用青纱帐起的有利时机,西向巴彦,北向东兴、庆城、铁力,东向通河,积极开展游击活动,大小数十战,攻袭日伪据点,缴取敌伪武装,摧毁敌人建立的"集团部落",破坏其内部统治,摧毁保甲制度,拆除铁丝网,烧毁炮台、兵营等,使日军伤亡百余人,前后共缴七八十支枪。开辟了巴彦、木兰、东兴、通河、庆城、铁力新的游击区域。其斗争使民众受到鼓舞。这期间,赵尚志派第三军执法处处长李洪生带队去进攻巴兰河的敌人据点曹家屯。李洪生听错命令,进攻了阎家屯,把许多朝鲜族农民房屋烧毁,误杀一二十人,致使群众异常恐怖,要搬离此地。赵尚志得知此情况后,当即赶到现场了解实情,安慰群众,对受害者进行赔偿,劝群众不要搬走,并宣布李洪生罪状,将其处决。经过耐心工作,消除了不良影响。③抗联第三军的英勇斗争和公正的惩罚使活动在这一地区的义勇军、山林队看到第三军是真正的人民的抗日军队,进而增强了抗日救国信心,并紧

---

① 《鈤景芳访问录》(1982年12月30日)。
② 日伪档案14全宗1目183卷,藏黑龙江省档案馆。
③ 朱新阳:《关于北满一切工作经过报告》(1936年),载《文件汇集》甲23,第44页。

密团结在第三军周围。当时四十余股义勇军、山林队约千余名主动表示接受反日联军总司令部指挥,其中不少队伍如"于九江""东来"等接受了第三军的收编,成为党领导下的抗日队伍。因此,第三军队伍又有新的发展。1936年夏末,继已组建的四个师后,又成立了第五、六、七、八师。

抗联第三军第五师在萝北观都金矿将没收敌人的面粉分给工人、居民的情形

第五师,是在原第五团基础上建立的。师长王德富(后为景永安),政治部主任蔡近葵。第五师除一部分随赵尚志所率三军司令部活动外,另一部分在汤原、通河、萝北、桦川、佛山(今嘉荫)一带开展游击活动。不幸的是在桦川地界活动的第五师第十团,因指挥员轻敌,在与第六军一部一起活动时遭敌攻击,受到很大损失。在赵尚志率部西征时,该部曾与第一师和第三、六军留守部队在汤原活动,有力地牵制了敌人,配合了司令部直属部队的远征。第五师内部设有党组织,各级干部能力强,故有相当强的战斗力,部队发展很快。

第六师,在原第六团基础上改建而成。第六师的建立经过一段艰苦的过程。赵尚志率第三军司令部直属部队西征由铁力回返至东兴活动时,曾派第六团政治部主任祁占海率第六团一部留守木兰蒙古山。因叛徒出卖,部队被敌人包围遭到很大损失。以后祁占海召集义勇军首领会议,宣传党的抗日民族统一战线政策,使之深信不疑,并在义勇军李化民部帮助下收编当地其他义勇军、山林队,使部队得以恢复。该部曾在木兰广利东袭击日本江防陆战队,击毙日伪江上军三十余人,缴获机枪二挺,迫击炮二门。从此第六团威名大震。同年夏末秋初,赵尚志派张寿篯巡视巴(彦)木(兰)东(兴),将第六团改编为第六师。师长张光迪,政治部主任兰志渊,后为孟广才。第六师内部有党的组织,有较强的战斗力,群众关系好。该师活动在巴彦、木兰、东兴一带。1936年队伍发展很快。

第七师,是在木兰收编"九江"队基础上建立起来的。"九江"队是一支土匪队。这支部队与第三军的关系几起几落。"九江"队曾与哈东支队联合作战,以后与哈东支队发生冲突,拟投靠日本侵略者,盘踞在木兰一带。1936年夏,随着赵尚志在巴、木、东地区的英勇活动,以及第六师的建立,改变了木兰一带的抗日斗争形势,各反日义勇军都团结在第三军周围,使"九江"队受到孤立。在大势所趋的形势下,"九江"说:"别的队伍都服从三军的领导了,我自己还反对做什么!"于是又倒戈反日。以后,在赵尚志的努力下,双方表示言归于好。赵尚志采取与"九江"结拜兄弟的方式,团结争取了这支部队。随之"九江"接受了第三军收编,建为第七师。第七师成立时,发表了成立宣言,宣言中称,"今者抗日联军第三军西来,与赵司令尚志会见之下,详谈衷怀,细审经验,知抗日大业之完成,非彻底团结一致与改造队伍,绝不为功。因而立将所部取消原有名义,交赵军长予以点编。"第七师共四百余人。"九江"(于海云)任师长,以后第三军司令部派张德任政治部主任。第七师活动在木兰、东兴一带。

第八师,亦是收编队,师长考凤林。该师主要活动在巴彦、东兴、木兰一带。在1935年秋反"讨伐"斗争中,第三军在道南地区缴了"压东洋",曾吓跑考凤林。考部对第三军抱有成见,敬而远之。以后,赵尚志总结了缴"压东洋"的教训,认真贯彻反日统一战线政策,改正对一些义勇军要求过高的"左"的做法,进一步争取、团结了更多的义勇军、山林队共同抗日。当时,考凤林驻守一面坡北沟,因经济利益关系,与"傻子""仁义"山林队发生矛盾。"仁义"企图拉拢第三军第三师攻打考凤林,而第三军第三师没有那样做。相反劝阻"仁义",不要攻打考凤林,应枪口一致对外,为双方做了许多说服工作,使"仁义"与考凤林之间避免了一场严重冲突。此事教育了考凤林,他转变了对第三军的看法,增强了对第三军的好感,表示愿意继续与第三军合作抗日。1936年夏,在巴、木、东一带活动的考凤林接受了第三军司令部的收编,该部被编为第八师。

自1936年春,赵尚志率部西征至8月建成巴木东后方根据地,在短短的几个月时间里,于巴彦、木兰、东兴及通河、庆城、铁力一带积极活动,不断向敌人突击,破坏了新归大屯"集团部落"的内部统治,缴了伪保甲、大排、警察署的械,烧毁了许多敌人兵营、炮台,战果累累。对此,赵尚志亦感欣慰,他在8月13日致第三军第四师师长郝贵林、政治部主任金策信中说:"司令部西征巴、木、东、庆、铁各县,深入日'满'统治区内,到处得到民众之拥护,'满'军之同情,与义勇军方面九江、东来以下各队约千余名,炮一门,重机一挺,轻机五挺,均给收容编制。在日寇大举进攻中,大小数十战,与敌人以极大损害。我军仅伤亡三二名。日军从通河以西的战争中伤亡约百余名。前后共缴取七八十支枪,建立了新游击区。海、绥义勇军均由留守处收编,新成立之第六师在该区活动。抗联三军之一、二、三、五、六各师均由基本队直接领导之,每师有五个团至八个团之数量。七、八两师则为九江及考凤林。五、六两师悉数在江北活动。"①由于西征的胜利,巴彦、木兰、东兴及通河、庆城、铁力抗日游击区的开辟,使松花江北岸抗日部队的游击活动与松花江南岸第二、三师的反日斗争相配合呼应,广大抗日军民深受鼓舞,有力地推动了松花江下游地区反日斗争的开展,进而在北满大地很快地出现了新的武装抗日斗争的形势。

---

① 《东北抗日联军第三军司令部给第四师的指令》(1936年),载《文件汇集》甲47,第102页。

二、建立抗联第三军

1936年8月1日，赵尚志将在抗日游击战争中不断发展壮大的东北人民革命军第三军正式改编为东北抗日联军第三军。

抗联第三军的建立是在扩大武装统一战线和不断取得军事胜利的基础上进行的。巴黎《救国时报》载文说，这时第三军已接得中共中央的《八一宣言》（廿四年八月一日为抗日救国告全体同胞书），全军将士曾热烈讨论，一致拥护，并根据这个宣言检查了自己已往的工作，他们深深觉得过去的抗日救国工作中，虽有了初步成绩，但仍带有狭隘的关门主义，不能使反日民族统一战线更广泛地发展。为了改正这个错误，乃于民国二十五年春夏之交，游击于巴、木、东、庆、铁各县，曾于木兰一带，截断松花江航运，击毙日寇江防舰队倭贼五十余名，夺得机关枪两架，迫击炮一门，且与于海云部重新团结。巴木一带反日游击运动大兴，新起之反日部队如雨后春笋。第三军迅速发展，队伍遂扩大编制，乃于同年八月一号，正式取消原有东北人民革命军第三军之名，改称东北抗日联军第三军。

党领导的东北人民革命军和参加抗日统一战线的反日武装改编为东北抗日联军的根据是中共中央1935年8月1日签署发表的《为抗日救国告全体同胞书》即《八一宣言》精神和1936年2月发表的《东北抗日联军统一军队建制宣言》。

在《八一宣言》中，党中央号召为冲破日寇蒋贼的万重压迫，抗日救国，收复失地，组织全中国统一的国防政府。红军、东北人民革命军及各种反日义勇军一块组织全中国统一的抗日联军，并指出"抗日联军应由一切愿意抗日的部队合组而成"。《八一宣言》的这一倡议首先得到了东北人民革命军等部队的响应。自1935年冬，东北党的组织及其所领导的抗日部队，收到《八一宣言》后都在为积极筹备成立东北抗日联军而努力。1936年1月，由赵尚志在汤原组织召集的东北民众反日联军军政联席扩大会议及此会议上成立的东北民众反日联军总司令部，为活动在北满地区的东北人民革命军第三、六军、抗日同盟军第四军及民众军、自卫军改编为东北抗日联军起到推动作用。

1936年2月20日，《东北抗日联军统一军队建制宣言》发表。这是中共驻共产国际代表团以东北人民革命军第一、二、三军，东北抗日同盟军第四军，东北反日联合军第五军等领导人杨靖宇、王德泰、赵尚志、李延禄、周保中等名义发表的。该宣言推进了东北人民抗日武装向统一、巩固的方向发展。宣言指出，根据全国救国运动的发展，为使抗日军队组织越加巩固，统一抗日军队行动，就要改组抗日军队的建制，统一名称。为此，东北人民革命军第一、二、三各军，反日联合第四、五、六军，各反日游击队一律改组军队建制为东北抗日联军第一、二、三、四、五、六军以及抗日联军××游击队。该宣言还宣布，东北抗日联军随时准备参加全国统一的抗日联军。

《东北抗日联军统一军队建制宣言》发表后，至1936年秋，原东北人民革命军各军包括抗日同盟军第四军、反日联合军第五军等相继改编为东北抗日联军第一、二、三、四、五、六军。抗联第一军军长杨靖宇、第二军军长王德泰、第三军军长赵尚志、第四军军长李延禄、第五军军长周保中、第六军军长夏云杰。同时，东北民众反日联军总司令部（赵尚志任总司令）也改为东北抗日联军总司令部。以后，又以抗联第四军第二师为基础，编成抗联第七军，军长陈荣久；谢文东领导的民众军编为抗联第八军；李华堂领导的自卫军支队编为抗联第九军；汪雅臣领导的救国义勇军编为抗联第十军；祁致中领导的方依游击团（"明山"队）编为抗联独立师，1937年10月又编为抗联第十一军。

在抗联各军成立过程中，活动在北满地区的几支抗日部队，包括汤原游击队在内，特别是谢、李、汪、祁所率队伍都曾得到赵尚志及所率第三军部队的大力帮助，为其发展成为抗日联军奠定了基础。谢文东所率民众军，于1935年冬季敌人"大讨伐"时遭到严重损失，曾呈现穷途日暮景象。当时谢本人完全仰仗于第三军，并几次宣布将所部编归第三军。但赵尚志未同意，而是帮助其维护经济，发展武装，训练干部，使其能独立活动。以后谢文东在第三军支持下回到依东故地，收编近千人山林队、义勇军，使部队迅速发展，为该部队编为抗联第八军创造了条件。

李华堂所率自卫军，其人数不如谢部多，军部下辖两个师约三百余人。李思想意识复杂，抗日信心几度发生动摇。为帮助、巩固、发展该部，赵尚志从所率第三军中派出一些干部加强队内政治工作，在该部发展有十余名党员，还派第三军第一师政治部主任李熙山到李部工作，后任该军部政治部主任。李部即为抗联第九军之基础。

汪雅臣（"双龙"）所率部队，如前所述经常与第三军第三团在五常、双城等地活动。1935年春，该部要求编入第三军。当时，珠河中心县委主张，维持其独立活动系统，将该部编为东北人民革命军第八军，赵尚志派侯启刚同志任军政治部主任。侯在第八军中提出取消"红钱"，引起军内中层头目的反对。侯难以在军中立足，返回珠河。但该部与珠河中心县委和第三军联系未断，第三军第三团经常予以经济、物资的援助。以后因谢文东部编为第八军，该部取消第八军番号，成为抗联第十军基础。

祁致中（"明山"）所率部队，自与第三军接触后，即钦羡第三军军纪严整，战斗力强，与群众关系好。祁部与第三军联合攻打方正县城后，更决心学习第三军，曾被第三军编为方依游击团。为加强该部政治领导，赵尚志曾以反日联军总司令部名义，由第六军派金正国同志去该部担负政治工作。同时派去由联军政治军事学校毕业的学生多名在该部工作，使其成为下江地区有力部队之一。该部曾由中共勃利县委授以抗联独立师名义，此即抗联第十一军基础。

抗联第一至十一军的编成是东北抗日武装斗争，乃至全国抗日战争中的大事。东北抗日联军是中国共产党创建和领导的东北各族人民的抗日武装，是中国人民抗日军队的重要组成部分。抗日联军有明确的政治纲领，赵尚志曾撰文概括为"大要有八：一、驱逐日本帝国主义陆、海、空军于东北以外；二、没收日货和日本走狗的财产作军费，并分给抗日民众和抗日战士家属；三、没收日本帝国主义的企业、银行等，归为民众所有；四、民众自动武装起来，打倒日本帝国主义卵翼下的伪满政府——建立人民抗日政府；五、抗日军保护民众利益，民众帮助抗日军作战；六、与一切抗日队伍联合起来，订立作战协定；七、抗日武装战士，成立反日士兵委员会,有选举、监督和撤换军事领袖的权限;八、联合各国抗日民众团体,成立友谊联盟。"赵尚志说:"他们的行动有了这个纲领,就向着标准前进,而成为有组织的抗日政团。"①东北抗日联军的建立进一步扩大了抗日武装,推动了东北抗日游击战争的发展。它表明,东北人民的抗日武装在中国共产党的领导下,得到了统一、巩固和加强,同时也说明了中国共产党的全民族抗日统一战线政策的正确和无比的威力。东北抗日联军十一个军相继建立阶段,即1936年初至1937年末是东北人民武装抗日斗争发展的高峰阶段。在此期间,抗联各部英勇奋战,一面大量歼敌,一面积极发展自身力量。在抗联发展鼎盛时期,十一个军达三万余人,活动区域遍及东满、南满、北满、吉东七十余县。

1936年8月1日,正是《八一宣言》发表一周年,东北抗日联军第三军宣布改编成立。当时,赵尚志签署了《东北人民革命军第三军改编为抗日联军第三军通告》,其全文如下:

"为通告事,照得本军自民国二十三年春季以来,即在不断战胜强敌下,自身之扩大与千百万反日同胞拥护中,组织东北人民革命军第三军。幸赖将士用命,努力杀敌,各界臂助,奔走有方,两年来不独扩展数倍之反日行动区域,取得更多同胞信仰,尤其汇合无数抗日友军,打破日寇之各个击破诡计,领导许多作战部队,致使强敌首尾自顾无暇,此固本军足以自慰者。但仰瞻抗日前途,尚须筹谋多方,尤其团结一切抗日部队为统一无间之整体,实为当前急务之急。因此,本军决定于八月一日起,在全体战斗员自动提议下,将原东北人民革命军第三军改编为东北抗日联军第三军。改编各队,联络各军,无他,消灭此疆彼界,各树一帜,尔东我西,各行所志;以发扬与光大我抗日之旗帜,以团结与巩固我反日伪之武装而已。行动在即,整顿需时,尚希我弟兄军与各地抗日友军,全体同胞,大展鸿猷,不吝赐教,国家幸甚!我军幸甚!

东北抗日联军第三军军长赵尚志及全体指挥员战斗员同启
大中华民国二十五年 月 日"②

这一通告,可谓是一篇战斗的檄文和宣言。它不仅概述了第三军在以往斗争中取得的足以使人感到欣慰的胜利,而且指出了反抗日本法西斯战争中的当务之急,即团结一切抗日部队为统一无间的整体,以及改编统一部队的必要性。通告清楚说明,改编各队、联络各军,没有别的目的,只是为了"消灭此疆彼界,各树一帜,尔东我西,各行所志,以发扬与光大我抗日之旗帜,以团结与巩固我反日伪之武装而已"。因为只有这样,才能彻底打破日本侵略者对抗日部队各个击破的诡计,最后消灭日本侵略者。

抗日联军第三军编成之后,赵尚志指示第三军部队要进一步扩大抗日统一战线,在实际工作中要认真解决一些部队与抗日义勇军关系紧张的问题。他指出,一些反日义勇军被我们收编之后,可能用我们的名义在群众中任意掠夺、绑架。假定我军不能调解这种复杂关系,不是过早破坏统一战线,就是脱离反日义勇军和广大群众。敌人可能抓着这个问题,去进行破坏的工作。因此,我们应经常在反日义勇军中给他们以政治教育,告诉他们,反日部队不能掠

---

① 赵尚志:《东北义勇军与其战略》,载《新时代》1937年第4期。
② 载巴黎《救国时报》(1937年5月23日)。

夺百姓,脱离广大群众就是孤立我们自己。在军事上要给义勇军以帮助,领导他们去攻打小街市、日本"开拓团"、单独的某一走狗、最坏的"模范大屯",号召群众支持他们抗日。使群众明白,当前最大的敌人是日本侵略者,抗日救国是每一个中国人的责任。义勇军如何不好,总比日本好。应以"兄弟阋于墙,外御其侮"的真诚觉悟一致对外。①根据赵尚志的指示,第三军各部在抗日统一战线的旗帜下,进一步调整与反日义勇军的关系,一些反日义勇军继续加入第三军队伍,第三军部队又有新的发展。在第三军以前所有的八个师建制之后,又编成了第九、十两个师。

第九师,师长王德富(后为李振远),政治部主任雷炎,该师注重军事训练,有较强战斗力。活动于东兴、庆城(庆安)、铁力等县。

第十师,师长高士魁。活动于依兰、勃利、桦川、萝北、富锦等县。该师建立较晚,是1937年10月建立的。

由于党的抗日民族统一战线政策的无比正确及赵尚志军事指挥的才能,其所领导的抗日部队在对敌斗争中即以武装力量打击日本侵略者和伪满军队的战斗中,迅速发展壮大。在短短的三年多的时间里,由最初脱离"朝阳队"的七个人经珠河反日游击队、哈东支队、人民革命军第三军、抗日联军第三军等几个阶段发展到十个师,共计六千余人,其中党直接领导的基本队伍一千五百余人,收编的队伍四千五百余人。司令部也更加健全,下设秘书处、副官处、执法处、经济处和稽查处。司令部直接领导政治保安师和少年连。第三军队伍突飞猛进的发展,也促使其游击活动区域逐渐扩大。在北满松花江两岸、小兴安岭山麓四十余县广阔区域到处都有抗联第三军活动的踪迹。

对于第三军的迅猛发展,中共驻共产国际代表团成员杨松(吴平)曾在巴黎《救国时报》发表署名文章《东北抗日义勇军之发展与现状》中记载说:"在赵尚志指挥下,第三军发展异常迅速。屡次打败日伪军,尤以三次围困宾县城,攻克五常堡,陷落方正城,计取二道河子等战役为著名。自哈尔滨东沿中东铁路,沿松花江两岸,直至沿牡丹江两岸,所向无敌,当者披靡,日伪闻之发抖,百姓听到开心。莫不异口同声赞誉赵司令英勇爱民。日寇故意散播空气,说赵尚志是共产党员,想藉此以进行挑拨、恐吓。百姓听到说:'原来赵尚志是共产党,难怪他这样坚决打日本子,有武艺,名誉好。东三省多出几个共产党就不怕日本子了。'于此可见,东三省老百姓认定赵尚志是个真正抗日的民族英雄,认识了共产党是真正彻底抗日救国的政党。"②

随着抗日游击战争的发展,抗日部队迅速扩大,在这种情况下,努力提高部队的政治、军事素质就成为一个较大的问题。赵尚志曾说:"从三五个人滚成一支万人的大军,在东北义勇军里并不算件惊奇的事。然而,聚结后能保持无论在人数上、在作战能力上、在政治意义上都能经久不变或者还有长足的进步与发展,只有在组织抗日联军之后才可以看到这种情形。"

---

① 赵尚志(三军司令部):《给三军六师政治主任及全体同志指示信》(1936年),存中共黑龙江省委党史研究室资料室。

② 杨松:《东北抗日义勇军之发展与现状》,载巴黎《救国时报》1936年9月18日。

那么,怎样才能使部队有长足的进步呢?赵尚志提出在部队具有一定数量之后,即应以积极态度着手实现由量向质的转换。由量向质转换,这是赵尚志治军的一个重要思想。所谓质就是部队的政治素质和战斗力。这是党领导的抗日武装在数量上得到相当发展之后,能否成为其他反日部队所向往的核心骨干力量的一个首要问题。从建立珠河游击队时起,在努力发展武装数量的同时,不断提高部队的政治素质和战斗力,一直是赵尚志所追寻的目标。1936年5月,赵尚志写信致第三军第四师师长郝贵林、政治部主任金策说"部队应注意武装力量的发展,当扩大基本力量之际,须求由量向质的转换"。

为提高部队的政治素质、战斗力,赵尚志特别强调"人心"问题。他说:"我们没有新式武器装备,要想在武器装备不如人家的情况下,能打胜仗,重要的是人。你有天好的武器,若不好好去打仗,也不白搭吗?关键是要有正义之心的人。所谓心就是意识,正义之心是要对抗日救国有明确的认识。"因此,他要求每一个参加抗日联军的人都要懂得抗日到底是怎么一回事,日本人有什么企图,东北人民的命运将是怎样的,你为什么要抗日?抗日联军与群众是什么关系?进而使每一个参加抗日联军的人不是仅凭热情来参加抗日,而是从心里真正明白抗日救国的道理,自觉地去抗日,自觉遵守、维护群众纪律。为树立正义之心,他要求凡入队参加抗联的人都要接受抗日救国的思想教育,基层连队和各级干部都要担负教育战士的责任,使之明确抗日救国的基本道路,树立正确的抗日第一的思想意识、观念。

为提高部队的政治素质、战斗力,赵尚志除在对战士进行抗日救国教育方面提出明确要求外,还特别重视对师团级领导干部的配备。在使用干部中,他十分注意用其所长,行其所能。即能够按照干部的长处加以使用,根据干部的能力赋予适当的任务。他总是把政治上坚强、斗争经验丰富的干部安排在各师团重要领导岗位上,这样就使部队实现由量向质的转换有了可靠的保障。随着抗日联军第三军的组成,队内收编成分增大,赵尚志强调要不断采取措施加速对这些收编队伍的改造。1936年9月7日,他写信给第三军第三师师长李熙山说"对义勇军应进行政治及军事之指导,变更其山头"。又说,"政治工作不仅对于军队,对主要城市、乡村及满军内部也更须注意。"为加强收编队的政治工作,赵尚志主张向收编部队派进一些干部从事政治工作。如从苏联学习归来,曾任联军政军学校教官的张德就被派到第七师(原"九江"部)任政治部主任工作。联军政军学校毕业的一些学员也有一大部被分配到各师团从事政治工作。

为提高部队的政治素质和战斗力,赵尚志还十分注意强调加强部队中汉族干部、战士与朝鲜族及其他民族干部、战士的团结。他认为这是提高部队政治素质和战斗力至关重要的一环。由于第三军长期活动在有相当多数量的朝鲜族同胞居住的松花江地区,有许多不甘忍受日本侵略者奴役的朝鲜族青年参加到部队中来。在开展反日武装斗争中,赵尚志常说加强民族团结,是贯彻全民族抗日统一战线的重要方面,是打败日本侵略者的重要保证。当时,日本侵略者为强化殖民统治,破坏党的全民族抗日统一战线,不断进行反动宣传,实施民族分裂政策,制造民族隔阂。其所宣扬的"五族协和",把根本不属于东北民族的日本人列为五族之首,把朝鲜族置于仅次于日本人的第二位,依次为蒙古族、满族、汉族。其所推行的"皇民化"

政策,以所谓"内鲜一体"(即居住于日本列岛的"内地人"与朝鲜半岛的朝鲜人是"同根同祖")为名,说日本人和朝鲜人都是大日本帝国的"臣民"。对此,赵尚志教育干部、战士不要受日本人的欺骗,不要上日本人的当。日本侵略者之所以要这样做,是为了破坏中华民族内部的团结,是"以华制华"。日本侵略者把朝鲜族置于汉族之上,并不是高看朝鲜族一眼,而是妄图驱使朝鲜族同胞充当日本帝国主义推行其殖民政策的帮凶。

为了加强部队中汉族和朝鲜族及其他民族干部、战士的团结,赵尚志要求无论是汉族干部、战士还是朝鲜族及其他民族干部、战士都要互相尊重,特别是汉族干部、战士要特别尊重朝鲜族等少数民族的风俗习惯,对待朝鲜等少数民族干部、战士就要像对自己的亲兄弟一样。为此,1937年7月,赵尚志亲自作红媒,促成满族战士于保合与朝鲜族女战士李在德结成夫妻,并为之主持婚礼,一时成为民族团结的佳话。他还曾把从汤原森林警察队出来的鄂伦春族战士元宝安排自己身边作警卫员。赵尚志认为,汉族、朝鲜族、满族、鄂伦春族等都是中华民族大家庭的成员,是一家人,要团结起来。在争取民族解放斗争中,汉族离不开少数民族;少数民族也离不开汉族。只有各民族紧密团结一致、努力奋斗,结成牢固的全民族统一战线,才能取得抗战最终的胜利。

在创建、发展抗日武装的过程中,赵尚志团结、重用了许多朝鲜族同志,如金策、李福林、李熙山、李根植、李启东、姜熙善、朴吾德、马宏力、李泰、朴吉松等。赵尚志永远忘不了1933年10月从"朝阳队"拉出来的七人中,除他和王德全同志外,都是朝鲜族同志。正是这些同志为珠河反日游击队的诞生、成长奠定了坚实的基础。他永远忘不了1934年7月哈东支队经济部长李启东同志牺牲时的情形。当时,特务周光亚受哈尔滨日伪当局指派,专为刺杀赵尚志而来,但未得手,却将李启东杀害。赵尚志知道,这在某种程度上可以说,李启东是替他而牺牲的。他永远忘不了在1934年夏三岔河突围战斗中牺牲的李根植同志。是李根植一人用机枪射杀许多敌人,用自己的生命为代价,压住了敌人的火力,为全体战士赢得了突围的时机。(为了纪念这位英雄,在1940年,赵尚志为他的战友于保合与李在德夫妇生的第一个男孩取名叫于植根。赵尚志说,让我们的后代也永远不忘这位朝鲜族抗日英雄。)

在从事抗日武装斗争中,赵尚志深知朝鲜族同志秉性质朴、实在,斗争勇敢,富于吃苦耐劳精神,也知道他们有自己深受日本帝国主义侵略、压迫的民族血泪史。因此,他格外器重、关怀、信任他们。在赵尚志的倡导下,部队中汉族干部、战士与朝鲜族干部、战士都能像兄弟般的和睦相处,毫无民族隔阂界限。在1934、1935年,有的地区开展反民生团斗争造成严重扩大化,伤害了不少朝鲜族同志,但在第三军就没发生这种情况。

为提高部队政治素质,对广大指战员进行有效的思想政治教育,赵尚志采取许多办法。其中之一是把在各种节日、纪念日开展生动活泼,富有意义的活动作为一个重要手段。当时,第三军确定有十个主要节日、纪念日:

1.元旦节(1月1日)。2.第三军成立纪念日(1月28日,即东北人民革命军第三军成立日)。3.春节(农历正月初一)。4.国际劳动节(5月1日)。5.上海惨案纪念日(5月30日)。6.端午节(农历五月初五)。7.先烈纪念日(8月1日,同国际反战纪念日)。8.中秋节(农历八月十五日)。9.东北事变纪念日(9月18日)。10.第三军诞生纪念日(10月4日,即赵尚志等七人脱离孙朝阳的部队前往珠河,组建游击队之日)。

每逢这些节日、纪念日,在无特殊军事行动时,都要根据不同情况、分别采取团拜式、纪念会、联欢会等多种形式进行抗日和救国演说,或报告该纪念日的意义,或表演歌舞等,对干部、战士进行思想政治教育。值得提出的是,有些民俗节日,赵尚志还为之赋予了新的寓意,如端午节代为反封建纪念日,中秋节代为民族战争纪念日。他常提示干部要利用这些节日、纪念日开展的活动、激励战士的抗日救国热情,坚定其抗日反满到底的决心。

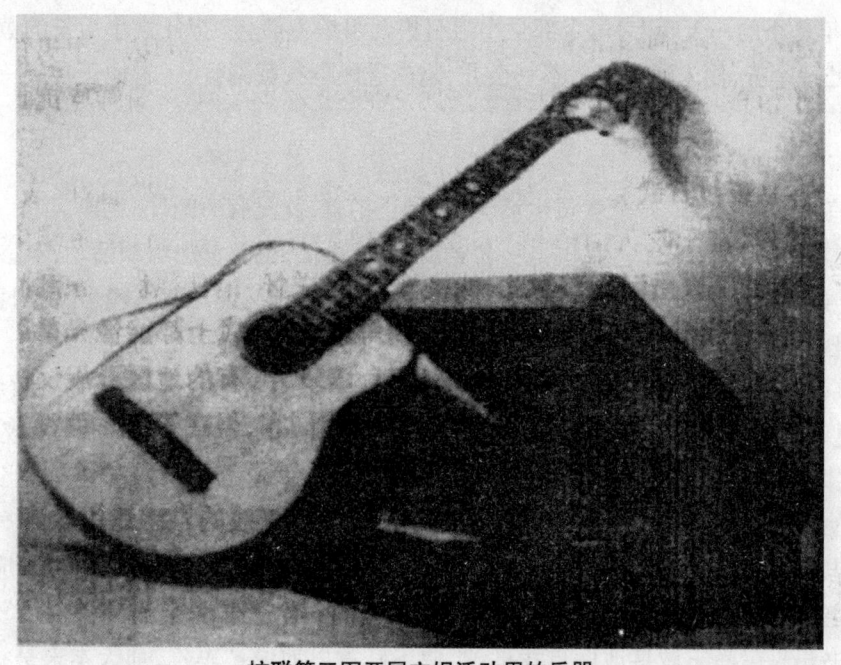

抗联第三军开展文娱活动用的乐器

在赵尚志的倡导和严格要求下,第三军司令部直属部队(政治保安师、少年连)及第一、二、三、四、五、六、九师部队都十分注重思想政治教育工作,注重政治素质和战斗力的提高。这些抗联部队随着政治工作和党的建设工作的加强,政治素质和战斗力不断提高,在反日游击战争中堪称抗日武装的骨干与核心力量。

赵尚志为加强部队正规化建设,还于1936年末设想第三军部队实行"官兵等级制",并制定出草案。该草案规定军事指挥员、政治工作人员分三等:将、校、尉。九级:上将、中将、少将;上校、中校、少校;上尉、中尉、少尉,另附准尉。战斗员分二等:士、兵。六级:上士、中士、下士、上等兵、一等兵、二等兵。同时对各等级"薪俸""阵亡恤金"作出了规定。但由于斗争环境、条件限制,这一草案未能实行。尽管如此,从中可以看出赵尚志的正规化建军思想和对整制建军是有长远打算的。

过去,在人民革命军第三军时期,部队内部设有反日会和士兵委员会组织。根据1936年

6月10日颁布的《抗日联军党委通告——军队中的各种组织》的规定,联军内部不再设立反日会和士兵委员会组织,而加强了党的领导和组织系统。军设军党委,在军政治部主任主持下开展党的工作(第三军在省委派来的军政治部主任张敬山牺牲后,此职一度空缺)。师设党委会、团设特支、连设支部。支部是基层组织的核心。支部下设党小组。党小组长,党支部书记都采取民主制选举产生。

赵尚志很重视部队党的组织建设和生活。他不仅经常教育政治工作干部认真检查指导部队党的组织生活,而且他自己更是带头参加。

1936年夏季的一天晚上,司令部党小组召集开组织生活会。担任党小组长的黄副官见赵尚志忙于处理军务,便未通知他。不一会儿,赵尚志因事找黄副官,一看他正在主持召开党小组会,便问:

"怎么没通知我呀?"

黄副官笑着说:"我们开个党员生活会,看你正忙着,就没有通知你。"

赵尚志说:"那就不对了。我也是一名党员,工作再忙,也要参加组织活动,不参加党的会议,离开了党的帮助,那还算什么共产党员呢?"接着,赵尚志又说,"我来晚了,后来者居上,先罚我发言吧。"于是,他瞅了瞅身旁的张秘书长,便做起自我批评来。

——原来,不久前部队在汤原过舒乐河,一股敌人向我军扑来。赵尚志一看敌众我寡,不宜硬打,便率领部队向附近的一个村子撤去。这时,张秘书长光着上身,穿个裤衩,"踢里趟郎"地跟在队伍后边跑,很不像个革命军人样子。赵尚志见到后,立刻火冒三丈,当着战士们的面就把他"连撸带损"地训斥了一顿,弄得张秘书长很下不来台。

赵尚志说:"前几天过舒乐河时,我批评张秘书长火气太大。'撒蠢'骂人,很不应该。我向张秘书长道歉,请张秘书长原谅。"

张秘书长见赵尚志诚恳地做自我批评,便不好意思地说:"军长,那天本来是我不对,一个抗联干部不该穿个裤衩子进村,对群众影响不好,我应该在小组会上作检讨。"

赵尚志见此,笑着说:"好啦,改了就行了,还检讨什么。今天主要是给我治治说话粗鲁这个毛病。"接着,他广泛地征求了大家的意见。

当时,许多同志都被赵尚志的虚心、诚恳、谦虚、认真的态度所感动。在那次会上,大家针对自己的缺点毛病都做了自我批评。参加那次会议的抗联老战士鈤景芳对赵尚志进行自我批评的情景仍久久记忆在心。

1936年夏秋之交,活动于松花江南北两岸的第三军部队都取得了可喜的成绩。战斗在江北巴彦、木兰、铁力一带的部队活跃异常,计缴获迫击炮两门,日军轻便炮一门、轻机枪六挺,步枪数百支及大批弹药。由于汤原根据地的开辟,小兴安岭山麓地区游击战争的开展,赵尚志估计到日伪在江南的主力部队将会渡江北上,向我军展开"讨伐",而江南敌人主力将会减少、敌情必然缓和。基于这种分析,他及时地对在江南活动的第一、二、三师部队的斗争作出部署:要求第一师必须保持住方正、延寿及牡丹江沿岸所控制的山脉地区;为加强江北我军力量,第一师第五团于结冻前来江北至庆城、铁力、海伦、绥棱与第九师共同活动;第二师经由通河山中来汤旺河谷另行分配任务,向通北、海伦、龙门三县进军;第三师主力于宾县、阿城、方正、延寿一带活动,乘江南敌情缓和和警备不充分的时机,于冬季准备破坏亚布力、楼山、威虎岭以南的敌人林业事务所,破坏敌人铁路、桥梁、袭击守备薄弱的街市。①赵尚志的这一重要部署是具有十分正确的预见性的。1936年秋冬的敌我斗争形势,与其估计的大致相同,此期间抗联第三军开展的抗日游击战争基本是按照这一部署进行的。1936年10月,赵尚志还主持制定了《东北抗日联军第三军暂时山林采伐条例草案》《东北抗日联军第三军暂行山林人民及居住条例草案》等,以巩固小兴安岭根据地。

抗联第三军成立后,赵尚志本着不断发展壮大抗日武装力量的精神,继续贯彻党的抗日民族统一战线政策,在发展抗联第三军的同时还大力帮助其他北满抗联部队发展实力,并继续坚持联合各种抗日武装实行共同抗日。这种状况得到广大抗日志士的赞许。当时《新华日报》发表署名文章说:"反日民族统一战线作得最成功,要算抗日联军了。杨靖宇、赵尚志诸抗日联军领袖是东北反日民族统一战线的发动者。由于他们不断地艰苦斗争,首先建立抗日联军。他们根据自己的斗争经验,认为统一战线不扩大起来,是不能完成历史任务的。他们以御侮团结、共同抗日的真理说服了各部义勇军、山林队、游击队。大家在不互相攻击、互相帮助条件下,结成统一战线。经过政治教育与实际的互相帮助,于是在军事政治上取得了空前的密切联合,抗日联军由六个军发展到十个军。同时,他们把反日的民族统一战线扩大到东北每一个角落,只要是抗日联军势力所达到的地方,就有统一战线的宣传与统一战线的组织。他们不但把统一战线作为宣传的口号,同时把它作为行动的口号。"②

对于东北抗日武装斗争的开展和取得的成就,毛泽东在1936年8月10日《致章陶邹沈四先生信》中给予了高度评价,他说:"我们东北抗日义勇军能够进行继续英勇的抗日斗争。敌人的报纸都承认东北义勇军已使敌人损失'十万以上的生命和几万万的金钱',并使日本帝国主义不能很快的侵入中国内地。虽然他们还未取得彻底的胜利,可是对于国家、民族已有了巨大的功劳与帮助。"③

杨松在1936年9月18日发表《东北抗日义勇军之发展与现状》记述第三军时说:"东北抗日联军第三军乃由前东北人民革命军第三军部队及其他抗日部队共同合组织而成。赵尚志为军长兼江省抗日联军总司令,李华堂为联军副司令。赵尚志热河朝阳人,是中国共产党党员,毕业于黄埔军官学校,参加过1925—1927年大革命。'九一八'事变后共产党先派他到江

---

① 赵尚志:《给第三军第三师师长李熙山同志的信》(1936年9月17日),存中共黑龙江省委党史研究室资料室。
② 雷丁:《铁一般的东北人民的英勇奋斗》,载《新华日报》(1938年8月11日)。
③ 毛泽东:《致章陶邹沈四先生信》(1936年8月10日),载巴黎《救国时报》1936年10月30日第4版。章陶邹沈四先生,即章乃器、陶行知、邹韬奋、沈钧儒。

省巴彦张平洋抗日部队内去工作,后到孙朝阳部队上去,参加抗日战争,为一普通的队员。孙朝阳因中了日寇奸计被擒,其队伍失去了领导,一时陷于四散。此时正是1933年夏秋的时候,当时赵尚志开始只带着七个队员组织抗日游击运动。此时,他与中国共产党珠河中心县委发生了联系,接受了抗日统一战线的指示,就与各抗日部队联合,并尽力联合地方的大排,共同抗日。不到一年,不仅将孙朝阳旧部重新团结起来了,并且联合了许多新的部队,更加扩大和发展了抗日的武装力量。乃于去年春正式成立为东北人民革命军第三军,后来接中共中央去年八一宣言,又联合其他部队,共同组织江省抗日联军总司令部,赵尚志又被推举为联军三军军长兼总司令。李华堂为副司令。三军游击区域甚为宽广,哈东和江北二十余县皆为其游击所到的地方。李华堂本为前自卫军之一营长,数年来抗日功绩显著。他与赵尚志司令亲密合作,并不因赵尚志是共产党员,而有什么丝毫的隔膜。"①

在东北抗日游击战争中,赵尚志看到在党的抗日民族统一战线政策下,抗联第三军及其他各军的发展,抗日游击区域的不断扩大,使他对抗日战争取得胜利,实现民族解放充满信心,极感欣慰。到1936年夏,他于1935年春制定的第三军编制计划大部已经实现。第三军的编制远远超过计划的三个师,达到十个师,各军事部门健全,建立了政治军事学校,部队人数也大大超过计划中的二千五百人至五千人,而发展至六千人。其活动范围覆盖松花江两岸,小兴安岭山麓北满各地。在中国共产党的领导下,东北大地遍燃抗日烈火,抗日联军发展到十个军、一个独立师,抗联部队的大发展,抗日运动如火如荼的大好形势,使他坚信中国人民的抗日游击战争必定要最终获得胜利,日本帝国主义发动的法西斯侵略战争终归要失败。因为抗日战争是正义之战,日本帝国主义的侵略战争是非正义之战。"多行不义,必自毙"。这是人类社会发展中一条不依人的意志为转移的客观规律。

在火热的对敌斗争中,赵尚志每当想到东北大好河山沦于敌手,千百万同胞陷于苦难深渊,即义愤满腔;当他看到数千抗日健儿以身许国,拼死疆场,又无不慷慨激昂。这种爱国忧民、恨敌灭寇的思想感情,使他在戎马倥偬之中也不时拿起笔来填词抒怀,以诗言志。他曾饱含悲愤之情,引用汉代伏波将军马援②"男儿要当死于边野,以马革裹尸还葬"的故事,以"黑水白山"为题,填写一首激荡着极其强烈的矢志抗日救国情感的《满江红》:

《黑水白山·调寄满江红》
黑水白山,
被凶残日寇强占。
我中华无辜男儿,
备受摧残。
血染山河尸遍野,
贫困流离怨载天。
想故国庄园无复见,
泪潸然。

---

① 杨松:《东北抗日义勇军之发展与现状》,载巴黎《救国时报》1936年9月18日。
② 马援(公元前14—49年),扶风茂陵人,字文渊。汉光武帝时任陇西太守,为伏波将军。曾说过"丈夫为志,穷当益坚,老当益壮。""男儿要当死于边野,以马革裹尸还葬耳。"后被人诬陷除爵,数年之后昭雪。

争自由,
誓抗战。
效马援,
裹尸还。
看拼斗疆场,
军威赫显。
冰天雪地矢壮志,
霜夜凄雨勇倍添。
待光复东北凯旋日,
慰轩辕。

三、召集"珠、汤联席会议"

于1936年9月18日召开的"珠、汤联席会议"是"珠河、汤原中心县委,第三、六军党委联席会议"的简称。这次会议是由赵尚志提议并召集的。

珠、汤联席会议是北满党组织的一次重要会议。这次会议产生了中共北满临时省委。此后,松花江两岸、小兴安岭山麓广大群众和抗日武装在北满临时省委领导下,坚持开展艰苦的对敌斗争,推进了北满地区抗日游击战争的发展。但也由于这次会议的召开,使赵尚志在以后被扣上所谓"左倾关门主义""反中央路线""反党分子"等大帽子。在党内,还围绕"路线问题",吉东和北满及北满党组织内部展开了激烈的争论。

珠、汤联席会议的召开是有着极为复杂的背景和原因的。

1934年10月,中共中央领导中央红军开始北上,进行长征。1935年2月,负责领导白区工作(包括中共满洲省委在内)的上海中央局遭到了破坏。此后,东北地区党组织与党中央就失掉了联系,而受中共驻共产国际代表团(简称中共代表团)领导。1935年上半年,中共满洲省委主要负责人先后被中共代表团调到莫斯科(说是"讨论满洲工作问题",实际是进行审查)。同年4月,满洲省委代理书记杨光华等在去莫斯科前,以省委名义起草了一个《临时通知》,要求"各地党团组织经常遵守中央的指示,努力把它适合各地的状况,勇敢的、独立的、有信心的、自主的进行工作。"[①]当时,中共珠河中心县委及赵尚志指挥的第三军正是按省委的这一通知精神独立自主地开展抗日武装斗争的。

1935年秋,在敌人开始"大讨伐"后,中共珠河中心县委、抗联第三军接到了由吉东特委转来的中共驻共产国际代表团王明、康生署名的《给吉东负责同志的秘密信(1935.6.3)》(以下简称《王康指示信》)。同年10月,在有赵尚志参加的中共珠河中心县委执委会议上,对《王康指示信》曾进行过讨论和贯彻。会议根据指示信中"不要固守根据地而牺牲实力"的精神,作出队伍主力向新区开展,开辟白区和城市工作的决定。11月,赵尚志率军部直属部队在牡丹江岸活动时,与第三军第一团领导人刘海涛、张寿篯和第四团领导人金策、郝

[①]《中共满洲省委临时通知》(1935年4月5日),存中共黑龙江省委党史研究室资料室。

贯林在勃利县青山里召开会议,按珠河中心县委执委会议精神,对《王康指示信》进一步进行了贯彻。(金策曾说:"1935年秋,军部在牡丹江沿活动时,尚志同志对王康指示信没有什么不接受的表示,而根据王康指示信以推进工作。勃利县西青山里会议重要决议就是完全依照王康指示信的结果。"①)

1936年初及同年6月,中共珠河中心县委和第三军司令部又接连收到吉东特委《给珠河中心县委及三军负责同志信(1935.11.26)》(以下简称《吉特信》)②、中央驻东北代表《给珠河党团县委及三军负责同志信(1936.3.12)》(以下简称《中代信》)。③这两封信是《王康指示信》的补充指示信件。这些信件的内容都涉及东北抗日游击运动的总策略和具体政策问题。

《王康指示信》是在共产国际准备召开"七大"期间写成的。其基本精神反映了共产国际关于建立广泛的反法西斯统一战线的策略思想。信中肯定了三年来东北抗日游击战争取得的成绩。在分析东北的形势说,我们应该清楚地估计到目前的状况不是最后决定胜负的时期,而是准备群众的时期,准备争取最后胜利条件的时期。信中指出了党在东北的工作"首先是扩大游击运动与联合一切反日武装力量共同抗日","要实行全民的反日统一战线",强调"要打破各地的关门主义,吸收一切愿意参加武装反日的分子来扩大游击队的组织",纠正把上层统一战线与下层统一战线相对立的错误观点,强调要以我们自己队伍为中心,"要巩固扩大建立抗日联军(或救国同盟军)总司令部一类的组织","普遍的与各种反日武装队伍建立下层与上层统一战线,团结一切反日武装共同抗日。"这些内容与后来的《八一宣言》的基本精神是一致的。《吉特信》重申在东北建立全民反日统一战线的必要性和可能性,强调目前东北的反日统一战线,不仅包括工人阶级、农民阶级、小资产阶级,还要包括民族资产阶级和一部分地主。信中提出在城市、农村等怎样建立统一战线的具体政策。要求对敌人的保甲制度及自卫团的政策必须转变。《中代信》在肯定珠河县党团和第三军工作成绩的同时,指出他们还未彻底了解我党的新政策,要求珠河党组织和第三军工作在各方面来一个转变。信中肯定赵尚志在统一战线问题上是比较正确的。提出要将哈东及松花江以北各地的抗日部队,取消各种各色名称,一律收编为统一的东北抗日联军。信中提出农村、城市斗争策略,对敌人的保甲制度及自卫团、对伪军等的策略和军事斗争要求。《王康指示信》及《吉特信》《中代信》在发展东北地区全民反日统一战线,建立东北抗日联军等方面起了积极作用。

但是,《王康指示信》及《吉特信》《中代信》带有明显的教条主义、主观主义成分,有的政策提法不当或有错误。如《王康指示信》中对发动、组织、动员群众参加抗日救国工作未能摆在重要位置,而把对伪军和地主武装的士兵工作,不适当地提到"占党的工作第一等的重要地位",强调应集中最好的力量打进去,并认为"牺牲一部分地方党和支部的工作都是值得的";信中强调反对"孤注一掷",而此一点缺乏实际针对性。在东北没有哪位抗日领导人要将所有的反日力量"孤注一掷";强调积蓄力量,准备将来更大战争,更大事变基础,但究竟什么是"大事变"未

---

① 金策:《致北满临时省委三军党委、六军党委和下江、哈东特委的意见书》(1938年6月28日),载《文件汇集》甲58,第401页。
② 《吉特信》是受中共驻共产国际代表团派遣以满洲省委巡视员名义在吉东巡视工作的吴平(杨松)等同志写的。
③ 《中代信》是杨松(吴平)等同志以"中共中央驻东北代表"的名义写的。

讲明,使人费解,而对利用有利时机积极开展游击战争,消灭敌人有生力量强调不够;在统一战线问题上,对山林队、义勇军只强调联合,忽视对其改造与斗争;对掌握无产阶级领导权强调不够;没有回答怎样组织、发动群众及当时急需解决的如何开展反"归屯"斗争和建设根据地等问题。在《吉特信》《中代信》中,关于对待伪军、伪自卫团和伪保甲长的政策有明显错误,如《中代信》主张不应把伪军与日军同样当敌人看待,说"对于满军也不能像看作日军一样,乃我们之死敌","不能把各地大排队看作像日军一样,原则上采取联合与中立的策略"。《吉特信》说对伪自卫团"一般原则是联合或中立,而决不是和他们打仗"。关于对付敌人的"集团部落""保甲制度"的政策,规定得过于主观,脱离现实,如《吉特信》提出"在我们影响下的居民不要单独留在山中,应与其他群众一同移居大屯"和难以做到的"在大屯内应成立合法的半合法群众组织","推荐我们指定的人作保长、甲长、牌长"。《中代信》则进一步说,"我们不仅不应反对我们影响和领导下的住户搬家……并用这个东西来团结群众。"竟主张对敌人的并屯政策不做公开的反对。另外,"中代信"中对珠河党组织的变更,对游击区域划分,对部队建制等指令性的安排,也不大切合当时北满地区的实际斗争情况。

1935年夏至1936年春,在北满地区,抗日武装斗争正处于大发展时期,斗争形势出现了一个新的局面,主要表现是:"a.突破了敌人山边的防御线,主力都向大界(按,指平原地区)发展;b.自'九江'、'考凤林'被收编后,北满大部义勇军都团结在抗联旗帜下,联军总司令部从初步联合调济机关,逐步走向统一战线的权威领导机关;c.各军游击区部分打通配合了,军事行动得到发展;d.开始建立了联军中的政治工作,大部分义勇军政治、反日觉悟程度进步,对民众关系转好;e.总计北满反日队伍在数量上比去年发展近两倍,尤其是基本队一般质量上提高,惯匪流氓锐减;f.由于反抗日寇的不断'讨伐',使一般的战斗经验增加,战斗力提高,战斗形势剧烈化并不断地获得了日匪的无线电、机枪、大炮及重要军用利器;g.游击区扩大到四十个县,较好的临时根据地的获得与后方工作的初步建立;h.革命政治军事学校的创办;i.今年秋冬季的服装、给养等已相当准备;j.对群众的影响扩大与深入。"①在这种形势下,北满地区先后接到了《王康指示信》《吉特信》《中代信》,在贯彻这些指示信的过程中,其正确部分对建立抗日联军、发展统一战线起到促进作用,但随着这些信件的贯彻,其缺点、错误部分在北满也产生了一些消极的影响。如部分反日队伍为等待大事变的到来,放弃当前紧迫的斗争,消极避战;有的为了联合"满军"、大排队、自卫团,对应缴取的武装而不去缴取,结果,千百支武装被日军缴去,拿来打反日军;在对敌人"归屯并户"政策上,有的地方提出"我们不但不应去反对它,而且要积极利用这一机会,有计划、有组织的使我们领导下的居民移住到集团部落中去"。②结果,使日伪当局顺利实行了保甲归屯,修建了汽车路,粮食弄不出来,反日队伍食宿无着,反日工作者在严厉的恐怖、监视下,丧失了活动效能。

不仅如此,随着这些指示信的贯彻,还造成了组织上的紊乱。

当时,随《吉特信》一起转来的还有一封信,内中说:1.满洲省委内部有奸细,要求珠河党组织立即与省委断绝一切关系。并转告第三军、第六军、各地组织也完全与省委断绝关系。2.

---

① 《中共珠汤中心县委联席会议关于目前政治形势和党的新策略与任务的决议》(1936年9月18日),载《文件汇集》甲38,第253页。

② 《汤原县委新工作指示》(1936年8月10日),存中共黑龙江省委党史研究室资料室。

全东北党组织将要变为吉东、南满、东满、珠河四个省委,旧省委已无存在必要。3.旧省委主要负责人已离满省,留省负责者不负有解决任何政治、组织问题的责任与权利。4.并说这是旧满省负责人由国际来的指令。5.你们(按,指珠河中心县委)和我们(按,指吉东特委)发生关系,就是将来恢复上级组织的办法。6.不要把王康指示信送给满洲省委等。7.注意考查满省红五月后的来人。① 对此,珠河党团县委认为问题重大。为考察究竟,弄清事情的原委,决定派出团县委书记晓梦(韩光)同志去吉东了解情况。以后,去吉东的晓梦来信说,满洲省委内部有奸细,是吉东听中共代表团说的,并要县委与省委完全断绝关系。不久,珠河中心县委和赵尚志得知吉东特委被破坏的消息,②感到情况复杂,又派负责白区工作的魏长魁同志去哈尔滨找省委了解情况。魏长魁从哈尔滨返回后汇报说,省委主要领导人都被调到莫斯科,只有团省委书记小骆(张文烈)一人留守。小骆说,有可能吉东有奸细,你们应该注意审查。这样,珠河中心县委同志就产生了种种疑问:吉东特委说满洲省委有奸细,满洲省委说吉东特委有奸细,这到底是怎么一回事?如果真有奸细为什么不由中共代表团按组织系统来信,而完全由吉东特委从中插手?县委同志还感到《吉特信》《中代信》似是一个人写的(笔迹相同),是一致的,但其内容,对一些问题的提法与《王康指示信》已经有不一样了,好似感觉到《中代信》和《吉特信》是"合法投降"。③这又究竟是怎么一回事?一个个问题使珠河中心县委同志感到疑窦丛生,若坠云里雾中。

此时,赵尚志也认真分析研究了这些信件。特别是贯彻这些指示信件后产生的一些消极结果更引起了他的深思。于是,他不仅因这些信件皆从吉东转来,对补充指示信的合法性产生了怀疑,而且对补充指示信中提出的一些策略也有不同意见。1936年夏,第三军司令部致信珠河中心县委。在信中,除向县委汇报了西征战况外,特别着重提出"对中央代表信不缴满军械问题有不同意见,批评珠河县委盲从。"并指出在组织紊乱情况下,"三、六军不受任何方面的领导,暂时独立工作。"④

原来,中共上海中央局由于叛徒出卖,遭到破坏,此事件引起中共驻共产国际代表团对上海中央局的怀疑,满洲省委主要干部又是由上海中央局派遣,因而对满洲省委也产生了怀疑,认为满洲省委有奸细。在中共代表团以"讨论满洲工作问题"为名,将满洲省委代理书记杨光华、宣传部长谭国甫调到莫斯科进行审查时,就已切断了满洲省委与各地的关系(此时,省委只留团省委书记小骆一人留守)。此后,中共代表团通过与设在海参崴交通机关有联系的吉东特委向东北其他地区党组织发指示、转文件。吉东特委书记吴平⑤,即杨松同志是中共

---

① 朱新阳:《关于北满1936年一切工作的经过报告》(1936年),载《文件汇集》甲23,第20页。
② 1936年2月,第四军代理政治部主任、四军二团政委罗英叛变,致使吉东特委机关遭到破坏。
③ 朱新阳:《关于北满1936年一切工作的经过报告》(1936年),载《文件汇集》甲23,第33页。
④ 朱新阳:《关于北满1936年一切工作的经过报告》(1936年),载《文件汇集》甲23,第40页。
⑤ 吴平,原名吴绍镒,化名杨松。湖北省大悟县人,1907年11月生。1927年赴莫斯科中山大学学习。1931年到海参崴任太平洋职工会秘书处中国部主任。1932年至1935年,受中共驻共产国际代表团委托,以中共满洲省委吉东巡视员、吉东特委书记的名义指导东北抗日斗争。之后,回莫斯科中共驻共产国际代表团工作。1938年2月,由莫斯科回延安,任中共中央宣传部副部长、《解放日报》总编。1942年11月,因过度劳累不幸病逝。

驻共产国际代表团派来东北工作的。1934年7月，由莫斯科经海参崴来东北，以满洲省委巡视员身份进行工作。同年10月，吉东临时特委成立，吴平任书记。他在穆棱、密山、宁安、勃利、饶河等地做了大量调查研究工作，了解到在反日工作中，还存在着许多"左"的错误。吴平通过与地方党组织负责人谈话、召开县委扩大会议等形式，进一步阐释党的抗日民族统一战线政策，深入贯彻《一·二六指示信》精神，纠正左倾关门主义错误。先后帮助密山游击队与人民反日革命军组成东北抗日同盟军第四军，将绥宁反日同盟军改编为东北反日联合军第五军，促进了吉东地区抗日武装斗争的发展。1935年2月，吉东临时特委改为特委，吴平任书记，李福德(李范五)任组织部长，孟泾清任宣传部长。1935年10月，他离开东北，去莫斯科中共代表团工作。之后，由李福德代理吉东特委书记。吴平同志在东北工作期间在推进统一战线的进一步贯彻，建立东北抗日联军，纠正"左"倾关门主义错误等方面作出很大贡献。他回莫斯科在代表团工作期间，受代表团委托起草了许多以东北抗联名义发表的宣言、电文。1935年11月26日，吴平以吉东特委的名义起草了《吉东特委给珠河中心县委及三军负责同志信》。1936年3月12日，吴平等又以中央驻东北代表名义写出《给珠河党团县委及三军负责同志信》。由于吴平对吉东地区情况较熟，对北满地区情况不那么熟悉，同时，因敌人制定、实施"三年治安肃正计划"，日、伪进一步紧密勾结，东北斗争形势日趋严峻，已不同他在吉东工作之日，因此，这两封专对北满地区所发出的指示信在对敌斗争的一些具体政策、策略等问题上难免存有一些不切实际的问题。

当时，在满洲省委领导先后被调离东北的情况下，中共代表团的一些指示、文件、书报都是通过吉东特委转到各地的。但吉东特委与北满党组织是平行关系，不是上下级领导与被领导关系，北满党组织不知道中共代表团授权或委托吉东特委可以向各地发指示、转文件的情况，这就使问题趋于复杂。由于吉东特委向北满党组织和赵尚志等第三军领导发指示及转文件没有一定的组织手续(《中代信》是经过非正式组织关系由第三军第四师从吉东特委所辖密山县委接得)，加之，吉东特委说满洲省委有奸细(按，实际是中共代表团王明、康生之意。事实上满洲省委根本没有奸细。王明、康生将省委领导杨光华、谭国甫调莫斯科审查，受尽迫害。杨被流放到北冰洋地区，1956年才回国。谭下落不明)，满洲省委留守人员说吉东可能有奸细，1936年2月吉东特委又因叛徒罗英(第四军政治部代理主任)出卖而遭破坏。对此，北满党组织和赵尚志等领导同志感到"组织关系紊乱"。同时，对从吉东特委发来或由吉东转来的涉及抗日斗争政策策略和组织领导等重大问题的指示信件感到缺乏"合法性"。

1936年夏秋，珠河党组织和抗联第三军除了面临上述各指示信提出的迫切需要解决的政策策略和组织领导等重大问题外，还面临着如何应对日伪当局即将开始的秋冬季"大讨伐"问题。

日伪当局为消灭抗日武装，积极实施《1936—1939三年治安肃正计划》。这一计划提出所谓"治标、治本相结合"的"讨伐"、镇压抗日军民的方针。计划规定，敌人在对抗日联军进行军事"讨伐"的同时，要进一步推行"集团部落"(归大屯)、制造无人区政策。妄图实现所谓"匪民分离"，割断抗联部队与人民群众的血肉联系，使抗联部队失去赖以生存的群众基础，以期"彻底肃清、镇压在满共产党",断绝我军"生存之路",使之"衰弱、溃灭、最后达到不让一匪存在。"①1936年7月22日,关东军司令部发布《昭和十一年(即1936年)度第二期关东军治安肃正命令》(关作命第853号),命令要求根据《昭和十一年度第二期关东军治安肃正要领》彻底实行"治安肃正"工作。

为了研究反对敌人秋冬季"大讨伐"斗争的策略,解决政治路线、组织领导方面面临的问题,赵尚志曾于1936年夏末向中共珠河中心县委提议召集一次党的扩大会议,但因县委负责同志先后染上伤寒病,不能行动,故会议未能及时举行。

9月,秋风送凉,白露横天。

至9月上旬,珠河中心县委负责同志才分途抵达汤原第三军司令部。而后,珠河中心县委与第三军司令部又共同致信汤原中心县委及第六军司令部负责人,请他们也来参加会议。不久,汤原中心县委及第六军负责同志如期来到第三军司令部。

由于参加会议的人员为抗联第三、六军军长及珠河和汤原中心县委主要负责同志,会议的性质已非珠河中心县委扩大会议之形式,故定称为中共珠河、汤原中心县委与第三、六军党委联席会议。

1936年9月18日,中共珠河、汤原中心县委与第三、六军党委联席会议(简称"珠、汤联席会议")在汤原县汤旺河沟里(今伊春市西林区)抗联第三军被服厂正式召开。

抗联第三军被服厂遗址

参加这次会议的有:抗联第三军军长赵尚志、珠河中心县委书记包巨魁(张兰生)、珠河中心县委宣传部长冯仲云、共青团珠河县委代理书记朱新阳、汤原中心县委书记白水江(白江绪)、抗联六军军长夏云杰。列席会议的有抗联第三军第一师政治部主任李福林、第三师师长

---

① 日本关东宪兵司令部:《关于自昭和十一年四月至昭和十四年三月警宪施行之满洲国治安肃正大纲》(1936年)。

李熙山、第六军秘书长黄吟秋。

原定应参加会议的张寿篯、蓝志渊因外出巡视,未能与会。

珠、汤联席会议的议程预定有七项:(一)对目前东北政治形势的分析;(二)关于党的新策略的运用;(三)关于组织问题;(四)工作报告和检查;(五)新的工作布置计划;(六)自我批评;(七)其他。

会议议程中的第六项"自我批评"因时间关系未能进行。

会议正式召开的前一天,举行了准备会议。与会同志就目前政治形势、党的问题相互交换了意见。正式会议于9月18日下午开始。

在会上,与会同志围绕会议议题,特别有关党的新策略运用问题,进行了充分讨论。在谈到《王康指示信》,有的同志说,"《王康指示信》是对的,和《中代信》《吉特信》不同,《中代信》与《吉特信》差不多是投降了。"

赵尚志说:"王康信大部分是正确的,比'中代'(按,指《中代信》)与'吉东'(按,指《吉特信》)单纯退守政策强得多,因为它(按,指《王康指示信》)提到了斗争,斗争不是退守政策。可是它没有指出反抗斗争的出路和具体办法来,如关于保甲大屯问题。"

有的同志说:"王康那时候接到报告材料,满洲还没有归大屯。"

赵尚志说:"那时已经开始了。决定一个策略不是根据环境来的吗?你看信中所讲的。那时东北的环境如何?"他指着信中所言的保甲制问题与无数农村被毁灭,千百万民众被屠杀的问题说:"可见那时的情形已是这样,不过没有现在明显罢了。一个策略的决定,要指着尽看现成的,那也不叫策略,那叫'马后课'。"

显然,赵尚志对《王康指示信》没有回答当时急需解决的怎样组织反"归屯"斗争、反"讨伐"斗争和建设根据地问题是不够满意的,用他自己的话来说就是《王康指示信》没有指出反抗斗争的出路和具体办法来。

讨论中,有的同志还说:"我们对总的路线没有问题,主要是关于新路线的了解问题与运用问题。这封信基本是正确的,可是不知为什么,看完了总使人的感觉易走向右倾。假设要站在右倾的观点曲解这封信,那可就糟了。"

赵尚志说:"王康信中没有指明反抗斗争的出路和具体办法来,它在总的斗争精神上本身就是右倾的。它确实给当时的'左'倾很大打击,因为它总的精神上右倾,实际上不完全是曲解,所以影响了右倾的发展,产生了吉东(特)和中央(代)信的退守政策。"①

在会上,赵尚志做了《日本在东北的法西斯统治与北满反日运动的新形势及吾党新策略之运用》的主报告及《三军西征的经验》的副报告。其他同志也做了相应的报告或发言:冯仲云做关于组织问题和党的一致问题报告;夏云杰做关于第六军发展报告;白水江做关于汤原党团工作报告,朱新阳做关于青年团工作报告,包巨魁做关于延方工作现状与珠河反日区退却斗争的报告;冯仲云又做北满反日力量的展开方向与我们力量的布置计划的报告。最后,

---

① 朱新阳:《关于珠汤中心县委及三、六军联席会议决议草案之说明》(1936年),载《文件汇集》甲23,第53、54页。

赵尚志做难题解答。

会议经过对各个议题的充分讨论,意见趋于一致。之后,决定由朱新阳根据赵尚志的报告起草《珠汤联席会议决议草案》。朱新阳在起草决议草案过程中,感到赵尚志关于《王康指示信》及对新路线策略的了解和运用问题讲得很多,有些问题记不太清。于是,朱新阳向赵尚志讲希望他能起草这方面问题,赵尚志便"慨然应许"。

《珠、汤中心县委联席会议对目前政治形势分析与我党新策略任务的决议草案》是一份长篇文件,这一政治决议草案共分"目前政治形势""关于新路线运用问题""新路线的确定""党的问题"等四部分,约有一万余字。

决议草案首先分析了目前的政治形势,着重指出1935年日寇大"讨伐"失败后一年来北满地区游击运动展现的新局面。之后决议草案对敌人1936年冬季大"讨伐"的形势作出估计说:东北反日运动是在各种形式的斗争中进展着,更大斗争是在酝酿着,同时不可丝毫忽视的是日帝在满的法西斯统治是以最大的速度进展着。我们深信大事变之将临,革命形势直接有利之帮助,以争取胜利光明的前途。可是,目前敌我力量的对比不是势均力敌,除国际国内革命运动还暂不能给我们以直接有力帮助外,在东北反日运动的形势发展还不平衡,还没有形成广泛的东北民众都参加的全民统一战线(游击运动畸形发展,主要城市、广大日伪统治区反日火焰还没有普遍燃烧)。因此,我们是处在紧迫关头,残酷的斗争着、工作着,积蓄保存进步和发展着,促进和造成一切有把握的胜利条件,而绝不是和平等待,消极退守,以为大的事变来,东北民族革命自然就成功,大事变不来,民族革命就算完了的一切错误观念,而产生目前最危险的右倾路线或曲解国际路线,认为目前是准备大事变的时期,不是领导紧迫斗争的时期。从目前客观形势上,正是东北民众,无论资本家、地主,都能在我党的全民统一战线领导之下而斗争,都在要求为各个不同的利益而反日,在领导斗争中组织和武装全东北民众参加反日战线是目前最主要的工作,一切退守的不敢灵活领导斗争的,都是取消民族革命战争,放弃无产阶级领导权的主张,也是帮助敌人的投降政策。

决议草案中说,目前我党的中心策略是全民反日统一战线。由于这一策略的正确,使反日运动开展了新的局面。可是并没有完全获得应有的成绩,这是因为对新路线本质的理解与实际灵活运用上,从我党上级到下级都犯过极严重的错误。又说,在满洲复杂的环境中,我党组织紊乱情形下,东北反日运动正处在紧迫关头,"目前已产生了似是而非的路线与许多极端可疑之事件,使反日运动受到无限损害,几乎走向自行消灭之危机。"

决议草案认为《吉特信》《中代信》中关于对伪自卫团、伪军、对敌人"归屯并户"的一些具体政策策略是右倾的路线。而右倾路线的整体内容为:"军事上采取退守策略,理由是保存游击队实力,避免干部的牺牲。原则上不一概解除日'满'大排、自卫团等的武装,理由是联合和中立他们,借以孤立日军(吉特来信及中央驻东北代表来信)。不缴取地主豪绅的私有枪支,甚至不征收特捐(吉特来信及中央驻东北代表来信),理由是怕破坏农村统一战线。不缴'满洲国'军的武装,阻止部分哗变,理由是怕破坏反日队伍的统一战线。不缴投降队伍的武器,理由是扩大全民统一战线,准备有决定意义的大事变。劝告群众归屯并户,不粉碎保甲制度,允许群众修汽车路、电线杆,理由是我们的力量没有敌人大,不让归屯也不行……"

决议草案列举上述右倾路线内容所反映的结果具体是,部分反日队伍不敢战斗,一味逃亡,陷于极困窘的状态,削弱了实力(第三军一部及"九江"等)。千百支应得的反日武装反而被日军缴去武装走狗军去了。许多私枪被日军缴去或地主自动送去,或拿出来打反日军了。应交的反日特捐不给上了,致抗日战费无所收入,经济困难穿不上衣裳,武装不能发展。许多地带日寇顺利实行其保甲归屯,汽车路、电信计划,(双东)变成日"满"统治区,粮食等等都送交保甲注册,一粒也弄不出来,反日队伍食宿无着,打又打不了。反日工作都在严厉的恐怖和监视下,丧失活动效能,反日区就这样毫无收获的丧失了,群众在政治上感觉反日失望,对反日军信念减低……之后,决议草案指出右倾路线根源:"事实证明,右倾路线之不通,其主要根源由于王康信中总的右倾精神之影响,中央代表、吉特发扬光大提出了单纯退守政策之错误及目前政治形势估计不足与对全民反日统一战线策略的曲解,实际就形成了整个的右倾取消主义的投降政策。"

决议草案提出新的路线是:"吾党新策略,全民统一战线的运用,必须是站在进攻的立场上积极的意义上懂得进攻和退守战略,根据实际环境灵活运用领导群众抗日反满的各种紧迫的经济政治的斗争,广泛造成全民反日统一战线,并在这一统一战线中夺取无产阶级领导权。"

在具体策略上,决议草案着重指出:

——为胜利地冲破今年秋冬期"大讨伐",队伍要采取进攻策略,向新区开展,向日"满"统治环节薄弱的隙缝中突击(按,指向嫩江腹地进军),以出奇制胜的游击战术解决敌人。反对极端的军事冒险、硬打攻坚或长住逃避战争不敢出世的右倾保守策略。采取各种灵活方式发动和领导反对民族压迫的一切斗争,创造各地新生的游击部队。队伍所到之处要尽可能布置各地后方临时根据地的工作,对于旧游击区不是根本放弃,要尽可能地保持我们的游击统治权。积极巩固和扩大基本队伍的政治军事教育工作,坚决反对腐化倾向,使基本队成为联军中之模范支柱。加强联军总部的工作,使之真正成为有能力有威信的领导机关等。

——对敌人实行保甲归大屯,我们对之是要采用坚决的反对和破坏的策略。"这一策略的理由根据:(1)敌人是用这一策略来消灭我们的,我们对之当然要反对他破坏他。(2)反归屯并户,解除保甲制的束缚,从日寇铁蹄奴役下解放出来,是广大民众三年斗争要求。(3)实际经验告诉我们,由于我们不反对,使敌人顺利归成的地方,给游击运动的损害非常大,归进大屯内的同志由于种种条件之限制,并没有多大活动效能。"对日伪归屯并户,要根据实际环境的不同条件,采取各种灵活方式,发动和领导反对归屯并户、民族压迫的一切斗争。具体策略是:"将计划归而没有完成的地方,我们要领导群众武装暴动起来反抗","对领导和赞同归屯并户的保甲长,为一般民众所痛恨者,解决或惩罚之,户口门牌一概焚毁,在某些地带游击队退走斗争结束时,应留下秘密干部与群众一同混入大屯或找到可靠的秘密关系在合法掩护下做不合法之反日工作,以准备继续不断的破坏和内应。""对没有工作之大屯,应想各种可能打开工作,根据该地实际情形发动不同形式的抗日反满的斗争。"

——对日"满"乡村统治的策略是完全摧毁。凡属于日"满"及私人武装,只要他没有成为反日武装,在原则上一概缴取,只有在军事不可能或特别情形下采取联合中立之手段。

——对义勇军要投降的策略是坚决反对,对要投降劝止不听者缴械,且须注意军事上之可能与统一战线上所发生之影响。

——对"满洲国"士兵要采取哗变缴械瓦解的策略。"在他们还没拉出来变成反日武装以前,无论怎样同情、怎样好,仍然是我们敌人,只要有可能,无论在任何时期,军事策略上无论用什么办法,只要有效解除其武装,原则都没有错误"。

——对于统一战线的领导权,"在反日游击运动中应争取党的公开领导权以公开党员的资格到某些可能部队中公开活动宣传吾党光明正大之抗日救国主张;另一方面秘密参加他们组织内部,以求得对其内部实际情形之了解,而施以有效之对策,削弱他们的政治影响"。

此外,政治决议草案中还提出了关于对日寇森林政策之策略、城市内全民反日统一战线的建立具体办法、关于青年统一战线策略、关于宣传政策问题、党的问题等。[①]

由于珠、汤联席会议政治决议草案主要是根据赵尚志在会议上的报告起草的,决议草案所说,"目前客观形势上正是东北民众无论资本家、地主都能在我党的全民族统一战线领导之下而斗争,都在要求为各个不同的利益而反日。在领导斗争中组织和武装全东北民众参加反日战线是目前最主要的工作。一切退守的不敢灵活领导斗争的倾向是取消民族革命战争,放弃无产阶级领导权的主张,也是帮助敌人的投降政策。"它充分体现了赵尚志对日本侵略东北,进行法西斯统治与北满地区反日斗争形势的基本估计和判断,反映了赵尚志对待《王康指示信》和《中代信》《吉特信》的基本认识。此决议明确地指出了作为《王康指示信》的补充指示信《中代信》《吉特信》提出的关于对待伪军、伪自卫团、对待敌人"归屯并户"等一系列具体政策、策略中存有右倾错误,以及这种错误的根源是《王康指示信》的右倾精神的影响。赵尚志的这一认识是在贯彻《王康指示信》《中代信》《吉特信》过程中,看到其缺点、错误部分对北满抗日游击运动带来的负面影响而得出的。进而认为对这些指示中的错误部分必须坚决予以反对。(历史已证明《中代信》缺乏合法性。1939年11月,共产国际监察委员会向中共中央提出,杨松同志担任吉东特委书记时,犯有假冒中央代表在满洲发指示信的错误,并要求加以审查。1941年10月28日,中共中央对这一问题进行审查后,认为"假冒中央代表名义写指示信是违犯党的纪律的错误"。决定给予其"警告处罚"。)同时,根据赵尚志与同志们对党的全民反日统一战线本质的理解和灵活运用的实际经验,结合北满抗日斗争的实际情况,提出了新的斗争路线和具体斗争策略。

珠、汤联席会议政治决议草案中,分析了北满抗日游击战争的形势,总结了在贯彻执行中央关于全民反日统一战线策略中所取得的成绩。决议提出的新的路线,强调坚持广泛造成全民反日统一战线,强调"站在进攻的立场上积极的意义上"运用进攻和退守战略,以及强调在统一战线中要坚持夺取无产阶级领导权,是具有重要意义的。决议中结合本地情况提出的诸项游击运动的策略,对于克服《王康指示信》《吉特信》《中代信》中缺点、错误部分所带来的消极影响也是具有重要作用的。但也必须指出在赵尚志的"宁可让他左,也别叫他右,左了比右强"[②]的思想影响下,在这一决议草案也存在一些"左"的内容,如在统一战线问题上,决议中说"目前总的口号是一切都为

---

① 《中共珠、汤中心县委联席会议关于目前政治形势和党的新策略与任务的决议》(1936年9月18日),载《文件汇集》甲38,第249~273页。

② 《朱新阳关于北满一切工作经过的报告》(1936年),载《文件汇集》甲23,第60页。

着反日战争的胜利,只要站在这一观点下,即使有某个分子倒了血霉,那是在今日东北的形势下免不了的。"这种说法显然欠妥当,有碍于扩大反日统一战线。再如在游击运动策略上,强调"为北满游击运动的平衡发展而斗争",这在当时也是难以做到的。

会议在讨论政治路线问题之后又集中讨论了有关组织领导的问题。

会议认为吉东特委与珠河中心县委横的关系是满洲省委所允许的。但是,年初吉东特委写来密信通知说满洲省委有奸细;七月满洲省委来信说根据中共驻共产国际代表团通知满洲省委取消,成立四个省委,并提到吉东特委可能有奸细;第四军政治部代理主任(罗英)被捕后,吉东特委被破坏;由吉东转来的"中央驻东北代表"来信又没有经过正式组织手续等等。由于这种种情况,北满党组织决定对于旧的满洲省委以及吉东特委、"中央驻东北代表",站在巩固党的立场上,不得不均加以否认,并由自己找上级关系,通过直接关系来要求上级领导和改造省执行委员会。《中代信》中提出,根据军事活动变更、地理经济状况,对珠河的组织以现在汤原、依兰、桦川、方正等县的工作为基础,建立松江特委,以珠河、延寿、宾县、五常、苇河等县为基础,建立哈东特委。对此,赵尚志认为"松江"名目太小,与"南满""东满"相比有些不相称。北满广大游击区域已连成一片,并且已经确定开辟岭西嫩江,因此应该成立"北满省委"。经过讨论,会议未按"中代信"要求成立松江特委和哈东特委,而决定成立了"中共北满临时省委员会",暂时来领导整个北满各地的党组织。

会议通过了《中共珠、汤中心县委,三、六军党委联席会议关于组织问题的决议》——组织北满临时省委员会。

组织问题决议及组织关系紊乱的情况和珠、汤联席会议召开的原因:"满洲省委去年红五月发出临时通知,通知的内容是在战争革命的环境中,各级党部要用独立精神去进行工作。珠河、汤原中心县委虽然和满洲省委的交通联络非常密切,然一年来没有得到关于政治路线任何详细指示,殆至今年三月间又接到满洲省委来信说,如果我们由其他方面如吉东接得以中央名义信,大胆执行勿用犹豫。但七月间又接到满洲省委来信,内容是根据国际中央通知满洲成立四个省委员会,以珠河中心县委为中心,成立省委员会,并提到吉特有可能有奸细。吉东特委与珠河中心县委横的关系是满洲省委允许的,在去年经过吉东特委送来王明、康生指示信,年初又接得吉特来信,述及关于全民族统一战线问题及密信通知满洲省委有奸细。六月又经过非正式组织关系,三军四师从吉特密山县委又接得'中央驻东北代表'给珠河党团中心县委及三军负责同志的信,内容系关于路线的问题外,并通知成立松江省委员会(按,原信为特委)和哈东特委员会。珠河中心县委、三军司令部对于这信所提出之路线有不同意见外,同时对于各方面消息和事实证明吉东问题复杂重重,有可能内部有其他派别活动,所以珠河中心县委、三军司令部在组织上不承认该'中央驻东北代表'来信。""珠河中心县委、三军党委根据独立工作精神,根据目前抗日救国战争在北满东部松花江流域遍地燃烧,三、六军配合活动得发展,东北抗日联军总司令部作用的提高以及哈东、松花江流域、呼海路东部等的工作开展、组织的扩大、组织关系的混乱以及总政治路线的正确运用必须决定,因此发起了珠河中心县委、汤原中心县委、三、六党委的联席会议。"

该决议指出了在"满洲省委既已取消,组织混乱如此"情况下,成立北满临时省委的必要性,强调了新成立的省委员会的临时性质。组织问题决议中说:"关于组织问题上,对于旧的满洲省委以及吉东特委、'中央驻东北代表'，站在巩固党的立场不得不均加以否认，并由自己找上级关系。同时政治上、组织上、工作上必须要成立北满临时省委员会，在政治上、组织上、工作上暂时来领导整个北满（哈东、哈南、松江、龙江、嫩江流域、呼海、齐克路沿线等地）党的组织并须直接关系来要求上级领导和改造省执行委员会。"并指出"北满临时省委会与上级直接关系发生后，另行依据新指示建立组织后取消。"

组织问题决议还尖锐地向中共驻共产国际代表团提出批评说："同时站在布尔塞维克自我批评精神立场向中央提出严重批评。(1)在战争革命环境中各级党部独立工作是万分必要的。但目前有可能环境之下不应如此长期放弃领导。(2)如果吉东'中央驻东北代表'是正式的话，不应如此忽视组织的关系。(3)共产国际七次大会开过逾年，然主要文件迄今未曾送来，这对于党责任观点上不容许有这样的现象。同时建议中央要彻底检查这一组织上关于混乱严重现象和错误责任，肃清吉特内部其他之派别以及奸细出党。"①

同时，会议为选举产生临时省委进行了充分酝酿和讨论，最后通过选举产生了中共北满临时省委执行委员会委员（十五人）、主席，常务委员会委员及书记。

赵尚志当选为临时省委执行委员会委员、主席，常务委员会委员。冯仲云当选为常务委员会书记兼组织部负责人，包巨魁（张兰生）任宣传部负责人，夏云杰任军事部负责人，白江绪（白水江）任职工部负责人，朱新阳任青年部负责人，×××②任检查部负责人。

至此，会议原定议程大体完成。9月20日会议结束。

关于这次会议为什么成立临时省委，冯仲云同志在后来回忆说："在这个会议上对形势的分析，我们认为抗日的形势是很好的，需要统一党的组织来领导群众发动抗日斗争。因此以珠、汤两个中心县委成立了北满临时省委。当时大家——主要是我和赵尚志——认为这是个大事情，若错了，我们都得受处分。因此省委是临时的。会上作了一个政治决议和一个组织决议。在政治决议中赵尚志的意见比较多，他对王康指示信不满，认为它不解决现实的实际问题，他还坚持无产阶级的领导权……在组织决议中主要是不承认'中代信'决定的成立松江省委和省委人选，我们认为找到中央再说。"③

珠、汤联席会议结束后，1936年10月，赵尚志根据珠、汤联席会议中形成的组织问题决议，决定派省委执委朱新阳作为临时省委代表去莫斯科，向中共驻共产国际代表团对整个会议进行汇报，以直接与上级组织发生联系，听取指示，解决种种问题。

作为历史的见证，中共珠、汤中心县委和赵尚志为朱新阳所写的临时护照、介绍信，现在还完好地保存在中央档案馆中。临时护照全文是：
"东北反日联合军总司令部为发给临时护照事：
兹有朱新阳同志为本部代表兼负其他特种使命，去某地公干，仰反日各军、各地游击部队不许检查一切，一体加以保护。切切此令。
右给朱新阳收执

总司令赵尚志（印章）

---

① 《中共珠、汤中心县委，三、六军党委关于组织北满临时省委的决议》(1936年9月18日)，载《文件汇集》甲23，第1~4页。
② 原决议案如此。
③ 《访问冯仲云同志记录》(1960年)。

中华民国二十五年十月 日"①

介绍信全文是：
"中共国际代表团诸同志：
兹派朱新阳同志为珠、汤中心县委及三、六军会议代表，负责前往解决一切问题，并转代三军所有要求及报告，特此介绍。
此致
布礼

赵尚志（印章）
十月二十日"②
中共珠、汤县委员会

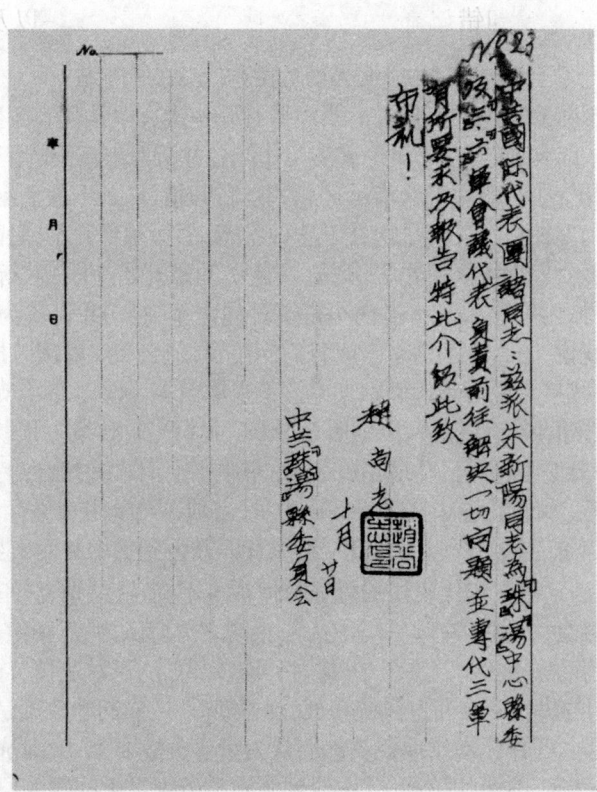

1936年10月20日，赵尚志给中共驻共产国际代表团的介绍信

1936年10月下旬，朱新阳持中共珠、汤中心县委和赵尚志签署的介绍信及临时护照，在抗联第三军第五师所派部队的护送下行至黑龙江边。年底封江后，从佛山（今嘉荫）县境过界去苏联。朱新阳抵苏后，先被苏联边防军送往伯力、海参崴关押审查。1937年春由中共驻共产国际代表团委派负责东北事务的吴平把朱新阳从海参崴监狱中接送至莫斯科。

---

① 原件藏中央档案馆，第九四九卷第八号。
② 原件藏中央档案馆，第九四九卷第十号。布礼，即布尔什维克敬礼。

护送朱新阳过界赴苏的抗联第三军第五师队伍

半年后,1937年5月17日至19日,王明主持召开一次有中共代表团部分成员和一些在莫斯科学习的东北抗联干部参加的会议,讨论满洲工作问题并听取朱新阳的汇报。朱新阳同志回忆说,他在汇报中强调指出:我们认为王康指示信总的是右倾精神,是不敢活动,是消极等待。不敢斗争,就等于自我消灭,现在八、九、四军均处于这种状态,都活动不开了,只能在那绕弯子。在满军问题上,吉特补充指示信称伪军为同盟军(按,在此访问录开始一段,朱新阳说,现在看到的吉特补充信不像那个原件,内容怎么没有提伪军是抗日同盟军呢!)我们认为伪军是敌军,是汉奸军,不能称为同盟军。我说,怎么能把伪军当成我们同盟军,怎么和汉奸武装搞同盟呢!因此,我们怀疑吉特信是奸细信。我接着说对于伪满归大屯政策采取毁灭、破坏。不应支持群众归大屯,对门牌户口应烧掉,吉特补充信应该保留,以免屠杀群众。我们当时政策主张彻底破坏,能破坏就破坏,不能的就派人做秘密工作。对反动地主武装、伪军原则上消灭缴械,吉特补充信主张不缴械,所以完全是对立的立场。我们的想法是要想保存力量,必须在斗争中求生存,积极开展斗争,消极退守只能被敌人消灭,不能生存。所以三军就又继续开辟新区到佛山和西大界(平原地带)去了。①

会上,王明讲了北满党组织与代表团的意见有何根本不同,继续重复《王康指示信》中所述观点。然后大批珠、汤联席会议所谓"左倾关门主义"。他说,"你们认为'王康信'未提出反对右倾,有右倾影响,是你们不了解统一战线。""决议中(按,指"珠、汤联席会议"决议)你们所讲统一战线,这不是统一战线"。"你们的决议一点儿也没统一战线的气味。""你们的政策是有利日本,反统一战线,与我们路线完全不同。"并无端指斥说:"你们认为世界大战要来,中国抗日大战即到来,大事变马上来了,干一下通就通,不通就拉倒。"在谈到北满党组织发生问题的原因时,他说,"你们不懂统一战线,不懂满洲实际情形,日本对东北的政策是要消灭满军,满军无法消灭,中国人反日,满军助人民反日。故日本子没法分化中国人,使中国人杀中国人。我们的策略针对着他们。"又说,"你们将理论与实际脱离了,不懂何为理论。"②

在这里,王明所谓"日本对东北的政策是要消灭满军""满军助人民反日",这真不知是从何说

---

① 《访问朱新阳同志记录》(1978年3月4日)。

② 《驻共产国际代表团会议记录(第三集)·关于东北抗日联军问题》(1937年5月18日),原件藏中央档案馆。

起!这完全是王明的主观主义的臆想。王明把满军作为统战对象,幻想其成为抗日武装难得的同盟军(《王康指示信》中提出把伪军士兵工作作为第一等工作,以后中共代表团在1936年10月2日《新政治路线信》中又提出"抗日反满不并提"的口号),这只是他"一厢情愿"。满军是日本帝国主义统治东北的工具,它受日本关东军控制、操纵,是配合、辅助日本关东军镇压东北各族人民反抗、"讨伐"抗日武装的帮凶,它怎么能会"助人民反日"呢?满军是伪军,与国民党不同,怎么能与其建立统一战线呢?对伪军在其未倒戈抗日之前就应是狠狠打击、分化、策反使之瓦解。

诚然,王明作为中共驻共产国际代表团负责人,在宣传、推广抗日民族统一战线方面作出过应有的贡献,但他特别自负,不承认其统战理论存在的错误、缺点与不足,如提出所谓"抗日反满不并提","一切经过统一战线"等,自视其统战理论如何了不得,拿来到处吹嘘。他1937年从苏联回国后就大讲其统战理论。据彭德怀同志说:1937年12月某日,王明、康生飞到延安,当晚政治局开会。在会上,王明讲了话,毛主席讲了话。我认真听了毛主席和王明讲话,相同点是抗日,不同点是如何抗法。王明讲话是以国际口吻出现的。在抗日民族统一战线问题上,他着重介绍西班牙、法国和满洲的经验,说:在抗日营垒中,只能划分为抗日派与非抗日派,不能分左中右派……从王明这些论点来看,显然同毛泽东同志的正确论点有很大原则上的分歧。对无产阶级在抗日民族战争中如何争取领导权的问题,他是忽视的。这就可以肯定他这条路线是一条放弃共产党对抗日民族统一战线的领导,失去无产阶级立场和投降主义的路线。什么西班牙、法国和满洲的经验,所有这些经验都是失败的教训。①

在1937年5月于莫斯科召开的这次会议上,王明颐指气使,摆起理论权威的架势,训斥别人"理论与实际脱离","不懂满洲实际",而真正理论脱离实际,不懂满洲实际,抱着教条主义不放的正是他自己。王明在讲话中还指斥赵尚志是"个人英雄主义""左倾浮夸""游击的经验""硬干""对革命的冷热症"。最后,在谈到如何解决问题和处罚时,王明说,"应派人到各地去,地方党召集代表会,作决议,纠正过去的错误。"对于处罚一节,王明还算高抬贵手,他对朱新阳说:"我们不能处罚你们,你们犯错误是因为满洲党的干部还是幼稚的。"②完全是以"圣人"自居,自命不凡的口吻。

据朱新阳同志回忆,他汇报后,王明动员讨论,动员两次也无人发言,没有人表示拥护《王康指示信》,也没有人对他的发言给予任何表示。最后,王明作结论。王明批评北满党组织是左倾机会主义、冒险主义,是无组织无纪律,给扣了一连串帽子,批评了一顿。结论又说伪军是难得的同盟军。这把朱新阳搞得很糊涂。在会上,朱新阳也很害怕,承认不对了,但头脑里并不知道怎么不对。数月后,康生来找朱新阳,说让他回东北解决三、六军提出的这些问题,并问他能不能说服赵尚志。朱新阳问康生:"是我一个人回去,还是别人同我一起回去?"康生说只让你一人回去。朱新阳表示说服不了赵尚志。就这样朱新阳被留在莫斯科,派往东方大学四分校学习。③王明、康生再没有让朱新阳返回东北抗日战场,也没有让给赵尚志等第三、六军同志回信。

此时,身在东北抗日战场的赵尚志正满怀热望,以为朱新阳去莫斯科后能解决一切问题,或带回中共驻共产国际代表团的重要指示。他焦急地等待着、盼望着。但是,没想到朱

---

① 《彭德怀自述》,人民出版社,1981年12月版,第224、225页。
② 《驻共产国际代表团会议记录(第三集)·关于东北抗日联军问题》(1937年5月18日),原件藏中央档案馆。
③ 《访问朱新阳同志记录》(1978年3月4日)。

新阳赴苏后,先被苏方关押审查,后遭王明训斥,又被康生留在莫斯科,以致雁杳鸾空,音讯皆无。

四、远征黑嫩

正如珠、汤联席会议对形势分析的那样,1936年秋冬季日伪当局根据几年来,特别是1935年在各地"讨伐"的"经验",投入了多于以往几倍的力量,采取更为毒辣的手段对抗日联军及其他反日军开展了"大讨伐"。

日本关东军司令部在所提出的所谓第三期即1936年冬季《治安肃正纲要》中确定,治安肃正工作的主要地区是"满洲国"东部地区,特别是三江、滨江、安东各省及奉天省东南部。这里说的三江、滨江省正是赵尚志所率部队活动的地区。该纲要提出依据第二期即1936年夏季"讨伐"的工作要领,继续进行"猛烈果敢穷追的治标"工作,并要积极地进行"治本"工作,以期使"治本"工作达到"彻底"。所谓"治标工作"指的是军事"讨伐","搜查逮捕有关匪首,以便直接压抑匪势,同时也要破坏其联络补充系统,使其今后不能活动"。所谓"治本工作"指的是"促进'满洲国'王道政治的建设与普及","确立保甲制度之基础","加强户口调查,充实集团部落之内容","强化地方协和会组织,促进其活动"。纲要中强调日"满"军队要有分散的配置、机动的游击,宪警应将侦察逮捕两者紧密联系,表里相济,奇正相待,彻底覆灭"匪势"。日伪当局妄图在北满地区将抗联第三军和其他抗日义勇军围歼于通河、汤原、依兰一线。为此,在1936年秋末冬初,敌人依据《治安肃正纲要》的规定,开始进行以宾县、木兰、通河、汤原和依兰五县为重点的军事"讨伐"。与此同时,敌人为逮捕"匪首",压抑"匪势"又搞起悬赏通缉"匪魁赵尚志"的把戏。当时,伪三江省各地通衢要道到处都张贴着悬赏通缉告示。其中驻依兰伪军公布赏格云:"有能得将赵尚志巨匪首级来投者,赏五千元。"又云,"各从匪应知此次官军剿抚兼施,确属实行王道政治,弥天大罪赦免,再造之恩普及。有识者,亟应激发天良,割其首级,倒戈来降,发财升官,可谓人生第一荣幸事也。"[①]敌人以为重赏之下,必有勇夫,试图用悬赏的办法消灭心腹大患赵尚志,但这只能是妄想。

1936年9月下旬,赵尚志根据珠、汤联席会议决议精神,结合面临的敌人1936年第三期(秋冬季)"大讨伐"即将到来的形势,及时地、具体地部署了反对敌人秋冬季"大讨伐"的斗争。

在东北抗日游击战争中,"讨伐"与反"讨伐"是敌我双方斗争的主要形式。敌人在关东军司令部统一指挥下,每年除在春夏季展开区域性的"讨伐"外,在树叶飘落、青纱帐倒、严霜普降、白雪铺地的秋冬时节,都要对抗日部队展开大规模的、疯狂的"讨伐"。而这时正是抗日联军难以隐蔽,难以御寒,难以活动的季节。1936年,是关东军实施其"1936—1939年三年治安肃正计划"的第一年,因此,这一年的秋冬季"大讨伐"更加严酷于往年。在这种情况下,正确

---

① 《泰东日报》(1936年12月7日)。

布置反"讨伐"斗争,打破敌人的围剿,这是抗日联军及一切反日部队的一项紧迫的任务。

赵尚志依据数年来与敌浴血奋战得出的经验、教训,提出了反"讨伐"斗争的正确策略。赵尚志说:眼看着恶兽般残酷的反动的秋冬季"大讨伐"又到来了,我们一切反日部队究竟应怎样布置这反"讨伐"斗争,实在是我们当前最紧急的任务。之后,他从过去敌人"讨伐"的惯技和反"讨伐"斗争所采取的不同办法及得到的结果中得出结论,我们敢说:投降是送死,插枪也完命,蹲山是拆散自己的部队,死守更会损失实力,最好的办法是精诚团结,不中敌人各种挑拨离间毒计,应广泛开展游击战争,冲破敌人包围,开辟新的反日阵地。同年秋季,赵尚志以抗联第三军全体指战员名义发表了《东北抗日联军第三军为反对秋冬季"讨伐"告一切反日部队及全体战士书》。

文告中指出,东北反日游击运动是不平衡的,有的地方有反日部队,有的地方没有,或者少有反日部队的活动。因此,敌人对于全盘"讨伐"的布置兵力并不一样,有的地方非常多,有的地方很少。所以,各反日部队,如果能奋勇沉着,在敌人采取各种战术大举进攻中,保存实力,突出包围,开辟新区,便一定会得到胜利。

文告中告诫各反日部队:插枪不干,这是以消灭反日力量来反对敌人进攻的办法;跑到山

日伪报纸刊载的悬赏通缉令

里学老熊蹲仓,这是坐吃山空,瓦解队伍的办法;占据地盘,死守一方,这是消灭队伍实力的办法;投降敌人,这是消灭自身的办法。然而,这些办法都不是真正的办法。真正的办法是:突破敌人包围要地,袭击敌人兵少的后方,不死守一地,开辟新区。造成反日部队的一致,在抗日救国旗帜下,开展广泛的游击,创造广大而新辟的反日阵地。这样,只有这样,才能胜利地冲破强敌的"讨伐"。

在反"讨伐"斗争中,赵尚志坚决主张,反对投降送死,反对插枪不干,反对蹲山挨饿受冻,反对死守一方,坐受敌人包围和损失实力,要冲破敌人包围,开辟新的反日阵地,扩

大游击区,使全东北没有一地无我抗日救国部队的游击足迹。①

在作一般号召的同时,为加强抗联各军内部团结,共同应对日伪当局的秋冬季"大讨伐",赵尚志以东北抗日联军总司令部(珠、汤联席会议后,由东北民众反日联军总司令部改称)总司令的资格,在抗日部队间做许多具体的细致的化解矛盾的工作。抗联第八军、独立师领导之间曾有些矛盾,赵尚志便分别致信两位领导人,令其"以抗日大局为重、相互谅解,优礼和好,勿启纷争,以免贻误反日光复大业"。他在致独立师师长祁致中训令中说:"前闻与八军军长稍有争议,殊失反日部队敬让之意。望对第八军长处处优礼和好,勿负三、六军推诚斡旋之望,本部有厚望焉。"②在致第八军公函中说"前间报八军与祁师长治(致)中属有不协,殊失反日部队亲善之意。在八军对祁师应以旧部情感加以原谅。并本部已令祁师遵令勿再生隙,将于最短期间为八军及独立师划分区域,以免部下失和。"③

当时,活动在依兰东部地区的抗联第三、五、六、八军及独立师部队之间曾因活动区域、征收给养和抗日捐款屡生不协。这种状况不利共同对敌。对此,赵尚志于9月24日以东北抗日联军总司令部名义发布一通令,宣布组建联军总部驻依东办事处,由联军总政治部主任张寿篯任主任,负责解决第三、五、六、八军及独立师之间一切纠纷,化解内部矛盾,以共同对敌。通令指出:"关于前此各地各军单独募捐时生抵触,以及互不负责,殊使各军及地方双受损失实属不当,应即改正。除前此各军办理之地带暂不再捐一体保护外,其将来及现在一切应行征收之项,应由各军派员在处随时分配交纳,各军应用分配单位以三、五、六、八各军及独立师为单位,余小部队应加入某部以便享受一致权益,三、五、六、八各军及独立师按五股分配,办事处、稽查队公费外不得擅用公款,凡外部到来时应即由处通知一切应行遵守等事宜,以免误会。"④此通令发表后,经过工作,各军之间因征收给养、抗日捐款而造成的内部矛盾得到化解,进一步增强了团结。

为粉碎敌人妄图把抗联第三、六军消灭在汤原根据地的阴谋,赵尚志以抗联总司令的资格对第三、六军突破敌人"讨伐"的斗争做了进一步部署。要求第三、六军部队利用敌人统治的不平衡性,避敌之锐,插向敌人防守薄弱地区,开辟新的游击区域。第六军主力向桦川、依兰等地突击;第三军第一师,第二、三、五师各一部及第六师、九师等主力部队再次进行西征,向庆城、铁力方向运动,而后推进黑龙江、嫩江流域边缘海伦、通北、逊河等地,广泛开展游击活动,建立庆铁、通海游击区和根据地。其他部队仍活动在松花江下游地区,伺机分头突击,破坏敌人"大讨伐"计划。

为保证第三军主力部队西征的胜利,赵尚志任命李熙山为哈北司令,令其迅速组织远征先遣队先行奔赴铁力。10月初,李熙山率二百余人的远征先遣队从依东地区出发,在通河县境会合第九师共同西进。先遣队经东兴、过庆城,于11月初到达铁力,与同年夏季由

---

① 《东北抗日联军第三军为反对秋冬季"讨伐"告一切反日部队及全体战士书》,载巴黎《救国时报》(1937年5月30日)。
② 《东北抗日联军总司令部训令》(1936年9月23日),载《文件汇集》甲46,第213页。
③ 《东北抗日联军总司令部致第八军公函》(1936年9月23日),载《文件汇集》甲46,第217页。
④ 《东北抗日联军总司令部通令》(1936年9月24日),载《文件汇集》甲46,第220页。

巴彦、木兰来铁力活动的第六师会合。当时随先遣队参加远征的还有第五军第一师、第四军第一师第二团部队。这两支部队同先遣队一起抵达铁力，共同配合活动。在远征先遣队出发不久，活动在松花江南岸的第二、三师部队各一部北向跨过松花江后，亦奔赴铁力。11月间，第二、三师队伍先后挫败敌人阻截，到达铁力，与远征先遣队等队伍会合。

巴黎《救国时报》关于东北抗联第三军赵尚志所部活动的报道

先遣队及先期到达铁力的远征部队稍事休整后，便以铁力东山里为依托，展开了开辟新的游击区的活动。这期间，李熙山率队在大呼兰河上游庆城八道岗、十六道岗与三百多名敌人交战，予日伪军以重创，为开辟新的游击区域打开了局面。

1936年11月3日（农历九月二十日），赵尚志在准备进行远征，筹集棉衣工作中，因抗联第六军戴团将第三军让依兰抗日会给部队做的棉衣（第三军已付钱款）取走，他得知后，对地方抗日会的作法表示很不满意。依兰县委书记丁世贤请下江特委常委小孔（又称小于）向赵尚志解释。小孔与赵尚志发生口角。赵尚志便粗暴地说小孔关系不清，是奸细，并用马鞭子打了小孔。小孔不服，赵尚志又指使部下用刀割伤了小孔的肩膀。此即为"小孔事件"。此事件，反映了赵尚志简单粗暴的一面，显然赵尚志犯了错误，他受到了批评。

11月末，赵尚志率第三军司令部直属部队、政治保安师及第三师、第五师各一部，混合编成五百余人的骑兵部队，以黑嫩流域边缘地带的海伦、通北为目标进行远征。为迷惑敌大,赵尚志率队从汤原老钱柜岭西出发,先奔木兰蒙古山,散布要攻打呼兰县城,给敌人以错觉。敌人遂调重兵于巴彦、呼兰一线防守、阻截,但赵尚志指挥远征军突然挥师北上,直奔铁力。一路上,远征指战员们迎风斗雪,策马扬鞭,翻山越岭,驰骋北进。12月间,部队抵达铁力,与先期到达这里的远征部队相会合。之后,赵尚志率部进至庆城(今庆安),司令部(直属部队30名)驻在欧根河上游大碇子东端里面马架子。赵尚志在此指挥所部以老金沟、王扒拉店、大碇子为基地,在庆城、铁力、绥棱等地展开活动。①

此际,李熙山所率远征先遣部队与第三、九师等队伍在铁力已经初步打开局面,扫除许多敌伪据点,收编一些义勇军、山林队,开辟了铁力、庆城、绥棱新的游击区域。但是,李熙山在指挥部队活动中也存在一些"左"倾违反群众纪律的行为,如有烧街,牵群众马匹,拿群众东西不付款、违反少数民族政策等现象,引起群众反感,一些地主武装专门与第三军作对,对乡村反日统一战线有部分破坏。赵尚志来到铁力、庆城了解到这一情况后,为了挽回影响,立即在三节台地方召开大会,一方面整顿队伍,加强纪律;一方面向群众赔礼、道歉、还款,同时决定撤销李熙山哈北司令职务,送联军政军学校学习。赵尚志这一果断措施,消除了远征先遣部队造成的影响,扭转了局面,使第三军受到了庆、铁广大群众的欢迎。(李熙山后改名许亨植,他认真改正错误,受到抗日军民拥护,曾有"昔日群众闻后而丧胆之李熙山同志,现在变而为广大群众的爱戴和亲密之许亨植之说"。许亨植后任抗联第三路军总参谋长,1942年8月3日牺牲。)

赵尚志率队在铁力活动约两个多月时间,之后,对铁力、庆城一带活动进行部署,并将所率队伍留下二百余人,以增加开辟庆铁游击区的力量。随即,赵尚志率军部少年连,政保师、第一师、五师、六师各一部共三百余人队伍,于1937年2月间从铁力经庆城、绥棱向海伦、通北等地远征。赵尚志所率远征部队到达海伦、通北地区后,吸引来大批日伪军。敌人意欲将第三军主力于此一举歼灭。在这期间,赵尚志指挥部队与敌人在山里山外周旋,与日伪军展开多次战斗。2月28日在海伦东北赵家堡子附近与驻海伦日伪军警交战三个小时。翌日,在海伦哈拉巴山又与日军田岛部队镰贺大尉所率部队交战。此后,伪滨江省公署警务厅派筑谷警正专程来海伦督促伪警团围剿第三军。这时,赵尚志对所率部队作出行动部署,决定由张光迪率第六师留在海伦、通北坚持斗争,开辟通海游击区,调任蔡近葵为第一师师长,并随第三军司令部直属部队继续向北远征。第四军第二团、第五军第一师部队回返方正、依东地区。　　自1936年11月起始的,赵尚志率部进行的这次远征艰苦异常。部队经常是在零下三四十度的严寒中进行长途雪地行军,如果用古人之言"积雪没胫,坚冰在须,鸷鸟休巢,征马踟蹰,缯纩无温,堕指裂肤"②来形容当时的寒冷景象,亦毫不为过。征途中,夹杂着雪花的凛冽寒风暴虐地吹打在指战员们的脸上,如同尖刀割肉一般难受。他们长时期露宿野外,不管是在战斗或是休息时,总是在冰天雪地之中,身上穿的衣服在烤火取暖时被烧得破烂不堪。许多干部战士被冻伤。不仅如此,远征部队还常常遇到敌人追击堵截,"整天飞机作语,炮火当炸",因敌人的严

---

① 伪庆城县公署编:《滨江省庆城县事情》(1937年2月)。
② (唐)李华《吊古战场文》。

密封锁,给养发生极大困难。粮食吃尽,只好宰食瘦弱不堪的战马。"马肉吃光,吃马皮,马皮不够以橡子为食,尽管如此,还有挨饿的时候。"①赵尚志所率远征部队历尽艰险,备尝辛苦。但是,参加远征的指战员们却不畏艰难险阻,情绪始终是十分饱满的。特别令人感动的是许多十六七岁的少年队员在艰苦斗争中充满乐观主义精神,他们高唱着"豪气壮山河,长征乐趣多,红旗映白雪,风云奏凯歌"的歌曲来振奋精神,鼓舞斗志。远征战士忍饥饿,作露宿,破敌围,冲堵截,在抗日救国坚强意志激励下,不畏流血牺牲,勇敢地与凶恶的敌人搏斗,表现出顽强的革命精神。

在赵尚志率主力部队远征期间,第三军其他各部根据赵尚志的军事部署与其所率远征部队相配合相呼应,分路出击,积极开展游击活动,拓宽了游击活动区域,打击了敌人,取得了很大胜利。

第一师一部在李福林指挥下在方正、依兰、林口一带频繁活动。曾参加与抗联第四、五、八、九军联合作战,于1937年3月20日攻袭依兰县城,极大地扩展了抗日联军的政治影响,显示了抗联各军联合作战的威力。

抗联第三军第五师在佛山(今嘉荫)

第四师在郝贵林、金策率领下挺进宝清,远征虎林、抚远,游击勃利、密山。曾与抗联第四军第一师、第六军第三师和第七军并肩战斗,多次与日伪"讨伐队"交战,摧毁许多反动大排防所,在勃、密、虎、宝地区取得一系列胜利,其所部在反日义勇军中发挥了中心领导作用。

第五师在景永安指挥下,在护送北满临时省委代表朱新阳去苏联至国境线时,于1936年11月30日夜11时,一举攻克了佛山(今嘉荫)县城。战斗中消灭日本侵略者十余名,逮捕了伪佛山县县长夏虞卿,击毙了伪警长董宪洲,解除了日伪国境监视队武装,队副桥本被击毙,缴获步枪二十支,轻机枪一挺,无线电台两部,现款万余元,沙金百余两,大批弹药、军需品,另有一批重要军事地图与日伪秘密文件。第五师攻占佛山县城后,街内张灯结彩,红旗高悬,广大群众热烈欢呼抗日联军攻城胜利。第五师指战员召开群众大会,宣传党的抗日救国政策。在我军胜利战斗号召下,百余名青壮年参加了抗日联军。一时,整个城内到处都呈现出一派胜利

---

① 《赵尚志致谢文东的信》(1937年),存中共黑龙江省委党史研究室资料室。

喜悦的景象。第五师攻袭佛山县城是抗联第三军重要战事。对于这次战斗,日伪当局有一记载,现援引如下:东北抗日联军第三军赵尚志及其匪团,在三江省萝北乌云一带出没无常,活动频繁,给我在治安肃正工作上造成很大困难。该匪团在赵司令统率下,积极配合他匪,达四百名兵力(骑兵约一百五十名),在袭击萝北县老沟、火烧营各金厂及其他一些部落后,其装备和给养大为加强,兵员亦获得补充。故遂拟北上袭击乌云、佛山县城。当时守城池的仅有日系参事官以下警察五名,满系警务局长以下二十七名,国境监视队日人军官以下三十名,每人只有步枪一支(其中手枪四支),另有猎枪四十支,手枪三支不能用。趁县城兵力不足之际,分兵三路同时向县公署、警察署,国境监视队发起攻击,并首先捣毁无线电台、有线电话,割断县城与外部联络,处于孤立状态。进而解除国境监视队武装。县公署虽有吉村参事官,五十岚指挥官以下十余名警察奋力据樯防战,但终因内无充裕兵力,外无援军而撤出。另佛山驻军二十七团三连一排,由于检本中尉光荣战死,田少尉下落不明而败退。全城就这样于次日下午二时陷落。除吉村参事官,五十岚指导官三名逃出外(参事官因受伤殉职),县长及警务局长被掠走。此际县城变成匪团的乐园,到处悬挂红旗,积极进行煽动,掠夺和赤化宣传。当我六日各地援军和日满讨伐队到来之际,匪团已于五日五时撤走。事后经我调查,此次损失为:战死日人九名,满人三名,计十二名,负伤八名(内重伤日人二,满人三)。掠去人员八名(四名归来),长枪五十支、子弹一千一百五十粒、手枪一支、子弹三十五粒。另坏猎枪四十支、破手枪三支。公用被服四百八十九件,警刀二十一把,马九十三匹,现款七万元,烧毁县公署、警察署、义仓、参事官寓所,共值二万六千元。匪方击毙六、伤九,其他不详。"①同时,《大同报》《盛京时报》分别以《佛山县公署被匪贼包围,国军急忙救援》(12月3日)和《佛山县城匪事猖獗》(12月5日)为题对抗联第三军五师活动进行了报道。

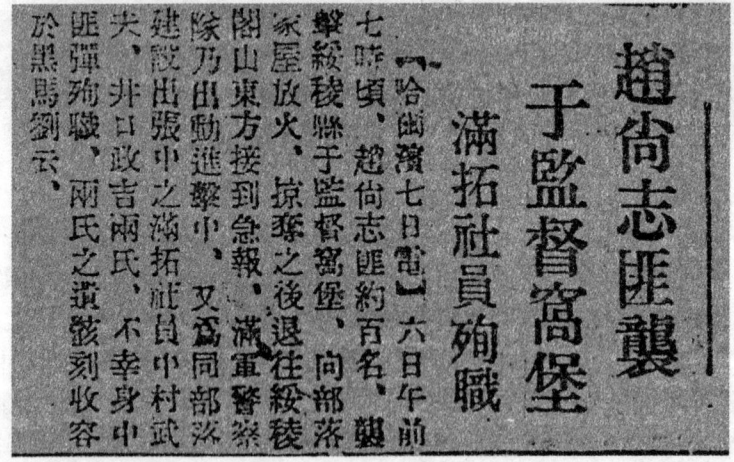

日伪关于赵尚志所部袭击于监督窝堡报道

第六师第五十四团于巴彦、木兰一带活动,不时攻袭敌人据点,使日伪惊恐不安。

---

① 《黑警司第646号之22》(1936年12月8日),载东北烈士纪念馆编《东北抗日战争史料汇集》(附录四),第14页。

第九师一部积极地活动在庆城、铁力、绥棱一带,广泛开展毁木营、缴局所的游击活动,破坏了日本侵略者经营的木业,使其受到很大损失。此间,该部还取得了庆城十六道岗、绥棱阁山、双泉镇、郝大干屯、于监督窝堡等战斗的胜利。

1936年秋到1937年春,在半年多时间里,赵尚志指挥第三军部队向黑龙江、嫩江流域远征,有力地牵制了敌人的兵力,在战略上打乱了敌人的部署,使第三军各部顺利地实现了分头突击、主动对敌作战。这期间,抗联第三军部队开展的游击活动从松花江流域的汤原、依兰、通河、方正、木兰、巴彦到黑龙江沿岸的逊克、佛山;从小兴安岭山麓的铁力、庆城、绥棱到北黑铁路沿线的海伦、通北、北安、龙门,纵横数千里,大小百余战,杀伤敌人八百余名,俘虏三百多人,攻袭城镇二三十座,缴获大量轻重武器和弹药,取得了辉煌战果。东北抗联各部队反"讨伐"斗争的胜利,使日本侵略者深感头疼。日本陆军次相梅津美治郎于1937年2月23日在下院回答民政党议员关于日本在"满洲国"进行的"讨伐"抗日军问题时,宣称他不敢说到底还需要多少年份才能完成对"满洲国"内抗日军的"讨伐"。

赵尚志正确的反"讨伐"斗争战略部署及亲率队伍进行远征的实现,使第三军冲破了1936年秋冬敌人布置以宾、木、通、汤、依五县为中心的"大讨伐"。保卫了汤原后方根据地,开辟了庆(城)铁(力)、通(北)海(伦)等新的游击区域。这为以后——1938年抗日武装斗争进入异常艰苦时期,抗日联军继续在黑嫩平原开展游击战争,创造了条件,奠定了基础。

五、激战"冰趟子"

冰趟子战斗是赵尚志率领抗联第三军远征部队进入通北、海伦地区活动后,与敌人展开的一次规模较大的战斗。

自1937年2月远征部队来到海伦境内,敌人便派出大批兵力不断跟踪、追击、堵截,妄图把赵尚志率领的部队消灭在海伦东部山区。远征部队在山里进行连续行军,与敌人进行巧妙周旋。当部队来到通北县境后,为谋求打击敌人,摆脱这种经常被敌人追击、堵截的被动局面,赵尚志决定伺机设伏,与敌人展开一场激战。他的想法得到了部下们的赞同。

1937年3月初,正是乍暖还寒的时候。

赵尚志率领远征队及六师一部顺着运送木材的山道开进通北东部山里。当年,和煦的春风姗姗来迟,通北山区仍十分寒冷,毫无暖意,冷风不时吹来,山上山下仍然是冰雪覆地。赵尚志率队进山后,便有一股敌人跟踪紧追不舍。战前,赵尚志动员说:"现在的情况是前有各县讨伐大队的阻截,后有日寇和伪军的追击。敌人的目的很明显:一个是想把我们消灭,再一个是想把我们赶到大山里饿死、冻死,我们怎么办?我们要把日本鬼子引进山去打一次硬仗,让鬼子吃吃苦头,知道中国人民是不好惹的。大家说好不好?"战士们齐声说:"好!"赵尚志把手一挥,命令出发。他走在队伍最前头。当部队来到一个山道狭窄,两侧山坡布满茂密树林的地方时,赵尚志命令部队沿山路再继续前走二三里,然后分左右两路上山,沿山脊再向回折返,埋伏在山上树林丛中,并将马匹牵到山后隐蔽起来,等待来敌。

大约两个小时后,百余名敌人"讨伐队"顺着山道沿我军在雪地留下的足迹追寻而来,当敌人全部进入埋伏圈后,赵尚志发出战斗命令。顿时枪声大作,子弹雨点般地射向敌群。敌人"讨伐队"被突如其来的进攻打得晕头转向。敌人十分疑惑:从雪地留下的脚印看,抗日军还在向前方走,怎么会在这山上出现所要追寻的抗日部队呢?

敌人趴在道旁拼命抵抗,当气势汹汹的日本兵进至山腰时,又遭到赵尚志部署的第二梯队的攻击,我军居高临下,四挺机枪一齐怒吼,鬼子伪军应声倒地。此战毙伤日伪军三十余人。我军仅伤一人。缴获敌人一些枪支弹药。

战斗结束后,赵尚志说:"敌人决不会甘心,一定还会反扑,前来报复。"他决定部队迅速转移,把敌人引诱到山里,选好地势,再打它一下子。随后,部队行进至"冰趟子"地方。

"冰趟子"是因冬天附近的山泉水流在一山丘下结成一片冰川而得名。当地人称此地为张破帽子店,这里有几家店铺,过往车马在这里歇息。车道北就是泉水凝成的那片冰川和河沟,车道南是一座岗岭起伏的小山,山上长满低矮而稠密的杂木丛,是个打伏击的好战场。此处建有四幢伐木工人居住的木营,里面有用煤油桶做成的火炉。在这里,赵尚志召集干部开会,他说:"冰趟子这儿地势不错,坚固的四座木营可以固守,沟的两侧是山林,可以设伏;沟口处很狭窄,可以截断敌人退路,又可以打敌人的援兵。"他指着外面那一片平坦的盖着一层白雪的冰川信心十足而又诙谐地说:"只要我们能守住阵地,把日本兵引到冰川上,他就像秃头上的虱子一样,无处藏身。别说他有五十(武士)道精神,就是有六十道、七十道也白搭。"接着,他命令战士们连夜构筑工事,设置埋伏圈,以准备迎击来敌。

3月7日,日军竹内部队守田大尉所率队伍及伪军约七百余名沿山道向我军驻地方向赶来。面对武器装备优良、人数远远多于我军的敌寇,全体抗联战士毫无畏惧,他们在赵尚志的指挥下士气高昂,盼望着马上和鬼子大战一场。赵尚志更是镇定自若、胸有成竹。当敌人进入我军埋伏圈时,一支伪军首先被击退,伪军中队长毙命,其余都连滚带爬地往回逃。接着,约二百名日军从远处耀武扬威地扑向我军占据的木营。但敌人在冰川上站不住、走不稳,很快队形就乱了套。这时,我军的六挺机枪猛烈地向敌人射击,不可一世的日军被打得人仰马翻。一些趴在冰上还想拼命还击的日本兵也被迅速打退。

敌人的第一次进攻遭到了失败,但后援部队乘爬犁又至。敌人稍加整顿,又连续组织了第二次、第三次进攻。敌人依仗人多势众,猛烈向我军冲击,战斗愈演愈烈,处于胶着状态。这时,一股敌人占据了我军驻地左侧一座木营。赵尚志见此,命令少年连趁日军立足未稳,要坚决夺回这一阵地。少年连代理排长赵有财带领两个班英勇与敌搏斗,木营得失数次,最后终于被英勇的少年连战士夺回。①

当晚,战斗仍在继续。战士们在木营墙壁上挖了一排排枪眼,院套的矮墙也成为战士们利用的工事。因山里夜间天气寒冷,枪支冻得打不响,士兵的手指也冻得麻木不能弯曲扣动扳机。战士们就换班轮流到木营里在火炉旁烤枪、烤手,然后再去出击。枪声密集,喷出无数条火舌。我军主力依托木营和院套顽强阻击,另以小股部队隐蔽在道北河沟,拦腰射击敌人左侧翼。因河沟隔了一大片又光又滑的冰川,敌人不敢前进,只是集中火力攻打木营。但天空漆黑,无法瞄准,敌军的几次进军皆被打退。后半夜,气温骤降,趴在冰雪中的日本兵被冻得无力还击,枪声渐渐稀落。此时,赵尚志估计到敌人将会在沟口撤退,于是命令加强沟口堵击

---

① 张光迪:《从珠河到北安》;张祥:《回忆冰趟子战斗》。

力量。果然不出所料,敌人开始撤退。我军在沟口处与敌激战一小时,又出奇制胜地杀伤大批敌人。

日伪关于赵尚志指挥冰趟子战斗击毙日军队长守田大尉的报道

战斗结束后,赵尚志命令连夜打扫战场,搜集敌人的武器弹药,然后率队撤退。这次战斗日伪军死伤三百余人,其中被击毙者二百余人,枪伤、冻伤一百余人。① 被击毙者内有日军队长守田大尉、准尉津田庆一、曹长高山五郎、曹长天野松治、伍长三井勇三、通北县警务指导官福田政雄等。同以往历次战斗一样,日伪当局为掩盖事实真相,在报道战况时,谎说抗日军被"击溃","竹内部队灭赵尚志。"② 少报日伪军伤亡数人,只说守田、福田战死,十名负伤,冻伤若干。日寇也有说死亡三十一人者。但事后从地方关系了解到这次战斗打死三四百鬼子,我军撤退后,敌人用大板车往回拉死尸。③ 可见死亡者之多。在这次战斗中,我军缴获大批武器弹药及许多敌人运送给养的马爬犁和大量米肉、服装、军毯等物资。此次战斗,第三军牺牲七人。

冰趟子战斗是赵尚志指挥抗联第三军远征部队进行的一次较大战斗。此战是在敌我力量

---

① 冰趟子战斗歼敌数字,《东北抗日联军斗争史》记载歼敌300人(人民出版社,1991年2月版,第270页)。参加此次战斗的抗联老同志张光迪回忆毙伤200余人;张祥回忆消灭日寇300多人。

② 《大同报》(1937年3月11日)。

③ 《访问蒋化峰同志记录》(1964年5月6日)。

相差较为悬殊的情况下进行的。我军指挥员赵尚志以正确的指挥,充分利用天气时令、地形地物,并激发战士们英勇顽强的战斗精神,把握住了天时、地利、人和三者的统一,采取巧妙的伏击战术,最终战胜了日伪军"讨伐队"。冰趟子战斗是以较小代价换取巨大胜利的一次抗联斗争史上著名战例之一。

冰趟子战斗结束后,赵尚志决定留下一部分队伍参加第六师第七十三团继续在海伦一带活动。而他率领第一师一部和军部少年连共一百五十余人,继续向北远征,向龙门一带挺进。3月下旬,所率部队到达龙门炭窑后,日军竹内部队町田少佐率"讨伐队"疯狂扑来。3月27日午后2时,赵尚志指挥部队埋伏在龙门东南十二公里处大道两侧树林内。当敌人进入埋伏线后,即遭到突然袭击。町田少佐、渡边孝雄准尉、小山三男军曹等二十名敌人当场被击毙。余者狼奔豕突,仓皇溃逃。此战,我军缴获轻机枪一挺,掷弹筒一个、步枪二十余支。

龙门战斗后,日军飞机追踪、轰炸三日之久。部队在以后行军途中,不断遭到敌军阻截追击,受到一定损失,加之在艰苦条件下伤病员无法得到有效医治,部队减员至百人左右。4月中旬,远征部队北进至逊河。4月18日夜晚,部队于逊河县松树沟西南方无底河畔宿营,由于行军过于劳累,人困马乏,山上布置的数名岗哨也都睡着。结果,部队遭到追寻我军、意欲为在龙门战斗中被我军击毙的町田少佐报仇的日伪军步骑兵的偷袭。战斗中,远征部队牺牲三十一人,马匹全部丧失。经激战,赵尚志率队冲出敌围。逊河战斗所受损失使赵尚志痛心疾首。他黯然垂泪,深悔自己过于疏忽,深夜未能亲自检查岗哨,而致使部队遭敌偷袭,牺牲许多战士。但对于这次战斗,敌人也不得不佩服我军指挥员英勇果断,指挥有方。日军竹西大尉在4月21日向山部队长报告战斗状况时说:"匪亦知先机制人,回转退路",承认我军作战"亦有可观处,比普通匪贼不同",并说"稍加训练满可造成优秀无比之军队"。①

1937年4月下旬,赵尚志率领第三军远征部队踏上归途。他们徒步行军于小兴安岭莽莽林海之中,每天以橡子、松子充饥。突破敌人数次堵截,克服重重困难,经半个多月艰苦跋涉,终于胜利地返回汤原后方根据地。

---

① 《大同报》(1937年4月26日)。

第八章 为了配合全国抗战

一、远征归来

赵尚志及所率远征部队风尘仆仆,走完了艰难的远征归程,返回汤原根据地。他与远征回归部队一起在汤原北部岔巴气地方休整。

初春时节,阳光明媚,暖风吹来,小兴安岭经一冬天沉寂渐已苏醒。地上的野草发出嫩芽,林木枝条开始泛绿。

在部队休整期间,十分关心、体贴部下的赵尚志当了一次"红娘"。在汤原根据地小西沟军部所在地,他给一直随他参加远征的第三军一师师长(原五师政治部主任)蔡近葵当上媒人。原来,他见到在第三军被服厂工作的、一年前参加抗联的于桂珍(原汤原伪森林警察大队队长于祯的女儿)经过锻炼,已经成长为一名勇敢的抗联战士,便想到把她介绍给蔡近葵。蔡近葵见赵军长给保媒,于姑娘又年轻貌美,自然十分高兴。在征得蔡近葵、于桂珍两人同意后,赵尚志当"月下老",在他亲自主持下,为蔡近葵、于桂珍举行了婚礼。赵尚志还分别给蔡、于两只金戒指,让他们互相交换,并祝二人百年好合。事后,赵尚志还就此事以军长名义发了通知,证明此桩婚事。这桩婚事政治意义很大,对于团结参加抗联的伪军警起义人员,特别是坚定原汤原伪森林警察大队队长于祯等人的抗日信念,使其真正认识中国共产党及其领导的抗联部队的性质都很重要。于祯率部起义参加抗联后,先在抗联第六军游击队任职,后到抗联第九军任副官长。于祯见赵尚志真是贯彻抗日民族统一战线政策,实行从事革命不分先后,参加抗联不分早晚,真诚对待自己,也深受感动,抗日信念更加坚定。他工作认真,任劳任怨,为抗联第九军的发展和团结作出过贡献。以后,于祯及其部下宋喜斌、乌青林(鄂伦春族)、元宝(鄂伦春族,后任赵尚志警卫员)等都先后光荣地牺牲在抗日战场上。

1937年5月间,根据抗联第三军司令部的命令,第三军留守第一团也来到军部所在地这里。留守一团是同年年初组成的,团长崔春秀、政治部主任于保合。其成员多是各密营中伤病已愈归入队伍的战士。全团近二百人,编两个连。一连活动在乌伊岭、佛山(今嘉荫)、萝北一带;二连在汤旺河沟里后方活动,负责征收毛皮捐款、屯垦耕地、准备给养等工作。该团一连曾于同年二、三月连续攻占了佛山县马连站、嘉荫河金矿、金满沟金矿。4月末又打了老道沟金矿,在这次战斗中,一连连长王玉生不幸牺牲。

留守一团来到后,赵尚志发现一连连长王玉生没有来,便十分关切地问团政治部主任于保合:"王玉生到哪里去了?"于保合报告说:"在攻打老道沟战斗中,他牺牲了。"赵尚志是个很重感情的人。他听到王玉生牺牲的消息,联想到远征途中牺牲的许多朝夕相处的战友,内心十分悲痛,脸色马上变得忧郁哀伤。在革命队伍中,最大的不幸莫过于同伴、战友在枪林弹雨中先于自己而牺牲了。王玉生是赵尚志的老战友,1933年11月,他被省委派到珠河反日游击队工作。当游击队只有二十几名队员的时候,就有王玉生一个。如今,他牺牲了,赵尚志怎么能不伤心呢?王玉生为人豪爽,作战英勇,与赵尚志脾气相投,也深得器重,以后被任命为第三军第三师师长。一次,因王玉生饮酒过多,兴奋得不能自制,竟在大白天无故鸣枪,违犯了军纪。为此,赵尚志撤掉了他的师长职务,调他到联军政治军事学校任军事教官。以后又因工作需要,由军校被派到留守一团任连长。王玉生能上能下,由师长而任连长毫无怨言,工作、战斗总是带头向前,屡建战功。赵尚志虽然处分了他,但心里总还是惦记着他。当留守一团政治部主任于保合向赵尚志汇报完王玉生牺牲经过后,觉得对不起军长,他请求说:"老道沟这次战斗没有打好,王玉生不幸牺牲我有责任,请军长给我处分吧。"赵尚志说:"胜败乃兵家常事,免除处分,认识到责任就好,吸取教训,狠狠打击敌人。"

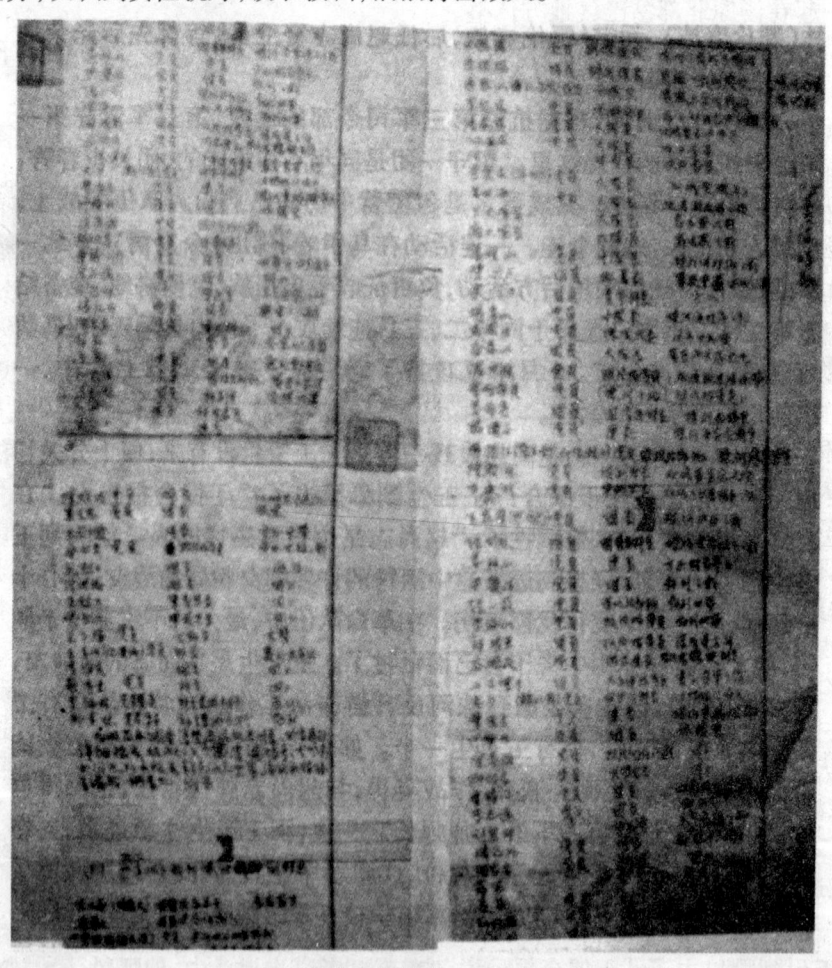

盖有赵尚志印鉴的第三军烈士名单

如前所述,在1936年秋至1937年春的半年多时间里,赵尚志亲率第三军军部直属部队向黑龙江、嫩江流域远征,部署其他各部相互配合,分头突击,主动对敌作战,拓宽了游击区域,冲破了敌人布置的"大讨伐",取得了重大胜利。然而这一胜利是付出重大代价的。在反

"讨伐"斗争中,第三军指战员经历了难以用笔墨形容的无数艰难险阻,伤亡了许多将士,而王玉生仅是其中之一。对于那些为抗日救国而流血牺牲的烈士,赵尚志每每想起他们时,内心总是萦怀痛悼之情,并深感内疚。他的这种心境曾在给部属的一封信中,这样表述过:"我北征归来,目睹与回想起三军几百将兵在流血伤亡,无药无食的滋味,及各方转战的部队,冻馁艰苦的交加,虽属各具其抗日的光荣,但党及三军将士,以全责付我,而领导无状,尚志个人,清夜扪心,尚敢贪天之功,以邀个人的声誉,不忠于党,不忠于革命,不知将何以对我死去的和现在的同伴们,我是否便引退将何以自处?"①赵尚志这段引咎自责的话,深刻地表达了他对抗日救国事业的无比责任感以及对抗日将士的深厚感情。在部队休整期间,他表示在抗日游击战争中,要继续领导部队取得更大的成绩,来回答党及人民的期待,为光荣的死者复仇。

赵尚志率远征部队抵达汤原岔巴气,进行休整时,得知在其率队向铁力、庆城、绥棱、海伦、通北远征期间,吉东、北满党组织曾围绕《王康指示信》及其补充指示信中提出的一些政策、策略问题展开了一场争论。

还是在1936年12月,珠、汤联席会议结束之后,中共北满临时省委派交通员将会议文件抄送吉东党组织,以为这些文件"对全满工作上都有极大意义",并希望"详细研究并提出意见"。②吉东党组织和抗联第五军负责同志见到珠、汤联席会议决议草案后,觉得"一切问题是极严重",要求与北满的同志交换意见。1936年12月28日,抗联第五军军长周保中致信第三军第一师政治部主任李福林,希望北满同志南来。信中说:"赵军长同志若不能南来,张寿篯或冯同志务必南来先和我会见。"但此时赵尚志已率队向黑嫩地区远征,冯仲云因公去联军政军学校,其欲与赵尚志、冯仲云会见已无可能。

1937年1月25日,第五军军长周保中又写信给冯仲云、赵尚志、包巨魁(张兰生)、李福林,提出"北满、三军问题若继续延缓解决,实为全东北整个运动发展与严重时期支持斗争症结之一斑"。他希望北满"诸同志迅速召开北满党会",并表示"我无论如何必照与福林和包同志预定联络关系赶来参加会议"。

同年2月12日,吉东特委委员"诵"(于化南)同志以"站在吉东党资格"的身份发出给北满临时省委及第三、六军领导信,较系统地对珠、汤联席会议决议案中的一些问题提出了批评。信中说北满临时省委的同志们"忽略了组织问题。王、康二同志不仅是中共中央委员,同时还是共产国际委员。特别是王明同志又是国际秘书处的书记,负责殖民地和半殖民地总的工作。如果认为王、康是右倾,那么国际和中共中央也是右倾的,这样能说得通吗?"信中指出北满党军的同志是"曲解王康信内保存实力避免干部牺牲为退守策略"。

同年3月2日,北满临时省委执委、联军总政治部主任张寿篯给珠、汤中心县委和北满临时省委写出《意见书》,认为珠、汤联席会议在组织上否定《中代信》是错误的,"是你们自己小资产阶级神经过敏,无端生疑"。

---

① 赵尚志:《给抗联三军九师政治部主任雷炎的信》(1937年11月14日),载《文件汇集》甲50,第69页。
② 《北满临时省委致保中及第五军党委信》(1936年农历11月15日),载《文件汇集》甲23,第6页。

不久，北满临时省委接到了共产国际"七大"文件。省委负责人感到批评《王康指示信》在组织上站不住脚，开始改变看法。认为"《王康指示信》虽然是1935年6月来的，时间性虽然过去些，但如果灵活地运用《王康指示信》仍旧是有效的，是伟大正确的"。而《吉特信》《中代信》在对《王康指示信》了解上"是犯了右倾错误，在具体工作的指示上，因为不了解北满实际情形，过分地肯定而有许多毛病和错误。"①

此后，北满临时省委与吉东党组织之间围绕上述指示信中提出的对伪军、对敌人的"集团部落"和"保甲制度"及1936年10月2日中共驻共产国际代表团《新政治路线信》中提出的"不要把抗日反满并提"等政策策略问题仍继续采取书信往来的形式展开争论。

北满临时省委坚持认为《吉特信》和《中代信》中提出的一些政策及《新政治路线信》中的"抗日反满不并提"的说法是错误的，吉东的某些同志犯了右倾的错误。②并表示不同意吉东党组织不经过考验将谢文东吸收入党及其"到党内看看，明天要出去也好"的观点。

吉东省委（1937年3月成立）对北满临时省委的批评进行反批评："我们向北满同志严格声明，吉特以至中央代表工作中及路线运用上错误部分是显然有的，但其性质与北满完全两样。"③同时，对北满临时省委的看法也由开始时的"所谓路线分歧，实际上不过是工作中执行方式的某些差别"逐渐发展为北满及第三军同志"一贯的左倾，其最大表现作成1936年10月的珠、汤联席会议的决议反国际反中央"④的高度。

与此同时，伴随着对政策、策略问题的争论，北满与吉东的抗日联军部队之间也出现了一些矛盾和摩擦。如北满同志认为第五军由中东路南绥宁地区转移到中东路北松花江南一带活动，对北满已有的东北抗日联军总司令部忽视、不尊重，第五军不应没与抗日联军总司令部商议，即派干部到已参加联军总司令部的第八、九军部队。而吉东党组织认为第三军对第八、九军工作薄弱，也有"左"的错误，吉东应在第五军军部为中心，以一切力量直接援助第八、九新建两军之发展。此外，在各军活动区域、给养、捐税的征收和分配方面相互间也存在一些意见和纷争。

上述情况，因为赵尚志自珠、汤联席会议后不久即组织参加远征，在外指挥战斗，所以他对吉东、北满党组织之间的争论具体过程、内容及联军部队之间出现的新问题并不了解。为了彻底解决政治路线问题、组织问题，取得党内一致，刚远征归来的赵尚志同意北满临时省委其他负责同志的意见，召开一次省委执委扩大会议，并邀请吉东党组织代表、第五军军长周保中前来参加。1937年6月3日，冯仲云代表省委正式向第五军军长周保中及北满党军有关负责同志发出会议通知，拟于端午节前后召开中共北满临时省委执委扩大会议。

---

① 《北满临时省委致保中同志信》（1937年3月31日），载《文件汇集》甲23，第77页。
② 《中共北满临时省委书记老冯致周保中同志的信》（1937年5月2日），载《文件汇集》甲23，第105页。
③ 周保中：《致北满省委（临时）冯同志信》（1937年4月23日），载《文件汇集》甲48，第412页。
④ 《吉东省委给南满省委、道南特委、二军党委的信》（1937年5月25日），载《文件汇集》甲28，第134页。

二、在省执委扩大会议上

北国 6、7 月间,正是"朱明盛长,敷与万物"的季节。小兴安岭上的树木枝繁叶茂,郁郁葱葱,奇花异草纷然杂陈,显示出一派生机盎然的景象。中共北满临时省委执委扩大会议即将在这里——小兴安岭密林深处的汤原县帽儿山(今伊春市浩良河上游 18 公里处)抗联第六军被服厂举行。

为保证会议顺利召开,临时省委决定由抗联第六军被服厂的女战士为会议做后勤服务工作:负责烧水做饭,采集野菜,洗涮衣服等。会议保卫工作由第三军负责。会场外围共布置了三道防线,这是赵尚志亲自安排的。

6 月下旬,参加会议的同志先后从各地赶来。位于丛山密林,极为隐蔽的一幢宽敞的"木刻楞"房屋——第六军被服厂厂房就是这次会议的会场。

1937 年 6 月 28 日,中共北满临时省委执委扩大会议正式召开。

参加会议的有北满临时省委执行主席、北满抗联总司令、第三军军长赵尚志,北满临时省委书记冯仲云,吉东省委代表、第五军军长周保中,北满临时省委常委宣传部长张兰生,省委执委、北满抗联总政治部主任张寿篯,省委常委、职工部长白江绪,省委执委、珠河地方党组织代表魏长魁,省委执委、第三军第一师政治部主任李熙山,汤原地方党组织代表杨同志,抗联第六军军长戴鸿宾①,第六军秘书长黄吟秋,第六军第四师师长吴玉光,团省委书记黄成植等。会议记录员由第三军政治部宣传科长于保合和第六军政治部宣传科长徐文彬担任。

会议由临时省委书记冯仲云同志主持。

这次会议首先讨论了国际、国内形势。在当时国内外敌我斗争资料甚为缺乏的情况下,仅据掌握的有限资料对德意日法西斯的反动趋势与第二次世界大战爆发的危机及国共两党第二次合作的可能、前途作出分析。

中共北满临时省委扩大会议旧址

---

① 原抗联第六军军长夏云杰于 1936 年 11 月 26 日牺牲,而后由戴鸿宾继任军长。

会议着重从政治、经济、军事等方面研究了东北抗日运动的"现势",总结了一年来北满抗日游击运动发展状况。指出:"在北满松花江岸,图佳路、林佳路,游击运动部分地开展着。去冬今春许多城市被进攻袭击。五、八、九军及三军之一部进攻依兰;六军之进攻汤原;独立师之进攻桦川;六军在富锦等地之突围及武装人数之大量增加,重武器之获得;以及三军分遣部队由铁力、庆安、巴彦、木兰以至通北、海伦、龙门、德都方面及乌云、佛山、黑龙江岸及江省东北平原游击运动艰苦血战广泛开展;而且各山林队、义勇军大部已围绕到我党基本队三、六军周围""反日各部队是进步地向着统一方面迈进着。"会议同时指出:1937年,敌人一定会在各方面——政治上、经济上、文化上、军事上、交通上更进一步的向联军展开全线的,即所谓的"治标治本"式的进攻。会议预见到敌人在军事上将要调动更多的日军主力,采取四面大包围,步步为营、长追堵击、各个击破的方针,妄图消灭抗日联军。并且指出"随着日寇的不断镇压和进攻,斗争会不断增加新的困难,这些困难在民族解放战争中是免不了的"。会议满怀信心地宣告:"只要把握吾党中央布尔什维克正确策略,困难是可以克服的、胜利还是我们的。"①

会上,赵尚志以省委执委主席资格代表临时省委做了工作报告,冯仲云对工作报告做了补充发言。

会议在讨论路线问题时,赵尚志和与会的一些同志围绕对待"大事变""抗日反满不并提"②、如何对待敌人"归屯并户"政策和伪军、伪自卫团等问题进行了争论。在这些问题上,赵尚志不唯上,只唯实,仍然坚持自己的观点,对来自中共驻共产国际代表团的《王康指示信》《吉特信》《中代信》和《新政治路线信》中提出的东北抗日游击战争的策略和一些具体政策的某些提法表示反对。赵尚志坚持强调统一战线中的无产阶级领导权,积极开展游击战争,反对"抗日反满不并提"和"不应视满军与日军一样为敌人"、"劝群众归大屯"等政策。他认为来自中共驻共产国际代表团的《王康指示信》《吉特信》《中代信》和《新政治路线信》的主要错误有三点:第一,不是积极抗战,而是消极等待"大事变",为了所谓"积蓄力量"甚至主张混进大屯等待时机,这和中央号召积极开展游击战的指示相反。第二,统一战线是要把一切能够参加抗战的人团结起来,可王康主张"抗日反满不并提",把伪满军说成是难得的同盟军,这是敌我不分。"满洲国"政权及其军队都是日本人的走狗和奴才,是必须予以打倒的敌人,我们绝不能把伪满军当成同盟军。第三,对于敌人搞归大屯做了错误指示,不让破坏归大屯,反而让群众归大屯。劝归大屯只能使敌人高兴,我们吃亏。他说,这一年来,有些地方归大屯以后,给游击区的人民和抗日部队带来这么大的困难,劝归大屯是正中敌人之计,客观上是帮助敌人,割断了游击队和群众的关系。③赵尚志认为,《王康指示信》提出"积蓄力量,等待(按,等待

---

① 《中共北满临时省委执委扩大会议对目前政治形势的分析及关于政治路线的决议案》(1937年8月8日),载《文件汇集》甲23,第153页。

② 《中共代表团:中央新政治路线》(1936年10月2日),见《第五军党委会通告》,载《文件汇集》甲46,第374页。

③ 于保合:《1937年北满省委扩大会议的回忆》(1982年4月1日)。

应为准备)大事变",以及"抗日反满不并提",实质上是一条右倾路线,完全是与党中央指示积极抗日,打击走狗的政治路线相反的,所以我们表示了反对,不应该执行的。①

这次会议上,周保中也对上述问题阐述了自己的意见,但未能说服坚持己见的赵尚志。据周保中在此次会议上所记日记载:"尚志同志认为王康信有右倾,因吉东、东满二、五军工作推测,王康指示信仅从游击运动而未说到全般反日问题。王康指示信中并未对民众暴动斗争写出具体办法。如果上级指示信不能适合下级要求,而落后于客观形势后,则工作必发生困难的问题。"②

会议主持者冯仲云考虑到周保中一再强调的组织原则,觉得北满的做法,在组织上站不住脚,没继续坚持珠、汤联席会议确定的政治路线,承认有错误。③会议经过讨论,作出《中共北满临时省委执委扩大会议对目前政治形势的分析及关于政治路线的决议案》。由于赵尚志的坚持,会议通过的决议只是承认珠、汤联席会议存有部分缺点、错误,而其主导方面是正确的。省执委扩大会议决议中指出:"虽然珠、汤联席会议在政治上、组织上有错误和缺点,我们不能拿这些个别问题来反对整个联席会议的正确性。联席会议无论如何还未离开国际中央政治路线,还不是小组织活动或是反党。而在当时右的精神之下,在理论上打击了右倾机会主义的严重错误,确定了正确的中心工作任务,在政治上、理论上、思想上、实际工作之中获得了相当成绩和效果。"

决议在谈及政治路线问题,对《王康指示信》的看法稍有改变,而对《吉特信》《中代信》仍保留原来看法。决议指出:"应当了解全民反日统一战线是东北党战胜日本帝国主义的唯一的策略路线。""虽然王康信未有把每一个斗争运动问题都详细的更具体的指示,但总的精神是正确的、积极的、前进的、斗争的。"《吉特信》《中代信》"这两封信的内容缺乏积极领导斗争的精神,如对于户口保甲制度问题,只提出不宜烧毁一切门牌和户口册子,未能清楚指示出在游击活动区域里某种活动情形不同、采用不同的策略来处理等。对于敌人归大屯的策略,只提出我们应该不反对我们的群众到大屯去……但是未曾指出敌人开始进行归大屯时候,群众不愿意到大屯的激烈反抗的斗争如何领导等等。对满兵的策略,同样未给以更实际的指示,特别是许多问题提的单纯和不适合于当时当地环境的提法,站在满洲积极斗争的环境中看来,这两封信是有右倾精神存在,实际上,使下级更曲解王康指示信,更落在右倾泥坑里。"从上述决议看,此次北满临时省委执委扩大会议仍坚持认为《王康指示信》有缺点,("未有把每一个斗争运动问题都详细的更具体的指示"),《吉特信》《中代信》有右倾精神存在。应该说,这是代表着赵尚志的思想认识的。

实际上,当年北满、吉东的同志,虽然对《王康指示信》及补充指示信中提出的一些政策、策略及《新政治路线信》提出的"抗日反满不并提"等看法不同,甚至相互间以"左"倾、右倾进行指责,但是在坚持党的抗日民族统一战线,坚持党的抗日救国总政策上是没有分歧的。因

---

① 徐文彬:《1937年7月中共北满省委扩大会议情况》(1983年4月4日)。
② 《周保中日记》(1937年6月28日),载《文件汇集》甲40,第313页。
③ 《访问冯仲云同志记录》(1965年12月16日)。

此,对于这场争论,不宜从当时双方所持的论点简单地判断哪个地区、部队的领导代表和推行了"左"的或"右"的路线。此次会议,北满临时省委和吉东省委还联名起草了《关于拥护党的巩固一致通告》,强调进行自我批评、团结一致,这是很可喜的。但在以后的日子里,赵尚志却被错误地戴上了"反党左倾关门主义路线主要推行者"的大帽子,这实在是不应该的。

  会议期间,赵尚志对临时省委主要领导同志在讨论问题时,观点动摇不定很有看法。他表示对省常委"没有信念",对全会"没有信心"。讨论问题中,他情绪急躁,有时发脾气,耍个性。对此,与会同志向他提出批评。指出他"个人骄纵",存有"小资产阶级情绪的观念,英雄主义的色彩。"赵尚志对于会议给予他的批评表示接受,承认自己犯有的错误与存在的缺点。他向执委会提出要求,把会议对他的批评整理成文,送给中央及发给第三军各级党部去讨论,以便使全党上下级都能对他予以更切实际的帮助,督促其改正错误。赵尚志对自己缺点所抱有的决心改正的态度得到了与会同志的称赞。会议根据赵尚志的要求,于7月12日形成了《北满临时省委执委扩大会议对赵尚志同志批评的决议》。决议中列举了赵尚志身上存在的"不耐心教育下级同志,对党政工作高兴就抓紧,不高兴就放松,不虚心研究文件,不写应有的文件及指示,小资产阶级情绪的观念,英雄主义的色彩"等错误及缺点,并指出"大会诚恳郑重地要求赵同志应该忠实接受承认这一批评,在实际工作中要彻底改正。"

  北满临时省委执委扩大会议根据会议议程还讨论了其他问题。赵尚志同与会的同志们探讨了吉东、北满抗联各军之间关系及对第八、九军领导归属等问题。经过讨论协商,交换意见,对吉东和北满抗联各军在军事上配合行动及第八、九军领导归属等问题达成了协议。会议根据吉东、北满抗联部队面临的敌人"讨伐"形势指出:"首先党直接领导之下抗联各军,应当互相声援,提携一致,配合行动,突击竞赛,开辟新的游击区,克服运动不平衡发展,冲破敌人新的进攻与'讨伐'。解决武装与供给的困难,加紧队内党政工作,扩大与巩固党领导下的基干队伍,积蓄实力,提高战斗力,学习新的战斗技术,培养大批军政干部,注意保护干部,加强非党直接领导之下各军党政工作,不断地领导他们获得军事胜利。在政治上提高他们的觉悟,使之基本化,组织上领导系统的集中统一化,使一切武装力量加紧团结在我们的周围。"①会议决定抗联第四军、第五军、第七军、第八军、第十军隶属吉东省委领导,第三军、第六军、第九军和抗联独立师(后改编为第十一军)归属北满临时省委领导。会议还决定将东北抗日联军总司令部改为北满抗日联军总司令部。

  会议选举张兰生为北满临时省委书记,魏长魁为组织部长,冯仲云为宣传部长。会议决定调任张寿篯为第三军政治部主任,李熙山为第九军政治部主任。

  北满临时省委执委扩大会议尽管与会同志争论问题十分激烈,在一些问题的看法上未尽统一,但是,整个会议是民主的、生动的、活泼的。会上,同志们都能畅所欲言,深入认真地探讨所要研究的问题;会下,与会人员经常利用晚上休息时间与能歌善舞的被服厂同志、警卫队员开联欢晚会,演出文艺节目。无论是赵尚志,还是周保中,和同志们一样,都十分高兴,

---

  ① 《中共北满临时省委执委扩大会议对目前政治形势的分析及关于政治路线的决议案》(1937年8月8日),载《文件汇集》甲23,第154页。

看不出他们因对某些问题存有分歧而产生了什么隔阂。特别值得提出的是：在当时，吉、北两省委间关于路线、政策、策略问题进行的争论，主要是在省委、抗联高级领导人即上层进行的。对于这些争论，他们没有向基层，向一般战士扩散，没有在基层造成负面影响，这说明赵尚志及周保中、冯仲云、张寿篯等领导同志的党性是强的。

会议期间，还有两对抗联战士结为夫妇。赵尚志、周保中等为他们筹办了婚礼。这两对新婚夫妇是第三军政治部宣传科长、会议记录员于保合（满族）与第六军被服厂抗联女战士李在德（朝鲜族）；第六军第四师师长吴玉光（朝鲜族）与第六军被服厂抗联女战士李桂兰（汉族）。在会议休会期间，有同志见为会议服务的有许多年轻的男女战士，便说："这里有这么多的小伙子、大姑娘，应让有缘的结成百年之好哇！"赵尚志表示赞同，他问第三军政治部宣传科长、会议记录员于保合（当时名叫万内）："小万，你眼光高，不知你相中哪位啦？"于保合爽快地说："我看第六军被服厂的李在德很稳重，不知人家愿意不愿意。"赵尚志考虑周到、细致，让冯仲云前去第六军被服厂厂长裴成春那里了解情况，并表示他愿做媒人。于保合、李在德见面后，情投意合，心心相印。另有吴玉光、李桂兰两人也愿通两姓之好。

就这样，这两对战友在革命战争中建立起友谊进而结成伉俪。大家都为这两对不同民族的革命战士的新婚而感到高兴、欢乐。被服厂厂长裴成春和李明顺（李敏）、穆淑琴等同志在山上采来许多姹紫嫣红、娇艳烂漫的山花，把由会场改为的礼堂装饰一新，把新郎新娘也打扮得格外光彩。结婚仪式由周保中主持，赵尚志作证婚人。典礼仪式上，周保中和赵尚志做了热情洋溢的讲话，向两对新婚夫妇祝福，为各民族在抗击日本帝国主义侵略战争中团结战斗，凝成深厚的友谊而欢呼喝彩。赵尚志特别勉励他们，在今后漫长的革命征途中，要互相关心，互敬互爱，携手抗日，白头偕老。赵尚志是热心为人帮忙的人。不久前，他曾为蔡近葵与于桂珍当介绍人，举办了婚礼。现在又给于保合与李在德当介绍人、证婚人。他积极促成别人百年好合，而他却从不考虑自己的婚事。他依然坚持自己早已陈明的己志：不把日本侵略者驱逐出去，就不结婚，不成家。会上，其他同志也都纷纷向两对新人表示祝贺，欢乐喜庆的热烈气氛洋溢在每个与会者心头上。会议期间的这两对不同民族的革命战士成婚，一时在抗联队伍被传为各民族亲密团结、谊重情深的佳话。

中共北满临时省委执委扩大会议开了十天左右宣告结束。这次会议虽未彻底解决对《王康指示信》及《吉特信》《中代信》《新政治路线信》中一些问题认识上的分歧，但对于推进吉东与北满两地的党组织、抗联部队的联系，相互了解和团结，还是起到了重要作用的。

执委扩大会议结束后，赵尚志对党军内部因对《王康指示信》及《吉特信》《中代信》《新政治路线信》的认识不一而引起的分歧感到忧心忡忡。自珠、汤联席会议之后，北满临时省委为了试图澄清种种问题的是与非，曾派代表朱新阳去莫斯科或致信询问中共驻共产国际代表团，但音讯皆无。对此，赵尚志感到很难理解。省执委会议结束后，赵尚志又于7月17日、8月28日、11月26日三次给中共驻共产国际代表团（代号祥、祥兄）写信。信中除汇报请求北满临时省委这一临时组织今后怎样决定，抗日联军总司令部是否取消改造为路军总指挥部及关于义勇军、统一战线、反敌人"讨伐"布置等问题外，还着重汇报了吉东、北满两省委关系问题。在7月17日的信中谈道:"由吉东转来的抗日反满不并提,说的很单纯。我们为了这个问题,吉东、北满发生很多争论,希详细指示。带去之北满扩大会议路线问题、政治分析请详细批评。"①在8月28日的信中谈道:"北满党与吉东党过去的,直到现在的政治意见的争论,如反满抗日并提不并提的问题,对归屯的策略、满兵的策略及各种比较复杂问题等,曾有激烈争论。"信中请求说:"你们应当详细的考察以后,给我们答复,以免我们彼此工作中不断发生隔阂。"②在11月26日的信中恳切地说:"我们累次派交通员关系去,已送过很多文件,除今夏日来一次交通外,连我们派送过去的人也没有回来一个。摆在目前的紧急战斗任务,使得我们不得不要求国际和中央的直接领导与帮助,如果认为我们有错误时,可派人来纠正我们的错误,现在我们队伍在沿国境线各地活动者很多,也容易找到。如果不是这样,认为有特别困难时,可指定叫谁去,我们一定去,好研讨各种工作及接受新的工作指示。我们这里还有许多文件,是不是还继续送过去呢?请速答复。"

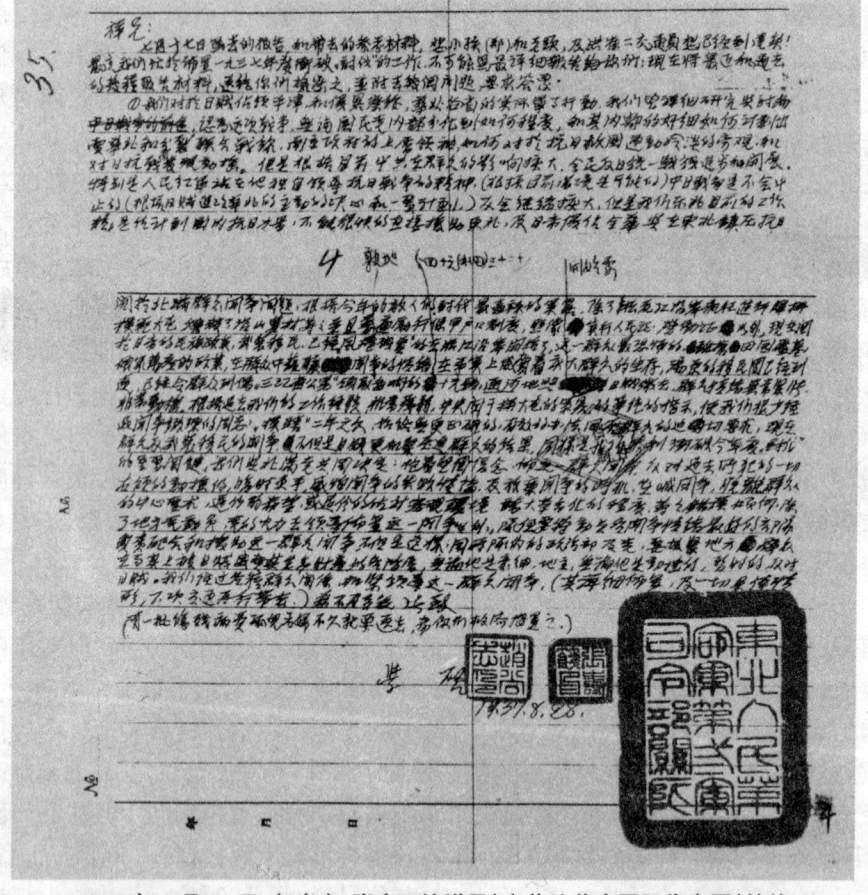

1937年8月28日,赵尚志、张寿篯给祥兄(中共驻共产国际代表团)的信

---

① 《百松给祥的信》(1937年7月17日),载《文件汇集》甲23,第136页。(百松即北省)
② 《赵尚志、张寿篯给祥兄的信》(1937年8月28日),载《文件汇集》甲49,第319、320页。

8月26日，中共北满临时省委就组织问题中各种事件致信中共驻共产国际代表团，要求与中央建立直接关系："我们坚持着要求中央直接关系，在此复杂纠纷时我们只有经过直接关系才能有自信心，我们要求中央经常的及时的给予我们以正式的直接关系的指示。我们不同意各种非正式任意的，不能凭信口头传达或很简短的纸条写几句简短的话，就作为政治上的指示。如关于'反满抗日不并提'问题所给与五军的指示，以及经过各种横的关系不负责任的各种传达等。在各方面不同传达中，常常是差别和不同而引起误会和曲解，这样在我们工作执行中是非常困难。"信中特别强调东北党组织和军队需要统一。自满洲省委被撤销后，东北各地的党组织和抗联部队一直没有统一的领导机构，他们在某些对敌斗争政策、策略的认识和执行上存在的分歧，无从得到适当解决，对此，信中说："我们坚决要求中央能切实的派负责人员来解决各种复杂问题。在现时东北无论各方面党和军都需要统一和一致。在现条件下，各部队各地方党都独立工作，如果仅从横面的关系来解决问题，意见纠纷，无所适从这一统一和一致是很困难的，既能初步一致，也不会强有力的。""如何冲破1937年度大讨伐，首先是党内取得一致，联军取得统一，有计划的分头活动。敌人的各个击破，集中力量打击某某特殊英勇部队的毒辣策略，才能无效。然而一致与统一需要东北党应有一个中心领导或中央驻东北代表，当然是应该强有力的，但也不能如过去远在××地（按，指苏联）。""过去满洲省委虽然有很多错误和缺点，但是在党内中心领导作用方面尚有其成果，而现在分成各省委，不但敌人同样能知道，事实上未曾秘密，反而自满洲省委取消后各地失去了关系，得不到及时领导，而且党内造成更多的纠纷，使工作受到极大的损害。"①此信是以省委名义写出，其所述内容，关于要求与中央建立直接关系，要求中央派负责人员来解决各种复杂问题，东北党应有一个中心领导或中央驻东北代表，对驻共产国际代表团撤销满洲省委有意见（满洲省委取消后各地失去了关系，得不到及时领导），无一不是作为省委执委主席的赵尚志的观点。

上述赵尚志及北满临时省委所致中共驻共产国际代表团信中，所提出的种种问题和要求，身在对敌斗争最前线，紧张领导抗联部队进行游击战争的赵尚志，无时不在急切地等待代表团予以明确的回答或指示。

然而王明、康生对吉东、北满两省委围绕《王康指示信》及《吉特信》《中代信》《新政治路线信》提出的策略、政策问题的争论及对东北党的工作因他们撤销满洲省委而使失去统一领导机关而造成的组织关系紊乱，抱着弃之不管的态度。他们对赵尚志、北满临时省委请求解决问题的信件未予以任何指示或答复。正因如此，北满临时省委执委扩大会议之后，吉东、北满两省党组织围绕所谓路线问题仍各执一端，在不停地采取书信往来的形式继续进行争论。以后，北满省委内部还展开了"反倾向"斗争。这种争论一直到1940年初才告结束，其影响为时更远。据不完全统计，自1936年末到1940年初，吉东、北满两省委及北满省委内部涉及所谓路线争论和"反倾向"斗争问题的来往信件、报告、决议、声明书、意见书多达一百一十七

---

① 《中共北满临时省委关于组织问题中各种事件给中央的报告》（1937年8月26日），载《文件汇集》甲23，第240、241页。

件,许多文件长达几千字,有的上万字。这种争论、斗争无疑令"亲者痛,仇者快"。日伪当局称这种斗争为"吉东、北满两省委间之倾轧斗争",他们看到由于这种斗争,使"中共东北党(军)最近无论主观方面以及客观方面均处于最困难之恶劣条件下"。①应该说王明、康生对吉东、北满两省党组织争论的加深和东北党组织关系的紊乱,及由此造成的影响、损失,即吉东、北满两省委的不团结,因争论问题牵扯精力,造成的内耗,削弱了对敌斗争的力量等不良后果是应负有重要的、直接的责任的,他们理应受到谴责。

三、掀起新的抗日浪潮

穷兵黩武的日本帝国主义为扩大侵略,把全中国变成日本的殖民地,把四亿五千万中国同胞变成日本的亡国奴,重演"九一八"事变故伎,制造借口,挑起事端,于1937年7月7日发动了震惊中外的"卢沟桥事变"。

炮火、硝烟、鲜血……把卢沟桥上的石狮惊醒了,震怒了。

平津危机,华北危机,中华民族危机。日本帝国主义的侵略行径遭到了中国守军的反击,遭到了全中国各党派和全国各族人民的强烈反对。

中日矛盾的尖锐化,使中国国家和中华民族的存亡到了千钧一发的最危急的时刻。在全中国各党派、各阶级、各集团面前,摆着两条道路:一条是继续内部分裂、屈服日寇,沦为亡国奴;一条是团结起来,同仇敌忾,争取国家的独立,民族的生存。伟大的中国共产党以中华民族利益为最高利益,毅然放弃了"为苏维埃政权而斗争"的口号,提出抗日救国十大纲领,力主走团结御侮,争取中华民族独立与解放的道路。

由于中国共产党和全国人民的共同努力,第二次国共合作,在共同对日作战的基础上得以实现。这样,自1931年"九一八"事变以来的东北地区的局部抗战发展成为全国的对日总抗战。东北抗日游击战争也开始进入了一个新的时期。这个时期的显著特点是东北抗日战争已由孤军独战的状态,成为全国对日总抗战的一个组成部分。随着东北抗日游击战争的这种总的战略地位的变化,积极开展机动灵活的游击战,扰乱敌人后方、破坏其运输、电信、兵站,牵制日军入关,配合关内抗战就成为东北抗日联军的战略任务。

"七七事变"爆发后形成的全国总抗战的有利形势,使东北抗日军民受到很大鼓舞。同年9月18日,赵尚志以东北抗日联军总司令的名义与副司令李华堂、总政治部主任张寿篯联名发出《东北抗日联军总司令部②紧急通令》。《紧急通令》严正指出:"中日战争现已全面展开,举国一致,以抗战驱逐敌人,争取民族解放的时机已经到来。因此,中国同胞必须迅速崛起,救国光复东北,以赢求民族解放和国土完整"。《紧急通令》号召北满人民为援助全国抗日战争紧急行动、武装起来,袭击消灭敌人部队;反对敌人劳役、征发粮食、征发人夫;破坏敌人兵站、仓库和交通;反对归屯并户和建立"集团部落";积极参加抗日

---

① 日本关东宪兵司令部:《满洲共产抗日运动概况》(1938年),载吉林省档案馆编译伪满档案资料《东北抗日运动概况》,吉林文史出版社,1986年出版,第3页。

② 此东北抗日联军总司令部,即由1936年1月东北民众反日联军军政扩大会议上成立的东北民众反日联军总司令部后改而成。1937年6月,北满临时省委召开执委扩大会议后改为北满抗联总司令部。但根据需要,赵尚志有时还使用东北抗日联军总司令部名义,此"紧急通令"之发布即是一例。

队伍,援助东北抗日联军,袭击敌人部队。这一《紧急通令》是北满抗联总司令部对"七七事变"后的时局的一个宣言。它选择在"九一八"事变六周年之际发表,对于人们不忘国耻,唤醒人们觉悟也是有一定意义的。

北满抗日救国总会宣传部所绘宣传画之一幅,原载巴黎《救国时报》

"七七事变"的爆发使国内政治形势发生了急剧的变化。这种急剧的变化是伴随着国内外复杂斗争而来的。在当时,时局究竟能向哪个方向发展?关内抗战对东北抗日斗争将会产生什么影响?东北抗日游击战争还应怎样进行?对于这些迫切需要东北抗日斗争的领导者予以确切回答的问题,赵尚志与北满临时省委及北满抗联总司令部的其他领导同志都认真地做过详细研究。在这些问题上,赵尚志的认识,反映在他和张寿篯于同年8月28日给中共驻共产国际代表团的信件中。

这封信中写道:"对于日贼占领平津和侵略察绥、华北各省的实际军事行动,我们曾详细研究与讨论。认为这次战争,无论国民党内部分化到如何程度和其内部的奸细如何计划出卖华北和分裂联合战线,南京政府的上层领袖如何对于抗日救国运动冷淡的旁观和对日抗战表现动摇,但是,根据目前中共在群众的影响扩大,全民反日统一战线进步和开展,特别是人民红军站在他独立领导抗日战争的精神(根据目前环境是可能的),中日战争是不会中止的,根据日贼进攻华北的主动的决心和一贯计划,反会继续扩大。"同时也估计到,中日战争初期国内的抗日力量还不能很快地直接援助东北,只能使开展东北抗日游击战争的环境增添些顺利的条件。东北抗日游击运动,虽然不能失去向前发展的形势,但随着日帝的残酷镇压,将走向"更加艰苦的阶段"。在东北党组织和抗日联军面前摆着冲破今年敌人"讨伐"的紧迫任务。因此,根据东北抗日游击运动的实际情况,仍要本着独立工作的精神,"紧密党与军的工作关系,争取党与军、军与军之间,党与党之间的意识一致,行动统一,加紧领导和布置抗日游击区内的各种斗争,保持旧的抗日区域,继续支撑活动;进行新的抗日区域的突击与开展,克服自己前进中的一切困难,冲破今年'日贼大讨伐'，准备明年工作基础"。

赵尚志和张寿篯在这封信件里对时局的分析是具有预见性的。后来形势发展的事实证明，信中对当时东北党组织、抗联部队面临的问题所做的分析是正确的。

"七七事变"之后，北满抗联第三、六、九、十一军各部队及团结在其周围的义勇军，根据北满抗联总司令赵尚志的部署在松花江两岸、小兴安岭山麓频繁活动，主动出击，积极地以胜利的军事行动配合全国总抗战。

抗联第三军第一、三、五师在松花江右岸依兰东部、第四师在宝清等地开展对敌斗争。他们的斗争与吉东抗联部队相呼应，紧密连在一起，使敌人不得安宁。第三军第九师在师长李振远、政治部主任雷炎率领下，更是活跃异常。这支部队活动在汤原西部，在7月至10月的四个月时间里，毙敌百余名，其中日军七八十人。俘虏数百人，缴获日伪军步枪百余支，轻重机枪六挺，炮一门，子弹数万发。

抗联第六军第一、五师和第四师一部为扩大游击区、巩固游击区、根据地进行着顽强、勇敢的斗争。第一师在富锦、宝清、桦川一带积极开辟新游击区。9月间，曾攻袭了富锦县太平镇、宝清县凉水泉子，协助富锦县委建立了安区、集区、新区、英区、沙岗区、腰山区等区委。同时，恢复了一度被解散了的抗日救国会。第五师在绥滨、富锦、同江一带破坏敌人交通运输线和实施的"集团部落"计划，使敌人遭受到很大损失。同年8月，第五师第一、二团于古城岗设伏袭击了日军德田指导官所率"讨伐队"，毙伤敌人三十名，德田指导官及史大队长皆被击毙。

在此期间，第六军主力（保安团，第二、三师、第四师大部）按照赵尚志关于进行新的抗日区域的突击与开展的指示，组织了一次西征。西征部队在军长戴鸿宾率领下经过二十余日艰苦跋涉，穿过人迹罕至的小兴安岭原始森林，到达绥棱、海伦抗日游击区。之后，与第三军第六师部队相配合，共同进攻了海伦县叶家窝堡敌人据点，攻占了侯家大屯，摧毁了伪警察署。7月27日，第三、第六军部队与日军栗元部队在海伦县李刚烧锅展开遭遇战，击毁敌汽车两辆，歼敌三十人，缴九二式重机枪一挺，子弹三千余发。与此同时，另一支第三、六军联合部队（第三军第四师与第六军第二师）组成模范师，挺进饶河、抚远境内，与抗联第七军相配合，在乌苏里江沿岸不断袭击敌人据点，接连打开国富镇、菖通镇、海青镇，取得了一系列战斗的胜利。

抗联第九军一师在依兰、方正，第二师在宝清坚持开展游击战争。8月25日攻袭了依兰五区草帽顶子，伪自卫团四十三人全部被解除武装。第九军在这一带的活动受到群众的欢迎和支持。

抗联独立师于7月25日、9月12日先后袭击了宝清县凉水泉子伪警察分驻所和富锦县国强街基敌人据点，解除了驻守在这里的敌人武装，予敌以痛击。同时，抗联独立师在斗争中也不断发展壮大。10月，独立师按照北满抗联总司令部的指令，改编为东北抗日联军第十一军。该军共有一千五百余人，编为一个师三个旅，军长为祁致中。

赵尚志在指挥北满抗联部队积极活动的同时，还认真地组织、领导了群众的反日斗争。

"七七事变"后，广大群众的反日斗争情绪因受到全国总抗战形势的鼓舞而更加高涨。为了进一步动员民众，利用全国总抗战的大好时机，把群众进一步组织起来，武装起来，1937年8月20日至24日，赵尚志在率部从桦川县火龙沟向依兰县境转移途中，主持召集了北满临时省委、抗日联军军政联席会议。会议决定为配合全国抗战，在"九一八"国耻日组织下江爱国群众举行抗日反满暴动，以掀起松花江下游地区新的抗日斗争浪潮。"九一八"，这是一个灾难的日子。日本侵略者于1931年的这一天发动了武装侵略中国东北的"柳条湖事变"。从这天起，日本帝国主义在东北大地焚烧、屠杀、奸淫、掠夺已经六年了。六年间，沦于水深火热灾难深渊的东北人民，不畏日本侵略者的高压，始终没有屈服过。为了不作亡国奴隶，免除牛马猪狗一样的生活，他们在全国抗战的鼓舞下，反抗情绪日益增长，无时不在盼望早日实现民族解放。

9月18日，日伪当局为纪念"满洲事变六周年"，在事变发生地——奉天（沈阳）举行"追悼法会"，祈祷侵华日军"武运长久"。傀儡皇帝溥仪颁发时局"诏书"，无耻狂叫"赖盟邦仗义援助国是以定，以盟邦之心为弘，尽力亚东之和平……"就在日伪当局一唱一和地叫嚣发扬"一德一心之真义，贯彻共同防卫之精神"时，1937年9月17日、18日两天，中共汤原中心县委按北满临时省委、抗日联军军政联席会议精神，组织格区、龙区、鹤区、汤区数千名群众在抗联第六军第三师配合下，手持长矛、大刀、土枪、洋炮分别集会，举行了声势浩大的抗日反满暴动。其中格区人民群众聚集在宝宝山愤怒高呼"抗日救国大团结万岁！""把日本侵略者赶出中国去！"的口号。散发数千张《告同胞书》等标语、传单。暴动组织者在会上慷慨激昂地进行讲演，号召人民群众迅速行动起来，开展各种形式的抗日反满斗争。

会后，暴动群众举行了示威游行。深夜，广大群众按照暴动计划砍倒了汤原至莲江口、二保至鹤立等数条线路的百余根电线杆；烧毁、破坏通往佳木斯、鹤立等地的铁路、公路桥梁五六座。暴动群众还曾两次派人到日军守备队驻地丁家粉房送挑战书，以引蛇出洞，消灭这股敌人。但日军守备队听到群众暴动的消息后吓得丢魂丧胆，龟缩在丁家粉房大院里一动也不敢动。日军守备队头目明越更是惊恐不安，如同热锅上的蚂蚁一样，团团乱转。9月20日深夜，驻守丁家粉房的日军守备队在明越率领下，只好脱掉军服，换上老百姓的服装，化装出逃，跑回汤原县城。次日，抗日军民将象征着胜利的红旗插在丁家粉房的大门上。

汤原人民抗日反满暴动持续进行两天，其声势、规模之大，范围、影响之广，是九一八事变之后多年所未有的。它表明，东北人民不忘国耻，坚决要和全国人民一道，把日本侵略者驱逐出中国，誓与日本帝国主义血战到底，同时也显示了广大抗日军民团结战斗的无比威力。汤原人民的抗日反满暴动使松花江下游地区广大群众深受鼓舞，很快这一地区出现了新的抗日救国斗争的浪潮。

"七七事变"后，日本帝国主义妄图以被其统治、奴役六年之久的"满洲"，作为扩大侵略、推行殖民政策、大踏步进军关内的稳固后方，但是事实证明这只能是一种幻想。自1931年"九一八"事变以来，东北人民各种形式的抗日斗争一天也没有停止过。卢沟桥的炮声响过后，东北各地的抗日运动更加高涨。赵尚志领导的北满抗日武装斗争与杨靖宇在东南满、周保中在吉东领导的东北抗日联军的斗争在战略上相互呼应配合，紧紧牵制着日本关东军，使一二十万日寇精锐部队不能开进关内，有力地配合了全国抗战。这正如毛泽东同志在《抗日游击战争的战略问题》一文中指出的："东三省的游击战争，在全国抗战未起以前当然不发生配合问题，但在抗战起来以后，配合的意义就明显地表现出来了。那里的游击队多打死一个敌兵，多消耗一个敌弹，多钳制一个敌兵使之不能入关南下，就算对整个抗战增加了一分力量。至其给予整个敌军敌国以精神上的不利影响，给予整个我军和人民以精神上的良好影响,也是显而易见的。"①

赵尚志在领导北满抗联部队,特别是东北抗日联军第三军与日伪军英勇作战中取得的辉煌战绩,在组织抗日游击战争有力配合全国抗战中发挥的重要作用,以及在这场民族自卫战争中所展示出的坚强不屈的伟大民族精神,使广大民众对他更加热爱、拥护。赵尚志赢得了人民的崇敬与钦佩。1937年9月,有人以《抗日英雄赵尚志》为题在《辛报》撰文记述赵尚志的英雄事迹。文中记载道:

"近三年来,赵的部队在北满一带时常威胁哈尔滨,时常给敌人以致命的打击。他的游击战术已经不下于李红光(按,李为东北人民革命军第一军独立师参谋长)、杨靖宇了。因为他和人民革命军第四、五、六军及其他抗日军时常联合作战,时常互相呼应袭击敌人,使敌人更觉得他是一个了不得的人物。的确在日伪的军政机关主持者的脑海里,认为他比李红光还要可怕,伪滨江省前田警务厅长曾发表过:'赵尚志匪非三五年后不能消灭',可见他的力量是如何大了!敌人曾经以万元收买他的脑袋。敌人曾经发表数次'赵尚志确被击毙',但是一直到现在,敌人还不得不更大批地开往北满,用满苏边境紧张作烟幕而加紧'讨伐',特别是已经形成北满抗日主要力量与领导者的赵尚志部队。

开始,他领导一小队游击战士,因为他杀敌人及汉奸的战斗力渐渐扩大,民众对于他的信仰与拥护也增加了。到1935年改编为人民革命军第三军,他被选为司令。这时,他才27岁。自从发布对日作战全国动员令,东北反日总会建立反日统一战线的决议、人民革命军第一军的联合抗日军号召以后,他很勇敢的起来响应。在执行时,也遇到了和第一军杨靖宇相同的困难,然而终于成立了'北满抗日联军',他任总司令。联合对敌人进攻,得到好多次的胜利。这些胜利证明反日统一战线是不分区域的,只要坚决的排除私见,共同杀敌,一定会高奏凯歌。

他的游击战术,是在战争实际经验中学会的。再加上民众的热诚拥护,给敌人以最可怕的印象。譬如去年中东路东线牙不力小站一个月里被袭击、劫车在25次以上。在松花江上,营口轮往返哈尔滨大黑河线,竟被劫三次。在这两三年冬季白雪遍地的时候,他曾屡次进军到哈市郊外黄山嘴子、帽儿山、老头山一带袭击敌人、捉汉奸等,而使敌人恐慌起来。尤其是在最近全面抗战爆发,队伍扩大了好几倍,以致竟牵制敌人的一二十万大军不能开到关内来侵扰平绥等线。这力量又是如何伟大啊!"

文中评价赵尚志说:"总之,赵尚志是我国抗日战争中最年轻、勇于改过、忠于革命的一个领袖。"文中最后号召:"我们应该拥护这位真正的民族英雄,跟着他一齐向敌人的营垒冲击。"②

在这篇文章中,称赵尚志为抗日战争中的一个领袖、真正的民族英雄,这光荣的称号是广大人民对他的褒奖,给他的赞誉。事实证明,他无愧于这一光荣的称号。

---

① 毛泽东:《抗日游击战争的战略问题》(1938年5月),载《毛泽东选集》第2卷,人民出版社,1991年版,第461页。

② 锐:《抗日英雄赵尚志》刊于《辛报》(1937年9月28日),(转载自郑光绍编《抗战丛刊》第四辑,商务印书馆,1938年4月发行)。

四、整饬内部

自"七七事变"以来,在全国总抗战影响下,随着东北抗日战争新高潮的出现,在抗联第三军内部少数军政干部中盲目地产生了一种骄傲情绪、急躁情绪和伴随艰苦斗争出现的畏难情绪。一些干部放松了对自己的严格要求,发生了革命队伍内所不允许存在的错误和问题。比如,有的干部在每次军事胜利行动中,将缴获的战利品不全数交公,而自己首先滥行支配;有的干部对使用公款不节俭,服装、用品讲求漂亮;有的干部在执行军事纪律时,不注重说服教育,而间或打骂;吸食鸦片、酗酒等现象在干部中也出现了;甚至还有个别的畏惧艰苦斗争,搞所谓假投降。在收编队中,有的与敌人勾结,竟领取收降旗帜。

虽然这种种不良现象只存在于少数干部身上,但是它与党政干部应有的革命风范是极不相称的。它如同一种腐蚀剂严重地侵蚀着革命队伍的机体,损害着它的健康。其影响所致,造成干部与干部之间,干部与战士之间产生分歧、隔阂,使第三军部分师团领导干部威信降低。这种不良倾向若任其发展下去,势必将严重地损害第三军内部的团结和战斗力的发挥,影响反"讨伐"斗争的顺利进行。鉴此,赵尚志提出要整饬部队纪律,进一步加强部队思想政治工作,坚决克服各种不良作风。

首先,赵尚志决定处决向日伪当局投降,领取受降旗帜的第三军第七师师长于海云("九江")。

由于敌人残酷进攻和严密封锁,特别是"集团部落"政策的广泛推行,抗日斗争环境日趋艰苦。一些经受不住艰苦斗争考验及政治方向不明确的人开始动摇了。其中比较典型的是收编队抗联第三军第七师师长于海云。

于海云系惯匪出身,报号"九江",又称"于九江"。1934年在党的反日统一战线政策感召下,在哈东抗日斗争形势的推动下,曾参加到抗日行列中来。但是他始终动摇不定,曾伙同"黄炮"在哈东掀起投降逆流。1936年他来到木兰蒙古山一带活动。同年夏秋之季,赵尚志率队在木兰、东兴、巴彦地区广泛开展游击活动,团结了一大批反日义勇军。于九江迫于巴木东地区抗日斗争形势的深入开展,害怕自己陷于孤立,在赵尚志的亲自动员下,同意接受收编,并与之结拜为"把兄弟"。1937年初,赵尚志派张寿篯去木兰召集活动在蒙古山一带的"九江""东来""李化民""一抹脸"等义勇军、山林队首领开会,传达赵尚志对"九江"等的指示:"你们的日常行动,漠然无为,一事无成。应速停止过去的掠夺、放火、杀人等无益的匪行。要认清大局,中国人必须一致团结,组织有统辖之武装团体,以向抗日救国之途迈进。"不久,以"九江"部为主,吸收其他义勇军、山林队参加,编成抗联第三军第七师,于九江任师长,张德为政治部主任。但于九江匪性不改,不接受党对该部的改造。不仅如此,1937年秋,他开始极力鼓吹所部及其他义勇军向日本侵略者投降。他派人去巴彦县与日寇永田进行投降谈判,领取了受降旗帜,并妄图东赴下江利用第三军内部一些意志薄弱干部进行内奸分裂活动,消灭或驱走活动于巴彦、木兰、东兴的第三军部队。于九江彻底背叛了反日斗争大业。他的叛变行动给巴木东地区的抗日斗争,带来很坏影响。

于九江作为一个匪性十足、性情奸狡的匪首，要逮捕他并非是一件轻而易举的事。为万无一失，赵尚志在经过仔细考虑后，决定乘于九江由巴彦东去下江鼓吹投降，勾结土匪"访贤"进行叛变活动之机，采取欲擒故纵之策，捕捉这个背叛民族、破坏抗日大业的降敌分子。赵尚志为了稳住于九江，以免打草惊蛇，先派来司令部汇报工作的第七师政治部主任张德给于九江的老婆送去一百元钱，并告诉说，这是送给于九江儿女买吃、穿用的。因为赵尚志在收编于九江时，曾按当时的习惯与他拜过"把兄弟"，称于为大哥。所以当叔叔的给侄男侄女点儿钱买东西用也是理所当然的，不会引起他的疑心。同时，也告诉于九江，如果经济困难，可以亲自带几个人到司令部去取一些金子用。于九江见此，以为他自己的投降叛变活动很神秘，赵尚志不知道，司令部对他还很信任呢。

数日后，赵尚志又派和于九江早就熟识的张兰生、李靖宇来到于九江所部营地。他们对于九江说："赵司令想当面告诉你一些事情，请你到总部去一趟，顺便让你把七师需要的金子取回来。"于九江听罢十分高兴，竟得意忘形。

次日，于九江带着几个亲信，跟随张兰生、李靖宇等径向第三军司令部进发。狡猾的于九江被诓出老窝。途中，于九江被赵尚志早已布置好的第一师部队缴械逮捕。经审讯，弄清于九江投降日伪的事实后，将于九江处以死刑。①

背叛抗日斗争事业的"九江"被处死后，第三军党委针对第三军稽查处长、原第三师师长张连科在与敌人斗争中畏惧困难，严重丧失立场，主张搞所谓假投降的错误，给予开除党籍的处分。这一措施有力地教育了第三军各级干部。同时，为加强各师、团政治工作，调整政治工作人员，派于保合、周庶泛、雷炎分别担任第四、六、九师政治部主任。还把抗联政治军事学校的学员派北满抗日联军各部。这些措施有力地充实、加强了各部队政治工作力量。

1937年8月初，赵尚志还处理了第三、八军关系问题。原来，在赵尚志率队远征期间，第三、八军之间发生了一些矛盾。主要是第八军军长谢文东受人挑拨和愚弄，听信有人说第三军打算消灭第八军，谢文东是看大狗的货，污蔑八军。面对第三、八军矛盾问题，赵尚志和张寿篯联名于8月1日致信谢文东，说明情况，讲清道理，信中说，有人鼓吹你说第三军打算消灭八军，三军好缴械。历史事实是当你率领残败的部队不足三十人、许多部队离开你的时候，第三军却拥护你来为军事委员长，攻方正、打大罗勒密、游击宾县，使你又成为北满各反日部队的领导者。你曾几次向我们说，把你的部队编入到第三军部队的番号范围以内，我们和你说民众军的名义最好还是存在。假如第三军好缴械，并且要消灭八军的话，为什么不在你多次要求编入三军的时候把你几十部下编入第三军呢？反而热诚地用尽一切力量帮助你成立第八军。对于传言，没什么了不得，在联军中有"奸老畲，傻老赵，老谢跟着瞎胡闹"的说法，这些话都不值得一驳。信中说，"国耻未雪，倭贼未除，走狗未诛，国人未安，便作私利之争，使敌人鼓舞，识者冷齿"。信中批评谢文东听信宵小传言，令其改变错误立场，要求第三、八军将士要以抗日大局为重，精诚团结，戮力同心，共同对敌。

1937年末，赵尚志针对队内存在的种种不良倾向，致信全军师以上负责干部，要求进一

---

① 陈维哲(张德)：《关于抗联三军七师的回忆》(1963年4月23日)。

步整饬军队纪律,以巩固、发展部队。

赵尚志在《关于整饬军纪给各师负责同志的信》中说,自珠河反日游击队成立以来,第三军在忠实于革命、忠实于党的诸同志坚强领导下,不惜牺牲流血,不避一切艰苦困难,在和敌寇的搏斗中,不但发扬我军威力,同时更竞进不息地组织与领导各地民众进行抗日斗争,建立了巩同的群众基础。由于对于部队内政治军事教育工作日夜孜孜的精进,将精力集中于革命事业上,诸负责同志处处发挥模范表率作用,斗争坚决,行为公正,经济收支的清楚与廉洁,日常生活的纯洁化,所有这些表明我军对抗日事业的忠诚,使民众对我军有深切正确的理解,得到了广大人民的同情、拥护和直接帮助,全军才成为不可被日寇战胜的中心主力的。但是在整个革命形势的开展、不断的胜利过程中,由于部队数量上的增大,同时也因队伍在各地分散活动及忠实英勇的中心干部先后伤亡,诸负责干部对各部活动方策上缺乏指导,结果致使队伍内发生许多不良现象。信中,赵尚志首先进行自我批评,深刻地检查了自身存在的缺点和错误:"个人生活的浪漫","不严格检查干部的工作,纵容了各级同志犯着各种错误"等。接着,信中点名列举了许多第三军高级干部在执行政策、思想作风、群众关系、军事纪律、生活习性等方面的缺点和错误,诸如假公济私、滥行支配公款、认干亲、吸食鸦片、恣意酗酒,打骂队员、磕头拜把、丧失领导威信等行为。并指出了这些缺点错误的危害,严肃地批评了各级干部违纪现象。他把一些问题性质归结于腐化,并把这种现象与违背群众真正利益,脱离革命轨道联系起来,陈述了问题的严重性。他说,这些现象不但失掉了自己的政治立场,降低了本军领导的威信,失掉了革命领导者应有的军人风范,而且使革命队伍受到污辱,使我们的领导者——共产党的光明正大的面目受到污辱。

他在信中号召全军干部深切了解在革命斗争日趋紧张和艰苦环境中,自己所担负的重任,要对各种不良现象展开无情的斗争,对过去的一切错误要不加丝毫的粉饰和掩盖,应当虚心诚恳地承认过去的错误和不良风尚,并坚决彻底改正。

他在信中语重心长地说,诸同志是忠诚革命的负责者,应当处处站在为革命利益而斗争的观点上,必须集中全部精力为了革命事业,深切了解在革命斗争日趋紧张和艰苦环境中自己所担负的重责。如果诸同志在党政工作上、军事方策上都能改正以前错误,积极进步,更对于任何细小事件及生活享受处理皆能适当,即代表群众真正利益,自然会得到下级和群众拥护。这样才能成为真正的群众衷心爱戴的干部。他要求各级干部要吸取教训,恢复第三军在珠河反日游击队时期的光荣传统和风范,使全军在"革命的前途上,在坚决执行总的工作计划之下,展放出异样的光彩。"①

与此同时,抗联第三军党委会也作出了《为纠正腐化现象、实现共产党员在三军光荣模范的决议》和《为反对各种倾向巩固党的阵营,提高党与军队的政治威信的决议》。

赵尚志关于整饬军纪的信件和第三军党委的决议发出后,在全军师团干部和党员中间产生强烈反响。各师负责同志接到信件和决议后,都按信件和决议中的要求认真地加强了军纪教育;开展了纠正腐化现象,反对各种不良倾向的斗争。这一斗争对抗联第三军巩固内部,提高素质,积极开展反"讨伐"斗争起到了重要作用。

---

① 赵尚志:《关于整饬军纪给各师负责同志的信》(1937年12月1日),载《文件汇集》甲50,第129~134页。

五、迎对日伪"重点讨伐"

日本帝国主义为了巩固侵华后方基地，维持在东北的殖民秩序，实现其扩大侵略的野心，在大举进军关内的同时，对东北抗日联军进行了更加毒辣、残酷的野蛮镇压。

日伪当局深知赵尚志及其指挥的抗日武装是维持其反动统治的心腹大患。1937年5月，日本关东军参谋部在《关于最近满洲国的治安》一文件中说："松花江两岸的匪团，是品质最恶、最顽强，行动最活泼的匪团。其代表者是以赵尚志为首所率领的共匪。"①为铲除这个心腹大患，日本关东军司令官植田谦吉于1937年6月11日发布了命令（关作命第995号），内中说："东北防卫地区内治安不靖，共匪活动仍很活跃，且匪民混淆，致使政情出现特异情况。关东军在东北防卫地区，速增加第四师团的主力，以振作该地区的治安肃正。"该"命令"对参加"讨伐"的日伪军作出详细部署。同日，制定了《东北防卫地区治安肃正计划纲要》（关作命第995号附件），提出治安肃正工作重点要放在歼灭强悍匪团上，重点"讨伐"地区为汤原、方正、桦川、依兰、勃利等县。并对所谓"治标""治本""思想工作"提出具体要求。还是在这一天，关东军参谋长东条英机在传达995号命令的会议上狂叫："三江省的治安极为恶劣，国家政策不能施行，匪民混淆不清"，"要在这样的地区内以日本军作为武力的核心，亲自担任治安肃正工作"，"要增加日本军，加强讨伐的威力，刷新人事，强化各种机构，以期地区内的治安情况得到划时期的好转。"②

1937年7月16日，日本关东军司令官植田谦吉又发布《关东军第一Ｏ六三号命令》和《关于昭和十二年度第二期治安肃正计划要领》。为要确立"持久治安基础"，要求日伪军仍"继续做分散部署，与积极搜索消灭残匪的同时，在其不断的掩护下，促进治本、思想等工作。争取在降雪期以前，全部完成年度预定计划。"《要领》中强调，"对贼匪的根据地，要坚决进行周密、果敢的讨伐，搜索歼灭残匪。""对三江省方面，准备集中使用特设游击队。"

1937年秋，日伪统治者为扑灭东北抗日运动的烈火，将"讨伐"的重点由南满移到北满地区，把进攻矛头指向抗联活动集中区域松花江下游的伪三江省。当时，抗联十一个军，除第一、二军在东南满、第十军在五常和舒兰活动外，其余抗联第三、四、五、六、七、八、九、十一各军皆在松花江下游伪三江省地区活动。众多抗联部队集中活动于伪三江省地区，形成"猬集一隅"的状况。日伪当局调遣大汉奸于琛澂（原第一军管区司令）任伪三江省省长兼第四军管区司令。任命军事教官林保治中佐为省参事官，松田芳助为省次长，实行了所谓军政合一的管理体制。日伪当局按"三年治安肃正计划"部署了1937年秋冬季"重点大讨伐"。敌人为在军事上、政治上、经济上对我抗日军民展开新的进攻，组成了"讨伐军司令部"。"讨伐军"以日

---

① 日本关东军参谋部：《关于最近满洲国的治安》（1937年5月），载《东北抗日联军史料（下）》，中共党史资料出版社，1987年12月版，第827页。

② 《关东军参谋长东条英机在传达995号命令的会议上的讲话》（1937年6月11日），载日本帝国主义侵华档案资料选编《东北"大讨伐"》，中华书局，1991年4月版，第367~368页。

本关东军第四师团为主力,并调第四、五独立守备队各一部及伪军混成第十六、十七、二十一、二十二、二十三、二十七、二十八旅和靖安军四个团,伪兴安军骑兵支队组成,共约五万余人。同时,还由伪治安部派遣警务科长田中要次组成特别工作班(即"田中工作班"),打着宣传"王道乐土""五族协和"的旗号,专事特务活动。日伪当局妄图通过此举消灭活动在松花江下游、伪三江省一带的东北抗日联军,以使伪三江省地区的"治安肃正"工作有一个"划时期的起色"。①

1937年秋冬之际,伴随着北国寒冷天气的到来,日伪当局对活动于伪三江省地区的抗日联军的"重点大讨伐"开始了。在这次"大讨伐"中,敌人除像往年"讨伐"那样动用大批军队对抗联部队进行追踪、包围、堵截、袭击外,继续实行所谓"治标"与"治本"相结合,即在军事进攻的同时,厉行经济封锁,还利用叛徒、奸细破坏、政治诱降及挑拨抗联部队与义勇军的友好关系,使其相互反对,以各个击破。在抗联活动区域则大肆推行旨在破坏军民密切联系的"匪民分离"政策。当年冬,日伪当局于北满地区广泛实行"归屯并户",在过去已归大屯的基础上,对山区、山边的小村落一律施以"三光"政策,予以摧毁,造成大片无人区,强迫居民迁至有所谓"自卫武装"保护的"集团部落"内。同时还厉行保甲制,建立户口制度,"证明书"制度,出入无"证明书""良民证""旅行证"等则被视为"匪人"。强化警察统治,广修碉堡、哨所,盛筑警备道路,还用"治安工作班"施以小恩小惠,欺骗民众,实行"匪民分离",以隔绝民众与抗日部队的密切联系。

日本侵略者的"匪民分离",破坏军民鱼水关系的政策异常毒辣。由于敌人军事力量强大,统治严酷,加之我地方工作力量薄弱,内部对如何打破敌人的实行"归屯并户"这一毒辣政策认识不一,因此,敌人的阴谋逐渐得逞。结果,抗日联军与广大群众逐渐失去联系,难以得到群众的大力支援。敌人实行"集团部落"政策,不仅仅使北满地区遭受严重损害,吉东地区也是如此。抗联第五军副军长柴世荣、第一师政治部主任关书范于1937年2月给周保中的信中说:"五区刁岭等地'集团部落'之呼声甚紧急,民户正在踌躇中,敌人步步加紧计划分配兵力开始执行建筑,但是我们应当取何种政策?是否应依照吉特去春之指示退守之政策,而不妨碍敌人之建筑,但这是不合适。在整个满洲实际环境与东北现在抗日联军之力量及各地党部之活动及群众之组织来对比,无疑问的这是妨碍了抗日军之活动,妨碍了抗日军之发展,所以现在我们下决心在执行了×××木业工作以后,决定开始破坏集团部(落)。"②1937年9月,周保中等关于破坏日寇归屯并户的对策问题给抗联第八军政治部主任金根等人的信中说:"归屯并户,坚壁清野,不但是日贼目前进攻我抗日联军及压制我人民之唯一毒辣办法,且系亡国灭种,使我同胞不能动转之酷虐政策。人民之中,十之八九绝对反对,限于力量,求我联军设法制止日贼之行动,以至完全消灭其进行。我军依东各部虽原有破坏敌人企图之行动计划,但缺乏人民应有之帮助,而反动汉奸行为之土豪劣绅倾向日贼,暗中勾结日贼,泄露我军

---

① 日本关东军司令部:《关于东北防卫地区治安肃正计划纲要(自昭和十二年七月至十三年三月)》(1937年6月11日),载《东北抗日联军史料(下)》,中共党史资料出版社,1987年12月版,第836页。
② 《抗联第五军副军长柴世荣、一师政治部主任关书范给周保中的信》(1937年2月),载《文件汇集》甲48,第57页。

秘密,对于归屯并户尤为日贼效力。估计整个斗争前途,除希望依东联军部队给予贼军以不断打击以外,凡归屯并户之屯基现在开始修壕筑垒之地方,住屋一概予以焚烧。八虎力河南各大院套勒令平毁,此事关系重要,务望我同志彻底执行,希勿犹移徘徊。"同时也提出对我军采取之行动要向群众解释。①以上,可见敌人的"集团部落"政策在吉东地区造成的严重危害和吉东地区的领导也不再奉行《吉特信》《中代信》中提出的对敌人的并屯政策,即不应反对我们影响的住户搬家,让民众移居大屯的错误提法,而提出了新的对策。

由于敌人推行"集团部落"政策,隔离抗日部队与群众的联系,使部队失去群众支援,给养经常断绝,兵源难以补充,部队所需每一粒子弹都要通过战斗以生命去换取,为穿一件衣服、吃一顿饭都要靠打仗去争取。抗联指战员不得不常年露宿荒野,在异常艰苦的条件下与日本侵略者进行斗争。从而,东北抗日游击战争进入了极端困难的时期。

1937年秋冬敌人的"重点大讨伐"一开始就显示出法西斯的"疯狂性""毒辣性""严重性"。

对于敌人的"重点大讨伐",赵尚志是这样估计的:根据中日战争日益扩大的形势,日贼进攻东北抗日游击队与进攻中国的侵略战争是不可分离的,所以今年的"讨伐"一开始就表现出"讨伐"计划的严酷性。首先是"满洲国"统一了"讨伐"指挥机关(军警机关合并,组织治安部)、军事上放弃各县军警联防"讨伐",制定五省联防"讨伐"计划。组成大黑河到吉林省城,甚至到南满,连亘数千里的敌人封锁线。这一封锁线的重要作用是阻止东北抗日联军向西进展,并步步为营向里包围,缩小游击范围,将抗日联军驱于依东一隅,以便一举歼灭之。赵尚志认为,在这种敌人不断加紧重点"讨伐"的形势下,不改变联军"猬集一隅"的状况,突破封锁线,则想维持旧活动区域是不可能的。"活路只有一条,就是突破敌人封锁线。"他在同年10月16日致第六军司令部的信中说:"我们的活路,敌人不会给我们留一条活路,是要我们自己去争取,这一活路的争取,是奠定东北民族革命战争的命运好坏的一环。如果今年不能突破西方封锁线,开展一新的局面,东北整个民族革命战争将受到严重损失或部分遭到消灭。"②事实证明,赵尚志的这种估计和分析是完全正确的。

自10月下旬开始,敌人为搜寻北满抗联总司令部向汤旺河流域展开了进攻。10月22日至11月9日,汤原县驻屯日军熊谷部队一百二十人连同汤原警务局所属伪警察、汤原宪兵队组成"讨伐队",从汤原县城出发,沿汤旺河上溯至伊春河口,"讨伐"抗日联军。10月30日,在汤旺河上游与伊春河汇合处与抗联第三军第九师第七十四团第一连的二十名步骑兵交战,焚毁了第七十四团设在此处的密营,收缴了赵尚志、张寿篯8月15日对兴安留守一团政治部主任吴殿英的任命令、通信等文件十五六种。这支凶恶"讨伐队"在往返途中于柳树河口、伊春河口、岔巴气等地烧毁第三、六军和东北抗日联军驻汤办事处总处汤旺河分处密营十座。

在抗联部队、密营不断遭到攻袭、破坏情况下,为冲破敌人的"重点讨伐",赵尚志果断决

---

① 《周保中、刘曙华关于破坏日寇归屯并户的对策问题给金根等人的信》(1937年9月10日),载《周保中抗日救国文集》上册,吉林大学出版社,1996年10月版,第468页。
② 赵尚志、张寿篯:《致抗联六军司令部信》(1939年10月16日),载《文件汇集》甲55,第404页。(此文件年代,档案馆整理判定有误,应为1937年)。

定:北满抗日联军各部,除在哈南、哈东及松花江左岸仍留一部分兵力外,大部实行远征。其中派遣一部分部队到萝北、绥滨一带,一部分远征北黑,一部分(第三军第一师、第六师)分头向嫩江平原挺进,占领大兴安岭及讷河、布西、拉哈一带。第三军第五师则游击于海伦、通北、德都、龙门等北黑线路。

关于部署抗联部队远征,早在6、7月间召开的北满临时省委执委扩大会议上,赵尚志根据几年来抗联第三、四、五、六、七、八、九、十一军大批部队集聚在伪三江省地区,已考虑到一旦敌人集中力量在此进行围剿,可能造成严重损失的实际情况,曾提议抗联各军不能"猬集"三江,应当相互支援,去开辟新游击区,以冲破敌人的进攻与"讨伐"。他在1937年8月15日以抗联总司令部、三军司令部名义给吉东省委和第五军军部的信中说:"暑气已消, 新秋将来,日贼的1937年度'讨伐'已经疯狂开始。根据几年来冲破敌人'讨伐'经验教训,我们就应当知道,过去血的经验,敌人对于某一区域的反动统治恢复已经绝望的时期,他就不能不采取'更残酷的毁灭'。在目前,各军猬集依东,虽然给敌人许多困难,但是我们热烈号召江南各队,应当认识英勇突破新区的有重要意义的行动,是粉碎日贼'讨伐'的有效办法。"①省委执委扩大会议之后,在赵尚志的督促下,抗联第六军主力曾远征至海伦。该部队在此地活动一段时间后,没有坚持下去,又返回汤原。这次赵尚志又提出远征,冲破敌人封锁,并要求部队分头向嫩江平原挺进,是有重要战略意义的:(1)可以冲破敌人布置的封锁线,粉碎敌人妄图将众多抗联部队聚歼于伪三江省地区的图谋;(2)可以打破游击运动不平衡状态。使"九一八"事变后,义勇军频繁活动的北黑、嫩海地区重新兴起抗日运动;(3)通过远征可以变被动为主动,加强内部巩固,由行动上的呼应加强联军间的相互联系;(4)可以扩大党和抗联部队的政治影响。在远征途中,远征队可以起到宣传队的作用,动员更多的人投入到抗日救国运动中来。

但是,对于进行远征的重要战略意义、远征计划的布置,有的干部并不理解,有的畏惧艰苦,不愿离开旧有活动区域。对此,赵尚志便耐心地做说服工作。他指出进行远征,实行分别突击的重要性,并用事实加以说明。他说,"前年冬期留四师在勃密,今得有勃密虎宝的胜利发展与中心领导作用,去夏留六师五十四团于巴木,当年威撼上江,派五师一部远征黑河流域日满边疆,至今不得不多增日寇满匪数千,留七十三团在通海,亦不断表现其胜利。"又说,针对当前形势,"各军应该分头一致进行突击工作","为了有利于革命,为了争取我们部队在抗日事业上一贯的继续表现其最大的成绩,来回答我们的党及民众的期待,为我们的死者复仇,在目前整个形势上我们是不能迟疑和自懦的。""军部无论在重要战略意义上有西去兴安海洮各地,即为声援我五师部队亦必积极布置该种计划。"还说,"突击自然是比较艰苦,然而革命者的伟大的创造精神与魅力是要在排万难有信念的斗争工作中才能表现的。"②

赵尚志所做远征计划,号召各部队分头突击,向嫩江平原挺进的战略决策是十分正确

---

① 《抗联总司令部、三军司令部给吉东省委并转五军军部信》(1937年8月15日),载《文件汇集》甲49,第249页。

② 赵尚志:《给雷炎同志的信》(1937年11月14日),载《文件汇集》甲50,第69~73页。

的。但由于种种原因,这一远征计划当时并没有很好执行。到1938年夏,敌人"大讨伐"日趋严重,抗联部队已遭重大损失之后,活动在三江地区的北满、吉东抗联部队才开始实行突击远征。但此举为时已晚。然而,远征到黑嫩地区的北满抗联部队,在1938年下半年、1939年乃至1940年积极开展平原游击战争,取得了重大战果,这说明,远征决策是十分必要的、有预见性的。

在赵尚志积极部署组织北满抗联各部开展反对敌人"重点大讨伐"斗争中,因敌人不断加强经济封锁,掐断我军衣食供给来源,对敌斗争逐渐陷入困境。长期以来,活动在北满地区的抗联部队一直是在孤悬敌后、极端艰苦的环境中开展抗日斗争的。在这里,有漫长冬季、寒冷至极的气候,日本法西斯凶恶的统治,汉奸、特务、走狗的疯狂破坏,对外联系的困难和外援的断绝,特别是与党中央联系的失却,以及敌人在开展"讨伐"中更换了枪械、子弹,使我军占枪械三分之二数量的连珠枪子弹无从缴取等,这更为反"讨伐"斗争带来了很大的困难。抗联指战员虽于冰天雪地中,在缺衣少食的条件下,依然用最简陋的武器坚持与用现代化装备武装起来的日本侵略军进行殊死战斗,但这些影响反"讨伐"斗争开展的种种困难急需抗联领导想办法予以解决。

面对这种十分紧迫的形势,赵尚志焦虑万分。为了迅速摆脱困境,赵尚志根据东北抗联孤悬敌后,长时间与党中央失掉联系,并相互隔绝的实际情况,决定谋求苏联的军事援助,及通过苏联打通与中共中央的联系,取得党中央对东北抗日斗争的领导。赵尚志的这一决定是经过审慎考虑的。当时的实际情况是:(1)抗联部队弹药奇缺,特别是抗联战士使用的连珠枪(约占部队枪支三分之二以上)子弹无从缴取或购买,已影响战斗力的发挥。在战斗中,抗日联军虽然缴获不少便于携带的掷弹筒和一些具有较强杀伤力的迫击炮、轻重机枪,但因缺乏弹药而不能使用,靠购买子弹或夺取敌人子弹日渐困难,为要解决这一问题,需要外援。(2)由于战争残酷、频繁,许多优秀的指挥员牺牲在战场上,部队干部缺乏,军事训练不足成为十分突出的问题。许多指挥员是靠经验指挥战斗的,缺乏系统的军事理论,难以适应残酷战争的需要。为要培养一批掌握政治、军事理论的干部,解决军事教官、训练场所、军事教材,也需要求援。(3)在全国抗战爆发的形势下,东北抗联迫切地需要听到党中央的声音。在过去,北满党组织曾派团长刘海涛、省委委员朱新阳等去苏联向中共驻共产国际代表团汇报工作,但都是杳无音信,不知何故?为要解决这些问题,在当时只能求助苏联。通过苏联给予援助并帮助抗联部队接通与党中央的联系。

苏联是共产国际总部所在地,当时被称之为"工人阶级的祖国"。这个无产阶级领导的社会主义国家与北满抗日联军活动的区域仅有一江之隔,近在咫尺。因此,赵尚志对于苏联的援助是始终寄予厚望的。

1937年11月26日,赵尚志致信苏联远东军司令部布留赫尔元帅①及联共(布)军党委员

---

① 布留赫尔,即瓦西里·康斯坦丁诺维奇·布留赫尔。生于1899年。1916年加入俄国社会民主工党(布尔什维克)。1924年至1927年在中国担任广州革命政府首席军事顾问(当时名为加伦)。1929年起任苏联远东军特别集团军司令。1935年被授予苏联元帅军衔。在苏联肃反扩大化期间受诬陷,于1938年8月被撤职,10月间以"充当日本间谍"罪名被逮捕,11月9日被处死。1956年苏共二十大予以平反,恢复名誉。

会。信中说,"东北进行民族革命战争的队伍,站在为东北的抗日先锋,响应国内战争,尤其拥护我们的友邦苏联及兄弟军的责任上,在这样紧急关头,必须布置和执行而且也是不能不坚决执行忠实于革命,忠实于党的迫切战斗任务。可是我们东北的游击队在军事上必要的知识异常不够。实际活动的经验缺乏,主观力量薄弱,未能达到应做到的工作基础。"信中介绍了自1935年以来,抗联第三军各部活动的情况及目前军事活动计划。并坦诚地写道:"由于我们在军事上、政治上及各方面的薄弱和敌寇强大力量的进攻,或又不能达到如期之工作成绩,而且各军间尚不能分头一致地进行革命工作和仍有些意见的分歧。日寇在黑河沿岸的边防已有相当的准备,且该地人烟稀少,给养及一切供应缺乏,较大之队伍,不易于活动。但我们却仍继续努力前进,以完成这些任务。我们站在革命的职责上,感觉到以我们的能力和经验不能相信对于工作的布置处处适宜。这样希望远东军司令部予以正确的指导及协助,以便大事变到来时,我们好有效地执行工作,不致临时措置失当,特别是军事计划的指导。"赵尚志在信中说希望与苏联远东红军及党组织"发生经常联系",希望苏联援助轻、重掷弹筒的炸弹,机关枪、连珠枪的子弹,援助化学药品、炸药、防毒面具、无线电材料等军用品,提供军事、政治教材,并给予军事方策上的指导。同时,请布留赫尔元帅代转他写给中共中央的信。①

  此信写好后,赵尚志交给他十分信任的北满临时省委交通员梁再文同志(外号"飞毛腿",珠河反日游击队时期即与赵尚志在一起)送往苏联远东军区司令部。

  赵尚志对这封为争取外援致苏联远东军负责人布留赫尔的信,寄托着很大希望。赵尚志于1925年底入广州黄埔军校学习时,就知道布留赫尔即加伦将军是一位十分热心于中国革命的人。在国民革命战争时期,他曾两次奉命来华,主持驻华苏联军事顾问团工作,任广东革命政府首席军事顾问。因此,赵尚志相信东北抗日斗争能够得到苏联方面应有的援助。但是主观愿望与客观实际总是有着相当大的距离。在以后,赵尚志所求军援不但没有解决,反而使他在人生的经历中,又步入了一段坎坷的途程。

---

① 赵尚志:《致苏联远东军司令及联共军党委会的信》(1937年11月26日),载《文件汇集》甲50,第113~116页。

第九章 严重的挫折

一、去苏联，在伯力拘留所中

1937年冬，赵尚志正在领导北满抗联部队进行激烈的反对日伪"大讨伐"斗争。12月上旬，原抗联第六军第二师师长陈绍宾率交通队从苏联回来，到宝清，向第三军下江游击司令部主任金策等传递消息说，他通过抗联第七军与苏联取得了联系。"××（按，指苏联）同志们指定我们行动方向，到下江边界去活动，因现今那处敌人的力量格外薄弱而松懈，所以有可能取得胜利。""又说"苏联要求赵尚志或戴鸿宾一定到苏联解决一切重要问题。"之后，12月8日，第三军下江游击司令部主任金策、第六军第一师师长马德山、政治部主任徐光海在宝清致信北满临时省委和第三、六军党委，信中说："陈绍宾同志返回由××（按，指苏联）回来说××，××总司令同志要求赵军长也好，戴军长也好，一定到××（按，指苏联）去，要解决一切重要问题。希望总部、六军军长见信后立刻规定去一次更有意义，越快越好，在最秘密里去一次才好。陈绍宾同志已经找六军军长上土龙山一带去了。"①此信将陈绍宾所传消息向省委进行了汇报。不久，陈绍宾以所带苏方信件向中共北满临时省委汇报道：苏联要和日军开战，苏联领导人沃罗希洛夫邀请东北抗日联军的主要领导到苏联去研究配合行动问题。

对于陈绍宾传回来的消息，北满临时省委很重视，以为是对赵尚志给苏联远东红军司令布留赫尔及联共（布）军党委会信件的回应。省委主要领导同志经过慎重的考虑之后，在1937年底于依兰杨家沟召开会议，参加会议的有赵尚志、张兰生、冯仲云、张寿篯、魏长魁，另有蔡近葵、戴鸿宾、陈绍宾列席，会议听取陈绍宾的汇报，经过讨论，最后决定派赵尚志为代表前往苏联，并约定赵尚志过界赴苏一个月时，派部队到边界迎接他回国。

杨家沟会议之后，于12月下旬，赵尚志率第三、六军各一部开始途经富锦、萝北向中苏界河黑龙江岸移动。对此，时任抗联第六军第三师副官长、军事指挥员的王明贵同志曾做如下回忆：1937年12月26日，赵尚志、张兰生、张寿篯、戴鸿宾、蔡近葵等北满党和抗联的领导人率领第六军保安团、第三军第一师从依兰县来到富锦县西山包屯（现桦川境内）。他们在老赵家听到我在梨树园子养伤的情况后，派人骑着马到梨树园子王悦家来接我。

当天下午，我在西山包屯老赵家见到了赵尚志、张兰生、张寿篯、戴鸿宾等领导，他们对我非常关心，仔细地询问了我的伤情，并安排我同他们住在一个房间。我向他们汇报了几个月来的战斗和伤势恢复的情况。在这里，我才知道北满军政领导同志将送赵尚志去苏联交涉求援事宜。戴鸿宾军长见我腿伤基本痊愈，就同意让我随军部去萝北。12月27日，我们从西山

---

① 《金策、马德山关于组织模范师及四、七军长的人选问题给北满省委与三、六军党委的信》（1937年12月8日），载《文件汇集》甲50，第181页。

包出发,30日到达萝北县公义永屯,我在军部五天五夜。每天都是夜间行军,白天研究和探讨联军总司令赵尚志去苏联求援的可能性。因天天同领导吃住在一起,所以也了解他们讨论的问题,记得主要研究了以下几个问题:一是要求苏联援助武器、弹药和医药。二是要求为我军提供训练干部的条件。三是要求帮助我军接通与中共中央的组织关系。赵尚志、张兰生、张寿篯接收等领导同志对此次去苏求援充满了信心,并商定一个月后,仍在萝北集结部队迎接赵尚志和苏联援助的枪支、弹药及其他军用物资。1937年12月31日,赵尚志在萝北县公义永屯与我们分别,在三军一支部队的护送下去苏联。①

1938年1月初,黑龙江畔,天寒地坼,朔风凛凛,冷气逼人。赵尚志率吴副官,警卫员郭录、王明发、小陆等五六人在第三军九师小股部队护送下,于萝北县名山镇附近,踏着黑龙江上的白雪坚冰步行跨入苏联境内。当赵尚志等踏上苏联国土后,令人意想不到的事情发生了:苏方矢口否认有邀请抗联负责人入苏商讨重要问题一事。他们一一被苏联边防军缴械。这真是"路逢险处难回避,事到临头不自由"。赵尚志等被苏军战士领到附近一个村子里蹲了一宿禁闭。次日,来了一辆汽车把赵尚志、吴副官、小陆三人送至伯力。他们被关押在苏联伯力远东军区内务部拘留所一个禁闭室里。

赵尚志过界近一个月后,北满抗联总政治部主任张寿篯、抗联第六军军长戴鸿宾按原计划决定分头率队攻打位于边境地区的鸭蛋河镇(今凤翔)和萝北县城肇兴镇两个敌人据点,准备以胜利的军事行动配合赵尚志在苏联的活动,并迎接他回国。

张寿篯所率第六军第二师、第三军第十师于2月3日进行的攻打鸭蛋河镇战斗,未能顺利实现,部队遂撤至都鲁河一带。

戴鸿宾率第三军第一师和第九师、第六军一部约五百余骑兵,于2月4日晨攻袭了肇兴镇。10时部队撤至上街基时,与日军板坂部队相遇,交战五个小时。日军板坂大尉以下十八名被击毙。战斗中,抗联第三、六军亦有一定伤亡。在此情况下,戴鸿宾与部队团以上干部研究决定过界赴苏,一方面免除被敌围歼的危险,另一方面争取苏援助补充弹药,安置伤员,同时也好接赵尚志回国。出乎意料的是,戴鸿宾率队进入苏境后,全体队员皆被苏联边防军缴械。戴鸿宾不但没有把赵尚志接回国,他自己反倒被关押。在以后的日子里,戴鸿宾与苏方交涉要求率部重返东北,苏方说从苏联边境返回东北是不行的。他们怕引起日苏两国纠纷。以后,戴鸿宾执意要求会见赵尚志,苏方最后同意了他的要求。两月之后,他被苏联边防军送到伯力,与赵尚志关押在一起。而第三军第一师师长蔡近葵、第一师政治部主任郑宏韬、第九师师长李振远、第六军宣传科长徐文彬等五百余名抗联战士被苏联遣送到我国新疆省。以后,这部分队伍要求去延安、回东北,但被新疆督办盛世才拒绝,他以"建设西北,支援东北"为名将这部分队伍拆散,大部去伊犁屯垦,少部去当兵,数名干部被分配到一些县里做财政、税务、教育工作。就这样,东北抗联五百余名精锐骑兵损失掉了。

---

① 王明贵:《踏破兴安万重山》,黑龙江人民出版社,1988年1月版,第75、76页。

开始时,赵尚志在伯力苏联远东军区内务部拘留所禁闭室里与戴鸿宾等关押在一起。不几天,苏联边防军又把抗联第十一军军长祁致中及军部科长陈森押到赵尚志这里来了。祁致中是1937年12月为解决抗联七星砬子兵工厂所需火药问题,欲请求苏联援助从抚远越过乌苏里江来到苏联的。同赵尚志、戴鸿宾一样,军火援助等问题非但没有解决,而自己却遭到了羁押。赵尚志、戴鸿宾、祁致中三位抗联军长过界被关押,抗联第三、六军五百余名骑兵被遣送到新疆,致使北满抗联部队失却领导核心,丧失了部分精锐部队。无疑,这一发生在1937年末即已开始的激烈的"讨伐"与反"讨伐"斗争中的重大事件,给北满抗日游击运动造成了巨大的损失,对东北抗日游击战争产生了很大的负面影响。

关于苏联方面为何扣留并长期关押赵尚志,这一问题曾是个谜。如果说苏方对其人是否是北满抗联总司令赵尚志有怀疑,以及对其入苏意图需要进行审查,这都是必要的,无可非议。但苏方曾多次通过由进入苏境认识赵尚志的北满抗联人员辨认,确定是赵尚志后,苏方仍不予释放,并一经关押就是近一年半之久。据说这是苏联从本国利益出发,不愿因支持抗联活动,给日本向苏联挑衅造成任何口实,以免除外交上的麻烦。1937年10月23日,苏联内务人民委员会发布No00693命令,要求逮捕所有越境分子,不论其动机和处境如何。12月22日苏联内务人民委员叶若夫给远东边疆区内务局局长柳什科夫绝密电报,"所有中国人,不论国籍,凡有挑衅行为或恐怖意向者,立即逮捕;不得有误。"由于有这个命令和电报,赵尚志一入苏境即被逮捕也是"当然"之事了。还有赵尚志过界赴苏时正赶上苏联开展肃反,赵尚志致信的远东军区司令布留赫尔是被肃对象(时任远东军区司令布留赫尔已被列入黑名单,被视为"日本间谍",1938年8月被撤职,10月被捕,11月被处死),无疑,赵尚志长期被关押似受到布被肃牵连。对于赵尚志入苏并长期被苏方关押,也有人认为,与苏联远东边疆区内务局局长(负责军事情报工作)柳什科夫于1938年6月越过中苏边境投降日本有关。远东红军司令部的情报部门在斯大林发动的大清洗中遭到重创,负责人波克拉多夫上校、其两名副手以及若干工作人员被指控为"日本间谍",遭到内务人民委员部枪杀。①因此说,是被日本关东军收买的苏联高官与日本特务设的阴谋诡计所致。另外,有的说,与赵尚志过界赴苏后,北满临时省委内部于1938年2月开始批判赵尚志所谓反党"左"倾关门主义的"反倾向"斗争有关。北满临时省委曾致信中共代表团说:"赵尚志同志已到你们处(按,指苏联),我们现已撤销其军长责任,党内的处罚你们决定,我们认为他不必回来,回来对工作有损失,假如你们认为可以回来,那么你们得给我们办法的指示。"②据此,赵尚志被苏方关押,似中共代表团有作用,但从时间和职权上看,还难以说明。因为1938年1月赵尚志过界赴苏前,中共驻共产国际代表王明、康生就已于1937年11月回国。此时的代表团(团长王稼祥、后为任弼时)已不负责领

---

① 叶夫根尼·戈尔布诺夫:《我们在伪满洲国的游击队》,原载俄罗斯《独立报》2006年1月20日,《参考消息》2006年1月25日转载(题为俄历史学家撰文披露《苏联援助中国东北抗日游击队内幕》。文中说赵被逮捕、关押与苏"大清洗"有关,"这种猜测是非常合理的。")

② 《中共北满临时省委给中央的报告》(1938年5月10日),载《文件汇集》甲24,第85页。

导东北工作,"新的关系将由国内方面来建立"。①总之,关于赵尚志入苏及长期被关押原因的各种说法中,被日本关东军收买的苏联高官与日本特务设的阴谋最有道理。因为传信的陈绍宾曾为日伪收买,又与苏联内务部情报机构有关联。

赵尚志入苏被关押,不能及时返回东北抗日战场,广大抗联指战员深为不解。日伪当局也乘机大肆造谣。1938年2月9日《盛京时报》报道:《巨匪赵尚志有被杀说》。文中道:"在三江地带横行之思想匪巨魁赵尚志自去年五月匪团袭击汤原后,内部发生轧轹,赵被杀害死亡之说流布颇盛。最近据当地某机关得到情报,在以上事件之前,赵匪即为部下某鲜人杀害……以最近该匪团之动静观之,赵已被害之说已成了事实。"日伪当局制造赵尚志被杀身亡的谣言,无疑是妄图搞乱抗联内部,涣散指战员的斗志,达到离间、破坏目的的反动宣传。

对于赵尚志长期被关押一事,后来与赵尚志在一起活动的陈雷曾说:"赵尚志去苏联是北满省委根据陈绍宾的汇报决定的,陈绍宾传来的这个消息确实不确实?有没有根据?现在还弄不清楚。赵尚志生前对此事一直没有解除怀疑。当时陈绍宾说是根据伏罗希罗夫的指示,要东北抗日联军去一名高级领导研究配合苏联红军对日作战的问题。可是赵尚志一过去就被苏联边防军禁闭起来,苏联既不承认通知开会这件事,也不相信赵尚志在东北抗日斗争最激烈的时候离开东北。为此,苏联边防经过很长时间调查,找了很多东北抗日游击队员识别赵尚志。一直到张鼓峰事件以后,苏联处死了远东边防司令(日本奸细××),才把赵尚志放出来,禁闭了十九个月之久。赵尚志对陈绍宾传达的这个信,认为是调虎离山计。这件事对东北抗日游击战争有很大影响。1937年来,正是我抗联军与日军斗争最激烈的时候,赵尚志过界后被禁闭起来,对东北抗日游击战争非常不利。北满地区的广大群众实际上是失去了抗日的领导者,北满抗日联军失去了最高的军事指挥员。"②

身在异国他乡而又失掉自由的赵尚志没想到事情竟会发展到这种地步,他刚过界时满怀希望的心情早已荡然无存。此时,他心急如焚,不仅获得军援无望,使他着急的还有一件重要的事情。赵尚志赴苏前,抗联总司令部计划于1938年3月18日至3月23日召开第二次各军代表大会,以总结、检查总部与各军工作,调整各军一致与统一,规划各军军事行动,进一步开展抗日游击战争。此会议通知(包括大会的政治、军队及一般工作议案,具体日程)已于1937年12月10日发出,要求各军、师决定代表准期到会。由于他在苏联被关押,此会难以筹备召开,这将耽误多少重要事情。赵尚志坐在禁闭室里(这是他一生中的第三次铁窗生活),心事重重,疑虑重重,面对苏联的看守,对自己究竟因何缘故而身陷囹圄大惑不解。他曾认为陈绍宾所传递的消息可能是个骗局,或许是奸细施行的"调虎离山"计。当时有传说赵尚志赴苏所谓苏方邀请通知系"出自布哈林派奸细作用。"③赵尚志在禁闭室里不断向苏方质问有关陈绍宾传递的邀请他赴苏的消息是否确实的问题,申诉要求释放,恢复自由,去见中共驻共产国际代表团或返回祖国,但苏方态度冷漠。赵尚志无可奈何,闷一肚子气,不时寻机发

---

① 《春山给周保中同志的信》(1938年2月21日),载《文件汇集》甲51,第173页。
② 《访问陈雷同志记录》(1966年1月22日)。
③ 冯仲云:《给中共中央的工作报告》(1940年10月12日),载《文件汇集》甲25,第127页。

泄。有时，他便面对苏联看守大吵大闹一番。

他在心绪平静时，便常与戴鸿宾、祁致中谈论有关东北抗日游击战争中的路线、策略等问题。他还把对一些重要问题的认识整理成文，提请苏方或要求转交中共驻共产国际代表团。其中，针对中共驻共产国际代表团的《新政治路线信》中提出的"不要把抗日反满并提"，写成《关于"抗日反满"问题的意见》一文。对王明、康生提出的"抗日反满不并提"新政治路线表示坚决反对。该文写道，"我请求很详细来检查这一报告。我很痛苦的是不能写出我的全部意见（但是，我应该真诚地发表我的意见，如果错误了，我愿接受处分）。关于抗日反满问题，我希望简单的作个说明。我到现在不明白，抗日反满不并提，或不并列的主张。根据这句话的中文字意讲的是：反抗日本帝国主义和反对'满洲国'政权不要一块提出或不要列在一块。关于这一问题因为不明白，曾在1937年秋派交通来苏联，给中央信上提出请求解答。如果这不是中央的意见，则必是奸细的。因为在东北，从伪满政府成立的时候起，党便提出以下口号：打倒日本帝国主义，推翻走狗政府'满洲国'政权；打倒日寇及其傀儡政府伪满洲国，反抗日满法令等口号。如果把这个口号分开，我认为是不对的。反对'满洲国'的问题，我觉得不但是全东北全中国人民都是明白的，是共同斗争的目标，并且有一点中国人心的'满洲国'官吏也是明白的。日寇是经过其走狗政权欺骗压迫中国人，所以'满洲国'对日寇有很大作用。如果对于伪政府在斗争上有一点缓和，便是减低了反日的任务。而日寇却极力希望中国人不去反对伪政府，不去反对走狗汉奸，这对日寇的利益，只要叫个人，都能明白的。"

赵尚志在文中写道："我敢这样证明，就是反对'满洲国'的口号，并不破坏使'满洲国'机关内的职员、士兵、长官来参加抗日或中立，孤立日寇。相反的，越是反对'满洲国'政权，并把'满洲国'是日寇工具的作用联系起来，则越发能号召他们，使他们容易觉悟和了解我们反对'满洲国'就是反对日寇的意义。"文中继续说，"所以，在抗日反满不并提的掩盖之下，实际上主张抗日不反满，这是奸细欺骗，这是关系东北革命的重大问题。"

他强调："穿着'满洲国'的衣裳，执行着日寇的意志的'满洲国'官吏，我们向他们提出'中国人不打中国人'的口号，是应该这样的执行：就是我们有权利去停止他们的工作（替他主人日寇作的害中国人的工作），解除其武装，破坏他们的事业。而他们虽然是'满洲国'的官吏，因为也是中国人，便应该不打中国人民，不杀害中国人，不进攻抗日军，直至参加抗日工作。群众身受着'满洲国'政权的直接的压迫和痛苦，对'满洲国'是抱着无限的仇恨和反对，反对'满洲国'的日常任何斗争都是具有反日性质的。只有在广大的群众抗日反满的斗争发展中，才能更有效地影响吸收或胁迫'满洲国'机关内的官吏同情或参加抗日。也只有揭穿给'满洲国'效力，保卫'满洲国'，就是给日寇卖命，反对'满洲国'就是反日，才能中立满军或争取哗变。"文中对拥护、赞成"抗日反满不并提"主张的北满、吉东一些领导人提出尖锐批评，并极而言之，"认为是奸细作用之一。"

赵尚志在这篇文章中坚持反对来自中共驻共产国际代表团王明、康生所发指示信中的错误的东西。他在文中数次写道，对"抗日反满不并提"的问题不明白，请求中央解释。信中最后重申,"如果我的意见是完全错了,我愿受革命纪律的处罚。"①

此文鲜明地表达了赵尚志在这一关系到政治路线的重要问题上的毫不含混的坚定的正确的原则立场;显示出了赵尚志在追求真理光芒中的存真求实、无私无畏的精神;同时也充分表现了赵尚志作为一个共产党人特具的正直勇敢和光明磊落的品格。

"抗日反满不并提"是王明、康生将党为"逼蒋抗日"在关内提出的"不要把抗日反蒋并提"的策略方针,经演绎用在东北抗日反满斗争中的错误口号。为逼蒋抗日,党提出"不要把

赵尚志所写《关于"抗日反满"问题的意见》之一页

抗日反蒋并提",把蒋介石国民党政府作为团结、统战对象是正确的,因蒋介石没投降,他不是汪精卫。而东北的伪满洲国政权和伪军是日本侵略者一手扶植、操纵的统治东北的工具,是敌人而不是朋友,是打击对象而不是团结对象,不具统战对象的性质。对伪满政权、伪军就要采取打击、分化、瓦解的政策。王明、康生以"免得将东北与关里对立"为理由,提出"抗日反满不并提"这一口号,并将其作为新的政治路线,混淆了汉奸傀儡政权与国民党政府在对待民族利益问题上根本不同的政治界限。此口号的提出给东北党组织在确定斗争方针、路线、策略上造成了严重混乱。

在禁闭室里,赵尚志与戴鸿宾、祁致中交谈中还涉及对北满临时省委一些主要领导同志的看法。谈论中,他曾过分怀疑奸细问题,错误地认为赞同"抗日反满不并提"口号的吉东、北满省委主要领导人有奸细嫌疑。此外,赵尚志和祁致中之间经常争论问题,尤其是对抗联第

---

① 赵尚志:《关于"抗日反满"问题的意见》(1938年),载《文件汇集》甲24,第445~452页。

十一军与抗联第三军的关系论及较多。他俩顶起嘴来,如同针尖对麦芒,互不相让。在遭关押期间,祁致中对在苏所受冷遇表示愤慨,也时常与苏方看守争吵,并曾意拟私逃。由于赵尚志的耐心劝导,他逐渐打消这一念头,以忍耐之心等待问题解决。

赵尚志在苏联远东军区内务部禁闭室里还谈古谈今,滔滔不绝。闲谈中,他讲过自己的历史,说自己是黄埔军校第四期学生,与林彪同期。他曾说当年刘邦在荥阳被围,我赵尚志如果是韩信,就在山东独立,闹三分天下,表现出个人英雄主义情绪。他还写过一首诗,其中有"插翅难越三江水,何日功成九里山"的句子。①三江水是黑龙江、松花江、乌苏里江之水,指东北而言。九里山是楚汉相争时的战场。《水浒传》第四回中有"九里山前作战场,牧童拾得旧刀枪。顺风吹动乌江水,好似虞姬别霸王。"赵尚志借用楚汉相争时韩信驻军彭城(今徐州)九里山,进攻项羽,致使楚军大败的典故,表达自己渴望早日能够返回东北抗日战场,赢得抗战胜利的急切心情。

1939年4月,春光融融,和风送暖,流经伯力的黑龙江(苏称阿穆尔河)上的坚冰积雪开始融化,解冻的冰块不时发出咔咔迸裂声。这震荡人们心扉的声音使赵尚志思绪万千。他在苏联远东军区拘留所禁闭室里已经被关押一年零四个月了。

由于赵尚志多次的申诉,事情总算是有了结果,苏方已经答应尽快解决他提出的解除关押,送他回东北的问题。此时,使赵尚志内心感到喜悦的是抗联第三军老同志于保合和李在德夫妇来禁闭室看望他。于保合是1937年12月由赵尚志派往抗联第三军第四师接替金策任第四师政治部主任(代理)的。1938年11月上旬,于保合与李在德到第三军第四师第三十二团工作。由于队内出现叛徒,带领敌人进山把密营中储藏的粮食全部毁掉,并不断在雪地跟踪,妄图消灭这支队,部队处于极危险境地中。在这种情况下,于保合与第三十二团团长李铭顺决定率领队伍去苏联。同年12月底,于保合、李铭顺率队(约四五十人)由宝清向虎林方向行进,在穆棱河口附近渡过乌苏里江赴苏,在伊玛看守所被关押了两个来月。于保合、李在德夫妇经苏方审查释放后,苏方想派他们为其搞侦察工作,于保合坚决不同意,并强烈要求会见赵尚志。苏方见其态度异常坚决,便同意了他们的要求。

赵尚志和于保合见面后,非常高兴。在1937年7月北满临时省委扩大会议上,由赵尚志作证婚人,于保合与李在德结成伉俪的情景,宛如就在他们的眼前。然而,世事的变化是多么大啊,他们之间的再次相见,竟在失却自由的禁闭室里。

经过一年零四个月监禁的赵尚志脸色显得苍白,面容更加消瘦,但他的精神状态依然很好。他听取了于保合关于第三军第四师遭到挫折和他们过界在苏联伊玛受审查的情况。赵尚志对于保合说:"北满临时省委决定我来苏联,未想到我被扣在这里。最近问题快要解决了,让我回东北继续领导游击部队工作。"他还说,他将向苏联要一部电台,希望于保合和他一起回东北工作,电台由于保合使用。

5月间,苏方果然把赵尚志、戴鸿宾、祁致中从拘留所禁闭室里释放了出来,送到一个招待所里居住。赵尚志等能被释放,并同意他们返回东北抗日战场是有一定背景的。1939年

---

① 《访问戴鸿宾同志记录》(1962年11月)。

春，远东局势吃紧，有迹象表明日本关东军可能发动反苏军事挑衅。同年4月16日，苏联哈巴罗夫斯克边疆区、滨海边疆区、赤塔州内务人民委员会负责人，三地的边防军首脑接到4月15日来自莫斯科的7770号密电，其主要内容是：为更充分利用伪满洲国境内的中国游击队，进一步巩固队伍，一旦中国游击队请求我方向其提供武器、弹药、食品和药品，或是请求指挥其作战，第一、第二独立红旗集团军军事委员会可以给予协作，从被扣留的游击队员中挑选可靠人员，以小分队形式派往伪满洲国，刺探情报，并向游击队提供帮助。军事委员会专门负责此项工作。①这份来自莫斯科的密电还特别提到要把被扣留的赵尚志、戴鸿宾交给第二独立红旗集团军从事侦察活动。此密电有伏罗希洛夫及贝利亚两位人民委员的签名，并以"命令"的形式下达。然而，他们未必有权独立作出如此重要的决定，上述决定无疑得到了最高领袖斯大林的首肯。1939年5月，诺门坎事件爆发。这是继1938年7月，日本帝国主义为向苏联挑衅制造的张鼓峰事件之后，在中蒙边境向苏蒙军队制造的又一次武装挑衅事件。为了防备日本将侵略矛头指向苏联，苏联在密切注视德意法西斯在西方行动的同时，在东方对日本帝国主义的武装挑衅行径采取了强硬政策，并认真地做了对日本一旦向苏联东部边疆地区发动进攻的准备工作。赵尚志、戴鸿宾、祁致中三位军长被释放，并同意他们回东北继续开展抗日游击战争，与此有关。日本关东宪兵司令部称"赵尚志、戴鸿宾匪帮入满，可明确认为乃为苏联诺门汗事件后所流露出扰乱后方谋略之迹象"。②可见，这确实是与这种新的形势发展有着密切联系的。

伏罗希洛夫和贝利亚关于给予中国满洲游击队运动援助的命令密电十分重要，为详细记述这段历史，现将此密电全文征引如下：

"为了充分利用中国满洲的游击队运动和使它在组织上更加巩固，允许第一、第二独立红旗集团军军事委员会在中国游击队领导请求的情况下给游击队提供武器、弹药、粮食和药品方面的援助以及领导他们的工作，所援物资应是外国生产的或没有生产厂家标志的。

请从扣留的游击队里派一些经过审查的人回满洲进行侦察活动并向游击队运动提供帮助。

只允许军事委员会插手有关游击队的工作。

责成内务人民委员部哈巴罗夫斯克边疆局局长、滨海边疆局局长和赤塔局局长全力协助军事委员会开展工作，其中包括审查和挑选从满洲方面过来的和被拘留的游击队员，把他们交给军事委员会以做侦察工作并把他们派回满洲。

上述军区各边防军首长要协助军事委员会把军事委员会组建的小组自由派回满洲，同时接收进入苏联过界的游击队小组和部分通信员。

内务人民委员部滨海边疆局局长格维希阿尼应把现正滞留于滨海边疆区曼佐夫卡车站

---

① 叶夫根尼·戈尔布诺夫：《我们在伪满洲国的游击队》，原载俄罗斯《独立报》2006年1月20日，《参考消息》2006年1月25日转载（题为俄历史学家撰文披露《苏联援助中国东北抗日游击队内幕》）。

② 日本关东宪兵司令部：《满洲共产抗日运动概况·1939》，载吉林省档案馆编译伪满档案资料《东北抗日运动概况》，吉林文史出版社，1986年10月版，第108页。

的350名经过内务人民委员部机关审查的中国游击队员交给第一独立红旗集团军军事委员会。内务人民委员部哈巴罗夫斯克边疆局局长尼基绍夫应把扣留的中国游击队领导人赵尚志和戴宏彬，交给第二独立红旗集团军军事委员会以作上述目的之用。

苏联国防人民委员

苏联元帅　伏罗希洛夫

苏联内务人民委员　贝利亚

1939年4月15日"①

　　1939年5月30日，第二独立红旗集团军司令伊万·科涅夫少将（后来晋为苏军元帅），该集团军军事委员会成员、政委比留科夫及集团军情报部门负责人阿列申少校及副手波特罗夫少校与赵尚志、戴鸿宾、祁致中三位军长会见。苏军少将传达说，赵尚志被共产国际任命为东北抗日联军总司令，并鼓励他回东北继续领导抗日斗争。②在交谈中，赵尚志对苏方将其长期关押表示不满，他毫不客气地指斥苏联边防军负责人把我们关押起来是非法的，为什么没有向莫斯科汇报？科涅夫回答："你未预先通知苏军司令部而擅自进入苏联领土。司令部也不知道你的到来，是谁下达指示通知你的，现在还尚未查明。对你进入苏联负责的人完全是在犯罪。他向当地的苏维埃和军事当局隐瞒了这一事实。这人是要受到惩罚的。"赵尚志还向苏方少将认真地询问了关于陈绍宾所传达的信息确实与否的问题，回答是："我们认为陈绍宾是个坏人，你们在当地要搞清事件的详情，我们也要采取措施来查明详情，将结果和决定再通知你们。"会见中，赵尚志还问道："以前的远东军司令是布留赫尔，我可不可以知道，为什么他现在不在这儿呢？"苏方回答："布留赫尔，被党和政府召回，现在他在莫斯科。"（按，此说显然系有隐情。布留赫尔于1938年11月已被认为是'日本间谍'而处决。）并告知现在远东地区红军司令员为科涅夫，联共（布）书记为敦斯基。"

　　会见时，苏方官员告诉赵尚志等："我们认为你们是满洲游击运动领导人，我们通过你们下达关于所有问题的指示，与此同时，我们将和靠近苏联边境活动的部队保持联系。"③在这次会见中，苏军科涅夫少将应赵尚志希望苏联帮助组织一支由过界到苏联的东北抗联战士组成的部队的要求，同意为其组织一百人左右的全副武装队伍。并讨论了赵尚志的建议，包括如何进入伪满、今后怎样开展工作及保持与苏联的联系。同时，苏方建议赵尚志首先与活动在松花江流域的旧部建立联系、组成联军、设立强大的司令部、整肃队伍、开除那些革命意志薄弱的成员。苏方非常看重赵尚志丰富的游击斗争经验，承诺今后继续保持联系，并就会见时讨论到的所有问题，给予全方位的帮助。苏方领导人在会见时说："我们非常想让你们能从日伪军那里弄到日军出版的伪满洲国地图。此外，我们还需要日军文件，包括命令、报告、材料汇编及密码。"④

---

　　① 中共中央党史研究室编：《共产国际、联共（布）与中国革命文献资料选辑（1938—1943）》第20卷，第47页。

　　②《访问戴鸿宾同志记录》（1962年11月）。

　　③ 陈晖：《前苏联档案中关于东北抗联领导人赵尚志的一段秘史》，载《档案天地》2007年第1期。

　　④ 叶夫根尼·戈尔布诺夫：《我们在伪满洲国的游击队》，原载俄罗斯《独立报》2006年1月20日，《参考消息》2006年1月25日转载（题为"俄历史学家撰文披露《苏联援助中国东北抗日游击队内幕》"）。

被释放近一个月的赵尚志早已是"身在曹营心在汉"了。此刻,他更加急切地要求及早返回东北抗日战场,继续开展游击战争,打击日本侵略者。很快,一支由一百零五名中国抗联战士参加的队伍组成了。苏方给配备了精良的武器:六挺轻机枪、百余支步枪、六支手枪、三万发子弹、二百三十枚手榴弹及一部无线电台。1939年6月下旬,赵尚志率领这支部队由伯力郊区的一个火车站乘火车出发向西而行。

封闭的货车(俗称"闷罐车")车厢里没有座椅,干部、战士们就都坐在自己的背包上。因为赵尚志获得了自由,带领战士们回国打击日本鬼子,大家都十分高兴。赵尚志和战士们一道在车厢里尽情地高唱《国际歌》、《红旗歌》、《游击队歌》和优美动听的《四季游击歌》:

"春日游击,风光特别好。风又和,日又暖,满地铺芳草。花放香,鸟飞舞,天地一乐园。革命生长似怒芽,谁也压不了。

夏日游击,草木来相帮。树叶浓,草深长,到处可隐藏。不要慌,不要忙,瞄准我对象。临阵杀敌要沉着,才能打胜仗。

秋日游击,精神分外爽。打日帝,杀走狗,计策最优良。整化零,零聚整,神出又鬼没。袭击夜战得胜利,四海把名扬。

雪地游击,不比夏秋间。朔风吹,大雪飞,雪地又冰天。风刺骨,雪打面,手足冻开裂。爱国男儿不怕死,哪怕再艰难。"

——大家欢快地唱着。火车以隆隆声伴随着雄壮的歌声载着抗日健儿奔向国境线。当列车行至比罗比詹时,赵尚志率队下车。以后又进行数日徒步行军训练,同时向黑龙江边前进。

在重返东北抗日战场的途中,赵尚志内心非常兴奋,面上充满喜色。然而,他万万料想不到当他在异国被囚禁之时,北满党组织内部和东北抗日战场都发生了难以想象的变化。

就在赵尚志1938年1月过界赴苏后不久,北满临时省委内部展开了一场反对赵尚志"左倾反党关门主义"的斗争。2月,北满临时省委执委张寿篯发表《意见书》,揭发赵尚志自珠河反日游击队诞生以来所谓"左倾关门主义"错误,给赵尚志扣上了"反共产党的阴谋家"的大帽子。并要求在党内马上进行扫清"左倾关门主义"的影响及与"左倾分子"的斗争。同年5月,北满临时省委第七次常委会在赵尚志离开北满,不在当地的情况下,全面否定了1936年9月珠河、汤原中心县委与抗联第三、六军党委联席会议决议。指责这次会议犯了"左倾关门主义反党路线"错误,是"反党反组织的小组织活动",赵尚志是"反党左倾关门主义路线的主要推行者"。在这次北满临时省委常委会上,对珠河、汤原中心县委与第三、六军党委联席会议及1937年6月召开的省执委扩大会议都进行了批判,清算了珠、汤联席会议制定的路线和策略。会议认为"珠汤联席会议反党的'左'倾关门主义路线的错误,决不是个别的偶然错误,而是联系许多错误观点形成的反列宁主义的系统。反党、反组织,反中央的精神和倾向之下,与中央路线对立的'左'倾关门主义系统"。随之召开的第八次常委会议,决定撤销赵尚志抗联第三军军长职务。与此同时,省委决定"在三个月内",以"跑步的速度",彻底扫除北满党领导下各级党组织所有一切"反党倾向"。①于是在北满党组织内部展开了激烈的"反倾向"斗争。

---

① 《北满临时省委给全党同志的信》(1938年5月15日),载《文件汇集》甲24,第95页。

对于北满省委在赵尚志过界赴苏后开展"反倾向"斗争,北满党组织和抗联内部有许多同志存有不同意见,金策提出《意见书》,指出在赵尚志远离东北后(按,指去苏联),发起反倾向斗争,他表示"不但不赞同,而且坚决反对这种斗争方式和观念,因为这更加阻碍了一致统一。"金策回顾了赵尚志对《王康指示信》等来信由拥护执行,到对其错误内容反对抵制的过程,认为"吉特补充指示中对于归屯问题及城市统一战线策略问题上的确有缺点,如果依照这个策略去执行的话,那么实际行动是就表现出消极的反抗"。金策在《意见书》中还指出寿篯同志对赵尚志的有些批评"不合于事实"。有的错误"全部推在赵尚志身上是不合乎当时实际环境"。①吉东省委、抗联第二路军领导人周保中虽然赞同反"左"倾关门主义,肃清党内倾向,但对开展"反倾向"斗争的方式、方法和时机也提出批评意见。他说:"我听说寿篯同志于最近在尚志'远征'(按,指过界赴苏)之后,在北满党组织发出什么反'左'倾通知,并曾由侯启纲同志转达宋一夫吉东省委援助,一致起来展开党内反倾向斗争。寿篯同志这种表现,在我个人认定是极危险而冒昧无知可耻的行动……现在是革命——东北游击队运动处在极端严重的时候。而我党所领导的骨干军——三军正需要全力来图谋巩固,即使我们遭遇到不可克服的困难,也得要保持最基本的最中心的力量,绝不能使全部革命力量成问题。尚志同志'远征',寿篯同志不能便认为这是反'左'倾的机会。这样的观点和这样的简单做法,能够会帮助了我们的死敌——日贼法西斯蒂……这可算吾党之不幸!"②他还致信北满省委指出:"你们反'左'倾关门主义,肃清党内倾向这是对的,极值得欢迎的。只可惜在尚志同志和六军军事重要负责同志离去北满以后,你们才'有组织'地号召反'左'倾关门主义。你们很容易把反倾向斗争和个别人的问题混合起来,或者把倾向性和个别人完全脱离。这样一来,最易陷入虽然口口声声不离原则,实际上是倾向反倾向,人反对人,派别反派别,这是很明显的。"③尽管有许多同志对开展反倾向斗争及斗争方式有意见,但北满临时省委还是在坚持开展这场斗争。

在这场斗争中,北满省委给赵尚志戴上了"北满反中央的左倾关门主义干部路线主要负责者"④的帽子。在1939年4月召开的省委第二次执委会议上作出了对赵尚志处分的决定:在党内,撤销北满临时省委执行委员,给予严重警告;在联军方面,撤销联军总司令及第三军军长职务。⑤一些同志被认为是"倾向分子"而遭到了处罚。据统计,在这场反倾向斗争中,北满党、军(师级及以上)干部中,有十二名被开除党籍,有十名被撤销职务,有三名受警告处分。有的同志因对赵尚志不在东北情况下,展开对他的批判提出意见而遭到斥责。当时,反

---

① 金策:《致北满省委三、六军党委和下江、哈东各特委的意见书》(1938年6月28日),载《文件汇集》甲58,第408页。

② 周保中:《关于干部问题给金策同志信》(1938年6月27日),载《文件汇集》甲52,第115页。

③ 周保中:《给张寿篯、金策及北满临时省委各负责同志的信》(1938年9月4日),载《文件汇集》甲53,第11页。

④ 《北满临时省委执行委员会第二次全会关于抗联三军干部任免的通知》(1939年4月12日),载《文件汇集》甲24,第401页。

⑤ 《北满临时省委执行委员会第二次全会给三军党委决议——左倾关门主义的政治责任与布尔什维克铁的纪律》(1939年4月12日)。

"讨伐"斗争形势十分严峻,如何争取反"讨伐"斗争胜利是摆在党组织面前十分艰巨的任务。在大敌当前情况下,本应共同对敌,但北满省委内部却忙于展开所谓"反倾向"斗争,实际上是豆萁相煎,自己整自己。其结果严重地破坏了党内、军内团结,分散了对敌斗争的精力,削弱了对敌斗争的力量。

北满临时省委内部坚持开展的这场所谓"反倾向"斗争是由于当时在分散游击的环境中,敌我斗争十分复杂,党内生活很不健全,及受党内长期存在的"左"的"残酷斗争,无情打击"的斗争方式影响的情况下发生的,应该说是一个沉痛的教训。

在东北抗日战场上,自1937年冬开始,日伪当局以大批兵力采取"分进合击、铁壁合围"的战术对东南满、吉东、北满抗日联军展开了疯狂的"大讨伐"。北满、吉东抗联部队集中活动区域——松花江下游地区,敌人"讨伐"尤为之更甚,抗日根据地遭到严重破坏,抗联活动区域受到明显压缩。北满抗联部队在敌人疯狂"讨伐"下,由于作战牺牲、伤病、冻馁、叛逃、越境、大量减员。原拥有十个师建制六千余众的抗联第三军在数月之内便损失了五六个师的兵力。同时,敌人在伪三江省汤原、依兰、桦川、富锦、勃利五县及佳木斯市,于1938年3月15日实行所谓"一齐大检举",制造了"三一五"事件。在这一事件中,先后有三百六十五名中共党员及抗日群众被捕,使北满地下党组织、群众抗日组织大部被破坏。同年6月,北满临时省委决定,为了冲破敌人在伪三江省对抗联部队的包围,开辟新的黑嫩游击区,北满抗联部队以海伦为目标分批进行远征。北满抗联主力部队远征后,敌人对松花江下游抗日根据地的攻势有增无减,在通河、汤原一带,敌人在二三十天时间内即迅速完成了"归屯并户"、建立"集团部落"的计划。坚持在老游击区斗争的北满抗联留守部队在敌人严厉封锁、疯狂追击下,受到严重挫折。到1939年4月,汤原抗日根据地已基本丧失。

对于上述北满党内斗争和抗联部队、抗日游击区及根据地所发生的急剧变化情况,身在异国他乡的赵尚志是一无所知的。

1939年6月26日,——赵尚志率队返回东北抗日战场的前一天,一位前来送行的苏联中校军官在队前向全体队员讲话。他说,苏联支援中国抗日游击队的斗争,希望全体指战员在斗争中取得胜利。又说,赵尚志是东北抗日联军总司令,大家要尊重他、爱护他、服从他、保护他。接着,由赵尚志讲话,指出这次回东北的任务是扩大北满抗日游击活动,狠狠打击敌人。他讲话立足点很高。他个子虽小,但讲话声音很洪亮,大家静静地听他讲话,都很受鼓舞。赵尚志把这支队伍编成一个教导队、两个中队。任命戴鸿宾为总司令部参谋长兼教导队总队长,祁致中为总司令部副官长,刘凤阳等为中队长,于保合为司令部组织科长兼电台工作。司令部、教导队还组建了党的组织,赵尚志担任支部书记,李在德任支部副书记。后来,又任命陈雷为司令部宣传科长。

1939年6月27日晚8时左右,赵尚志率领这支队伍乘船从苏联拉宾过江,顺利抵达中国沿岸佛山县(今嘉荫县)观音山附近。

至此,赵尚志结束了在异国他乡长达近一年半的拘禁生活,重新返回了他日夜思念的东北抗日战场。

二、重返东北抗日战场

深夜,漫天星斗,暖风轻吹,黑龙江畔万籁俱寂。

赵尚志率领部队迅速地离开了江岸后连夜向西南方向急速行进数十里,进入山林中。当赵尚志踏上祖国的土地时,内心无比兴奋,他眼含热泪地望着连绵起伏的小兴安岭群山,心潮起伏,情绪激动。赵尚志对自己重返东北抗日战场,继续开展对日本侵略者的武装斗争充满必胜信心。他感到自己虽然在苏联被错误羁押一年半,但毕竟与苏联远东军区取得了联系,并得到一定的援助。他看着自己带回来的队伍,想继续大干一场。

在赵尚志率队回到东北抗日战场的第二天,他即指挥所部与敌人打了回国第一仗——攻袭乌拉嘎金矿。

乌拉嘎金矿位于佛山县南部(原址在今嘉荫县老北沟),是北满地区重要金矿之一。矿上有日本人及伪矿警队保护。1939年6月28日上午,部队走到土篮子沟小山泊附近发现有十几个伪矿警在通往金矿局路上驮运物资,当赵尚志所率部队一开枪,他们就站住了,没敢反抗便当了俘虏,缴获全鞍马十七匹。根据被俘虏的伪矿警队员的口供,得知金矿局内守备情况,赵尚志当机立断,决定攻打该金矿局。进攻之前,赵尚志召开干部会议,研究情况,明确任务并做战斗部署:由戴鸿宾带队攻打金矿局西院伪警察所,祁致中带另一队攻打金矿局东院。

攻袭乌拉嘎金矿战斗于当夜打响。战斗中,赵尚志亲自督队冲破金矿局大院院墙,占据要害部位。守护金矿局的三十余名伪矿警队员措手不及,全部被缴械。数名日本鬼子除一名逃跑外,皆被击毙。两名控制电台的日本人也被手榴弹炸死。伪矿警队队长于某等五六名拒降的伪矿警被击毙。战斗中,赵尚志与战士一道冲入敌阵,他发现一个伪矿警队员正要寻路逃跑,便大喝一声:"小兔崽子,往哪里跑!"吓得这名敌人战战兢兢,放下武器,举手投降。乌拉嘎金矿局被攻占后,部队在金矿工棚召开了工人群众大会。赵尚志向工人进行了富有鼓动性的宣传讲话。他说:"我们是共产党领导的抗日队伍……你们正在苦难的深渊中过着牛马不如的生活。只有打倒日本鬼子,中国人才有活路。工人是我们的基本群众,大家要踊跃参加抗日联军。"讲着讲着,他便脱口说出,"你们知道赵尚志吗?我就是赵尚志!"当工人群众听说他就是赵尚志,都十分振奋,立即就有二十几名工人要求参加部队,表示要跟赵尚志去抗日。同时,赵尚志还指挥部队打开了金矿局物品仓库,把大批面粉分给了贫苦矿工。一时,坐落在小兴安岭山麓、乌拉嘎河畔金矿工棚呈现出一派欢腾景象。

第二天,赵尚志率领队伍,带着缴获敌人的全部武装,电台及大批面粉等物资撤离了该金矿,走进了敌人难以追寻的山林中。

赵尚志率领抗日部队攻打乌拉嘎金矿取得胜利的消息一传开,使附近山中的群众受到很大的鼓舞。同时,也使敌人受到很大震动。

乌拉嘎金矿战斗结束后,部队内部发生了一起非常事件。这一事件的发生,对赵尚志以后的活动,乃至对赵尚志本身的境遇都产生了极大影响,这就是处死祁致中事件。

对于这一问题,1940年2月22日,戴鸿宾同志在给北满省委所写《关于赵尚志倾向问题

乌拉嘎金矿局(老北沟)遗址

向省委的说明》中说,赵尚志与祁致中在苏联被关押时就有"口角"斗争。在回国途中,赵尚志分配祁致中担任总司令部副官,祁提出意见,不愿意担任副官责任,愿做队员工作,被赵尚志很严厉地污骂一场。在攻打乌拉嘎金矿战斗中,祁致中做冒险队的先锋,在前方领导缴械,已经解决敌人的第一堡垒,得到完全胜利。此时,祁说,过去三军司令部一队员向他开枪没命中。祁便向赵交枪。赵当时给他一个污骂,而后戴布置队伍解决了第二个堡垒。战斗胜利后,赵尚志分配祁致中负责组织矿工扛白面,命令是一百五十人扛三百袋子面。执行中,让工人每人扛两袋,工人扛不动,祁让扛一袋。赵不允许。第三天部队召开大会总结战斗优缺点,赵不让祁发言,并说"你对这军事行动有罪"并解除了祁的武装。第四天召开党的会议,最后赵尚志参加会议,坚决主张将祁致中同志处决。①

应该说明,戴鸿宾所写的这一"说明"是他以后找到北满省委,在被批判,说他"朝秦暮楚",与赵尚志"同流合污"、"附和反党阴谋计划"、"一只脚蹬两只船",要求他向已被永远开除党籍的赵尚志展开"无情的、坚决的、耐苦的斗争",揭发、批判赵尚志的情况下写出来的。这一"说明"没有记述赵尚志所说"你对这军事行动有罪",即祁在"军事行动"上究竟犯了什么错误。

对于祁致中同志被处死一事,时任部队党支部副书记的李在德同志回忆说,在攻袭乌拉

---

① 戴鸿宾:《关于赵尚志倾向问题向省委的说明》(1940年2月22日),载《文件汇集》甲26,第305~310页。

嘎金矿战斗中,祁致中情绪有些反常。戴鸿宾率队打响之后,可他却按兵不动。赵尚志催促祁致中带领队伍赶紧冲上去,他仍迟迟不下命令。结果,赵尚志率队冲上去。战斗结束后,队伍离开乌拉嘎金矿时,祁致中对部下散布说:"赵司令是让我去送死。"又说,"我没好了,赵尚志要害我"等等。一些党员和普通队员听到后,向组织进行了反映。对于祁致中的言行,同志们普遍产生了一种不安的感觉。对他要干什么,大家都怀有疑心。赵尚志了解到这一情况后,感到问题严重,让支委先开一次会议,讨论祁致中问题,并提出处理意见。赵尚志怕自己在场大家不好发言,便决定他先不参加会议。

在支委会议上,大家认为祁有三种可能:一是他可能带其部下逃跑;二是可能杀害赵尚志;三是经过教育不跑,但第三种可能性较小。总之,他很危险。讨论的结果,主持会议的李在德等少数同志的意见是把他送往苏联去接受教育。但有的同志说:"上次他去苏联,被关押了一年半,再送回苏联,他能去吗?"有的说,"途中看不住他逃跑怎么办?"当时,部队处于被敌人尾追之中,又没有后方,无处送他进行反省审查。戴鸿宾等多数同志认为,祁致中不听指挥,抗拒命令,对赵总司令散布不满情绪,如果祁真的联络几个人,先动手,部队就有毁灭的可能,主张杀掉祁致中。同时也感到处决祁致中根据不足,很难下决心。后来,向赵尚志汇报了大家的意见。赵尚志和戴鸿宾的意见是一致的,认为祁致中反复无常、拒绝执行命令,搞阴谋活动,对他必须采取果断措施。就这样,支委会最后一致通过处决祁致中,开除他的党籍。在决定之后,向全体队员宣布了祁的"罪状",处决了祁致中同志。①

总之,在处理祁致中的问题上,是赵尚志作出了"处死"的最后决定。诚如北满省委在一份报告中所说"祁致中同志十一军军长,幼稚的,还有他旧习惯和黑暗观念是有的,可是这个同志有相当创造精神,还有必要给予教育的余地。"②当时,祁致中作战虽然行动迟缓,未执行进攻命令,散布对赵尚志不满言语,同志们受客观环境和主观认识的影响,对其言行很难宽容,但他毕竟没有发展到成为敌人的地步。因此,对祁致中以拒绝执行命令为由把他杀掉应该说在政治上是错误的。祁致中被错杀致使抗联失去一位将领,队内产生恐怖氛围,不仅如此,队内坏人以此作为造谣、挑拨离间的口实,使以后赵尚志与北满省委之间产生严重隔阂。其历史教训是沉痛的。

乌拉嘎金矿战斗后,赵尚志率领部队南行,在小兴安岭山里西梧桐河地区继续开展活动。一天,突然发现了敌人的一支测量队(关东军测量队),有日本测量师带领数名伪满测绘人员在测量地形制图,另有二十余名伪警察负责保护。赵尚志决定派教导队中队长刘凤阳率四五十人于夜间去偷袭测量队营地。夜晚,敌人正在帐篷里睡觉。刘凤阳率教导队员仅用刺刀便将敌人全部缴械。不久,又缴获了敌人另一支测量队。当电报员于保合把胜利的消息拍电报告诉苏方时,苏方第二独立红旗集团军情报部门回电表示祝贺,并要求将缴获的测量仪器、绘图资料等物品及乌拉嘎金矿战斗情报送至苏联。按苏方要求,赵尚志派刘凤阳及张祥、赵有才、姜乃民、尚连生等五人一小股队伍将缴获的测绘仪器、地图资料等送往苏联。对此,伯力

---

① 李在德:《处决祁致中同志》(1987年11月)。
② 《中共北满省委给中共中央政治局的报告》(1940年3月13日),载《文件汇集》甲26,第77页。

发来电报,说这些资料很有价值,表扬并祝贺教导队所取得的胜利,对游击队员在袭击乌拉嘎金矿获得的宝贵情报、缴获的日本测绘小分队最新测绘报告、测绘地图、新式瞄准器和测距仪,表示感谢。同时,苏方指示赵尚志:"您本人不必亲自指挥袭击。不要忘记,你是整个游击运动的总指挥,而不是一支游击队的队长。您应该领导破坏敌军整个体系的斗争,而不是个别的队伍或是小分队。在任何情况下,您都不能拿生命冒险。您的任务是向基层游击队长传授经验。"①乌拉嘎金矿战斗及袭击日本测量队战斗赢得了苏方的赞扬,同时也引起敌人的极大注意,日伪当局则称:"赵尚志对佛山金矿及关东军测量班连续进行袭击,公然进行凶暴之匪徒行径,致力于诺门汗事件时扰乱后方。"②

夏末,赵尚志率队在小兴安岭西南岔地区活动时,遇到了原抗联第三军留守团团长姜立新带着几个人住在一个"趟子房"③里。赵尚志从他那里看到了北满临时省委常委会形成的一些文件。听取了姜立新关于自他离开北满赴苏后一年多时间,北满抗日斗争情况的汇报。当赵尚志看到这些文件当中,有清算"珠、汤联席会议",批判他推行"反党左倾关门主义路线",开展反对赵尚志的斗争,并撤销其职务,还牵连一些同志也受到处罚等内容时,百思不解,很是恼火。他大喊道:"为什么有意见不直接当面提出,偏在我作为北满临时省委代表到苏联去的时机反对我呢?"他迫不及待地要求与北满省委负责同志召开会议,讨论政治路线等问题。

赵尚志从姜立新那里得知他离开部队赴苏后一年半时间,北满抗日斗争局势的变化:中共北满临时省委已改为北满省委,金策为书记;北满抗联部队主力已由松花江下游地区分批转移到江省西北小兴安岭西麓海伦、嫩江流域,并成立了江省西北指挥部,以后又组成抗联第三路军,张寿篯为总指挥;下江抗日游击区、根据地基本丧失;抗日部队大量减员,收编队大部叛逃,第八军军长谢文东、第三军第二师师长蓝志渊已折节屈服于寇贼,向日伪当局投降;整个东北对敌斗争的形势更加险恶。姜立新还告诉赵尚志说,现在日本人已经把铁路修到汤梨川(南岔)了,敌人正在向小兴安岭腹地进逼。

赵尚志听到姜立新讲述的这些情况,深感形势严峻,急欲行使其总司令职权,设法挽回北满抗日斗争失利的局面。不久,赵尚志发布于7月1日签署的"东北抗日联军总司令部通令(第16号)":

"为通令事。奉令着赵尚志为东北抗日联军总司令,所有三、五、六、七、十一各党军均须接受指挥领导。命令遵此,仅于六月底宣誓就成,执行工作,相如通知所属,一体知照。特此通令。

总司令赵尚志
1939年7月1日"④

关于这一赵尚志签署的通令,绝非是赵尚志自己任命自己。赵尚志发布这一通令,是为

---

① 叶夫根尼·戈尔布诺夫:《我们在伪满洲国的游击队》,原载俄罗斯《独立报》2006年1月20日,《参考消息》2006年1月25日转载(题为"俄历史学家撰文披露《苏联援助中国东北抗日游击队内幕》")。
② 日本关东宪兵司令部:《满洲共产抗日运动概况·1939年》。
③ "趟子房"又称"碓营",是山里狩猎、收山货的人于山间修建的简易小屋。
④ 《东北抗日联军总司令部通令》(第16号)(1939年7月1日),载《文件汇集》甲55,第123页。

了向北满、吉东抗联各军通报苏方传达的关于共产国际对于赵尚志为东北抗日联军总司令的任命。①其目的是为了行使总司令的职权,把下江抗日游击区、根据地恢复起来,重开抗日游击战争的新局面。以后,他以东北抗日联军总司令名义发布诸多通令。为响应全国抗战,坚持开展抗日反满斗争,造成新的斗争形势,以图挽回局面,再振抗联军威,赵尚志采取如下一些措施:

1. 8月中旬派刘凤阳率二十余人,去绥滨活动,建立绥滨游击团。派戴鸿宾率大部队伍去汤梨川攻打看护修筑铁路的敌人,阻止敌人把铁路修到小兴安岭腹地,并命令其重新接收指挥抗联第六军。

2. 9月28日致信北满党的组织,派姜立新找北满省委,给金策同志送信,召集党、军主要负责人紧急会议,讨论和"解决工作上政治上诸般问题,展开东北新局面。"②

3. 以东北抗联总司令的名义对北满抗联颁布一系列命令,划分各军活动区域,整理东北抗日游击部队领导归属。

4. 为坚定抗联战士的抗日救国信心,要求全体指战员按"忠实抗日救国到底"的"宣誓文"进行宣誓。③

5. 发布"通缉令",通缉在东北抗日战争中变节附逆,投降敌人的原抗联八军军长谢文东、第三军第二师师长蓝志渊、吉东省委书记宋一夫等十一名叛徒。

上述诸项都是赵尚志为挽回危局,所采取的重要举措。但应指出其中有些指令不甚妥当,如第12号命令,要废止抗联第三路军的组织,取消西北指挥部等。另外,他用总司令名义召集党、军负责人紧急会议,也是不够妥当的,不合党领导的组织原则。这说明赵尚志过于看重总司令的职权,无视抗联第三路军已经建立的事实和北满党的组织系统。本来,赵尚志如果能亲自去找北满省委,经过正确的政治、组织渠道和手续,说明情况,处理问题,就有可能消除误解,增强团结,实现其开创新局面的预想。但他没有这样做,结果使他失去相互沟通、理解的机会,使简单问题变得复杂化。

然而,这期间赵尚志为巩固抗联部队确是殚心竭虑,想尽了办法。这可以从其针对险恶对敌斗争的形势,要求每个抗联指挥员、战斗员都要进行"宣誓"和所拟"宣誓文"中,看出这一点。据东北抗日联军总司令部通令第五号载,"当我们中国屡受日本帝国主义残酷进攻和疯狂侵略下,每一个中国人,特别是每一个抗日战士都应该牺牲一切,共赴国难。只有每一个抗联战士彻底了解只有抗日才是同志,不为各种作用所利用,不为其他任何所诱惑,应提高

---

① 关于赵尚志被任命为东北抗日联军总司令问题,1939年10月12日,冯仲云在《给中共中央的工作报告》所附《关于最近发生的问题给中央的信》(载《文件汇集》甲25)中曾说道:"我到远东来后,听着祖国(按,指苏联)同志说:尚志同志是共产国际打发过去的,任命他为东北总司令。并说尚志同志是归祖国直接领导,要他回到满洲归编队伍。"1940年3月13日,《中共北满省委给中共中央政治局的报告》中有:"去年六月初××远东军伯力负责同志任命他'东北抗日联军总司令'的职务。"(载《文件汇集》甲26)
② 赵尚志:《致金策同志信》(1939年9月28日),载《文件汇集》甲55,第337页。
③ 《东北抗日联军总司令部通令第五号》(1939年),载《文件汇集》甲56,第185页。

民族的自尊和革命胜利的必信,特别应该照宣誓文的精神和立场忠贞于革命,努力去杀敌。每一抗日部队无分上下级,于收到'宣誓文'后,立刻就应当召集所属全部进行详细讨论,一致通过,尤须将'宣誓文'牢记脑海,并要求每个人宣誓后都要在'宣誓文'上面签字画押,一齐汇交总部,以备存案检查。""宣誓文"内容如下:

"誓约人:×××

我是大中华民国国民。我由自己的志愿参加抗日联军。我有以下誓约:

(一)尽中国国民天职义务,不怕任何艰难困苦,不怕牺牲流血,我忠实抗日救国到底,服从长官命令,遵守纪律规定,战斗忠勇。不逃跑、不投降,不做敌人的俘虏。拥护革命的上级领导人,尊重同伍同志。爱惜武器和公物。并且热心工作职务,努力学习和接受教育。

(二)我必定要爱护同胞人民,决不依仗势力,利用机会,欺侮人民,或营私作弊。对于同胞妇女和劳苦兄弟,特别尊敬和保护他们。

(三)我在军队内,遵守上级指示,保守各种秘密。直到我死,也不能把我们的秘密泄漏给敌人。同时如有被我发现的反革命或破坏纪律,破坏工作的秘密事情,我必定很忠实的有根据的将这种秘密报告上级,更不隐瞒。同时,我不但不参加反革命和破坏纪律的行动秘密,我必把揭发这种反革命破坏纪律行为,作为我的忠实责任。

以上三条,是我的救国遵守到底的誓约。如有违犯任何一条,轻则愿受处罚,重则直接受刑处决。消灭我的肉体,没有悔恨。"

誓言是在一定仪式下当众表明心迹或决心的庄重诺言。宣誓者起誓、发誓时,往往以违反誓言,则以生命相许。宣誓古来有之,《诗经·卫风·氓》中有"信誓旦旦,不思其反"的诗句。凡宣誓者,就应该认真地履行自己的誓言。赵尚志认为,为人者就要说话算数,说一是一,更何况是抗日的革命军人呢,说了就应该按所说的去办。宣誓是一件严肃的事,"宣誓文"下发,按"宣誓文"宣了誓,就要按照这誓言所说去做。赵尚志对此很是相信。他认为这是巩固队伍、坚定信念的一种好办法。

赵尚志虽想出许多办法,力图挽回北满抗日斗争失利局面,但由于日伪当局的疯狂"讨伐"和队伍内部居心不良之人,如尚连生等制造谣言、挑拨离间,其种种举措难得实现。

1939年9、10月间,因赵尚志率队返回东北的几次袭击敌人的行动引起日伪当局的注意,加之被派出筹集粮秣给养的陈森于8月25日叛变投敌,使敌人知道了赵尚志所部情况及活动地点。敌人派出日伪军进山"讨伐",搜寻赵尚志。当时,赵尚志等司令部人员(十几人)正在接头地点东梧桐河马把头碓营等待外出作战的戴鸿宾的消息和赴绥滨活动的刘凤阳等归来,更主要的是等待前来开会的各位领导人,准备召开北满党、军领导人会议。因会议通知已发出,聚会地点不能改变,所以,赵尚志等司令部十几个人只好在东梧桐河一带与敌人周旋。一方面要应付敌人的"讨伐",一方面面临着断粮饿毙的威胁,其处境十分危险、艰难。

9月1日,日军西村部队进山前来"讨伐"。为打击敌人,赵尚志决定在司令部仅有的十几个人中选拔出九人,带一挺机枪,在山路侧翼的山坡顶上设伏,并让其他同志先转移到安全地带。当敌人先头部队进入伏击区,战斗迅速展开。赵尚志指挥战士利用有利地形猛烈向敌大开火,给敌人以很大杀伤。当发现日军有企图从南坡迂回包围山头的动向,赵尚志便果断决定迅速转移。后来,得知这股敌人有二百多人,如不及时转移,难免遭到很大损失。

由于敌人的"讨伐",给养经常发生问题。一次连续七天断绝了粮食,赵尚志和大家只好以野菜充饥。在这种情况下,赵尚志总是鼓励同志们越是艰苦越要坚定、越要团结。大家在异常困难的情况下,没有叫苦的,都互相帮助、互相鼓励。有的同志说:"我们要忠贞团结,为革命受苦受难,哪怕饿死也是光荣的。"赵尚志说:"我们要胜利在一起,要珍惜这种宝贵的精神,发扬这种忠贞团结的精神。"为不致饿毙,赵尚志决定司令部暂时离开马把头碓营,来到老白山,在那里补充给养。

1939年秋末冬初,要等待的戴鸿宾一去不返。后来派人调查,才了解到戴鸿宾率队在8月29日于"七号桥"和保护修筑铁路的白俄兵展开一次战斗。开始时,敌人被击败,后来白俄护路队又疯狂反扑,将戴所率队伍包围、打散。戴受伤,下落不明。在绥滨活动的刘凤阳,于8月25日袭击绥滨县福兴村后,被敌人追击,过境去苏联。

历史现象总是纷纭复杂的,事情的发展又往往是令人难以捉摸的。还是在7月间,刘凤阳率队去绥滨活动前,他带领数人去苏联送交缴获日本测量队物品。完成任务由苏联返回后,被在汤原北部活动的第六军第一师代师长陈绍宾所率部队缴械,将钱款没收,又送至苏联。而刘凤阳小队中的尚连生却被陈绍宾留在他的部队里。时隔不久,11月上旬,陈绍宾率第六军第一师六七十人部队来到司令部所在地梧桐河上游李把头碓营附近活动,并欲对赵尚志所率的司令部下手缴械。在这关键之时,赵尚志派在司令部工作的与第六军第一师战士较熟悉的于保合、李在德以及陈雷同志携带狍子肉和面粉前去慰问陈部并邀请其来司令部。但陈绍宾心中有鬼不愿见赵尚志,他派白福厚等几名团、连级干部前往。

会见中,白福厚等人向赵尚志提出:为什么杀祁致中?是不是还要杀北满省委领导人?赵尚志听说后很生气。他讲这是谁造的谣言?杀祁致中不是平白无故杀的,并做了详细回答。对于说什么要杀北满省委领导人,他说,北满省委是党的领导机关,我从来没有说过要杀北满省委领导人,这是造谣,你们不应该相信。①

原来,说赵尚志要杀北满省委领导,是去苏联送交缴获的日本测量队物品的教导队员尚连生跑到陈绍宾队伍中制造的谣言。居心不良、奸险阴恶的尚连生造谣说,赵尚志说:"张寿篯、冯仲云、周保中、谢文东、李华堂等皆参加托洛茨基派,专反对打日本子的赵尚志。现五、七军,八、四军垮台投敌的只有冯群(冯仲云)、寿篯,我一定逮捕割头。"又说,"你尚连生到冯仲云处,把他欺骗来,就是你的成绩"等等。②陈绍宾听到后,将此谣言奉为至宝,以此作为赵尚志企图捕杀北满省委领导人的有力证据。他派人把教导队的刘凤阳、张祥、赵有才、姜乃民四人缴械绑送苏联,将尚连生留在他的部队里,以备以后去省委令其做赵尚志要捕杀省委领导人"罪行"的活证。

当白福厚等从赵尚志那里回到第六军第一师营地,将赵尚志会见的情况向陈绍宾做了

---

① 于保合:《慰问陈绍宾部队》(1982年4月)。
② 绍宾等:《给冯、高主任的报告》(1939年),载《文件汇集》甲56,第264页。

汇报后,陈绍宾看到抗联战士还是对赵尚志无比信任、敬仰,不可能听从他的命令去缴赵尚志所率司令部的械。于是在傍晚,点起篝火后,陈绍宾率队撤退,迅速离开了赵尚志所率司令部人员驻地地区。令人不可思议的是,陈撤退时,令部下孙国栋、闫锡宝、车庭兴等五人去梧桐河或兴山(鹤岗)设法通知日伪军,报告赵尚志的去向,让日伪军消灭赵尚志。孙、闫、车等走后感到不对劲,他们认为这样做不是叛变革命吗?结果他们没有向敌人报告而去了苏联。

如上所述,陈雷、于保合、李在德一起去请陈绍宾来司令部见赵尚志,但请而不来,原因何在?

据陈雷同志回忆,"后来,我问赵尚志,'陈绍宾为什么请而不到呢?'赵尚志向我讲了下面一段缘由:

赵尚志说,陈绍宾对我可能是有疑惧心理。我去苏联,一开始是不情愿的,是陈绍宾说他带了海路的信件,说苏联的伏罗希洛夫元帅请我去研究重要问题。后来张寿篯也劝我去,说别的问题解决不了,还可以争取点援助。但是我到了苏联以后,苏联不承认有带信的事,也不承认我是北满抗联部队的总司令,把我关起来了。我追问苏方,他们都把责任推到了被斯大林处死的布留赫尔(加伦)将军的头上。我怀疑陈绍宾有鬼,怀疑那封信有鬼。陈绍宾怕我追问这件事,所以不敢与我见面。"

此次,陈绍宾究竟干什么来了,赵尚志说,"首先不怀好意,因不知我们人多少,所以他一直不敢动手。"

陈雷同志在回忆中说道:"这件事给北满抗联部队留下了重要裂痕,影响很深。"①

以后,陈绍宾率领第六军第一师六七十人队伍在汤原北部山里活动时,于一个碓营里遇见在此养伤的原抗联第六军军长戴鸿宾。陈绍宾对戴鸿宾说,他见到了于保合、李在德、陈雷。赵尚志要见他,他知道了祁致中被赵尚志处死的情况,就不敢见了。这以后,戴鸿宾随陈绍宾队伍一起奔向绥棱去找北满省委领导同志。

1939年11月,中共北满省委书记金策得到赵尚志回到东北的消息,对此十分关注。11月30日,在他致张寿篯信中说:"最近据通河交通员报告,大界民众传言,说是下江萝北县一带赵司令过来带领不少的队伍与日满军已与数次抵触,战情非常猛烈,这是旧九月的消息。最近,又说赵司令和戴军长带来不少队伍在汤旺河、差付歧(按,岔巴气)一带行动云云。九月初兰生从韩大黑傻子转过来的信里说,赵司令由苏联过到乌拉嘎河一带,将满军缴械不少等等。那么,乌拉嘎河究竟在何处呢?"②不久,金策收到了由姜立新送来的赵尚志写给他及岭西部队负责同志关于召集党、军负责同志会议的信。经过认真研究,决定前去参加东北抗日联军总司令部召集的这次党、军负责同志会议。

12月15日,金策致信张寿篯说:"二十来天以前,由下江尚志同志以东北抗日联军总司令名义,给岭西各抗联部队负责同志的信,该各种信件及传单转送你处,希望查收后,应急给各部分发为要。我相信,尚志同志决不能冒充总司令名义。他通令中写道:'奉令'等,我认为

---

① 陈雷:《征途岁月》,黑龙江人民出版社,1991年5月版,第164页。
② 金策:《给张寿篯的信》(1939年11月30日),载《文件汇集》甲58,第89页。

不能是他随意用过去北满的东北抗日联军总司令的名义,我认为中央正式任命的总司令的名,我相信中央对他过去倾向和错误不是不知道的,而更详细知道的,中央对他决不能马虎,对东北反日运动更是关心与准备。那么,我们在目前历史时期,不能与中央命令相对立,应尊重上级的命令与指示。"并说,"希望寿篯同志见信后立即前来,万不要耽误,我拟今与亨植(李熙山)赴总司令部,越快越好。"①

12月26日,北满省委向各独立游击队党委发出了通知。通知要求第三路军部队应承认上级对赵尚志的东北抗日联军总司令的任命,通知全文如下:

"党委转党支部负责同志们:

处在中国共产党为争取全国总抗战彻底胜利的紧急关头,和国际形势的急剧变动的今天,就千百倍加强了东北每个共产党员革命活动家、抗日战士的革命责任,中央为了彻底转变东北抗日民族革命运动的新阵容和肃清进步开展中的困难条件,正式任命赵尚志同志为东北抗日联军总司令之职。省委站在自己责任上,及组织基本原则立场,有如下意见通知你们:我们党是坚固的列宁史(斯)大林主义思想、组织、策略系统之下的党,是中共一贯光荣传统的继承下来的。列宁说'共产党的组织是建筑在民主集中制的原则上,我们是有组织的党,这也就是权利之造成,思想威信之变成权利威信,党的下级机关服从于党的上级机关'(见列宁全集第六卷第二九一页)。我们相信中央不能在目前历史时期,有任何马虎的决定,我们不应当而且也不允许和中央命令对立,不能对于尚志同志有固定不变的认识。如果不根据问题的实质来认识问题,这不仅是违背上级,而且是抗日运动本身最大的害处,这样说并不是违背了省委自己决议的原则立场,而是组织上,整个工作利益上基本原则态度。但是如果尚志同志仍未纠正过去的错误观点和倾向时,必须站在布尔塞维克基本立场上、在组织原则上,两条战线斗争原则上无情作斗争,批评、帮助他,使他彻底转变成为健全布尔塞维克战士。这不但不是取消斗争,正是发扬正确的有原则的斗争。同志们要了解这些基本问题,并作模范的、负责的给一切不了解问题的真实意义的同志作解释,特此通知。

中共北满省委
十二月二十六日"②

上述金策给张寿篯的信件和北满省委的通知,说明省委领导已经承认上级对赵尚志东北抗联总司令的任命并表示要按抗联总司令部的通知前往赴会。但是历史与现实总是十分复杂的,事情充满变数。就在这时,形势发生了突如其来的变化。

当金策等北满省委和抗联负责同志准备前往下江参加赵尚志召集的党、军负责同志会议之时,戴鸿宾、陈绍宾来到北满省委所在地。戴鸿宾向省委领导汇报了赵尚志在苏联被关押的情况和在此期间曾对吉东、北满省委主要领导人有过奸细怀疑以及处死祁致中的情况,并说了他对赵尚志的看法。陈绍宾更是把尚连生给赵尚志制造的要捕杀北满省委领导人的

---

① 金策:《给张寿篯的信》(1939年12月15日),载《文件汇集》甲25,第183、184页。
② 《中共北满省委给各独立游击部队党委暨党支部的通知》(1939年12月26日)《文件汇集》甲25,第189、190页。

谣言当作事实,进行所谓汇报。金策等北满省委领导人听到他们汇报后,感到问题复杂,并对赵尚志召集会议的目的产生了怀疑。于是,取消了去下江参加总司令部召集的党、军负责同志会议的决定。

1939年末,严冬早已降临,黑龙江沿岸小兴安岭山区已是冰天雪地。赵尚志等司令部人员仍在原地坚持等待戴鸿宾及北满省委、联军领导人的到来。尽管是望眼欲穿,然而依然是音信皆无。此时,粮食、食盐均已吃光,同志们靠猎取狍子为食。战士衣着单薄,难以御寒。晚上睡觉时,大家只好把从日本关东军测量队手中缴获的帐篷当被盖在身上。呼啸的北风阵阵袭来,严寒砭人肌骨,处境极为艰难。

自1939年6月27日,赵尚志率队从苏联返回东北抗日战场,到同年年底,在这半年时间里,开始时攻打乌拉嘎金矿、缴获日本军事测量队等斗争取得的一定成绩使日伪当局惊恐不安。伪三江省警务厅长岛崎庸一在向上司报告"管内抗日匪团概况"时说:"前抗联第三军、第六军,赵尚志、戴鸿宾从入苏者中选拔优秀者105人,其中包括原中侠部下(30人),6月28日由佛、萝县境入满,不用第三军名称,自称东北抗联军教导队,袭击金矿、测量队和特殊村庄等。致力于筹集粮食和补充部队。"又说,"匪团的活动在西部国境纷争事件(按,指诺门汗事件)以后,愈益活跃。入苏的赵尚志、戴鸿宾也带着某种指示由苏入满,盘踞于旧地盘佛山、萝北、汤原县境。如赵尚志所说,选拔优秀者使之入满,抗日意志浓厚者居多,且为培养将来中坚干部,还组织了少年先锋队等。"日伪当局十分担心地说:"随着诺门汗事件的爆发,匪徒企图乘警备之空隙加强努力,利用反宣传为争取群众而活动之际,由于赵尚志抗联第三军长和戴鸿宾第六军长的入满,管内的匪势重又活跃起来。对赵尚志带来新指令后的各匪团动态,片刻不可偷安。"①

赵尚志从苏联返回东北,曾决心以胜利的武装斗争恢复下江抗日游击区、根据地,重新打开一个局面,但由于种种原因未能如愿。这些原因是多方面的,归结起来主要是:1.其所部没有得到当地群众和抗日部队的支持和帮助;2.对敌人在下江各地统治的实际情形不充分了解;3.处死祁致中造成了不良影响;4.尚连生制造谣言,陈绍宾利用这一谣言破坏了他与省委领导之间的关系;5.对队员缺乏应有的政治教育及对解决给养问题没有采取适当办法,结果发生饥荒,使一些不坚定的新上队的战士(在攻打乌拉嘎金矿时参加部队的)产生动摇情绪,致使叛逃现象不断发生;6.由于等待北满党、军负责同志前来开会,使赵尚志长时间固守一地,不能亲自指挥队伍。同时,对敌人"讨伐"估计不足,认为敌人的"讨伐"是有限制的,把部队划分成小部队活动,可以减少敌人的注意,便将所带队伍分兵几部(大部由戴鸿宾率领去打保护修铁路的敌人,一部由刘凤阳率领去苏送缴获的仪器、地图,后又去绥滨活动)造成兵力分散;7.戴鸿宾在"七号桥"作战失利;8.派出打给养的陈森叛变投敌,使敌人知道司令部活动情况等。由于这些因素的综合作用,赵尚志试图恢复下江抗日游击区、根据地重开新局面的

---

① 伪三江省警务厅长岛崎庸一:《致治安部警务局司长植田贡太郎函》,三警特秘发第7118号(1939年9月20日)。载中央档案馆、中国第二历史档案馆、吉林省社会科学院合编《东北"大讨伐"》,中华书局,1991年4月版,第439页。

愿望未能实现。

1939年底,赵尚志让于保合给苏方发电报,说明处境困难情况。同时,苏方来电,说北满省委常委、宣传部长冯仲云同志已到苏联,准备在苏联伯力召开北满、吉东省委代表联席会议,请赵尚志到伯力与北满省委、吉东省委代表一起开会。于是,赵尚志率司令部十几名人员再次跨越坚冰封冻的黑龙江,过界去苏联。

三、参加"伯力会议"

赵尚志率司令部人员到达苏联境内后,即被苏方一辆汽车接走。其他人员被送到比罗比詹附近一养蜂房进行军事训练。1939年12月末,赵尚志前往伯力(哈巴罗夫斯克)参加中共吉东、北满省委代表联席会议,因会议在伯力召开,故亦称"伯力会议"。

这次会议是由中共北满省委常委冯仲云提议,取得苏联远东边疆党委和远东方面军支持后而召开的。

自1938年之后,东北抗日游击运动开始转入极端艰难困苦的时期。为了突破敌人不断进行的"讨伐",取得抗日斗争的新进展,谋求东北党组织的团结统一和抗日联军的行动一致,东北党组织从未间断寻求与党中央的联系,以解决东北抗日斗争中迫切需要解决的问题。但因种种缘故,皆未实现。1939年9月中旬,北满省委派常委冯仲云赴苏争取苏联的援助,寻求与党中央的联系。冯仲云到伯力后要求苏方帮助打通与党中央的联系,苏方提议召集北满、吉东党的扩大会议,以便解决一切问题。冯仲云的要求得到了苏联远东边疆党组织和远东方面军的支持,但条件是东北党组织和抗联部队要实现统一。他们同意在此条件下为召开会议提供方便,予以协助。

伯力会议的参加者为吉东省委代表周保中、北满省委代表冯仲云以及赵尚志。这次会议的主要目的有两个:一是总结东北抗日游击运动的经验,解决吉东和北满党组织内部争论问题,确定今后抗日斗争的任务、方针、策略;二是谋求通过苏联寻求与中共中央的联系及争取苏联在政治、组织、军事上对抗日联军以实际援助。

为了保证会议的顺利进行,从1939年12月末开始,周保中、冯仲云、赵尚志三人,相互就东北抗日游击运动的得失、路线问题和今后工作方针等问题,先是个别交换了意见。

这期间,赵尚志对北满临时省委在他离开东北去苏联后对其展开批判,并将东北抗日游击运动遭到损失的原因归咎于他,表示极为不满。1940年1月13日,赵尚志致信远东红旗军党委并中共中央请求检查这一事件,信中说,"我应该请求党检查这一事件,因为这是对我最大的侮辱。我应该请求党彻底审查这一个事件。因为这是东北革命斗争史的重大问题。一九三二年成立的巴彦游击队于一九三三年一月失败,满洲党委员会开除了我的党籍,认为巴彦游击队的失败是赵尚志反党的路线的'左'倾结果。但是不多日子以后,由共产国际和中共中央纠正了满洲省委的左倾路线,因此证明了巴彦游击队的失败,主要是满洲省委路线错误并不是赵尚志的责任。现在东北革命运动虽然是受了很大的损失,而在1938年5月北满的省委员会用文件宣布了这是赵尚志等的反党路线和小组织活动的结果(而那时我正在苏联,没有知道这事情)。如果这个重大损失是因为赵尚志反党路线的结果,或小组织行动的结果,则赵尚志应受极严厉的革命纪律处分。如果这是由别的原因,而赵尚志没有反党路线和小组织活动,则事实上证明这是对赵尚志的污辱,对党的忠诚干部的污辱,是伪造历史事实,而党应从文件上加以更正,并惩治所有造谣分子。"信中最后说,"我认为东北革命的重大损失,是奸细分子和两面分子派别的奸细路线的结果。而赵尚志则是拥护党的最忠实的有功的干部。这一问题的彻底解决,不但对于革命工作有利,对于忠实同志有保障,并且对于革命历史有真实记载的关系,所以我请求彻底审查。"①

1940年1月17日午后三时,赵尚志与周保中进行交谈,赵尚志坦率地谈到自己过去对周保中有怀疑,现在得到了解除。他说:"我和保中先后到的苏联,为什么周返回去,我不能回去?我怀疑周保中有作用阻碍,直到两天以前,才由C(苏)方同志解释,现在我没有怀疑。"②1月18日,赵尚志又致信冯仲云,提出了关于党的组织工作,第三军政治工作,干部工作及游击运动等六个问题,与其交换意见。1月20日,赵尚志就长期困惑不解的陈绍宾于1937年末传达的苏方邀请北满抗联负责人赴苏一事真伪问题,致信苏联远东红军总司令科涅夫和远东边疆党委员会,要求对陈绍宾有无问题,"指示明白"。

此信全文如下:

"远东红军总司令关聂夫(按,即科涅夫)同志和远东边疆党委员会:

若我犯了什么样的错误或罪过,我诚心地愿意接受批评或处罚,但我希望明白和了解从1938年我来到苏联,到1939年4月的时候,我曾多次的问了关于陈绍宾传达的问题,在4月间在内务部那里(有一位绿牌一个星的长官,一位粉红牌三个星的长官,一位穿便衣的同志也都在身边),带有三个星的内务部长官在回答我陈绍宾的问题时说令赵回去处罚他。以后我同戴鸿宾、祁致中同志去和司令官同志的代表见面时,也曾回答我们说,令回去后考查他。当然这两次谁也没有给我字据(如果没有这个指示,长官同志可以处罚我,而我认为有这指示),但我曾根据这个指示,认为陈绍宾是破坏东北革命,而他所以敢继续到苏联来,绝不是他一人造谣,而是在苏联内,有与他同谋的分子,并且在东北也有。

如果我这样推测是不对的,则这将不完全由我负责,因为如果陈绍宾没问题,长官不得不应该那样指示,并且应该把究竟是怎样一回事详细告诉我,使我明白,免得我回去做错了(因为派我去东北,负有很大的任务,但是直到现在,也还没有向我说明缘故)。

因为我根据那种指示,并且看到东北的失败,以及许多造谣和意见上路线上的分歧,我才认为奸细问题的严重,而提出来,所以我请求给我指示明白。

敬致

最高革命敬礼!并祝健康!

---

① 赵尚志:《给远东红旗军党委并转联共中央和中共中央信》(1940年1月13日),载《文件汇集》甲57,第19、20页。
② 《周保中简短日记》(1940年1月17日),载《文件汇集》甲42,第51页。

赵尚志
1940年1月20日"①

此信中心内容表明赵尚志认为陈绍宾存有奸细嫌疑。他的这一认识，主要根据是：一、陈绍宾1937年末传递的信息不确实，使赵尚志在苏联被长期关押；二、1939年赵尚志率队返回东北时，陈绍宾想动手缴赵尚志所率东北抗联总司令部的械，但未能得逞；三、陈绍宾将赵尚志的交通队刘凤阳等缴械，并送至苏联；四、陈绍宾欲缴总司令部的械不成，便令部下设法向日伪军报告赵尚志的去向，想借日伪军之手消灭赵尚志；五、陈绍宾去北满省委诬陷赵尚志要杀害北满省委领导人，挑拨北满省委领导人与赵尚志的关系，使其欲前去参加赵尚志所要召开的会议而不得成行。凡此种种，不能不让赵尚志认为陈绍宾有奸细嫌疑。

1月22日，赵尚志又致信苏方敦斯基同志，就1939年夏他回东北活动，怀疑陈绍宾是奸细、路线之争、东北游击运动遭受损失的原因等许多问题，阐明自己观点，并请苏方同志详细了解各种事件的原因、内容和事实真相并予以帮助解决。信中说："一九三八年我来苏联的问题，是因为曾经有陈绍宾的传达，而陈绍宾的那些传达，到现在我还认为关系重大，如果所传达的完全是假的，便应该审查与陈绍宾发生关系的苏联长官和陈绍宾，并必须详细答复我。""如果陈绍宾所传达的一切，完全不由陈绍宾负责，为什么最高长官在一九三九年派我回东北时，不详细告诉我，使我明白，反告诉我说，令我回去考查陈绍宾，这样使我对陈绍宾增加怀疑，而对陈绍宾所怀疑的各点，应正确答复我，使我了解。""如陈绍宾说赵尚志反革命或好杀人，为什么在苏联时不说，应该在苏联时就声明，如陈绍宾已经声明了，则更证明不是我的责任。""如因为尚连生的原因，为什么尚连生在苏联不说，这里边显然有假。""令我回东北去领导三军、五军、六军、七军、十一军的事，如决定错了，也不是我冒充，而冯仲云等人或北满党没有接到中央指示，也不是我的责任，因为长官没有交给我中央的字据，我不能造一个假的字据，他们说这是紊乱了组织系统，似乎不该由我负责。""奸细路线问题不是现在说的，是在一九三八年我来苏联以后就曾提出的，因此如果说是谁反对我，我就说他是奸细，完全不对，或说我利用权力，更是造谣。因为一九三八年我被苏联监视着，我如没有理由，焉敢在苏联的内务部胡说，使自己受审判，况且那时还没有对我的文件和信件，这就证明我的忠实于党，始终如一，不是假革命的两面派。""一九三七年我在东北争论的问题里有关于应不应该缴'满'军械的问题，不但在北满省委致吉东省委及第五军党委的信上写的明白，并且在一九三八年我被苏联监视时，曾写有一篇文章，说了很多（文章在回东北时某苏联负责同志从朱明德手里拿去了），虽然可能有部分缺点，但是我认为却是最好的一个材料。你们应该找出检查，并应该交我。""游击队多数集中在下江一带是非常危险的，在一九三六和一九三七年我特别几次提出，并且我自己作了几次远征，希望全党动员进行这一工作，特别在一九三七年冬情形更加紧迫了，我更坚决的斗争，但是北满党竟在游击队完全受极大损失了以后，一九三八年秋才西征，使游击队受极大的损失。""我希望很快的得到发表我对东北游击运动和党

---

① 赵尚志：《给关聂夫（科涅夫）和远东边疆党委的信》（1940年1月20日），载《文件汇集》甲57，第23、24页。

的工作的全般意见,我请求立即给我说详细报告的机会,以使长官参考和迅速布置东北的工作。"此信反映出赵尚志对有关东北抗日斗争诸复杂问题的认识和解决这些问题的急切心情。但苏方究竟如何解答,无从得知。

在苏期间,苏方对周、赵、冯三人招待很好。对此,赵尚志很觉过意不去,他在给苏方敦斯基的信中还说:"蒙天天很好的招待,吃、穿、住都特别好,我很感谢,可惜我没有什么工作成绩,真觉抱愧,所以我请求还是可以减低一些招待,或者由我自己劳动。"①

通过个别交谈、来往书信,周保中、冯仲云和赵尚志三人交流了情况,沟通了思想,增进了相互间的理解,为会议的正式召开奠定了思想基础。这期间,苏方同志为加强吉东、北满两党组织间及其个人间的团结,使会议顺利召开也做了许多说服、解释工作。

1940年1月24日,中共吉东、北满省委代表联席会议在苏联伯力"五十五号房舍"正式召开。会议是以周保中、冯仲云和赵尚志"三人讨论会"形式进行的。根据苏方嘱托,会议由周保中负责主持。会议第一阶段共进行十二天,于2月4日告一段落。会议前五天侧重研究东北抗日游击运动经验教训,对以往问题进行总结,以后则着重讨论今后的工作,确定斗争的策略、方针及与苏联远东边疆党组织、远东红军建立关系等问题。

会议根据周保中、冯仲云、赵尚志三人讨论研究的结果,总结形成了三个文件:《吉东北满党内斗争问题讨论总结提纲》《北满党内问题讨论终结——关于负责同志个人估计的意见》《关于东北抗日救国运动底新提纲草案》。

《吉东北满党内斗争问题讨论总结提纲》(以下简称《总结提纲》),首先肯定了吉东、北满党组织执行了党在现阶段的政治路线——全民族抗日统一战线,领导了吉东、北满广大的群众抗日救国运动、抗日游击战争,获得了不可磨灭的成绩。使日寇侵略全中国的行动受到重大阻碍和牵制,同时使日寇对于"工人阶级祖国"——苏联的挑战行动也受到了相当程度的妨害。《总结提纲》强调指出目前加强吉东、北满党组织的集中领导和统一行动是十分必要的,建议首先实现吉东、北满党组织领导统一,进而达到全东北的党的领导的统一。这一提纲也从执行路线、政策的角度,对吉东、北满党组织,特别是对北满党组织进行了"总结"。《总结提纲》把北满党组织在1936年至1937年间执行的路线说成是"反对党的正确路线","制出反党的路线的决议案","左倾关门主义继续发展","派别斗争分裂党"。显然这个总结对赵尚志来说是难以接受的。会议期间,他流露出不任信伯力城当地负责同志能解决路线是非问题的情绪。他认为,东北抗日游击战争中党内问题只有党中央才能解决。但是,赵尚志仍以大局为重,从大局着想,为加强东北党内团结,达到苏方提出的援助东北抗联斗争的条件即"实现统一",在这份《总结提纲》上同周保中、冯仲云一起签了名。

《北满党内问题讨论终结——关于负责同志个人估计的意见》,这一文件是赵尚志和周保中、冯仲云三人在会上对赵尚志、周保中、冯仲云及北满党、军一些主要负责人金策、张兰生、张寿篯、李熙山等作出的"估计"。所谓"估计"实际是具有对个人进行鉴定性质的评语。会上对每个同志的估计意见都经过充分讨论后,记明"以上冯、赵、周三同志共同通过。"对个别

---

① 赵尚志:《给敦斯基的信》(1940年1月22日),载《文件汇集》甲57,第51~57页。

没有共同通过的意见,则另外记明。其中,关于赵尚志的主要内容是:肯定赵尚志"在革命斗争中有坚强性,有过艰苦工作和重大意义的斗争成绩。"但是他有"为党所不容许的"重大弱点:"A、带有急躁的城市小资产阶级性,阻碍自己的工人阶级思想意识的发展。缺乏马克思、列宁、史(斯)大林主义基础锻炼,易走极端。对一切问题的认识和确定,带有许多诡辩论的思想观点。B、在斗争生活上,带有浓厚的个人英雄主义色彩和狭小的猜忌心理,无纪律的行动,学习性非常薄弱。自1936年珠、汤联会以后,赵尚志同志不自觉的走向使群众运动与党内斗争问题的派别倾向。1937年7月扩大会议前,及其以后发展了派别斗争和分裂党,在党的政治路线执行上表现了左倾机会主义,有脱离群众,脱离党的严重倾向。实质上在斗争条件改变下,易走到取消主义方向去。反对王康信及中代信、吉特补充信。对反对奸细问题欠确实性,更易助长奸细来破坏党,尚志同志应受布尔什维克党铁的纪律处分,以至讨论他的党籍问题。"

对于赵尚志的这一"估计",如同对《总结提纲》中的一些提法一样,他是有意见的。赵尚志对"估计"中所说的"诡辩论""取消主义"等问题保留意见,表示不同意,要求"另外讨论"。但他依然以大局为重,从大局着想,甚至是委曲求全、忍辱负重,与周保中、冯仲云一道对给他做的"估计"予以共同通过。

《关于东北抗日救国运动底新提纲草案》(以下简称《新提纲草案》)是一份经周保中、冯仲云、赵尚志共同讨论由周保中整理写出的一份重要文件。全文共九个部分,约二万余字。草案中详细地分析了日寇在东北的殖民地统治的现势,总结了东北抗日游击运动的经验,提出了中国共产党在东北的任务。《新提纲草案》着重指出"党是游击战争的创造者,必须扼住目前转变阶段,力争各种可能,引导游击战争步步稳踏向前迈进,必须排除那些无根据的再等更大事变的机会主义的观点。由于斗争环境的改变,绝不可依照机械公式照旧说积蓄力量的空话,抹煞新的生动的事实。在游击运动的本身,目前应力图恢复整理和巩固现有实力,应该提高创造时期的新精神,民族革命的新基础,逐渐使游击运动的紧缩性伸开,必须把农村隔离、群众隔离的现状积极改变,恢复和重建民众组织运动,加强巩固游击队的新生力量,这是目前东北党的头等任务"。

《新提纲草案》还对抗日联军整理、改编和统一领导作出规定:在松花江、乌苏里江、中东路、哈绥线及其两侧之间区域的一切游击队(第四、五、七、十军各部)合并编制为第二路军。松花江、嫩江、黑龙江间之区域的一切游击队(第三、六、九、十一军各部)合并编制为第三路军;东北抗日联军路军领导者为总指挥,军政治委员;路军以下军队编制为支队——大队——中队——小队。《新提纲草案》在认真总结过去斗争经验的基础上还进一步明确提出斗争策略问题,指出:"党的基本策略——全民族抗日统一战线在东北目前应根据以往的斗争经验教训,更正确的坚持和运用。""在东北是要发动广大人民,进行坚持继续抗日游击,使日贼后方——'满洲国'统治动摇,牵制日贼侵略。'满洲国'是日寇奴隶东北的统治工具,不是东北全体人民的社会上层建筑、一般的所谓国家。党号召群众,领导群众斗争,反对走狗汉奸、做日寇傀儡的'满洲国政府',而要建立代表全体人民的民主政府。"《新提纲草案》对诸如城市工作策略,对归屯并户"集团部落"的策略,对抗日义勇军关系问题,对伪满军警的策略以及对游击战争的战略和战术问题都提出了新的要求和规定。

值得注意的是,在《新提纲草案》中,周保中、冯仲云与赵尚志三人对过去围绕《王康指示信》《吉特信》《中代信》《新政治路线信》进行争论的问题已达成共识。《新提纲草案》不再奉来自中共驻共产国际代表团的《王康指示信》及《吉特信》《中代信》为圭臬。在党的头等任务、斗争策略问题的提法上,放弃了《王康指示信》《吉特信》《中代信》等信件中的一些提法,如上述所提出的,"必须排除那些无根据的再等更大事变的机会主义的观点","绝不可依照机械公式照旧说积蓄力量的空话,抹煞新的生动的事实。"并承认"新政治路线信"中提出的"抗日反满不并提"是"把伪满汉奸走狗作用模糊过去的右倾观点",对于党的全民统一战线正确策略运用、推展是有害的。在对归屯并户、"集团部落"的策略问题上,提出"在将归屯未归屯的农村,看当时当地的具体条件来决定领导农民群众反归屯斗争,同时准备被迫归屯以后的秘密组织工作,游击队在有军事重要意义上,可以有胜利把握的去袭击有守备的集团部落"。对"满洲军警"的策略提出,"党所领导的组织配合着游击队的行动,可以而且必须进行不断的争取军事胜利来打击他们,消灭和瓦解他们,仅仅宣传鼓动和消极工作是不够的。"显然,这些提法与《吉特信》《中代信》中,"不应反对我们影响和领导下的住户搬家",对于伪军"也不能像看作日军一样,乃我们之死敌"等已根本不同。《新提纲草案》中的这些观点、提法正是赵尚志当年在珠、汤联席会议和省委执委扩大会议上所坚持的。在"三人讨论会"期间,尽管在《总结提纲》《个人估计》等文件中给赵尚志扣有诸如"反对正确路线""左倾关门主义"等大帽子,他为了顾全大局也违心地签了字,但赵尚志更为看重的是问题的实质。而上述《新提纲草案》所涉及的内容就是问题的实质,这也充分地说明了在过去围绕《王康指示信》及《吉特信》《中代信》《新政治路线信》的争论,究竟孰是孰非。

2月5日,吉东、北满省委代表联席会议休会。会议暂告一段落。

在会议休会期间,赵尚志以东北抗日联军总司令部名义书写了《告东北民众书》。文告首先揭露日本帝国主义八年来的侵略罪行。文告中说:"日寇侵占我东北现在整整八年了,我们的父母兄弟姐妹都饱尝着亡国奴的惨痛,受遍了日寇的各种压迫,虽然是活在人间,但却如在十八层地狱里受那万年折磨和千般虐待的大罪。"接着,文告在列举大量日本侵略者残酷统治、镇压东北特别是北满人民的事实后说,"这种猪狗不如的痛苦,谁堪忍受呢?"文告阐述了当前形势和抗日前途:"现在全国总抗战已经两年多了,青年无分男女都踊跃参军,人民无分贫富老弱都慷慨援战,并得到工人祖国——苏联及全世界爱好和平的民族与国家的同情和赞助,在全国军民总动员的一致顽强抗战以来,已将日寇打得落花流水筋疲力尽,只是作最后的挣扎。由于日寇国际地位的恶化和孤立,经济恐慌的不能遏止及物资缺乏的无法救济等等的结果,所以日寇的死亡命运即在目前。"文告号召全东北同胞,"我们都应该尽到救国的责任,在东北日寇进攻我国的后防上扯倒他一条腿跌它一跤,这便是打退日寇的很好办法。因此,我们必须不交一文钱一件物品给日寇,免去被它拿去害中国同胞;必须自动的团结起来,组织起来!反抗日'满'法令不交捐税!反对监视人民居住和行动的自由!反对保甲归屯、挑兵上前线!反对日寇'法西斯蒂'所组织的协和会、宣抚工作班,以及汉奸、密探、宪兵、警署等的压迫而斗争!"文告最后以"我们共同的高举着胜利的血红旗帜,欢呼中华民族解放万岁!庆贺抗战胜利万岁!"口号为结束。①此告民众书是赵尚志以东北抗日联军总司令部名义发表的最后一份文告。一方面,号召人民抗日;另一方面,似乎也在提醒与会人员不要忘记抗联总司令部的存在。但此时,这一总司令部已经是名实不存,难以发挥它已往的作用了。

1940年3月中旬,春寒料峭。西伯利亚的冷空气还笼罩着黑龙江两岸的山川原野。伯力城区的积雪尚未融化,郊区的田地仍是一片洁白。

这期间,"三人讨论会"还研究了赵尚志将来的工作问题。周保中出于团结的愿望,考虑到赵尚志的处境,欢迎他到吉东工作。最后,确定调赵尚志到抗联第二路军,任副总指挥。

数月来,赵尚志顾全大局,不过多地纠缠个人的是与非,他和周保中、冯仲云都渴望会议能取得更大的成果——与苏联远东边疆党委会、远东红军建立正式联系,取得军援。这一愿望在他们共同努力下得到了实现。

3月19日,会议进入第二阶段。当日晚6时,赵尚志与周保中、冯仲云在苏联翻译同志的引领下,乘汽车来到伯力城郊外驻军所在地开会。会议由中苏双方人员参加,中方参加者为周保中、冯仲云、赵尚志,苏方参加者为联共远东边疆委员会书记伊万诺夫、远东红军代理总司令那尔马西、远东红军内务部长王新林等。会议第二阶段主要是解决东北党、军与苏联远东党、军建立临时工作指导关系与军事援助问题。

这一关系的建立,在当时来说是十分必要的。自东北党组织与党中央失掉了联系后,长期以来,吉东、北满党组织都曾通过各种渠道寻找与党中央的联系,但都未实现。1937年后,又与中共驻共产国际代表团失去了联系。东北党组织在长期失去上级党组织领导的情况下,为了在极端困难的环境中求得抗日力量的生存和发展,只得就近寻求接受当时被称之为"工人阶级祖国"苏联的党组织来进行临时指导,以取得苏联远东军对东北抗日武装、抗日斗争的支援。

开始时,周保中、冯仲云和赵尚志首先向苏方提出,请求他们协助东北党组织尽快与中共中央建立联系,以便取得党中央的领导,但苏方未能帮助实现。如果说国内延安迢迢千里难以与之联系,但以任弼时为负责人的中共驻共产国际代表团就在莫斯科,但也未能联系上,或许是与此时中共代表团已不再负责领导东北工作有关,还是苏方根本不想让抗联与之实现建立联系,究其真正原因,现在亦未可得知。

待谈到请求苏联对东北抗日游击战争援助建立指导协作关系时,经过双方协商,很快达成了协议。苏联远东边疆党委会和远东红军代表海路、王新林提出了《对东北抗日联军第二路军总指挥周保中、副总指挥赵尚志和第三路军总指挥张寿篯、北满党省委代表冯仲云的指示纲领》(以下简称《指示纲领》)。《指示纲领》指出,现阶段,东北游击运动的任务是,在中共中央领导下巩固抗日民族统一战线,把人民从殖民地压迫下解放出来,坚决地为建立统一的中国民主自由政权的革命而斗争。《指示纲领》规定,"我们是代表党和总指挥在现时和平时

---

① 《东北抗日联军总司令部告东北民众书》(1940年2月15日),载《文件汇集》甲57,第89~93页。

期和军事时期中来指挥满洲游击队的运动(党的、政治、组织和军事)等问题"，"代理你们的革命指导者之领导指南，而在一般的环境中将此主要的战略和路线分开"。《指示纲领》要求"为使我们更能够正确地来分析现在的任务和正确指导，东北抗日联军及党委要经常有系统地将整个问题通知我们，保持技术上的和派遣交通员的联系"。这一《指示纲领》还确立了抗联行动准则——"为保存游击队原有的生存力，必须避免与伪满军和日本军大批兵力的队伍发生冲突开火战斗。应给敌人以短促急剧的打击，然后就应迅速让避到另一地方去。多采取设伏兵，给敌人以意外的偶然的打击，以后即迅速撤走。"同时对组织问题、给养问题、根据地问题、侦察工作、政治工作、宣传工作、群众工作、伪军工作等都作出了原则的规定。

《指示纲领》确定了东北党组织、东北抗联临时接受苏联远东边疆党委会和远东红军工作指导关系。在当时的历史条件下，这一纲领体现了苏联的无产阶级国际主义精神。赵尚志同周保中、冯仲云一道在这个《指示纲领》上签了字，表示接受苏联远东边疆党委会与远东红军代表在不干涉中国党的内部事务的原则下，对东北党组织和抗日联军工作的指导与援助。

此次会议于3月20日凌晨4时结束。赵尚志与周保中、冯仲云三人尽一夜之功，使伯力会议最终告成。

东北党组织和抗日联军与苏联远东边疆党委会、远东红军建立正式关系，这是伯力会议的重要成果。这一成果对于东北党组织、东北抗联在以后的工作、战斗，都具有重要的意义。正是根据这一正式关系的确定，东北抗联大部分队伍于1941年左右在斗争极端艰难情况下才得以进入苏联境内开展野营军政训练和进行小部队回国侦察活动的。

1940年3月下旬，历时三个月、具有重要意义的"伯力会议"在完成各项预定议题后，宣告结束了。

四、再次被开除党籍

伯力会议是一次成功的会议，它基本达到了预期目的。赵尚志为这次会议取得的成果感到高兴。但是，就在这期间传来了一个意想不到的消息，赵尚志的心情又沉重起来。

原来在3月上旬，赵尚志和周保中、冯仲云三人正在相互交换意见，消除误解，总结东北抗日救国运动经验，研究、部署今后工作，开始准备下一段与苏联远东边疆党委会、远东红军负责人开会期间，传来了中共北满省委在1940年1月28日召开的第十次常委会上作出《关于永远开除赵尚志党籍决议》的消息。

赵尚志对这突如其来的消息感到震惊。他不知道北满省委究竟是为了什么原因将他开除党籍，并且是"永远"开除。虽然在伯力会议上，在对北满党军负责同志个人估计意见中，对赵尚志提出了他"应受布尔什维克党铁的纪律的处分，以至讨论他的党籍问题"，但他没想到北满省委竟会在他缺席的情况下，作出永远开除他党籍的决议。

北满省委的这一决议，使他感到难以理解。

3月20日，赵尚志在没有看到省委关于永远开除他党籍决议全文，不清楚开除的具体原因的情况下，给北满省委写了一份《请求书》。

《请求书》中说,因为得到通知,知道已通过将赵尚志开除党籍。为此特向党组织提出请求予以纠正。接着,他因没有看到对他被开除党籍的决议的全文,便根据自己对开除原因的分析和估计,认为可能是根据他在1938年1月以前或1939年12月以前自己在东北所犯错误及是否曾怀疑他是奸细或认为是叛徒而开除的。

为此,他在《请求书》中进行辩诉声明:

"1938年1月以前,党对我个人的批评以及个别同志对我的批评上,有执扩会的批评以及以后的决议文,有黄成植、陈雷二同志的批评,有六军党委书记徐文斌的批评,及以后张寿篯同志意见和七次常委会的决议都已知道的。我仅声明,在这些历次的批评上有许多是绝对正确的,而我个人当时并没有改正,有些是相当的或部分的正确性,而我没有虚心了解。有些是应该向党解释原委的,但我没有这样做到。

"我相信党组织对1938年1月以前我所犯的各种错误以及部分的纷争做出完全正确的结论来。"

"1939年12月以前,因为我没有同北满负责同志会面,而听到了许多路线策略上的问题以及其他原因,我过分估计误会以为有奸细问题。至于对陈绍宾同志也曾发生很大的严重的误会。现在我对北满负责同志及陈绍宾同志的怀疑,已经消除。当然这些问题中间,党的组织可能听到一些不充分的报告材料或欠确实性的消息,所以我请求党组织考查材料,改变决议。

"我相信党组织不会认为我是奸细叛徒。我希望在工作中来证明我的忠实。"

赵尚志在《请求书》中还十分诚恳地请求党组织说:"党籍是每个共产党员的生命,因为我参加党作革命斗争已将十五年。党的一切工作,就是我的一生的任务,我请求党重新审查。同时,我认为党不能把我从党的部队里清洗出去,那将是同使我受到宣布死刑一样。我万分地向党请求党审查,给我从组织上恢复党籍,领导我的工作,我不能一天离开党,党也不要一天放弃对我的领导。"

《请求书》最后说:"因为(我)已离开北满工作,所以暂不得与诸同志会面。仅以多年的工作关系向党各组织、各党同志、联军各干部及战士同志们,致极热烈的希望和最高的革命敬礼。"①

在赵尚志向中共北满省委写出《请求书》,请求党组织重新审查其被开除党籍问题的同时,冯仲云和周保中分别于3月19日、20日致信北满省委,请求重新审查开除赵尚志党籍的问题,并希望把他留在党内。

冯仲云在信中说,我最近听到省委有开除赵尚志同志党籍的决议,虽然我并未读到这一决议的文件,但我有如下的意见,向省委提出,请求省委接纳我的意见:赵尚志过去曾经犯了许多严重的错误,但估计到最近在上级援助之下,和我们互相开展斗争的结果,尚志同志已经决意转化和改正自己的错误,同时估计到尚志同志过去在民族革命战争中的光荣历史和地位,对革命事业的忠实,我请求党还要爱护他,并容许他留在党内改正自己的错误。②

---

① 赵尚志:《请求书》(1940年3月20日),载《文件汇集》甲26,第87~90页。
② 冯仲云:《致中共北满省委的信》(1940年3月19日),载《文件汇集》甲26,第85页。

周保中在信中说，我代表吉东党组织向你们有以下的提议：我们认为北满党组织执行党的纪律，给赵尚志同志开除党籍的处分，这在组织原则是可以提出的。诚然，赵尚志同志在思想上、在政治上、在党的纪律行动上都犯了许多为党所不容许的错误。党组织既正确的分析和指出尚志同志主观方面的错误——由于自己之错误，同时不应忽略这种错误产生的全部原因，以及更不能不估计到尚志同志对于错误改正和革命斗争前途有希望。因此向你们提出意见，请求你们对赵尚志开除党籍问题的决议重新加以审查，我的具体意见，可以给以相当的处罚留在党内。①

1940年5月，中共北满省委负责人收到了赵尚志的《请求书》及冯仲云、周保中给北满省委请求保留赵尚志党籍的信件。因省委领导正分别在各地领导抗日斗争，未能马上集会研究这一问题，而是分头向各地党组织征求了意见。5月24日，省委领导同志决定将这些请求书登载在省委机关刊物《统一》1940年第七期上，让同志们讨论、发表意见，以便省委来决定这个问题。6月20日，北满省委对赵尚志的申诉作出答复。北满省委书记金策在关于赵尚志党籍问题回答信中说："北满党首先告诉赵尚志同志，北满党从来没有怀疑过尚志是奸细，所以开除尚志党籍决不以此决定，也不是根据1938年度以前的错误。而是根据1939年度尚志同志在下江严重的企图反党策划的错误，而决定永远开除党籍的。"又说，"去年12月，戴鸿宾、陈绍宾两同志来到岭西与我们接面时，由此始知尚志同志去年在下江行动的经过和反党企图。"最后，回答信对赵尚志党籍问题决定："北满党尊重上级的提议，尊重兄弟党代表之提议，北满党大多数同志重新讨论决定，只取消'永远'的字样，改为'开除赵尚志党籍'，其他，不可能减轻的。"②

赵尚志被开除党籍的主要原因是北满省委听信戴鸿宾、陈绍宾的"汇报"后，认为"赵尚志同志不仅反对伟大的中共中央路线的'左'倾关门主义路线，而且时常流露反党反组织行动"；"捏造说张寿篯、周保中、冯仲云等是日寇奸细头，张兰生、许亨植、金策等都有奸细的嫌疑，北满党是有系统的奸细组织，北满党路线是奸细路线等等。"并推断其所要召集的北满党军负责人会议是"以藉奸细名义为论罪，企图捕杀冯仲云、高禹民以及张寿篯、许亨植、张兰生、金策等"。③

中共北满省委在《关于永远开除赵尚志党籍的决议》中所说赵尚志"反对伟大的中共中央路线"，推行"'左'倾关门主义路线"这是旧事重提。这里所说"中共中央路线"，是指中共驻共产国际代表团的"路线"。此事是指1936年9月"珠、汤联席会议"和1937年6、7月省委执委扩大会议之事。在这两次会议上，赵尚志对来自中共驻共产国际代表团《王康指示信》及其补充指示信《吉特信》《中代信》《新政治路线信》中的一些政策、策略提出过不同看法及批评。但这不能说是反对伟大的中共中央路线，推行"左"倾关门主义路线，反党反组织行为。因为：（1）来自中共代表团的《王康指示信》及《吉特信》《中代信》《新政治路线信》中确有教条主义成分，在一些政策、策略的提法上也有错误。赵尚志没有反对其主张抗日、实行统一战线的正确部

---

① 周保中：《致中共北满省委的信》(1940年3月20日)，载《文件汇集》甲26，第91页。
② 金策：《关于赵尚志党籍问题的回答信》(1940年6月20日)，载《文件汇集》甲26，第187页。
③ 《中共北满省委关于永远开除赵尚志党籍的决议》(1940年1月28日)，载《文件汇集》甲26，第7、8页。

分、批评、抵制、反对的是其错误部分,如把"反满抗日不并提"作为新政治路线等;(2)在实践上,赵尚志是认真贯彻执行了抗日民族统一战线政策的,没有推行反党"左"倾关门主义。以其领导的抗联第三军为例,其基本队伍为一千五百人,占全军总人数三分之一,而实行统一战线,吸收的收编队伍为四千五百人,占全军总人数的三分之二。这在党直接领导、创建的抗联各军中是绝无仅有的;(3)王明、康生提出的路线并不等于或就是中共中央路线。赵尚志对来自中共驻共产国际代表团的指示信提出意见、批评是在党组织的会议,通过组织程序进行的。会后即派人或写信向代表团进行了报告,请求指示,说明他对上级是尊重的;(4)在执行上级领导机关的决议、指示中,党提倡结合本地区实际情况自觉认真地执行,而不是盲目地执行与服从。既研究决议、指示,又研究实际情况,行得通的就坚决执行,行不通的就向上级提出。紧急问题下级需要立即作出决定,事后向上级报告,请求批准,这正是自觉地认真地执行决议、指示。赵尚志作为一个地方党组织、部队的领导者有责任在贯彻上级指示过程中,对不切实际或错误的部分提出意见或批评,这不是抗上,也不是闹独立性,并不违背下级服从上级的组织原则,这完全是正常的;(5)他主持召开"珠、汤联席会议"是为了开展北满地区抗日武装斗争,会上成立的"北满临时省委"完全是工作需要,绝不是为了分裂党的一致。称"临时省委",以待上级组织批准,再去掉"临时"两字,这表明赵尚志组织观念是强的。

至于说赵尚志企图捕杀北满省委领导人,纯属无稽之谈。如前所述,这是居心不良的尚连生(1938年初,任中共绥滨县绥滨区委宣传部长时,被捕叛变,后又混入抗联队伍中)制造的谣言。陈绍宾(1937年8月6日,他在汤原县城被日伪警务统制委员会逮捕,9月被释放,又回到抗联队伍中)则利用这一谣言在北满省委领导人与赵尚志之间挑拨离间、制造混乱,对赵尚志进行的污蔑、中伤。

无可讳言,赵尚志曾错误地怀疑过周保中、张寿篯、冯仲云同志。怀疑奸细问题的引起,一方面是由于敌我斗争形势的复杂,1934年夏,敌特周光亚混入哈东支队刺杀了支队经济部长李启东。李启东的牺牲使赵尚志深感警惕奸细问题的重要性,教训深刻。另一方面也与1936年初随吉东特委致珠河县委、第三军党委信(即《吉特信》)中传来的秘信说"满洲省委有奸细",满洲省委留守人员说"吉东特委可能有奸细"有关。此后,对于反奸细破坏问题,赵尚志十分重视。1937年10月,以第三军党委名义向各师专门发出警惕、反对奸细破坏的长篇指示,总结了第三军自游击队成立后在这方面的经验教训。1938年初,赵尚志过界入苏联被关押,后从苏联返回东北,至1939年底又入苏境,这两年间,他在考虑东北抗日游击运动不断遭到摧残的原因时曾认为,是日寇凶残进攻和奸细走狗从内部分裂破坏所致。赵尚志在苏联伯力远东军区的禁闭室里对戴鸿宾等人议论抗联的斗争时,谈过这个问题。他对中共驻共产国际代表团提出的"抗日反满不并提"等政策深感疑惑,认为这不是党的政策。1938年,他著文说"关于这一问题因为不明白,曾在1937年秋派交通员来苏联,给中央信上提出请求解答,如果这不是中央的意见,则必是奸细的。"①1939年6月末返回东北后,他于9月28日写给戴鸿宾的信中则进一步谈到反奸细斗争。赵尚志曾这样分析考虑奸细破坏问题:敌人是懂

---

① 赵尚志:《关于"抗日反满"问题的意见》(1938年),载《文件汇集》甲24,第446页。

得从革命团体内部用派遣奸细的手段在理论上、组织上来破坏革命的。他为在政治上麻痹我们,便提出种种似是而非的路线来混乱我们。他知道东北游击队的发展是怎样取得武装,因此便造出不应该缴满军械和等待大事变一齐下手的理论;他知道没有给养和供给部队是不能存在的,便提出保存实力,反对盲动冒险,来接受一切敌人所给我们的困难,认可遭受损失失败,增添内部危害;他知道坚强的党是不能破坏的,所以便提出在统一战线时期什么人都可以加入党,相信共产主义也好,不相信共产主义也好,今天进来看看,过几天出去也好,都可以加入共产党,以此来腐化党;他知道反抗"满洲国"会使狗政权的欺骗效能被揭露,因此就用抗日不反满的主张来缓和人民的仇恨……基于这种分析、考虑,加之吉东省委书记宋一夫和北满省委执委、第三军第二师师长兰志渊叛变投敌,以及陈绍宾传递的信息不确,使其在苏联长期被关押,他便认为党内、抗日联军内存有一条奸细路线,并着重怀疑拥护中共代表团提出的"抗日反满不并提"的周保中、张寿篯和冯仲云三人。他在上述给戴鸿宾的信中说:"你见到我给你发这封密信后,应该切实注意考查之",并在谈到召集党军负责人会议时曾说"有人藉故不到,你(按,指戴鸿宾)或金策同志可详细考查其内容,必要时可强迫派送来部,或监视考察之。"①

显然,赵尚志的这种缺乏确凿依据的怀疑是极其错误的。应该说开展反奸细斗争是十分必要的。日伪当局为扑灭抗日斗争的烈火,在对抗日武装进行军事"讨伐"的同时,一直没有中断使用暗探、奸细从中破坏的手段。日贼奸细无时不在妄图阴谋刺杀抗日武装高级领导人,破坏党群组织,策划反日部队叛变投降,积极配合以枪弹的进攻而消灭抗日武装。因此,对反奸细斗争问题,必须有高度的警觉。但开展反奸细斗争,必须极其审慎,拿出确凿、充分的证据,决不能靠猜疑、推测,更不能把反奸细斗争与党内两条战线斗争混同起来。而赵尚志仅凭自己的认识,便以为党内、游击队内存在一条奸细路线,仅凭猜忌便将对政策、策略与他有不同看法的,特别是拥护中共代表团提出的"抗日反满不并提"口号的吉东、北满主要领导同志视为有奸细嫌疑,这就把党内两条战线斗争与反奸细斗争混同了起来。其结果,就使他不能团结更多的同志一道去斗争,并在过去因一些问题争论而造成的分歧基础上,更增加了深一层次的分歧和误解。同时,这种无根据的怀疑也被坏人所利用,制造出他要捕杀省委领导人的谣言,进而也使他自己陷入被孤立的泥潭之中。这应该说是一个沉痛的教训。

赵尚志在1939年夏从苏联返回东北是否企图捕杀北满省委领导人呢?

1965年12月,于保合同志在回忆中谈到这一问题时说:"关于赵尚志怀疑北满省委某一些人历史上有问题的话是说过的。但他不是认定那些人肯定是'奸细',一定'要杀'。有人传说赵尚志要杀北满省委委员,这是没有根据的。他说过,张寿篯被捕过,周保中在苏联东方大学有参加托派的嫌疑,冯仲云政治上左右摇摆。他没说过金策有什么问题。赵尚志根本没有杀害北满省委负责人的动机,从他的言行中可以观察出来的。如果他有那种企图,那就是叛党,我们是绝不能跟着他走的。我也能给苏联同志拍电报。当时他急切地要找到北满省委的同志们开会,目的只有两个,一是要把坚持东北抗日斗争的二、三路军很好整顿起来,进一步

---

① 赵尚志:《给戴鸿宾同志的信》(1939年9月28日),载《文件汇集》甲55,第329页。

研究开展抗日斗争的问题;二是同金策、冯仲云、张寿篯等北满省委的同志讨论路线的问题。赵尚志派姜立新给北满省委送信,提出召开会议研究问题,写信的动机是诚心诚意要研究问题的,不是要把北满省委的金策、张寿篯、张兰生等同志骗来杀掉。"①

1966年1月,戴鸿宾同志在谈到这一问题时说:"我们(按,指戴鸿宾与陈绍宾)找到北满省委之后,见到了金策同志。我向他汇报了三个情况:1. 赵尚志在苏联禁闭室里的表现和对周保中、冯仲云的怀疑;2. 处死祁致中的经过;3. 拒绝我提出把部队迅速带过汤旺河和北满省委会师的建议的情况。在这里应该说明的是:赵尚志对周保中、冯仲云仅是怀疑,并不是肯定说他们是奸细,他没说要杀掉哪一个人,也没有说要杀北满省委哪一个人。我当时认为,被他怀疑的人是危险的,如要是奸细就能杀掉。这是我根据他的怀疑和他的性格分析的。到北满省委我向金策同志汇报并没说赵尚志要杀谁,但我把自己对赵尚志的看法是说了的。"②

1965年12月,冯仲云同志在回忆赵尚志被开除党籍问题时说:"这个决定(按,指赵尚志被开除党籍的决议)主要是根据戴鸿宾、陈绍宾的口头汇报。关于赵尚志说北满省委一些人是奸细的问题,我在下江也听说了。那是在1939年秋天,我们三、六军主力部队经过西征,只有六七百人了,下江的小部队几乎全部损失,形势非常严重。我急切地想找到中央的关系。要实现这个目的,必须通过苏联。但我又不敢冒冒失失地去,所以我就把高禹民派过去联系。我在萝北等高禹民的时候,遇上了陈绍宾带着六军的几十个人。陈绍宾当我说,赵尚志枪毙了祁致中,还说北满省领导人是奸细。他说赵尚志带着百余人的部队在他之后过来的,活动在岔巴气一带。我当时听了也没相信。正好三军的姜立新到我这里来,说明了情况。姜立新坚决否认陈绍宾他们说的那些话(关于枪毙祁致中的事是有的)。这时我决定亲自去见赵尚志。事情赶得非常巧,还没动身,高禹民从苏联回来了。我就没到赵尚志那里,而是到苏联去了。我到苏联之后,以北满省委代表名义和周保中、赵尚志讨论了一些重要问题。赵尚志、周保中我们三个会议结束之后,我和保中为赵尚志的党籍问题分别给北满省委写了意见书。北满省委根据我们的建议对开除赵尚志的党籍只取消'永远'二字。"冯仲云认为"赵尚志在政治上、组织上都没有反党行为","赵尚志的党籍是不应开除的。"③

以上,于保合、戴鸿宾、冯仲云三位同志都是历史见证人,戴鸿宾又是当事人。从他们的回忆看,赵尚志并没有说要杀北满省委某领导人。他召集党、军负责同志会议是要研究开展抗日斗争问题,讨论路线的问题,绝不是以藉奸细名义为论罪,捕杀北满省委领导人。

另据因赵尚志问题被株连而开除党籍的刘凤阳同志于1940年4月7日写给北满省委请求重新审查自己被开除党籍问题的申诉信中说:"我认为北满党组织或许是听了一些不十分正确的片面的报告材料,所以我有简单的申诉和辩白。陈绍宾绑我送××方(按,指苏联)的问题,实际上我没有犯错误,而是陈反抗上级指令。并且,我领导的队伍被陈强行骗去,我始终没有同意陈的反上级的行动。我直到现在,认为我是做对了。因此××方,认为我是忠实可靠,并检查后,重新派我去赵司令处接受赵的领导,并不是同赵有任何私人关系,我是以中

---

① 《访问于保合同志记录》(1965年12月18日)。
② 《访问戴鸿宾同志记录》(1966年1月8日)。
③ 《访问冯仲云同志记录》(1965年12月16日)。

国共产党的立场接受赵的领导。同时我没有发现赵有反革命反党的行动。我是一个忠实于党的党员,一向反对分裂、派争一类行动,我自然不能做那种两面派行为","由于我执行上级给我的任务,而引起与反对上级指示的陈绍宾的纠纷,应该由陈负责错误责任,应该证明我是忠实于党"。此申诉也可以说明赵尚志没有企图捕杀省委领导人的反党问题(刘凤阳于1941年从事抗联小部队活动中牺牲)。

另外,从1940年6月,北满省委作出的《关于开除赵尚志党籍的决议》中,将原来《关于永远开除赵尚志党籍的决议》(1940年1月28日)里,所说赵尚志"以藉奸细名义为论罪,企图捕杀冯仲云、高禹民以及张寿篯、许亨植、张兰生、金策等"这些具体人名全部去掉,只笼统说"1939年赵尚志回到满洲工作,仍继续其敌视党的组织,反对党的策略路线,企图武装解散党的组织,阴谋杀害党的干部,进行反党的小组织,散布许多反动谣言。"[①]这也可以说明指斥赵尚志企图捕杀省委领导人一事难以坐实。如能坐实,则不会将这些具体人名去掉,因为这是开除其党籍的主要原因。

至于赵尚志过分怀疑奸细问题,确实存有严重错误。如前所述,在"伯力会议"上,周保中、冯仲云、赵尚志三人曾就此交换过意见。"三人讨论会"上对赵尚志"估计"意见中指出,他"对反奸细问题欠确实性"。对此,赵尚志也承认了错误。

上述事实说明,赵尚志在政治上、组织上都没有反党企图和行为,是不应该开除党籍的。同时,开除赵尚志党籍的组织手续也不健全,一是赵尚志未在北满,省委派其赴苏,没参加开除他党籍的会议,无能申辩;二是开除的决议未得到中央的批准。

从赵尚志被开除党籍的情况看,陈绍宾起到极其恶劣的作用。是他伙同尚连生去北满省委诬陷赵尚志要杀害北满省委领导人,致使省委领导同志认为赵尚志有反党企图。现存档案资料证明,陈绍宾是个可疑的阴谋分子。陈绍宾于1937年7月中旬在依兰第三区土龙山附近逮捕一名叫伊万的苏联人,在审讯中得知该人为"赤系俄人",并将其扣留约5个月。[②]而在这期间,即1937年8月6日,陈绍宾在汤原县城被汤原地区警务统制委员会逮捕。陈向敌人供述了"简要经历""犯罪原因及动机"和"东北抗日联军第六军的编制及装备状况""抗联六军与苏联的关系"等机密问题后,[③]于9月,被释放。随即他又出现在抗联部队中。12月中旬,陈绍宾与伊万由抚远县萪通附近进入苏联。当时,日伪警务机关十分注意在大"讨伐"中所逮捕的"有力匪首"或党团员中,根据审讯结果,把有利用价值者作为密探培养,并运用到所谓"治标工作"中,以获得最大成果。[④]日本情报机关也将游击队作为向苏联派遣间谍的渠道。日本人曾多次向苏联派遣经过伪装的地下党员,其任务是在苏联接受军事、政治训练,然后返回东北,在游击队中担任领导职务,进而从事间谍活动。[⑤]而陈绍宾被敌人逮捕,在向敌人供述大量机密被收买后,很快就被释放,又混入抗联内部。不久,就出现了他与伊万一起过界入苏,从

---

① 《中共北满省委关于开除赵尚志党籍的决议》(1940年6月),载《文件汇集》甲26,第223页。
② 黑龙江省档案馆14-2-8号卷宗:《1938年8月17日佳宪高第520号》。
③ 黑龙江省档案馆14-1-79号卷宗:《1937年8月13日三警国特高秘发第504号》。
④ 《昭和十二年七月至十三年三月东北防卫地区警务机关治安肃正计划要纲》关作命第73号附件。
⑤ 叶夫根尼·戈尔布诺夫:《我们在伪满洲国的游击队》,原载俄罗斯《独立报》2006年1月20日,《参考消息》2006年1月25日转载(题为俄历史学家撰文披露《苏联援助中国东北抗日游击队内幕》)。

苏联带来所谓邀请北满抗联领导人赴苏的信息,致使赵尚志于1938年1月过界入苏后即被关押的事件。紧接着,1938年2月,又发生了周保中由饶河赴宝清途中敌人得知其出发时间和行动方向,伪靖安军骑兵团两次在日军率领下,在花砬子荒上李家设下埋伏,使其险遭不测的事件。吉东省委讨论周保中这次遇险原因认为,这与"陈绍宾泄露预先规定的行动消息"有关,"认定陈绍宾客观上有奸细行动"。①以上说明,陈绍宾所做之事,绝非革命军人之所为,其行径表明他系奸细分子无疑。当时,陈绍宾伙同尚连生怀着不可告人的目的去北满省委进行"汇报",由于斗争环境十分恶劣,北满省委领导人对陈绍宾②、尚连生③"汇报"的内容无从调查核实,便听信其言。结果,致使赵尚志被开除党籍,并且是"永远"开除。

赵尚志被开除党籍,从组织角度上说,是由于当时在分散游击环境中,斗争十分复杂的情况之下所致。自三十年代中期之后,东北党组织与党中央失掉了联系,长期得不到党中央的直接领导,只好自己摸索着从事艰苦的对敌斗争和复杂的党内两条战线斗争。加之党内生活不很健全又长期受到"左"倾机会主义"残酷斗争,无情打击"的影响,在这样的斗争过程中,无论是谁,都难免会犯有这样或那样的错误,而领导机关在处理党内问题时也难免会混淆不同性质的矛盾,出现失误。赵尚志被开除党籍正是在这种环境下发生的。

赵尚志的党籍问题,对于北满省委一度曾是一个棘手的问题。北满省委将"永远开除"赵尚志的党籍改为"开除"后不久,省委领导同志致信中央说:"这次省委的答复,并不是省委本身的答复,而是根据大多数党员同志的意见来答复的,今后上级对赵尚志同志问题的任何决定和处理,北满党是一致尊重和拥护的。"④以后又致信中央说"将尚志党籍问题提交上级,并申明要上级负责。北满党此后不再过问这一问题。"⑤显然,北满省委感到此问题不大好处理,要提交给上级——中央负责处理,但以后未见中央对此作出任何决定和处理。

赵尚志被开除党籍后,内心是痛苦的,他总感到很委屈。但他没有灰心气馁、颓唐沮丧。赵尚志坚信事情早晚会得到澄清的,他要求保留向中国共产党中央和共产国际提出请求申诉书、意见书的权利。⑥

同时,也正像他自己在给北满省委的《请求书》中说的"党的一切工作,就是我的一生的

---

① 《吉东省委周保中关于部队遇险、今后工作的指示问题给七军党委及下江特委的信》(1938年6月22日),载《文件汇集》,甲28,第241、242页。

② 陈绍宾后任抗联第三路军第九支队队长。他经常暴露出与革命事业格格不入的劣根性,屡犯"错误"。1940年7月,陈绍宾从抗联部队逃跑。8月,中共北满省委宣布开除其党籍,抗联第三路军总指挥部对其发布了通缉令。陈以后化名"石新"与四五名土匪,在海伦、克东一带活动。1942年中秋节在克东白家店西沟被手下人员打死。

③ 尚连生后任抗联第三路军第九支队秘书。1940年10月再次投敌,在北安日伪机关充当特务。他积极效忠日伪,向日本宪兵队密报中共讷河中心县委、北安抗日群众组织情况,致使讷河地下党组织和北安抗日群众组织惨遭破坏。1945年8月,在潜伏于北安的原中共绥滨县委书记王永昌领导下,由抗联战士周文喜与李殿芳屯革命群众把尚逮捕,经组织决定将其处决。

④ 金策:《给海路并转中共中央政治局的信》(1940年7月7日),载《文件汇集》甲26,第227页。

⑤ 冯仲云:《给海路并转中共中央的报告》(1940年10月31日),载《文件汇集》甲59,第29页。

⑥ 党的十一届三中全会后,中共黑龙江省委受中共中央组织部委托对赵尚志被开除党籍问题进行了全面复查,于1982年6月8日作出恢复赵尚志党籍及名誉的决定。

任务"那样,赵尚志对党的事业没有丧失信心。他被开除党籍后,仍义无反顾、十分坚定地从事着自己为之不懈奋斗的东北抗日游击战争,决心为驱逐日寇,救国救民的神圣事业奋斗到底。

五、在抗联第二路军

"伯力会议"结束以后,周保中、冯仲云和赵尚志开始准备返回东北抗日战场。根据会议期间调赵尚志任抗联第二路军副总指挥的决定,他将与第二路军总指挥周保中一起领导活动在松花江下游、乌苏里江左岸地区抗联第二路军的抗日斗争。

春雪初融,气候乍暖还寒。

1940年3月26日,周保中、赵尚志将原第二路军总部警卫部队及抗联七军派遣赴苏的战士编成了新的警卫部队。3月27日夜10时,周保中、赵尚志率队跨越乌苏里江。3月28日晨5时,经虎林小穆河村北行,下午行至抗联第七军驻屯的一座临时营舍。在这里会见了第三路军总部参谋处处长兼第七军政治部主任王效明同志所率部队。

3月31日,周保中召集由第七军政治部主任王效明所率第七军人员参加的大会,宣布了赵尚志为抗联第二路军副总指挥的任命。

为了贯彻伯力会议精神,打开抗日斗争新的局面,抗联第七军于4月3日至9日召开了党代表会议。赵尚志虽被开除党籍,但还让他以总指挥部代表身份参加了会议。会上周保中代表吉东省委做了工作报告,宣布了东北抗日游击运动新的工作纲领,决定根据《关于东北抗日救国活动底新提纲草案》将抗联第七军改编为东北抗联第二路军第二支队。经过会议讨论,与会代表一致拥护新的工作提纲,并表示在实际斗争中不断巩固现有部队实力,积极开展各种斗争,努力实现工作纲领所规定的各项任务。大会表示欢迎赵尚志参加抗联第二路军的领导,并号召全体同志积极地赞助和拥护。会后,总指挥部还决定将第四军留守部队和第五军第三师部队一并编入第二支队。

为加强、充实第二支队及所属各大队领导力量,周保中、赵尚志于4月10日共同签署了有关第二支队军政人员一系列任命。其中主要有:委任王汝起为抗联第二路军第二支队支队长;王效明为抗联第二路军第二支队政委;刘雁来为抗联第二路军第二支队支队副;王汝起兼第二支队第一大队大队长;李呈样为第二支队第一大队大队副;隋长青为第二支队第二大队大队长;李永镐为第二支队第二大队政委;孙玉洁为第二支队第二大队副、暂代理大队长;崔勇进为第二支队教导大队长,金品三为第二支队教导大队政委;刘凤阳为第二支队教导大队军事教官等等。第二支队经过整编,阵容一新。第一大队、第二大队和教导队分别在同江、富锦交界处,密山、勃利及虎林、饶河一带活动,其斗争又有新的起色。

4月间,周保中、赵尚志率部在宝清、密山一带进行活动。在连续的长途行军中,因给养不足,患病同志增多,队员艰辛备尝。赵尚志和战士们一样同甘共苦,为了节省粮食,不时地捡取落在地上的橡子用以果腹。在总指挥部任秘书工作的王春发同志在他的日记中曾有这样记载:"4月30日。早5点起床,6点吃饭、洗脸。7点钟从宝清南山一带开始行军。路上经过三四道山冈,约行三十余里宿营。因为早饭不够,我在行军中吃了两碗炒的苞米。路上看见副指挥(按,指赵尚志)从地上捡橡子吃……"①艰苦的战斗生活考验着战士们,英勇的抗联战士在极艰苦的条件下仍坚持寻机打击敌人。5月1日,第二路军总指挥部警卫队突袭宝清县南部小色金别拉河一日本屯垦军小队,十名日军全部被击毙。缴获步枪十支、弹药六百发、粮食二石。5月25日至6月1日在宝清兰花顶子附近予敌交通运输以很大扰害,毙敌二人,没收牛马二十头(匹)、粮食二石。5月28日,总部警卫队又在孟家岗东南袭击了日本人经营的采金班,击毙日本军官一人、主事一人、伪军士兵五人、俘虏伪军十人。缴获捷克式轻机枪一挺、七九步枪十五支、弹药二千发,还有粮食等军用品。同时,解散了采金工棚。

1940年5月上旬,敌人开始调动大批兵力向宝清一带进行"讨伐"。抗联部队游击活动困难日渐增多。吉东省委在宝清的机关及第二路军的总指挥部后方均遭到敌人的破坏。原来计划第二路军总部警卫队除要很快恢复牡丹江下游地区活动外,还要派出部分队伍迅速地到中东路道南开展活动,但由于敌人的严密封锁,行动计划难以实现。

在敌人"讨伐"不断加紧的情况下,为了使干部、战士认清形势,坚定信心,第二路军总指挥部暨警卫队直属部队于5月29日在宝清李烈士溪、国际台驻屯地召开党员大会(出席三十二名党员)。赵尚志接受吉东省委委托为大会做了政治报告。

报告指出:目前是我国长期抗战将由敌我相持的第二阶段,很快转入敌防守,我反攻,决胜歼敌的第三阶段。现在日贼在东北各地加紧对人民压榨,对抗日救国游击运动残酷镇压,说明日贼依靠我东北作最后挣扎。我们现时抗日游击运动的斗争环境虽是依然严重困危,不断遭受损失,但是我们要深刻看到日寇在军事、政治、经济生活的各方面暴露出空前并有不断增加的薄弱性和动摇,应看到被压迫人民抗日救国的思想并未减低,而有加深。依据这些事实,我们要坚信东北抗日游击运动有它客观前途,迎合全国抗战而必能获取最后胜利。赵尚志在报告中还指出,中国共产党在东北斗争中的党员必须坚决巩固地围绕在党组织周围,以一贯到底的精神,最后牺牲的决心来拥护全民抗战,继续坚持东北游击运动,尽自己的力量,利用一切可能给日贼以政治上的、经济上的、军事上的各种牵制和各种破坏妨扰。这是我们党组织坚持和拥护全面抗战,帮助抗战争取反攻胜利之到来的唯一任务,特别不能放弃东北抗日联军游击队与广大群众的血肉相关的历史联系,务必从各方面密切与广大群众的联系和发展抗日救国运动。这就是我们党目前唯一的斗争任务和革命前途。

大会同意赵尚志所做的报告,决定以一贯到底的精神、最后牺牲的决心,来拥护全民抗战,继续坚持东北抗日游击运动。

赵尚志以非党员身份参加第二路军总部直属部队党员大会,并让他做报告,这一方面使他感到的是周保中及第二路军同志对他的信任,但他自己也觉得很难堪。他在3月20日写的关于复查党籍的请求书,尚未接到省委答复,这使他焦急万分。1940年5月31日,赵尚志再次致信北满省委,请求复查他的党籍问题。信中说:"经过冯仲云同志转去的口头和书面意

---

① 《一个抗联战士的日记片断》(1940年4月26日至9月25日),载《黑龙江党史资料》第九辑。

见，大概已由冯同志完全无遗的转达了，据我想省委同志此番在一切问题上必须有给我的指示和答复。我天天在盼望着，可惜是为时很久，没有接到你们的任何指示和通知。因此对于我党籍问题再一次向省委请求，以前由冯同志转去的请求书我希望党组织应予检查和解决。我请求检查后迅速改变以前的决议，并通知吉东党组织和我，这是我急切盼望的，并希望把与我有关联而被开除出党的其他同志也能早予以解决。我希望知道北满同志和三路军战士的一切消息，在可能的范围内请通知我们，以上简单陈述，诚恳热烈的请求答复。"①此信充分表明赵尚志渴望党组织早日解决其党籍问题的急迫心情。如上所述，北满省委对于他的请求于6月20日作出答复，将原永远开除其党籍的决定只取消"永远"两字，改为开除党籍。赵尚志虽然被开除了党籍，内心十分痛苦，但他依旧在从事党让他做的各种工作。

在5月29日召开的第二路军总部直属部队党员大会上，还研究了为加强宣传教育，办好《东北红星壁报》问题。大会决议中说，办好壁报是我们内部群众生活上宣传党的政治思想，反映群众意志进行革命文化思想教育的重要工具。为使壁报工作加强起见，特选赵尚志、姜信泰、金京石、李俊、王春发等五名同志为壁报委员会委员，并推举赵尚志担任"主笔"。决议还要求壁报第二期立刻出版。

对于这一决议，赵尚志内心并不感到欣喜。他是一个武装斗争的指挥员，所擅长的是指挥部队作战，他到抗联第二路军也是想在军事上协助周保中，以推动吉东地区游击战争的开展。对于办报这种行当他并不熟悉。但他对组织上的这一决定还是无条件地接受下来了。这样，也使我们了解到赵尚志这位威震敌胆的武将也颇具文采之"内秀"的一面。

壁报"主笔"，是壁报的主编、负责人，又是社评的主要撰稿人。据现存的由赵尚志任"主笔""第二路军总部壁报社编"的《东北红星壁报》(第二期)②看，这是1940年6月2日出版的一份八开八版用蜡纸刻印的小报。许是印刷份数少，出版后须张贴于驻地墙壁上供大家阅读的缘故，此报称之为"壁报"。

这份"壁报"共有十余个栏目，大小稿件四十篇，内容十分丰富。在头版发有社论：《论教育训练》(转载)。"国际要闻"载有《西欧各强盗国家作拼命恶战》《法国人民遭难简报》《意英形势恶化紧张万分》《美国积极进行抢夺殖民地》《美日冲突》等。"东京特讯"载有《日寇国内危机严重状况》。"中国抗战消息汇报，战状"载有自4月26日至6月1日电讯十余条。其中有《我军攻占信阳要镇》《广西方面我军大胜》《上海工人举行反日罢工》及山西、江西、湖北、河南、山东等地战况。"东北抗日战讯"载有抗联第二路军某部歼灭色金别拉河日本"移民团"、攻袭凉水泉子"集团部落"，及宝清王福岗战斗实况。"民族英雄传记"载有《抗联第二路军总指挥周保中简传》。这是周保中同志写的自传，是了解周保中经历的重要资料，十分珍贵。

该报除电台台长李俊从电台中收听记录的广播电讯及转载自重庆《新华日报》文章外，有十二篇署名文章。其中有四篇诗文署名"向之"，这是出自"主笔"赵尚志之手的诗文。其中

---

① 赵尚志：《给北满省委的意见书》(1940年5月31日)，载《文件汇集》甲26，第153页。
② 原件藏中央档案馆，二乙815号。

有"短论"《纪念红色的五月》。此文共九百余字。现将《纪念红色的五月》全文引述如下:

赵尚志任"主笔"编辑的《东北红星壁报》

"每年五月一日,都是全世界工人阶级举行检阅自己阶级力量的伟大的壮烈的斗争纪念日。五月三日乃是日寇凌辱我国的济南惨案极悲痛的国耻纪念日;五月四日、七日和九日乃是我国同胞群起反对卖国贼汉奸签订日寇灭亡我国的二十一条悲壮的斗争纪念日。五月卅日是日英两帝国主义,在沪屠杀我中国民众,引起我全国伟大的雄壮的反帝怒潮的国耻纪念日。可见五月乃是我中国人民,曾遭受了极端惨痛的国耻月,更是日寇侵凌我国侮辱我人民的血史月。当我们每年临到五月的时候,切齿思痛,愈加怒发冲冠,誓当扫除不共戴天之仇的日本帝国主义。

应该知道中国人民不但记住了五月的痛史,并且有决心去拼血命为雪耻而进行斗争。应该知道中国人民不但曾经进行过雄壮的伟大的反对敌寇的斗争,如五四、五七、五九、五卅、

九一八、一·二八、七七等事件，有名的抗日的斗争的运动，并且展开了致日寇于死命的抗日战争继续了三年，更不要忘记在东北有血战将近十年的抗日游击运动。

由于我国人民前赴后继的进行艰苦斗争，用尽一切办法——罢工、罢课、罢市、示威、经济绝交、抵制仇货，进到游击抗战，举国抗战，工农兵商学各界一致抗战，男女老幼共赴国难，来反抗日寇的侮辱吞并血洗奸淫奴役的斗争，由于我国三年的英勇抗战的胜利发展，使我们更有权利来宣布说：我国人民有充分的能力雪耻，有绝对的把握消灭敌寇。

悲愤惨痛的五月，他曾是唤醒了我国人民起来进行伟大的解放斗争的日子。

今年的五月，我国军队胜利地夺取了武胜关、信阳等重镇，并且杀毙敌寇不下五六万人，夺获战利品无算，真是在抗战救国的工作任务上表示了纪念红色五月的光荣行动。东北抗日队伍，也在各方积极活动进攻敌寇，以及集会宣传作为纪念，即如我第二路军某部为纪念红色的五月，在下江东部各地带分头英勇袭击敌寇，几次大获胜利，亦可稍足表示我抗日战士纪念五月的热烈与积极。但是我们并不满足于这种纪念，我们希望并且要用血命的力争达到希望的目的，期于明年五月的时期，举行盛大的凯歌欢腾的庆祝大会，来纪念这个有历史意义的五月。

我们抱着这个目的去斗争，以追怀过去的五月，以迎接将来的五月。我们流着洗辱的血，带上胜利之花，慷慨悲歌，转战各方，来纪念五月。可见，五月自从涂上红色以后，是何等英烈，是何等伟大！我们继承着先烈遗志，肩负着将来的重任，身境情景，是何等重要，与何等光明。"

此文中简述了五月各纪念日痛史，着重指出，五月是我中国人民曾遭受极端惨痛的国耻月，更是日寇侵凌我国，侮辱我人民的血史月。悲愤惨痛的五月，是唤醒我国人民起来进行伟大斗争的日子。此文所说，"五月自从涂上红色以后，是何等英烈，是何等伟大！"要用"血命的力争"消灭敌寇，来纪念红色的五月，读后令人感奋，使人增添斗争的勇气和力量。

此外，在"革命文艺"栏刊有署名"向之"，即出自赵尚志手笔的诙谐韵文《土野的诗歌》、《将就一些儿》和小诗《春日卡击》（春之花调）。《春日卡击》（春之花调）内容如下：

（一）

看春色可人真奇妙，青山秀水环绕。

笑那脆柳腰乱摆，爱这银杏刚放瓣。

钻入池塘蟹逃虾跳，草甸蛙声叫闹。

（二）

眼巴巴盼待贼兵到，打死活捉不少。

挎上战刀军服换，背得枪支和子弹。

转了个弯攀登山岳，罐头饼干吃饱。

这首《春日卡击》诗歌，清新、活泼、直白、诙谐。"卡击"即伏击，作者以视觉、听觉所感，将虾蟹、青蛙（动物的）及脆（翠）柳、银杏（植物的）的动态与山水、池塘、草甸（环境的）相搭配，描绘出"春日"的优美景色；又以战士盼望战斗的心情，战斗的结果，缴获的物品，战后的转移,写出"卡击"的全部过程。全诗形象地描述了抗联战士的战斗生活,充分反映了他们热爱大自然的乐趣和获得战斗胜利的喜悦。诗中一、二段描述对象不同,但内在联系密切,构成一幅春天战斗图景。特别是第二段诗,轻松自如地写出了抗日游击战争中的一场伏击战斗。首句一个"盼"字反映出抗联战士杀敌灭寇的急切心情。一句"打死活捉不少",写出战斗的胜利。诗中用笔简练,"转了个弯攀登山岳"写出了游击战争的特点:打得赢就打,打完仗就走。"罐头饼干吃饱"一方面反映出抗联战士的艰苦生活,平常难得有饱饭可吃;另一方面反映出日本鬼子出战则有罐头饼干为食,两者反差之大。但抗联战士为了民族的解放,忍饥挨饿在坚持战斗。当战斗胜利后,战士们将缴获敌人的罐头饼干饱饱吃上了一顿。诗句轻松、诙谐,信手拈来,毫无雕饰,很有感染力。全诗充满抗联将士的战斗豪情和革命乐观主义精神。

　　本期壁报,上述这些诗文皆署名"向之"。"向之"即尚志的谐音,是赵尚志作为"主笔"起的笔名。(《纪念红色的五月》一文原署名尚志,后改为"向之",涂改的痕迹清晰可见,可证明"向之"即赵尚志。)"壁报"中,另有一则追悼抗联第五军第三师师长张镇华的挽联,署赵尚志真名。全文为:

悼五军三师张师长镇华暨诸烈士英灵千古
锅盔山前皎洁雪地透红斑应知将军经鏖战
宝石河头凄凉月夜对青流岂料英雄殉节休

赵尚志敬挽
民国二十九年五月卅日

　　此副挽联表达了赵尚志对为抗日救国而捐躯的烈士们的深切伤悼情感,具有激发人们斗志,继承遗愿,坚持把抗日斗争进行到底的作用。就挽联体式讲,它对仗工整,音韵协调,字词讲究,颇具文采,不失为是一上乘佳作。

　　"壁报"中"谜语请教"栏有五则谜语。此栏中说:"猜谜诸君请于六月六日以前投文本编辑部,以便在下期揭晓。完全猜中赠书一本。完全不中恕不登载,余均披露芳名。"谜语中除一则后面注明"转载"外,有四则后面都分别注以"向之候教",说明这些谜语是赵尚志制谜。其中有"黄种人土地被夺、剷地锄刀早扔脱,玉环改制平台上,羊羔美酒我忘喝。(打四字)"(按,此谜谜底是"共产主义[義]四字")。另有"谁说霸王已死去,为何耀武在江南。春日青山遥散翠,争战由来敢摧坚。(打二民族英雄名)"(按,此谜谜底当是在江南坚持抗战的新四军领导人项英、叶挺)。"姬旦佐成王一心无二,天波府出马天下太平。(打二民族英雄名)"(按,此谜谜底当是周保中[忠]、杨靖宇)。还有一则,"用嘴成文,堡垒土平,正直在胸,中国伟人。(打一人名)"(按,此谜底当是周保忠)。

　　这四则谜语谜面隐显得当,完整顺通,构思巧妙;谜目射猜范围准确,通俗易懂,难度适中;谜底贴切有趣,富有政治寓意,令人叫绝。特别有二则射猜周保中,又称之为中国伟人,表明赵尚志对周保中是尊重的。注明"转载"的第五则谜语是"洞房花烛(卷帘,打一国名一地名,)"(按,此谜谜底国名当是日本、地名当是双城[成]。双城,是哈南重镇。城、成同音。"卷帘"为"本日成双")。此则谜语标明谜格"卷帘",射猜稍有难度。值得注意的是,这一谜语特别注明是"转载",这说明赵尚志十分尊重别人的创作,对待创作的态度是严肃认真的。别人的作品,就是别人的作品。尽管是寥寥几字,也不能拿来落上自己的名字。他特别注明"转载",以与自己编制的(注明"向之候教"者)相区别,其高尚"文德"令人赞叹。

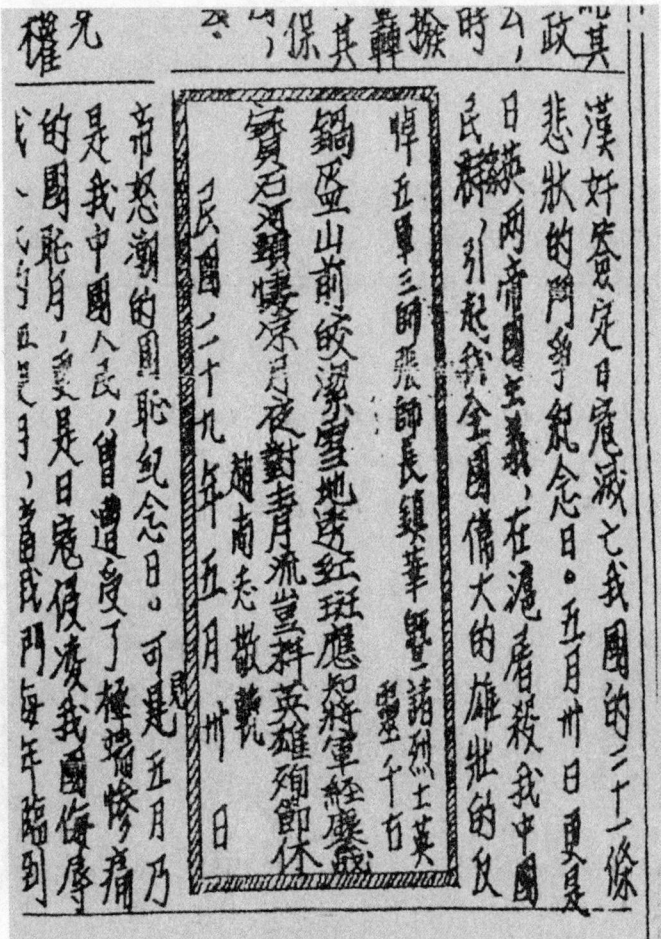

赵尚志为抗联第五军第三师师长张镇华写的挽联

这份"壁报"从5月29日会议决定让赵尚志担当"主笔",到6月2日出版,可以看出赵尚志工作作风真是雷厉风行。他作为"主笔"要亲自撰写时评(《纪念红色的五月》),要写出战士们喜闻乐见的具有可读性的诗文以弥补文稿不足,要整理电报员收来的国内外电讯,要征文,要设计版面,工作真是繁多。他与壁报委员之一、壁报刻印者王春发等同志整整连续忙了三天,终于如期出版。

据抗联第二路军总指挥部秘书、壁报编委会委员王春发所写日记记载:"5月29日,早晨5点钟起床,6点钟早饭。(1)工作是誊写文件;(2)参加党支部会议;(3)参加全体党员大会,会议时间从下午1点到6点钟,由我担任会议记录。这就是一天的事。

5月30日,早5时起床,7时早饭。从10时开始,召开五卅惨案纪念会。我做司仪。各位会员对帝国主义极为气愤。

5月31日，晨7时早饭。做抄写工作。

6月1日，早6点起床，7点早饭。工作照常。天气晴。搞壁报。下午6点吃完晚饭。

6月2日，早晨5点30分起床，6点早饭。从6点30分开始下小雨。(1)整天搞壁报。从午后5点开始站岗。(2)我们的小红同志归来了。(3)我非常高兴。

6月3日，早5点30分起床，天气先晴后阴。(1)我搞壁报。(2)自上午7点，我与几名同志一起进行宣传工作。"①

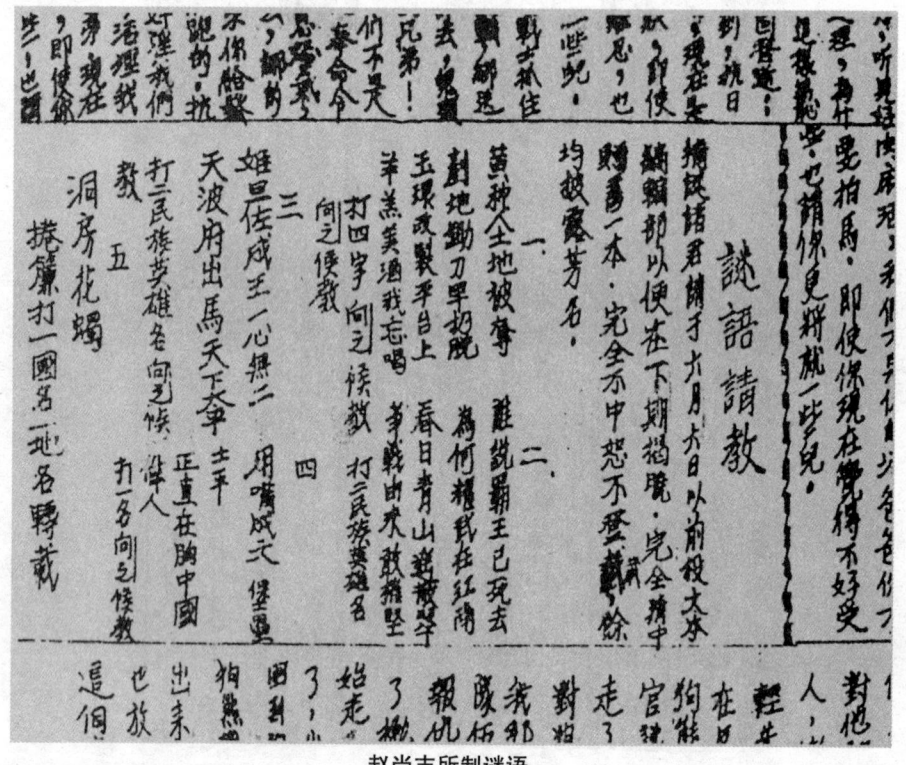

赵尚志所制谜语

上述日记表明，《东北红星壁报》从编辑到出版为时甚短。5月29日召开全体党员大会，这次会议决定成立由赵尚志等五人组成的壁报委员会。会议是从下午1点到6点钟，当日是不能作壁报的具体工作了。5月30日，从10时开始，召开五卅惨案纪念会。这天，起码是上午，也不能做编辑壁报的具体工作。但这个纪念会可能会激发赵尚志写出《纪念红色的五月》的文章。赵尚志参加革命正是十五年前在哈尔滨许公中学读书时参加声援上海五卅反帝爱国斗争开始的。从6月1日起，到6月3日，日记始有"搞壁报"，"整天搞壁报"，"我搞壁报"的记载。当时，壁报委员会五人中，姜信泰是总指挥部警卫队政委，金京石是总指挥部秘书处主任，李俊是电台主任，真正做壁报具体、实际工作的只能是总指挥部秘书、擅长刻写钢板、

---

① 《一个抗联战士的日记片断》(1940年4月26日至9月25日)，载《黑龙江党史资料》第九辑。

印刷文件的王春发和壁报的"主笔"赵尚志两人。赵尚志作为"主笔",尽快编辑、出版壁报,责无旁贷。

此期《东北红星壁报》出版日,署6月2日,实际应是6月3日。整个工作仅用三天,最多是四天。在简陋条件下,仅用三四个工作日,从组稿、写稿、编排、刻写、印刷,出版八开八版、内容丰富的油印小报,实属不易。

这说明赵尚志干什么工作,不干则已,干就立即着手,绝不拖拉。这份"壁报"导向正确,创意新颖,栏目众多,内容丰富,文体多样,版面齐整,形式活泼,时效性强,就按今天办报标准来衡量,它也不失为是一份上乘小报。更何况当年是在战火纷飞,条件异常艰苦的情况下出版的呢?这真不能不令人惊叹!由于历史文献保存的艰难,我们还没有看到由赵尚志任"主笔"的其他几期《东北红星壁报》,(中央档案馆还存有1940年9月10日出版的《东北红星壁报》第五期,内容亦很丰富,有国际消息,我国抗战要闻纪述,莫斯科、上海、香港、重庆、伯力电讯,东北游击运动要闻等。但从出版时间上看,赵尚志此时已去苏联执行公务,此期壁报不是他亲自"主笔"。)但仅从这份第二期"壁报"可看出,赵尚志真是个文武全才的人,他具有多方面的才干。

至6月,时值夏季。周保中、赵尚志率部从苏联回东北已近三个月。为使苏方了解部队活动情况、继续寻求与中共中央的联系,周保中、赵尚志于6月12日联名致信苏方代表王新林。信中讲述了三个月工作、战斗情况、现地斗争环境、部队内部情形及面临的困难、请求援助等问题。信中强调,为寻求继续进行东北抗日斗争具体的有力的方法,以从根本上解决问题,有必要与中共中央取得直接联系。信中说:"我们想派遣重要干部担负全权代表,经过您方面给的交通旅行的可能,使我们的代表经过伊尔库茨克转道入中国新疆省,向陕西延安中共中央所在地去。"并且说,"无论用国际普通交通旅行的办法,或特殊办法,或政治犯、越境犯的办法,只要把我们的代表遣送到中国去就行。"此信表达了周保中、赵尚志迫切需要与中共中央取得联系的心情。

同时,信中还进一步强调了东北抗联与中国共产党的组织系统。对苏方在一些问题上的不当处理提出批评:苏方曾要求王效明所率抗联第二支队停止旧有工作关系,让他在虎林及以南地方活动,并为苏方提供情报。就此,信中说,"这是把中共党领导群众作民族解放斗争的工作范围任意的分割开,这是不对的。"再有,东北游击队员有在反日斗争中于某种迫不得已情况下过境入苏,苏方在以国境犯处理的同时,任意指派这些人作他们要求的工作,不顾东北游击运动本身的迫切需要,信中对这种做法也提出了批评。此外,对按规定派赴苏联的交通员常被苏边防军拘捕并任意检查携带的秘密信件,还不及时派回,也提出了意见。①该信件交由总部交通员张凤春、陈学山同志送出后,周保中、赵尚志一直在盼望苏方的答复。但是,时过一个月有余,仍不见回音。

盛夏,骄阳似火,山间溪流沼泽因炽热而多枯竭干涸,干旱的天气使林中枝叶低垂着。敌人对我军的"讨伐"丝毫没有减弱。由于日伪当局施行的"集团部落"政策,抗联部队难与群众

---

① 《周保中、赵尚志给×××的报告信》(1940年6月12日),载《文件汇集》甲58,第214~218页。

取得联系,无法得到群众的衣食支援,因而部队活动十分困难。7月20日,第二路军总指挥部领导人总指挥周保中、副总指挥赵尚志及参谋长崔石泉举行会议,讨论研究目前斗争形势及解决面临困难的方案。经讨论决定:1.必须实现对中东铁路以南部队的领导。8月15日前后,总部即须移动。2.第二支队要坚持图佳路以东、乌苏里江左岸之游击活动。日前即去指示信,令其务必迅速准备冬粮及服装。3.在桦川南,依兰东、勃利、宝清、富锦各地,目前应由总部指挥直属部队积极伸张活动,总部及第二支队派遣队即应分兵转移。4.为得到苏方王新林方面对重要问题解答及求得适时援助,派遣赵尚志为全权代表,付以规定任务。由第二支队交通队护送前往。确定8月15日以前到达王新林处。

根据这次会议的决定,为了尽快解决面临的一系列重要问题,第二路军总指挥部派遣赵尚志为全权代表由现驻地出发前去苏联伯力与苏方交涉。其所负具体任务是:报告我方情况、敌情;请求批准在苏的部分抗联干部及以前越境的抗联战士按照送去的名单,请审查清楚,编队发给武器装备,由赵尚志带回东北;解决中东路道南二、五军部队与苏联的联系问题;请求无线电、冬季服装等物资援助;解决抗联第五军军长柴世荣被苏方拘留和避免今后再出现双方工作原则相抵触的问题。请求帮助派遣党的代表到关内中共中央所在地解决东北问题。①

7月23日,赵尚志在第二支队交通队护送下,并有总指挥部特别班长郭祥云及李呈祥、单立志、赵有才、姜生玉随行,从位于勃利、宝清交界的总指挥部驻地出发,再次去苏联伯力。

自赵尚志调任抗联第二路军副总指挥以后,他在同周保中的共同工作过程中,得到了周保中的帮助和关怀。他虽然被北满省委开除党籍,但周保中仍让他以特殊身份参加第二路军党组织安排、部署的一些党的活动。这期间,周保中特别关心赵尚志的党籍问题,为促使这一问题得到解决,作出了积极的努力。周保中继3月20日在伯力给北满省委金策写信希望重新审查赵尚志党籍问题后,于6月6日再次写信给北满省委张寿篯,提陈意见,希望重新审查赵尚志党籍处理问题。并指出"尚志同志自转入吉东参加工作以来,他不脱离党组织,对革命坚信心是有相当好的表现。"这次在赵尚志赴苏时,周保中在给苏方代表王新林的信中又专门谈到这一问题:"尚志同志党组织问题现在已经很长时间了,北满党委员会还没有新的通知。这不止(只)是尚志同志个人始终抱着党组织生活的苦恼,而在吉东党组织本身发生组织领导上很大的困难。"信中请求王新林同志"考虑和帮助,希望北满党迅速解决尚志同志的党籍问题。在这次赵尚志担负代表到你处去的机会,应该得到他的个人党籍问题的圆满解决。"这充分体现了周保中对赵尚志的关怀。同志间的友情,其共同的战斗目标,使赵尚志满怀热望,其内心表示坚决不辱使命,一定要完成这次赴苏所负任务。

8月9日,赵尚志到苏联伯力后,向苏方代表王新林详细报告了第二路军总部四个多月的工作情况,提出了上述他所负任务的各项要求。

在第一次谈话后,于8月22日赵尚志又与苏方代表进行了第二次谈话。他要求请允许他去莫斯科向中共驻共产国际代表团报告工作,如果不允许,那就请代表团或中央来人或开

---

① 周保中:《致王新林同志信》(1940年7月23日),载《文件汇集》甲58,第254页。

会讨论研究东北的一切问题。谈话中他提出了有关开展东北抗日游击战争的个人意见,其主要内容是:希望中国共产党的代表尽快地到来,同我们取得联系,解决我们的问题。我们的负责领导人应当详细了解东北党的群众工作现在处在什么样的情况,首先要开展党的工作。因为这项工作同军事工作有着直接的联系。应当派遣经过严格审查的同志去担任党的负责工作;为了整顿东北的党的政治工作和军事工作要召开由群众通过秘密投票方式选出的代表的会议,从关内派优秀的同志来视察整个党的工作和政治工作;我们现在同当地居民没有联系,我们失败的主要原因也就在这里。现在必须同居民建立联系。

谈话中,赵尚志特别谈到要拟定游击队的发展行动计划。他说:"要深思熟虑,拟定游击队的发展行动计划。我要亲自写问题,要详细地分析在什么地方和怎样进行工作,必须在伯力、哈尔滨、黑河这一三角地带组织十五支游击队。关于这个问题我将充分详细地写成书面材料。"他所谈的这一问题,苏方代表十分欣赏,欢迎并建议他能够就拟定游击队的发展行动计划写出书面报告。他还说为顺利实现我们的工作,要出版政治教科书、革命歌曲集、通俗的关于在中国如何进行游击活动的小册子,建立一所政治学校,培养、训练我们的同志,要掌握现代的军事新技术。要组织出版中国人民的领导人写的各种文章,关于这些我们听不到,也得不到从伯力转来的消息。这是很糟糕的事。坚决要求关内同志批评我们的工作,指出我们的缺点。又说,在关内有许多中国人是精通军事的内行,因此请派些同志或者请派八路军的同志来帮助我们。此外,他还谈道,1938年把我禁在这里达十五个月之久,真的是沃罗希洛夫召唤我吗?因为陈绍宾对我说,是沃罗希洛夫同志召唤我。谁应当对此事负责?请给我具体的答复。他还说到希望苏方能研究他的政治问题(按,指党籍问题)。①

但令人失望的是由于种种原因,尽管赵尚志做了极大努力,其要求大部未得实现。但对赵尚志党籍问题,苏方还是帮助做了工作的,在苏方代表王新林于1940年9月7日给张寿篯的信中说道:"关于尚志之党籍必须解决而通知我们,以便向尚志同志申明之。吉东党委所给他的工作估计非常好。所以我们绝不要来损失我们之老干部,他对我们之将来有莫大之功用。"

同年10月2日,赵尚志与于保合(报务主任)、王一知、单立志、郭祥云等共八人携电台一部过乌苏里江回国,抵达饶河县暴马顶子第二路军第二支队密营。在这里,见到了第二支队副支队长刘雁来等。10月下旬,赵尚志派人去寻找周保中,但此时,周保中正在宝清率部活动,没有找到,未能与之相见。

这期间,赵尚志与苏方一直保持电讯联络。现于中央档案馆藏有赵尚志与苏方联络的两组电报稿,一组是赵尚志给苏方代表王新林的电报,共26份(No1至No26)。主要内容,一是有关赵尚志自身的活动情况,如No1电报通报了赵尚志等八人顺利回国(据此可知其回国具体时间),领导、布置第二支队工作情况等;二是急欲寻找周保中在什么地方;三是通报所掌握的敌人情报;四是请求送伤员、妇女队员及小孩去苏联及物资支援事项;五是祝贺十月革命二十三周年;六是关于欢迎中央代表到来,要前去伯力参加会议之事。考虑到这两组电文

---

① 《远东方面军侦察支队少校加恰杜林与赵尚志谈话记录》(1940年8月22日),存中央档案馆。

的重要性,现将其具体内容全文引述如下:

No1 于十月二日的夜间已安全渡江,特报告给你。致敬礼。

No2 六日晚接到保中、效明的交通员,带有许多报告,但无船渡江,请于十日晚或十一日晚,你方派船来接。

No3 根据保中、效明的信件,保中已率队南去,令尚志留此,领导二支队工作,因不知保中是否停留于宁安或穆棱,故无法寻找。

No4 我决定暂去寻找效明连(联)系并向你方报告,请来电指示,去寻保中抑(亦)寻效明。

No5 九月十二日,住七星河之满军第三十团第三营中之两连,其中有九名救国志者,故在效明关系援助之下,将此二连完全缴械,得重机四、轻机三,马步枪百五十余,子弹四万余,现在满军三十四名在队。

No6 二支队交通员戴登学、吕本善,指挥部交通员王文汉,尚有田岐胜交你处作(做)工作,和薛共五人过江,如能找得船只,将于八日晚或九日晚去你处,渡江地点与我回来时渡江地点同。请通知边防。致敬礼。

No7 因夜行军或下雨故,未能每天和你联络。于保合。

No8 保中与你有无联络,请将其详情告我,以便我与他发生连(联)系,交通不知保中去向。

No9 现在我们需要准备给养和服装,服装和靰鞡请你处代办并通知取的日期和地点。

No10 关于满军反正详情,待我与效明接头后再做详细报告并派交通去你处,约二三日后能达效明后方,能否与效明接头尚不一定。请(将)政治形势简略通知给我。致敬礼。

No11 一、尚未与效明见面。二、已与第二支队、第一大队会见。三、一大队长隋长青因有重病送你处,因(同)去者尚有三伤人,王文发、葛长宝、高海山。四、隋长青等四人约于十月三十日至十一月七日过江到你处。五、过江地点饶河十里大楞,请通知边防。

No12 六、送你处妇女六名,孟庆芳、宋贵珍、李桂珍、王桂珍、张云珍、谢玉兰;小孩六名,胡姐子、换小子、杨百顺、杨永山、杨明山、杨喜泰;男子五名,郭金亭、孙振山、谢中山、杨振华、文锡山。七、交通员魏振江带有详信同隋长青齐去你处。时间十一月一日至五日,过江地点,饶河南二十里大别拉炕。

No13 八、请你发给匣枪子弹两千粒,盐十布袋。九、请速答复关于保中的连(联)系和服装事。

No14 一、效明率二、三大队南去袭击部落,故尚须五六日能接关系。二、你方如在虎林方面得到效明的活动消息,请告我。三、已派人寻找第二支队刘支队副未回,约二三日能与刘见面。四、去你处的人是否已到,回电告我。

No15 报告:一、我派出十人由孙玉洁领导解决给养、服装、用品等类,但因孙玉洁领导的错误,跑一队员,拐枪一枝,他叫王连魁,如跑到你处请审查明白,来电告我。二、在大别拉炕江边卡得风船一只,内未携枪支警士二名,已释放,得极少数给养。致敬礼。

No16 接到你的指示(按,见后面王新林致赵尚志电报第四号、第五号)很欢迎,这类消息给游击队更大帮助。可惜,现在我把队派别拉炕、关门嘴子一带,做解决服装给养用品的活动,恐怕执行的时间赶不到,但我可以给队伍命令设法进行。如最近见着效明也必派队去执行。求你多给这样消息,保中和世荣的消息,杨靖宇和魏拯民的消息告我,请告国际形势。致敬礼。

No17 报告：一、刘支队副现在关门嘴子、宝马顶子一带,已准备了一部分给养做冬春期之用,但尚未与我会见。二、我给刘支队副有详细的指示信布置工作。三、在关门嘴子有满军两连驻防,有一连长姓萧与我们有关系,我令组织哗变或缴此两连。四、我令利用在关门嘴子、别拉炕一带的满军警察和人民的关系,建立侦探工作,将来有结果时必详细报告给你,并请你来指示,祝你身体健康。致敬礼。

No18 报告：张交通等六人已到我处,但效明尚未来到,我立即派张交通等去找保中,你应通知保中一定要在原定地点接关系,在二十天前后。

No19 伟大的十月革命二十三周年纪念日来到了,而这整个的一周年里,在世界第二次大战中前进着的,我们的祖国,苏联胜利的进行着第三个五年计划,更有新盟员国的参加,以世界革命立场,援助了一切弱小民解[族]的解放斗争,在现阶段更显明的显示了十月革命的隆重意义和伟大的力量,坚强的作用。续下。

No20 续上。我们代表东北人民的意见同声欢庆,并敬谢我们的导师斯大林同志、联共党中央及政府诸负责同志的英明卓越的领导,谨向他们致最亲热的战斗敬礼,并祝他们身体的健康,同时向全苏联幸福的人民及英勇的红军战士,致最高敬礼和祝贺。续下。

No21 续上。我们更特向远东党和红军的领导同志致敬仰和感谢,因经常得到你们的直接领导和帮助,并祝你们的健康,我们只有在你们亲密指导帮助之下,誓以头颅热血来完成中国东北的十月革命胜利。冰雪中的游击队第二路军一部分战士发。

No22 报告：一、请通知保中到你处的详细,去人若干、有何损失。二、请立将李成祥派回,他是送伤人过去的。三、张凤春、陈学山、吕本善、隋宪伦、胡殿元、绍清六人作交通已去宝清,如不能见仍回你处,约在十一月底。四、我等你指示,请速回答,不然我按原定办法十二月必到你处。

No23 五、尚未见着王效明,不知他率队奔向何处,如五日内尚无联络,我将信留给他的代理人刘雁来,令刘设法联络并给了他工作指示。六、我去时拟将无线电暂留二支队,令同一大队一起活动去找效明,于保合并临时领导二支队政治工作,将来再决定新工作。

No24 七、我选学生十名随我同去,内有王一知要求受教育,我认为她很聪明,有政治、宣传工作能力并部分的军事工作特长,如给她很好的教育,她可以担任重要工作,并且妇女干部现在东北是最需要的,但是没有,所以特选她做学生。致敬礼。

No25 一、欢迎中共代表来,并向他致敬礼。二、现已由岱王拉子向宝马顶子去。三、我很快向你处去。致敬礼。

No26 报告：一、欢迎中共代表,故我急前往参加会。二、我去的日子是二十六日至三十日夜间,地点是大别拉炕或小别拉炕,请设法接我,我们一共六七个人。致敬礼。

通过上述赵尚志给苏方代表王新林的二十六份电文,可以看到以下几点:1.赵尚志由苏联返回东北后,即急于寻找周保中,以向他汇报赴苏工作情况,但不知周保中去何地,未能找到。但他知道苏方与周有电台联系,便欲通过这个关系与周保中发生联系(No8 电文),①当得知周保中由勃利回宝清后,又派交通员去寻找(No18 电文)。这说明赵尚志有较强的组织观念和对周保中同志的尊重。2.赵尚志根据周保中交通员带来的信件"令尚志留此领导二支队工作"的指示,开始做领导二支队工作。他在未能见到第二支队政委王效明的情况下,想办法与王取得联系(No14 电文);派二支队交通去苏联(No6 电文);与二支队一大队队长隋长青会见,帮助隋长青等四名伤病员联系去苏(No11 电文);派十名队员到大别拉炕袭击敌人船只,缴获战利品,以解决给养、服装、生活用品(No15 电文);令二支队组织驻关门嘴子伪军二连哗变或缴取其武装(No17 电文);给二支队副队长刘雁来发出指示,布置工作,令于保合临时做二支队政治工作(No23 电文)。仅从这些电文看,赵尚志在短短的两个月时间里,在领导二支队方面还是做了一些工作的。3.他从出于礼节,也是真心,对苏联十月革命二十三周年节日表示祝贺(No19、No20、No21 电文)。此电文较长(共 323 个字,不计标点),表达了东北抗日军民对于苏联人民对中国抗战援助的感谢之情。4.他对各种工作是十分认真负责的。他派遣入苏的交通员、送过去的妇女、小孩、伤病员,在电报中都详细说明姓名,过江的时间、地点,特别让苏方代表通知边防予以关照,以免发生意外(No6、No11、No12 电文)。因为这方面教训很多,考虑不周,就会出现被苏方边防部队逮捕、扣押、拘留、缴械等不愉快的事情发生。由此可见赵尚志工作细心、负责之一斑。5.他十分关心抗联第一路军杨靖宇、魏拯民的消息及国际形势(No16 电文)。

另一组是赵尚志接收到的苏方代表王新林给他的电报,共十份(第一号至第十号)。这组电报比赵尚志拍给苏方的电报较少,有些是属于指令性的,有些是属于通报性质的。主要内容,一是通报周保中情况;二是要求赵尚志通报伪军暴动(指 9 月 12 日宝清七星河镇伪军第三十团第三营两个连在抗联第二支队策动下起义之事)情况与王效明于 12 月间要回到苏联;三是对要送伤员、妇女队员及小孩去苏联及物资支援等问题的答复;四是通报敌情;五是通报中央代表要来的消息,并指出具体人名——陈台山(这在其他文件中所没有)。其具体内容如下:

"第一号:一、周保中到勃利受了阻碍,现在他回宝清,那里你跟他×可以见面。二、周给我通知了,伪满军举行暴动,杀死了营长、连长,拘捕日本教官,暴动队伍向大旗岗参加是×二支队,你应当关于暴动者收集材料(55297)给我通知。三、×××八日你的四交通员到我处来了,续下。

第二号:四、在十二月间,你和王效明必须到我处来。五、满洲居民的反日本情绪快步加增,必须很注意。致敬礼。

第三号:一、有的必要的事情就你和我联络,但是按听着你按着工作表。二、( )队伍里满军三十四名,对于其他的兵是怎么样。三、对于两连搭帮王效明,我即刻给×保中通知了。四、

---

① 《抗联第二路军的两部分发电稿》(1940 年),载《文件汇集》甲 60,第 45~52 页。

这是很大的胜利,我庆贺出意效果。

第四号:我确实知道,在十一月×( )间,从佳木斯到抚远,□□①警察要□□输三百一十男的冬天的大氅、二百八十帽子、一百五十双毡靴及别的东西,我想这些东西是在汽车上运输及有较多保护的警察,我想这些东西要运输过富锦、同江、街家。续下。

第五号:请你自己设法,或是向王效明委托,这些运输的东西必须获得。所以你应当向指定的方向派侦探及埋伏,我算,实行这个事情,在富锦或街家的一带是方便,如果你实行这个事情好,那么以免追击,你应该在几个地方破□交通线及别的设法。

第六号:按照第十二、第十三号电报(按,指前面赵尚志给王新林的 No12、No13 号电报)我回答,一、将来有时你想送妇女、小孩以及病人到我处,预先要你跟我相合,因为必须预备住所,因为现在满洲内瘟气横行,所以我要预备消毒所,我请求你,到时候瘟气未完了,不要送妇女、小孩子等到□处。续下。

第七号:二、子弹及盐我可以发给你,但是要来轿夫,因有瘟气暂且来不要送轿夫及交通员,必须跟王效明发生连(联)系,暴动满洲兵交给他四万发子弹。三、我跟周保中有无线电连(联)系。四、我设法预备服装,将来再一定通知你,向都人致敬礼。

第八号:一、向都革命的烈士,实行者在自由中国的斗争,伟大的十月革命周年纪念日庆贺,我们希望的自由中国的斗争和在伟大的中国人的斗争的效果。二、十一月七日夜间,周保中被日本讨伐们的□□□,所以他到我处来,我们讨论他的将来的计划的活动的以后,一定通知你。续下。

第九号:三、你要跟王效明联合及等我的指示。四、你派的交通、伤病、妇人、小孩儿,完全已经到我处来了。五、你可小心,日寇要找你们。致敬礼。

第十号:向全人致敬礼,我通知你,到十一月二十日,中要的大的反游击队的讨伐应当停止,叁,请通知你的所在处,你跟王效明连络没有,出意成功。从山西省中共中央的代表来了,他名是陈台山。"②

这两组相互来往的电报内容都很重要,虽然内中有丢字及因电报字码不清,译员难以翻译造成的错字较多,语句不够连贯,但相互对照看,从中,完全可以知道赵尚志在那段时间活动的一些具体情况和苏联方面给赵尚志传递的指示、信息。

10月中旬,周保中收到苏方代表王新林的来电,电报中说12月间要在伯力召开有中共中央代表参加的党和游击队干部会议,以解决东北党组织和目前游击运动的"最要紧的问题"。要求周保中、赵尚志、冯仲云、张寿篯等前去参加。11月上旬,赵尚志也接到苏方电报,要他迅速到苏联伯力参加会议。

王新林来电谈及的中共中央代表要来参加会议,这是东北党组织盼望已久的大事。多年来,东北党组织无限苦恼的就是与中共中央失掉了联系。无论吉东还是北满党组织,也包括南满党组织都曾千方百计、想方设法地寻找与中共中央的联系。现在,中共中央代表要来参

---

① 此组电文中"( )、□□"处系缺字,原电如此。
② 王新林:《致周保中同志电报(第 21 号)》(1940 年 10 月 14 日),载《文件汇集》甲 42,第 121 页。

加会议,怎么能不令人高兴!周保中接到信后于11月3日动身率总部及警卫队共二十六人去苏联。11月末,赵尚志亦同第二支队政委王效明等过界赴苏去伯力,准备参加会议。

赵尚志到苏联后,于11月27日首先对其极其关心的他被开除党籍和陈绍宾奸细作用问题再一次向苏方提出申诉意见。申诉书说:根据党员的权利,赵尚志有向中国共产党中央和共产国际提出请求书、申诉书、意见书之权。根据苏联党曾派遣赵尚志工作及参与审查赵尚志之工作,故赵尚志有权向苏联共产党和远东边疆党及红旗军司令部作详细的申诉,发表意见。赵尚志认为无论陈绍宾、尚连生之任何报告北满党及中央和苏联不能作为根据,因为他们有奸细作用:陈绍宾在1937年从苏联回东北传达之问题,根据苏联长官回答赵尚志的话中,证明完全是陈绍宾撒谎造谣。因他的造谣使东北游击队变更了重大的军事计划,使最高的游击队领导者赵尚志来苏联耽误重要工作。陈绍宾表面上在苏联接受指示,承认去到赵尚志处接受领导,但却绑了刘凤阳,造谣说刘凤阳要叛变而送刘等来苏联。将交通队强行骗去;将棉衣、粮食、钱款扣留,断绝赵尚志的联络,使赵尚志等人在规定地点等待三个月,遭受日寇严重"讨伐",特别前往赵尚志处时,意图将赵尚志缴械。最有反动作用的事实就是派闫锡宝等五人去设法通知日"满"军,便令日"满"军前来消灭赵尚志等人(由刘凤阳、张永和、常景龙等报告我)。申诉书说,赵尚志有权利请求苏联长官彻底考察以下各点,并给答复。1.究竟因1937年陈绍宾之传达使革命所受损失是陈绍宾或别人负责,并怎样惩罚,是否奸细作用?2.赵尚志来苏联被扣留,是什么作用?谁应负责,应怎样处分?3.为什么1939年不详细考察陈绍宾,而将他派去?陈的造谣陷害应受什么处分?他是什么作用?4.陈派闫锡宝等五人通知日"满",使日寇来消灭赵尚志问题,为何赵尚志向苏联长官提出时,却说不是事实,这是什么原因?如果是刘凤阳造谣,为何不审问刘?如真有此事,为何欺骗赵尚志?①赵尚志在这一给苏联远东边疆党及红旗军司令部领导同志的申诉书中,再次提出关于陈绍宾有奸细作用的问题,他所请求苏联长官彻底考察,并给答复的四个问题,苏方究竟答复与否,不得而知。

同年12月,吉东、北满、南满党组织、军队主要负责人在分别得到苏方通知后,都先后率少部队伍来到伯力,准备参加由中共中央代表出席的重要会议。但是,令人大失所望的是,数日后,又从苏方得到中共中央代表不能前来参加会议的消息。这样,只好由吉东、北满、南满党军代表举行集会,相互交换意见,研究实现东北党、军集中统一领导等问题。

这次会议由于在伯力召开,是东北党组织、抗联部队主要领导人继1939年末的首次伯力会议的又一次集会,因此又称这次会议为第二次伯力会议。

会议开始时,赵尚志参加了抗联领导干部们的会谈。12月23日,周保中、金策、张寿篯、冯仲云,在赵尚志住所举行会晤。在此次会晤中,赵尚志向北满省委负责同志询问了关于开除他党籍的原因,问到了1938年初他越境去苏联后,北满党组织是否按规定关系向苏方找过他。本来,这是一次很好的机会,赵尚志和北满省委的领导同志们可以认真交换意见,澄清许多问题,解除误解。但事情又发生了变化,使其党籍问题没能得到解决。在会议进行期间,抗联第二路军××驻屯所在地的党积极分子于1941年1月1日召开扩大会议,对赵尚志在

---

① 赵尚志:《对被开除党籍问题的申诉意见》(1940年11月27日),载《文件汇集》甲27,第49~54页。

1940年10月以后于饶河县暴马顶子活动期间的言论进行了揭发,认为"赵尚志最近所有言论,完全是站在反革命立场上进行制造谣言,挑拨离间,暴露各种秘密及无耻吹牛夸大,在其整个言论中,蕴蓄着一种最险毒破坏革命、破坏军队的阴谋。"赵尚志遭到了批判。

原来,在1940年10月初到11月底期间,于饶河县小佳河东南暴马顶子第二路军第二支队密营活动时,赵尚志议论过北满、吉东省委领导人,其中流露一些不满的言论,造成了不良影响,致使第二路军同志对他难以容忍。这样,赵尚志便被取消参加正在进行的第二次伯力会议的资格。他退出了这次会议。同时,中共吉东省委决定,向北满省委撤回以前关于赵尚志开除党籍重新审查案,认为开除赵尚志党籍是必要的、正确的。他还被撤销了第二路军副总指挥职务及部队内群众工作领导责任。就这样,自第二次伯力会议后,赵尚志又一次跌落到人生的低谷。本来去年初(1940年1月)北满(第三路军)开除了他;现在(1941年1月)第二路军又不要他了,(2月)北满省委常委又重申开除他党籍。一时间,赵尚志陷于孤立无助境地之中。在这种窘迫难堪的状况下,赵尚志虽然心绪不快,但并未丧失革命的信心和斗志,他说:"谁也不要,我一个人也革命。"①表示出他革命到底、抗日到底的坚强决心。

六、回顾与思索

历史文献表明,1940年10月初至11月底,赵尚志在饶河县暴马顶子抗联第二路军第二支队密营周围活动时,他除根据周保中之命负责领导第二支队工作外,更多的是在认真回顾、思索东北抗日武装斗争的经验、教训及今后如何深入开展东北抗日运动的问题。自1939年末第一次伯力会议以来,这个问题一直是赵尚志在费尽心思考虑的问题。1940年1月22日,他在参加第一次伯力会议期间,在给敦斯基的信中就曾说道:"我希望很快地得到发表我对东北游击运动和党的工作的全般意见,我请求立即给我说(详)细报告的机会,以使长官参考和迅速布置东北的工作。"②同年,8月22日,赵尚志赴苏与远东方面军代表谈话中,就反复说过,要经过"深思熟虑,拟定游击队的发展行动计划。我要亲自写问题,要详细地分析在什么地方和怎样进行工作。""必须在伯力、哈尔滨、黑河这一三角地带组织十五支游击队。关于这个问题我将充分详细地写成书面材料。"现在保存在中国人民解放军档案馆的署名"向之"(赵尚志笔名,即尚志之谐音。参见本书附录三《关于"向之"即赵尚志的考证》)的两篇长文就是这期间经他认真思索、深思熟虑而形成的重要文献。

这两份文献,一篇是《关于东北抗日游击队过去与现在的略述》③,约二万字。另一篇是《关于布置和建立东北游击队的报告》④,也约二万字。两份文献落款日期皆为1940年11月27日,这是他应邀参加第二次伯力会议已进入苏境,在苏等待开会的日子。这两份文献是赵

---

① 《访问于保合同志记录》(1960年4月22日)。
② 赵尚志:《给敦斯基的信》(1940年1月22日),载《文件汇集》57,第56、57页。
③ 向之:《关于东北抗日游击队过去与现在的略述》(1940年11月27日),载《文件汇集》甲59,第313~332页。
④ 向之:《关于布置和建立东北游击队的报告》(1940年11月27日),载《文件汇集》甲59,第333~356页。

尚志站在较高层次，从谋划全局的角度而撰写的。头一篇是写给党在重庆所办《新华日报》的，第二篇是写给苏方代表的，也可以说是为参加第二次伯力会议探讨问题所做的准备。考虑到这两篇文献的重要性，在这里不妨多做些引述。

在这两篇文献中，赵尚志分析了游击战争在东北抗日战争中的重要地位，系统地总结了东北抗日游击战争历史发展进程和基本经验，论述了游击战争的组织原则、发展的必要条件及游击战争的战略、战术。同时，还紧密联系斗争实际，提出了当前东北党组织和抗联部队面临的紧迫任务和军事布置的具体建议。在这两篇文献里从理论与实践的结合上，集中地体现出赵尚志作为一个无产阶级军事领导者所具有的战略、战术思想、原则，军事素养、才能，反映出他独特的军事谋略、高超的指挥艺术、灵活的战斗风格、非凡的征战胆识和丰富的作战经验。

在第一份文献《关于东北抗日游击队过去与现在的略述》中，赵尚志把1931年至1940年东北抗日武装斗争的过去与现状分为七个阶段进行阐述，展现了东北抗日武装斗争的大体进程。同时，具体分析了各阶段斗争的特点，以及经验教训。文中首先说，"九一八"事变后，东北各地民众涌起反日怒潮，广大的东北陆军、警察、自卫团与武装地主、学生、工人和农民组织了救国军、自卫军、义勇军，反日人数达三十万人。在磐石、巴彦也出现了工农抗日游击队。但是这一广大的反日运动的斗争领导，因为没有正确的军事计划，不曾统一和一致，没有发动广大民众积极参加抗日斗争和得不到国内政府的援助，到1932年底，就在日寇淫威统治和一些民族败类汉奸骗诱出卖下遭受了失败。

文中谈到在1933年春夏期间的斗争时，对东北党组织贯彻执行党中央提出的全民反日统一战线策略，发动和领导着各地大小的反日运动，并胜利地组织了武装斗争予以充分肯定。他在文中写道，义勇军的斗争失败后，党领导的"善于组织发动和领导武装抗日斗争的游击队，战术灵活、坚定、不动摇，保护和武装民众，吸收坚决抗战分子入队，号召领导配合一切反日友军共同作战，这就起了伟大的模范作用。"党领导的反日游击队"虽然人数尚是不多的，经验是比较缺乏的，而他们富于创造性的精神，不但表现了共产党员的模范作用，并且证明了抗日劳苦人民的英勇精神和坚强不屈的斗争性质。"

接着，文内集中谈到1934年至1937年东北抗日游击战争发展状况，抗联十大联军之形成和活动地带。特别论述了哈东支队及珠河、哈东、北满地区反日运动开展的具体过程及成败得失。

文中说：1934年珠河、延寿等地方反日农民委员会（临时政权机关），各地的反日农民模范队、反日农民自卫队、反日武术队、反日青年义勇军、反日妇女慰劳队等大发展。在南满、哈东等地带占据市镇，反日运动威胁着中心城市，仅举一简单事实做个例证：虽然哈东支队仅有几十人数，于春夏期才迅速发展，但在几个月内，就已在宾县、延寿、珠河、五常、双城等境内开辟了约等于普通县两个县大的反日区。彻底扫除日"满"一切统治力量（电信、交通、保甲、户口、捐税、教育、警察制度），几个小街市也在反日会和城市反日人民自卫队保卫之下公平买卖。反日小学开始教育着儿童，反日儿童团在检查敌探等类工作起了显著效用，以及其他等等不一而足。反日游击队哈东支队（即珠河游击队），曾领着广大的各种自发的反日队伍（这些队伍当时多数曾用胡匪的组织办法）。很明显地在日寇一切毒辣政策压迫之下的人民，自动地起来斗争了，这就形成革命的伟大力量。

1935年哈东支队在粉碎敌寇"讨伐"后，于1月28日，淞沪抗战纪念日成立了人民革命军第三军。胜利东进，这就帮助了参加土龙山暴动的地主代表谢文东整理残部，"反对投降送死"（那时他仅带残部二十余人动摇于投降中），提高了反日部队李华堂部的抗日信念（李本人系李杜之陈东山部下营长），乃在松花江流域一带共同成立了东北抗日联军总指挥部。在各部队代表会议为最高权力机关领导之下，依自愿精诚互助的抗日立场，组成军事委员会（由谢文东担任委员长）和指挥部（第三军军长赵尚志为总指挥，李华堂为副总指挥，第三军第一团政治部主任张寿篯为总政治部主任）进攻日"满"，哈东形势乃为一变。并在珠河南北分组路南、路北两指挥部（第三军第二团长王惠童任路北总指挥，第三军第三团长张连科任路南总指挥，各约数千人），汤原地带游击运动亦相当发展了。

哈东地带珠河人民革命临时县政府首先创立。东北当时虽然曾有实现几个特区政府和县政府的可能，但是东北人民尚未绝大多数组织起来参加抗日运动，并且既无中国政府的援助，而中国红军北上部队尚未达到援助东北的目的，中国人民又处在与东北反日游击运动隔离的状况下。应该知道，凶残的日寇不会让在铁蹄下的东北人民有一个能过着真正人类的生活（在某些反日区内的人民曾是不受任何剥削压迫的，"耕者有其田"的生活着），所以本年日寇不但厉行经济封锁，大批日军在"满"军协助之下取严密包围、进攻反日区的疯狂行动，而且首先曾在东满地区用了它那"最后绝着""烧杀归屯"的惨毒政策，进而将哈尔滨东部纵横数百里烧个干净。某反日领袖曾写过"日寇之毒辣"使"路断行人，野无炊烟"。自然，在这种惨毒政策之下和奸细诱降之中有些反日队伍曾经解体（如宋德林所部）。有些反日游击运动及其基干队伍，第一、二两军互相取得配合和争取无数胜利，吴义成所部也保持了小部分实力！第四军第四团（即饶河游击队）也有了发展。而本年期第三军第二、三团曾受了相当损失，但第三军却扩大所部到依兰东部、勃利、密山等地，并又领导着谢文东、李华堂，第四军及其他义勇军各部，突击到黑龙江省的通河、汤原争得了伟大胜利和发展，把游击运动广大展开，这就粉碎了本年度日寇的疯狂"讨伐"。反日运动在北满地带就展开了1936年的巨大局面，将一切散漫的队伍组织为统一一致的抗日联军。

文中在谈到1937年的斗争时说，本年秋期的各军分头突击计划，曾因各种复杂原因，均未遵照实现。而第三军部队内个别干部也多动摇推诿，致迟延行动。复受某种奸细性质的阴谋分子捏造特别报告转达给北满之联军总司令部及北满革命领导机关。因而在常委扩大会及联军总司令部共同议决：临时停止了远征行动，并开始执行某种计划。赵尚志被委派为总代表到深山密营（按，指苏联）长期未返。戴鸿宾、徐文彬、蔡近葵、郑宏韬、吴兴才、李振远等第三、六军某些主力部队竟而因工作错误及某种原因脱离阵线，故本年成绩远不及南满。

在谈及1937、1938年东北抗日武装斗争遇到困难的原因时，文中分析了主客观原因。他写道，联军的组成及反日运动的扩大，大使日寇惊惶。由于日寇加紧了"大讨伐"、暗害分裂工作，抗联各军未能分头粉碎敌人大封锁、"讨伐"和扩大新区。加之部分的联军中酿成重大纠纷，北满、吉东抗日团体（按，指中共北满、吉东两省委）之间曾有某些意见上和行动上的分歧，使日寇奸细伺机破坏造谣中伤，严重地危害到抗日内部，破坏了胜利的反日战斗计划的顺利执行,造成了1937年工作的严重困难。1938年日寇增兵数量惊人,加以经济、交通的各种压迫来围剿抗日部队,遂使抗日斗争更加艰苦,困难严重和尖锐到极点。1938年至1940年,第三、六各军于1938年成立第三路军,以张寿篯为总指挥。日寇企图在伪三江省境内聚歼我抗日队伍之计划,曾遭受我方的顽强抵抗和打击,受有重大损失。即如:从兴安调来之内蒙古骑兵部队亦遭受重大损失。然反日区域全遭烧毁破坏,人民均被赶入鬼门关的"大屯"里,衣服、粮食供给发生极大困难。而此时一方面也由于各军高级领袖未能亲自领导指挥,进行分头突击开辟新区的工作,致绝大多数的抗日军猬集下江,转战于寇贼包围攻击之下,伤亡奇重,困顿不堪。

　　文章中热情讴歌为抗战而牺牲的先烈:"我东北抗日战士浴血已将十年,新伤旧痕,艰苦备尝,故现在之战士均为久经大战的忠诚勇敢的模范战士,而壮烈殉国的英雄志士及其英勇功绩、忠贞气魄,作慷慨而死,从容就义的男女战士何止万人!"同时,愤怒斥责背叛抗日事业,毫无气节的民族败类之无耻行为。全文照录了1939年9月18日赵尚志以东北抗日联军总司令部名义发布的《通缉令》,通令缉拿叛逆罪魁谢文东、李华堂、宋一夫、蓝志渊等人,毫不留情予以惩处。文章最后表示对目前斗争的前途充满信心,内中写道:在1940年展开了有利的局面,抗日各部队都在胜利的发展着、活跃着,为响应国内抗战正在创造和展开着伟大的局面。此篇文献对了解东北抗日斗争历史有重要价值。

　　在第二份文献《关于布置和建立东北游击队的报告》中,赵尚志以战略家的眼光,从扩大游击运动、组织和领导群众斗争、恢复和建立各地党的工作等多方面,分析了东北抗日斗争的形势,提出了东北抗日游击队面临的任务、工作及军事布置的建议。文中指出,现在东北游击队为要扩大游击运动,组织和领导群众斗争,恢复和建立各地党的工作,必须基本转变。目前东北全民反日运动没有普遍高涨,甚至没有1937年以前的群众运动斗争的表现,但这仅是表明组织和领导群众斗争的工作没有深入,而群众不是不要求斗争,恰恰相反,群众没有比现在更加痛恨日寇,更加要求抗日的任何斗争。更加相信抗日反满斗争必然胜利。这种斗争的发动和组织领导到胜利的阶段是我们东北共产党及其所领导之下游击队的当前任务。

　　赵尚志认为,游击运动本身之能否存在,不应从斗争尖锐或艰苦上来了解,谁都知道中国抗战日益艰苦,但却必然胜利。东北抗日游击运动虽然有比以前更加困难的局面,但并不是完全丧失了山林的依据和丧失了游击地利,新困难不是游击运动没有前途的主要问题。东北抗日游击运动之所以能存在和发展有以下几个原因:(1)日寇由于侵略中国战争所引起的一切危机;(2)国际形势,特别是1938、1939年苏联给日寇挑衅的打击和苏联政策胜利的影响所引起的重大作用;(3)东北由于日寇长期战争所加给民众的一切痛苦已迫使民众只有走向革命这一出路,并且已达到了最深刻和尖锐的地步;(4)由于以上三个原因,日寇统治东北更加动摇,连日"满"军警官吏职员也感觉到它必然死亡;(5)一切抗日组织在任何时期都没有比现在更加得到广大群众的同情和拥护。一切抗日的运动、共产党及其抗日游击队已成为群众心目中的解放道路;(6)现在东北游击队的质量及其斗争精神表现在全体战士党员的积极巩固一致和更加有信心去战胜日寇的意志上面,特别现在从任何方面(政治路线、工作计划、军事材料、武装物品……)都得到××(按,指苏联)的直接帮助和指导。

　　根据这一分析,他认为,为要更有力量地进行工作,具体要做以下四项工作,一、反抗、粉碎日寇封锁"讨伐",巩固扩大游击运动;二、援助全国抗战,从敌后方打击敌人;三、组织和发动群众斗争;四、准备和争取打倒日伪的最后胜利。

为进行好这些工作,赵尚志指出,首先我们游击队应直接进行粉碎敌人封锁"讨伐"的斗争。为此,(1)必须扩大游击区和游击范围,不是困守山里而是伸入到任何乡村。(2)游击队必须互相声援,一致配合,有计划的,有目的的,去打击敌人。(3)必须用主动游击来破坏敌人进攻的计划,必须以"先机制敌"的精神予敌以防不胜防的损失,而不是"苟安山里"等到敌人"讨伐"后才找出路。(4)适当、有计划、有目的的做好各小部游击队的配合,并及时进行检查工作,进行补充、整理。(5)有突击办法,战斗灵活、机动,不在小范围打圈子。(6)突击计划要有实际内容,要及时、有目的、有主要任务、切实可行。(7)各游击队必须在实际行动中互相协助,并以必要的补充(如干部、队伍及物质上的互助)。(8)必须用最大的可能布置一切侦探工作和同侦探工作类似的群众情报网。(9)必须教育干部掌握游击战术、必要的军事知识,全队必须受到军事训练和学得军事技术。(10)从实际工作检查中,奖励提拔有功人员,处分犯严重错误的人,要消灭法令不公,待遇不平的行为。(11)必须消灭官僚主义的领导。(12)提高反奸细斗争和反对动摇的严重警惕。(13)必须从政治上揭穿敌人的一切阴险毒辣的欺骗政策,做好具体的,而不是空洞的,最通俗的,最适合群众实际要求的宣传工作。(14)供给来源,必须从打击、进攻敌人方面取得军火、粮食和服装。征收富裕人民的,购买贫苦人民的,一定要改正抢掠人民财物,夺取牛马,扣留人质的不良行为(类似绑票的行为)。(15)做好争取伪军的工作。以上诸条都是游击队为粉碎敌人封锁和"讨伐"所必须做到的,特别是他提出的"先机制敌",用"主动游击来破坏敌人的进攻计划",而不是"苟安山里",等到敌人"讨伐"后才找出路,体现出赵尚志一贯的积极、主动作战的军事思想。

对于援助全国抗战,赵尚志将这项工作任务提高到战略高度去认识,去对待。他说,"对于援助全国抗战的任务,也就是东北游击队粉碎敌人封锁、'讨伐'斗争任务,也就是东北游击队过去和现在的经常任务,而这些任务却与援助全国抗战是有重大意义的"。在这方面,他提出要在军力上、政治上、财力上、交通上破坏日寇,在宣传上援助全国抗战。

所谓从军力上破坏日寇,重点内容是:(1)袭击各地乡村城市(目前是小城镇、敌人兵力薄弱的城镇)、铁路、山林、交通路、防区的一切日本守备队。(2)袭击日寇一切移民团、采金班、山林警察、宪兵队、朝鲜自警团,消灭、缴取或打击之。(3)袭击一切驻在地之伪满军队、警察、伪自卫团、壮丁团等。(4)截击日伪"讨伐"队和移防军。(5)一切军事建筑物、仓库、飞机场等类似及与军事有关之设备,均破坏之。(6)破坏其强行征发之军事劳役,破坏其强制挑兵工作以及其他等等。

所谓政治上破坏日寇,主要工作是:(1)破坏其乡村统治机构(警察保甲制度),特别破坏其山林统治效能。(2)消灭其行政征收、军警等机关及监牢等。(3)协和会等类的一切反动组织必须严厉破坏之。(4)消灭暗探、奸细、汉奸分子。

所谓在财力上破坏日寇,主要工作是:(1)袭击矿警,破坏金、铁、煤等矿工程。(2)破坏林木采伐事业。(3)破坏敌军用稻田区。(4)破坏一切"移民团"之耕种。(5)袭击其运输物品和储藏库。(6)破坏其一切强制劳动。(7)破坏其商业及捐税征收事宜。

所谓在交通上破坏日寇,具体内容是:(1)袭击大小车站,爆破一切桥梁、火车、铁道。(2)切断其一切电杆、电线。(3)破坏其汽车桥路及截夺汽车。(4)妨害其水路运输。(5)破坏其新交通建筑工程。

所谓在宣传上援助全国抗战,具体内容是:(1)利用文字的、口头的或集会等方式扩大中国抗战宣传。(2)揭露日寇一切欺骗宣传。(3)提出重要口号,使之成为行动指南,如不当伪军,不去送死替日寇打自家人,要投入游击队方面去,不交一个捐税给日本,不纳一粒米给日本就是援助中国抗战等。

他说,只有提高反日游击运动和发动了广泛的巨大的全东北的抗日斗争,才能有效地援助全国抗战,这也就是游击运动的重大成绩。

对于组织和发动群众斗争。赵尚志历来是十分重视的。他认为游击队只有组织和领导了广大的群众斗争,只有维护群众的切身利益,不脱离群众才能够存在和发展。因此,必须了解和及时领导发动各种不同的日常斗争,不但必须而且要善于提高配合展开群众斗争的局面。所以:(1)要以英勇的、胜利的抗日游击战斗来影响广大群众。(2)深入到群众中间去、秘密地组织和发动群众的斗争,队伍应把配合各种斗争作为自己的任务。(3)队伍不但要援助失业的民众,还必须援助各种在业的民众,以共同为解放而斗争。(4)保护劳苦人民及平民之生产工作。丝毫不要侵犯良善人民的财产。要把征收加在反动地主或土豪劣绅身上。对于日本官吏,伪警官吏以及其他等类走狗,要用惩罚的办法或查抄没款的办法,来充实抗日战费。(5)攻袭敌驻军区警署或小市镇以及仓库运输,夺取其财物分配给当地人民享用。(6)在攻袭乡区、林木、金矿、移民区、小镇等地要召集群众会议,捉杀走狗密探,分配逆产,解放人民。(7)援救灾难、病疫人民。(8)焚毁一切军、政、警察署,烧毁一切捐税户口簿记。(9)解放被日寇征发修筑道路工程的人夫,杀死日本监工,解放金、煤矿等类工人,吸收乡村人民及一切工人上队。(10)处置大屯暗探,解除人民被敲诈监视的痛苦,取消其挑兵及奴化教育,消灭反动组织及其宣传品。(11)进行拥护中国抗战和苏联和平政策的宣传工作。(12)组织反日人民、青年、妇女、儿童的各种组织,并恢复和建立共产党的组织。对于游击队有重要援助意义的情报网、运输队、买办工作,均应以特别机密办法进行之。(13)站在东北人民应积极起来参加救国自救的立场上,根据各地实际具体情况作出宣传教育各种材料,在群众中进行之。(14)经过群众的线索或直接建立城市的或敌寇腹地的乡村各种秘密工作。(15)经过群众的线索或直接建立敌人军政警各机关内的侦探工作以及伪军的哗变工作,响应抗日工作。

从以上十五条内容看,赵尚志为归纳出组织、发动群众斗争的办法,确实是经过深思熟虑的。这些都是实际斗争的科学总结,内容很具体、很全面、很周到,是宣传群众、组织群众、发动群众所必需的。如果各游击队的领导人对此都有明确认识,切实重视这些工作,那么被丧失掉的群众工作定将能得到恢复,反日斗争的开展定会有新的起色,游击运动定会打开新的局面。

在《关于布置和建立东北游击队的报告》中,除上述内容外,对于军事布置占有相当大的篇幅。赵尚志从东北抗日游击战争战略高度,结合吉东、北满游击战争的实际,根据自己的分析和实践经验,提出了具体的军事布置的方策。文中说,根据现在东北游击队的人数实力,干部人才,地域分布,虽然是数量很小,领导不健全,势力薄弱,但如果在新的转变的工作布置之下,是会有很大的进展的。虽然时间是晚了,已经来到了秋天,但赶紧布置,认真转变,尚不为晚。根据现在北满、吉东游击队的情形,至少应该建立十至十五个独立活动的游击队(按,1940年8月22日,赵尚志曾说"必须在伯力,哈尔滨,黑河这一三角地带组织十五支游击队")。文章中对游击队分布活动的基本区域作出具体划分:(1)饶河、抚远、同江、富锦一带;(2)宝清、虎林、密山、勃利一带;(3)依兰、桦川、富锦、宝清、勃利一带;(4)汤旺河以西,松花江以北,安邦河以南直至呼兰河以东一带;(5)汤旺河以东,松花江以北,乌拉嘎河以西一带;(6)安邦河以北至黑河一带;(7)嫩江以西、甘南、布西到昂昂溪西部一带;(8)哈尔滨以东、阿城、宾县、延寿、方正和牡丹江以西一带;(9)双城东部、五常、珠河至宁安、额穆以西一带;(10)宁安、东宁、穆棱一带。

上述第一、二、三项地域包含了整个下江区域,即"牡丹江以东,松花江以南,乌苏里江之西北的三角地带"。

文中对各区域应配置的独立游击队人数、活动方式、注意事项、要求等都规定得十分具体。如谈到第四项汤旺河以西、松花江以北、安邦河以南直至呼兰河以东一带独立游击队活动区时说,该区南北约百余基罗(千米),东西约二三百基罗(千米),东北部有很大的山林依据,在山林有木业和碓营,西部、北部之铁路应为破坏对象。通河、木兰、东兴及汤旺河西之曹家屯、八浪河口等日本移民稻田区数量很多,也是破坏对象。山林地利均极便利于游击运动。很多的农村区域农民归入大屯以内,被重重监视。自1936年以后暗探走狗对人民之敲诈最厉害,农民的觉悟程度很高,那里至少应有一百名以上的队伍在该区活动。以一小队经常游击汤旺河以西至岔林河一带,另一小队应自浓浓河至蒙古山以西,第三小队可在东兴北部,黑山、双阳山西至呼海铁路以西活动,可增加一二小队在夏期分头伸入呼海铁路以西绥化和呼兰各地活动。冬期至少应成立两三小队马队,以便往来松花江南北及呼兰河东西。总交通站应设在岔林河之上游或浓浓河之沟里,以便于全队的联络领导,集中和分散。该区农业丰富,只要相当程度活动,给养不会有困难,该区之主要工作是民众运动之恢复,更应展开呼海铁路以西之工作,只有在民众工作有相当基础后,则随时破坏哈尔滨以北交通及扰害敌中心之治安,当起特殊作用。因为这一地带破坏敌人之铁路电信交通直接影响哈尔滨,将来工作发展应将在汤原西、通河之游击队和拨于汤原、萝北活动之独立队结成一个总队,而通河以西的队伍应成为两个独立队,以便与安邦河北之游击队结合成一个总队。

在谈到第九项双城东部五常、珠河至宁安、额穆以西一带时说,这里也应恢复为一个游击区,至少派一支独立游击队先行前往开辟,人数以三十名以上为适宜。在谈到宁安、东宁、穆棱一带时说,这里在一个独立支队领导之下,可以统辖几个分遣队伍开展游击活动。宁安、东宁一带之游击队,可以用现在该地部队组成之。双城东、珠河、五常、苇河一带之游击队,或由一路军(第一军、第二军)方面或二路军方面派遣。方正、延寿之游击队,可由现在二路军指挥部之警卫队派往担负,但必须更换警卫队的军事政治领导人员。宾县、阿城一带之游击队以及嫩江以西之各游击队,可由三路军派遣。如果除第二支队外,二路军的队伍尚有二百名,二路军的队伍尚有六百名或五百名,则这种整个布置工作便能做到。这种工作并没有地理生疏之困难,干部也不是绝对缺乏(当然最完全的干部还没有),队员的团结性和坚决性是能够执行这种任务的。善于适当组织分配这些游击队员及其干部给以正确工作指示,则在这些地带一定会有很大的转变和成效。如果不会组织分配,没有正确工作布置,使工作无效果,遭受重大损失,则这是领导者的责任。

文中在谈到第二路军第二支队(第七军)的斗争时,因赵尚志在1940年10月后曾负责领导该部工作,故讲得较为具体,其中有支队军事、政治领导人选调动的建议,三个活动区域的布置等。文中特别指出第二支队存有为顺利完成游击任务所必须克服的一些主要缺点,具体是:没有对敌情的正确估计而作有效的积极活动;没有大胆开辟新游击区的精神;不知道各种经常的游击任务,队伍表现涣散;没有做群众工作,掠夺群众现象(如马匹衣物之类)和无纪律的行动较多;军事干部没有得到游击战术的必要教育;党的工作没有专责人员实现领导等。

《关于布置和建立东北游击队的报告》一文中有许多反映赵尚志战略战术思想的内容。其特别强调之点有:

(1)只有有目的、有计划的较远距离的游击活动,方能破坏敌人的封锁包围计划,专在一二百里内小范围打圈子是自寻死路。因大股队伍给养不易解决,活动不便,易遭包围。若能有目的、有计划的突然集合袭击远处,给敌人以不意之打击,既能胜利后免受敌人进攻之损失,而又破坏了敌人的固定计划,使敌人多方增兵,增加敌人的困难,提高了反日运动,也锻炼了全队的更高战斗力。

(2)游击队的突击行动要注意,不能因为计划久延不决,行军迟缓,目的不定,不在远处去消灭敌人,而陷于劫夺民众的衣食牛马,会遭人民之畏惧和敌寇之追击而损失失败。要注意久遭敌寇追堵而毫无计划,不能迅速分开或突转别处,因而遭到损失瓦解。破坏敌人对我的进攻,而袭击敌人不能防御的远方,是游击运动最有效的办法。要积极破坏敌人的铁路,炸毁桥洞、铁轨、车辆,破坏其电线、电杆,深入乡村,袭击伪警察署、移民团,捕杀走狗,打击敌人,牵制敌人,分散敌人兵力。

(3)游击队各小队应经常突然有计划地会合一处,向侦察好的攻击地带的敌人做突然的袭击或卡击,以取得胜利,并又随时分开,以分散敌人集中的"讨伐力"。但分散后,应在较远距离处做积极的小活动,以互相援助,并又随时集中再做大活动,并可去到其他非基本游击区域内做独立活动,以此变幻莫测的机灵动作,日夜扰害敌人。我方胜利之大与日俱增,敌人所受的损失日愈奇重,恢复不及,便能提高抗日运动。

(4)每一游击队在其经常活动区内应做到:一、建立群众工作。二、布置侦探工作,经常破坏敌人一切电信交通,袭击并夺取运输车马,使敌人分散注意力。三、筹备取得一切供给服装给养等类。四、分别储存大批的各样的供给品。五、建立临时后方及特别密营等。六、组织情报网、运输队、交通站及交通联络事宜。七、散布贴发宣传品,做好招补队员,医治伤兵等类工作。

（5）每一小队之经常工作应按时详细布置，详细检查。要利用一切可能到处打击敌人弱点，就是反抗"讨伐"的胜利办法，而一味逃亡山里，却是死路一条。因为你能到的地方，敌人都能到，你准备的东西，敌人能破坏。冬期专以蹲山里密营为计者，必遭失败。

（6）独立领导军政工作干部必须选择和训练而及时指导之。各区之党的军事的政治的负责人员，应按时分别到各小队视察并领导工作。上级领导机关应分别轮流征调干部、队员训练，补助必须军需品，按时发以适合当地斗争的宣传材料和必要的教育材料。游击运动成效如何，首先取决于领导干部的斗争性，某些右倾领导者，以左倾的漂亮词句为掩饰，实际上不是执行计划和设法实现计划，而是断送正确计划。必须奖励、提拔有功人员，批评纠正干部的缺点，必要时改组领导成分，转变其工作，使其能实现工作任务。领导干部要善于组织分配游击队员及正确布置工作。不会组织分配游击队员，没有正确工作布置，使工作无效果，遭受重大损失，则是领导者的责任。

（7）东北游击运动在目前必须是在广大土地上分散游击，恢复广大的民众工作十分重要。每一小队在其经常活动区内应做到建立群众工作，要积极有效的活动。若大部集中或困守在小区内而无发生工作的内容，必遭再次的严重失败。

（8）各队分在各处灵活的游击活动中，必须在有集中的统一的正确的领导之下，与以有计划的发动，才能胜利的发展。每一独立游击队的领导者要善于适当组织分配游击队员及其干部给以正确工作指示，否则工作无效果。要依据当时环境而决定工作布置，只有详细的考虑，周密的计划和布置，看到什么是敌人的弱点，什么是便利条件，随时下手，机谋灵活，才能完成和实现自己的任务。

（9）各游击队都应该和必须经过自己的道路同上级取得联系，以便随时交报各种工作情况，获得敌人的文件材料，接受指示及必要之补助，以便互相灵活配合，指导工作。

赵尚志撰写的这篇文献内容充实，富于说理性，确实是经过认真思索、深思熟虑所形成，完全是一个军事家的大手笔，体现了军事理论与斗争实际的密切结合，是他多年从事抗日武装斗争生活经验的总结，具有重要的实践指导意义。但是，由于他在第二次伯力会议上遭到批判，被撤销了抗联第二路军副总指挥职务，这篇文献连同上一篇文献都不可能引起吉东、北满省委和抗日联军领导人的重视，其对于东北抗日游击队独立活动的布置之设想也就无从得到实现。这不能不说是一个历史的遗憾。

赵尚志长时期从事抗日武装斗争，对抗战必胜充满信心，坚信战争的胜利者是抗击侵略者的中国人民。但他也深知，要夺取最终的胜利，还要进行最后的艰苦斗争。赵尚志在撰写上述两篇文献期间，思绪万千，诗兴勃发，挥笔写下《十年血战还要争取最后的一朝》（1940年11月27日）。[①]并配曲成歌：

　　献身为抗日救国真荣耀，抵挡那倭寇匪徒的残暴，
　　纵然阵亡了无数的英豪，十年血战还要争取最后的一朝。

---

① 向之：《十年血战还要争取最后的一朝》，载《文件汇集》甲59，第331~332页。

继我们而起的同志有不少,使阵线将更坚实的巩固着,
就要把敌人营垒冲坏了,十年血战还要争取最后的一朝。

新伤和旧痕愈多愈荣耀,鲜红的热血洒遍了荒郊,
不愧使人钦仰的战士名号,十年血战还要争取最后的一朝。
同伴的尸身堆起便成山岳,义愤填胸哪有丝毫的动摇,
炮烟弹雨考验办法真妙,十年血战还要争取最后的一朝。

凶残的敌人污遍了屠刀,斗争惨史永远不能抹掉,
我们以身作则拼命号召,十年血战还要争取最后的一朝。
冻饿困苦更使我革命活跃,敌人的内部已经腐烂糟糕,
最后五分钟是战胜绝着,十年血战还要争取最后的一朝。

不要耻笑我们破烂战袍,不要轻视我们伤病残老,
坚持的魄力值得人效仿,十年血战还要争取最后的一朝。
眼前的安乐一刻我们也不要,装腔和作势半点我们也不学,
保护民族就是我们功劳,十年血战还要争取最后的一朝。

分裂中伤是瓦解的祸苗,暗害破坏是奸细的毒药,
叛徒贼子个个将他杀掉,十年血战还要争取最后的一朝。
携手一致革命者才是知交,用大家精诚的鲜血将旗染好,
庆凯歌看红旗到处飘飘,十年血战还要争取最后的一朝。

这五段慷慨激昂的歌词充分表达了赵尚志誓把抗日救国事业进行到底的政治抱负,抒发了为民族解放而斗争、献身抗日救国事业的崇高、光荣、豪迈的思想感情。同时也显露了作者同仇敌忾、不畏艰难困苦、不畏流血牺牲,坚信抗战必胜的革命精神。通篇运用中国古代诗词(诗经)写作的重章叠句表现手法,末句重复咏唱,凸显主旨,增强了诗歌的音乐性和节奏感,充分反映出诗歌的主题思想。诗中反复吟诵"十年血战还要争取最后的一朝",就是要号召抗日将士咬紧牙关,克服面临的最大困难,坚持"最后五分钟",把持续长达十年之久的抗日斗争伟业进行到底,去迎接凯歌高奏,抗战胜利的红旗满天飘扬的那一天。《十年血战还要争取最后的一朝》歌词泣鬼神、惊天地,表达了作者的心志,蕴含着无坚不摧的巨大精神力量。

第十章 将军之死

一、"我要回东北"

在1940年末到1941年秋十个多月的时间里,身在异国他乡的赵尚志十分渴望返回东北抗日战场。他要继续为"光复东北,争回祖国自由"而战,重新组织队伍驰骋疆场,打出个局面来。他也想奔赴关里,去延安找党中央。因此,他不断向苏方提出请求:"我要回东北。"

1941年10月。秋日的萧索之气弥漫在苏联远东地区山间、旷野、河畔……凉风凄凄,百草凋敝。此时,赵尚志所处、所思,可以说与《诗经·小雅》里的"秋日凄凄,百卉具腓,乱离瘼矣,爰其适归"四句诗所描绘的境地、心绪大体相同。位于黑龙江边的伯力城凉意渐浓,落满街道的枯黄树叶,预告严冬即将来临。命蹇多舛、途程坎坷、频遭挫折的赵尚志,其内心疾苦已到极点,然而归依何处呢?自然,赵尚志仍要回到自己的祖国,在东北大地继续从事抗日斗争。

此时,苏德战争已打响近四个月,西线战局异常紧张。但在远东,形势也很吃紧。苏联政府已考虑到,疯狂的日本侵略者为了"创造"所谓"大东亚共荣圈"(苏联的东西伯利亚地区是包括在内的),"履行"1936年11月签订的日德"防共协定",有可能由中国东北北进,在苏联远东边疆地区燃起战火,配合德国法西斯对其实行东西两面夹击。因此,苏联也在积极地做对付日本从伪满洲国等地攻袭其东部地区的准备——苏联远东边防军正严阵以待。与此同时,在苏联境内进行野营整训的东北抗日联军(1941年因东北的斗争环境异常艰苦,为保存实力,以利再战,抗联第一、二、三路军大部分部队先后进入苏联境内,在伯力和双城子附近建有南北两个野营,进行军事、政治训练。)也组成许多小部队,经常被派遣回东北,在吉东、北满和吉辽东部边界广大地区从事侦察日伪军事设施,秘密联络群众,进行抗日宣传等活动。这种小部队一般都是在苏联施以各种训练后,编成小组,由老同志为组长,配备少量队员,少则三四人,多则二三十人。他们携带有小型电台和轻武器,也有不带电台的。这种小部队,有的是属于抗联系统派出的,有的是由苏联方面派出的。小部队活动危险性很大,要求队员要有忠诚、勇敢、机智、果断、刻苦的精神。

就是在这种形势下,苏联有关方面答应了滞留于伯力城的赵尚志回国的请求,苏方同意由他率领一支精悍的小部队去北满,执行特殊任务:一旦日苏战争爆发,便去炸毁兴山(鹤岗)的发电厂和佳木斯至汤原间的铁路、桥梁,并配合苏方在小兴安岭深处、汤旺河流域老白山附近修建飞机降落场。苏方要求这支小部队过界三个月之后,不管情形如何,都必须返回苏联。①

对于这一使命,赵尚志欣然接受了,因为这毕竟满足了他的回国的要求、愿望。他的心早

---

① 《访问张凤岐同志记录》(1985年3月15日)

已飞到东北抗日战场上了。

经过暂短的筹备,于10月中旬,赵尚志率姜立新(原抗联第三军留守团团长)、张凤岐(原抗联第三军第三师第三团团长)、赵海涛(原抗联第六军战士)、韩有(原抗联第二路军战士)四名抗联战士组成一支小部队,携带武器和几十公斤烈性炸药(每人六颗手榴弹、十八公斤炸药),同时还带有全套日军服装,从伯力出发。他们乘火车又转乘汽车来到黑龙江沿岸。之后,在苏联边防军协助下,在一天夜里秘密渡江,于萝北县境大马河口附近登岸。

赵尚志终于又回到了东北抗日战场。他们一行五人由萝北县大马河口径向西南方前进,由于大家背的东西太多太重,行走很不方便,赵尚志命令每人解下三公斤炸药;连同一些不急用的东西"押"(隐藏)起来。当时张凤岐还带一本《联共(布)党史简明教程》,赵尚志也让一并藏起,以便轻装前进。可他有个背包,里面装着他在苏联期间写的一些材料,宁可别的东西都不要,这个包他谁也不让背,总是自己背着。

赵尚志一行经过四天于高山密林中的艰苦跋涉,来到梧桐河上游以及老白山地区。老白山海拔较高,山顶有平原,上面一马平川。站在老白山上,极目远眺,苍茫的小兴安岭群山尽收眼底。时值深秋,山里正是老百姓所说的五花山季节。深山老林,枝叶掩映。满山树木经霜一打,黄的、红的、紫的、绿的、橙的,层林尽染,五彩缤纷,煞是好看。北满大地一山一水,一草一木,对于赵尚志是那么熟悉,那么亲切。他心潮澎湃,激动异常。赵尚志决心重新拉起队伍再振旗鼓,继续进行抗日斗争。

不久,他们来到老白山东南坡姜把头"趟子房"。赵尚志经过与"趟子房"主人姜振才和他的一个伙计边××交谈,感到他们有民族意识是正义可靠的人。于是决定以此为活动据点,隐蔽等待日苏战争爆发,准备执行预定任务。

可是,两个月过去了,日本对苏联并没有什么特殊行动,没有出现日苏战争爆发的形势。在焦急等待的过程中,赵尚志有时心绪烦躁,"这样等待下去什么时候是个头?"——他对苏方对形势的估计表示怀疑。这期间,赵尚志对战友们说过,我们找几匹马,编成一支马队,奔关内,到延安去。但由于战友们的反对,未能成行。他们认为这样做,就完不成苏方交付的任务,另外,在敌人的严密统治下,也难以通过交通要道实现进入关内的目的。赵尚志在战友的坚决反对下,虽不再说去关内的事了,但他多次向战友表示,要为光复祖国,为东北同胞的解放献出最后一滴血。他曾说:"宁肯死在东北抗日战场,也不回苏联。"①这类似发誓的语言表达了他要在东北战场将抗日斗争进行到底的决心。

根据赵尚志的决定,小部队队员走出据点,到周围的"趟子房"开展活动,以逐步发展抗日武装。然而,东北地区的斗争环境已十分险恶。日本虽未"北进"对苏联发动进攻,但它却在积极为发动太平洋战争作准备。从1941年7月起日本侵略者在东北大搞所谓"关东军特别大演习"(简称"关特演"),七十多万日本关东军遍布东北各地,汉奸、特务、密探活动十分猖獗。无疑,这对赵尚志所率小部队开展活动带来了极大困难。

12月间,正值隆冬季节,整日里朔风怒吼,大雪飞扬。赵尚志率领小部队冒着零下三四十

---

① 《访问张凤岐同志记录》(1985年3月15日)

度的严寒,趟着没膝深的积雪,在小兴安岭密林深处梧桐河和汤旺河上游地区一连走了四五个"趟子房"。董家大营、四海店、板子房等地都留下了赵尚志的足迹。他们每到一地便见机行动,或做宣传,或了解情况,从中得到不少有关山里、山外形势状况的消息。12月23日,他们来到汤原县北部乌德库,在距伪警防所北方六十四公里处,吸收了采集皮货的青年王永孝入队,就这样小部队增至六人。

1942年1月中旬,赵尚志一行在鹤立、汤原两县北部活动已有三个月。根据苏方关于过界三个月后,不管情况如何都必须返回的要求,赵尚志等在岭后三间房向老白山附近姜把头"趟子房"回返途中召开一次会议。会上,赵尚志决定张凤岐、赵海涛、韩有三人先去苏联汇报情况。姜立新、王永孝跟着他随后再走。而实际上,他和姜立新、王永孝返回了姜把头"趟子房"仍继续以此地为据点,开展抗日活动。这样,赵尚志便未按苏方要求回返苏联而留了下来。

二、身陷魔网

作为东北抗日游击运动的主要领导者赵尚志早就是日伪当局全力以赴捕杀的对象。1939年4月7日,日本关东军司令官发布了所谓1483号命令,称"拟于本年末彻底消灭残匪"。作为该命令附件的《昭和十四年度关东军治安肃正计划要纲》,强调"统一集中日、满军警各机关力量,彻底消灭在三江省……匪患","特别对于捕杀匪首,须全力以赴。"4月14日,伪治安部发布《康德六年度治安肃正要纲》。内中说"在本期的讨伐,特别以捕杀匪首为主要目标,对捕杀匪首的部队和个人,由日本军及满洲国军发给巨额奖金。"此《要纲》的附表中开列六十名所谓"根据匪情综合判断列出的有力匪首",第二名即赵尚志,悬赏金额1万元。(第一名为杨靖宇,悬赏金额1万元。)[1]由于1940年秋到1941年10月赵尚志滞留苏联,所以作为敌人追踪、捕杀重要目标的赵尚志在敌人的情报及线索网络上,已失踪一年多了。

不料,1941年末,赵尚志率小部队在鹤立、汤原北部地区开展活动的情况被敌人侦知。

首先,伪鹤立县警务科从伪装成收山货的特务冯界德那里得到关于赵尚志从鹤立北部地区"侵入","纠集旧部扰乱后方"的确切情报。该情报称:"12月下旬,匪首赵尚志以下五名突然进入鹤立县梧桐河西北约百华里采集毛皮的王永江、冯界德的山上小屋打探戴鸿宾、陈绍宾两人消息……"同时,来自汤原县的情报说:"12月23日,有穿日本军服的赵尚志及部下姜立新、张凤岐和另外三名在汤原县乌德库警防所北方六十四公里(东梧桐河上游)处,绑走收山货的王永孝。"[2]

赵尚志这次在鹤立、汤原北部出现是为敌人所始料不及的。因此,这两则情报皆被伪鹤立县警务科视为是"真实情报",认定情报价值为"甲种"。伪鹤立县警务科根据对上述情报进行综合判断,确信其为赵尚志及其部下,并报告给上级,从而引起了敌人的极大注意。

---

[1] 伪治安部:《康德六年度治安肃正要纲》,满作命第13号附件(1939年4月14日)。
[2] 伪三江省警务厅:《关于射杀赵尚志向治安部警务司长谷口明山的报告》(1942年2月),藏黑龙江省档案馆。

在太平洋战争爆发已近二十天左右，日伪当局从强化"鹤岗煤矿治安对策"出发，兴山（今鹤岗）驻屯日本军部队长林大佐、伪鹤立县警务科决定对赵尚志所率小部队"以特务和警备战线上的全部力量和利用一切工作，尽可能在旧历正月以前，将其诱至梧桐河附近，加以逮捕歼灭"。遂命令所属伪兴山警察署扩充侦察网，加强"第一线的情报工作"。同时，在12月下旬，伪鹤立县警务科派出警备队长夏永昌以下二十五名携带无线电台，结合冬季"讨伐"到鹤立河附近山岳地带进行了为时7天的搜索。但是敌人一无所获，未见到赵尚志等人的踪迹。

此时，被确定为"第一线情报据点"的兴山伪警察署，其头目署长田井久二郎(警佐)、特务主任东城政雄(警尉)亦在积极谋划。田井久二郎说："赵将军受着中国爱国人民的绝对支持。所以，即使动员日军一个师的兵力，也不能使他落网。'讨伐'行动不可能成功。因此，一定要想方设法采取极秘密地派遣伪装的密探，潜入赵尚志部队，把他引诱到警察势力范围内，伺机使他负重伤并加以逮捕。"①田井久二郎的毒计受到东城政雄的喝彩。尔后，田井久二郎将该计划作为绝密上报伪鹤立县警务科，又经县警务科转报到伪三江省警务厅和保安分室。随后，他又起草了增添必要谍报经费二百元的预算。田井久二郎设计的诱捕赵尚志的计划和要求增添经费的预算报告一并得到批准。

1942年1月上旬，敌人决定按计划在兴山伪警察署所属的特务中选出对这一工作"有决死行动"的特务伪装成收山货的老客潜入赵部。结果，特务刘德山被选中。

刘德山，又名刘海峰，珠河县一面坡人，当年四十二岁。猎手出身，因枪法好，别人送给他一个绰号"刘炮"。他曾任伪梧桐河采金会社警备队小队长。为时不久，警备队解散，他当上伪兴山警察署特务，死心塌地充当日本侵略者鹰犬。刘经常以打猎为掩护在鹤立、汤原两县北部山区到处流窜，搜集抗联活动情报，为敌人效劳，因而深得田井久二郎的赏识。田井久二郎认为刘是一名"优秀"特务。田井久二郎让刘德山以收皮子、山货为名潜入山中，活动于赵尚志行动的地区，如发现赵尚志就自愿参加赵部，并以提供假情报伪装积极，取得信任，找机会以袭击梧桐河金矿警察分驻所为口实，将赵尚志引诱到梧桐河附近，一举"捕捉歼灭"之。田井久二郎答应事成之后，给刘一笔优厚的赏金。

日本战犯田井久二郎

---

① 田井久二郎：《赵尚志将军谋杀事件供诉书》（1956年6月23日），载中央档案馆、中国第二历史档案馆、吉林省社会科学院合编《东北"大讨伐"》，中华书局，1991年4月版，第465页。

1月15日，刘德山秉承田井久二郎旨意，伪装成收山货的老客窜入鹤立县北部山区中。同时，为配合特务刘德山的行动，伪鹤立县警备队警长穴泽武夫以下十六人进驻鹤立县北部梧桐河所谓第一线地区担任警戒并搜集情报。1月下旬，又派出王秀峰等二十五名特务由梧桐河附近进山，专作情报联络工作。这样，十分毒辣、阴险的诱捕赵尚志的罪恶计划便开始付诸实施。

十数日后，谙熟山路，狡黠奸诈的刘德山终于在汤原北部老白山附近的姜把头"趟子房"寻觅到了赵尚志所率小部队。赵尚志对刘的突然出现十分警觉。因为经过几个月在山中的活动，赵尚志深知，随着日本关东军"特别大演习"和太平洋战争的爆发，东北地区的形势亦十分紧张，日伪当局对小兴安岭山区、黑龙江岸控制得十分严厉，一般人是很难得以进山的。刘德山为说明进山的目的编造说，他是梧桐河金矿局的人，有两匹马在驮粮时跑丢了，矿上让他进山找马，若找不到，就抓几只鹿，弄几张皮子回去……赵尚志听到刘花言巧语，感到其人形迹可疑，要处决他。可是，事情十分凑巧，跟随赵尚志的原第三军团长姜立新与刘德山早年在一面坡相识。经过姜的说合，赵尚志解除了对刘的疑惑，并为发展壮大队伍，对其进行抗日救国教育。刘趁势伪装积极，信誓旦旦，表示愿意参加抗日，为"壮队"(意为发展武装)出力。同时，他装作积极提供真实情报的模样，向赵尚志提供了戴鸿宾、陈绍宾活动情况(按，此时戴、陈两人都已脱离抗联队伍，根本无所谓活动情况。)和日伪军警方面的假情报，以骗取信任。赵尚志为发展抗日武装，求成心切，未能识破其祸心，轻信了刘德山的谎言。在缺乏严格审查的情况下，将刘吸收入队，并委其为副官、汤东游击队长，向他颁发了盖有赵尚志印鉴的委任状，发给他三八式步枪一支，子弹二百发，手榴弹二枚。

显然，赵尚志于此，已中敌计。姜立新虽与刘德山早年相识，但姜并不知刘的近况。在日伪统治十分严厉、斗争形势极端复杂的情况下，轻信战友的说合，放弃对刘的严格审查，结果铸成大错。俗语说："智者千虑，必有一失"。然而这一闪失，将要付出的代价是太大了。由此，在赵尚志身边便埋下了一个随时随处都可能发生危险的祸根。在以后的日子里，他一步步陷入敌人设置的魔网、陷阱中。

2月初，伪兴山警察署长田井久二郎未能按事先的规定接到刘德山递出的情报。按田井久二郎事先规定，刘德山应随时向警察署送回所取得的情报。但刘怕频繁进出会使赵尚志生疑，所以虽几次急欲将情报送出，但不得不作罢。而田井久二郎以为刘可能没有见到赵尚志或被杀死或工作失败，于是又派出二号特务张锡蔚(日伪文件写作张青玉)进山，执行同样的任务。张锡蔚常在山里帮人背山货(实际以此作掩护从事特务活动)，外号叫张小背，当年三十四岁，曾在佳木斯伪警察厅供职，以后在兴山伪警察署当特务。张进山后，即到山里各"趟子房"探听刘的消息。

2月8日午后4时，张锡蔚在梧桐河北方四十公里处寻觅，终于在姜把头"趟子房"找到了赵尚志所率小部队。开始时，赵尚志对张的出现即表示怀疑，认为他是伪警察署的密探，要枪毙他。当刘德山看到来人是同伙，便极为诡诈地对赵尚志说："他是我唯一的亲友，由于我没能及时回去，他很挂念，是来探听我的。"赵尚志见刘这样说，便把枪收了回去。随之，这个特务也混到赵尚志所率小部队中来。此后，刘、张两名特务一直潜伏在赵尚志身边。

张锡蔚和刘德山两名特务见面后，他们便开始按田井久二郎制定的计划向梧桐河金矿方向引诱赵尚志。当晚6时，特务刘德山向赵尚志"献策"说："梧桐河金矿警察分驻所警备力量缺乏，现在正是袭击的好机会。"赵尚志听罢，对刘的提议未置可否。晚饭后，赵尚志经过考虑，作出决定：12日拂晓，袭击梧桐河金矿伪警察分驻所和警备队，并做了具体战斗部署。他把人员分成两组：赵尚志、王永孝、张锡蔚一组袭击伪警察分驻所，姜立新、刘德山、边××（姜把头"趟子房"的伙计）一组去袭击警备队，准备夺取武器、弹药和粮食。深夜，刘、张藉外出小便之际，刘让张有机会就回梧桐河金矿警察分驻所报告。翌日晨，赵尚志一行从姜把头"趟子房"出发，向梧桐河金矿伪警察分驻所方向移动。据日伪资料记载，9日以及以后的几日的情况是：

"2月9日，午前6点起床，早饭后8点出发。途中休息一次。午后8点到达收山货的柴把头小屋，并在柴把头小屋住下。当夜，张锡蔚从12点到1点站了一次岗。

"2月10日，午前6点起床。早饭后为商议袭击梧桐河，所以11点才出发。在出发之前，赵尚志对其部下说：这次袭击梧桐河要是成功的话，我们就乘马去苏联；若是这次袭击失败的话，我们就都到姜把头小屋集合。途中休息二三回。

"2月12日，午夜1时，到达梧桐河北方二千米的一个孤独的农家小屋，刘德山对赵尚志说：现在有必要派人到梧桐河去调查一下。赵尚志也认为有必要派熟悉部落情况的人去。于是就派张锡蔚。张认为这是个好机会，就同意了。"①

这以后，张锡蔚按刘德山的旨意，直奔梧桐河金矿伪警察分驻所而去。紧接着，便是一场致赵尚志于死命的恶战。

三、最后的斗争

1942年2月12日（农历腊月二十七），凌晨。北方大地，朔风凛冽，寒气逼人。

位于小兴安岭山区距梧桐河金矿伪警察所（在今鹤北林业局尚志林场施业区内）北方二公里有一被称作吕家菜园子的地方。所谓吕家菜园子，是山间独立农家小屋，住着一户姓吕的人家。主人叫吕仙龄，吕氏一家四口以种田为生，因种植不少蔬菜，供梧桐河金矿的人食用，故此地被称作吕家菜园子。晨1时半左右，吕家菜园子附近，响起了枪声。这枪声打破了沉寂的黑夜，一场激烈的战斗在这里进行。就在这次战斗中，被敌特击伤、鲜血染红雪地的东北抗联将领赵尚志在重伤昏迷中被敌人俘获。

原来，自赵尚志率小部队向梧桐河金矿方向移动后，刘德山为伺机谋杀赵尚志就一直跟在他身边。当他们来到吕家菜园子时，走在赵尚志前面的刘德山认为时机已到，便狡诈地对大家说："这里离分驻所不远啦，咱们到菜园子屋里暖和一下。"又说："你们先去，我去解手（小便）。"说罢，他转身行至赵尚志身后，举起步枪便向赵尚志射击。由于近在咫尺，赵尚志后腰下部中弹，立仆在地。此时，赵尚志对眼前突发的一切十分清醒，立刻意识到刘德山原来是

---

① 伪三江省警务厅：《关于射杀赵尚志对谍者张锡蔚取调状况向治安部警务司长谷口明山的报告》（1942年3月10日）。

敌特奸细。他强忍剧痛，镇定如初，操起手枪便向正朝战士王永孝开枪的刘德山打去，王永孝亦被刘打伤。刘头、腹部各中一弹，当即毙命。

自枪声响后，走在后面的姜立新急忙跑上前来。夜色朦胧中依然可见赵尚志腹部血流如注，鲜血浸透了衣裤。赵尚志自知伤势不轻，难以继续行动，便命令姜立新及边××迅速离开。跟随赵尚志多年的姜立新此时此刻万分懊悔，当初为何替刘说情！但一切都晚了。他急忙把负伤的赵尚志背进吕家菜园子小屋里。夜半时分，枪声已惊醒吕家菜园子主人，油灯下，见来人身着日本军装，负有重伤，十分恐惧。赵尚志忙向主人解释说："我们是抗联的，你们不要害怕，我们不会伤害你们。"并向吕大娘说："大娘，你给我捂捂手吧。"几句话说得吕家主人稍释惊恐，赶忙把他扶到炕上，让他躺在一块更生布编织的毯子上。女主人在炕上用温暖的手捂着赵尚志的被冻得冰凉的手。同时，还与女儿吕振清用一把面糊在赵尚志伤口上，用布条缠了两圈，以止流血。女婿孙克茂点着屋里的火炉，给赵尚志烧开水喝，以暖身体。这时，姜立新想与吕家女婿孙克茂用院子柴门抬赵尚志走，赵尚志说："不行，这次伤很重，走不出去了。"他把自己的文件包交给姜立新，再次命令他迅速离开。

刚从吕家菜园子附近与刘德山分手的特务张锡蔚，听到后面响起了枪声，急忙跑至梧桐河金矿伪警察分驻所。他一踏进分驻所大门便冲岗哨喊："谁的岗？刘炮与赵尚志打起来了！"分驻所的伪警察闻声大惊失色，乱作一团。在梧桐河担任警戒任务的县伪警备队警长穴泽武夫和分驻所所长李树森于忙乱间临时召集十二名伪警察、警备队员组成一支"讨伐队"。2时40分，"讨伐队"在特务张锡蔚引领下出发，奔向现场，将吕家菜园子包围起来。接着的情况，敌人曾做过这样描述："'讨伐队'因积雪尺余，行动不便，遂于距赵部房舍四百米附近潜伏下来，监视赵部动静，在潜伏中，很快被匪团发觉，于是散开应战。为了切断赵匪的去路，派分驻所所长以下五名迂回后方，交战经历约十五分钟，匪部枪声熄灭。"① 在这一战斗中，姜立新根据赵尚志的命令携带他的装有秘密文件及活动经费的文件包转移，以后，径去苏联。边××也逃离，下落不明。

而后，"讨伐队"进入吕家屋里，把吕氏一家人赶到外边，把重伤昏迷的赵尚志从炕上抬下。赵尚志与王永孝在重伤剧痛昏迷中被俘。敌"讨伐队"经搜查，掳获了赵尚志印鉴一颗，任命状数张，三八式步枪二支，子弹二百三十发，美制克鲁特一号手枪一支，子弹十三发，日制九一式手榴弹十枚，日军军服一套半。

之后，敌人派人从金矿局叫来两张爬犁，将身负重伤的赵尚志、王永孝及特务刘德山的尸体运到梧桐河金矿伪警察分驻所附近的一个"金支巴"（淘金工人住的工棚子）那里。同时，把吕氏一家人带走，进行审问："有抗联的人来，为什么不报告？"虽然敌人进行逼供，吕氏一家人坚持说，不知道他们是干什么的。没有向敌人透露真实情况。赵尚志因伤势很重，一直处于昏迷中。当他醒来后，看着赶爬犁的丁春生说："只成想死在千军万马中，没想到死在刘炮手里。"② 丁用白面袋子将其伤口又稍作包扎。赵尚志所受是贯通伤，子弹从背后右下部打进，斜

---

① 伪三江省警务厅：《关于射杀赵尚志向治安部警务司长谷口明山的报告》（1942年2月）。
② 《访问丁春生记录》（1962年9月21日）。

从小腹与胯间穿出,血流不止,伤势十分严重。敌人为了了解抗联活动机密,得到口供,又鉴于赵尚志身负重伤,无法行动,便于现地对他进行了突击审讯。

毋庸讳言,赵尚志是受到敌人诱骗,中计负伤而被俘的。但是,他与敌人的最后斗争却异常英勇与坚强。当12日凌晨,不幸事件猝然发生时,他临危不乱,击毙了特务刘德山;在穴泽武夫警长率"讨伐队"前来"围剿"的战斗中,他决心牺牲自己,命令姜立新等迅速离开逃离险境。不仅如此,在受伤被俘,敌人审讯时,他依然坚持与敌人展开顽强斗争。当日本人和伪警察拿饭给他吃时,他怒斥道:"我不吃你们满洲国的饭!"他一看见日本人和伪警察官就怒不可遏,咬牙痛骂:"你们离我远点儿,我闻你们腥。"赵尚志以惊人的毅力抑制着难以忍受的伤痛。他见王永孝不时呼喊叫痛,便说:"你叫唤就不疼了?你叫唤还不得死吗?要有小子骨气。"①赵尚志对自己所受重伤带来的苦痛却不出一声呻吟。他狠狠地瞪着审讯他的日本人和伪警察们,以不屈之态与敌人进行着最后的斗争。

关于对赵尚志的审讯,日伪资料有如下记载:

"赵尚志受致命重伤,仅生存八小时,于此期间,对审讯之满人警察官称:

'我是赵尚志'。

'你们和我不同样是中国人吗?你们却成为卖国贼,该杀!'

'我死不足惜,今将逝去,还有何可问?'

除发泄等言语之外,缄口不言,一直睨视审讯官,置刀枪痛苦于不顾。显示无愧于匪中魁首之尊严,而终于往生。"②

赵尚志受伤后仅活八个小时,2月12日晨9时左右,心脏停止了跳动,时年三十四岁。(新入队不久的爱国青年王永孝受伤后活十一个小时,也牺牲了。)从现存的赵尚志遗容照片看,他牺牲时面部无痛苦表情,仪容威严,眉宇间显示出刚烈无畏的顽强精神。特别是他的一双未曾闭合的眼睛,狠狠地向上直瞪着,可谓死不瞑目。这正应对了敌人所说,在审讯时,他"一直睨视审讯官"。

赵尚志是为民族解放事业而牺牲的。他在生命最后时刻强忍剧痛,坚持斗争,在残暴的敌人面前,宁为玉碎,不为瓦全,坚贞不屈,亡身殉国,临大节而志不可夺,表现出了一个革命者对党、对人民、对祖国的无限忠诚。其显示出的威严,无疑既是他作为抗日将领的尊严,这也是中华民族不甘屈服于日本帝国主义及其走狗的民族尊严。

赵尚志作为一个爱国主义者、共产主义战士,为实现党和人民赋予的历史任务——推翻日本帝国主义的殖民统治和自己的崇高理想——共产主义奋斗了终身。他为中华民族的伟大的解放事业流尽了最后一滴血,献出了宝贵的生命。

俗语有"天有不测风云,人有旦夕祸福"。赵尚志惨遭不幸,究其根由是既有客观原因,也有主观因素的。从客观原因上讲,日伪当局自从侦知赵尚志等在鹤立、汤原活动行踪后,即投入大批警力专事对赵尚志的搜捕,且诡计多端地利用汉奸、特务布下难以逃脱的魔网。从主

---

① 《霍占奎口述:赵尚志牺牲》(1961年)。
② 日本关东宪兵司令部:《满洲共产抗日运动概况·1942年》。

观上讲,赵尚志欲发展队伍,开展活动之心过于急切,对突然出现的刘德山,过于听信了战友对他情况的介绍,缺乏对他进行应有的审查,即将其吸收入队,致使敌人阴谋得逞。应该说,这是赵尚志的最大失误。赵尚志对敌特、奸细最为痛恨,也因过分怀疑奸细问题犯过错误,但最后由于受真正奸细的蒙骗,而丧生敌特、奸细之手,这不能不说是赵尚志终生的最大憾事,或是其悲剧之所在。同时,也不能不使人们想到,在中国绵长的历史上,每当民族矛盾上升,成为主要矛盾之时,总会出现一批丧失民族气节、为邀功请赏,不惜认贼作父的汉奸附逆分子,他们背叛民族利益或引狼入室,或为虎作伥,充当民族败类的角色。正是有这些令人所不齿的败类,才能作出敌人干不了的事,帮助外来之敌把同胞步步引向灾难的深渊。汉奸刘德山的罪恶行径,充分说明这更是民族的悲哀。

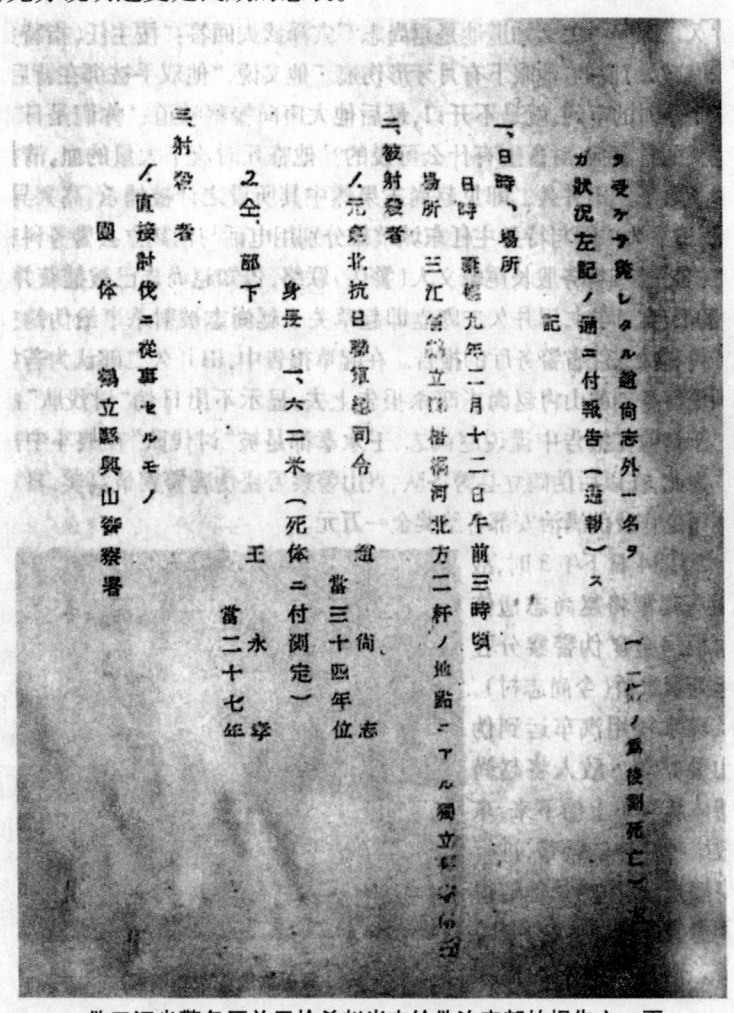

伪三江省警务厅关于枪杀赵尚志给伪治安部的报告之一页

赵尚志牺牲后,直接参加"讨伐"的伪鹤立县警备队警长穴泽武夫急忙乘车由梧桐河奔赴伪兴山警察署,向署长田井久二郎报告:"赵尚志将军被密侦刘德山射击负重伤,不久绝命。派去谍者刘德山在现场被射击致死。"田井久二郎问:"怎么知道他是赵尚志?"穴泽武夫回答:"按主任(指特务主任东城政雄)说的,他眼下有月牙形伤痕。"他又说,"他双手被绑在背后,经过八个小时的审问,就是不开口,最后他大声向警察喊道:'你们是日本帝国主义的看家狗,对畜生有什么可说的?'他临死时流了大量的血,清扫时可费了事了。"田井久二郎见赵尚志果然中其所设之计被捕杀,高兴异常。接着,田井久二郎与特务主任东城政雄分别用电话与伪鹤立县警务科春日兵吉(警正)和特务股长尾崎义人(警佐)联络,告知赵尚志已被捕获并"绝命"的消息。同时,田井久二郎立即起草关于赵尚志被射杀事给伪鹤立县警务科和伪三江省警务厅的报告。在起草报告中,田井久二郎认为若如实把利用特务刘德山将赵尚志暗杀报告上去,显示不出日伪"讨伐队"的功绩。于是他在报告中谎说赵尚志、王永孝都是被"讨伐队"在战斗中击毙的。而将赵尚志强忍枪伤巨痛开枪击毙刘德山说成是刘在"讨伐"时因肉搏壮烈战死。由于赵尚志、王永孝被说成是被"讨伐队"在战斗中打死,为此,在以后伪鹤立县警备队、兴山警察署获伪满警察最高奖,日本关东军司令官及伪满治安部各给奖金一万元。

2月14日下午3时,敌人用马爬犁将赵尚志遗体从梧桐河金矿伪警察分驻所运到聚水桥(今尚志村),又从聚水桥用汽车运到伪兴山警察署。敌人将赵尚志遗体从汽车上抬下来,东城政雄解开他的腰带,进行全身搜查,见到的是他瘦得只剩骨头的身体,两只眼睛睁着。而后由街上的照相馆照了遗体相。

开始时,敌人对死者究竟是不是赵尚志颇感疑惑。原来,穴泽武夫平素爱占小便宜,加之日本军国主义分子鼓吹的"大东亚圣战"已陷入困境,军需物资如衣服鞋帽之类供应已十分困难,他看到赵尚志身上穿的日军服装已破烂,但脚上的牛皮靴子却是很好的,于是他便扒下来攫为己有。宪兵队见运来的尸体没穿鞋,感到难以理解。"赵将军若是与前去'讨伐'的穴泽警长交战过,他能不穿鞋吗?"宪兵队认为穴泽武夫讲得不够实在,认为他是从山上拣来的尸首,为邀功请赏便说是赵尚志。后来,穴泽武夫承认赵尚志穿的靴子是让他扒掉了,并把靴子拿了出来,宪兵队这才消释疑惑。

原日本战犯东城政雄

为了进一步证实这具尸体是否真是赵尚志,伪三江省警务厅事务官筱原胜清、伪鹤立县警务科警正春日兵吉找到认识赵尚志的抗联叛徒原抗联第九军军长李华堂,[①]及另外三名叛

---

① 李华堂于1939年7月在方正大罗勒密投敌叛变。之后,在伪三江省地方保安局板谷特谋班当密侦。他以三江公寓经理等公开身份,专事搜集抗联活动情报,为日伪效劳。东北光复后,组织反动武装与人民为敌,1946年冬被合江剿匪部队于林口刁翎地区擒获,死于押解途中。

徒一同来到伪兴山警察署，辨认赵尚志遗体。李华堂看见赵尚志的遗体说："没有错。"并大叫一声："司令！你到底怎么样了么。"掉了几滴眼泪。李华堂指出赵尚志左眼下有伤痕，证明的确是赵尚志。敌人根据被俘者被审时自称是赵尚志，李华堂等叛徒的认证，所虏获的赵尚志印鉴，与赵尚志一同被俘的战士王永孝口供，遗首左眼下有三个月牙形伤痕（1932年，赵尚志在巴彦游击队期间，攻打东兴战斗中负伤所留），其身材不高（其牺牲时量得实际身高为1.62米）等体貌特征，断定牺牲者系赵尚志无疑。

敌人确认此人就是曾悬赏万元欲以捕捉的"共匪魁首"赵尚志后，在场的十几个日本人立即欢呼起来。当晚，来自伪三江省警务厅、伪鹤立县警务科的官员和伪兴山警察署及"讨伐队"人员举行了"庆祝宴会"。

2月15日，伪兴山警察署派特务主任东城政雄将冻得僵硬的赵尚志遗体用汽车由兴山经鹤立运至佳木斯伪三江省警务厅。在佳木斯，凶狠残暴的伪三江省警务厅长田中要次命令警备科警备员锯下赵尚志的头颅，将其遗体扔入松花江冰窟中，致其身首异处。2月25日，伪三江省警务厅令伪兴山警察署特务主任东城政雄乘飞机将装入木箱的赵尚志遗首送往伪满洲国"国都"——"新京"（长春）。在"新京"机场，赵尚志遗首由前来迎接的日伪官员用汽车运到伪治安部。

赵尚志牺牲后，日伪当局在报纸上进行的反动宣传

在长春，伪治安部大臣于芷山及日本关东军的一些头面人物都曾前来观看赵尚志遗首。之后，又照例是举行宴会，"庆祝"一番，狂热欢呼"剿匪告捷"，"三江省干得不错。"2月25日起，日伪当局开动各种宣传机器，开始大造舆论。伪治安部警务司发表《反满抗日的共产匪首赵尚志被射杀的全貌》公告，竭力宣扬日伪"讨伐"的武功，污蔑、诋毁赵尚志及东北人民的抗日运动。日伪《大北新报》说，"赵尚志匪已被枭首，祸满元凶从此诛灭"。伪治安部警务司长谷口明山狂呼"残匪歼灭，邦家之幸"，"三江省警察射杀北满谋略匪之巨魁赵尚志，兹为邦家殊堪庆贺。"又说，"为使大东亚战争下北方之守护，愈行强化之必要而为确保国内治安之安定

计。全国警察官须更强固决意,以期惠责之完遂。"叛徒李华堂也跟着狂吠,发出"从心里高兴","今后进一步效忠满洲国"的叫嚣。但是,日伪当局也不得不承认,赵尚志"在北满一带曾振奋猛威,过去历史上彼之威名,已被北满一带群众铭记心中。"①赵尚志的牺牲也引起日伪当局的恐惧。日本侵略者称,"现在,匪情如何,虽不得而知,但日苏之间若发生了问题时,他们马上就会出来扰乱国内治安,这是很明显的。"②伪三江省警务厅下令,命令邻近各县加强警戒,特别是国境各县,对江岸要严加警备。敌人害怕抗联部队再来梧桐河金矿活动(此前于1937年中共党员马克正、陈芳钧曾打进该地矿警队,策反八十多名警员起义,参加抗联第六军),于1942年春将该金矿封闭(俗称"封沟"),撤销金厂,拆毁工棚,搬迁设备,遣散工人,将伪警察分驻所移至聚水桥,之后,改名为梧桐河村(今尚志村)。原梧桐河金矿从此荒废消失。

当赵尚志牺牲的消息传到在苏联境内参加整训的抗联战士中时,开始人们不相信这是真实的消息。因为在敌人的宣传中,赵尚志已被击毙过多次了。而当接受赵尚志命令逃出虎口的姜立新跑到苏联向战友们讲述了这一切经过后,人们才相信赵尚志确系离世而去了。一些曾与他相处过的战友,有的无语哀戚,有的潸然涕下。他们追忆往事,对他的英雄业绩表示敬慕,对他的不幸深表同情。

那些与抗联将士共同学习、战斗的苏联红军官兵惊悉赵尚志牺牲的消息后也十分悲恸。他们把赵尚志与苏俄国内战争的英雄夏伯阳(即恰巴耶夫 1887—1919)相比,称赵尚志为"中国的夏伯阳"。恰巴耶夫是红军优秀指挥员,苏联人民赞颂他是一位传奇式的英雄。他在乌拉尔一带指挥作战时曾多次击败高尔察克白匪军,素有"英雄恰巴耶夫"之称。苏联红军称赵尚志为"中国的夏伯阳",这无疑是对他的高度评价和赞誉,自然这也是广大东北抗日联军将士的光荣。

赵尚志是反侵略战争的民族英雄,是中华民族的骄傲。他的牺牲使人们深感哀惜、悲痛!

---

① 日本关东宪兵司令部:《满洲共产抗日运动概况(1942年)》。
② 伪三江省警务厅:《关于对"匪首"赵尚志中弹身死的反应》(1942年)。

尾声　英烈的革命精神永存

历史的辩证法是无情的。侵略者无论如何疯狂，总是挽救不了他失败、灭亡的命运。在赵尚志牺牲的当年，即自1942年下半年开始，世界反法西斯战争的形势发生了好的转机，日本在太平洋战争中开始走向衰败。在赵尚志牺牲三年后，1945年8月，苏联对日宣战。苏联红军出兵东北，在苏整训的东北抗日联军与之相配合，向日本关东军发起最后的凌厉攻势，最终打败日本侵略者，推翻了伪满洲国。不甘忍受日本侵略者压迫和不愿做奴隶的人们，为了民族的生存，国土的完整，自1931年九一八后经过十四年的长期艰苦奋斗，终于争得了自由和光明。八一五日本政府宣告无条件投降。历尽艰难的中国人民最终取得了抗日战争的伟大胜利。东北光复，大好河山回到了祖国的怀抱。赵尚志不惜用生命为之奋斗的理想实现了。

随着抗日战争的胜利、伪满洲国的垮台，那些穷凶极恶的日本侵略者被押上了历史的审判台。当年直接进行策划谋杀赵尚志的伪兴山警察署署长田井久二郎、特务主任东城政雄都作为侵华战争罪犯被苏军逮捕。1950年7月之后，他们被关押在抚顺战犯管理所中。1954年4月7日，东城政雄在中国政府对战争罪犯教育、改造、宽大政策的感召下，思想发生根本转变。他首先交代了自己参与谋杀赵尚志的经过，承认罪责，同时揭发了田井久二郎的罪行。[①]两年后，田井久二郎于1956年6月23日也提交了《赵尚志将军谋杀事件供述书》，坦白交代了谋杀赵尚志的全部经过，承认自己对中国人民犯下的罪行。田井久二郎在《供述书》中说："谋杀赵尚志将军及王永孝的事件是我直接阴谋策划的，我命令东城以金钱诱惑刘德山、张春玉（按，即张锡蔚），使他们盲目化，把他们作为谋略的工作员加以操纵，犯下了这个罪行。我作为操纵制定这个阴谋的人是犯有谋杀的罪行，负有本事件主犯的责任。"又说，"作为本事件主犯的我，应负有把中国人民优秀的组织者——赵尚志将军谋害之罪行，负有在政治上阻碍社会发展之罪行，其全部罪责由我承担。"现在，田井久二郎的《供述书》——这一日本侵略者谋害赵尚志的罪证材料，完好地保存在中央档案馆国家机关部馆藏日籍战犯罪行全宗田井久二郎的案卷里。在日本战犯田井久二郎的案卷中十分清楚地记载着他的口供：

问：你把谋杀赵尚志将军的具体情况讲一下？

答：在1941年11月前后，特务主任东城政雄向我报告说，汤原、鹤立两县县境山岳地带出现了赵尚志将军，召集部下正在组织抗日武装团体，图谋再起，企图搅乱治安，很难预料何时经山岳地带来到鹤立县境，所以有必要收集情报。以后利用在这个山岳地带打猎的人收集情报，我将此对策上报鹤立县警务科，经县转到省警务厅和保安分室，并起草增添必要谍报工作经费的预算。我还记得特务主任做的预算，我签名批准。同时命令他，以这一工作是重要的为根据要秘密进行，不论对内对外，都要严守秘密。在1942年2月中旬某日早晨，梧桐河分驻所警务队长穴泽领三十名警察乘汽车来署报告：'赵尚志将军被密探刘德山射击负重

[①] 东城政雄经我国最高检察院于1956年8月18日决定，从宽处理，免于起诉，即行释放。

伤,不久绝命。派去谍者刘德山死在现场,被射击致死。'东城听到此情况和我商议报告射杀赵尚志将军事件。由我亲自起草将杀害赵尚志将军向鹤立县警务科、省警务厅报告。东城和县特务股长尾崎警佐联络,我打电话和春日警正联络。春日将刘德山以及县警备队、兴山警察署的功绩由县上报省警务厅,由我还报告现地有关机关。后警务厅筱原事务官伴随面识赵尚志将军者和春日警正一同来署,认定为赵尚志将军的尸体。后用汽车经鹤立县运往三江省警务厅。第二天,东城和穴泽警长两人奉县里命令出差到鹤立县和省警务厅报告之后,又奉警务厅长的命令,我指示东城将赵尚志的头乘飞机送往伪满洲国新京警务总局。

问:你承认为谋杀赵尚志将军所做的情报活动吗?

答:是的,我承认。文件上说兴山警察署派遣谍报刘德山打入赵尚志部下,又派谍报张春玉(按,即张锡蔚)作联络,以后向梧桐河附近山林地区利用打猎布置情报全是事实。

问:谋杀赵尚志将军的罪行你应负什么责任?

答:我身为署长,应负命令指挥的责任,因为谋杀了赵尚志将军有功,而取得了奖状和勋六位景云章,我承认文件所载全部事实,向中国人民谢罪……"。①

参加"讨伐"捕捉赵尚志的梧桐河伪警察分驻所所长李树森在解放后被萝北县人民法院宣判死刑。

赵尚志这位抗日民族英雄虽已牺牲了,但英雄的革命精神永存。无论是东北光复前后的战争年代,还是安定和平的建设时期,赵尚志都曾为人们所怀念,其百折不挠的革命精神成为鼓舞人们开拓进取、积极向上的动力。

在解放战争中,延安《解放日报》于1946年5月9日发表了署名白和撰写的《赵尚志同志》(东北抗日烈士传略)一文,较详细地介绍了英雄事迹,让人们永远记住这位先烈。对赵尚志等为人民而死的英雄,老根据地人民激动地说,他们的名字将永远铭刻在我们心间。1946年冬党号召东北解放区人民为粉碎蒋军进攻,保卫乡土田园而踊跃参军时,赵尚志的英名曾成为老区人民响应党的号召,积极参军参战,保卫胜利果实的巨大力量。珠河县元宝区代表韩志礼老人提议各区开展参军竞赛,在最短时间内建成一个团,并以英雄的名字命名叫"赵尚志团"。②这一提议得到各区代表的热烈响应。全县各区青年积极报名参加"赵尚志团",一个踊跃参军的热潮在珠河县各地迅速掀起。在各乡各村欢送新兵入伍时,人民子弟兵佩戴大红花,骑着高头大马,前面走着秧歌队、鼓乐队,后面随着自卫队、妇女会员和儿童团员,乐声震天,红旗如林。青年们把自己能参加到"赵尚志团"中来,看成是无上的光荣。

为永久纪念赵尚志,1946年4月3日,鹤立县民主政府根据县议会第一次会议决议将赵尚志遇难后,其遗体运往兴山途中曾停留过的距其牺牲地最近的村屯——梧桐河村(原聚水

---

① 《日本战犯田井久二郎口供》(国家档案馆259号卷警字第58号卷一)。田井久二郎于1956年7月20日被最高人民法院特别军事法庭以"参与、策划并领导所属单位秘密派遣特务阴谋暗杀了东北抗联赵尚志将军,被告人是这一事件的主要罪犯"之罪行,判处有期徒刑十六年,刑期由判决前关押日算起,以关押一日抵徒刑一日。1957年5月被提前释放。

② 《建立赵尚志团),载《东北日报》(1946年12月4日)。

桥)改为尚志村。同年7月,在哈尔滨,人民政府将赵尚志早年从事革命活动时经常经过的道里区新城大街改名为尚志大街。在珠河,于同年11月召开的珠河县第一届农工代表大会上,代表们提议把东北抗日联军第三军发祥地,赵尚志战斗过的地方——珠河县改为尚志县。这一提议得到松江省人民政府赞同,1947年5月8日经东北行政委员会批准备案,珠河县正式改名为尚志县。

新中国成立后,广大人民群众深知人民共和国的建立,人民政权的取得,实属不易,没有千百万先烈抛头颅、洒热血,没有无数志士仁人的艰苦奋斗,是根本不可能的。因此,人民群众更加敬仰先烈。同时,也因在我们生活的这块土地上产生这些代表民族自强精神的英雄先烈而感到自豪。在东北烈士纪念馆里,先烈赵尚志及其光荣的业绩一直陈列在那里,供人们瞻仰。许多青少年通过参观展览,都深深地受到爱国主义和革命传统教育。特别是为其两次被错误开除党籍,但仍对共产主义坚信不移;不顾个人生死和荣辱,不畏任何艰难险阻,为党领导的抗日事业奋斗不止的革命精神所深深感动。

这里尚需提及的是,当年参加策划谋杀赵尚志,并亲自将其遗首送到长春的伪兴山警察署特务主任东城政雄,经在抚顺战犯管理所的深刻反省,于1956年8月被释放回国。他对中国政府宽大为怀,释放战犯,深表感恩。然而,这位认识到自己罪行,经过改造成为对中国人民存有友好之心的人,在回国之后竟被右翼势力视为是在中国被洗脑的"赤色分子",长时期找不到正式工作。他当过农村雇工、看门人、果子工场的搬运工。东城政雄是"中国归还者联络会"编辑委员会委员。他经常著文以自己的亲身经历说明侵略战争对中国人民犯下了罪行,谈自己在抚顺战犯管理所思想转变的过程,积极参与反战,维护和平,倡导中日友好活动。他对自己参加谋杀赵尚志将军的罪行深感内疚,每当提起此事,便觉得当时为军国主义效劳,实在对不起中国人民。他在《我参加了谋杀赵尚志将军》[①]一文中曾说:"我在伪满当警察官的整整十年期间内,不知不觉地丧失了全部人性而变成了'东洋鬼子',对中国人民犯下了无数罪行。

"我参加谋杀赵将军这件事,不仅仅是对将军一个人,而是对当时东三省的三千万中国人民犯下的罪行,使他们因为失去了抗日斗争的领导人而沉浸于巨大的悲痛和愤怒之中。实际上,这是我在中国人民抗日战争史上抹不掉的罪行。由于我的罪行,使东北人民抗日运动和民族独立解放运动的胜利大大地推迟了。越想这件事,我越感到自己犯下的罪行是不可饶恕的。所以,我被列入日本战犯名单(收监号码353号)是理所当然的事情。

"然而,中国共产党及人民政府对我们这些战犯实行了极为宽大的政策。我们在抚顺战犯管理所生活了6年,那里始终贯彻人道主义的'尊重人权'、'不许打人'、'积极治病'等基本方针。

"由于这个管理所的工作人员对我们胜似亲人的无微不至的关怀,我们都在不同程度上逐步地完成了'由鬼到人'的转变。后来,又把我们全部释放回国了。

"我要在此风烛残年中为反对侵略战争,为日中两国人民的世世代代友好,为日本社会

---

① 东城政雄:《我参加了谋杀赵尚志将军》。

成为真正的民主主义社会,为日本的进步与改革而奋斗到底!"

1987年2月8日,东城政雄在对日本《朝日新闻》记者林郁女士讲述当年有关他押送赵尚志遗首到长春及遗首下落的情况时说道:"由于他受三江省警务厅之命押送遗首去长春,伪三江省宪兵队与警务厅为争功而产生了矛盾。宪兵队指责警务厅为什么不经过商议便自作主张派人将遗首送至新京(长春)。因此,他也受到宪兵队的责难。他至今仍清楚地记得,装在木箱中的赵尚志将军的遗首在上飞机前是冻结的,但在飞机上已开始融化。到长春,面部已变形,并呈紫色,但眼下的伤痕依然可辨。后来,遗首开始腐烂。根据伪治安部的决定,赵尚志的遗首被埋葬在长春大经路般若寺内。他说,赵尚志将军的形象在他的脑海中留下了深深的印迹,永远不会忘记。①

1982年,是赵尚志将军殉国四十周年。随着党的十一届三中全会以来各项政策的落实,根据赵尚志家属的请求,中共中央组织部致信中共黑龙江省委组织部要求对赵尚志党籍问题进行调查,实事求是地作出结论。经过认真复查,中共黑龙江省委于同年6月8日作出决定。

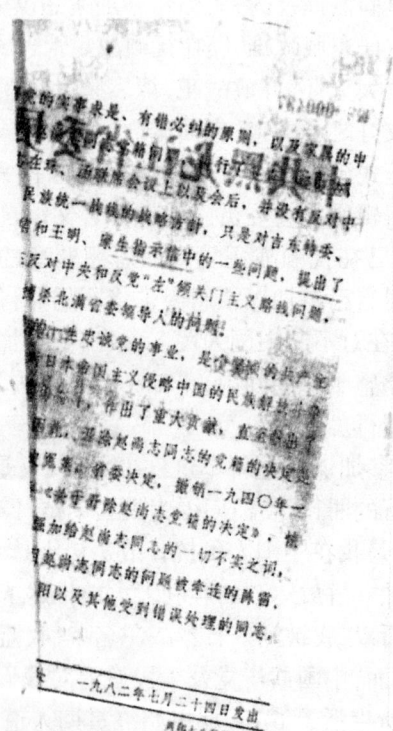

中共黑龙江省委关于恢复赵尚志同志党籍的决定

决定说:"1940年1月,中共北满省委以赵尚志推行反党"左"倾关门主义路线,企图捕杀北满省委领导人等罪名,开除了赵尚志同志党籍。党的十一届三中全会以后,省委根据实事

---

① 林郁:《致金宇钟先生信》(1987年2月13日)。

求是、有错必纠的原则,以及家属的申诉,对开除赵尚志同志党籍问题,进行了复查。经复查,赵尚志同志在珠、汤联席会议上以及会后并没有反对中央关于抗日民族统一战线的战略方针,只是对吉东特委、中央代表来信和王明、康生指示信中的一些问题提出批评,不存在反对中央和反党'左'倾关门主义路线问题,更不存在企图捕杀北满省委领导人的问题。赵尚志同志的一生忠诚党的事业,是个坚贞的共产主义战士。他在反对日本帝国主义侵略中国的民族解放战争中,坚强不屈,英勇奋斗,作出了重大贡献,直至献出了自己的宝贵生命。因此,开除赵尚志同志党籍的决定是错误的,是一起历史冤案。省委决定,撤销1940年1月中共北满省委《关于开除赵尚志党籍的决定》,恢复赵尚志党籍,推倒强加给赵尚志的一切不实之词,恢复名誉。"

至此,这一组织处理错误,在历经四十余年之后,终于得到纠正。赵尚志获得了应有的公正的历史结论。

在过去,由于历史的原因,对赵尚志的宣传很不够。长期以来,许多人只知其名,不知其事。随着党的政策的落实,其党籍和名誉的恢复,这位抗日民族英雄逐渐为人们所认识。人们也更加深情地怀念为国牺牲的这位先烈。人们敬仰赵尚志这位久经考验、忠贞不渝的共产主义战士。他无论是在刑罚森严的敌人法庭上、监狱里,还是在冰天雪地、枪林弹雨的抗日战场上,都表现出了一个共产党员忠实于党的坚强不屈的高贵品质。不仅如此,他在党内斗争中,旗帜鲜明,态度明朗,对重大政治问题敢于以超群的胆识、巨大的勇气表明自己的独立见解,做到了不盲从,不唯书,不唯上,只唯实;在遭到挫折及在受到错误处理的时候,意志坚定,矢志不移,仍毫不动摇地为党的事业努力奋斗,这实在令人钦佩。他作为一个东北抗日武装的创造者,抗日部队的指挥者,抗日游击战争的领导者,认真贯彻党的抗日民族统一战线政策,动员成千上万民众与强悍、凶残的日本侵略者进行了坚决的斗争,组织起了规模巨大、时间持久、影响深远的民众抗日运动。他在身陷敌手,重伤危及生命之时,宁死不屈,大义凛然,与敌人作坚决的斗争,显示出了崇高的民族气节,实不愧为一位令广大民众敬仰的抗日民族英雄。

赵尚志在东北抗战中是著名的英勇顽强、威武善战的英雄,他领导的抗日武装与敌人作战多、胜利多,其威名使敌人惊心丧胆。他对敌人是无情的,他对党对人民对革命事业是忠诚的。他为民族解放作出了巨大贡献。

赵尚志的一生、是革命的一生,战斗的一生。他在反抗外来侵略的民族解放斗争中展现出一种崇高的革命精神,这种革命精神是中华民族精神的具体体现。同时也具有其自身的特点,形成一种特殊的精神,这就是爱国爱民、不屈不挠、艰苦奋斗、英勇抗争、无畏牺牲的革命精神,即尚志精神。尚志精神内涵宏大,具体是:热爱祖国,热爱人民,誓死不甘忍受外辱的崇高民族气节;不畏强暴,威武不屈,敢于同敌人血战到底的英雄气概;忠诚于党,百折不挠,为党的事业而英勇拼搏的优秀品质;艰苦奋斗,开拓进取,不畏任何艰难险阻的高尚品格;敢于抗争,坚韧不拔,不怕流血牺牲的战斗精神。尚志精神是爱国主义精神、革命英雄主义精神、艰苦奋斗精神、百折不挠精神、开拓进取精神和不怕牺牲精神的集合体。尚志精神与伟的中华民族精神一脉相承,是东北抗联精神的重要组成部分,是中华民族的宝贵精神财富。

凡是为民族解放作出贡献的英烈,历史都不会忘记他们,人民都不会忘记他们。

1984年2月,正值赵尚志殉国四十二周年之际,烈士牺牲所在地的宝泉岭国营农场管理局(位于鹤岗市东北部)党团组织,为了纪念先烈,广泛开展爱国主义教育、革命传统教育,鼓励广大团员、青年把青春献给农垦事业,开发、建设革命先烈战斗过的土地,作出了开展"学史建碑"活动的决议。这一决议得到了广大青少年的积极响应。全局12.3万名青少年以赵尚志英雄事迹为主要教材,认真学习革命斗争历史。同时,为修建赵尚志烈士纪念碑自愿踊跃捐款2.8万元。

同年8月15日,是日本宣布战败投降,中国人民取得抗战胜利三十九周年的日子。届时,高高耸立的赵尚志烈士纪念碑在宝泉岭建成了。

"八一五"这一天,共青团黑龙江省委员会和宝泉岭农场管理局委员会在宝泉岭举行了盛大的纪念碑落成典礼。中共黑龙江省委、省政府派出了代表团,赵尚志的哥哥赵尚朴及与赵尚志共同战斗过的约十余位抗联老战士参加了大会。

　　　　蓝天下,阳光灿烂,
　　　　金凤里,遍地生辉。
　　　　宝泉岭,红旗招展,
　　　　雄碑前,人如潮涌。

会场上,数以千计的青少年以肃穆的神情仰望着覆盖着红色帷幕的纪念碑。在庄严的乐曲声中,帷幕在洁白的塔身上徐徐降落。"赵尚志烈士纪念碑"八个金光闪耀的大字呈现在人们的眼前。

伟岸之雄碑,矗立于青山之巅。人们在沉思,在追念……

时代向前发展,历史不能忘怀。

近二十几年来,伴随着社会主义精神文明建设的加强,爱国主义教育的深入开展,在烈士足迹所及特别是他生活、战斗过的地方,人们普遍采取各种形式缅怀、纪念这位为国捐躯的英雄。

在尚志县(今尚志市),地方政府于1986年9月重新修建了珠河抗日游击队纪念碑,建立了尚志抗日烈士纪念馆,赵尚志烈士纪念碑。并以烈士的名字命名了中、小学校。之后,又在新修筑的哈绥公路尚志段路旁建立了一座抗联三军战迹纪念碑。

在梧桐河上游赵尚志负伤地吕家菜园子,建有赵尚志将军遇难地纪念碑,在其牺牲地原梧桐河金矿旧址树有石碑标志。

在萝北县尚志村(原梧桐河村)东、哈萝公路西侧建有一座刻有"铁骨忠魂"四个大字的赵尚志将军纪念碑。

在宝泉岭农场,1988年5月4日青年节这一天,于尚志公园赵尚志烈士纪念碑后面又建立了赵尚志将军纪念馆。

在鹤岗市,于五指山公园内建立了一座由大块精美汉白玉制成的抗日民族英雄赵尚志半身雕像,供人们瞻仰。

在哈尔滨市,1991年,反映赵尚志英雄业绩的十二集电视连续剧《赵尚志》(由作家王忠瑜编剧),在这个城市诞生。赵尚志走上荧屏,使这位英雄的事迹传遍长城内外、大江南北,让更多的人知道了赵尚志这位抗日民族英雄。1997年7月,由黑龙江省烈士纪念事业基金会、市政府投资承办在香坊公园内建立了一尊高大的赵尚志将军全身铜质塑像,供人瞻仰。

赵尚志遇难地(吕家菜园子)纪念碑

在朝阳,烈士的家乡,为纪念这位抗日民族英雄,于1994年4月,在社会各界大力支援下,兴建了一座以烈士名字命名的希望小学。同年12月,在尚志希望小学建成赵尚志将军纪念室并对外开放;这间纪念室成为朝阳又一个进行爱国主义教育的基地。1997年,在尚志乡又建立了赵尚志烈士墓(影坟),灵缸内有书写赵尚志生卒年月的灵牌、遗照及生平传记,可谓烈士"魂归故里";

2000年,是世界反法西斯战争和中国抗日战争胜利五十五周年。这一年的清明节,和"八一五"这一天,各地普遍举行了各种纪念先烈的活动。

耸立在远山,有青松相映的烈士纪念碑是那样高大!

座落在公园,有鲜花环绕的烈士雕塑像是那样庄严!

英灵有知当笑慰,事业传承有后人。一队队共青团员走来了,一队队少先队员走来了。他们于抗日民族英雄赵尚志的纪念碑前、雕塑像前在深情地举手敬礼,在庄严地宣读继承先烈遗志,学习先烈革命精神的誓词。

他们向先烈致以崇高的敬意,向英雄献上了不尽的思念……

2004年6月2日,赵尚志颅骨在长春惊现。还是在6月1日,沈阳军区政治部电视艺术中心编导姜宝才同志去长春般若寺,寻觅赵尚志颅骨线索。他得知5月31日工人在般若寺后院修墙时挖出一具颅骨(周围无其他身骨),便找到将此颅骨埋在市郊净月潭山坡上的僧人释果慈了解情况。姜宝才凭其敏锐的感觉,认为这极有可能是赵尚志将军的颅骨。之后,姜宝才把此情况报告抗联老战士、原黑龙江省政协副主席李敏同志。6月2日下午,李敏、姜宝才和赵尚志的外甥李龙、李明,《东北抗联》摄制组李俊杰等同志在释果慈引领下来到净月潭,找到此颅骨。经赵尚志亲属李龙(系历史学教授,多年从事文物考古工作)、李明(是主任医师)的初步判断和黑龙江省历史、考古专家、学者金宇钟、魏正一等的鉴定认为是赵尚志颅骨。后经哈尔滨市公安局、黑龙江省公安厅和国家公安部物证鉴定中心根据人类学鉴定和颅像重合等科学鉴定,认为此颅骨与赵尚志体貌特征(性别、年龄、身高、左眼下的伤痕及牺牲距今时间等)的有关文献记载相符,颅骨与赵尚志照片标志线、标志点均能重合在标准范围内,符合颅骨与照片出于同一人条件。确认此颅骨是赵尚志颅骨无疑。赵尚志颅骨在其牺牲六十二年后,于6月2日惊现,一时在全国引起轰动。

2005年是中国人民抗日战争暨世界反法西斯战争胜利六十周年。4月20日,新华社发表《永远的丰碑》介绍赵尚志事迹,称"赵尚志是著名抗日将领,东北抗日联军创始人和领导人。"9月3日,在庄严肃穆的人民大会堂举行的纪念中国人民抗日战争暨世界反法西斯战争胜利六十周年大会上,中共中央总书记、国家主席、中央军委主席胡锦涛发表重要讲话。他在讲话中说:"在空前惨烈的抗日战争中,中国军民前仆后继、浴血奋战、面对敌人的炮火勇往直前,面对死亡的威胁,义无反顾,以血肉之躯,筑起了捍卫祖国的钢铁长城,用气吞山河的英雄气概,谱写了惊天地、泣鬼神的壮丽史诗。杨靖宇、赵尚志、左权、彭雪枫、佟麟阁、赵登禹、张自忠、戴安澜等一批抗日将领,八路军'狼牙山五壮士'、新四军'刘老庄连'、东北抗联八位女战士、国民党军'八百壮士'等众多英雄群体,就是中国人民不畏强暴,英勇抗争的杰出代表。"在这里,胡锦涛总书记代表党和人民给赵尚志以高度评价。这一高度评价与1938年2月,毛泽东在延安对美国合众社记者所说:"中国共产党和东三省抗日义勇军确有密切关系,例如有名的义勇军领袖杨靖宇、赵尚志、李红光等等,他们都是共产党员。他们的坚决抗日,艰苦奋斗的战绩是人所共知的"这段话中给赵尚志的高度评价,交相辉映。赵尚志的光辉业绩已载入中国人民抗日战争和世界反法西斯战争的胜利史册!他是中国人民不畏强暴,英勇抗争的杰出代表之一。

2008年10月,为赵尚志百年诞辰。抗日民族英雄赵尚志纪念馆在辽宁省朝阳市落成并开馆。纪念馆建筑面积5900平方米,布展面积4000平方米。展厅有忠义之家、刚烈少年、寻求真理、投身革命、武装抗日、威震北满、白山黑水、铁血三军、面对挫折,忠贞不渝、中华英魂,浩气长存等部分组成。再现了赵尚志一生的光辉伟绩。在赵尚志的家乡建有赵尚志烈士陵园,墓室中有赵尚志颅骨,供人们凭吊。

尾声 英烈的革命精神永存

兴安巍巍，松江泱泱。
英雄尚志，赤胆忠肠。
投身革命，拯民兴邦。
五卅反帝，气概激扬。
进学黄埔，锤炼成长。
身陷囹圄，斗志高昂。
矢志抗日，创建武装。
横扫顽敌，锐不可当。
纵横驰骋，跃马横枪。
冰天雪地，艰苦备尝。
大智大勇，骁勇顽强。
忠诚事业，一心向党。
百折不挠，坚韧如钢。
浩气凛然，正义堂堂。
忍辱负重，襟怀宽广。
出生入死，效命疆场。
为国捐躯，无上荣光。

一代英雄虽已逝去，但其丰功伟绩永存，革命精神不死，浩然之气将永驻人间！

附　录

一、赵尚志生平活动年表

1908年10月26日生于热河省朝阳县喇嘛沟村(今属辽宁省)。

1914年(六岁) 开始随其父念书识字,后入官学堂(学校)读书。

1916年夏(八岁) 其父领导清乡自治会反抗官兵强收捐税斗争遭镇压,家被焚烧。其父、长兄流亡哈尔滨。

1919年春(十一岁) 为寻父兄,随母由朝阳迁居哈尔滨。

1920年(十二岁) 因家境贫困,不能继续读书。在一白俄家当杂役,后在银匠铺当学徒,摆地摊卖面粉、烧饼等。

1923年(十五岁) 在华俄道胜银行哈尔滨市分行道里支行当信差。

1925年2月(十七岁) 考入许公中学。开始阅读进步书籍。结识中共哈尔滨支部负责青年工作的彭守朴。

1925年夏　积极参加声援上海工人、学生"五卅"反帝爱国斗争,并在斗争中加入中国共产党。组织成立许公中学学生自治会,任副会长。

1925年冬　因在许公中学组织学生自治会,参加革命活动,被学校以"旷课太多,擅自离校"为由开除出校。之后,去广州投考黄埔军校。初为入伍生,后经考试合格,入第四期政治大队。

1926年夏(十八岁) 从黄埔军校回到哈尔滨。在哈尔滨地委工作,任妇运负责人。同年冬,由中共北满地委派往长春地区进行革命活动。

1927年2月(十九岁) 受北满地委派遣在长春筹建国民党吉林省党部,任常委兼青年部长。

1927年3月2日　因国民党案件在长春被捕,解往吉林第一监狱。在押期间与敌人进行坚决斗争。

1929年3月(二十一岁) 被解往江苏省苏州监狱。

1929年5月20日　经江苏省高等法院审判,宣布无罪释放。

1929年6月　获释后回到哈尔滨,在中共北满地委负责青年工作。以后去沈阳,在团满洲省委工作。

1930年1月至1930年3月　去上海参加党中央举办的高级训练班和团中央训练班。

1930年4月12日(二十二岁) 因在沈阳国民外交协会会场夺取讲坛而被捕,关押于沈阳第一监狱。

1931年12月(二十三岁) 经党组织营救,被释放出狱。

1932年1月（二十四岁）在哈尔滨中共满洲省委工作，先担任满洲反日总会党团书记，5月任省委常委、军委书记。

1932年4月12日　与范廷桂在哈尔滨市郊成高子成功颠覆日军军车一列。

1932年6月　受中共满洲省委派遣以省委代表身份在巴彦游击队工作，在队内担任参谋长、政委等职。

1932年8月30日　与巴彦游击队总指挥张甲洲率部联合义勇军"才团"、山林队"绿林好"攻陷巴彦县城。

1932年10月29日　与张甲洲率部联合山林队"绿林好"进攻东兴设治局。11月1日，在组织所率部队反击敌人进攻中，左眼眶下被敌弹击伤，骨质受损，致使左眼失明。

1933年1月（二十五岁）巴彦游击队遭失败。回哈尔滨向省委汇报工作，省委以其执行右倾路线为由被错误开除党籍。

1933年春　为继续从事抗日斗争事业，在哈东参加反日义勇军孙朝阳部队，开始为马夫，后任该部参谋长。

1933年10月4日　与李启东等六人脱离孙朝阳部队。随即找到中共珠河中心县委。在县委领导下，于10月10日建立起珠河东北反日游击队，并被选为队长。

1933年秋冬　在珠河、宾县一带开展游击活动，开辟珠河道南游击区、根据地。

1934年3月（二十六岁）开辟珠河道北游击区、根据地，联合义勇军、山林队在侯林乡成立东北反日联合军司令部，被推举为总司令。

1934年5月9日　率反日联合军攻打宾县县城。

1934年6月7日　率反日联合军在宾县三岔河与日伪军展开激烈战斗。

1934年6月29日　珠河东北反日游击队改编为东北反日游击队哈东支队，任支队司令。

1934年8月15日　率队攻袭敌重要据点五常堡。

1934年10月至12月　指挥哈东支队开展反对日伪军冬季"大讨伐"斗争，取得胜利。

1934年11月25日　在方正县肖田地与日伪军展开激战，于指挥突围作战中左臂受伤。胜利突围后，敌谓："此中必有名将指挥"。

1935年1月12日（二十七岁）中共满洲省委作出恢复其党籍的决定，指出1933年初原省委开除赵尚志党籍是错误的。

1935年1月28日　哈东支队扩编为东北人民革命军第三军，任军长。率部活动在哈东地区。

1935年3月初　率领第三军在方正活动，与谢文东、李华堂等部联合，成立东北反日联合军总指挥部，被推举为总指挥。

1935年3月9日　率反日联合军攻袭方正县城。

1935年4月至6月　率部东进牡丹江沿岸开展游击活动。

1935年7月　日伪军对珠河根据地进行疯狂"大讨伐"。指挥第三军部队展开英勇反"讨伐"斗争。

1935年9月10日 参加中共珠河中心县委执委会议。

1935年10月 按县委执委会议决议，率部赴方正、依兰、勃利等地活动。

1935年11月下旬 在勃利青山里召开第三军军部会议，决定北上汤原，开辟江北游击区。与李延禄所率第四军联合开展游击活动。

1936年1月26至28日（二十八岁）在汤原召开东北民众反日联军军政扩大会议，贯彻"八一宣言"精神。成立东北民众反日联军总司令部，被推举为总司令。

1936年4月 在小兴安岭林区创建东北抗日联军政治军事学校，兼任校长。

1936年春、夏 率第三军主力向通河、木兰、东兴等地远征，开辟新的抗日游击区，摧毁许多敌人据点，扩大了队伍。

1936年8月1日 东北人民革命军第三军改编为东北抗日联军第三军，任军长。

1936年9月18日 召集"珠河、汤原中心县委，三、六军党委联席会议"。批评"王康指示信"为产生右倾错误主要根源。成立北满临时省委，当选为省委执行委员会主席。

1936年9月下旬 部署反对敌人1936年度秋冬季"大讨伐"斗争，发表《为反对秋冬季"讨伐"告一切反日部队及全体战士书》。

1936年初冬 到东北抗日联军政治军事学校检查工作。

1936年11月末 率部向黑嫩平原远征。

1937年3月7日（二十九岁）在通北冰趟子地方与日伪军展开激烈战斗。

1937年3月27日 率部在龙门炭窑与日军竹内部队町田少佐所率"讨伐队"展开激烈战斗。

1937年4月下旬 由逊河返回汤原根据地。

1937年6月28日 参加北满临时省委执委扩大会议。

1937年7月至12月 为配合全国抗战，积极领导抗日游击战争。9月曾以东北抗日联军总司令名义发表通告，号召各界同胞迅速行动起来，救国光复东北，赢求民族解放和国土完整。

1937年10月 抗联第三军第十师成立，第三军兵员达六千人，全军发展到鼎盛时期。

1937年11月26日 致信苏联远东红军司令布留赫尔及联共军党委，寻求军援。

1937年12月1日 发表《关于整饬军纪给各师负责同志的信》，要求防止腐化，以巩固、发展部队。

1937年冬 组织反对日伪当局对伪三江省展开的大规模军事"讨伐"斗争。为寻求与中共中央联系、苏联军事援助，北满临时省委召开会议决定派其为代表赴苏。

1938年1月（三十岁）过界赴苏联，被苏方羁押。

1938年2月 毛泽东在接见美国合众社记者时说："有名的义勇军领袖杨靖宇、赵尚志、李红光等等，他们都是共产党员，他们的坚决抗日艰苦奋斗的战绩，是人所共知的。"对赵尚志抗日业绩给予高度评价。

1939年4月（三十一岁）北满临时省委执委二次会议认为自珠、汤联席会议以来，其犯有"反党左倾关门主义路线"错误,决定在党内撤销其北满临时省委执行委员并给予严重警告处分,在军内撤销其抗日联军总司令及第三军军长职务。

1939年5月 苏方将其释放,并传达共产国际任命他为东北抗日联军总司令。

1939年6月27日 率百余名抗联人员组成的队伍由苏联返回东北抗日战场。

1939年6月28日 率队攻袭乌拉嘎金矿局,取得胜利。

1939年9月30日 以抗联总司令名义发出通知,召集北满党、军领导同志会议,未成。

1939年12月 与北满省委代表冯仲云、吉东省委代表周保中在苏联伯力开会(第一次伯力会议),讨论吉东、北满党内争论问题,总结东北抗日游击运动经验,决定与苏联边疆党委、远东军建立正式关系。

1940年1月28日(三十二岁) 北满省委第十次常委会认为其有"反党行为",决定"永远开除"其党籍。同年6月改为去掉"永远"二字,开除其党籍。

1940年3月 第一次伯力会议结束,被调任东北抗联第二路军副总指挥。

1940年6月2日 主编《东北红星壁报》出版第二期。

1940年7月23日 以抗联第二路军全权代表身份去苏联伯力执行公务。

1940年10月2日 由苏返回,在饶河暴马顶子负责领导抗联第二路军第二支队斗争。

1940年10月至11月 以"向之"笔名撰写《关于东北抗日游击队的过去与现在的略述》《关于布置和建立东北游击队的报告》两篇重要文献。

1940年12月 根据苏联远东边防军负责同志来电,赴苏参加第二次伯力会议。

1941年1月(三十三岁) 吉东党组织认为其在第二路军工作期间有严重错误言论,决定撤销其第二路军副总指挥职务。

1941年10月 率小部队由苏联返回东北进行活动。

1942年2月12日(三十四岁) 在去袭击鹤立县梧桐河金矿伪警察分驻所途中,被混入队内的敌特打伤、被俘,八个小时后英勇牺牲。

二、主要文献、资料索引

本书所依据的文献、档案资料及参考的著述主要有：

(一)党内(含军内)文献

1. 《中共中央为日本帝国主义强占东三省事件宣言》(1931.9.20)
2. 《中共中央给满洲各级党部及全体党员的信》(1933.1.26)
3. 《中共中央给满洲省委指示信》(1934.2.22)
4. 《中国苏维埃中央政府、中国共产党中央委员会为抗日救国告全体同胞书》(1935.8.1)
5. 《中共满洲省临委关于省委破坏的原因、经过及所得到的教训给中央的报告》(1930.5.23)
6. 《满省狱中干事会给党团省委的报告》(1931.3.13)
7. 仲云:《满洲巡视报告第一号》(1932.5.13)
8. 《满洲巴彦(县委)报告》(1932.11)
9. 《满洲×××同志关于巴彦游击队事变的经过报告》(1933.2)
10. 《珠河县委关于孙朝阳队伍中工作情形的报告》(1933.8.16)
11. 《满洲省委老张关于珠河游击队的检查和布置的报告》(1933.10.9)
12. 《满洲省委给珠河中心县委及游击队同志信》(1933.11.28)
13. 《××巡视珠河工作报告》(1934.1.31)
14. 《中共满洲省委给珠河县委及游击队全体同志信》(1934.4.8)
15. 《中共珠河中心县委报告》(1934.8.26)
16. 《中共满洲省委巡视员霞巡视珠河报告》(1934.9.28)
17. 《东北反日游击队哈东支队给省委的报告》(1934.9)
18. 《中共满洲省委为粉碎冬季"大讨伐"给全党同志的信》(1934.10.20)
19. 《满洲省委代表芬流关于珠河报告》(1934.11.24)
20. 《东北反日游击队哈东支队给省委的报告》(1934.12.24)
21. 《满洲省委关于恢复赵尚志党籍的决议》(1935.1.12)
22. 《东北人民革命军第三军司令部给中共满洲省委的报告》(1935.4.11)
23. 王明、康生:《给吉东负责同志秘密信》(1935.6.3)
24. 《珠河中心县委关于敌人烧杀游击区及县委工作情况报告》(1935.8.11)
25. 《中共珠河中心县委目前哈东政治形势与我们的任务的决议》(1935.9.10)
26. 《吉东特委给珠河中心县委及三军负责同志信》(1935.11.26)
27. 《东北抗日联军统一军队建制宣言》(1936.2.20)
28. 晓梦:《关于第三军系统内部队组织及工作情况》(1936.2.29)

29. 《中央驻东北代表给珠河党团县委及三军负责同志信》(1936.3.12)
30. 赵尚志:《给三军四师师长郝贵林、政治部主任金策的信》(1936.5.4)
31. 《东北人民革命军第三军改编为东北抗日联军第三军通告》(1936.8.1)
32. 赵尚志:《给第三军第三师师长李熙山同志的信》(1936.9.17)
33. 《珠汤联席会议对目前政治形势的分析与我党新策略任务的决议草案》(1936.9.18)
34. 《中共珠汤中心县委三、六军党委关于组织北满临时省委的决议》(1936.9.18)
35. 中共驻共产国际代表团:《中央新政治路线信》(1936.10.2)
36. 刘海涛:《关于满洲情况的报告》(1936)
37. 朱新阳:《关于北满1936年一切工作的经过报告》(1936)
38. 《中共北满临时省委执委扩大会议对目前政治形势的分析及关于政治路线的决议案》(1937.8.8)
39. 赵尚志、张寿篯:《给祥兄的信》(1937.8.28)
40. 《第三军党委会关于反奸细斗争是巩固革命营垒的重要问题》(1937.10)
41. 赵尚志:《致苏联远东司令及联共军党委的信》(1937.11.26)
42. 赵尚志:《关于整饬军纪给各师负责同志的信》(1937.12.1)
43. 张寿篯:《给中共北满临时省委的意见书》(1938.2)
44. 《北满临时省委第七次常委会决议》(1938.5.1)
45. 金策:《致北满省委三军党委及六军党委和下江哈东各特委意见书》(1938.6.28)
46. 赵尚志:《关于"抗日反满"问题的意见》(1938)
47. 《北满临时省委执委第二次会议决议》(1939.4.12)
48. 赵尚志:《给戴鸿宾同志的信》(1939.9.28)
49. 赵尚志:《致金策同志信》(1939.10.10)
50. 《中共北满省委关于永远开除赵尚志党籍的决议》(1940.1.28)
51. 《吉东北满党内斗争问题讨论总结提纲》(1940.2)
52. 《北满党内问题讨论终结——关于负责同志个人估计意见》(1940.2)
53. 《关于东北抗日救国运动底新提纲草案》(1940.2)
54. 赵尚志:《请求书》(1940.3.20)
55. 金策:《关于赵尚志党籍问题的回答信》(1940.6.20)
56. 《第二路军总指挥部暨警卫队直属部队党员大会决议案》(1940.5.29)
57. 周保中:《致王新林同志信》(1940.7.23)
58. 向之(赵尚志):《关于东北抗日游击队过去与现在的略述》(1940.11.27)
59. 向之(赵尚志):《关于布置和建立东北游击队的报告》(1940.11.27)
60. 赵尚志:《关于党籍问题》(1940.11.27)
61. 《北满反日游击运动史略》(1941)
62. 《中共黑龙江省委关于恢复赵尚志同志党籍的决定》(1982.6.8)

(二)回忆录、访问录

中共黑龙江省委党史研究室存赵尚朴、赵尚清、赵尚英、于开泉、吴宝太、高成儒、许久昌、程道济、郭德煦、彭守朴、张有仁、刘作垣、高伯玉、王鹤寿、赵文栋、王纯一、王松山、郭庆芳、冯仲云、薛雯、李实、何成湘、吴福海、夏尚志、张革、徐化民、宋笑如、杨光华、韩光、赵毅敏、朱新阳、季铁中、张险涛、沙永振、赵有、梁再文、董长义、张德、张祥、鈤景芳、张光迪、蔡近葵、于保合、徐文彬、周保中、李敏、王明发、郭录、戴鸿宾、李在德、陈雷、张凤岐、霍占奎、王明贵、王玉昌、丁春生等有关赵尚志的回忆录、访问录。

(三)民国时期档案

1.《东省特别区行政长官公署为许公储才学校学生有入共产党之说请设法防制由》(1926.4.6)
2.《东铁管理局副局长郭崇熙呈复饬查许公学校学生潜入共产党情形由》(1926.4.24)
3.《东铁管理局副局长郭崇熙呈为许校学生张儒林退学情形应不准回校各情由》(1926.5.20)
4.《东铁督办刘尚清指令》(1926.6.4)
5.《吉林省警察厅长修长余给吉林督军张作相的报告》(1927.3.2)
6.《吉林省政府致国民政府文官处公函》(1929.3.20)
7.《朝阳县志》卷三十四(1930)
8.《奉天高等法院检察处致地方维持委员会的呈》(1931.12.14)

(四)日伪档案

1. 伪滨江省公署警务厅长致管下各特务班长:《关于共匪赵尚志宣传内容之件》(1935.10.3)
2. 伪滨江省公署警务厅长致民政部警务司长:《关于共匪赵尚志行动之件》(1935.10.15)
3. 日本关东军参谋部:《关于昭和十年秋季治安肃正工作概况》
4. 日本关东军宪兵司令部:《关于自昭和十一年四月至昭和十四年三月警宪施行之满洲国治安肃正大纲》(1936)
5. 伪三江省公署:《治安概况报告》(1937.10.4)
6. 伪满洲国军政部军事调查部:《满洲共产匪研究》(1937)
7. 伪三江省警务厅:《关于射杀赵尚志向治安部警务司长谷口明山的报告》(1942.2)
8. 日本关东军宪兵司令部:《满洲共产抗日运动概况》(1938—1942)
9. 伪满《盛京时报》《大同报》《滨江时报》《泰东日报》中有关报道。

(五)著 述

1. 王语今:《赵尚志》,连载于《反攻》杂志(1940)
2. 周东郊:《铁窗内外》,载《吉林文史资料》第六辑
3. 李延禄:《过去的年代》,黑龙江人民出版社出版(1979)
4. 《周保中简短日记》,载《东北地区革命历史文件汇集》
5. 吉林大学实习队:《尚志人民抗日斗争史调查材料》(未刊)
6. 《东北抗日联军史料》,中共党史资料出版社出版(1987)
7. 巴黎《救国时报》《解放日报》《东北日报》《松江日报》《黑龙江日报》等登载的有关文章。

三、关于"向之"即赵尚志的考证

在中央档案馆和东北三省档案馆合编的《东北地区革命历史文件汇集》甲五十九册中,收有两篇署名"向之"的文献。第一篇是《关于东北抗日游击队过去与现状的略述》,第二篇是《关于布置和建立东北游击队的报告》,各约二万字,落款日期都是1940年11月27日。这两篇文献对研究东北抗联历史具有重要价值。

文献作者署名"向之",在抗联文献档案卷宗中尚属首次出现。其真实姓名需要认真搞清,因为能否确定作者真实姓名直接关系到档案能否被正确利用。

查,1933年8月,北平地下党组织曾派遣一名叫李向之(又名李逸民、一民)的同志在依兰、佳木斯一带从事过地下党活动。1934年秋,他回北平,参加筹组北平武装自卫会。此后,他长期在关内工作。一直到1947年才回东北,在吉林省工作,"十年动乱"期间,惨遭迫害,1976年11月含冤病逝。此位李向之未参加过抗联斗争,从其经历看,他不是撰写上述两篇文献的"向之"。

那么撰写上述两篇文献的"向之"究竟是何人呢?据考查,我们认为"向之"即是抗联著名将领赵尚志。

具体根据如下:

1. 从两篇文献内容看,都是从东北战略全局角度阐述问题的。第一篇文献,将"九一八"事变后至1940年的东北抗日游击战争分为七个阶段,详细反映了东北抗日游击战争发生、发展的全过程,这种高屋建瓴的视角,说明此文应出自抗联高级将领之手。第二篇文献还涉及第二、三路军中层等领导调动的建议。又可见,它应该出自吉东、北满抗联而不是东满、南满抗联高级将领之手。

从第一篇文献中看,抗联第三军(赵尚志任军长)及活动地哈东地区的内容写得很多且详细,还有许多赵亲历之事,如巴彦游击队的产生及失败,哈东支队的发展斗争业绩,珠河人民革命政府的成立,哈东根据地的反"讨伐"斗争,人民革命军第三军的成立,领导谢文东、李华堂部队、第四军及其他义勇军突击到汤原争得胜利发展,1936年1月28日东北民众反日联军总司令部的成立,抗联第三军的成立及其部下李振远(第三军第九师师长)的英雄事迹等等。文中对东满、南满、吉东地区抗日武装活动却讲得较少,有的也不够准确。如,将吉东地区的抗日武装——1935年2月成立的东北反日联合军第五军说成是"抗日同盟第五军",连部队名称都说错。在第二篇文献讲到抗日部队新的军事布置时,北满地区的地点讲得详细,甚至有些很不知名的村屯、山岳、河流都提到,如汤旺河西之曹家屯,东兴北部黑山、双阳山、萝北县鸭蛋河,小兴安岭乌拉嘎河(这些地方都是赵尚志及所属部队战斗过的地方)。这说明这两份文献不是出自吉东抗联领导人之手,应是出自北满抗联领导人,特别是赵尚志之手。

2. 在第一篇文献中,述及1937年末原抗联第六军第二师师长陈绍宾传递苏联远东当局邀请赵尚志过界赴苏信息之事时说:"受某种奸细性质的阴谋分子捏造特别报告,转达给北满抗日联军总司令部……"这是赵尚志的一贯说法。当时赵尚志过界赴苏后,苏方否认有邀请之事,将他关押一年半之久,赵尚志一直认为他去苏被关押与陈绍宾有直接关系,陈有奸细嫌疑。在吉东、北满抗联高层领导中,别人无此种经历和认识。

3. 在第一篇文献中,全文引用了《东北抗日联军总司令部通缉令》。这个通缉令是1939年赵尚志从苏联回东北后由他所签发。对于这个"东北抗日联军总司令部",吉东、北满抗联一些领导人,因内部所谓路线斗争,赵尚志处于被批判地位,在事实上未予承认。对此,他们也不欣赏。这也可说明此文献是赵尚志所写。如果系别人所写,不会引用不被欣赏的"总司令部"所发的通缉令全文。

4. 在论述抗联斗争历史的第一篇文献中,对赵尚志于1937年部署的突击计划,有些部队未实行,致使部队遭受损失,多有指责。文中说"本年秋期的各军分头突击计划,曾因各种复杂原因,均未遵照实现。而第三军部队内个别干部也多动摇推诿,致迟延行动。"这是赵尚志的认识。他在1940年1月22日致苏联敦斯基同志信中也说过类似的话。同一文献没有写到对抗联斗争影响极大的1938年冬季敌人残酷围剿和抗联异常艰苦的反"讨伐"斗争。这是因为赵尚志1938年全年离开了东北战场(在苏联被关押),未经历该年冬季艰苦斗争,所以不能具体写出。从这点上也可说明此文献系赵尚志所写。

5. 在第二篇文献中有"我听得二路军绝大多数人向我随便谈话中提到这样一个问题……"从文中语气看,作者原来不在抗联第二路军工作。文中又有"二支队某些消息苏联边防同志都早知道了,而指挥部(按,指第二路军总指挥部)尚不知道。"这又说明,作者写本文时又身在第二路军总指挥部。那么,合于这种身份的人只有赵尚志一人。赵尚志原系北满抗联总司令、第三军军长,是1940年3月被调到第二路军任副总指挥职务的。

6. 在两篇文献中,多处提及反奸细破坏、反奸细问题。这是赵尚志怀疑抗联内部高层领导中有奸细嫌疑,在所写文章中的反映。赵曾认为来自中共代表团的"反满抗日不并提"文件,是有严重错误的文件,曾说:"如果这不是中央的文件则必是奸细的。"并极而言之对赞成、拥护这一主张的吉东、北满一些领导人,提出尖锐批评,说是"奸细作用之一"。而其他抗联领导人虽然也谈到过反奸细斗争,但其思路与赵尚志不同。

7. 第二篇文献所讲游击队不应"困守山里""蹲山里密营",应纠正"模仿旧军阀完全不适用的操典",克服"法令不公""待遇不平""因为计划不决……而陷入于劫夺人民的衣食牛马的行动"等等,这与第二路军一同志在1941年1月3日揭发赵尚志在1940年10月、11月的言论相一致。揭发材料中讲,赵尚志曾说过某某"是'死守山里'不打仗的手","'蹲在山里'指挥大树",某某"蹲在山里吃老百姓",某某"心眼偏私,所获胜利品'分发不公'",某某"只是到没吃的时候,哪怕抢老百姓的……"等(见《东北地区革命历史文件汇集》甲六十册第151页)。将第二篇文献与揭发材料两相比较,这些内容所指基本相同,言词语句也基本相似。从这一点也可以证明这两篇署名"向之"的文献是出于赵尚志之手。

以上,是仅就这两篇文献本身考察得出的结论,此外还有一有力证据:

在上述两篇文献面世之前,由抗联第二路军总指挥部主办1940年6月2日出版的《东北红星壁报(第二期)》(现存中央档案馆)就已出现有署名"向之"的文章。据考查"向之"即"尚志"的谐音,是赵尚志的笔名。

1940年5月29日,抗联第二路军总指挥部直属部队召开党员大会决定,为加强壁报宣传工作,成立壁报委员会,由赵尚志、姜信泰、金京石、李俊、王春发五人组成。赵尚志任"主笔",还要求壁报第二期尽快出版。据曾在第二路军总部工作过的彭施鲁同志证实,壁报委员会中的五人他都熟悉,除赵尚志外,其他四人都不善于写文章。当时总部直属部队中能写文章的人也不多。而本期壁报有十二篇署名文章,署名"向之"的诗文竟有四篇之多,显然,这是赵尚志因担负"主笔"责任为落实尽快出刊要求,必须赶制文章以补文稿不足而为之的。且报纸编辑、记者、作者一般都习惯用个笔名,"主笔"自然也不例外,故用"向之"即"尚志"之谐音

赵尚志以"向之"笔名写的《纪念红色的五月》。"向之"
是由"尚志"两字改成,改写痕迹清晰可见

作笔名发表文章也是自然的。

更能说明问题的是这期《壁报》第六版上的《纪念红色的五月》一文原署名"尚志",后改为"向之",涂改痕迹很清晰。这与同一版面赵尚志为悼念抗联第五军第三师师长张镇华所写

挽联的署名赵尚志中的"尚志"两字相对照,笔画粗硬的"向之"两字是由原"尚志"两字后改而成,更是十分清楚。由此再联系到前述署名"向之"的两篇文献系北满抗联高层领导同志所写,可以得出结论,"向之"即赵尚志无疑。

经考证,以"向之"署名的两文献所述问题,是赵尚志长期考虑的问题,并不是一日写成。落款日期并非写作日期,而是他赴苏参加第二次伯力会议,在苏等待开会的日期。第一篇文献是为《新华日报》社所写,想通过苏方传到关内,供宣传东北抗日武装斗争用。第二篇是他早就要写出的报告。在1940年8月22日,赵尚志赴苏与远东方面军代表谈话中说过,他认为:"必须在伯力、哈尔滨、黑河这一三角地带组织十五支游击队。"他要亲自"拟定游击队的发展行动计划","要详细地分析在什么地方和怎样进行工作","关于这个问题我将充分详细地写成书面材料。"这第二篇《关于布置和建立东北游击队的报告》就是他所说他要"充分详细"写成的"书面材料"。同时也是为参加第二次伯力会议准备的一份报告。因赵尚志在会议刚召开不久即遭"批判",尔后退出会议,文献中所阐述的意见也就难以被会议采纳了。这不能不说是个历史的遗憾。

赵俊清

四、赵尚志颅骨被发现、确认的经过及其现实意义

2004年6月2日,赵尚志将军颅骨于长春被发现,后经国家有关权威部门鉴定,予以确认,一时引起轰动。

关于被日本侵略者杀害的东北抗日联军将领的遗首下落,长久以来就是党和人民政府十分关切的事情。抗日战争胜利后,抗联第一路军总司令杨靖宇、抗联第十军军长汪雅臣、抗联第一路军第三方面军指挥陈翰章的遗首都找到了,唯独抗联第三军军长、北满抗联总司令赵尚志的遗首下落不明。抗日民族英雄赵尚志的头颅究竟存藏在何处,一直是个谜,历来为国内外人士所关注。

2004年6月1日,军旅作家、沈阳军区电视编导姜宝才同志在长春护国般若寺发现赵尚志的颅骨出土线索,6月2日,颅骨在第二埋葬地长春净月潭惊现,后经国家公安部物证鉴定中心鉴定确认是赵尚志颅骨无疑。其经过极具传奇色彩。因本人作为《赵尚志传》一书作者,在颅骨发现不久,应邀于省内参加了初期的观察、鉴定工作,较早知道此事,现将颅骨发现及鉴定确认经过追记如下。

(一)

2004年6月中旬,赵尚志的外甥李龙同志(赵尚志四妹赵尚英之子)告诉我一个振奋人心的消息:军旅作家、沈阳军区电视编导姜宝才同志在长春护国般若寺发现一颗颅骨,估计是赵尚志的颅骨。

因为我撰写《赵尚志传》一书时,知道日本"中国归还者联合会"(简称"中归联")成员东城政雄先生(原日本战犯、曾任伪鹤立县兴山警察署特务主任)曾说过,赵尚志牺牲后,其头颅由他乘飞机送往伪都"新京"(长春),后埋葬在市内般若寺。几经追寻的赵尚志的头颅竟在六十二年后,终于在该寺院被发现,这消息能不令人振奋吗?

姜宝才是我刚结识不久的一位同志。他是沈阳军区电视艺术中心的编导。2004年3月20日,他来黑龙江省采访抗联老同志李敏和史志研究者,我与他见过面。他说正为拍摄有关抗联内容的文献专题片《东北抗联》收集资料,以纪念抗战胜利六十周年。交谈中,他注意对抗联将领杨靖宇和赵尚志斗争事迹细节的询问,特别对抗联将领赵尚志深感兴趣,对其悲壮人生十分感慨。我感到他是一个很钻研、很认真、很执著的人。临别时,我将拙著《赵尚志传》(第二版)赠送他一本。

后来,姜宝才多次给我来电话,表达对赵尚志的敬意及对他悲剧人生的同情,他要写一篇《死不瞑目的赵尚志》的长篇散文。为此,他查询有关赵尚志的资料和历史文献,得知赵尚志的头颅当年被埋在长春般若寺。5月31日,他乘车去长春办事。6月1日,他办完事后,问陪同的李少校,长春有个般若寺吗?李少校说有个大庙,就在附近。于是他们就去位于市人民广场附近的护国般若寺,买了门票便进去查访。

进入寺院,姜宝才见到一位和尚,便谦恭地问:"师父,您听过抗日英雄赵尚志的头颅埋在贵寺院的事情吗?"回答是:"不知道。"他向寺院里面走去。又见到一位法名释果慈的师父,问到同样问题。回答是:"没听说过。"但这位师父很认真地说:"昨天民工在后院修建院墙时挖出一个无名头骨。"又说,"工人挖出后,运到废土堆上,准备扔掉。这个头骨埋在我们寺内,说明他与佛家有缘,怎么能乱扔?我给超度后,已被送到市郊净月潭山上埋葬了。"

姜宝才听到这个消息,立刻一惊,便请果慈师父带领他到寺院后院,找到挖出颅骨的地方,向挖出颅骨的民工——榆树县农民李和询问情况。李和说:"5月31日上午10时,在寺北院挖墙基时,在距北墙根十公分、地面五十公分深处,铁锹碰到一个发黄的硬东西,挖出一看,原来是一个脑瓜骨,便扔在土堆上,准备连土运走。后来,被一个和尚(按,指果慈)拿走了。"李和还说:"挖出的只有这个脑瓜骨,再没有别的骨头。"

姜宝才看到般若寺内颅骨出土现场,听到李和讲述的只有一具头骨,马上意识到这里出土的颅骨极有可能是赵尚志的颅骨。中午他回到住地,立即从部队请了一个姓李的军士带摄像机,借了一把军用锹,到商店购买了准备用来保存颅骨的一个红色塑料盒和四卷高级软纸,于下午,驱车再次来到般若寺。对颅骨出土现场进行录像,对民工李和进行再次采访,留下记录。他又仔细向僧人了解了颅骨的第二埋葬地——净月潭的具体位置。此时,姜宝才非常自信,尽管在现场有人说那是伪满皇帝溥仪妃子谭玉玲的颅骨,但这没使姜宝才放弃追寻的念头:必须把那个颅骨找到!由于天色已晚,姜宝才决定第二天到净月潭挖那颗颅骨。

姜宝才回到住地,他把这个重要信息告诉给在哈尔滨的抗联老战士李敏和摄制组总编导峻严。李敏听了姜宝才打来的电话很激动。她提出要到长春,并建议赵尚志的亲属也一同前往。峻严让他与摄制组成员李俊杰跟踪寻访这颗颅骨的下落。6月2日上午10时30分,姜宝才第三次来到般若寺。不久,李敏等也如约来到了长春般若寺山门前。

(二)

关于赵尚志的头颅埋藏在长春护国般若寺的情况是原日本"中国归还者联络会"(简称"中归联",是由中国归还日本的战犯成立的反战组织)成员东城政雄先生提供的。

还是1987年1月,日本《朝日新闻》记者林郁女士(山崎枝子)来中国哈尔滨访问抗联老战士、黑龙江省政协副主席李敏同志(朝鲜族)和中共黑龙江省委党史研究所所长金宇钟。李敏谈完少数民族抗日斗争的话题后,对林郁说:"请您回国后帮助找一下东北抗联赵尚志将军的首级,我们知道当时首级被运到长春,后来可能被关东军运回日本了。抗联第一路军总司令杨靖宇的首级在长春发现了,而北满抗联总司令赵尚志的首级却找不到。"此后,金宇钟向林郁详细介绍了东北抗日斗争历史、赵尚志斗争事迹和当年伪兴山警察署署长田井久二郎、特务主任东城政雄策划毒计致使其牺牲的详细情况。并讲,东城、田井已被释放回日本。林郁女士听后,被赵将军抗日的事迹所感动,答应回国后一定帮助寻找。

林郁女士很认真负责。她回国后,于2月8日找到了东城政雄。东城政雄住在群马县,已七十五岁,记忆力很好。林郁女士向他说明来意后,东城政雄详细地讲述了他参与谋杀赵尚志将军的全过程,并爽快地说,我现在没有任何顾虑,请用我的本名对此事件进行报道。接着，他又讲述了谋杀赵尚志将军后，受三江省田中要次警务厅长之命，用木箱装上将军首级乘飞机向"新京"（长春）运去的过程。他说上飞机前，将军首级是冻结的，由于机内暖和，又在哈尔滨停留，费时较长，冻结的首级开始解冻，脸色呈紫色。但可以清楚地看到一个眼睛旁边有战斗中受伤的痕迹。到了"新京"（长春），在机场由来迎接的汽车直接运到了治安部，治安部大臣于芷山立即出来观看，连声说，好，好！由于将军首级没有及时进行防腐处理，已经开始流血水，腐烂了。伪治安部及日本关东军的高官们看过首级后，商谈了首级的处理问题，认为首级已经腐烂，无法继续保存，决定将首级送到"新京"（长春）的护国般若寺，当作"无缘佛"埋起来就行了，具体地点不清楚。

人们知道，护国般若寺建于1922年，是天台宗第四十四代传人倓虚法师创建。因建造时，倓虚法师在讲《金刚般若波罗蜜经》，故名般若寺，"般若"为梵语，是"大智慧"之意。1931年九一八事变爆发，日军即占领长春，1932年伪满洲国成立后，改为"护国般若寺"，是"满洲国"的"护国寺"。日本人将赵尚志首级埋在伪"国都""新京"般若寺，是有其险恶用心的。意喻日军"讨伐"胜利，赵尚志作为"无缘佛"（日语"野鬼"之意）被埋在般若寺，以利"护国"。

1987年2月13日，林郁女士致信金宇钟同志，将东城政雄先生所说赵尚志将军首级埋在长春护国般若寺的情况告诉了他。金宇钟同志得知后，他和李敏同志以及吉林省委党史研究室同志都曾去长春般若寺寻找，但因寺院无上世纪四十年代的僧人，没有找到知情者，又因寺院较大，埋藏具体地点不清，无任何标志，没有找到。之后，金宇钟致信林郁女士："向林郁女士表示谢意并告知接到您的来信后，我立即去了般若寺，但没有找到首级，请向说了真话的东城先生致意。"

金宇钟同志虽然在般若寺没有找到赵尚志将军颅骨，但他认为东城政雄提供的埋藏地这一信息十分重要。当时，我正在撰写《赵尚志传》一书，金宇钟同志将林郁女士致他的这封信交给我看，供我参考。写作中，我引用了信中东城政雄所述伪三江省警务厅派他乘飞机送赵尚志将军遗首到长春，及遗首埋在长春护国般若寺的内容。我感到东城政雄先生是健在的赵尚志将军头颅落点的唯一知情者，他是深刻省罪，被释放回国后倡导中日世代友好的人士，所提供的信息应该是可靠的，应该予以相信。于是，我将此内容写入《赵尚志传》书中。

2004年3月，姜宝才来哈尔滨访问了抗联老战士李敏同志。李敏向他讲述了自己所经历的抗联战斗生活及所知道的赵尚志斗争事迹。鼓励他一定要把《东北抗联》这部专题片拍好。当姜宝才得知，六十多年了，赵尚志的头颅还没有下落，竟使他久久不安。姜宝才通过访问，由衷地对抗联老战士李敏表示尊重和感谢，他说："李敏作为一名幸存不多的抗联老战士之一，把她的余生献给了宣传和弘扬抗联精神上。她走遍了白山黑水，寻找烈士足迹，向后人讲解抗联的历史；她自费整理出版了抗联歌曲集，给后人研究抗联史，留下了很多宝贵的文献和文物。我在李敏身上得到慈母般的爱和前辈的帮助，使我在前行的路上，勇往直前，把抗联题材作为终生的创作。没有李敏的帮助和支持，就不会有目前赵尚志的宣传程度，也就不会有赵尚志的'复活'。"所以，他发现般若寺出土一具颅骨，便立即将此信息通报给李敏同志。

（三）

2004年6月2日,应该说是个值得纪念的日子。在这一天,失踪六十二年的赵尚志的颅骨终于重见天日。

6月2日上午11时许,姜宝才在长春护国般若寺门前,看到了远道乘汽车(车牌号黑A00162)而来的抗联老战士李敏及赵尚志的外甥李龙和李明兄弟、原抗联老战士黑龙江省省长陈雷的秘书张智深、李敏同志的秘书、司机冯书奎等。姜宝才带领大家去寺院见果慈师父,说明希望他能带领去净月潭寻找那颗颅骨。果慈说:"那得与寺院的'课堂'联系,我们离开寺院,都要请假,须得到批准。"姜宝才来到寺院的"课堂"找到一个师父,他说:"我做不了主,得请示住持,他现在不在寺院,你们过几天再来吧。"之后,姜宝才又去佛教协会联系。在姜宝才去联系时,李敏等人来到寺院后院颅骨出土的位置,详细进行观察,并在那里捡了一些砖头,挖些黄土准备拿回作纪念。

当他们知道联系的结果是"过几天再来"时,都很着急。"过几天怎么能行?"李敏、赵尚志的外甥李龙和李明等都这样说。

时间过去了三个小时,这对姜宝才来说是如此的煎熬:很多人来了,不能这样的毫无结果让李敏老人回去。姜宝才决定再到课堂找果慈师父,做深入的说服和沟通工作。果慈说:"我去请示一下'课堂'。"不久,他回来了,说:"'课堂'不同意。"但姜宝才等继续进行做工作,李敏向果慈讲了自己的身份——抗联老战士。她说:"赵尚志将军是抗联领导人,自己十分渴望找到将军的遗骨。"并将一些照片和回忆抗联斗争的文章拿给他看。李龙、李明也讲,我们是将军的亲属,我们找几十年了,希望您能理解我们的心情。真是心诚则灵。果慈师父终于被打动了。他表示再次去"课堂"请示。这回请示,"课堂"答应同意了,但"课堂"说:"出了问题你果慈自己负责。"

6月2日下午3时,果慈与姜宝才、李敏、李龙、李明、张智深、冯书奎、李俊杰等人乘车来到净月潭。

净月潭位于长春市郊,是山水秀美的自然保护区,已辟建为风景区。他们由果慈引领在净月潭找了好久,才在一松林茂密的山坡上找到一个有如反扣的脸盆大小的小土包。果慈指着小土包说,就是这里。原来,5月31日下午2时,果慈师父将在寺内挖出的颅骨"超度"后,在净月潭一个向阳山坡的松林中,找一个他认为合适的地方挖个小土穴进行了埋葬,上面培了个小土包,算是这无名颅骨的坟冢。

来到头骨第二埋葬地,大家神情严肃,将事先带来的塑料鲜花敬放在小坟堆上,举行了简单的祭奠活动。之后,赵尚志的外甥李龙、李明向果慈提议起坟,将颅骨挖出,进行鉴定,并说,如果不是赵尚志的颅骨,将认真负责地予以埋葬。但果慈表示不同意。他说:"我们出家人不同于你们俗家人,人士之骨殖不能随意乱动,要起坟,必须选择良辰吉时。"

大家见果慈不同意起坟,只得另想办法。此时,天色近晚,大家一天没有吃饭,便邀果慈师父回城里吃斋饭。饭后,把果慈送回寺院。之后,姜宝才、李明提议立即乘汽车返回净月潭将颅骨起出,他们认为颅骨埋葬地仅是一个小土包,如果下一场大雨,就会被冲没,再去寻找可就困难了。因此,不能等待择日起坟。大家都同意这个意见。他们寻求赵尚志颅骨心切,相信果慈能够理解。为使事情进行顺利,姜宝才、李龙、李明、李俊杰四人换乘出租车进入净月潭,来到颅骨第二埋葬地,小心翼翼地将颅骨起出,放入事先准备好的箱子里。这时一看手表,时间是6时20分。

太阳已经落山,姜宝才考虑为使以后对颅骨的保存、鉴定等方便,提出由抗联老同志李敏一行先将发现的颅骨带到哈尔滨。当时,李敏一行携带装有颅骨的箱子乘汽车返哈。

事后,姜宝才、李龙和李明兄弟俩都向我说过这颗颅骨发现的经过,我也访问过李敏同志,他们所讲完全一致,可见事实就是如此。这真是极具传奇的过程。

(四)

颅骨带到哈尔滨后,暂时存放在赵尚志外甥李龙同志处。抗联老同志李敏与颅骨发现人姜宝才及赵尚志外甥李龙、李明等约定,在正式作出鉴定确认前,对外不宣传,不声张。

6月4日,李龙、李明打开包裹对颅骨进行了初步观察、实测和拍摄。摆在他们面前的是一颗没有下颌骨和牙齿的颅骨。曾从事过历史、考古专业的李龙和从事医务工作的李明兄弟根据他们所具有的考古和医学知识判明此颅骨是成年男性的,特别看到颅骨左眼眶下有明显的骨伤痕迹,他们断定这就是寻找已久的亲娘舅赵尚志的颅骨。但由于缺少下颌骨和牙齿,还需由有关专家学者进行科学鉴定。为庄重保存好此颅骨,李龙、李明兄弟精心挑选一个

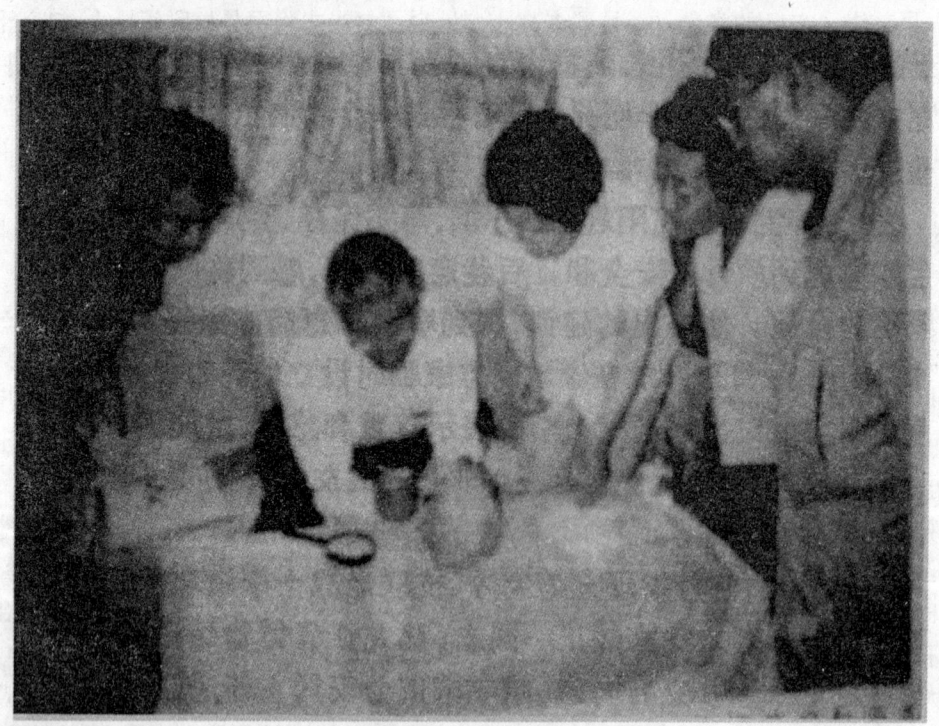

魏正一同志在鉴定于般若寺发现的颅骨

精制白胎豆青釉青花瓷罐盛殓这颗颅骨。

之后,姜宝才从沈阳赶到哈尔滨,落实保存、鉴定颅骨等具体事宜。姜宝才考虑到颅骨的

安全和日后鉴定的方便,感到将颅骨放在李敏同志家更为合适。他提出的建议,得到李敏和赵尚志亲属的赞同。6月19日12时,颅骨被移放在李敏同志家临时设立的灵堂内。谈到此事,姜宝才由衷地对抗联老战士李敏表示尊重和感谢,她能把自己家的客厅当作英雄的灵堂,这绝对是一种非凡的战友之情、亦是人类的崇高感情。

6月20日,颅骨发现人姜宝才及抗联老战士李敏和赵尚志亲属邀请黑龙江省内有关专家魏正一同志(黑龙江省博物馆研究馆员、考古文物鉴定专家)、张立岩同志(哈尔滨市公安局主任法医师)及文史学者金宇钟同志(中共黑龙江省委党史研究室原主任、研究员)、王忠瑜同志(黑龙江省作家协会专业作家,小说、电视剧《赵尚志》作者)及本人(赵俊清,中共黑龙江省委党史研究室原副主任、研究员)在李敏同志家进行初步鉴定。

6月20日上午,魏正一同志特地从嘉荫考古工作场地赶回,来到李敏同志家。在魏正一同志来李敏同志家前,李敏同志一再叮嘱赵尚志亲属及我们先来的同志:不要说这可能是赵尚志的头骨,不要说赵尚志长什么样,以使鉴定客观、真实。

在李敏同志家我看到了颅骨实物。这颗颅骨给我的感觉是较小,不像是大个头人的颅骨,颜色呈黄色。我特别注意观察到颅骨左眼眶下的伤痕十分明显、清晰。这是一块有拇指指甲大小的骨伤修复痕迹,颜色浅淡,与周围的黄色绝不相同。我感到这枚颅骨如果是男性的,那么十有八九是赵尚志的颅骨。因为我知道,1932年赵尚志在东兴战斗中左眼眶下负过伤,以致其左眼丧失视力。我认为颅骨上的这一伤痕是确定是为赵尚志之颅骨的具有重要性、特征性、根本性的实证。

魏正一同志戴上手套,拿着颅骨,用放大镜上下左右仔细观察。他首先从头盖骨上的各条骨缝(矢状缝、冠状缝、人字缝、蝶顶缝、蝶颞缝等)愈合程度的特征说起,认为死者年龄在二十八岁至四十岁之间。他又指着额骨、枕骨说,从额骨倾斜角度,弧度均匀,眉弓发达,框上缘较厚,枕骨大孔较大,枕外隆突发达,从这些特征看,此人性别为男性。在判断头骨埋藏年限时说,从颅骨的颜色、石化程度、风化程度等综合特征观察,此人死亡和埋藏时间超过十年,估计有几十年的历史,但不到亚化石的程度。他说的年龄、性别及头骨埋藏时间这几点与赵尚志牺牲年龄(三十四岁)和头骨埋藏时间(六十二年)基本吻合。

在观察时,魏正一特别注意到颅骨左眼眶下面的伤痕。他说:"头骨左眼眶下部和左颧骨内侧有硬伤,为死者生前受伤并经几年自我修复所致。在左眼下部,鼻骨左侧也有一处数毫米直径的近圆形痕迹,可能也是生前受伤所致。此外,颅顶有近期伤痕数处,可能是发掘时利器造成。"魏正一所说,令在场的人十分信服。我内心想,他所说"头骨左眼眶下部和左颧骨内侧有硬伤,为死者生前受伤并经几年自我修复所致"十分重要。此"硬伤"为"死者生前受伤",这与赵尚志于1932年在东兴战斗中左眼眶下负伤相一致。骨质受损也的确是可以自我修复的,如同骨折可以接上一样。颅顶的近期数处伤痕,是民工李和发掘时用铁锹触及造成的。魏正一在给大家解释时不小心用蘸酒精的棉签轻轻一点,那块薄薄的自我修复的伤痕骨质被碰破了。魏正一感到很不好意思。

魏正一同志鉴定完后,当场写了《头骨观察鉴定书》,并签字按上指印,盖上名章。大家见

到魏正一同志的鉴定说得有理有据,都高兴地说,证实了,证实了。直到这时,魏正一才知道他所鉴定的这具颅骨是抗日民族英雄赵尚志的颅骨。为此,他也感到特别荣幸。

6月20日下午,市公安局张立岩同志(主任法医师)来到李敏同志家,对颅骨进行鉴定。张立岩提供如下鉴定意见:

"性别:男性。

年龄:系成年人,年龄大约在二十岁至四十岁之间。

特征:头较小,身材较矮。

骨伤:左眼眶下缘中部有一切记,为陈旧性骨伤,系生前利器所致。左眼下有一新骨折线,在此新骨折线周围有陈旧性骨伤修补痕迹。

埋藏时间:比较长,十年以上至数十年。

鉴定人:哈尔滨市公安局刑事技术支队主任法医张立岩

2004年6月20下午3点"

张立岩同志所作鉴定意见与赵尚志的体貌特征一致。所谓"左眼下有一新骨折线"是魏正一鉴定时不小心碰破所留。

6月21日上午,此头骨被送至黑龙江省公安厅法医科,由主任法医师刘英坤同志进行鉴定,并提供了他鉴定意见。其内容与考古文物鉴定专家魏正一、法医张立岩同志鉴定意见基本相同:

"性别:男性。

年龄:35岁以上,40岁左右。

身高:1.62米左右(误差范围5厘米)。

埋藏时间:比较长,至少在10年以上至数十年。

2004年6月21日上午8:30

鉴定人:黑龙江省公安厅法医科主任法医师刘英坤"

刘英坤同志的鉴定意见文字虽然简短,但他测定的身高令人惊讶,"1.62米",这与赵尚志牺牲时敌人测量的身高"1.62米"(日伪档案记载),是完全一致的。

根据考古文物鉴定专家魏正一和法医张立岩、刘英坤同志的鉴定及文史专家学者金宇钟、王忠瑜及本人(赵俊清)等同志的分析,大家都认为这颗颅骨就是寻找已久的赵尚志的颅骨。

由于本人参加了6月20日这次长春护国般若寺发现的颅骨观察鉴定,应赵尚志外甥李龙同志要求,让我写一个观察鉴定意见,我写出了《关于对长春护国般若寺发现的一枚头骨的认识》,全文如下:

"2004年6月2日,沈阳军区电视艺术中心编导姜宝才同志在长春护国般若寺于工人进行建筑施工中,发现一具头骨,认为可能是抗联将领赵尚志将军头骨。本人应赵将军亲属及发现人的邀请见到了此头骨。过去本人专门研究过赵尚志将军生平(著有《赵尚志传》,黑龙江人民出版社出版),对赵将军生平、体貌特征有些了解。又根据省博物馆魏正一同志(考古文物鉴定专家)，市公安局张立岩同志(主任法医师)的鉴定结果及个人观察，本人认为此头骨应是赵尚志将军头颅，具体根据如下：

一、头骨出土地点与赵尚志将军遗首埋藏地点一致。据日本战犯，参与谋害赵尚志将军并亲自将将军遗首送往伪都"新京"(长春)的东城政雄回忆说，他乘飞机把将军遗首送到新京，伪国治安部、关东军要员看过后，遗首开始腐烂，根据伪治安部决定将遗首埋在长春护国般若寺内。现此头骨正出土于护国般若寺内后院院墙处。这与东城政雄回忆所说遗首埋葬地点完全一致。

二、护国般若寺出土的仅是一枚头骨，并无四肢、躯干等骨骼。如果出土的不仅是一枚头骨，还有其他身骨，自然也就排除了是赵尚志将军头骨的可能。但现在出土的仅是一枚头骨。赵尚志将军牺牲后，敌人在伪三江省省会佳木斯将其遗首锯下，遗身被抛入松花江冰窟中，遗首被送往伪都"新京"(长春)，后被埋葬。这与仅是赵尚志将军头颅在长春护国般若寺埋葬也一致。

三、据我省考古文物鉴定专家魏正一、哈市公安局法医张立岩同志观察鉴定，此头骨为男性头骨、系成年人，年龄在二十八岁至四十岁之间。头较小，身材较矮。头骨埋藏时间，超过十年，有几十年。从性别、年龄、身高、埋藏时间这四点看，与赵尚志将军自然状况基本一致。赵尚志性别为男，牺牲时三十四岁，身高1.62米(牺牲时敌人测量的数据，载日伪档案)，1942年2月12日牺牲，不久便埋藏，距今已有六十二年。

四、更为重要，能够确定是赵尚志将军本人的是此头骨左眼下部有伤痕。1932年11月1日，赵尚志将军率巴彦游击队攻打东兴设治局(今木兰县东兴镇)战斗中，左眼下部中弹负伤。据巴彦游击队队员宋笑如同志在1981年11月20日回忆："李育才(即赵尚志)政委命令我们队伍不要后退，他在指挥中被敌弹打中左颧骨"(载《巴彦党史资料第一辑》，1986年4月出版)。赵负伤后经治疗，因左眼内部组织受损，失去视力，左眼眶下留下三个月牙形伤痕。对于赵将军左眼负伤失去视力，抗联将军李延禄(原抗联第四军军长)在所著《过去的年代》一书回忆他在1935年末与赵尚志一起战斗时说："赵尚志，一目原来失去视力……依靠望远镜才发现果然有敌寇骑兵的影子。"另据敌伪资料记载，赵将军牺牲后敌人判定其遗体是否是赵尚志时，在人体特征方面主要是依据其左眼眶下有三个月牙形伤痕及身材不高(敌人测量其遗体身长1.62米)。赵尚志左眼丧失视力，眼眶下有伤痕，是赵将军相貌主要特征。现般若寺出土的头骨左眼眶下颧骨有伤痕，这与敌伪资料记载相符，与老同志回忆相符。

根据以上诸点，本人认为此头骨应是赵将军的头骨。但为准确起见，本人建议应用DNA和电子复原等现代科学技术、手段进一步予以鉴定，以确保无误。

中共黑龙江省委党史研究室赵俊清(印章)
2004年6月20日"

(此文与魏正一、张立岩、刘英坤同志所写的鉴定意见，现一并保存在黑龙江省档案馆)

经过黑龙江省的考古文物鉴定专家、法医、文史学者的观察鉴定一致认为此系赵尚志颅骨。这一鉴定结果使颅骨发现人和赵尚志亲属心情激动异常。李敏同志还自费请景德镇瓷器厂特制一个"将军罐"瓷棺,将颅骨盛殓其中,置放于家里灵堂中。赵尚志亲属对几位专家学者深表感谢。颅骨发现人姜宝才同志回到沈阳,将颅骨发现过程和黑龙江省的鉴定的结果向沈阳军区领导进行详细汇报,军区领导对此予以高度评价,对姜宝才同志给予表扬。同时,颅骨发现人姜宝才、抗联老同志李敏和赵尚志亲属胞妹赵尚文、外甥李龙、李明等将颅骨发现情况和省内专家初步鉴定结果向黑龙江省委、省政府报告,请求安排有关单位牵头到北京由国家有关部门做正式权威鉴定,并予妥善安置。

(五)

中共黑龙江省委、省政府接到颅骨发现人姜宝才及抗联老同志李敏和赵尚志亲属赵尚文、李龙、李明等的报告后对此十分重视。省委、省政府责成省民政厅协助中共哈尔滨市委、市政府办理国家级鉴定工作。沈阳军区政治部也于2004年9月21日,复函黑龙江省民政厅,应对颅骨进行科学、权威鉴定。

9月22日,黑龙江省民政厅在和平邨宾馆召开座谈会,颅骨发现人姜宝才及抗联老同志李敏、赵尚志胞妹赵尚文、外甥李龙、省委党史研究室金宇钟和本人(赵俊清),省委宣传部、哈尔滨市委宣传部、市民政局等单位负责同志参加了座谈会。会上,姜宝才同志介绍了颅骨发现经过和省内专家鉴定意见。与会人员提出了对颅骨进行国家级科学的、权威的鉴定和颅骨保护以及安放的意见和建议。同年11月24日,中共哈尔滨市委、市政府有关部门人员魏振存、梅玉贵、郭柏,颅骨发现人姜宝才,抗联老同志李敏,赵尚志亲属赵尚文、李龙、李明等十余人将颅骨护送到北京国家公安部物证鉴定中心。同时,把赵尚志的两张照片(一张是赵尚志牺牲后由敌人所照的照片,一张是在东北烈士纪念馆于11月15日发现的赵尚志在巴彦游击队时所照的照片)也带去,要求检验送检颅骨与两张照片是否出自同一人。

12月3日,国家公安部物证鉴定中心的检验报告作出来了。这一报告通过对颅骨多方检验,正确判断出性别,年龄范围、身高数值,并对左眼眶下损伤作出分析说明。检验报告特别指出,检验结果与拙著《赵尚志传》(第二版)引用档案资料所记载的赵尚志烈士体质特征相符。现将检验报告全文引述如下:

"中华人民共和国公安部物证检验报告
[2004]公物证鉴字 7994 号
哈尔滨市委送检疑似"赵尚志"烈士颅骨的检验报告

2004年6月2日,在吉林省长春市护国般若寺内出土的颅骨,与原日本战犯东城政雄交代的埋葬赵尚志烈士头颅遗骨的地点相吻合。赵尚志将军亲属、抗联老战士和头骨发现者共同请部分专家学者考证,初步判定出土颅骨为赵尚志烈士遗骨。为了进一步证实所发现颅骨的身源,2004年11月24日,中共哈尔滨市委、市政府有关部门及烈士亲属魏振存、李敏、梅玉贵、郭柏及李龙将在吉林省长春市护国般若寺内发现的颅骨护送到北京,交公安部物证鉴定中心进行检验鉴定。现将送检颅骨的检验结果报告如下。

一、骨骼一般状况检验

送检颅骨下颌骨缺失,颅骨完全白骨化,风化腐蚀严重,骨皮质脱落,上齿槽及左侧枕骨髁部分骨骼缺失,骨小梁外露。整体颅骨骨质变轻、酥脆,系入土50年以上的陈旧性骨骼。

二、骨骼的性别检验

送检颅骨体积较小,较轻。但眉弓发达,突出于额骨表面。上项线、颞线肌嵴明显,颧骨表面肌肉附着点明显。送检颅骨属于男性个体。

三、骨骼的年龄判定

颅骨基底缝完全愈合,属成人个体。颅骨冠状缝大部愈合,矢状缝基本愈合,年龄为35岁左右。上腭切牙缝全部愈合,后横缝愈合达1/2,腭中缝开始愈合。结合骨骼入土多年的情况综合分析,腭缝年龄判定的综合评分为7-8分,送检颅骨的平均年龄为33.4岁,年龄范围在31—36岁之间。

四、骨骼的身高推断

根据颅围推断身高:

颅围测量值:510mm

推断身高 $Y=1.32 \times$ 颅围 $+94.73$(cm)

$=162.05$ cm(± 5.63 cm)

根据颅骨测量推断身高:

颅骨测量值颅骨最大长:167mm,颅底长87mm,眉间至枕外隆凸长162 mm。

颅骨最大长推断身高:

$Y=125.7262+2.0616 \times 16.7$

$=160.38$(cm);

颅底长推断身高:

$Y=132.0010+3.1254 \times 8.7$

$=159.23$(cm);

眉间至枕外隆凸推断身高:

$Y=133.6031+1.6575 \times 16.2$

$=160.50$(cm)。

考虑颅骨风化腐蚀造成骨皮质缺失,对测量数据的影响,颅骨测量值推断身高的数值应在160~163 cm之间。

五、颅骨损伤的检验

送检颅骨左眶下缘可见 1×0.8cm 的骨质缺损:相应部位的上颌骨眶下壁有类椭圆形的骨质缺损、上颌骨后部的相应部位也可以见到不规则形的骨质缺损。左眶下的骨质缺损上缘为眶下孔上部,解剖结构清晰,骨质缺损部位的内、外侧上端可见骨质增生形成的较厚骨壁;眶下壁类椭圆形的骨质缺损的前缘及外侧缘呈不规则形。上颌骨后壁的骨质缺损,上缘呈不规则形,边缘卷曲。上述骨骼缺损部位均位于颅骨的非突出部位,尤其是左眶下壁及左上颌骨后部的骨质缺损,位于颅骨的深部,直接外力作用难以形成。而且,颅骨对侧完整,说明颅骨左侧的骨质缺损，系死者生前骨骼损伤的病理改变所致。

六、分析说明

1. 根据送检颅骨的骨性特征推断，送检颅骨为男性，年龄为33.4岁，年龄范围31—36岁之间，身高162cm，身高范围在160～163cm之间。上述结果与《赵尚志传》（赵俊清著，黑龙江人民出版社，2002，ISBN7—207—01657—3）中引用的档案资料所汇载的赵尚志烈士的体

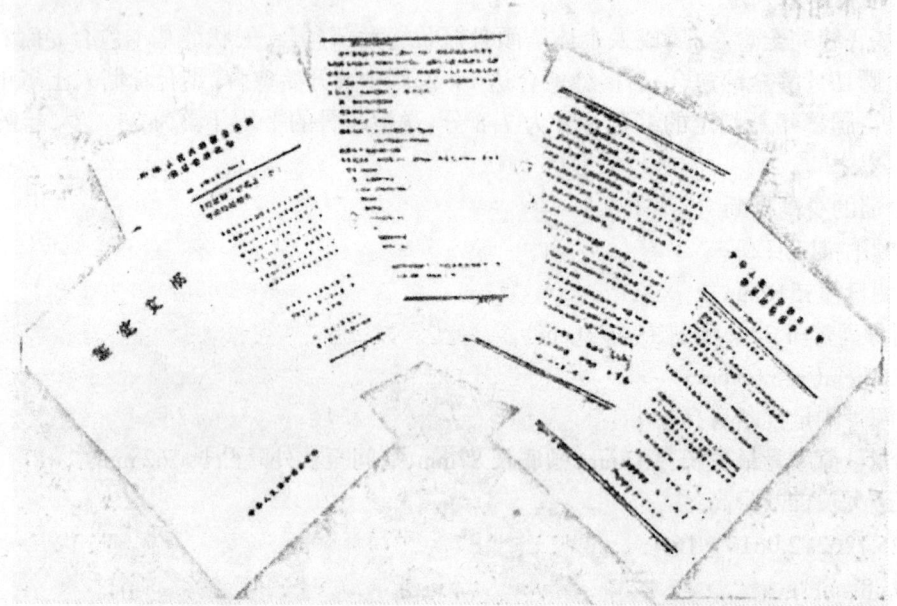

国家公安部物证鉴定中心确认赵尚志颅骨的检验报告

质特征相符。

2. 送检颅骨左眶下部的骨质缺损，系陈旧性骨伤。

根据《赵尚志传》（同上）记载，1932年11月1日在攻打东兴的战斗中，赵尚志左眼眶下被弹片击伤骨质受损（《赵尚志传》第98—99页（出处同上））。送检颅骨所视的骨伤部位与历史文献记载的情况相符。

鉴定人：主任法医师张继宗（签字）
副主任法医师田雪梅（签字）
2004年12月3日"

12月17日，国家公安部物证鉴定中心运用"颅像重合"、现代科学技术对所提供的颅骨和赵尚志的两张照片进行鉴定，检验结果报告如下：

"中华人民共和国公安部物证检验报告
[2004]公物证鉴字8336号

一、委托单位：中国共产党哈尔滨市委员会

二、送检人：魏振存

三、送检时间：2004年12月17日

四、简要案情：2004年6月2日，在原日本战犯东城政雄的交待地点吉林省长春市护国般若寺内出土颅骨一具（牙齿及下颌骨缺失），疑为赵尚志烈士所留遗骨。

五、送检物证材料：现场提取的颅骨一具（无牙齿及下颌骨）和赵尚志烈士的照片两张。

六、检验要求：认定送检颅骨与赵尚志烈士的照片是否出自同一人。

七、检验与结果：经重合检验发现，送检颅骨可检验部分上的标志点和赵尚志烈士照片上的标志点、标志线均能重合在标准范围内，颅骨与照片的形态轮廓曲线一致，曲线间的距离（软组织厚度）在正常范围内，符合颅骨与照片出自同一人的条件。

鉴定人：副主任法医师纪元（签字）
主任法医师张继宗（签字）
照相人：助理研究员陈平（签字）
2004年12月17日"

国家公安部物证鉴定中心作出的鉴定及从颅骨出土地点、埋藏时间等，最终确认了在长春护国般若寺出土的这枚头骨确系赵尚志将军颅骨无疑。这个鉴定是国家级权威性的鉴定。人们追寻62年的赵尚志将军颅骨终于被确认，从此不再是谜。赵尚志将军颅骨在失却62年后的6月2日6时20分被发现，赵尚志身高1.62米。李敏、李龙等去长春般若寺所乘汽车牌号为"黑A00162"。在这里，6、2，真是个奇特、不可思议的数字。

（六）

赵尚志将军颅骨被发现一事，在国内外产生了巨大影响。党和国家领导人对头骨安葬问题亲自做了批示。人们说，英雄又复活了。时代呼唤英雄，时代需要英雄精神的传承。

赵尚志将军颅骨的发现，应该说是偶然的，但也含有必然性。抗日战争胜利后，东北局领导同志对寻找抗联将领遗骨做过指示，东北局社会部派人多次进行寻找。1987年抗联老战士李敏同志请日本《朝日新闻》记者林郁女士帮助查访东城政雄，得到了赵尚志将军颅骨被埋葬在长春护国般若寺的确切信息。如果没有姜宝才同志2004年6月1日去长春护国般若寺寻访，就不能于6月2日发现这颗颅骨。可以说姜宝才、李敏同志为发现赵尚志将军颅骨作出了重大贡献。林郁女士、金宇钟同志、果慈师父、民工李和也都是有功人员。我们不能忘记为追寻赵尚志将军颅骨作出过重大贡献，有过功劳的人。

赵尚志颅骨的发现和确认意义重大。特别是时值世界反法西斯战争和中国人民抗日战争胜利六十周年前夕，就更具有特殊的意义。

第一，赵尚志颅骨被发现，了却了人们一个长久的心愿。此次发现赵尚志颅骨，解开了人们心头之谜，可以说是完成了一项神圣的工作。英雄颅骨被发现，可以使人们以最隆重的礼仪安葬为国捐躯的民族英雄这一愿望得以实现。赵尚志是为民族解放而牺牲的，因此，他应该得到应有的无边福报，受到众人的恭敬礼拜。中国有句老话叫做叶落归根，入土为安。颅骨出现，魂兮归来，人们相信，将军的颅骨将会安葬在最为合适的地方。英雄的在天之灵会得到慰藉，民众的精神得到振奋，赵尚志的亲人也会从久远的思虑中得到解脱。

第二,赵尚志颅骨被发现,是日本帝国主义侵略中国,犯下的野蛮、残暴罪行的铁证。日本帝国主义自发动九一八事变起,为变中国为其殖民地,采取铁血政策统治中国各族人民,对敢于反抗者,实行大屠杀。中国人民惨遭日本侵略者屠杀的数以千百万计。惨无人道的日本侵略者就曾拿中国人进行过斩首比赛。凶恶的日本侵略者对牺牲了的抗日将领也从不放过,将其斩首示众,邀功请赏。赵尚志牺牲后,敌人残暴地锯下其头颅,将尸身扔进松花江冰窟中,身首异处,头颅被拿到长春观视,以显示其"讨伐"的武功。由此可见日本侵略者的野蛮残暴之极,其罪恶冤孽之深重。

第三,赵尚志颅骨被发现,有力地说明中国共产党人所领导的东北抗日游击战争的极端艰苦性。在孤悬敌后的条件下,抗联指挥员坚持在冰天雪地之中与日本侵略者进行长期英勇斗争。他们为了民族的解放,不怕任何艰难险阻,不怕抛头颅、洒热血。抗日民族英雄赵尚志就是他们的杰出代表。赵尚志从参加抗日的那一天,就立下要为民族解放不畏流血、牺牲,抗日到底的雄心壮志,他曾说过,"我死也要死在东北抗日战场。"赵尚志的颅骨就是赵尚志参加并领导抗日,付出牺牲的见证。

第四,赵尚志颅骨被发现,可以让后人通过缅怀先烈,使我们知道今天祖国的解放、自由来之不易,确实是先烈们用抛头颅、洒鲜血换来的,使我们对今天的幸福格外珍惜。可以进一步加强爱国主义教育基地建设,推动红色旅游开发及有关东北抗联和赵尚志的影视片的制作,使我们在接受先烈事迹、革命传统教育过程中,继承先烈遗志,学习先烈优秀品质,振奋精神,奋发图强,把我们国家建设得更好、更繁荣、更富强。从历史研究的层面说,赵尚志颅骨被发现,可以推动对东北抗日联军历史和赵尚志的研究,为我们进一步开展对党史、抗日斗争历史的学习提供一个新的契机。历史会让我们不忘苦难的昨天,珍惜幸福的今天,展望灿烂的明天。

第五,赵尚志颅骨被发现,也确证了有关历史文献对赵尚志革命斗争历史及体貌特征的记载;确证了曾是日本战犯、被释放回国后致力和平反战,倡导中日友好的东城政雄先生提供的赵尚志遗首埋葬地的真实性。赵尚志遗首在般若寺院内进行埋葬,般若寺僧人一定出力不少,尽管当年日本关东军、伪治安部的高官决定将赵尚志颅骨送到般若寺当作"无缘佛"埋葬,但六十二年来赵尚志颅骨没有被移动或破坏,可以肯定是得到了寺院高僧大德的呵护。这也说明为民族解放建立殊胜功德,献出生命的英雄,就会得到各界人士的敬重。

第六,赵尚志颅骨被发现,为确认新发现的赵尚志照片提供了有利的条件。此照片2004年11月15日在东北烈士纪念馆发现。当时,照片中巴彦游击队队长张甲洲可明确认定,参谋长赵尚志还是根据推测(坐在中间,个头较小,手持马鞭)及家属赵尚志胞妹赵尚文和见过赵尚志的抗联老战士韩光、李敏、李在德同志的首肯而认定的。通过国家公安部物证鉴定中心的鉴定,颅骨与赵尚志牺牲时敌人拍摄的照片与新发现的这张照片进行颅像重合的科学检验,得出"符合颅骨与照片出自同一人的条件"结论,就使这张新发现的照片中坐在中间者是赵尚志得以确认。可以使这张至目前为止所见到的赵尚志生前唯一的照片毫无疑义进行展览、陈列、宣传。同时,颅像重合的结果也为根据颅骨、赵尚志照片绘制赵尚志画像、塑像提供了真实、可靠的依据。

第七，赵尚志颅骨被发现，是对日本右翼势力种种否定战争罪行的有力批判。当今，和平、发展是世界的主导潮流。但是，我们总会遗憾地看到，日本国内有一部分人对过去的历史不愿去认真反省，不时作出伤害中国人民感情的事来。他们或发表谬论，否定远东国际军事法庭审判结果，或为二战甲级战犯开脱罪责，或歪曲、篡改历史，或每到"九一八"或"八一五"都去参拜供有二战甲级战犯灵位的靖国神社。历史教训，不应忘记，倒行逆施，不得人心。赵尚志颅骨本身，就是对日本右翼势力种种否定战争罪行的有力批驳的实证。赵尚志颅骨经国家权威部门鉴定确认后，《英雄不死》文献片总编导峻严去日本采访原《朝日新闻》记者林郁女士、日本"中归联"会长高桥哲郎先生。他们得知赵尚志颅骨被发现的消息后，都十分感慨。林郁女士长时间做双手合十动作，表示祝贺。高桥更是激动地说道："侵华战争日军杀了那么多的中国人，可现在日本政府连承认的勇气都没有，这是很悲哀的。侵略者如不反省历史，那结果就是很快会忘记自己侵略的历史，这些是我们健在的老兵非常气愤的。"

总之，赵尚志颅骨的发现极具传奇色彩，其意义是多方面的、重大的。赵尚志颅骨的发现应该说是2004年的一件大事。

赵俊清

2005年11月

五、不畏强暴 英勇抗争的杰出代表
——纪念抗日民族英雄赵尚志诞辰100周年

抗日碧血英雄志,救国丹心自由花。

在中国革命的历史上,曾涌现出无数令人崇敬的英烈,他们如同灿烂的群星,光耀中华。在这灿烂的群星之中,著名的抗日民族英雄、忠诚的共产主义战士赵尚志就是闪光夺目的一颗。赵尚志在学生时代即参加了革命。1925年,在声援五卅反帝爱国斗争中加入中国共产党。他是东北地区早期中共党员之一。同年末,进入黄埔军校学习。从黄埔回东北后,在中共北满地委工作。其间,两次被捕入狱,经受了酷刑和铁窗生活的严峻考验。获释后,先后担任全满反日总会党团书记,中共满洲省委常委、军委书记等职务。

1931年九一八事变爆发后,在我国被日本帝国主义野蛮侵略、民族遭受危难之时,赵尚志秉承中国共产党关于武装抗击日本帝国主义的侵略,驱逐日本侵略者出中国的号召,和杨靖宇、周保中、李兆麟、魏拯民、冯仲云等同志一道奔赴抗日斗争第一线,组织、领导东北人民开展了大规模、有效、持久的抗日运动,为国家的独立、民族的解放做出了重大贡献。

在历史上,凡是对社会发展做出过卓越贡献、为人民利益做出巨大牺牲的人物都会受到人们的特别尊重和深切怀念。毛泽东主席、胡锦涛总书记对赵尚志都有高度评价。毛泽东主席说:"有名的义勇军领袖杨靖宇、赵尚志、李红光等等,他们都是共产党员,他们的坚决抗日,艰苦奋斗的战绩是人所共知的。"(1938年2月,毛泽东:《同合众社记者王公达的谈话》)胡锦涛总书记说:"杨靖宇、赵尚志、左权、彭雪枫、佟麟阁、赵登禹、张自忠、戴安澜等一批抗日将领,八路军'狼牙山五壮士'、新四军'刘老庄联'、东北抗联八位女战士、国民党军'八百壮士'等众多英雄群体,就是中国人民不畏强暴,英勇抗争的杰出代表。"(胡锦涛:《在纪念中国人民抗日战争暨世界反法西斯战争胜利60周年大会上的讲话》)赵尚志在抗日战争中占有重要历史地位。他和杨靖宇等一样是党领导的东北抗日武装的创建者、东北民众抗日运动的组织者、东北抗日联军的领导者、东北抗日游击战争的指挥者。赵尚志在抗日战争中所做出的贡献可以说是多方面的,其中比较突出的、具有重要意义的有以下几点:

(一)较早投身抗日斗争,创建了抗日武装。1931年末,赵尚志就开始从事抗日斗争。翌年4月12日曾在哈尔滨郊区成功颠覆日本军车一列,震动敌伪。从5月赵尚志担任中共满洲省委常委、省委军委书记之时起,就肩负起落实党中央、省委关于建立抗日武装的任务。赵尚志在创建党领导的抗日武装方面做了大量组织、宣传等实际工作。根据省委的决定,他曾到巴彦反日游击队,担任参谋长、政委。1933年初,由于党内"左"的错误影响,加之缺乏斗争经验,巴彦反日游击队的斗争遭到了失败。而后赵尚志又只身打入到活动在哈东一带的义勇军孙朝阳的部队,试图改造这支队伍成为党领导的抗日武装,也遭到失败。但他毫不气馁,继续从事抗日武装创建工作。以后,赵尚志率六名同志脱离孙朝阳部队,来到珠河(今尚志),在中共珠河中心县委的领导、支持下,建起一支由十三人组成的珠河反日游击队,赵尚志任队长。赵尚志认真贯彻党的抗日民族统一战线政策,使这支部队由小到大,不断发展,经过哈东支队、东北人民革命军第三军,1936年8月组建成东北抗日联军第三军,赵尚志任军长。全军指战员达6000人。这支部队是东北抗联人数最多的部队(抗联共11个军约3万人,第三军人数占整个东北抗联的1/5)。不仅如此,抗联第六军、第八军、第九军、第十军、第十一军的组建与发展都得到过赵尚志的帮助和他领导的第三军的支援。可以说,活动在北满地区的这些武装抗日斗争的开展与赵尚志和他领导的第三军是分不开的。

(二)创建了抗日游击根据地。赵尚志在领导游击队进行反日斗争的同时,配合县委建立了以珠河为中心的哈东抗日根据地。哈东根据地于1934年建成,坚持了三年多。抗日根据地里有坚强的党的领导,有脱产、半脱产的群众抗日武装——模范队、工农义勇军,不断为抗日部队输送有生力量。有广泛性群众组织——抗日救国会、妇女会、儿童团支援部队的抗日武装斗争。建有地方政权——农民委员会、人民抗日政府。哈东根据地与杨靖宇在南满创建的磐石根据地一样都是比较完善、典型的东北抗日根据地。1936年冬,赵尚志率第三军主力北上,越过松花江到达汤原,又与抗联第六军加强扩大了汤原根据地建设,使根据地扩展至小兴安岭广阔地带。汤原根据地坚持到1939年。根据地的建立使抗联部队能有可靠后方,休养生息生存活动之地,有力地推动了抗日游击战争的发展。人民群众称根据地是"红地盘",而敌人称其是"共产乐园"。日伪当局为消灭抗日部队,采取"归屯并户",建立"集团部落"政策,极力破坏抗日根据地建设。为在根据地被破坏的条件下能够继续坚持抗日斗争,赵尚志在1935年提出要在深山老林建立秘密营地(简称"密营"),作为抗日部队休整、活动的后方。密营是东北特殊的抗日根据地。广建密营可以说是极具预见性的重要决策,密营的建立对于在极端困难条件下,坚持长期、持久的抗日游击战争,意义重大。

(三)领导、指挥了抗日游击战争。赵尚志领导抗日武装积极组织开展游击战争。先是领导巴彦游击队在哈北地区开展游击活动,珠河反日游击队成立后,在珠河道南、道北开辟了游击区,而后游击区扩大到哈东地区珠河、方正、延寿、五常、双城、阿城、宾县等地,东西200里、南北350里的范围。赵尚志领导、指挥的游击战争活跃在日伪当局在北满地区统治中心哈尔滨附近,予敌人以很大威胁。随着抗日运动的发展,抗日游击战争战场遍及松花江两岸、小兴安岭山麓,南到吉林舒兰、榆树,北到黑龙江边的萝北、佛山(今嘉荫),东到乌苏里江边的饶河、抚远,西到黑嫩平原的海伦、通北,近四十县。在这广阔的领域内到处都有抗联第三军斗争的足迹。在赵尚志领导、指挥下,展开了广泛的游击活动,其所率抗日部队,与敌人展开上千次战斗,仅敌人防守严密的县城就打开过巴彦、东兴、宾县、方正、五常、木兰、佛山(今嘉荫)等,赵尚志亲自指挥了许多次战斗——攻袭敌人据点,破坏敌人交通、通讯,消灭敌人武装。在宾县三岔河、五常县五常堡、方正县肖田地、通北县冰趟子等地展开的许多著名战斗,威震敌胆。北满抗日游击战争战场的开辟和长期坚持的东北抗日游击战争,消灭了大批日本侵略者有生力量,给东北人民以极大振奋和鼓舞。七七事变前开展的游击战争,打击了日伪政权的反动统治,延缓了日军对关内地区的入侵;七七事变后开展的游击战争,牵制大批日军使之不能入关,有力配合了全国总抗战。日本鬼子称"小小的满洲国,大大的赵尚志"。在日伪报纸上赵尚志的名字出现的频率是最高的。日伪当局称赵尚志是"北满治安之癌"。

(四)贯彻了全民族反日统一战线政策。在1932年领导巴彦反日游击队时,赵尚志即与张甲洲同志最早实行团结、联合义勇军(才鸿猷团)、山林队("绿林好")武装共同打击敌人。此时党虽未提出反日统一战线政策,但这是中国共产党提出的抗日民族统一战线之滥觞。1934年3月,他与珠河一带义勇军、山林队建立了东北反日联合军司令部,他任总司令。1936年1月,在赵尚志倡导下在汤原县召开了东北民众反日联军军政扩大会议。赵尚志倡导召开的汤原会议是东北抗日武装部队一次重要集会,参加人员层次高,队头多,规模大,代表性强。此次会议有第三军、第四军、第六军和民众军(后来的第八军)、自卫军(后来的第九军)主要领导人参加。汤原会议贯彻党的《八一宣言》精神,执行全民族反日统一战线政策,成立了东北民众反日联军总司令部,赵尚志被推举为总司令。以后东北民众反日联军总司令部改称东北抗日联军总司令部。这个总司令部虽然无抗联第一、二、五军代表参加,仍属于地区性质,但对于统一领导指挥北满地区抗日武装斗争、深入贯彻党的抗日民族统一战线政策、协调各军关系等方面起到重大作用。

(五)建立了东北民众反日联合军政府。九一八事变后,日本侵略者建立了傀儡政权伪满洲国。为唤起民众,不当亡国奴,赵尚志遵照党的《八一宣言》中关于建立国防政府的指示,倡议成立与伪满政权对立的东北民众政权。1936年1月,在汤原县召开的东北民众反日联军军政扩大会议上,经民主协商成立了东北民众反日联军临时政府。拟定了临时政府各委员会组成人员,发表了扫荡日帝在华任何反革命统治,推翻日帝走狗"满洲国"、拥护并参加中华苏维埃政府所发起组织之国防政府等十二条施政纲领。声明在东北人民革命政府未成立之前,东北民众反日联军临时政府是东北最高政权机关。该临时政府虽然由于当时条件的限制,还很不完备,没能很好实施其政府职能,但意义重大。该政权是具有鲜明抗日救国性质的、与伪满政权相对立的东北人民政权。东北民众反日联军临时政府的建立东北地区首创,也是建立东北人民最高政权机关的一次大胆尝试,极大地扩展了中国共产党及其领导的抗日武装的政治影响。

(六)建立了中共北满临时省委员会。1936年初,中共满洲省委被中共驻共产国际代表团撤销后,赵尚志提议召开中共珠河、汤原中心县委,第三、六军党委联席会议,会上抵制了来自代表团提出的一些对伪军、伪自卫团、"归屯并户"等不切实际的反日斗争政策,提出了根据现实环境,灵活运用领导群众抗日反满斗争的策略。同时,根据代表团关于在东北建立四个省委的指示,结合北满地区工作实际,建立了中共北满临时省委员会,他担任临时省委执委主席。这使满洲省委被撤销之后,保证党对北满地区抗日武装斗争的领导至关重要。有了中共北满临时省委员会,北满地区抗日武装斗争才未能丧失党的领导。中共北满临时省委员会成立后,他又决定派人专门向代表团汇报,请求指示。中共北满临时省委员会的建立对于坚持党的领导,贯彻党的抗日民族统一战线政策,提出对敌斗争方针、策略,不断发展北满地区民众抗日运动和武装斗争都具有重要意义。

（七）创建了东北抗日联军政治军事学校。赵尚志十分重视抗日部队干部、骨干的培养工作。他认为培养提高干部人员作战指挥与统率能力，适合于游击运动的斗争要求，是正规军建设的一般基础。他倡议建立军校，培训干部。1936年，在小兴安岭深山密林中建立起东北抗日联军政治军事学校，赵尚志亲任校长。他派得力人员具体负责此项工作。他亲自主持制定了各种比较完备的教育纲领、纪律详则等规章制度。政治军事学校学习政治理论、军事常识，结合抗战实际进行军事演练。这所学校办了三期，培养了近300名学员。这些学员经过学习，政治、军事素质都有很大提高，毕业后分配到北满地区抗联各军，增强了抗日部队的领导和骨干力量。抗联部队建立随军学校、教导队的虽多有，但独立辟建政治军事学校的，在抗联各军中是绝无仅有的。东北抗日联军政治军事学校的建立，其所培养的大批干部对于提高北满抗联各军政治军事素质起到重要作用。

（八）提出了由量到质转换的建军原则。东北抗联是中国共产党领导的、贯彻抗日民族统一战线政策、有正规军组织、以开展游击战争为主要斗争形式的人民抗日武装。抗联第三军在赵尚志的领导、指挥下，不断加强部队政治、军事、文化建设。他曾说从三五个人滚成一支万人的大军，在东北义勇军里并不算惊奇的事。然而，重要的是聚结后能保持无论在人数上、作战能力上、在政治意义上经久不变，还有长足进步与发展。为使军队政治素质和战斗力不断得到提高、加强，赵尚志提出部队在扩大基本力量的同时，需求由量向质的转换。所谓质就是政治素质和战斗力。为提高政治素质和战斗力，赵尚志强调加强部队党的领导、加强组织建设。执行政治指导员制度，加强思想政治工作，对战士进行抗日救国教育，使之有明确的入伍目的。加强部队中各民族之间团结。整饬军纪，纠正队内出现的腐化现象。由于不断追求实现由数量到质量的转换，抗联第三军战斗力大大增强，该军以队伍人数多，对敌作战次数多，获得胜利战果多而著称。这支部队是东北抗日战场上令日伪军闻之惊心丧胆的劲旅。

（九）提出、总结了抗日游击战争战略战术。赵尚志在抗日战争中，把在黄埔军校学到的理论与东北抗日斗争实践相结合，他能够娴熟地运用机动灵活的游击战术，并善于总结斗争经验。他在对敌斗争中，不仅总结胜利的经验，也总结失败的教训。经过认真总结，逐渐提升到理性认识上来。1937年他著文《东北义勇军与其战略》，提出十种游击战术：运动战与阵地战，外线战与内线战，进攻战与防守战，歼灭战与消耗战，化整为零与化零为整，避实就虚，敌进我退、敌退我进，迂回袭击，小包围和大包围，诱敌、毁敌、间敌、疲敌、惑敌，行踪飘忽，出没无常等。并说提出不打硬，不攻坚；无胜利把握不作战为铁则。1940年，他又写出《关于东北抗日游击队的过去与现在的略述》《关于布置和建立东北游击队的报告》两篇重要文献。他将一般作战经验提升为理性认识，其所总结的抗日游击战争战略战术丰富了人民军队对敌斗争的经验，是人民军队在敌强我弱情况下运用游击战术与敌人坚持长期斗争，克敌制胜的宝贵财富。

（十）抵制了不切实际的"抗日反满不并提"等错误的指示。在贯彻党的抗日民族统一战线政策过程中，赵尚志对来自中共代表团的正确指示积极予以贯彻，在贯彻实践中发现问题能够提出意见并向上级反映。他针对中共代表团在《新政治路线信》中提出的"不要把抗日反满并提",旗帜鲜明地表示坚决反对。1936年10月,中共代表团王明、康生发出指示,把在关内实行的"抗日反蒋不并提"演绎为"抗日反满不并提",并作为新政治路线,要求东北各地党组织贯彻执行。这一指示给东北对敌斗争方针政策带来混乱。在关内实行"抗日反蒋不并提"政策是正确的,因为"蒋"是团结、统战对象。而在关外实行"抗日反满不并提"政策则是错误的,因为"满"("满洲国"、伪满军、伪官吏)在总体上是打击、消灭对象,并非统战对象(这与对敌伪分化瓦解是两回事),王明幻想把伪军当成同盟军,主张只提抗日,不提反满。赵尚志对此表示反对,认为把党中央历来提出的"打倒日本帝国主义,推翻走狗政府满洲国"的口号分开,是错误的。他坚决主张抗日反满并提,他在《关于抗日反满问题的意见》一文中说"如果自己的抗日反满应并提的意见完全错误,愿受革命纪律的处罚。"表现出光明磊落,不唯书,不唯上,只唯实,大无畏的坦荡心怀,这是难能可贵的。

(十一)为打通与党中央联系、与苏联边疆区党委和远东方面军建立正式关系做出积极努力。由于东北党组织和抗联部队长期与党中央失去联系,得不到党中央直接指示和外界援助,陷入孤悬敌后、艰难困苦斗争的境地。为扭转这种状况,赵尚志采取派干部去苏联找中共代表团,写报告给中共代表团等方式寻求与党中央联系。1937年11月他又给苏联远东方面军司令布留赫尔写信,寻求协助打通与党中央联系及苏联军援。1938年1月,赵尚志入苏,他以被关押一年半的代价,终于赢得与苏联边疆区党委和远东军建立相互支援关系,取得了苏联边疆区党委和远东军的军事援助。1939年末,赵尚志参加与周保中、冯仲云在苏联伯力召开的吉东、北满省委代表会议,最终与苏联边疆区党委和远东军建立了临时性支援与指导的正式关系。为1940年后能够保存硕果仅存的抗联基本实力,使抗联部队能够到苏联境内进行野营整训创造了条件。这对于长期与党中央失去联系、孤悬敌后进行艰苦斗争的东北党组织与抗日联军来说,是十分重要的。同时,也为1945年东北抗联部队配合苏军打击日寇,解放东北,取得抗日战争最后胜利起到应有作用。

(十二)为抗日救国事业献出宝贵生命。赵尚志革命信念坚定,正如他所说,"党的一切工作,就是我一生的任务。"在领导、指挥抗日武装斗争中,他始终站在第一线,冒枪林弹雨,出生入死,不畏流血牺牲,把生命置之度外。1932年11月在指挥攻打东兴战斗中左眼负伤,1934年11月在肖田地战斗中左臂部受伤,1942年2月在攻打梧桐河伪警察分驻所时背腹部受贯通伤。在这一战斗中,赵尚志因负重伤而被俘。在敌人审讯时,他以惊人的毅力抑制着难以忍受的伤痛,大义凛然与敌人斗争,宁死不屈,表现出崇高的民族气节,伟大的牺牲精神。日伪资料记载:"赵尚志受致命重伤,仅生存八小时,于此期间,对审讯之满人警察官称:'我是赵尚志'。'你们和我不同样是中国人吗?你们却成为卖国贼,该杀!''我死不足惜,今将逝去,还有何可问?'除发泄等言语之外,缄口不言,一直睥睨审讯官,置刀枪痛苦于不顾,显示出无愧于匪中魁首之尊严,而终于往生。"赵尚志牺牲时表现出的尊严是中华民族的尊严,代表了中华民族的坚贞不屈精神。他牺牲时年仅34岁。赵尚志把自己的一切都献给了中国共产党领导的革命事业,最后把宝贵的生命奉献给了为中华民族独立、解放的伟大抗日斗争。

　　如果说一个人一生能够对社会发展做出一项有促进作用的贡献，就很不简单的话，那么，赵尚志能在短短的34年人生间即有这么多突出建树，为党和人民做出那么多的贡献，自然就是很了不起的。当然，上述这些建树并不是赵尚志独自一个人做出来的，但是赵尚志在其间所起的作用是巨大的。赵尚志作为东北抗日联军主要创始人和领导人，在领导抗日武装斗争中建有显赫功绩。我们说赵尚志不是完人，在革命的征途上也存有过失，犯过这样或那样的错误。然而，他的过失、错误与他在抗日武装斗争中建树的功绩相比，是次要的，他的贡献远远超过他的过失。

　　赵尚志一生经历坎坷，曾三次入狱被关押，两次被开除党籍，三次被撤销职务，三次受重伤，历尽艰辛。但他从不灰心，不气馁，始终如一地坚持共产主义理想信念，坚持走革命的道路，坚持与不正确的东西进行斗争，坚持与日本侵略者血战到底，直至献出自己年轻的宝贵生命。他在长期抗日游击战争中形成的革命精神可以升华为尚志精神，其内涵是爱国爱民、不屈不挠、艰苦奋斗、英勇抗争、忍辱负重、无畏牺牲。尚志精神与中华民族精神一脉相承，是以爱国主义为核心内容的东北抗联精神的重要组成部分，是中华民族的宝贵精神财富，完全符合当今时代社会主义核心价值体系的基本要求。这种革命精神是值得我们永远学习和传承的。赵尚志是经过严峻考验的职业革命家、信仰坚定的共产主义者。他是中国人民不畏强暴、英勇抗争的杰出代表之一，是中华民族反抗日本帝国主义侵略的民族英雄。赵尚志，以其卓越的功绩和在抗日战争中的突出贡献，将永远得到人们的仰慕和尊敬。

　　时值抗日民族英雄赵尚志百年诞辰，抚今追昔，"尚思抗日救国事，志行开拓创新篇"。百年一世，流光似水；与时俱进，继往开来。赵尚志的英名及光辉业绩永存，人民将永远思念他、记住他。笔者愿以此文作为对赵尚志这位抗日民族英雄百年诞辰的诚挚纪念。

赵俊清
2008年10月5日

六、初版书评

（一）民族英雄的丰碑，历史研究的力作
——评《赵尚志传》
唐纯良

前不久由黑龙江省人民出版社出版的《赵尚志传》（作者赵俊清，以下简称《赵传》），以其26万字的篇幅，生动具体地再现了东北抗日联军著名将领赵尚志的英雄形象，反映了他忠于人民、忠于祖国的高尚品质和不畏险阻、奋斗牺牲的革命精神，为这位民族英雄竖起了一座巍峨的丰碑。

赵尚志牺牲于1942年，距今已近半个世纪了。半个世纪以来，有过许多介绍赵尚志事迹的作品问世，其中有文学的，也有纪实的，有长篇的，也有短篇的。但是，从历史研究的角度，对赵尚志的一生作全面、系统、准确评述的作品尚且不多。赵尚志是一个比较复杂的人物，他的一生是值得我们景仰和学习的，但也有值得借鉴和警喻的东西，特别是他作为东北抗联的重要领导成员之一，写他的历史就不单纯是个人的历史，而应是党史、革命史的一部分。给重要历史人物写传，实际上就是写历史本身，用人物传记的形式写历史是我国史学的一个好传统，司马迁的《史记》为此开了先河。使当今革命人物传记能够像我国史学名著那样，在史苑中立得住、立得牢，成为信史的一部分，是不容易的。笔者认为赵俊清同志所著的《赵传》，从历史研究的角度看，称得上是党史研究，特别是党史人物研究的一部力作。

《赵传》一个突出的特点，是用翔实的史料再现了民族英雄赵尚志的革命一生。通读全书可以看出，作者在挖掘史料上是花费了很大功夫的，书后所附资料索引，可以窥见其规模之大。许多史料都是以敌我双方档案材料及大量回忆录为依据，并详细说明了原委。这些史料过去有的鲜为人知，有的则语焉不详。准确真实的史料是信史的根本要求，有了准确真实的史料才能使烈士丰碑立得牢。而一部好的历史著作，决不是史料的堆砌。对史料的考订、核实和筛选，更是历史研究的一项硬功夫，是衡量历史作品的质量标准之一。《赵传》在这方面也是很突出的，书中的许多地方都表现了作者正确对待史料的研究态度和研究结论。

《赵传》的另一特点是作者能够实事求是、一分为二地表现英雄人物。作者把赵尚志的革命业绩置于当时的历史环境中，除记述个人的功绩，还描述了党组织的领导和广大人民群众的支持帮助。这样，一方面使传记主人公有了坚实的存在基础，另方面也使我们从中看到当年北满武装抗日斗争的概貌。同时，作者在以大量的篇幅和文字记述描绘了传记主人公在从事党领导的革命事业中建树的功绩及其百折不挠、坚贞顽强的品格的同时，也实事求是地记述了赵尚志自身存在的缺点错误，并客观地分析了产生错误的原因。作者这种既不肯定一切，也不否定一切，对具体问题进行具体分析，谈功绩不溢美，谈过错不掩饰的严谨治学态度，应当说是《赵传》撰写成功的一个重要方面。

不回避重大历史问题并力求予以科学分析,是《赵传》的又一特点。东北抗日斗争史中,有许多重大历史问题和人物关系,史学界的认识不尽一致。若采取回避办法无助于问题的解决。在《赵传》中作者没有回避这些问题,而是运用大量第一手资料,记述事情的来龙去脉,并恰如其分地加以分析,阐明作者的观点。历史工作者不仅要能反映历史事实,而且还要能对历史作出公允全面的分析,这样,才既有利于党内团结,也有助于后人吸取历史经验和教训。

《赵传》语言较为通俗、简练,书中还不时地穿插了赵尚志的一些奇闻轶事以及富有传奇色彩的战斗故事,这样,不仅在读者心中树起了一个活生生的抗日英雄的形象,也使全书增加了可读性。

总之,《赵传》是一部成功之作,它不仅仅是进行革命传统教育的好教材,更是一部史学佳作。当然,《赵传》也存在一些不足,有些方面还比较薄弱,缺乏具体的反映,还有待于发掘史料加以充实。

(原载《奋斗》,1991年第3期)

(二)《赵尚志传》评介

李鸿文

赵尚志是著名的东北抗联将领。由于他一生坎坷,在牺牲前还是一幕悲剧里的主要角色。因而在过去以至今天,他又是一位颇有争议的人物,正如《赵尚志传》(黑龙江人民出版社出版,赵俊清著)作者所说:"为人立传难,为有争议的人物立传更难。"可是,作者却知难而进,在过去人们已有的研究基础之上,重新查阅大量历史档案和资料,广泛调查访问,经过深入研究和探讨,历时数年,几易其稿,终于完成了《赵尚志传》这部26万字的作品。笔者认为它在近年出版的关于赵尚志的著作中,是一部较好的传记。

首先,作者占有了包括革命文献、当事人回忆录和日伪档案等大量的第一手资料,对一些重要历史事件力求做到实事求是的论述。特别是对于一些有争议的问题,均以历史文件和当事人的回忆为依据,避免人云亦云。书中对1940年末至1941年秋期间赵尚志在苏联的活动,由于缺少确切史料,作者宁可让它"暂告阙如",也决不虚构。

其次,作者不仅澄清了一些历史问题,在史实的考证方面有新的进展,而且力求对传主做出全面的介绍和评价,使传记具有一定学术价值。长期以来,一些传记作者限于环境和条件,使作品往往陷入忠奸模式或英雄赞歌。本书作者却脱俗立新,努力反映出赵尚志的本来面貌。书中用大量笔墨记述了传主对中国共产党和抗日事业所具有的坚定信心;他一生三次身陷囹圄,却没有做出任何有损于党的事,出狱后马上继续为党工作。他两次被开除党籍,虽身处逆境,却丝毫未能改变他对共产主义事业的信念。直到他牺牲之前,还抱有强烈的愿望:奔赴延安去找中共中央。作者写出了一个共产党人始终忠于党、忠于人民、忠于祖国的高贵品质。同时,书中也客观地记述了传主自身存在的缺点和错误,如赵尚志错误处死前东北抗联第十一军军长祁致中。并断言这是赵尚志所犯的一个无可挽回的、并且为后来的抗日事业和他本人的处境带来了重大影响的错误。书中还对过去被认为的所谓赵尚志反"中央路

线"和"国际路线"问题或"抵制王明、康生错误路线"的问题,作了较为详尽的说明,并且根据1986年中共中央关于转发《东北抗日联军历史问题座谈会纪要》的通知精神,对于1935年《六三指示信》的基本精神和它在东北地区抗日统一战线的发展和东北抗日联军形成等方面的积极作用,予以肯定,同时也指出有的政策提法不当或有错误。

再次,此书具有可读性,这是作者苦心追求的境界。由于历史条件的限制,前人留下的历史资料往往十分简略或残缺不全,据以写出的作品当然会显得平板和滞重。但本书作者在不违反历史真实面貌的原则下,运用文学手法和生动的语言,对于某些历史情节予以恰当的描绘,使作品更为完整、深刻,并赢得了读者。

当然,此书并非完美无缺,我觉得作者虽然力图使自己站在客观的角度对传主做全面、冷静的评介,但书中涉及传主的某些问题,如对《六三指示信》和珠汤联席会议的评价上,不免带有作者的学术倾向。这一点,也许是作者与本人认识上的差异。

(原载《北方论丛》,1991年第4期)

(三)现代历史人物评价中的客观与公正
——《赵尚志传》读后

陈瑞云　牛永正

现代历史人物同现实生活中的人与事有各种各样的联系,关系错综复杂。人们回忆、介绍、评价这些历史人物时,难免带上感情色彩,或受现实生活中诸多因素的干扰。这是评价现代历史人物不容易客观、公正的最常见的重要原因。对赵尚志的评价,由于众所周知的原因,向来分歧很大,做到客观、公正极不易,取得统一认识更难。据我们所知,有人研究赵尚志多年,积累资料相当丰富,左顾右盼,不好下笔,可见,发表一部赵尚志传本身就需要勇气。

赵俊清著《赵尚志传》,是迄今为止我们所读到的赵尚志传记作品中最成功的。虽然,人们对赵尚志的评价仍难免有歧异,有无不同见解不应当是评价一部传记成败的尺度。《赵尚志传》的成功之处是它对赵尚志的功过、是非评说比较客观,力求实事求是。即所谓"全面地、客观地记述"。赵尚志一生功大,过也不小,诚如作者所说,赵尚志是一位毫无掩饰的人物,长处、短处明显地摆在那里,为中华民族建过功勋,也犯过错误。此外还有一点就是当时共产党组织,错误地处分过他;他也过火地打击过,乃至杀害过革命同志。对这样的人物,一概肯定,因其功而讳其过,或一概否定,因其过而忘其功,都不符合实事求是原则,不会为读者所接受。《赵尚志传》肯定和讴歌了赵尚志为中华民族无私奉献,百折不挠;跟着共产党走,始终不渝的大功大德,事迹感人肺腑,字里行间洋溢着作者敬慕之情。但作者不为尊者讳,对赵尚志在抗日统一战线问题上,在个人和组织关系、在与兄弟部队关系上,以及个人政治思想作风上的缺点错误,做了记叙和批评。通常,史学工作者对有功于人民且已牺牲者,不忍心过多批评其过失。作者在提到赵尚志错误时,给人一种忍痛之感,是可以理解的。赵尚志的错误,非同一般,用缴械、处死等对待敌人的办法对待自己队伍中的同志或同盟者;唯我独尊,唯我独革,今天怀疑这个,明天怀疑那个,无根据地把"奸细"之类的罪名加在自己人的头上,而真正的奸细又识别不出来。由此而造成政治上的孤立、军事上的失利,直至其本人因被奸细出卖而丧失了生命。教训是惨痛的。为了让后人不重蹈覆辙,使历史的悲剧不再重演,恰如其分地指出这些错误是非常必要的。《赵尚志传》中有一些突出的例子,如:1935年赵尚志缴义勇军"压东洋"的械双方损失22条生命;同年,又缴东北抗日同盟军第四军李延禄所属第三团人员的械,该团团长被击成重伤而亡;1939年处死东北抗日联军第十一军军长祁致中。如此任意妄杀无辜,其性质是恶劣的。

《赵尚志传》的成功之处还在于它抓住了人物的特征,写出一位活生生的赵尚志。作者概括赵尚志一生坎坷的经历时说:"他一生曾三次身陷囹圄,两次被错误开除党籍"。"他曲折、复杂的经历本身就构成了一部传奇。"作者用充分的史实,生动的文字,展现了这些曲折的历史,把人物刻画得深刻逼真。赵尚志性格刚毅,意志顽强,他认准正确的事业,勇往直前,决不后退。作者写了他狱中斗争,以及他被开除党籍、被撤职,虽内心不服,但不放弃抗日斗争的具体情节,描绘了他临终前对敌人痛骂的场面……使读者仿佛看到了一个铁骨铮铮的赵尚志。

《赵尚志传》的史料功夫也是相当深厚的。它以"史料做基础","不作无事实根据的褒贬",书中用了大量的档案资料、调查访问资料和报刊等文献资料,言有所本,言之有物,这是《赵尚志传》的第三个成功之处,又是全书成功的基础。

至于王康指示信,赵尚志和其他同志围绕该指示信问题产生的分歧,到底如何评价,谁是谁非,作者也提出了自己的看法,尽可能客观公正,有益于进一步讨论。但此问题涉及的人和事较多,人们的看法不一定完全一致,也不必强求一致。

(原载《革命春秋》,1991年第1期)

(四)全面客观 翔实具体
——《赵尚志传》评介
朱建华

东北抗日联军在中国抗日战争史上具有重要的历史地位。在孤悬敌后,艰苦斗争的岁月里,他们创造了惊天地、泣鬼神的不朽业绩,成为激励后人推动民族自强不息的宝贵精神财富。

作为抗联著名将领的赵尚志理所当然地是其中的一颗明星。

赵尚志是中国共产党领导东北抗日武装主要指挥者之一;他曾担任过中共满洲省委常委、军委书记,中共北满临时省委执委主席,北满抗日联军总司令;他直接指挥的第三军不仅是东北抗日联军一支劲旅,而且也是北满地区抗日武装的核心,骁勇善战,立下了丰功伟绩。

1990年黑龙江人民出版社出版的赵俊清所著的《赵尚志传》一书,全面地叙述了赵尚志的家世,生平,革命斗争、抗日斗争的事迹,是迄今为止一部系统地研究赵尚志这一重要历史人物的学术著作,具有很大的开拓性。在史学界,系统地研究赵尚志在东北抗日的斗争历史,有助于了解东北抗日联军斗争历史的发展过程及其规律,更有助于弄清抗日联军斗争过程中发生的一些重要历史事件、重要历史问题的原委和真相。因而,这部新推出的著作不仅深化了东北抗日联军重要历史人物的研究,而且也对东北抗日联军斗争史、东北地方党史的研究做出了较大的贡献。

东北抗日联军的斗争是艰难而又曲折的,赵尚志所走过的征途中,有比其他抗联历史人物更为曲折复杂的经历。他在一生中曾三次身陷囹圄,两次被开除党籍,他为革命事业建树过很大的功勋,同时也在工作中犯有这样或那样的错误,因此,赵尚志又成了抗日联军斗争史研究中的一个有争议的历史人物,或褒或贬,其说不一。本书以确凿的历史资料对赵尚志的一生作了全面、客观的记述。对于赵尚志忠于党、忠于人民、忠于祖国的宝贵品质,对于他身处逆境,毫不动摇,为革命事业,民族解放英勇献身的精神,作了充分的肯定,这是公正的,也是正确的。

该书文字深入浅出,生动活泼,夹叙夹议,知识性、趣味性很强,又是一本适合广大青少年阅读的普及性读物。

这部著作的出版,将有助于全社会进行爱国主义教育,革命传统教育,社会主义教育。

我愿将此书推荐给各界读者。

(原载《党史纵横》,1991年第2期)

初版后记

在全书正文结束后,于此,尚需再说几句话。

诚如本传"写在前面"所说,作者立传的原则之一就是传文须有坚实的史料作基础。可以说,这本传记是构筑在本人所能见到的历史文献、档案、抗联老同志回忆录、访问录等资料基础之上的。

早在六十年代初,中共黑龙江省委党史研究所的一些同志为了解有关赵尚志的事迹做了大量调查访问工作。由于他们的辛勤劳动形成了二三十篇访问记录,这些具有很高价值的原始记录一直保存完好。这为本传写作提供了很大方便。自己着手本传写作后,又广泛地搜集了大量文献、档案资料。但有关赵尚志生平中的个别段落,无论是文字资料,还是口碑资料仍感到十分匮乏。如1940年末到1941年秋,赵尚志在苏联期间的处境和活动,笔者至今尚未发现能说明他这一时期史迹的确切材料。为坚持把握以坚实的史料作基础,反映历史实际,对于赵尚志在这一阶段中的处境、活动乃至是非功过,本人实在不敢随意杜撰,妄加评说。那么,在这本传记中只好让它"暂告阙如"了。

在《赵尚志传》写作过程中,我曾得到许多同志、单位的帮助和支持,这是永远不会忘怀的。

我在访问赵尚志的胞兄赵尚朴,抗联老同志朱新阳、张祥、李在德、张凤岐等人时,他们都热情接待,百问不烦,介绍了许多情况,解答了不少有关问题。中央档案馆、黑龙江省档案馆、吉林省档案馆、黑龙江省图书馆为之提供了大量的文献、档案资料。中共辽宁省朝阳市委党史办、中共黑龙江省鹤岗市委党史研究室,尚志、五常、宾县、方正、木兰、巴彦及嘉荫等县(市)党史办和东北烈士纪念馆等单位对本人写作也给予协助,或提供文字、图片的资料,或为采访调查提供方便。在书稿形成后,中共黑龙江省委党史研究室主任金宇钟同志审阅了全部书稿,并提出宝贵的修改意见。省委党史研究室资料编辑处的同志们、黑龙江人民出版社文史编辑室齐书深同志在编辑出版本书中做了大量的工作。可以说,本书得以出版是许多同志、许多单位予以大力帮助的结果。在此,本人对支持、关怀《赵尚志传》写作出版的所有同志和单位一并表示衷心的感谢。

由于本人对东北抗日武装斗争的历史研究不深,加之水平有限,可以肯定地说,书中不当之处一定不少,希望尊敬的读者予以批评和指正。

作者1989年9月
于哈尔滨市

作者赘言(再版)

《赵尚志传》是本人于1984年着手写作,1990年出版的一部东北抗联将领传记。

本传记出版,曾受到读者、专家、抗联老同志的重视和肯定。吉林大学陈瑞云教授和朱建华教授、东北师大李鸿文教授、哈尔滨师大唐纯良教授、黑龙江农垦师专林修敏副教授都曾发表书评,给予较高评价。许多抗联老同志看过此书后,认为这是一部反映东北抗联斗争的实事求是的好作品。日本学者、东京大学教授和田春树先生在其所著《金日成与东北抗日战争》一书中多处引用本书内容。

《赵尚志传》是"东北抗联将领丛书"之一(本丛书包括六位抗日联军将领传记。计第一路军杨靖宇、魏拯民,第二路军周保中、赵尚志,第三路军李兆麟、冯仲云)。此书出版后,很快告罄,许多同志向本人索取此书,作者只能报以歉意。

今年是"九一八"事变七十周年,明年的2月12日是赵尚志牺牲六十周年忌日,为了纪念抗日民族英雄赵尚志殉国六十周年,也为了纪念珠河县改称尚志县(今尚志市)五十五周年,弘扬先烈的革命精神,继承光荣的革命传统,黑龙江人民出版社决定再版《赵尚志传》,这是作者十分高兴的。

由于历史久远,特别是在日伪统治时期,在战争年代,许多文献、资料难以得到完好保存,或被焚毁,或被敌人搜去,留存无多。作者写作此书时,尽管花费很大精力去做资料的搜集工作,但总感到有些重要资料自己还没有能看到。九十年代,中央档案馆与东北三省档案馆为满足党史、革命史和现代史研究工作的需要,陆续编辑出版了《东北地区革命历史文件汇集》(共六十八册)。在这套《文件汇集》中,有些文件是自己过去没有接触过的。此次再版,就补充了这套文件中一些有关赵尚志的较有重要价值的资料。同时,也将此书出版后,作者新发现的其他一些重要资料补充到书中去,这使《赵尚志传》一书的内容更加翔实了。

近年来,人物传记写作比较热,且热的势头不减。其间,对人物传记评议的主要话题是人物传记是否可以虚构。对此,本人根据自己的写作体会认为,撰写人物传记是在写历史,是绝不能虚构的,而应据实而录。一般地说,撰写政治历史传记与撰写文学传记应有所区别。撰写政治历史传记应该抱有严肃科学的态度。不仅传记中传主的活动不能随意编造,就是表述传主某些主要观点的语言,也不能由作者随意替说。即活动应有所本,语言应有所征。文学传记固然可增加些描写及情节的细腻刻化,但基本历史事实是不能随意编造的,更不应无中生有。至于对史实的分析、看法,则因各人的认识水准不一、观察角度不同而另当别论。本人认为无事实的历史和无历史的事实,都是不可思议的。因此,人物传记作品是不能虚构、编造的。

"东北抗联将领丛书"是政治历史传记,它要求每位将领的传记必须是以确凿的历史事实为基础的,要写成信史。为使书中内容诚信可靠,把书写成信史,使书中记述的史实皆为确凿可信,对史实的考证就显得十分重要。在这方面,即辨真伪、识精粗,是要花费较多时间,是要下番苦功夫的。举例说,此次增补内容涉及的关于署名"向之"的两篇文献,就是笔者经过一年多时间的认真考证,确认"向之"即赵尚志笔名之后,才引用的(此次修订再版,特将本人所作《关于"向之"即赵尚志的考证》一文附后,以供读者参考)。

又如十多年前,我在写作本传记时,在一图书馆发现1937年复旦大学出版的《文摘》杂志(5月号)上,刊有一篇由《东北》一卷二期摘来的《赵尚志论游击战术》的文章。署名美国记者施乐德、干城翻译。全文约四千字。该文以美国记者采访形式由赵谈游击战争的战略、战术原则,论述得头头是道,十分精当,很是珍贵。但自己在反复研读这篇文献时,对资料的真实性产生了疑惑。主要是:1. 在1935年到1937年赵尚志并没有离开游击区、根据地,不可能到外地接受美国记者访问;2. 我在访问许多抗联老同志时,也没听说过有哪位外国记者进入游击区、根据地来进行采访。那么,何来美国记者专访赵尚志呢?后经本人多方考证,认定这是一篇讹文。经查,此篇论文与美国记者斯诺著《西行漫记》即《红星照耀中国》一书第八篇第四节《彭德怀论游击战术》内容基本相同,只是"彭德怀"三字换成了"赵尚志",再有因内容取舍及翻译的原因少数语句不同罢了。我们知道,斯诺是1936年从延安采访结束后返回北平的。西安事变爆发前夕,他首先将在延安采访的内容写出许多通讯报道,发表在英美报刊上,而后结集成书,于1937年10月由英国伦敦戈兰茨公司出版。《东北》一卷二期所刊出的美国记者施乐德著《赵尚志论游击战术》,这可能是译者从英美报刊所载美国记者斯诺著《彭德怀论游击战术》"翻译"而来。施乐德似是斯诺(SNOW)的另一种译法。查《东北》是设在北平的东北民众抗日救国会所办刊物之一。翻译干城先生将《彭德怀论游击战术》"译成"《赵尚志论游击战术》,其目的估计是为了扩大宣传东北的抗日武装斗争。但不管如何,这毕竟是一篇讹文。因之,撰写赵尚志传记,就不好征引此文了。此例说明,一个重要史料,必须经多方考证,弄清真伪才能确定是否引用。

本人深知,对历史人物的研究应是一个不断深入的过程,在某种意义上来说是没有止境的。此次修订再版,自己尽管对传主生平经历、思想品格等又做以深入探索、研究,并力求客观严谨地予以反映,但由于本人水平所限,可能在撰写修订中还会出现纰漏、不足或失当之处。对此,本人热切希望读者予以批评、指正。

此次《赵尚志传》的修订再版,得到了赵尚志的战友、德高望重的抗联老战士韩光(中共中央纪律检查委员会原常务书记)、赵毅敏(中共中央纪律检查委员会原副书记、秘书长)、陈雷(黑龙江省原省长)、王明贵(黑龙江省军区原副司令员)、李敏(黑龙江省政协原副主席)、朱新阳(黑龙江省文史馆原副馆长)等同志的关切。他们或为本书作序、题诗或提供资料,使本书增色不少。中共黑龙江省委党史研究室原主任、研究员金宇钟同志审读了修订内容,并提出宝贵意见。同时,本书再版也得到了中共尚志市委、市政府的重视,为做好出版工作,指派有关部门予以协助。尚志市档案局局长陶智良同志为本书顺利再版做了许多具体工作。黑龙江人民出版社王裕江、吕观仁同志为本书再版予以大力支持。于此,本人对支持、帮助《赵尚志传》修订再版的单位、领导、同志表示诚挚的感谢。

赵俊清
2001年8月于哈尔滨

三版后记

本书自 1990 年出版后,承蒙读者的要求和出版社的看重,现在又将出第三版。本书能够出第三版,这是自己没有想到的事。

本人认为《赵尚志传》能连续再版,并不是作者写作的如何,实在是赵尚志这个人物的重要。为不忘前辈抗敌苦斗的历史,继承光荣的革命传统,有更多的读者想了解上世纪三四十年代东北抗日联军的斗争历程,想了解赵尚志这位传奇式的抗日民族英雄的事迹,这是本书能够连续再版的主要原因。

近些年,又有几件关于赵尚志的大事。2004 年 6 月 2 日,已经失却六十二年的赵尚志的颅骨惊现于长春,经国家公安部物证鉴定中心科学鉴定确认是赵尚志颅骨无疑,曾轰动一时。2004 年 11 月 15 日,东北烈士纪念馆发现赵尚志在巴彦游击队时的照片,使我们看到这位将军年轻时的风采。这是到目前为止,国内所发现的赵尚志唯一的一张生前照片。2005 年 4 月 20 日,新华社编发的《永远的丰碑》,介绍了赵尚志的生平事迹和重要贡献,称其为东北抗日联军的创建人和领导人。这是国内权威新闻媒体对赵尚志的评介。2005 年 6 月 2 日在哈尔滨市道外区"道台府"考古勘探现场三堂遗址西耳房墙壁上,发现两张日伪"康德元年"(1934 年)悬赏万元抓捕赵尚志等抗日首领的布告。这是反映赵尚志抗日斗争历史和所传"万金购头"的实物见证。2005 年 9 月 3 日,中共中央总书记、国家主席、中央军委主席胡锦涛同志在纪念中国人民抗日战争暨世界反法西斯战争胜利六十周年大会上讲话中,讲到赵尚志,赞誉其为中国人民不畏强暴,敢于抗争的代表——八位抗日将领之一。胡锦涛同志代表党和国家对赵尚志给予高度评价。2005 年、2006 年中央电视台等多次播出反映赵尚志生平及其颅骨发现过程的电视片。这使人们更多地了解了赵尚志。2006 年 12 月 8 日,中共中央办公厅决定赵尚志将军颅骨在其家乡朝阳安葬,并批准建立赵尚志烈士陵园、纪念馆等纪念设施。2007 年 7 月 7 日,黑龙江省鹤北林业局举行尚志文化广场和经中央办公厅批准的赵尚志青铜塑像落成典礼仪式。高大塑像在苍翠青松、金字碑墙映衬下,巍然耸立,英雄形象永留人们心中。

可见,赵尚志已经成为一个言说不尽的话题,将来说不定还会有什么新的重要发现。比如,1938 年 1 月至 1939 年 6 月、1940 年 11 月至 1941 年 10 月,赵尚志在苏联期间的有关照片、文字资料,随着俄罗斯档案的对外开放,这是很有可能的事。

本书这次再版,作者根据近些年新发现的资料对原著(第二版)又做了些补充,如赵尚志倡导成立的抗联政军学校的招生简章、各种纪律条例,俄罗斯学者披露的有关赵尚志在 1939 年活动的一些资料,及 1940 年 10 月至 11 月间赵尚志与苏方相互联络的二十余份电报等等。对书中存在的一些错字,进行了纠正。对书中所用原由日文译成中文的文件引文,此次修订时,按中央档案馆等编辑的《东北地区革命历史文件汇集》中的有关文件进行了校正。另将本人撰写的《赵尚志颅骨被发现、确认的经过及其现实意义》一文作为附录纳入书后。同时,在书前增加了新发现的赵尚志在巴彦游击队时的珍贵照片,内文也增添了一些插图,力求文图并茂。

在本书出第三版之际,我忘不了许多同志对我的帮助。陆文珊同志(齐齐哈尔铁路教育学院教授)认真阅读本书后,将发现的错字一一指出,写信寄我,使我深受感动。这次再版吸收了他的意见。陈瑞云(吉林大学教授)、李鸿文(东北师大教授)、唐纯良(哈尔滨师范大学教授)、朱建华(吉林大学教授)、林修敏(东北农垦师大教授)等同志都对本书发表过书评,登载在有关学术刊物上,对本书给以充分肯定,令我受到鼓舞;同时也指出不足,使我在此次再版修订时得以补正。雷凤祥同志(辽宁省朝阳县县长助理、中共尚志乡党委书记、朝阳市赵尚志研究会秘书长),多年来,热心宣传赵尚志的英雄事迹,不断深入研究赵尚志的军事思想和精神,形成丰硕研究成果。其中《耿耿丹心昭浩气,巍巍青史铸丰碑》长文(载《魂归故里》一书),详细论述了赵尚志战略战术思想,首次提出"赵尚志精神"的概念并进行具体阐述,使对赵尚志研究深入一步。特别需要指出的是他,积极支持促成本书第三版的出版。李龙同志(中共齐齐哈尔市委党史研究室研究员)是赵尚志的外甥,他为我提供了赵尚志在巴彦游击队时的照片和王薇同志绘制的赵尚志画像以及国家公安部物证鉴定中心关于赵尚志颅骨的检验报告复印件等资料。金宇钟同志(中共黑龙江省委党史研究室原主任、研究员)对本传记的修订工作予以精心指导。李敏同志(东北抗联老战士,黑龙江省政协原副主席)大力支持《赵尚志传》出第三版,希望我能在赵尚志百年诞辰前做好修订工作。韩光同志(东北抗联老战士、中共中央纪律检查委员会原常务书记)是赵尚志的老战友,今年已九十六岁高龄,他曾为我写过的《杨靖宇传》和《赵尚志传》两本抗联将领传记,撰写序言,今又特为本传记题写书名,使我深受感动。黑龙江人民出版社的责任编辑王裕江同志为本书出第三版费尽不少心力。还有许多同志对本书再一次出版给予很多帮助,恕不一一列举。于此,我要对所有帮助、支持过我的同志表示深深的感谢。

今年,2008年是赵尚志诞辰一百周年。一百年是一个世纪。在这一百年里,中国社会经历了因外敌入侵而遭受的苦难、经历了为推翻"三座大山"进行的新民主主义革命,经历了社会主义革命、建设和改革开放,国家从贫穷落后、挨打受欺,走向繁荣富强,自尊自立,发生了世人瞩目、翻天覆地的变化。抚今追昔,我们永远忘不了为中华民族解放、富强而奋斗、牺牲的仁人志士。本传记的再次出版是对抗日民族英雄赵尚志诞辰一百周年的纪念。《赵尚志传》第三版能够在赵尚志将军颅骨隆重安葬及其诞辰一百周年前出版,与广大读者见面则是本人所衷心希望的。

欢迎读者对本书不当、不妥、不足之处提出宝贵的意见。

赵俊清
2008 年 1 月 20 日

四版后记

今年2月,十二届全国人大第七次常委会议通过决议,确定9月3日为中国人民抗日战争胜利纪念日,12月13日为南京大屠杀死难者国家公祭日,这是十分有意义的事情。对于我们不忘苦难历史,振奋民族精神,继承光荣传统,弘扬先烈革命精神至关重要。明年是中国人民抗日战争暨世界反法西斯战争胜利70周年。在这具有历史意义的日子到来之前,出版社有意再版《赵尚志传》,作为本书作者深感喜出望外。这说明东北抗联史、抗日民族英雄在人们心目中占据崇高的地位,社会需要记载东北抗联历史、弘扬其精神和褒扬为民族独立、自由、解放事业献身的先烈英雄事迹的读物。

本书已经出过三版,现在是第四版。在本次出版前,本人对书稿又做了一些修订,主要是补充一些内容,如中央党史研究室编《共产国际、联共(布)与中国革命文献资料选辑》中的《伏罗希洛夫和贝利亚关于给予中国满洲游击队运动援助的命令》、中共驻共产国际代表团成员杨松同志所撰《东北抗日义军之发展与现状》一文中对赵尚志及所领导的抗联第三军的评价等。修订中更改一些错别字。另外,在附录中增加一篇本人写作的纪念赵尚志百年诞辰的文章:《不畏强暴 英勇抗争的杰出代表》,还选用了初版书评四篇,算是学术界对本书的评估,这里有充分的肯定,有恰当的批评,对我都是大有益处的。

《赵尚志传》一书能够再次出版,离不开哈尔滨三五味业集团董事长王军同志的大力支持。多年来,王军同志在办好企业的同时,热心宣传、弘扬军旅文化,创办了三五将军文化博物馆,建立哈尔滨将军文化研究会,经常开展相关活动。他认为革命精神永远值得人们学习,主张多出版一些反映革命军队将士壮丽人生的作品,以激励人、鼓舞人,催人进步,引人向上。在王军同志的大力资助下,本书才得以出第四版,这是我要衷心感谢的。

我还要感谢黑龙江人民出版社李智新同志及帮我校对书稿的郭健军同志,还有超群印务公司的同志们,他们为本书的再次面世费心劳力,洒下汗水,这是我不能忘记的。

最后,敬希读者对书中舛误之处予以指正。

赵俊清
2014年7月1日